SKYTHEN
SARMATEN
ALANEN
ROXOLANEN
Mare Caspium
Olbia
REGNUM BOSPORI
Panticapaeum
Theodosia
Tyras
Dacia
armizegetusa
Troesmis
Chersonesus
Dioscurias
Kaukasus
Albana
Viminacium
Danuvius (Donau)
Tomi
Colchis
Iberia
Albania
gidonum
elgrad)
Oescus
Durostorum
Pontus Euxinus
Phasis (Sebastropol)
Novae
aissus (Nisch)
Odessos
MOESIA
Serdica
Mesembria
BITHYNIA ET PONTUS
Sinope
Trapezunt
Armavira
Artaxata
THRACIA
Apollonia
Armenia
Philippopolis
Heraclea
Amasia
Nicopolis
Byzantium
Nicomedia
Zela
ACEDONIA
Nicaea
Ancyra
CAPPADOCIA
Tigranocerta
Gazaca
Thessalonice
Melitene
Amida
Lemnos
Alexandria-Troas
GALATIA
Commagene
Mare Aegaeum
Pergamum
Caesarea
Lesbos
ASIA
Samosata
Nisibis
Arbela
Actium
Sardes
LYCAONIA
Edessa
Euboea
Chios
PARTHERREICH
Ephesus
Iconium
orinthus
Athenae
Miletus
Laodicea
Tarsus
Nicephorium
Tigris
ACHAIA
CILICIA
Antiochia
PISIDIA
Mesopotamia
Apamea
SYRIA
Dura Europos
Rhodos
Emesa
Ctesiphon
Salamis
Palmyra
Euphrat
CYPRUS
Tripolis
Babylon
CRETA
Cnossus
Berytus
Heliopolis(-Baalbek)
Damascus
Mare Internum
Tyrus
JUDAEA
mais
Apollonia
Hierosolyma
Cyrene
Gaza
ARABIA
Pelusium
Alexandria
Sais
Petra
CYRENE
Aelana
Memphis
NABATÄER
AEGYPTUS
ARABER
Hermupolis
Sinus Arabicus
Nilus
Ptolemais
Thebae
(Nil)
0 100 200 300 km

Alexander Demandt

MARC AUREL

P. Beckert. fec.

Alexander Demandt

MARC AUREL

Der Kaiser und seine Welt

C.H.Beck 2019

Mit 45 Schwarzweißabbildungen
sowie 18 farbigen Abbildungen im Tafelteil,
drei Karten und einem Stammbaum

Frontispiz (Abb. 1):
Die Reiterstatue Marc Aurels auf dem Kapitol,
Stahlstich von P. Beckert

Die erste Auflage dieses Buches erschien 2018.

2., durchgesehene Auflage. 2019

Satz: Janß GmbH, Pfungstadt
Druck und Bindung: CPI – Ebner & Spiegel, Ulm
Umschlaggestaltung: Kunst oder Reklame, München
Umschlagabbildung: Reiterstandbild des Marc Aurel,
Kapitolinisches Museum, Rom;

Gedruckt auf säurefreiem, alterungsbeständigem Papier
(hergestellt aus chlorfrei gebleichtem Zellstoff)
Printed in Germany
ISBN 978 3 406 73719 0

www.chbeck.de

Zum Gedenken an Helmut Schmidt

INHALT

VORWORT

Als der Evangelist Lukas daranging, das Leben Jesu darzustellen, glaubte er, sich rechtfertigen zu müssen, «sintemal sich's Viele unterwunden hätten zu stellen die Rede von den Geschichten». Wer sich anschickt, das Leben Marc Aurels zu beschreiben, befindet sich in einer ähnlichen Lage. Auch er hat zahlreiche Vorgänger. Allerdings kann er nicht so wie Lukas erwarten, mit seinem Opus deren Bücher zu verdrängen oder zu überleben. Er muß sich mit einer bescheideneren Hoffnung begnügen und will nur dazu beitragen, daß ein wissenswerter Ausschnitt der Geschichte lebendig bleibt, daß eine bemerkenswerte Persönlichkeit nicht so schnell vergessen werde.

Freilich gehört Marc Aurel nicht zu jenen antiken Herrschern, die Weltgeschichte gemacht haben. Er war kein Alexander, der eine Epoche eröffnete, kein Augustus, der eine Staatsform schuf, kein Constantin, der einer Weltreligion zum Siege verhalf. Marc Aurel hat auch keine Legendenbildung ausgelöst wie jene Männer und ist auch nicht umstritten so wie sie. Sein Charakterbild schwankt nicht in der Geschichte wie das des Herzogs von Friedland. Vielmehr ist es gerade der Konsens über seinen Charakter, was ihn heraushebt, als Gegenbild zu Typen wie Caligula, Nero oder zu seinem Sohn Commodus, die durch ihre Untaten das Interesse der Nachwelt genießen.

Zu allen Zeiten haben Marc Aurels menschliche Haltung und die Grundsätze seiner Regierung verdiente Zustimmung erfahren und die Nachwelt beeindruckt. Seine von der stoischen Philosophie geprägten, ganz persönlichen ‹Selbstbetrachtungen›, eigentlich Selbstermahnungen, sind ein Katechismus der Humanität und eine Perle der Weltliteratur. Gewiß war Marc Aurel kein tiefer Denker, der wie Platon mit Sokrates oder Paulus mit Jesus neue Wege des Geistes eröffnet hat. Seine Gedanken lesen wir ähnlich bei früheren Philosophen, aber nirgend sind sie so eng mit dem Leben verbunden wie hier. Sie fanden stets ungeteilte Bewunderung, auch wenn die politische Praxis ihre Forderungen geltend gemacht, Härte erfordert hat. Denn die Zeit des gesicherten Friedens hatte ein Ende gefunden. Zwar hatte es stets Kriege gegeben, doch sie wurden außerhalb des Reiches geführt, nicht wie nun, ganz überwiegend innerhalb. Unter Marc Aurel waren außer Nordafrika alle Grenzen umkämpft, namentlich am Euphrat und an der Donau, wo sich mit massivem Druck die germanische Völkerwanderung ankündigte. Das war gemäß Mommsen die Wende zum Ende.

Indem ich diese Vorgänge nachzeichne, denke ich weniger an Fachkollegen, von denen ich ohnedies mehr gelernt habe, als sie von mir lernen können. Mein Beitrag zur Wissenschaft beschränkt sich auf einen erneuten Versuch, die literarischen und epigraphischen, die numismatischen und archäologischen Zeugnisse vom Kriegsgeschehen so in eine Chronik einzuordnen, daß sie einander nicht im Wege stehen und die geostrategische Ereignisfolge nachvollziehbar machen. Die meisten hier vertretenen Annahmen finden sich allerdings schon irgendwo in der älteren Literatur. Unsere wissenswürdige Kenntnis der Antike ist überhaupt kaum noch zu vermehren. Möglich und sinnvoll ist und bleibt es, aus diesem ungeheuren Schatz die Zimelien immer wieder herauszugreifen und in einer Form darzubieten, die ihren Glanz zur Geltung bringt.

Möchte es gelingen, der historisch interessierten Leserschaft den Reiter auf dem Kapitol in seiner vielgestaltigen Welt lebendig zu machen, das Geschehen in einen weiteren Rahmen zu stellen und die Grundkonflikte der Zeit aufzuzeigen: die Spannung zwischen hoher, aber müder Zivilisation und armen, aber vitalen Nachbarvölkern, zwischen altbewährten Rechtsgrundsätzen und immer neuen Herausforderungen, zwischen Vertretern staatlicher Ordnung und religiösen Menschen, die für ihre Idee in den Tod gehen. Marc Aurel hat sich mit diesen Fragen in einer Form befaßt, die ein Beispiel dafür darstellen, wie Politik und Philosophie einander ergänzen, wie sich Machtfragen zwar nicht lösen, aber vielleicht ungelöst ertragen lassen.

Am 30. März 1870 schrieb Jacob Burckhardt aus Basel an Bernhard, den Sohn seines Freundes Franz Kugler in Berlin, daß «ein großer historischer Gegenstand, dessen Darstellung ein Hauptmoment des ganzen Forscherlebens werden soll, sympathisch und geheim mit dem

Innersten des Autors zusammenhängen muß». Etwas derartiges empfinde ich bei der Beschäftigung mit Marc Aurel durchaus und weiß mich darin einig mit anderen, bedeutenderen Zeitgenossen. Ich denke hier zuerst an unseren Altkanzler Helmut Schmidt. Für ihn haben sich die ‹Selbstbetrachtungen› als Lebenshilfe ein Leben lang bewährt. Er trug seinen Marc Aurel an der Front im Tornister und hat ausgesprochen, was er ihm verdankt. Darum sei mein Buch dem Andenken an Helmut Schmidt gewidmet.

Lindheim, Jubilate 2018 Alexander Demandt

Vorwort zur zweiten Auflage

Eher als gedacht kann die neue Auflage erscheinen. Sie bietet Gelegenheit, eine Reihe von sprachlichen Korrekturen vorzunehmen, die ich meinem alten Münchener Studienfreund Gernot Eschrich in Breitbrunn verdanke. Sehr erfreut hat mich, dass meine stilistisch begründete Datierung der Porta Nigra in die Zeit Marc Aurels seit Anfang dieses Jahres dendrochronologisch bestätigt wurde. Man hat sie bisher zumeist mit dem Ausbau Triers in der Zeit der Tetrarchen verbunden. Ich erfuhr es im August von Marcus Reuter, zu spät für die erste Auflage (s. u. S. 91). Nun kann ich das Buch dem Gedenken an den 100. Geburtstag von Helmut Schmidt am 23. Dezember 2018 widmen.

Lindheim, 27. November 2018 Alexander Demandt

Griechische Zitate

Griechische Buchstaben werden folgendermaßen latinisiert:

Alpha mit a, Beta mit b, Gamma mit g, vor Gutturalen mit n (z. B. *synklētos, phalanx)*, Delta mit d, Epsilon mit e, Zeta mit z, Eta mit ē, Theta mit th, Iota mit i, Iota subscriptum erscheint als Iota adscriptum (z. B. *tēi gēi)*, Kappa mit k, Lambda mit l, My mit m, Ny mit n, Xi mit x, Omikron mit o, Pi mit p, Rho mit rh, Sigma mit s, Tau mit t, Ypsilon mit y, Ypsilon nach Alpha, Epsilon oder Omikron mit u (z. B. *autonomia, eunomia, boulē)*, Phi mit ph, Chi mit ch, Psi mit ps, Omega mit ō; Spiritus asper, auch innerhalb des Wortes, erscheint als h (z. B. synhodos); griechische Akzente und Spiritus lenis werden ignoriert.

Tu regere imperio populos, Romane, memento!

VERGIL

I

DAS IMPERIUM ROMANUM

a. Von der Republik zum Kaiserreich – b. Die Befugnisse des Kaisers – c. Absolutismus? – d. Repräsentation und Titel – e. Der Kaiserkult – f. Zentralverwaltung und Hofpersonal – g. Kaiserin, Familie und Nachfolge – h. Der Senat – i. Das Heer – j. Rekrutierung – k. Außenpolitik – l. Senatorische Laufbahn – m. Ritterliche Laufbahn – n. Rom und Italien – o. Provinzialverwaltung – p. Die Städte – q. Sonderfall Ägypten – r. Die Domänen – s. Sprachen und Völker – t. Religionen – u. Sieben Stände – v. Sklaven und Freigelassene – w. Die Frauen – x. Die Wirtschaft – y. Pax Romana – z. Die Kaiser vor Marcus

a. Von der Republik zum Kaiserreich

Das Römische Reich, dessen Herrschaft Marc Aurel am 7. März 161 n. Chr. übernahm, war das größte und dauerhafteste Staatswesen, das Europa bis dahin gesehen hatte. Es umfaßte Territorien – ganz oder teilweise – von dreißig modernen Staaten. In Jahrhunderten durch Kriege und Verträge gewachsen, erstreckte es sich nach den Siegen über die punische Seemacht Karthago im 3. Jahrhundert v. Chr. und über die hellenistischen Landmächte im 2. Jahrhundert vom Atlantik bis zum Roten und zum Schwarzen Meer. Die republikanische, von dem Historiker Polybios um 150 v. Chr. in seinem sechsten Buch beschriebene und bewunderte Verfassung des Stadtstaates Rom reichte dafür nicht mehr aus. Die Kontrolle der Provinzen erforderte und ermöglichte eine Militärmacht, deren Führer sich dem Senat, aus dem sie hervorgegangen waren, nicht mehr unterwarfen. Auch die Legionen fühlten sich nicht mehr dieser hohen Körperschaft, sondern ihrem Feldherrn verpflichtet. Es kam zu Bürgerkriegen zwischen ihnen, zwischen Marius und Sulla, Caesar und Pompeius, Brutus und Octavian, bis letzterer durch seinen Seesieg über Marc Anton und Kleopatra am 2. September 31 v. Chr. bei Actium seine Alleinherrschaft begründete.

Octavian hatte als neunzehnjähriger Großneffe und Adoptivsohn Caesars nach dessen Ermordung an den Iden des März 44 v. Chr. das Erbe übernommen und zielbewußt auf eine Monarchie hingearbeitet, wie sie alle Flächenstaaten der Antike besaßen. Augustus – so seit 27 v. Chr. – hat eine Staatsform begründet, die zwar die republikanischen Institutionen weitgehend beibehielt, aber den Vorrang des neuen *princeps senatus* – des Ersten der Senatoren – behauptete. Er sicherte das von Caesar gewonnene Gallien durch die Rheingrenze, die Ostgebiete durch eine Demonstration am Euphrat. Er annektierte Ägypten, eroberte die Gebiete südlich der Donau und überwand die Widerstände in Spanien.[1]

b. Die Befugnisse des Kaisers

In seinem testamentarischen Tatenbericht, dem inschriftlich erhaltenen Monumentum Ancyranum, behauptet Augustus, die Freiheit der Republik wiederhergestellt zu haben. Tatsächlich lautet der Staatsname bis über Justinian hinaus *res publica Romana*, nie *imperium Romanum*.[2] Gleichwohl sind die monarchischen Intentionen des Augustus unverkennbar. Sie spiegeln sich in der Ämterkumulation, in der Nachfolgepolitik und in der Repräsentation. Augustus hat nie versucht, als altrömischer Dictator oder als hellenistischer König zu regieren, sondern hat sich mit einem Flickenteppich von Amtsvollmachten begnügt, deren jede verfassungsgemäß war, die aber verfassungswidrig erweitert, gebündelt und auf Dauer gestellt wurden und so in der Summe eine Monarchie ergaben.[3] Die republikanischen

Magistrate außer dem Censor wurden daneben weiterhin bestellt, aber sie alle überragte der Kaiser an *auctoritas*.[4]

Sehen wir ab von vorübergehend ausgeübten Vollmachten, so bleiben als dauernde Machtgrundlagen übrig: *imperium consulare* (Amtsmacht des Konsuls) und *tribunicia potestas* (Amtsmacht des Volkstribunen). Konsulat oder *imperium proconsulare maius* (größere konsulare Amtsmacht) bedeuteten Verfügungsgewalt über das Heer und die Provinzen, in denen Legionen standen. Hier übte Augustus eine Militärmonarchie aus, hier war er höchster Richter und oberste Appellationsinstanz. Die von ihm seit 23 v. Chr. jährlich fortgeschriebene *tribunicia potestas*[5] war wichtig für die Unverletzlichkeit (*sacrosanctitas*) und für die Macht in der Stadt Rom. Als Patrizier mußte der Kaiser die Funktion vom Amte des Tribunen lösen, denn dieser hatte stets Plebejer zu sein.[6] Bei der Übertragung der Kaisergewalt wurden bis ins 3. Jahrhundert *imperium proconsulare* und *tribunicia potestas* getrennt aufgeführt.[7] Ein drittes Kaiserrecht war die Bestimmung der ersten fünf Tagesordnungspunkte des Senats (*ius quintae relationis*).[8] Übertragen wurden die Amtsbefugnisse formal von Senat und Volk, doch fanden seit Tiberius keine Volksversammlungen mehr statt, der Senat vertrat sie. Die Truppen riefen den neuen Herrscher zum *imperator* aus (*acclamatio*), der Senat ernannte den neuen Kaiser zum Patrizier, damit zum Senator[9] und legitimierte ihn so. Gegenkaiser galten als Usurpatoren, bis sie sich durchgesetzt hatten, so Vespasian, Septimius Severus, Diocletian und Julian. Mit dem Kaiseramt verbunden blieb das schon von Caesar bekleidete Amt des Pontifex Maximus, das Augustus nach dem Tode des Lepidus 12 v. Chr. übernahm.[10]

Augustus hat sich alle staatlichen Befugnisse einzeln durch Senat und Volk übertragen lassen. Seinen Nachfolgern wurden durch Senatsbeschluß – nolens volens – jeweils dieselben Rechte zugebilligt. Das ergibt sich aus der ‹Lex de imperio Vespasiani›.[11] Sie enthält zugleich die «Dispositionsklausel», die dem Kaiser alles zu tun gestattete, was ihm im Sinne des Staates (*ex usu rei publicae*) notwendig schien. Daß der Kaiser durch seine Autorität regierte, zeigt sich darin, daß bei seinen Amtshandlungen nie dazugesagt wird, aufgrund welcher speziellen magistratischen Kompetenz sie erfolgten. Er verkörperte die *maiestas populi Romani*[12], darum wurde die Herabsetzung seiner Würde als *crimen laesae maiestatis* (Majestätsbeleidigung) geahndet.[13]

c. Absolutismus?

Als Inhaber der delegierten Souveränität und Gesetzgeber[14] war der Kaiser nicht an die Gesetze gebunden: *princeps legibus solutus.*[15] Von einem guten Kaiser wie Trajan sagte sein Lobredner Plinius[16] allerdings: *non est princeps super leges, sed leges super principem* (nicht steht der Princeps über dem Gesetz, sondern das Gesetz über dem Princeps). Streit zwischen dem Fiskus und den Bürgern wurde nicht auf dem Verwaltungswege, sondern vor Gericht entschieden,[17] dabei sei der Fiskus bisweilen unterlegen.[18] So stand der Kaiser unter dem Recht, aber es gab keinen Richter über ihm. Wenn er gegen Recht und Sitte verstieß, mußte er mit Verschwörungen rechnen. Tyrannenmord wird in der politischen Ethik der Antike nicht nur geduldet, sondern gefordert. Die reale Machtbasis des Kaisers war der Oberbefehl über das Heer, das er bezahlte. Er war stets der reichste Mann im Staat. Seine Einnahmen flossen aus seiner «Privatprovinz» Ägypten und aus den Steuern der kaiserlichen Provinzen. Aus dem *fiscus Caesaris* zahlten die Kaiser den Sold und die Veteranenabfindungen.

d. Repräsentation und Titel

Monarchisch war die Repräsentation.[19] In der Öffentlichkeit erschien der Kaiser als Triumphator[20] mit Purpurmantel und Lorbeerkranz, so schon Caesar.[21] Die Strahlenkrone gibt es nur auf bestimmten Münzen, so auch bei Marcus, sie wurde nicht getragen. Auf dem «palatinischen» Hügel, lateinisch *Palatium*, in Rom,[22] wo Romulus gewohnt haben soll,[23] residierte Augustus.[24] Hier erbaute Domitian (81 bis 96) den «Palast».[25] Augustus (27 v. Chr. bis 14 n. Chr.) imitierte mit seinem Mausoleum das Grab Alexanders des Großen (336 bis 323) und wählte als Ort den *campus Martius* (das Marsfeld), wo auch die römischen Könige bestattet worden waren.[26] Später wurde den Kaisern ein Feuer vorangetragen.[27] Krone und Thron sind altpersische Herrschaftssymbole.[28]

Das Bildnis des Kaisers erschien auf allen Münzen, seine Statue stand im *sacellum* (Kultraum) eines jeden Kastells, auf jedem Forum[29] und bot dem Flüchtling Asyl.[30] Amtliche Dokumente beglaubigte Augustus – so wie die orientalisch-hellenistischen Könige und die republikanischen Prokonsuln[31] einschließlich Caesars[32] – mit seinem Siegelring.[33] Er galt als Herrschaftssymbol.[34] Zunächst siegelte er mit dem Ring Caesars,[35] der die Ahnfrau der Julier – der Familie, der er entstammte –, die «siegreiche» Venus Victrix, in Waffen zeigte. Später siegelte Augustus mit einer Sphinx, anschließend mit dem Porträt Alexanders und zuletzt mit seinem eigenen.[36] Dieses letzte Petschaft übernahmen die folgenden Kaiser. Reichssiegelbewahrer war ein Freigelassener.[37]

Name und Titel des Kaisers standen nicht von Anfang an fest.[38] Augustus nannte sich ab 27 v. Chr. *Imperator Caesar Divi filius Augustus.*[39] «Imperator» war der schon von Caesar als Vorname geführte Feldherrntitel,[40] der durch Ausrufung vom Heer verliehen wurde.[41] Er unterstreicht den militärischen Führungsanspruch und enthält die Blutgewalt außerhalb Roms. «Caesar» war das mit der Adoption übernommene *cognomen* (Beiname). Damit betonte Augustus seine dynastische Legitimation. «Divi filius» verwies auf die Vergöttlichung Caesars. «Augustus» ist der nach orientalisch-hellenistischer Sitte[42] angenommene charismatische Herrschername. Er ist abgeleitet von *augere* – «vergrößern» und klingt nach *augurium* – «Zeichendeutung». Zwischen Titel und Name ist hier nicht zu unterscheiden. Bei Vespasian sind sodann die dem Namen vorgestellten Wörter *Imperator Caesar* und das nachgestellte *Augustus* reine Titel, und diese Form blieb kanonisch. Die seit Augustus für den Kaiser übliche Bezeichnung *princeps*[43] knüpft an seine Stellung als *princeps senatus*[44] an. Danach nannte Mommsen die Verfassung seit Augustus «Prinzipat».[45]

Auf Inschriften[46] und Münzen erscheinen oft noch Amtstitel: *Consul* (abgekürzt COS mit Wiederholungszahl), *Pontifex Maximus* (abgekürzt PM), *tribunicia potestas* (mit Iteration, der Anzahl, wie oft jemand ein Amt bekleidet hatte), *pater patriae* (Vater des Vaterlands, abgekürzt PP)[47] und Siegerbeinamen wie *Germanicus, Britannicus, Parthicus* usw. Als Titel des Thronfolgers bürgerte sich seit Titus und Hadrian *Caesar* ein. Die Griechen nannten den Kaiser *kaisar* oder *sebastos* (Augustus), *basileus* (König), *hēgēmōn* (*princeps*) oder *autokratōr* (*imperator*). Aus dem *Divi filius* wurde ein *Theou hyios*, aus dem «Sohn des Vergöttlichten» ein «Sohn Gottes».

e. Der Kaiserkult

Die Stellung des Kaisers im Reich kommt nirgendwo so deutlich zum Ausdruck wie im Kaiserkult.[48] Seit Alexander dem Großen wurden die Herrscher regelmäßig mit göttlichen Attributen ausgestattet. In der römischen Republik trug der Triumphator das Kostüm Juppiters. Göttliche Verehrung genoß Romulus, er galt als aufgefahren gen Himmel,[49] ebenso Caesar nach Meinung der Menge, *persuasione volgi.*[50] Bei Augustus ging die kultische Erhöhung von Städten Kleinasiens aus, wo das Gottkönigtum Tradition besaß.[51] Er gestattete Tempel für sich nur gemeinsam mit der Dea Roma, indem er bevorzugten griechischen Städten die *neōkoria* (das Recht zu einem Kaiserheiligtum) verlieh.[52] Vereinzelt wurde er als Gott bezeichnet.[53] Bürgerliche Kaiser haben diese Verehrung abgelehnt[54] oder auf ihren Genius, ihren Schutzengel, bezogen; andere haben sich mit diesem identifiziert, so Domitian. Er nannte sich *dominus et deus.*[55] Die charismatische Qualität der Kaiser zeigte sich in den Wunderheilungen, da sie durch Berührung Lahme und Blinde kuriert haben sollen.[56] Nach der Gleichung «Volkes Stimme – Gottes Stimme» sah man in der Erhebung des Kaisers die Hand des Himmels am Werk.[57] An jedem 3. Januar leisteten Heer und Senat durch öffentliche Gelübde, *vota publica*, den Eid auf den Kaiser, nachdem sich Augustus vor der Schlacht bei Actium von Italien die Treue hatte schwören lassen.[58] Nach dem Sieg schwur auch der Osten. Die Zahl der Kaiserfeste wuchs, im 4. Jahrhundert waren 27 von 41 Feiertagen dem Kaiserkult gewidmet.[59]

Nach dem Tode eines Kaisers hielt der Senat das Totengericht über ihn. Fiel es gegen ihn aus,[60] wurde sein Name von allen Inschriften getilgt, seine Bilder wurden zerschlagen, seine Erlasse kassiert: das ist die *damnatio memoriae.*[61] Ging es zu seinen Gunsten aus, so wurde er durch *consecratio* wie Caesar unter die Götter versetzt, bekam den Beinamen *Divus* – «vergöttlicht» – und eine Priesterschaft, *sodales.* Wie andere Götter erhielt er Feste mit unblutigen Opfern. Der Begriff *consecratio* bezeichnet ursprünglich die Weihung einer Gabe an die Götter, so auch die Einweihung eines Tempels. Daneben bedeutet er auch die staatliche Anerkennung einer fremden Gottheit und in der Kaiserzeit die Apotheose des verstorbenen Herrschers.

Diese *consecratio* folgte der Bestattung, die zweimal durchgeführt wurde: wirklich und bildlich. Die Leiche wurde verbrannt und dann im Augustusmausoleum, später in der heutigen Engelsburg, der *moles Hadriani* beigesetzt. Hier standen die Urnen der Kaiser und ihrer Angehörigen von Hadrian bis zu Julia Domna, der Witwe († 217) von Septimius Severus (193 bis 211). Auf dem Marsfeld errichtete man einen prächtigen Scheiterhaufen (*rogus*), auf dem eine Wachspuppe des Kaisers verbrannt wurde. Aus einem Käfig auf der Spitze wurde ein Adler freigelassen, der den Kaiser auf dem Weg zum Olymp symbolisierte[62] und die Apotheose darstellte.[63]

f. Zentralverwaltung und Hofpersonal

Der Kaiser regierte durch Erlasse (*edictum*), die auf einem gesiegelten *codicillus* als Brief den Betroffenen zugestellt wurden.[64] Vielfach handelt es sich um Antworten (*rescripta*) an Rechtsuchende, auch an Privatleute.[65] In der Regel wurden diese Entscheidungen zuvor beraten. Augustus besaß einen Kronrat,[66] dessen 15 Mitglieder je 6 Monate amtierten.[67] Tiberius[68] (14 bis 37) hatte ein dauerhaftes *consilium*, ebenso Hadrian (117 bis 138) und Marc Aurel (161 bis 180).[69] Ständige Begleiter nannten sich *comites*.[70] Auf Reisen gingen Kaiser, wenn Krieg zu führen war – so Augustus, Trajan (98 bis 117) und Marc Aurel –, sonst selten: Nero (54 bis 68) bereiste Griechenland, um sich feiern zu lassen, Hadrian besuchte die Provinzen, um nach dem Rechten zu schauen. Antoninus Pius (138 bis 161) blieb in Italien.[71] Kaiserliche Entscheidungen waren nicht nur aus Rom gültig, denn «Rom ist, wo der Kaiser ist».[72]

Die Hofverwaltung hat sich aus der Privatverwaltung der reichen Römer entwickelt und wurde dabei von hellenistischem Vorbild geprägt. Die entscheidende Gestaltung geht auf den Kaiser Claudius (41 bis 54) zurück.[73] Seit seiner Regierungszeit gibt es die Staatssekretäre: einen (*procurator*) *a libellis*, der Eingaben bearbeitete, einen *ab epistulis*,[74] der die Kanzlei führte, einen *a rationibus*, der die kaiserlichen Finanzen leitete, einen *a studiis*, der für die Bildung zuständig war, einen *a cognitionibus*, der Rechtsfragen klärte,[75] einen *a memoria*, der das Archiv verwaltete[76] usw. Claudius ernannte dazu Freigelassene, Hadrian *equites*, Angehörige des Ritterstands.[77]

Das Gesinde am Hof bestand aus Freien,[78] Sklaven und Freigelassenen; unter den etwa 4000 aus Inschriften namentlich bekannten Angehörigen der *familia Caesaris* befinden sich ungefähr 2500 Freigelassene, die den Gentilnamen des Kaisers trugen, *Claudius* unter Tiberius, *Aelius* unter Hadrian, *Aurelius* unter Antoninus Pius. Die meisten kennen wir von den Inschriften vor dem *loculus*, der Nische mit ihrer Urne in den für sie angelegten, mit Mosaiken und Wandmalereien ausgeschmückten «taubenhausähnlichen» Columbarien. Ein Finanzangestellter des Tiberius hatte als *servus ordinarius* sechzehn namentlich genannte Untersklaven, darunter einen Arzt, einen Kämmerer, einen Kleiderwärter, Köche und Silberdiener.[79] Das war kein Einzelfall. Ein Sklave des Claudius besaß eine Silberschüssel von 500 römischen Pfund, 160 Kilo, hergestellt in einer eigens dafür errichteten Werkstatt; acht Mitsklaven besaßen halb so schwere Schüsseln.[80] Die *servi Caesaris* standen in einem öffentlich-rechtlichen Verhältnis und waren in elf Gehaltsklassen eingestuft. Sie konnten Ehen mit freien Frauen schließen und wurden in der Regel im Alter zwischen 30 und 35 Jahren freigelassen. Zuweilen haben sie sich freigekauft, so ein Verwalter unter Nero, der 13 Millionen Sesterzen zusammengespart hatte.[81] Die Sklaven und Freigelassenen am Hof trugen meist griechische Namen, das verweist auf ihre Herkunft.

So wie die Tyrannen und Könige der Griechen umgab die Kaiser ein repräsentativer Hofstaat.[82] Augustus schätzte alle Dichter, die ihm sein Freund und Berater Maecenas zuführte. Vergil, Horaz, Properz und Ovid haben sein Lob gesungen.[83] Am Hofe finden wir Philosophen, Rhetoren und Pädagogen, Leibärzte,[84] eine Pagenschule,[85] Kammereunuchen,[86] Lakaien und Zofen[87]. Wir kennen Vorkoster,[88] Gold- und Silberverwalter, Masseure,[89] Köche und Oberköche,[90] Kleiderwächter, Bibliothekare und Inhaber ähnlicher Posten.[91] Nero ernannte Petron, den Schöpfer des köstlichen «Trimalchio», zum *arbiter elegantiae*,[92] zum Bevollmächtigten für den feineren Geschmack.

g. Kaiserin, Familie und Nachfolge

Alle bedeutenden römischen Kaiser waren verheiratet. Die Kaiserinnen[93] stammten gewöhnlich aus senatorischen Familien, nie aus außerrömischen Herrscherhäusern.[94] Augustus verlieh seiner Gemahlin Livia[95] testamentarisch den Beinamen *Augusta*,[96] den in der Folgezeit viele Frauen und Schwestern von Kaisern auf Senatsbeschluß erhielten. Die Kaiserin hatte jeweils eigene Besitzungen,[97] einen eigenen Siegelring[98] und eigenes Personal.[99] Sie genoß Ehren ähnlich denen der Kaiser, erhielt Statuen und Münzen mit ihrem Bilde. Unter den Ehrenbeinamen finden sich *dea* (Göttin) und *genetrix orbis* (Stammutter des Erdkreises) für Livia,[100] *mater castrorum* (Mutter der Militärlager) für Faustina Junior, die Ehefrau Marc Aurels.[101] Politische Rechte besaß die Kaiserin ebensowenig wie Frauen sonst.[102] Anders als der Kaiser stand die Kaiserin nicht über den Gesetzen, doch verliehen ihr die Kaiser Privilegien.[103]

Familiär motiviert war die Nachfolge- und Personalpolitik. Die Vererbung des Prinzipats war staatsrechtlich nicht festgelegt, aber galt als selbstverständlich.[104] Das entsprach dem dynastischen Empfinden der Legionen. Der Anspruch auf die Nachfolge beruhte auf dem Grade der Nähe zum Kaiser.[105] Durch Adoptionen aus der Verwandtschaft haben schon Caesar und Augustus dafür gesorgt, daß Nachfolger aus der Familie zur Verfügung standen.[106] Wichtige militärische Aufgaben wurden nach Möglichkeit Angehörigen des Kaisers übertragen. Quinctilius Varus, der Heerführer im Teutoburger Wald, war mit einer Nichte des Augustus verheiratet.

h. Der Senat

Die einzige Instanz eigenen Rechtes im Prinzipat neben dem Princeps war der Senat. Mommsen[107] sprach von einer «Dyarchie» (Zweierherrschaft). Praktisch aber hat der Senat seit 42 v. Chr. jede politische Eigenständigkeit verloren. Dennoch blieben Träger der Souveränität *Senatus Populusque Romanus*, SPQR. Nach der Ausweitung unter Caesar wurde die Zahl der Senatoren 18 v. Chr. wieder auf 600 Mitglieder herabgesetzt[108] und ein förmlicher Senatorenstand geschaffen. Er bestand aus einer traditionsstolzen, kulturbewußten Grundbesitzerklasse. Augustus setzte fest, daß Senator nur sein könne, wer 1 200 000 Sesterzen besaß[109] und einen senatorischen Vater oder Großvater hatte. Der Eintritt in den Senat erfolgte normalerweise durch die Wahl zum Quaestor, worauf die zum Aedil, Praetor und Konsul folgen konnte. Vorgenommen wurde das nicht mehr wie in der Republik durch die Volksversammlung, sondern durch den Senat gemäß den Empfehlungen des Kaisers. Praetur und Konsulat befähigten «Prokonsuln» zur Statthalterschaft in den senatorischen Provinzen und kaiserliche Legaten zum Kommando von Legionen sowie zur Verwaltung von Kaiserprovinzen im Grenzbereich. Gewesene Konsuln bildeten die Führungselite im Reich. Sie stammten so wie die Senatoren ursprünglich aus Rom und Italien, im 1. Jahrhundert auch aus den Westprovinzen und im 2. Jahrhundert vielfach aus dem Osten, aus Syrien zumal, jedoch nicht aus Griechenland oder Ägypten.

Um die Ritter- und Senatorenschicht zu erhalten, erließ Augustus 18 v. Chr. die *lex de maritandis ordinibus*[110] und 9 n. Chr. die *lex Papia Poppaea.*[111] Diese Ehegesetze benachteiligten den Unverheirateten und bevorzugten den Verheirateten je nach Kinderzahl.[112] Nach ihr wurde beispielsweise entschieden, wer Praetor wurde.[113] Erfolg war dieser Familienpolitik nicht beschieden.[114] Unter Caesar gab es in Rom noch 45 alte Patrizierfamilien, unter Trajan noch eine einzige.[115] So geschah doch, was bereits Caesar erstrebt hatte: Der Senat ergänzte sich aus romanisierten Provinzialen. Im 1. Jahrhundert wurden Angehörige der Westprovinzen Senatoren, im 2. Jahrhundert Orientalen, im 3. Jahrhundert Afrikaner und Illyrer.[116] Gegen Ende des 2. Jahrhunderts war der Anteil der Italiker auf knapp die Hälfte gesunken. Gleichzeitig löste sich die Senatorenwürde von der regelmäßigen Teilnahme an den Senatssitzungen. Da alle Beamten der senatorischen Laufbahn die Senatorenwürde erhielten, gab es derartige Ehrensenatoren schließlich in allen Provinzen. Ihre Güter unterstanden nicht der munizipalen Verwaltung, sondern den Statthaltern.

Der Senat tagte zweimal im Monat[117] in der Curia Iulia oder einem Tempelareal.[118] Seine politische Bedeutung schien zunächst dadurch zu steigen, daß ihm Rechte der Volksversammlung übertragen wurden. Seit Tiberius wurden die Magistrate nicht mehr von den *comitia*, sondern auf Wunsch des Kaisers vom Senat bestimmt.[119] Auch die Gesetzgebung kam vom Volk an den Senat, der dieses Recht der Form nach neben dem Kaiser ausübte.[120] Dem Senat oblag die Rechtsprechung über Personen senatorischen Standes.[121] Nur tyrannische Kaiser beanspruchten sie.[122] Die letzte Appellationsinstanz wurden die *praefecti praetorio* bzw. der Kaiser, doch gab es stets auch Immediateingaben.[123] Senatsbeschlüsse und andere Neuigkeiten wurden durch die von Caesar eingeführten *Acta diurna* oder *Acta Urbis*, eine staatliche Wandzeitung, verkündet. Auszüge bietet die Vita des Commodus.[124]

In der Finanzverwaltung zeigte sich Augustus als der Enkel eines Bankiers.[125] Er beließ dem Senat nominell die Bronzeprägung der Sesterzen, während *aurei* aus Gold und Denare aus Silber vom Kaiser gemünzt wurden. Der Senat kontrollierte das *aerarium Saturni*. Es befand sich sinnigerweise im Gewölbe unter dem Tempel für Saturn-Kronos, den Herrscher des «goldenen» Zeitalters.[126] Die Einnahmen flossen aus den Senatsprovinzen.[127] Es verlor an Bedeutung gegenüber dem *fiscus Caesaris*, der aus den Kaiserprovinzen gespeist wurde.[128] Eine gewisse Selbständigkeit verblieb dem Senat während der Interregna. Seine Zustimmung[129] legalisierte den von den Truppen ausgerufenen neuen Imperator.

i. Das Heer

Durch ihre Legionen hatten Caesar und Augustus die Herrschaft errungen, und so blieb das Bürgerheer die wichtigste Machtgrundlage der Kaiser. Sie waren höchste Befehlshaber, sie hoben die Truppen aus, entschieden über Krieg und Frieden und schlossen Verträge.[130] Das Heer wurde alljährlich auf den Kaiser vereidigt (*sacramentum*), zu seinem Geburtstag (*natalis Augusti*) und zum jährlichen Regierungsjubiläum (*dies imperii*) erhielten die Truppen Sonderzulagen. Das Verhältnis zwischen Kaiser und Heer entspricht der *fides*, dem wechselseitigen Treueverhältnis zwischen *patronus* und *cliens*: Der Kaiser sorgt für die Soldaten, die Soldaten gehorchen dem Kaiser. Augustus spricht vom *exercitus meus*,[131] nicht mehr vom *exercitus populi Romani*. Der Triumph nach einem großen Sieg als höchste Ehre des alten Staates wurde zum Privileg des Kaisers. Denn mögen auch seine Generale gesiegt haben, so siegten sie doch unter den *auspicia*, dem Göttersegen des Kaisers.

Das Heer erhob den Nachfolger durch Akklamation zum *imperator* und wiederholte das nach einer gewonnenen Schlacht. Die Akklamationen wurden gezählt und dem Titel hinzugefügt.[132] Der Kaiser zahlte dafür ein hohes Donativ, ein Geldgeschenk.[133] Seit Claudius bestimmte die Prätorianergarde den Kandidaten, seit Vespasian 69 n. Chr. lag die Entscheidung bei den drei Armeen am Rhein, an der Donau und am Euphrat, die gewöhnlich geschlossen, aber je unterschiedlich agierten. Beim Wechsel von Dynastien führte dies zu inneren Kriegen. Diese Krisen haben zwar große Opfer gekostet, brachten aber jeweils den stärksten Kandidaten ans Ruder und bedeuten sozialgeschichtlich die Öffnung der Machtpositionen für neue Kreise.

Das Heer bestand aus Garde, Legionen und Hilfstruppen. Bereits Scipio und die späteren republikanischen Feldherren haben sich eine Garde gehalten. Augustus gliederte sie in neun *cohortes praetorii* zu 500 oder 1000 Mann. Diese Soldaten stellte er 2 v. Chr. unter zwei *praefecti praetorio.*[134] Die Praetorianer bezogen doppelten Sold,[135] dienten nur 16 Jahre[136] und waren um Rom herum stationiert. Tiberius baute ihnen die *castra praetorii* am Ostrand der Stadt.[137] Ihre Mauern beherbergen seit 1875 die italienische Nationalbibliothek. Die Praetorianer begleiteten den Kaiser in den Krieg, ergriffen nach dem Tode des Augustus, während des pannonischen Soldatenaufstandes (14 n. Chr.), die Partei des Tiberius und sicherten das Erbkaisertum nach dem Tode des Caligula für Claudius, als der Senat die Republik erneuern wollte.[138] Auch später wurden sie bei Aufständen einzelner Heeresteile eingesetzt. Die Prätorianergarde diente somit als Elite- und Parteitruppe, war aber zugleich als Kriegs- und Verwaltungsschule eng mit der Reichsarmee verbunden, denn die Legions-Centurionen wurden zwischenzeitlich in die Praetorianerkohorten abkommandiert. Die Leibwache versorgten noch bei Nero die germanischen *corpore custodes.*[139]

Den Kern des Reichsheeres bildeten wie in der Republik die Legionen.[140] Augustus hat das in den Bürgerkriegen auf 75 Legionen angewachsene Heer durch Veteranen-Ansiedlung auf 25 Legionen[141] verkleinert. Hadrian hatte 30 Legionen.[142] Jede Legion trug eine Nummer und führte einen Beinamen, der ihre Treue zum Kaiserhaus unterstreicht (Augusta, Claudia, Traiana), an ihre Herkunft oder ein Einsatzgebiet erinnert (Italica, Macedonica, Parthica) oder eine Eigenschaft rühmt (*victrix* – sieghaft, *rapax* – unwiderstehlich, *adiutrix* – hilfreich). Dazu kam ein heraldisches Beizeichen: ein Bild aus dem Zodiakus, ein Tier, ein Gott oder ein sonstiges Symbol.[143] Der Legionsadler war sozusagen die Regimentsfahne. Die Sollstärke einer Legion belief sich seit Hadrian auf 6000 Mann. Legionäre dienten 20 Jahre,[144] erhielten als Veteranen Land oder ein Geldgeschenk und durften heiraten.

An der Spitze jeder Legion stand ein *legatus legionis*, gewöhnlich im prätorischen Rang, unter ihm dienten sechs *tribuni militum*, von denen einer senatorischen und fünf ritterlichen Standes waren. Diese höheren Offiziersposten bildeten Laufbahnstationen im *cursus honorum* und wechselten daher rasch. Das Manko dieser Fluktuation wurde ausgeglichen durch das Berufsoffizierscorps der Centurionen. Legionäre konnten sich in einem Wechseldienst zwischen Heer und Heeresverwaltung bis zum Centurio hochdienen, der regulär 100 Mann führte. Die Centurionen wurden vom Kaiser persönlich ernannt und bildeten das Rückgrat der Armee.

Neu in der kaiserzeitlichen Armee war der dauernde Dienst von *auxilia*,[145] von Hilfstruppen, deren Angehörige nicht das Bürgerrecht besaßen. Die *auxiliarii* bezogen nur fünf Sechstel vom Solde der *legionarii*. Sie waren organisiert in Verbänden von Fußtruppen (*cohortes*) zu 1000 und Reitern (*alae*) zu 500 Mann, benannt nach den Stämmen, aus denen sie (ursprünglich) gebildet wurden. Kommandiert wurden sie von ritterlichen *praefecti*, ergänzt im Aushebungsverfahren. Das Feldzeichen war eine Standarte mit dem Kaiserbild, das *vexillum*. Da im Heer lateinisch gesprochen wurde, förderte der Dienst in den Auxiliarkohorten die Romanisierung. Als Veteranen erhielten sie durch Militärdiplom[146] nach einer 25jährigen Dienstzeit[147] zusätzlich das erbliche römische Bürgerrecht, ehe Caracalla es 212 allen freien Reichsangehörigen verlieh.[148] Die Gesamtzahl der *auxiliarii* entsprach etwa derjenigen der *legionarii*.[149] Hilfstruppen bemannten auch die Flotten, die in Misenum[150] und Ravenna[151] lagen, den Rhein und die Donau befuhren. Auch eine Schwarzmeerflotte wird erwähnt.[152] Mit den Hilfstruppen zusammen dürften 300 000 Mann unter Waffen gestanden haben, weniger als ein Prozent bei einer Reichsbevölkerung von 50 Millionen. Kein antiker Staat war derartig demobilisiert.

Neben dem Kriegsdienst bauten die Soldaten Straßen, Dämme, Kanäle[153] Brücken[154] und Theater.[155] Bisweilen wurden sie zum Trockenlegen von Sümpfen und zur Anpflanzung von Weinbergen herangezogen.[156] Die innere Sicherheit war grundsätzlich Sache der Städte. Die griechischen Poleis wurden bewacht von *spathephoroi* (Rutenträgern) und *diogmitai* (Militärpolizisten) unter einem Irenarchen (Friedenswächter),[157] die *semiermis* – «halbbewaffnet» waren. Dem Schutz der Straßen dienten aus den Legionen abgeordnete Straßenpolizisten, *frumentarii* und *beneficiarii*.[158] Räuber machten die Gebirge unsicher, zumal in Isaurien, Griechenland und Illyrien.[159]

j. Rekrutierung

Der militärische Nachwuchs machte Schwierigkeiten. Augustus hatte durch kaiserliches Machtwort die republikanische Dienstpflicht aller römischen Bürger auf die Provinzialen ausgedehnt, ein riesiges Reservoir an Reservisten.[160] Da der Staat aber nur einen Bruchteil benötigte[161] und die zwanzigjährige Dienstpflicht der Eingezogenen zur Entwicklung eines Berufsheeres geführt hatte, war Normalität, daß man nicht diente. Und wer diente, konnte damit rechnen, nach der Mindestdienstzeit entlassen zu werden. Es breitete sich ein Widerwillen gegen den Wehrdienst aus; schon seit Augustus mehren sich die Belege für die Abneigung in Italien, im Heer zu dienen.[162] Seneca klagt: Die Kinder der Parther lernen, den Bogen zu spannen. Die Knaben der Germanen schleudern kleine Speere. Zur Zeit unserer Vorfahren lernte man reiten und den Feind im Nahkampf zu töten. Aber das war einmal.[163]

Hadrian warb im zivilisierten Spanien vergebens,[164] und Marc Aurel mußte Aushebungen vornehmen.[165] Die Rekrutierungsräume verlagerten sich mit der Urbanisierung in wachsender Entfernung von Rom in die weniger entwickelten Länder am Rand des Reiches. Dieser Verschiebung entspricht die Verbreitung des Bürgerrechts, die Herkunft der Senatoren und das sich weitende Ursprungsgebiet der Kaiser. Die julisch-claudischen Herrscher von Caesar bis Nero waren stadtrömische Patrizier. Mit den Flaviern kamen Italiker senatorischen Standes an die Macht. Nerva (96 bis 98) und Antoninus Pius sodann stammten aus dem früh romanisierten Südgallien. Trajan und Hadrian wurden in Spanien geboren. Von dort kam auch Marc Aurels Familie, die *gens Annia*. Die späteren Kaiser stammten überwiegend aus Africa und Syrien, so die Severer, und seit dem 3. Jahrhundert aus dem Donauraum, die sogenannten Soldatenkaiser.

k. Außenpolitik

Augustus hat seinen Nachfolgern empfohlen, sich auf die großen Flußgrenzen zu beschränken – den Rhein, die Donau und den Euphrat.[166] Die Länder nördlich und südlich des Imperiums waren unerschlossen; Strabon[167] und Appian[168] klagten, neue Provinzen kämen dem Reich zu teuer. Schon Britannien kostete mehr, als es einbrachte.[169] Erst Trajan hat nach 101 nochmals Eroberungen vorgenommen, Dakien und Mesopotamien annektiert. Unter ihm hat das Römische Reich seinen größten Umfang gewonnen. Trajans Nachfolger Hadrian, unter dem das Reich seinen wirtschaftlichen Höhepunkt erlebte, mußte 117 die Provinzen jenseits des Euphrat wieder aufgeben.[170]

Die Grenzen des Reiches markierte seit Hadrian in Britannien eine Mauer quer durch die Insel, in Niedergermanien der Rhein, in Obergermanien der Limes, sodann die Donau. In Armenien fehlte eine klare Grenze, die weiterhin der Euphrat bildete. In Syrien und Nordafrika gab es nur eine Kette von Kastellen, durch Straßen verbunden. An der Grenze standen die Truppen, das Binnenland war weitgehend frei von Militär.

Trotz der jedem Römer bewußten Militärgrenzen hat die römische Staatsideologie das Imperium Romanum mit dem *orbis terrarum* (Erdkreis) gleichgesetzt.[171] Dieser aus dem Alten Orient stammende Gedanke der Weltherrschaft blieb ein Anspruch, verkündet durch Vergil, veranschaulicht durch das Herrschaftssymbol des Globus, der nicht die Erdkugel, sondern das Weltall darstellt.[172] Als staatsrechtlich ebenbürtig galt das Partherreich,[173] die übrigen Barbaren, insbesondere die Germanen, waren, anders als die Parther, keine *hostes* – «Feinde», sondern im Kriegsfall Räuber oder Rebellen.[174]

Die Römer haben sich stets bemüht, mit den Stämmen jenseits ihrer überall bedrohten Militärgrenzen Freundschafts- oder Bündnisverträge abzuschließen, *hospitium, amicitia, foedus*. Dadurch erhielten diese Klientelfürsten militärischen Schutz, zumeist auch Jahrgelder von Rom.[175] Sie blieben innenpolitisch frei, mußten die römischen Grenzen im Vorfeld schützen und die jeweiligen Thronfolger vom Kaiser bestätigen lassen.[176] Einzelne dieser Satellitenkönige, wie Herodes «der Große», bekundeten ihre Treue zu den Römern in geradezu unterwürfiger Weise.[177] Vielfach bildete der Klientelstatus eine Vorstufe zum Provinzialstatus,[178] bisweilen haben die Kaiser auch die erbetene Eingliederung ins Reich verweigert.[179]

l. Senatorische Laufbahn

Die zweite Machtgrundlage des römischen Kaisers neben dem Heer war die Zentralverwaltung. Seit Augustus gibt es senatorische und ritterliche Beamte im Reichsdienst sowie freigelassene und später ritterliche Beamte im Hofdienst. Die senatorische Laufbahn blieb die vornehmste. Sie begann mit der Bewerbung um das Vigintivirat, ihm oblag eine Fülle öffentlicher Aufgaben von der Kontrolle der Münzprägung bis zur Streitschlichtung. Es folgte die Dienstzeit als Militärtribun, und daran schlossen sich die alten Ämter vom *quaestor*[180] über den *aedilis*[181] oder *tribunus plebis*[182] zum *praetor* oder gar zum *consul* an. Diese Ämter wurden seit Tiberius nicht mehr vom Volk,[183] sondern vom Senat vergeben, doch pflegte der Kaiser die Kandidatenliste zu prüfen, einzelne Bewerber durch *commendatio* zu empfehlen, aber auch die Senatorenwürde, den *latus clavus*, den Purpurstreif an der Toga, mit dem Rang eines gewesenen Quaestors, Praetors usw. zu verleihen, ohne daß der Betreffende dieses Amt bekleidet hätte. Durch *adlectio inter quaestorios, aedilicios, tribunicios, praetorios, consulares*[184] rutschte er sofort über den seitlichen Einstieg auf die entsprechende Bank im Senat.

Natürlich kannten die Kaiser nicht jeden Kandidaten persönlich. Daher benötigte dieser die Empfehlung eines höheren Amtsträgers, der sich beim Kaiser für ihn verwendete. Aus der großen Zahl von Laufbahn-Inschriften wissen wir, daß die Ämterfolge festen Traditionen gehorchte. Willkür zeigte sich eigentlich nur am Anfang und am Ende, sonst vollzog der Kaiser die üblichen Beförderungen.[185]

Wer es in der senatorischen Laufbahn bis zum Praetor[186] gebracht und – damit verbunden – die *plebs Romana* mit Spielen ergötzt hatte,[187] konnte vom Senat die Verwaltung einer der kleineren senatorischen Provinzen erhalten; unbeschadet seines prätorischen Ranges trug er den Titel *proconsul*. So war Gallio, der Bruder Senecas, vor dem sich der Apostel Paulus in Korinth verantworten mußte,[188] *proconsul provinciae Achaiae*. Ein gewesener Praetor konnte aber auch vom Kaiser ein Legionskommando als *legatus Augusti legionis* bekommen. Wenn diese Legion als einzige in der entsprechenden Provinz lag, fiel dem Praetor auch deren Verwaltung zu, und er wurde *legatus Augusti pro praetore provinciae*.[189] Daneben gab es für den Praetor noch eine große Zahl anderer Funktionen in Italien und Rom selbst, auf den Sektoren der Finanzen, der Versorgung, des Wasserwesens, der Bauten und Straßen usw. Die Statthalter der Senatsprovinzen trugen Ziviltracht, die der Kaiserprovinzen das *paludamentum*, den Soldatenmantel.[190]

Das ordentliche Konsulat war die höchste Auszeichnung, es wurde paarweise besetzt und gab dem Jahr den Namen; Amtsantritt war der 1. Januar. Neben den Jahreskonsuln, den eponymen *consules ordinarii*,[191] gab es im gleichen Jahr für einige Monate nachgeordnete *consules suffecti*.[192] Den Konsularen öffneten sich die höchsten Reichsämter. Der Senat konnte einem *proconsul*[193] für ein Jahr eine der beiden wichtigeren Senatsprovinzen übertragen, Asia oder Africa, der Kaiser konnte ihm auf unbefristete Zeit eine kaiserliche Provinz mit zwei und mehr Legionen verleihen. Merkwürdigerweise hieß auch ein solcher Konsular *legatus Augusti pro praetore* (!) *provinciae* z. B. *Germaniae II*. Das Gehalt betrug eine Million Sesterzen im Jahr. Statthalter dieses Typs waren der in der Weihnachtsgeschichte[194] erwähnte Quirinius, Legat in Syrien, sowie der Gegner des Arminius im Teutoburger Wald, Quinctilius Varus, Legat der Rheinarmee.

m. Ritterliche Laufbahn

Die ritterliche Laufbahn[195] ist eine Neuschöpfung des Augustus. Sie erforderte ein Mindestvermögen von 400 000 Sesterzen.[196] Die erste Stufe war die eines *advocatus fisci* für die Aufsicht der kaiserlichen Finanzen, dann kamen drei Kommandos, die *tres militiae*: eines über Hilfstruppen zu Fuß, eines über Hilfstruppen zu Pferde und ein Legionstribunat.[197] Nach ungefähr zehnjährigem Militärdienst folgten

Stellungen in der Rechtspflege, im Finanzwesen oder im Verwaltungsdienst, zumeist mit der Bezeichnung *procurator.*[198] Eine solche Position besaß Pontius Pilatus,[199] er verwaltete von Caesarea aus die Provinz Judaea, unterstand aber dem Legaten von Syrien. Unter Augustus begegnen 30, im 3. Jahrhundert jedoch 200 verschiedene Ritterämter. Gestaffelt waren sie nach Gehaltsklassen zu 60-, 100-, 200- und 300tausend Sesterzen. Die höchsten Posten nahmen die beiden Gardepräfekten, *praefecti praetorio* ein,[200] die als Stellvertreter des Kaisers galten.[201] Eine ähnliche Machtposition besaß der *praefectus Aegypti.*[202] Zu den Praetorianerpräfekten unter und nach Marc Aurel gehören Taruttienus Paternus, Papinian, Ulpian und Paulus, die Schöpfer der klassischen römischen Jurisprudenz. Sie haben in ihren Schriften, teilweise erhalten in den ‹Digesten›, zumal das Privatrecht nach den Prinzipien der Billigkeit und der Sachlogik gestaltet und damit die Basis für die Rechtsentwicklung der europäischen Neuzeit geschaffen.

Senatorische wie ritterliche Beamte durchliefen einen doppelten Zickzackkurs: Römisch-italische Ämter wechselten mit provinzialen Posten, zivile Funktionen mit militärischen Stellungen.[203] Durch den Wechsel der Aufgaben war eine vielseitige Ausbildung gesichert, durch den Tausch der Orte wurde der Erfahrungshorizont erweitert und die Entwicklung lokaler Hausmacht unterbunden. Die Ämter waren durch mindestens ein Jahr des Privatisierens getrennt, währenddessen der Beamte gerichtlich belangt werden konnte.

Der Aufstieg einer Familie in der Amtshierarchie zog sich normalerweise über mehrere Generationen hin, der Sohn brachte es einen Schritt weiter als der Vater, ehe der Enkel Konsul wurde. Schrittweise drangen ebenso Provinzialen in den Reichsdienst vor. Bis eine Provinz einen Konsul stellte, dauerte es im Durchschnitt 150 Jahre seit der Angliederung an Rom. Der politische Ehrgeiz wurde dadurch gedämpft, daß auch Munizipalkarriere und Geschäftsleben attraktiv waren.

n. Rom und Italien

Das Territorium des Reiches zerfiel rechtlich in zwei Kategorien: Italien und die Provinzen. Rom und Italien waren grund- und kopfsteuerfrei. Sie wurden weiterhin durch senatorische Magistrate verwaltet, zu denen allerdings seit Trajan vom Kaiser ernannte Rechtspfleger traten, *iuridici, correctores.* Im Verlauf der Kaiserzeit schwand die Sonderstellung des alten Kernbereiches. Der wirtschaftliche Vorsprung Italiens wurde von den Provinzen aufgeholt, namentlich Gallien überflügelte das Mutterland.

Die Stadt Rom[204] blieb der administrative und ideologische Mittelpunkt des Reiches. Hier standen die heiligsten Tempel: der für die kapitolinische Trias mit Juppiter Optimus Maximus, Juno und Minerva und der für Juno Moneta auf dem Kapitol, der für Vesta auf dem Forum Romanum. In Rom tagte der Senat, eröffneten die Konsuln das Jahr, hier entstanden die Kaiserresidenzen auf dem Palatin, hier wurden die Triumphe gefeiert. Zugleich war Rom ein bedeutender Markt; wie in Alexandria, so waren auch hier alle Güter der Welt zu haben.[205] Jeder Kaiser bemühte sich, die Stadt weiter zu verschönern, Rom wurde zur Idee.[206]

Rom war die größte und prächtigste Stadt der antiken Welt mit etwa einer Million Einwohnern. Der republikanische Grundsatz, daß in Rom kein Militär stehen dürfe, wurde aufgeweicht durch die Stationierung der 7000 *vigiles*, einer kasernierten Feuerwehr,[207] die *cohortes praetorii* sowie die *cohortes urbanae*, die eigentliche Polizei. Das Stadtregiment kam an den ritterlichen *praefectus urbi*,[208] ihm unterstand die Sorge für Bauten[209] und Bürger. Das Volk von Rom genoß die zahlreichen Spiele in Zirkus,[210] Theater[211] und Arena[212] und hatte das Privileg einer kostenlosen oder verbilligten Versorgung. Augustus setzte die Zahl der Kornempfänger auf 200 000,[213] und im Laufe der Zeit kam auch die Belieferung mit anderen Lebensmitteln hinzu.

o. *Provinzialverwaltung*

Die Provinzen waren nach zwei Gesichtspunkten rechtlich differenziert: nach der Instanz, die den Statthalter schickte, in senatorische und kaiserliche Provinzen; nach dem Rang der Statthalter in prätorische und konsulare Provinzen. Die Aufteilung in senatorische und kaiserliche Provinzen geht zurück auf die Senatssitzung vom 13. Januar 27 v. Chr. Damals übernahm Augustus die Leitung der sieben Provinzen, in denen Truppen standen, und überließ dem Senat die zwei konsularischen und zehn prätorischen Provinzen, die als gesichert galten.[214] Unter den senatorischen Provinzen waren konsular nur Africa, wo eine Legion stand,[215] und Asia; zu den kaiserlichen Provinzen gehörten all jene, in denen mehr als eine Legion lag. Judaea[216] und einige andere kleinere Provinzen wurden anfangs von kaiserlichen Präfekten oder Procuratoren aus dem Ritterstand verwaltet.[217]

Das republikanische Steuersystem blieb insofern erhalten, als die Provinzialen im Gegensatz zu den *cives Romani*, die auch in den Provinzen begütert waren,[218] direkte Steuern zahlten, und zwar Kopf- und Grundsteuer. Der Boden wurde nach Ertrag in fünf Steuerklassen eingeteilt.[219] Zölle und Sporteln zahlten alle – die Bürger außerdem Erbschafts-, Umsatz-, Freilassungs- und Sklavenverkaufssteuer. Neu geregelt war die Form der Einziehung. Hinter der Nachricht aus der Weihnachtsgeschichte, daß ein Gebot ausging von dem Kaiser Augustus, daß «alle Welt» geschätzet würde,[220] verbirgt sich ein erstmaliger Provinzialzensus Judaeas, d. h. eine Steuerveranlagung, die im folgenden turnusmäßig durchgeführt wurde. Der spätere Fachausdruck dafür war *indictio*. Die Verpachtung der Einnahmen an Gesellschaften von *publicani*, die «Zöllner» des Neuen Testaments, ging zurück zugunsten einer direkten Einziehung durch Beamte. Die Finanzverwaltung der Kaiserprovinzen unterstand ritterlichen Procuratoren, in den Senatsprovinzen verwalteten sie nur die Domänen.

Die Statthalter bezogen festes Gehalt und behielten ihre Stellung, solange es dem Kaiser gut erschien.[221] Wir kennen Statthalter, die bis zu 24 Jahren amtierten.[222] Sie regierten mit einem Kreis von Beratern (*consilium*) oder Assessoren, wie alle Beamten,[223] sie unternahmen Inspektionsreisen durch ihre Provinzen und hielten Gerichtstage (*conventus*) ab.[224] Ein Statthalter durfte in seiner Provinz – auch durch Heirat – keinen Boden erwerben,[225] keine Geschenke empfangen,[226] keine Zinsen nehmen[227] und mußte nach seiner Amtszeit noch 50 Tage in der Provinz bleiben, um angeklagt werden zu können. Repetundenklagen[228] wegen Erpressung waren seltener als in der späten Republik. Bekannt sind die zahlreichen Beschwerden der Juden, die vielfach Erfolg hatten.[229] Auch Pontius Pilatus ist im Jahre 36 nach Rom zitiert worden, weil er mit den Samaritanern zu hart umgegangen war.[230]

Die Provinzen besaßen eigene, vom Statthalter unabhängige Körperschaften in Gestalt von Provinziallandtagen (*concilia, koina*[231]). Jährlich versammelten sich die Honoratioren, zumeist in der Provinzhauptstadt, und wählten einen Provinzialpriester (*archiereus*) für den Kaiserkult,[232] der das Kaiserfest ausrichtete, d. h. die Spiele bezahlte. Die Konzile durften aber auch – ebenso wie die Städte – durch Gesandtschaften direkt mit dem Kaiser verkehren[233] und Beschwerden vorbringen.[234]

p. Die Städte

Seit Augustus haben die Kaiser Städte (*colonia, municipium*) gegründet,[235] zumal in den westlichen und nördlichen Provinzen. Viele tragen ihre römischen Namen bis heute. Das gesamte Reich war in *civitates* (Stadtkreise) aufgeteilt, in Kleinasien waren es etwa 500, in Nordafrika ebensoviele, im Gesamtreich daher um 2000.[236] Im Osten bestand eine *civitas* aus einer Stadt mit ihrem zugehörigen Territorium, auf dem auch noch Dörfer (*vicus*) liegen konnten. Im weniger urbanisierten Westen lehnte sich die *civitas*-Ordnung an die Tradition der Stammesgaue an, deren Vororte sich rasch zu Städten entwickelten. Die Provinzterritorien waren allerdings gleichsam durchlöchert von den Grundbesitzungen der Kaiser und Senatoren, die bezüglich der Rechtsprechung und der Steuererhebung einen Sonderstatus hatten.[237] Diese Latifundien wurden als Mißstand empfunden.[238]

Die Munizipalverfassungen[239] im lateinischen Westen orientierten sich am republikanischen Rom, die im griechischen Osten führten die hellenistische Tradition fort. Radikale Demokratien mit Stimmrecht auch der Armen, und Stadttyrannen wurden nicht geduldet, üblich war eine gemäßigte Demokratie der Besitzenden. Das städtische Bürgerrecht wurde erworben durch Geburt, Adoption oder durch Verleihung seitens des Gemeinderates oder des Kaisers.[240] Der Stadtrat (*senatus* oder *ordo*) bestand aus den 30 bis 100 angesehensten Bürgern, überwiegend ehemaligen städtischen Beamten.[241] Entsprechend der *lectio senatus*, der Auswahl für den Senat, durch die *censores* im republikanischen Rom, wurde auch in den Munizipien in jedem fünften Jahr die Zusammensetzung kontrolliert durch ein Zweimännergremium, die gewählten *duumviri quinquennales.*[242] Die Mitgliedschaft im Rat war lebenslänglich und an ein Mindestvermögen gebunden, in Como zur Zeit des jüngeren Plinius[243] 100 000 Sesterzen, d. h. ein Zehntel des von den Senatoren nachzuweisenden Besitzes.

An der Spitze der munizipalen Beamten stand ein Zweimännergremium für die Rechtsprechung, *duumviri iure dicundo*, die jährlich wechselten und eponym waren, nach denen also an dem jeweiligen Ort das Jahr benannt wurde.[244] Unter ihnen amtierten die munizipalen *aediles*, darunter die *quaestores*, jeweils mit ähnlichen Aufgabenbereichen wie ihre römischen Kollegen. Die Rolle der Volksversammlung in den Städten war zumeist auf die Wahl der Beamten beschränkt. Aus Pompeji kennen wir zahlreiche Wandaufschriften entlang den größeren Straßen und Plätzen, mit denen der kommunale Wahlkampf geführt wurde.[245] Erhielten zwei Bewerber gleich viele Stimmen, siegte der Verheiratete über den Unverheirateten, der Kinderreiche über den Kinderarmen.[246]

Das Städtewesen erlebte im 2. Jahrhundert seine Blütezeit. Nie wurde so viel gebaut, nie war der Lebensstandard so hoch wie damals. Plinius berichtet Trajan von den Bauvorhaben der Städte Bithyniens, ihren Wasserleitungen und Bädern, Tempeln, Theatern und Gymnasien und deren hohen Kosten.[247] Um die Ausgaben und Einnahmen zu überwachen, ergab sich die Notwendigkeit einer staatlichen Finanzaufsicht. Das führte zur Bestellung von *curatores* oder *correctores*, griechisch *logistai*, denen die Kontrolle aufgetragen wurde.[248]

Für kaiserliche wie für private Stifter war es ruhmvoll und nützlich, die Städte zu verschönern, zu vergrößern und zu vermehren. Steinhäuser, gepflasterte Straßen, öffentliche Gärten, Theater, Märkte, Säulenhallen, gepflegte Sportanlagen, Tempelbezirke, Kalt- und Warmbäder[249] und perfekte Wasserversorgung[250] kennzeichnen diese Städte. Pontius Pilatus beispielsweise hat eine neue Wasserleitung für Jerusalem gebaut.[251] Bezeichnend für das soziale Denken ist der Verteilerschlüssel für das oft über weite Strecken hergeleitete Wasser. Durch ein abgestuftes Überlaufsystem in den Verteilerkesseln fielen bei Wasserknappheit zunächst nur die privaten Anschlüsse aus, deren Querschnitt die Höhe der Wassersteuer bestimmte. Sodann versiegten die Wasserspiele und öffentlichen Badeanlagen, und zuletzt liefen nur noch die Straßenbrunnen, zu denen jeder Zugang hatte.[252]

Zum Schutz der Sauberkeit des Wassers stand eine bestimmte Zone beiderseits der Wasserleitung unter Bauverbot. Kommunale Bauvorhaben wurden nach minutiösen Vorschriften öffentlich ausgeschrieben. Anliegerlasten waren gesetzlich geregelt, Bauspekulationen unter kommunale Kontrolle genommen. Ruinöse Bauten mußten binnen bestimmter Frist erneuert werden oder fielen an die Stadt.[253] Abriß war genehmigungspflichtig.[254] Ärzte und Lehrer wurden vom Kaiser oder von den Städten besoldet, eine festgelegte Zahl genoß Steuerfreiheit.[255] Ungemein beliebt waren Theateraufführungen, Gladiatorenkämpfe, Tierhatzen und Wagenrennen.[256] Die Forderung *panem et circenses*[257] erklang nicht nur in Rom.

Zwischen den Städten bestanden oft Rivalitäten. Jede wollte die beste, größte und schönste sein, auch wenn die Finanzen längst erschöpft waren.[258] Das Selbstbewußtsein spiegelte sich in den aufwendigen Titeln, die sich die Städte zulegten, zum Spott des Dion Chrysostomos.[259] Den in den Städten sichtbaren Wohlstand priesen nicht nur Römer wie Plinius und Griechen wie Aelius Aristides, sondern auch Christen wie Tertullian.[260] Er hebt ab auf den Verkehr, verband die Städte doch ein Straßennetz von über 100 000 Kilometern.

q. Sonderfall Ägypten

Eine Sonderstellung besaß Ägypten, wo der Kaiser, vertreten durch den von ihm ernannten ritterlichen *praefectus Aegypti*,[261] als Pharao betrachtet, abgebildet und verehrt wurde.[262] Ägypten war keine Provinz des römischen Volkes, sondern kaiserliches Hausgut. Kein Senator durfte das Land betreten.[263] So wie unter dem hellenistischen Herrschergeschlecht der Ptolemäer hatte die Weltstadt Alexandria «bei Ägypten» mit ihren 300 000 Bürgern[264] keine Selbstverwaltung. Um *civis Romanus* zu werden, mußte ein Ägypter erst das Bürgerrecht von Alexandria besitzen.[265] Ökonomisch prosperierte das Land am Nil nach den späthellenistischen Wirren wieder, es war besonders reich und mit sieben Millionen Menschen[266] ungewöhnlich dicht bevölkert.

r. Die Domänen

Reichsunmittelbar waren ebenfalls die Territorien der kaiserlichen Domänen (*saltus*). Sie waren außerhalb Italiens[267] sehr umfangreich, zumal in Nordafrika.[268] Das von einem *procurator a rationibus* verwaltete *patrimonium Caesaris*, das Krongut,[269] auf dem kaiserliche Sklaven und Kolonen als Unterpächter arbeiteten, umfaßte auch die *metalla*: Bergwerke[270] und Marmorbrüche.[271] Die Domänen unterstanden weder der munizipalen noch der provinzialen Verwaltung, sondern kaiserlichen *procuratores* in vier Gehaltsklassen, die Hoheitsrechte ausübten und jeweils den Fiskalbesitz der Provinz überwachten.[272] Bis zu Hadrian waren das überwiegend Freigelassene, dann Männer aus dem Ritterstand.[273] Mehrfach haben Kaiser den Beschwerden von Kolonen stattgegeben.[274]

s. Sprachen und Völker

Die Bevölkerung im Kaiserreich – etwa 50 Millionen – gliederte sich einerseits nach Völkern und Sprachen, andererseits nach Ständen und Rängen. Westlich des 20. Längengrades sprach man überwiegend Latein, östlich zumeist griechisch. Latein war die Sprache des Rechts – auch der Rechtsschule in Berytos (Beirut) – und des Militärs –, daher die Latinität der Donaugrenze bis zum Schwarzen Meer und der Kolonien im Osten. Griechisch sprachen Philosophen und Händler, ebenfalls im Westen. Noch zu Zeiten Ciceros war das Griechische erheblich weiter verbreitet als das Lateinische,[275] doch änderte sich das mit der Latinisierung des Westens. Die Amtssprache im Osten blieb das Griechische.[276] Die Kaiser sprachen es auch selbst. Die übrigen Volkssprachen gingen zurück, dennoch blieben Testamente in jeder Sprache rechtsgültig, auch punisch und keltisch.[277] Über die Antike hinaus hielt sich als Schriftsprache nur das Syrische, Armenische und – als Kultsprache – das Hebräische.

t. Religionen

So bunt wie Völker und Sprachen waren die Religionen im Reich.[278] Ägypter, Phönizier, Griechen, Römer und Kelten hatten jeweils ihre eigenen Tempel und Priester, Feste und Götter. Allein in der Provinz Raetien sind inschriftlich über 50 örtliche Gottheiten bezeugt. Durch *interpretatio Graeca* bzw. *Romana*[279] übersetzte man die Götternamen, hinter denen man jeweils dieselbe «Person» annahm: Dem römischen Blitz- und Donnergott Juppiter entsprachen der griechische Zeus, der ägyptische Ammon, der syrische Baal, der germanische Donar, der keltische Taranus, der jüdische Jahve usw.[280] Der jüdische Glaube war trotz seiner befremdlichen Andersartigkeit[281] als Nationalreligion anerkannt.[282]

Juden waren – gegen eine höhere Kopfsteuer[283] – vom Kaiserkult befreit und mußten keinen Wehrdienst leisten.[284] Sie konnten aber, wenn sie auf ihr Privileg und ihre Tabus verzichteten, im Reichsdienst aufsteigen.[285] Die orientalischen Erlösungsreligionen waren dagegen international, sozusagen «katholisch». Isis, Attis, Kybele und Mithras vertrugen sich mit anderen Kulten, sie erhoben keinen Alleingeltungsanspruch wie der Gott der Bibel.

u. Sieben Stände

Im Hinblick auf die Rangstellung sind in der kaiserlichen Gesellschaft[286] sieben Stände zu unterscheiden: (1) Senatoren- und (2) Ritterstand bildeten den Reichsadel. Es folgen die übrigen freien römischen Bürger, die *cives Romani*, gegliedert in den (3) Stadtadel der Kurialen oder Dekurionen, die mit den zuvor genannten die *honestiores* bildeten,[287] und das Stadt- bzw. Landvolk, die *plebs urbana*, die *plebs rustica*, bestehend aus (4) römischen Vollbürgern, (5) Provinzialen, Peregrinen und Deditiziern und (6) Freigelassenen. Sie bildeten die *humiliores*. Darunter standen die (7) Sklaven.

Die Zahl der römischen Vollbürger erreichte unter Augustus[288] knapp fünf Millionen, ein letzter Census unter Claudius ergab etwa sechs Millionen, jeweils nur die Männer gerechnet.[289] Die Zahl stieg durch Bürgerrechtsverleihungen an Honoratioren der Provinzstädte[290] und an Veteranen der Hilfstruppen[291] weiter. Eine Vorstufe bildete das *ius Italicum*, das romanisierte Großstädte erhielten und das Grundsteuerfreiheit bedeutete.[292] Bürgerrecht erforderte Lateinkenntnis.[293] In der Regel verliehen die Kaiser die *civitas Romana salvo iure gentis*, d. h. die Reichsangehörigen wurden staatsrechtlich römische Bürger, blieben aber ethnisch zugleich Bürger ihrer Heimatgemeinde. 212 verlieh Caracalla – vermutlich auf Betreiben seiner Mutter Julia Domna[294] – allen freien Provinzialen das Bürgerrecht durch seine *Constitutio Antoniniana.*[295] So wuchsen die Einwohner des Imperiums allmählich zu einem einzigen Staatsvolk zusammen.

v. Sklaven und Freigelassene

Das von Justinian ins *Corpus Iuris Civilis* aufgenommene Lehrbuch Ulpians, der unter Marc Aurel im syrischen Tyros geboren wurde,[296] teilt die Menschheit ein in Freie und Sklaven.[297] Freiheit, heißt es, ist die natürliche Fähigkeit zu tun, was man will, soweit sie nicht durch Gewalt oder Gesetz begrenzt ist. Sklaverei sei nur eine *constitutio iuris gentium*, eine völkerrechtliche Institution, die Menschen *contra naturam*, entgegen der natürlichen Freiheit, dem *dominium*, der Herrschaft eines anderen unterwirft. Sklaven seien ihrer Ausbildung (*condicio*) und ihrer Würde (*dignitas*) entsprechend zu beschäftigen, ein Bibliothekar nicht als Ackerknecht, ein Sportlehrer nicht als Abortputzer.[298]

Sklaven konnten in Tempeln oder an Kaiserstatuen Asyl suchen, sie durften laut Ulpian ihre Herren verklagen, wenn sie Grausamkeit oder Hunger litten oder sexuell mißbraucht wurden.[299] Ursprung dieser Ungleichheit sei das Kriegswesen. Man schenkt dem Unterlegenen das Leben und nimmt ihm die Freiheit. Der Status vererbte sich: Kinder von Sklavinnen waren unfrei. Sklaverei war bei den Völkern der Alten Welt allgemein verbreitet. Der griechische Begriff für Sklave, *doulos*, und damit wohl auch der Personenstand selbst, findet sich bereits auf den Tontafeln der Linear-B-Schrift aus dem späten 2. Jahrtausend in Mykene.

Zweifel an der grundsätzlichen Berechtigung der Sklaverei gibt es weder bei Platon noch bei Aristoteles,[300] weder im frühen Christentum[301] noch bei den Stoikern. Für Paulus kam es nicht auf den Status an, sondern auf den Glauben; für Chrysipp ist der Sklave ein «unbefristeter Lohnarbeiter»,[302] für Epiktet, der selber einmal Sklave war, ist echte Freiheit die von Begierden, zudem geistige Unabhängigkeit und naturgemäßes Verhalten.[303] Abgelehnt wurde die Sklaverei nur von der jüdischen Kultgemeinschaft der Essener in der Zeit um

Christi Geburt in Palästina, während bei den Germanen, wo Sklaven Kriegsdienst leisteten, eine Form der Minderfreiheit anzunehmen ist, da antiken Sklaven das Waffentragen untersagt war. Wurden sie im Notfall eingezogen, führte das zu ihrer Freilassung, so bei Marc Aurel 169.[304]

Im Prinzip war der Sklave eine Sache, die man verkaufen konnte. In der Praxis aber blieb er Mensch, wie er es auch religionsrechtlich war. Obschon er rein juristisch kein Eigentum besaß, konnte er traditionell doch über den Geldwert seiner Freiheit verfügen, wenn er mindestens zwanzig Jahre alt war und sich selbst in die Sklaverei verkauft hatte.[305] Das Recht wurde wie im Fall der nicht wehrfähigen Gladiatoren und der ‹halbkriminellen› Christen pragmatisch gehandhabt. Was der Sklave über die geforderte Leistung hinaus erwirtschaftete, das *peculium*, konnte er verwenden, um sich freizukaufen. Die Ansparung dieses Sondergutes konnte nicht heimlich, nicht ohne Zustimmung des Herrn erfolgen. Anzunehmen ist dessen Zusicherung, den Sklaven bei einer bestimmten Höhe des Ersparten freizulassen. Solche Vereinbarungen zwischen einem Herrn und einem Sklaven sind bezeugt.[306] Das begründete indes lediglich eine moralische Pflicht des Herrn, doch die *fides*, die Verläßlichkeit, war in Rom eine Tugend von kultischer Qualität, denn seit 250 v. Chr. gab es einen Tempel der Fides auf dem Kapitol, wo die Verträge mit fremden Völkern aufbewahrt wurden.[307]

Die Möglichkeit der Freilassung war der wirksame Anreiz für das Wohlverhalten des Sklaven. Sie erfolgte in der Regel mit dem 30. Lebensjahr[308], oft durch Testament des Herrn. Tatsächlich treten die Freigelassenen, die *liberti* oder *manumissi*, in der Kaiserzeit stärker in Erscheinung als die Sklaven. Da der Sklave eines römischen Bürgers mit der *manumissio* über die Freiheit hinaus auch das römische Bürgerrecht mit seinen Privilegien erhielt, haben Augustus und Tiberius die Massenfreilassung einzuschränken versucht. Später änderte sich das. Weil Sklaven keine Steuern zahlten, keinen Wehrdienst leisteten und keine Ämter übernahmen, war es politisch sinnvoll, die Freilassung zu begünstigen. Zudem entsprach dies der Humanität des Gesetzgebers. Ulpian betont, daß gemäß dem Naturrecht, dem *ius naturale*, das auch die Tiere umfasse, alle Menschen als Gleiche und Freie geboren werden und dies – in der goldenen Zeit – auch waren, bevor die Sklaverei üblich wurde. Daher stellt die «Wohltat der Freilassung» den Naturzustand wieder her.[309]

Die Zahl der Sklaven[310] nahm im Lauf der Kaiserzeit ab, einerseits durch mangelnden Nachschub an Gefangenen, andererseits durch massenhafte Freilassung (*emancipatio, manumissio*). Sie winkte als Belohnung für gute Dienste, Sklavinnen erwartete nach dem dritten Knaben die Befreiung von Arbeit, nach dem vierten die Freilassung.[311] Freigelassene (*liberti*) waren bisweilen zu Dienstleistungen für ihren Patron verpflichtet,[312] sie hatten ein minderes Bürgerrecht, erst ihre Söhne (*libertini*) waren politisch gleichgestellt. Ehrgeizige Freigelassene konnten jedoch im *ordo Augustalium* als Kaiserpriester aufsteigen und die Auszeichnung der *ornamenta* erringen.[313] Im Wirtschaftsleben spielten Freigelassene eine kaum geringere Rolle als Freigeborene.[314] Sklaven trugen keine besondere Kleidung.[315]

Sklaven besaßen nicht das Recht, Nein zu sagen[316], und unterlagen einer verschärften Todesstrafe, der Kreuzigung.[317] Brutal war das *senatus consultum Silanianum*. Aus unbekanntem Grund beschloß der Senat unter Augustus, wahrscheinlich im Jahre 10 n. Chr. auf Antrag eines Silanus,[318] daß nach der Ermordung eines Herrn alle Sklaven, die in seiner Nähe weilten, wegen unterlassener Hilfeleistung oder vermuteter Mitwisserei zu foltern und hinzurichten seien. Im Jahre 61 betraf das den Mord am Stadtpräfekten. Als dessen vierhundert Sklaven verhaftet wurden, gab es einen Volksaufstand. Die Menge bewarf die Curie mit Steinen und drohte mit Brandfackeln, aber Nero ließ die Garde aufmarschieren und das Massaker ausführen.[319] Dieses brutale Gesetz blieb bis zu Justinian in Kraft, doch sind weitere Fälle nicht bekannt.[320] Hadrian verbot die menschenunwürdigen «Sklavenkasernen», die *ergastula*.[321] In der Landwirtschaft wurde die Sklavenarbeit verdrängt durch den *colonatus*, die Kleinpacht, die zwar einen geringeren Gewinn abwarf, aber auch weniger Aufsicht verlangte.[322] Der Sklave war frei in der Wahl seiner Religion. Das kam der christlichen Mission zugute.[323]

Die Quellen zeigen eine Bemühung um Humanität im Umgang mit den Sklaven. Erkrankte, die auf der dem Asklepios, lateinisch *Aesculapius*, geweihten Tiberinsel ausgesetzt wurden, galten als freigelassen. Sklaven durften nicht mehr kastriert werden,[324] nicht mehr ohne weiteres als Gladiatoren verwendet, Sklavinnen nicht mehr ins

Bordell verkauft werden. Straffällige Sklaven konnte der Herr nicht mehr töten, sondern mußte sie vor Gericht bringen.[325] Der Stoiker Seneca lobt die Klugheit und die Bildung seines Freundes Lucilius für dessen Umgang mit den Sklaven: Sie sind Menschen, heißt es, Haus- und Tischgenossen, geboren wie wir, atmen wie wir, sterben wie wir.[326] Ganz ähnlich lesen wir es bei Petron, Juvenal und in den Briefen des Plinius.[327] Als Stadthalter in Bithynien[328] scheut er sich, zwei Rekruten hinrichten zu lassen, die Sklaven waren, aber die Musterung hinter sich hatten, bei der sie ihren Stand angeben mußten. Trajan ließ als mildernde Umstände gelten, wenn die beiden nicht flüchtig, sondern gezogen oder von ihrem Herrn gestellt worden waren.[329] Marc Aurel entschied Streitfälle in der Regel zugunsten der Sklaven.[330]

w. Die Frauen

Die Stellung der Frau war im Prinzipat[331] freier als in irgendeiner anderen antiken Gesellschaft. Verschlossen blieben ihr neben dem Kriegsdienst allein Richteramt und Magistratur.[332] Im hellenistischen Osten begegnen Frauen in städtischen Ämtern, vielfach aufgrund ihrer öffentlichen Spenden.[333] Frauen waren privat- und besitzrechtlich den Männern gleichgestellt, sie waren gerichtsfähig und spielten im Berufsleben eine bedeutende Rolle. Der Ehemann übte keine Vormundschaft über seine Frau aus, Scheidung (*repudium, divortium*) war durch einseitige Erklärung jedes Partners möglich.[334] Ehebruch (*adulterium*), d. h. außerehelicher Geschlechtsverkehr mit verheirateten Frauen, wurde von Augustus unter Strafe gestellt,[335] war aber ein Kavaliersdelikt.[336] Augustus hätte sich selbst verurteilen müssen.[337] Arme Familien erhielten seit Caesar Kindergeld.[338] Trajan und seine Nachfolger weiteten diese Alimentarstiftungen auf Italien aus.[339]

x. Die Wirtschaft

Die Wirtschaft hat in der Antike niemals einen solchen Aufschwung erlebt wie im Prinzipat. Die Landwirtschaft wurde von Vergil besungen und von Varro und Columella wissenschaftlich behandelt.

Kaiser, Senatoren und Kurialen bildeten eine Grundbesitzer-Aristokratie, die teils auf eigene Rechnung wirtschaftete, teils ihr Land an Kolonen verpachtete.[340] Daneben gab es stets auch Freibauern, wenn ihre Zahl auch zurückgegangen zu sein scheint. Die neuartigen Exportmöglichkeiten begünstigten Monokulturen von Oliven, Wein und Weizen aus den entsprechenden Anbaugebieten.

Der technische Fortschritt,[341] am eindrucksvollsten in der Architektur, erreichte einen Höhepunkt. Die Arbeitsteilung, differenziert wie nie zuvor, spiegelt sich in den 225 Berufen, die wir aus Inschriften im lateinischen Reichsteil kennen, davon 160 in der Stadt Rom.[342] Ein großer Teil stammt von Freigelassenen. Die Handwerker waren überwiegend in Innungen zusammengefaßt.[343] Der Verkehr von und nach Italien florierte.[344] Der Handel mit dem Orient war intensiv,[345] römische Exporte, besonders Münzen, sind von Schweden und Irland bis nach Indien und China gefunden worden.[346] Der Import von orientalischem Luxus ist in Rom heftig kritisiert worden.[347]

γ. Pax Romana

Wie alle großen Systeme, so fand auch das Prinzipat seine Gegner und Bewunderer. Opposition[348] kam zunächst aus senatorischen Kreisen, die das Ende der Bürgerfreiheit beklagten. Tacitus bewunderte die Märtyrer des Republikanismus, die Stoiker Cremutius Cordus,[349] Paetus Thrasea[350] und Helvidius Priscus,[351] wußte aber sehr wohl, daß ohne regulierende Zentralinstanz das Imperium nicht mehr auskam.[352] Den Untergang der Freiheit unter den Kaisern beklagten auch Seneca,[353] Longinus[354] und Zosimos.[355] Plutarch hingegen meinte, die Griechen hätten unter Roms Herrschaft so viel Freiheit besessen, wie sie vertrügen.[356]

Neben die politische tritt die soziale Kritik, die namentlich das Luxus- und Lasterleben der Oberschicht geißelte. Ihr Wortführer war der Satiriker Juvenal. Kaiserfeindliche Stimmen kamen sodann aus jüdischen und christlichen Kreisen, die mehr oder weniger apokalyptisch gefärbt, das nahe Weltende erwarteten. Hierzu zählen die sibyllinischen Weissagungen aus Alexandria.[357] Aus derselben Stadt stammen freilich auch die Akten der «heidnischen Märtyrer»,[358] die den Kaisern Bevorzugung der Juden zum Nachteil der Griechen vorwarfen.

Die günstigen Urteile beginnen mit den Dichtern um Augustus[359] und kulminieren in den Lobreden eines Plinius[360] auf Trajan, eines Plutarch[361] und Aelius Aristides[362] auf Rom. Die nationalen Gegensätze waren gebändigt durch Selbstverwaltung und Toleranz. Der Dienst im Heer und die Teilnahme an der Reichsverwaltung schufen ein römisches Bewußtsein, Römertum und Zivilisation wurden zu Synonymen. Aus diesem Grunde erloschen die nationalen Widerstandsbewegungen in der Regel bereits in der zweiten Generation nach dem Anschluß an Rom, sogar bei den Griechen. Eine Ausnahme machen die Juden, deren Messiashoffnungen unter Nero,[363] Trajan und Hadrian[364] auflebten und erhebliche Blutopfer forderten.

Sklavenaufstände verschwanden unter Augustus.[365] Die seit Seneca so genannte *Pax Augusta*[366] sah Villen und Gutshöfe ungeschützt in der Landschaft, die meisten Städte besaßen lange keine Stadtmauern, Privatleuten war das Waffentragen verboten[367] – ein Zustand, der in der europäischen Geschichte bis ins 19. Jahrhundert nicht wieder vorgekommen ist. Das Reich war ein universaler Wohlfahrtsstaat, gelenkt von einem im allgemeinen aufgeklärten Absolutismus.

z. Die Kaiser vor Marcus

Die Zeit zwischen Augustus und Marc Aurel ist geprägt durch Stabilität und Prosperität trotz sehr unterschiedlichen Kaisercharakteren. Die Reichsverwaltung in den Provinzen wurde dadurch kaum berührt.[368] Augustus begründete die julisch-claudische Dynastie, benannt nach *Julius* Caesar und Tiberius *Claudius* Nero, dem ersten Mann seiner Frau Livia. Vier Nachfolgekandidaten starben vorzeitig: seine Schwiegersöhne Marcellus und Agrippa sowie dessen Söhne Gaius und Lucius Caesar. Nachfolger wurde Tiberius (14 bis 37), der Sohn Livias aus erster Ehe. Er bestätigte die Rheingrenze und sicherte die Ostprovinzen und Numidien. Unter ihm wurde im Jahre 30 Jesus gekreuzigt.[369] Seit 27 lebte Tiberius zumeist auf Capri. Ihm folgte sein Großneffe Gaius, genannt Caligula (37 bis 41). Er regierte despotisch und wurde von den Praetorianern ermordet. Sie erhoben seinen Onkel Claudius (41 bis 54), der Britannien besetzte und Gallier in den Senat aufnahm. Er wurde 54 vergiftet. Der letzte Kaiser der Dynastie, Nero (54 bis 68), war der Ururenkel des Augustus und Adoptivsohn des Claudius. Unter der Obhut Senecas entwickelte er sich zum Künstler. Der Stadtbrand 64 wurde Anlaß für den ersten Christenprozeß. Viele Todesopfer unter den Senatoren und Literaten forderte die Pisonische Verschwörung. Die Erhebung der Legionen gegen den «Theaterkaiser» führte 68 zu dessen Absetzung und Selbstmord.

Die drei Nachfolger Galba, Otho und Vitellius konnten sich nicht halten. Die Orientarmee erhob Vespasian (69 bis 79) zum Kaiser, den Begründer der flavischen Dynastie. Sein Sohn Titus eroberte 70 das seit 66 aufständische Jerusalem. Titus (79 bis 81) vollendete das Colosseum; in seinen Tagen brach der Vesuv aus und verschüttete Pompeji. Sein nachfolgender Bruder Domitian (81 bis 96) errichtete die Provinzen Germania superior (um Mainz) und inferior (um Xanten) und baute den Limes gegen die Chatten. Seine Tyrannei in Rom führte zu seiner Ermordung. Zum Nachfolger erhoben die Praetorianer den zweimaligen Konsul Nerva (96 bis 98).

Mit Nerva beginnt die Zeit der Adoptivkaiser, die mit Marc Aurel endet. Der altersschwache Nerva festigte seine schwankende Herrschaft, indem er sogleich den stärksten General, den 44jährigen Trajan (98 bis 117) adoptierte. Unter ihm expandierte das Imperium ein letztes Mal. Dazu der Dichter Martial (XII 8): Roma, Göttin der Länder und Völker, / der nichts gleich ist und auch nichts ähnlich, / zählte jüngst die Jahre Trajans, die / viele Jahrhunderte wirken werden, / sah den jungen Krieger des Mars und / sprach voll Stolz über solch einen Herrscher / «Fürsten und Parther und der Chinesen, / Thraker, Sarmaten, Geten, Britannier, / kommt, ich kann einen Caesar euch zeigen.»

Der von Trajan adoptierte Reisekaiser Hadrian (117 bis 138) verschönerte Athen und Rom und inspizierte die Provinzen. Unter ihm und Antoninus Pius (138 bis 161) herrschte weitgehend Ruhe an den Grenzen. Das sollte sich unter Marc Aurel sehr schnell ändern.

Tutissimum est ipsos adire fontes.

ERASMUS

II

SCHRIFTQUELLEN UND DENKMÄLER

a. Das Tagebuch

Keinen römischen Kaiser kennen wir so genau wie Marc Aurel. Dies beruht auf einer ungewöhnlich guten Quellenlage.[1] Wir besitzen zwei verläßliche Lebensbeschreibungen, eine komplette lateinische und eine fragmentarische griechische, sowie einige Kurzviten. Singulär sind die Selbstzeugnisse des Kaisers: seine frühen Briefe und die philosophischen Tagebücher. Viele seiner Gesetze atmen seinen Geist. Hinzu kommen wie üblich die Münzen und Inschriften sowie die großen Monumente, die Reiterstatue, die Siegessäule und die Reliefs vom Ehrenbogen.

Die vornehmste Quelle über Marc Aurel sind seine philosophischen Tagebücher.[2] Sie sind griechisch geschrieben und tragen in den Manuskripten die Überschrift *Markou Antōninou autokratoros tōn eis heauton biblia XII*, die «zwölf an sich selbst gerichteten Bücher des Kaisers Marcus Antoninus». Der Kurztitel *Eis heauton* stammt von Andreas Gesner, der 1559 die Erstausgabe druckte. Auch *Pros heauton* und *Katheauton* kommen vor. Marcus selbst hat wohl noch keinen Titel formuliert. Er hätte seine Aufzeichnungen nennen müssen *Eis Meauton* – «An mich selbst». Er spricht sich in der zweiten Person an: «Wenn du ...». Spätere Titel lauten *In semet ipsum libri XII* (Schenkl), *Commentaria* (Nauck), *De rebus suis* (Gataker), *Pensées* (Hadot), *Soliloques* (Bayle), *Méditations* (Rutherford), *Thoughts* (Farquharson), *Unterhaltungen mit sich selbst* (Reche), *Wege zu sich selbst* (Cleß), *Selbstgespräche* (v. Arnim), *Selbstermahnungen* (Mommsen), *Selbstenthüllungen* (Topper) oder *Selbstbetrachtungen*, wie sie nach Wittstock 1894 deutsch zumeist genannt werden.[3] Es sind 487 Aphorismen in zwölf «Büchern».

Marcus äußert sich in und zu verschiedenen Lebenslagen, die im allgemeinen nicht konkretisiert werden. Für eine Biographie, die ja Ereignisse wiedergeben will, liefert diese Gedankensammlung wenig. Nur drei Stellen sind aussagekräftig. Buch II ist überschrieben «Bei den Quaden an der Gran», wo wir Marcus im Jahre 172 finden.[4] Buch III ist übertitelt «In Carnuntum».[5] Dort war das Hauptquartier 170 bis 173. Buch X (10) erwähnt die Sarmaten, stammt mithin aus Sirmium. Das führt in die Jahre 173 bis 179.[6]

Viel erfahren wir über die Jugendzeit. Denn Marc Aurel eröffnet das Werk mit einer umfassenden Danksagung an seine Verwandten, Freunde und Lehrer mit genauer Angabe dessen, was er von ihnen für seine Lebensführung gelernt hat. Die Sätze sind Anakoluthe ohne Subjekt und Prädikat, zu ergänzen ist jeweils «ich lernte». Der Text beginnt: 1. «Von meinem Großvater (*pappos*) Verus Sittenreinheit und Friedfertigkeit (Zornlosigkeit). Vom Andenken meines Vaters (den Marcus in jungen Jahren verloren hatte) Bescheidenheit und Männlichkeit» usw. Es folgen die Namen von vierzehn Philosophen, die zur Geistesbildung des Prinzen beigetragen haben, und ein Lob auf seinen Vorgänger, Onkel, Adoptiv- und Schwiegervater Antoninus Pius, der ihm zum Vorbild wurde.[7] Dieser Rückblick in Buch 1, der das Ganze abrundet und ihm eine Einheit verleiht, dürfte als letztes Buch geschrieben sein und deutet auf eine nachträgliche Publikationsabsicht.

b. Die Überlieferung

Die Überlieferungsgeschichte des Tagebuchs ist – wie bei den meisten antiken Texten der vorchristlichen Antike – dunkel. Das Handexemplar wurde beim Tode des Kaisers in Wien gefunden und sichergestellt. Vielleicht hat es bereits Commodus, der es gewiß nicht gelesen hat, kopieren und publizieren lassen. Marcus dankt den Göttern zwar für seine Lehrer, seine Vorfahren und seine hingebungsvolle Frau Faustina, nicht aber für seinen Kronensohn Commodus, seit 176 Mitregent. Er fehlt auch auf den Denkmälern. Der Text, ursprünglich auf Buchrollen (*volumina*), wurde, wie alle erhaltene antike Literatur, in Blätterbücher (*codex*) umgeschrieben und war Ende des 4. Jahrhunderts in Rom und Byzanz bekannt.[8] Aus Rom berichtet die Cassiusvita der *Historia Augusta* von den *Praecepta philosophiae*, den ‹Vorschriften der Philosophie› in den *Paraineseis*, den ‹Ermahnungen› des Kaisers. Seine philosophischen Vorträge von 178 in Rom zeigen, daß er nicht nur «für sich selbst» Gedanken gesammelt hat.[9] In Konstantinopel hielt am Neujahrstag 365 Themistios seine Lobrede auf Kaiser Valens über die Bruderliebe und nennt die «Anweisungen» Marc Aurels.[10] Vermutlich jünger ist der Autor eines Epigramms in der *Anthologia Graeca* (XV 23). Er preist das «herrliche Buch» als Tröster, als Vermittler zeitloser Weisheit, welche Freude und Kummer als «nichtig wie Rauch» erweist. Das Gedicht liegt möglicherweise einem Brief des Theophylaktos Simokatta um 625 zugrunde.[11]

Die nächste Erwähnung der ‹Selbstbetrachtungen› findet sich um 900 bei dem Bischof Arethas von Patras in einem Brief an Demetrios, den Erzbischof von Herakleia bei Konstantinopel, wo von der Abschrift eines schadhaften Exemplars des seltenen Buches die Rede ist. Möglicherweise handelt es sich um den Archetyp, auf den die späteren Handschriften zurückgehen. Die *Suda*, das große byzantinische Lexikon des 10. Jahrhunderts, zitiert einiges aus dem nach Büchern gegliederten Text. Um 1300 spricht der byzantinische Kirchenhistoriker Nikephoros Kallistos von einem hochgelehrten Erziehungsbuch, das Marcus «seinem Sohn» gewidmet habe.[12] Wie kam er darauf? Mehrere Manuskripte des Spätmittelalters bringen einzelne Aphorismen Marc Aurels, eine fast vollständige Handschrift des Vatikans stammt aus dem 14. Jahrhundert. Die komplette Vorlage der ersten Druckausgabe von 1559 in Zürich basiert auf dem verlorenen Codex Palatinus aus der großen Heidelberger Bibliothek des Pfalzgrafen Ottheinrich, die nach der Eroberung Heidelbergs durch Tilly 1622 Herzog Maximilian von Bayern dem Papst Gregor XV geschenkt hat. Wie der Codex zuvor von Heidelberg nach Zürich kam, wissen wir nicht. Bekannt ist nur, daß er durch die Hände zweier Humanisten ging, Michael Schütz alias Toxita und Wilhelm Holzmann alias Xylander, der eine lateinische Übersetzung beigab.[13] Aus der Zeit von 1643 bis 2016 nennt das Internet 873 Ausgaben in 12 Sprachen, vorhanden weltweit in 8116 Bibliotheken.

c. Der Briefwechsel mit Fronto

Noch abenteuerlicher ist die Überlieferungsgeschichte der zweiten für die Innensicht des Kaisers ergiebigen Quelle, der Briefwechsel des Rhetors Fronto[14] mit seinen Schülern Marc Aurel und Lucius Verus. Im Jahre 1815 entdeckte der spätere Kardinal Angelo Mai in der Bibliotheca Ambrosiana in Mailand ein Palimpsest mit bedeutenden Fragmenten jenes Textes. Protokolle der Akten des ersten Konzils von Chalkedon aus dem Jahre 451 waren auf Pergamentblätter geschrieben worden, deren ältere Texte man aus Sparsamkeit zuvor abgewaschen hatte, ohne die Buchstaben indes völlig beseitigen zu können. Wie Marc Aurels Tagebuch, so waren auch Frontos auf Rollen geschriebene Texte im 4. Jahrhundert in einen Codex übertragen worden, dessen Pergament für die Mönche nur Schriftträger war.

Mai erkannte in diesen Blättern die Briefe Frontos, von denen er später als Bibliothekar im Vatikan noch weitere Blätter hinzu fand. Insgesamt sind 388 von 680 Seiten erhalten, wenn auch der Text teilweise sehr lückenhaft ist.[15] 56 Briefe darunter sind von Fronto an Marcus als Caesar gerichtet, nur neun an ihn als Kaiser – sie füllten einmal fünf Buchrollen. Umgekehrt haben wir 71 Briefe von Marcus als Caesar und sieben von ihm als Augustus an Fronto. Hinzu kommen zahlreiche Stücke an Verwandte und Freunde sowie die Einleitung zu einem Werk über den Partherkrieg.[16] Diese Briefe waren nicht zur Veröffentlichung bestimmt, so wie aber die von Seneca und Plinius. Sie hätten auch kaum Leser gefunden, denn man wetteiferte in der Kunst, auf charmante Weise mit vielen Worten wenig zu sagen, und schwelgte in rhetorischen Komplimenten. Nur wenige Stücke enthalten kulturgeschichtliche Aussagen oder Einblicke in persönliche Befindlichkeiten von historischem Quellenwert.

Marcus Cornelius Fronto – *fronto* bezeichnet die hohe Stirn (*frons*) – wurde um 100 n. Chr. in Cirta, Numidien, dem späteren Constantine in Algerien geboren, studierte in Alexandria und machte dann als Redner in Rom Karriere. Im Jahre 138 vertraute ihm Pius seine beiden Adoptivsöhne Marcus und Lucius zum Unterricht in lateinischer Redekunst an und erhob ihn 143 zum *Consul suffectus*, das heißt zum nachgerückten Konsul. Es entstand eine lebenslange Freundschaft, für die der Briefwechsel Zeugnis ablegt. Frontos letzte Briefe stammen aus dem Jahre 166, in dem oder bald nach dem er starb.[17] Der Kaiser ließ ihm in der Senatscurie ein Standbild errichten, das bei dem Stadtbrand zur Zeit des Carinus 283[18] zerstört wurde, und verwahrte sein Porträt unter seinen Hausgöttern.[19]

d. Die Zweite Sophistik

Fronto wurde noch um 300 als ein «zweiter Cicero» gefeiert,[20] doch galt sein Stil dem lateinischen Schriftsteller Macrobius um 430 als *siccus* – «trocken, farblos».[21] Leider sind Frontos sämtliche Reden verloren, nur ein längeres Zitat in einem Brief von Marcus hat sich erhalten.[22] Fronto gilt wegen seiner bewußt altertümlichen Kunstprosa als Hauptvertreter der lateinischen «Zweiten Sophistik». Den Begriff prägte um 230 Philostrat[23] für die «philosophische Rhetorik» seiner Zeit, indem er an die erste, die alte Sophistik der Sokrateszeit anknüpfte. Der abfällige Unterton im Wort «Sophist», der auf Platon zurückgeht, ist dabei völlig verschwunden. Die als Sophisten bezeichneten griechischen Redner zeigen eine Vorliebe für das klassische Attisch, so wie Fronto das frühe Latein bevorzugte. Unter den lateinischen Literaten zur Zeit Marc Aurels werden dieser Stilrichtung noch hinzugezählt der Afrikaner Apuleius mit seinem zu Recht berühmten Eselsroman, seinen Reden und platonisierenden Traktaten[24] und Aulus Gellius mit seinen antiquarischen Kurzgeschichten, den «Attischen Nächten». Er hörte in Rom bei Fronto, von dem er ein Streitgespräch mit dem Sophisten Favorinus überliefert, ob es im Lateinischen oder im Griechischen mehr Bezeichnungen für Farben gebe.[25] In Athen verkehrte Gellius mit Herodes Atticus, dem Lehrer und Freund Marc Aurels.[26]

Wesentlich bedeutsamer ist die Zweite Sophistik[27] im griechischen Osten, in Athen und Kleinasien. Zu ihr gehören zahlreiche Redner und Schriftsteller, mit denen Marc Aurel persönlich zu tun hatte und die über ihn und seine Zeit berichten. Dazu zählen der genannte Herodes Atticus, das Haupt der Sophisten, und Galen, der Leibarzt des Kaisers. Der Redner Aelius Aristides deklamierte in Smyrna vor Marcus, Lukian von Samosata liefert unter seinen satirischen und seriösen Schriften Nachrichten zum Parther- und Markomannenkrieg, ebenso zeitgenössisch die Romanautoren Achilleus Tatios und Jamblichos,[28] sowie der Reiseschriftsteller Pausanias, dessen umfangreicher ‹Baedeker› für Griechenland erhalten blieb.

Aus Naukratis im Nildelta stammt Julius Pollux, griechisch Polydeukes, Nachfolger des von Marc Aurel hochgeehrten Redners Hadrianos[29] in Athen. Auch Pollux bemühte sich um ein attisches Griechisch, wenn auch nur mit mäßigem Erfolg. Den Lehrstuhl erhielt er von Commodus,[30] dem er in Rom Rhetorikunterricht erteilt und 178 eine Hochzeitsrede gehalten hatte.[31] Dem Caesar Commodus widmete Pollux sein Synonymenwörterbuch mit einem blumigen Kompliment für die Weisheit seines Vaters Marc Aurel.[32] Ebenfalls aus Naukratis stammt Athenaios. Er bietet um 220 etwas zur Religionspolitik Marc Aurels. Dessen Traumgläubigkeit wurde, wie diese allgemein, durch Artemidoros von Daldis[33] um 180 «wissenschaftlich» zu belegen versucht. Die überaus produktive Zweite Sophistik beherrscht die Literatur des Prinzipats. Sie fand nicht immer Bewunderer. Der gestrenge Mommsen sah 1883 dort nur «völlige Öde, die Leere, die Geistesarmut», und sein Schwiegersohn

Wilamowitz bestätigte 1884 die «erbärmlichkeit der ‹geistigen blüte› unter Hadrian und Marcus». Unter den Kaisern gab es für ihn nur den «vollständigen geistigen Marasmus», die totale Auszehrung.[34] Freundlicher ist die Bezeichnung «Schwanengesang» des Griechentums, dem die byzantinische Literatur nicht mehr angehört. Die allgemeine Dekadenz beklagt Pausanias.[35]

Neben der Literatur in der heidnisch-klassischen Tradition entstand im 2. Jahrhundert eine christliche Subkultur griechischer Zunge, deren Schriftgut, überwiegend bei dem Theologen Euseb von Caesarea, in Konturen erkennbar ist. Zwei Themenbereiche dominieren: eine konstruktive und eine polemische Richtung. Zu ersterer zählen die Bemühungen um einen Kanon verbindlicher Texte, die Glaubensunterweisungen und die Mahnungen zu Besserung und Buße vor dem nahen Weltgericht. Irenaeus von Lyon, Bischof seit 177, wählte aus den damals gebräuchlichen Evangelien die seitdem kanonischen vier. Die Paulusbriefe übernahm erst der Ketzer Markion, der «Erstgeborene Satans», in seine Heilige Schrift. Dem folgte die Großkirche. Der Erbauung und Buße dienten Legenden und Apokryphen, Apokalypsen und Märtyrerakten.

Die polemische Literatur der Kirchenväter kämpfte an zwei Fronten. Die innere steht gegen die üppig wuchernden Häresien; gegen diese wenden sich namentlich Polykarp unter Pius und Hegesippos[36] unter Marcus. Die äußere Bedrohung des Christentums bewirkten einerseits der zähe Götterglaube und andererseits die mißtrauische Staatsmacht, gegen die sich die Apologien richten, insbesondere die von Justin und Meliton.[37] Von «literarischer Unfruchtbarkeit dieser Epoche»[38] kann man kaum sprechen.

e. Cassius Dio

Angesichts seines attischen Stilmusters Thukydides, damals über 600 Jahre alt, könnte man auch Cassius Dio zur Zweiten Sophistik zählen. Dio ist die verläßlichste und ergiebigste literarische Quelle für Marc Aurel. Der Autor wurde um 150 im kleinasiatischen Nicaea geboren. Aus senatorischer Familie stammend, trat er unter Commodus in den Senat ein, wurde von Pertinax gefördert, war Praetor, Statthalter in Pergamon, dann in Africa, Dalmatien und Pannonien, lebte in Kampanien und ging nach seinem zweiten Konsulat 229 unter Severus Alexander nach Nicaea zurück. Während des Fünfkaiserjahres 193[39] träumte Dio, Septimius Severus werde Kaiser. Er verfaßte eine Schrift und übersandte sie ihm. Dieser antwortete freundlich, und in der Nacht darauf befahl das Daimonion Dio, Geschichte zu schreiben.[40]

Im Vertrauen auf Tyche, die Schicksalsgöttin, sammelte Dio zehn Jahre lang Stoff und schrieb dann von 210 bis 222 eine römische Geschichte seit Äneas – dem Flüchtling aus Troja und mythischen Ahnherrn der Römer – in 80 Büchern. Zwei Drittel des Werkes sind verloren, so wie ja ebenfalls von den Schriften der über tausend bezeugten griechischen Historiker bis in die Zeit des Augustus nach der Untersuchung von Hermann Strasburger (1977) mehr als neun Zehntel verschwunden sind.[41] Selbst die Werke der großen lateinischen Geschichtsschreiber Sallust und Livius, Tacitus und Ammianus Marcellinus haben nur fragmentarisch überlebt. Von Dio besitzen wir Fragmente der Jahre 161 bis 180, also der Regierungszeit Marc Aurels, in byzantinischen Anthologien, so in den *Excerpta De Virtutibus et Vitiis*, Passagen über Tugenden und Laster, sowie in den *Excerpta De Sententiis*, einer Sammlung von bemerkenswerten Aussprüchen, die im 6. Jahrhundert von dem Historiker und Chefdiplomaten Justinians Petrus Patricius angelegt wurde, und in den *Excerpta De Legationibus*, Berichte über Gesandtschaften von und nach Rom. Diese drei Konvolute sind Teil der Enzyklopädie, die Konstantinos VII Porphyrogennetos vor seiner Herrschaftsübernahme 945 anlegen ließ. Aus dem 10. Jahrhundert stammt ebenso die *Suda*, das große byzantinische Lexikon, das gleichfalls Notizen aus Dio enthält. Viele Stellen zu Marc Aurel überliefert die Kurzfassung Dios, die der Mönch Johannes Xiphilinos in Konstantinopel im Auftrag von Michael VII Dukas († 1078) verfaßte und erweiterte.

Die maßgebende Ausgabe, nach der auch hier zitiert wird, stammt von Ursulus Philippus Boissevain (1855 bis 1930), dem Althistoriker aus Amsterdam. Seine Edition erschien in drei Bänden 1895 bis 1901 in Berlin, wo Boissevain studiert hatte. Der Registerband folgte 1926. Die griechisch-englische Loeb-Ausgabe von Foster und Cary 1927 bietet eine chronologisch etwas verbesserte Zählung der für Marc Aurel maßgeblichen Bücher LXXI und LXXII.

Woher Dio und dann auch Marius Maximus ihr Wissen bezogen, ist nicht bekannt. Die mehrfach referierten Verhandlungen mit den Germanen und Jazygen wurden lateinisch geführt; davon, daß es Dolmetscher gab, darf man ausgehen.[42] Die Verträge wurden schriftlich niedergelegt, der Form halber in einer Ausfertigung auch der Gegenseite ausgehändigt, obschon der Adel der Barbaren sicher des Lesens und Schreibens unkundig war. Das offizielle Exemplar gelangte ins römische Staatsarchiv, das Sanctuarium Caesaris auf dem Palatin, nachdem das Tabularium auf dem Kapitol abgebrannt war und der Bestand von Vespasian wiederhergestellt werden mußte.[43] Die Dokumente wurden von den Gewährsmännern, auf die Dio und Marius Maximus sich stützten, genutzt, obschon sich von ihnen keine Spuren erhalten haben.

f. Die Marcusvita der Historia Augusta

Die lateinischen Viten von Pius, Marc Aurel, Lucius Verus, Avidius Cassius und Commodus finden sich in dem Sammelwerk der *Scriptores Historiae Augustae*. Es handelt sich um ein Konvolut von Kaiserbiographien, angeblich aus der Zeit von Diocletian (284 bis 305) und Constantin (306 bis 337), die Hermann Dessau 1889 als literarische Mystifikation entlarvt hat.[44] Die dreißig Viten von Hadrian (117) bis zum Tode des Carus (283) stammen nicht von den sechs genannten Verfassern, die sämtlich erfunden sind, sondern von einem einzigen Autor, wahrscheinlich einem Senator des ausgehenden 4. Jahrhunderts. Die späteren Viten bestehen überwiegend aus klatschhaften Anekdoten und gefälschten Dokumenten. Gute Vorlagen jedoch hat der Verfasser für die frühen Viten verwendet, so auch für die des Marcus. Sie steht unter dem fiktiven Namen des *Julius Capitolinus*. Hauptquelle der Viten bis Elagabal (218 bis 222) ist der im Text mehrfach genannte Senator Marius Maximus. Dessen lange Karriere im Staatsdienst begann unter Marc Aurel und führte bis zu einem zweiten Konsulat im Jahre 223.[45] Er war Modeautor in Senatskreisen zur Zeit Ammians, der ihn verächtlich erwähnt.[46]

Das Corpus der *Scriptores Historiae Augustae* wird einmal vom jüngeren Symmachus zitiert, der 485 Konsul war,[47] und dann erst wieder bei dem Iren Sedulius Scottus um 850 in Lüttich, erhalten in einer Handschrift aus der Stauferzeit unter den Büchern von Nicolaus Cusanus in der Hospitalbibliothek von Bernkastel-Kues. Aus dem 9. Jahrhundert stammt ebenso die wichtigere Handschrift der *Historia Augusta*, angefertigt im Benediktinerkloster Fulda, die über Verona nach Heidelberg in die Bibliotheca Palatina gelangte und mit den ‹Selbstbetrachtungen› 1623 in den Vatikan kam. Mehrere Humanisten haben sich mit dem Manuskript beschäftigt: Petrarca, Poggio Bracciolini und Erasmus, der nach dem Erstdruck 1475 in Mailand 1518 in Basel eine verbesserte Ausgabe publizierte.

g. Die Nachbarviten

Nachrichten über Marcus enthalten fünf weitere Viten der *Historia Augusta*, vor und nach der Marcusvita, sozusagen Nachbarviten. Die gleichfalls dem fiktiven *Julius Capitolinus* zugeschriebene, durchaus sachliche und verläßliche Biographie des Antoninus Pius bietet Aufschluß über die Zeit Marc Aurels vor dem Herrschaftsantritt. Die Vita des Adoptivbruders und Mitkaisers Lucius Verus (161 bis 169) von demselben Pseudo-Autor ist in voller Länge einschlägig. Ein *Vulcacius Gallicanus* soll den Gegenkaiser Avidius Cassius behandelt haben; darin finden sich romanhafte Einschübe, die bei den späteren Viten überwiegen. Gewährsmann auch für die folgenden Viten ist Marius Maximus.

Als Verfasser des Lebensbildes von Commodus (180 bis 192), dem Sohn und Nachfolger Marc Aurels, erscheint ein *Aelius Lampridius*. Dieser, auch für die Lebenszeit Marc Aurels informative Text enthält, ganz ungewöhnlich, Tagesdaten des römischen Staatskalenders, die sich als zuverlässig erwiesen haben. Dabei erscheinen die von Commodus in seinem Caesarenwahn umbenannten Monatsnamen, die ihn selber feiern – für *mensis Augustus* nun *mensis Commodus*, für *mensis Septembris* jetzt *mensis Herculis*, für *mensis Octobris* künftig *mensis Invictus* usw.[48] Die Tagesdaten sind mithin zeitgenössisch. Marius Maximus entnahm sie den *Acta Urbis*, den durch Anschlag veröffentlichten amtlichen Bekanntmachungen, die Caesar eingeführt hatte.[49] Sie waren vermutlich im Staatsarchiv, dem Sanctuarium Caesaris, einsehbar. Die alten, unsrigen Monatsnamen wurden unter dem Nachfolger Pertinax (31. Dez. 192 bis 193) wiederhergestellt. Auch dessen Vita, wieder von *Julius Capitolinus*, liefert für uns historisch Brauchbares. Pertinax war General unter Marcus.

h. Spätantike lateinische Texte

Kurze lateinische Kaiserbiographien besitzen wir von Sextus Aurelius Victor,[50] 361 Statthalter in Pannonien und 389 römischer Stadtpräfekt, in seinem bis 360 führenden *Liber de Caesaribus*, sowie von Eutrop,[51] 380 Reichspräfekt in Illyricum und 387 Konsul, in seinem *Breviarium ab urbe condita*, das bis 364 reicht. Victor und Eutrop benutzen eine gemeinsame, unbekannte Quelle, die sogenannte Enmannsche Kaisergeschichte.[52] Aus der Zeit um 400 stammt eine Erweiterung des Textes von Victor in der anonymen *Epitome de Caesaribus*. Noch ein Breviarium verfaßte (Rufus) Festus.[53] Er war bis 378 *proconsul Asiae* unter Valens (364 bis 378),[54] dem er zuvor als *magister memoriae* – eine Art Kabinettssekretär – gedient hatte und der das kleine Werk in Auftrag gegeben hatte. Es behandelt die Kriege der Römer, ganz kurz die von Marc Aurel, etwas ausführlicher die von Lucius Verus, da Valens gleichfalls im Osten mit Feinden zu tun hatte. Geschichtsschreibung war in der Antike selten reine Gelehrtensache, sondern allermeist Nebenbeschäftigung von Männern der Staatsverwaltung in hohen Stellungen.

Ein Dutzend wertvoller Notizen zu Marc Aurel verdanken wir Ammianus Marcellinus,[55] dessen 396 abgeschlossenes Werk mit den Büchern XIV bis XXXI nur für die Jahre 353 bis 378 erhalten ist. Die Bücher I bis XIII behandelten die Zeit vom Tode Nervas bis zu Constantius II (337 bis 361), darunter die *acta Marci*. Die Mehrzahl der daraus in den späteren Büchern Ammians erhaltenen Stellen[56] bringt Nachrichten, die keine andere Quelle nennt. Daraus läßt sich folgern, daß wir sehr viel mehr über Marc Aurel wüßten, hätten wir Ammians Bericht vollständig. Nichts Neues zu Marc Aurel bietet die ‹Historia adversum paganos› des Orosius, der als Schüler Augustins um 420 schrieb.

Den Geburtstag Marc Aurels am sechsten Tag vor den Kalenden des Mai, am 26. April, verzeichnet der lateinische Militärkalender, bekannt durch einen 1931 in der Grenzfestung Dura-Europos am Euphrat gefundenen Papyrus, das *Feriale Duranum* etwa aus dem Jahr

230; das Datum und den Geburtstag von Lucius Verus bestätigt der staatliche Festkalender des Filocalus von 354, eine in acht mittelalterlichen Manuskripten erhaltene Sammelhandschrift.[57] Darunter ist auch eine knappe Chronik mit der Angabe von Marc Aurels Todesort Wien.[58]

i. Griechische Nebenquellen

Unter den griechischen Nebenquellen finden sich Zeitgenossen wie der Arzt Galen,[59] der Rhetor Aelius Aristides,[60] der Reiseschriftsteller Pausanias, der die Bildungstouristen in Hellas mit historischen und legendären Überlieferungen bedient, der Kriegsschriftsteller Polyaen[61] mit seinen militärischen Beispielen, der religionskritische Satiriker Lukian[62] und besonders Flavius Philostratos mit seinen *Vitae Sophistarum.*[63] Er stammte aus Lemnos, war aber Bürger Athens und gehörte zu dem Kreis um Julia Domna, die Gemahlin des Septimius Severus (193 bis 211). Die Viten schrieb er um 235 in Athen, für die Zeit Marc Aurels ist namentlich das Leben des Herodes Atticus bedeutsam. Wenig später entstand die romanhafte ‹Kaisergeschichte nach Marcus› des Herodian. Das erste Buch ist noch einschlägig, doch ist der Text rhetorisch aufgeschwemmt. Ein kürzeres, verlorenes Gegenstück zu dem Werk des Dio bildete die ‹Tausendjährige Geschichte Roms› von Asinius Quadratus, aus der die Cassiusvita und Zosimos zitieren. Zudem verfaßte der Autor eine Geschichte des Partherkriegs, wie wir aus der Verusvita und aus byzantinischen Quellen wissen.[64]

Zumeist griechisch sind weiterhin die christlichen Quellen. Zeitnah berichtet Justinus Martyr über die Lage der Christen unter Antoninus Pius und Marc Aurel.[65] Über die Christenprozesse unterrichtet uns die Kirchengeschichte des Euseb von Caesarea in Palästina.[66] Der spätere Hofbischof Constantins verwendete neben echter auch unechte Überlieferung. Seine Weltchronik, von Hieronymus latinisiert und fortgesetzt von 326 bis 378, ist das Rückgrat der antiken Chronologie.[67] Er datiert nach der biblisch legendären Geburt Abrahams, die, umgerechnet, ins Jahr 2016 v. Chr. fällt. Hier finden sich die Eckdaten zu Marc Aurel und kirchengeschichtliche Nachrichten. So wie die Kirchengeschichte Eusebs sind auch die Apologien und

Märtyrerakten[68] reich an Legenden und Fälschungen, an Übertreibungen und Dramatisierungen zum Ruhme des Glaubens, also *pia fraus*, frommer Betrug.[69] Die heidnischen Historiker übergehen die Christenprozesse, sie gehören für sie in die Kriminalakten und sind daher nicht geschichtswürdig.

j. Rechtsquellen

Aufschlußreich für die Innenpolitik Marc Aurels sind seine Gesetze und Verordnungen. Sie sind teilweise in der Vita und bei Dio überliefert, in Einzelfällen auf Inschriften, einmal im Codex Gregorianus,[70] sonst in den Rechtsquellen des *Corpus Iuris Civilis.* Dieses für die europäische Rechtsgeschichte grundlegende Sammelwerk entstand im Auftrag Justinians (527 bis 565) durch eine Gruppe von Rechtsgelehrten unter der Leitung des *quaestor sacri palatii* Tribonianus und wurde 534 publiziert. Bestimmungen Marc Aurels und seines Bruders finden sich dort im ‹Codex Iustinianus› in der Form von Briefen der Kaiser an einzelne Beamte und in den Digesten oder Pandekten, rechtsgültigen Entscheidungen von bedeutenden Juristen seiner Zeit.[71]

k. Lateinische Inschriften

Die wichtigsten lateinischen Inschriften sammelte Hermann Dessau in seinen ‹Inscriptiones Latinae Selectae› von 1892 bis 1916. Sie enthalten eine Auswahl aus dem nach Provinzen geordneten Riesenwerk des ‹Corpus Inscriptionum Latinarum›, das unter der Ägide von Theodor Mommsen seit 1854 von der Berliner Akademie getragen wurde und noch immer ergänzt wird.[72] Es handelt sich überwiegend um Weihinschriften zu Ehren des Kaisers und seiner Familie auf Basen, deren Statuen verlorengingen, oder auf Bauwerken, die meist zerstört sind. Der Name des Kaisers erscheint im Dativ, es folgen seine kaiserlichen «Vorfahren» seit Nerva. Adoption wird der natürlichen Vaterschaft gleichgeachtet.

Nach römischer Sitte werden dem Namen meist die Siegerbeinamen angehängt, die der Kaiser selbst und gleichlautend sein Mitkaiser Lucius Verus auf Senatsbeschluß trugen. Sie lauten Armeniacus, Parthicus, Medicus, Germanicus, Sarmaticus, bei erneuter Verleihung verstärkt durch Maximus. Der Kaisertitel *Imperator Caesar* steht vor dem Namen und *Augustus* nach ihm. Zusätzlich erscheint – nur bei Marcus – *Pontifex Maximus*, abgekürzt PM, das mit dem Kaisertitel verbundene Amt des Oberpriesters, weiterhin die jährlich am 10. Dezember erneuerte Amtsgewalt des Volkstribunen, die *tribunicia potestas*, die Zahl der Ausrufungen zum *Imperator* nach einem Sieg, die der bekleideten Konsulate, die beim Kaiser stets die höchste im Reich war, und der Ehrenrang «Vater des Vaterlandes», *pater patriae*, abgekürzt PP. Zu den Kaiserinschriften treten die epigraphischen Zeugnisse für Angehörige und hohe Beamte, deren Ämterlaufbahn (*cursus honorum*) Aufschlüsse für Kriegsereignisse liefert.

Unschätzbare Inschriften verdanken wir dem Anonymus Einsidlensis, dem Autor einer Sammelhandschrift, die um 900 im Kloster Reichenau entstand. Sie enthält unter anderem einen Pilgerführer für Rom und Kopien von Kopien zahlreicher Inschriften aus der Stadt, darunter die längst verlorenen Inschriften aus den Mausoleen von Augustus und Hadrian. Das Büchlein kam in die Bibliothek von Sankt Gallen und blieb unbeachtet bis in die Humanistenzeit. 1414 nahm Papst Johann XXIII am Konstanzer Konzil teil, was ihn die Tiara kostete. Ihn begleitete sein gelehrter Sekretär Poggio Bracciolini aus Florenz, der die Gelegenheit zu einem Fischzug durch die Klöster der Umgebung nutzte, wo er vielleicht ein Drittel der heute verfügbaren lateinischen Texte aus vorchristlicher Zeit fand und mitnahm, darunter auch den Codex Einsidlensis. Er ließ ihn «in seinem Ärmel verschwinden und mitgehen».[73] Das Original ist verloren, erhalten sind Abschriften des 15. und 16. Jahrhunderts, namentlich das Exemplar aus dem Monasterium Eremitarum zu Einsiedeln in Schwyz, das namengebend wurde.[74]

1. *Militärdiplome*

Für die Einbürgerungspraxis aufschlußreich sind die Militärdiplome.[75] Es sind durch Zufallsfunde erhaltene doppelte Bronzetafeln von Heftgröße mit Abschriften von Entlassungsurkunden meist für Angehörige der Hilfstruppen aus den Provinzen, die den Begünstigten ausgehändigt und in die Heimat mitgenommen wurden, während die Originale unter Marc Aurel an der riesigen Brandmauer hinter dem Augustustempel auf dem Forum des Kaisers befestigt wurden. Bei der *honesta missio*, der ehrenhaften Entlassung nach 25 Dienstjahren, erhielten die Veteranen die *civitas Romana*, das römische Bürgerrecht. Diese Diplome sind auf Tag und Jahr datiert, von sieben Zeugen beglaubigt und nennen außer dem Kaiser und dem Namen des Begünstigten sowie seine Truppe und deren Kommandeur. Die inzwischen über tausend erhaltenen Tafeln sind eine zentrale Quelle für die Militärgeschichte. Aus der Zeit Marc Aurels gibt es 70 Urkunden, doch fehlen solche völlig aus den Jahren 168 bis 177. Das ist aus der Geld- und Metallknappheit während der Markomannenkriege zu erklären, denn sicher wurden solche Bronzetafeln Jahr für Jahr zu Tausenden hergestellt.[76] In der fundleeren Zwischenzeit wurde das Privileg vermutlich auf Wachstafeln erteilt. Nach dem Germanentriumph am 23. Dezember 178 setzt die Produktion wieder ein. Eine Quelle für die Baugeschichte der Militäranlagen sodann sind die Ziegelstempel, die Nummer und Namen der Legion tragen. Die Legionäre waren mit vielerlei Bauarbeiten befaßt.[77]

m. Griechische Inschriften

Die Inschriften mit Texten aus der Kanzlei Marc Aurels sind Briefe mit rechtsetzendem Charakter,[78] abgefaßt auf Griechisch, an Städte im Osten, an Athen und Delphi, an Ephesos und Milet. Dauernde Verbindlichkeit war der Grund für die Begünstigten, die ihnen auf Papyrus durch den kaiserlichen *procurator ab epistulis Graecis* zugegangenen Bescheide auf Stein zu übertragen und öffentlich aufzustellen. Die meisten griechischen Inschriften aus Marc Aurels Zeit betreffen lediglich örtliche Angelegenheiten. Zuweilen ist die Überlieferungsgeschichte erinnernswert. So verdanken wir die athenische Ephebenliste von 177[79] einem hessischen Soldaten, der sie 1688 aus Griechenland mit nach Kassel gebracht hat, wo sie sich heute befindet. Im Stil des zeitüblichen Soldatenhandels hatte Landgraf Karl Truppen an die Republik Venedig vermietet, die unter Francesco Morosini 1687 Athen eroberte, wobei eine Granate das türkische Pulvermagazin im Parthenon traf und eine Explosion verursachte.

n. Münzen und Medaillen

Eine ergiebige Quelle zu allen Zeiten der Antike sind die von den Griechen seit dem 6., von den Römern seit dem 4. Jahrhundert v. Chr. geprägten Münzen. In archaischer und klassischer Zeit tragen sie Stadtsymbole und Götterbilder, seit Alexander Herrscherporträts auf der Vorderseite. Politiker erscheinen auf Münzen in Rom seit Sulla, Caesar und Pompeius. Augustus und seine Nachfolger reservierten das Münzbild für sich selbst und Familienangehörige (Tafel VII). Die Umschrift bietet Namen und Titel; wichtig ist die Zahl der bekleideten Konsulate, jeweils beginnend am 1. Januar. Doch wird die Zahl (z. B. COS. III) so lange beibehalten, bis eine neue (hier COS. IV) nach einigen Jahren an deren Stelle tritt. Daher ist wichtiger die alljährlich am 10. Dezember erneuerte und numerierte tribuzinische Gewalt; damit sind die Reichsmünzen zu datieren.[80] Die im Osten üblichen Provinzialprägungen[81] griechischer Städte, etwa 360, zeigen den Kaiserkopf und lokale Symbole.[82] Silber prägten Alexandria und Antiochia, die anderen Städte nur Bronze oder Messing. Gold war Kaiserregal.

Die Rückseiten der Reichsmünzen nehmen Bezug auf wichtige Ereignisse und tragen – wo nicht vom Kaiser formulierte, so doch gewöhnlich mit ihm abgestimmte – Parolen, dienen mithin der Propaganda. Am häufigsten werden Siege gefeiert, es folgen religiöse Themen, dann Dynastisches und Sonstiges.[83] Dabei gibt es Unsicherheiten. Unklar ist, wie weit beispielsweise eine Siegesmeldung in der Umschrift oder im Emblem zurückverweist. Meldet die Münze das Ereignis schon nach Wochen oder erst nach Monaten? Noch im gleichen oder erst im folgenden Jahr? Die Nachricht von der Donaufront zur Münzstätte Rom und zur Ausgabe der Emission erforderte Zeit. Fraglich ist oft, auf welchen literarisch bezeugten Vorgang sich eine Münzparole bezieht. Ist sie toposartig wie FELICITAS, SECURITAS oder PROVIDENTIA, bleibt sie chronologisch indifferent. Nennt sie einen Germanen- oder Sarmatensieg, stellt sich die Frage, um welchen es sich handelt. Es gab mehrere. Die ereignisbezogenen Angaben eines Münztyps sind nur beim ersten Erscheinen aussagekräftig, sie werden oft noch eine Weile weiter geprägt, ohne daß Neueres geschehen sein muß. Die Aufgabe der Zuordnung stellt sich ebenso für die numismatisch verkündeten Siegerbeinamen und die imperatorischen

Akklamationen. Die Zeitgenossen wußten oder konnten erfahren, was gemeint ist, wir müssen das erschließen. Dazu verhelfen in den Einzelnachrichten Querverweise auf Früheres oder Späteres, so daß sich Anschlußmöglichkeiten ergeben.

Die von sechs Werkstätten in Rom geprägten *Aurei* in Gold, die Denare beziehungsweise Drachmen in Silber sowie die Sesterzen, Dupondien und Asse in Bronze gerieten über die Besoldung der Beamten und des Heeres reichsweit in Umlauf. In den zwanzig Jahren seiner Regierung von 161 bis 180 gab es unter Marc Aurel 39 Emissionen mit einigen hundert verschiedenen Legenden. Deren historische Auswertung ist nicht selten umstritten. So kann beispielsweise mit FORTUNA REDUX – «glückliche Heimkehr» – eine Tatsache oder ein Wunsch gemeint sein. Verweist das Blitzbündel in der Hand des Kaisers auf das Blitzwunder im Quadenland[84] oder wiederholt es einfach ein seit Augustus belegtes Standardmotiv des Kaisers in Jupiterpose?[85] Welcher Sieg mit einer VICTORIA-Prägung gefeiert wird, ist selten eindeutig.[86]

Das verwendete Metall war zum kleineren Teil eingeschmolzener Altstoff und kam zum größeren Teil aus Bergwerken. Lateinisch *metallum* geht zurück auf griechisch *metallon* und bedeutet «Bergwerk». Die wichtigsten Gold- und Silbervorkommen lagen in Spanien und Dakien, sie waren Staatsmonopol. Die Verurteilung *ad metalla*, zur lebenslänglichen Bergwerksarbeit war die härteste vor der Todesstrafe. Sie traf unter Decius (249 bis 251) auch Christen, wie Cyprian, der Kirchenvater aus Karthago, beschreibt.[87]

Eine Quelle eigener Art sind die häufigen Hortfunde. Wenn in Kriegsgefahr reiche Leute fliehen mußten, haben sie oft ihren Münzschatz vergraben, ohne ihn später wieder heben zu können. Aus dem Datum der jüngsten Münze ergibt sich der *terminus post quem*. Einzelfunde können sehr verschiedene Ursachen haben,[88] aber enden mehrere Hortfunde einer Gegend zur gleichen Zeit, spricht ein solcher «Horizont» für eine Fluchtbewegung. Aus allen Kriegsgebieten der Zeit Marc Aurels gibt es Schatzfunde, die zur Datierung der jeweiligen Ereignisse wichtig sind.[89] Unklar bleibt, wie lange die jüngste Münze nach der Prägung in Rom bis in die Provinz brauchte und wieviel später sie vergraben wurde. Darüber können Monate vergangen sein.

o. Kaiserporträts

Die Münzbilder erlauben die Zuweisung der stets unbeschrifteten plastischen Porträts an die Kaiser. Seit dem Hellenismus sind die Köpfe der Herrscher individuell erkennbar gestaltet. Das Material ist meistens Marmor, seltener Porphyr. Kunstwerke aus Bronze, Silber oder Gold wurden überwiegend später eingeschmolzen. Das begann bereits in der Antike. Augustus ließ in Rom 80 silberne Statuen von sich, teils stehend, teils zu Pferd oder auf einer Quadriga ausmünzen und davon goldene Dreifüße für Apollon herstellen.[90] Das einzige aus der Antike erhaltene Goldbildnis eines Kaisers ist die 1939 in Avenches, dem römischen Aventicum, gefundene Büste Marc Aurels, 33 Zentimeter hoch, 1,65 Kilogramm schwer.[91] Als die Stadtältesten, die Gerusia von Ephesos, die silbernen Bilder früherer Kaiser einschmelzen und zu solchen für Marcus umarbeiten wollten, verbat er sich das.[92] Eine ähnliche Verfügung traf er auch gegenüber Athen. Die Stadt hatte beschlossen, ihm und Faustina goldene und silberne Bildnisse aufzustellen. Da widersprach der Kaiser in einem inschriftlich erhaltenen Brief an die Gerusia, den Stadtrat. Ihm genügten kleine Bilder aus Bronze.[93]

Die Gestaltung verbindet die geforderte Naturnähe oft mit einer programmatischen Aussage. Augustus erscheint immer jugendlich idealisiert; Nero präsentiert sich durch Backenbart und Schläfenlocken als Künstler; Vespasian zeigt sich mit seinem ungeschönten Bauerngesicht als Volkskaiser. Hadrian trägt als erster Kaiser einen Bart. Wollte er damit im Sinne des zeitüblichen Archaismus an die altrömischen Könige und frührepublikanischen Senatoren anknüpfen, die bärtig waren, bis die Familie der Scipionen die Rasur in Mode brachte? Oder bezeugte er mit dem Bart seine Vorliebe für die Griechen? Die Zeitgenossen meinten schlicht, er habe seine Gesichtsnarben verbergen wollen,[94] ohne propagandistischen Hintersinn. Antoninus Pius zeigte mit dem Bart jedem verständlich seine dynastische Verbindung zu Hadrian, und dies demonstrierten so ebenfalls dessen Nachfolger bis zu Septimius Severus, die sich wie mit dem Namen so mit dem Aussehen ganz bewußt in diese Tradition stellten. Warum hätte Marc Aurel sich rasieren sollen? Der Bart wurde als Zeichen des Philosophen gedeutet und verspottet. «Machte der Bart den Philosophen, wäre ein Ziegenbock eine Art Platon.»[95] Ohne eine Neigung zur Philosophie trug auch Lucius Verus einen Bart. Die Jugendbilder Marc Aurels zeigen das Wachstum seines Bartes.[96] Marcus erscheint stets barhäuptig, ohne Eichenkranz wie manche julisch-claudischen Kaiserköpfe, ohne Helm wie die Soldatenkaiser des 3. Jahrhunderts, ohne Diadem wie die spätantiken Imperatoren. Zuweilen trägt er einen Lorbeerkranz. Anders als die Bilder aus der Jugend zeigen die aus der Regierungszeit keinen schönen, aber einen eindrucksvollen Kopf (Tafel I).

Von Marcus besitzen wir aus einem Zeitraum von mehr als vierzig Jahren noch über 120 zeitgenössische Bildnisse von ursprünglich vielleicht dreitausend.[97] Es handelt sich um zeitgenössische Kopien, die auf vier, zu verschiedenen Zeiten in Rom nach dem Leben geformte Modelle zurückgehen.[98] Das früheste, ganz knabenhafte, entstand 138 bei der Adoption durch Antoninus Pius.[99] Die inschriftlich bezeugten Silberbüsten des *Verissimus Caesar* sind mit einer Ausnahme verloren,[100] erhalten blieben viele Marmorköpfe, so in Florenz und im Kapitolinischen Museum zu Rom.[101] Der zweite Typ stammt aus dem Jahr vor der Hochzeit mit Faustina 145. Das noch jugendliche Antlitz zeigt ganz leichten Bartwuchs, so das Exemplar in Florenz.[102] Typus Drei wurde bei der Herrschaftsübernahme 161 geschaffen. Ihm werden die Porträts in der Glyptothek München und im Liebieghaus Frankfurt zugeordnet.[103] Es ist die bekannteste Ausfertigung, mehrfach in Rom vorhanden. 1864 beschreibt sie Hippolyte Taine: «Man erkennt sie sofort an ihren vortretenden Augen wieder. Er sieht traurig und edel aus, sein Antlitz ist das eines Menschen, der ganz und gar von seinem Gehirn beherrscht wird: ein idealistischer Träumer.»[104] Der vierte Typus ist das sorgenvoll wirkende Altersporträt, entstanden nach dem Tod von Lucius Verus.[105] Das ausdrucksstärkste befindet sich im Kapitolinischen Museum.[106] Die Naturtreue der Köpfe rühmt der Begründer der modernen Archäologie Winckelmann, der meinte, allein an der Form des Ohres sei ein Bild Marc Aurels zu erkennen.[107] Das behandelt Hegel in seinen Vorlesungen über Ästhetik.[108] Die Zeitbestimmung der vier Typen ergibt sich aus den datierten Münzbildern (Tafel VII).

Die vier Urtypen waren in Gegenwart des Kaiser nach der Natur in Ton oder Wachs modelliert worden, wurden dann in Gips abge-

Abb. 2: Die vier Bildnistypen Marc Aurels. Typ 1 mit 17 Jahren, Typ 2 mit 24 Jahren, Typ 3 mit 40 Jahren und Typ 4 mit 50 Jahren.

gossen, verschickt und dienten als Muster für die Serienproduktion in dauerhaften Materialien, meist Marmor oder Erz. Die besten Stücke stammen aus Werkstätten in Rom, provinzielle Arbeiten sind als Kopien von Kopien an abnehmender Ähnlichkeit erkennbar; so konnte die bärtige Goldbüste aus Avenches auch als Julian gedeutet werden.[109] Die Künstler sind sämtlich unbekannt, das gilt für alle Darstellungen des Kaisers. Die sehr zahlreichen Bildhauer und Erzgießer, die wir namentlich kennen, sind Griechen.[110] Von der ursprünglich überall anzunehmenden Farbgebung der Marmorwerke haben sich selten Reste erhalten, die ehemalige Vergoldung der Bronze ist noch gut erkennbar. Die Rekonstruktion eines farblich gefaßten Kopfes von Marc Aurel befindet sich in der Abguß-Sammlung Antiker Plastik in Berlin-Charlottenburg.[111] Die Wirkung ist befremdlich. Wenn bei vielen Köpfen die Nasen abgeschlagen wurden, so ist das kein bloßer Vandalismus, sondern beruht auf einem bei Christen wie Muslimen verbreiteten Aberglauben, daß in den Köpfen dämonische Kräfte stecken, die durch eine solche Beschädigung unschädlich gemacht werden. Einen solchen Fall erzählte mir mein Gastgeber Emile M. Boustany im Januar 1965 in Beirut.

p. Kaiserstatuen

Die Köpfe saßen gewöhnlich auf einer Büste oder einer Statue, die oft separat gearbeitet war und verloren ging. Von Marcus gibt es aus Alexandria zwei komplette Standbilder sowie noch einige Büsten, die ihn als Imperator zeigen.[112] Er trägt einen Plattenpanzer (*thorax*) mit einem Medusenhaupt, das nach der Sage[113] den Betrachter in Stein verwandelt, darunter ein Hemd (*tunica*), darüber den purpurnen Feldherrnmantel (*paludamentum*), befestigt mit einer Spange auf der rechten Schulter. Ein Helm fehlt wie immer. Eine Statue des Kaisers im Friedenskostüm zeigt ihn in der Toga des Senators, eine Büste mit bedecktem Haupt (*capite velato*) als Priester oder Opfernden. Mehrfach wurden Kaiser mit Attributen von Göttern dargestellt, so erscheint Marcus einmal als Kriegsgott Mars zusammen mit Faustina als Liebesgöttin Venus.[114] Von mehreren Kaisern seit Augustus sind Kolossalstatuen bezeugt, so inschriftlich für Marc Aurel und Lucius Verus in der Provinz Africa Proconsularis.[115] Seit 2008 gibt es auch ein Original, das man entdeckte, als im pisidischen Sagalassos nördlich von Antalya eine Therme freigelegt wurde, die kolossale Kaiserstatuen enthielt: Hadrian und Sabina, Antoninus Pius und Faustina maior sowie Marc Aurel, 4,50 Meter hoch, und Faustina minor. Lucius Verus fehlt.[116]

Die Allgegenwart des römischen Kaiserbildes war eine wesentliche Stütze der Herrschaft. So wie ein moderner Diktator, nicht nur zur Zeit gerade Erdoğan in Ankara, allabendlich auf dem Bildschirm erscheint, so beherrschte das Bildnis des Kaisers den öffentlichen Raum in Rom und den Städten des Reiches. Es stand in der Mitte der Stadt auf dem Markt, vor den Tempeln, in den Theatern und den

Abb. 3:
Lucius Verus.
Mitkaiser
Marc Aurels
161 bis 169.

Thermen, vor den Bibliotheken und in den Basiliken, in den Palästen, Portiken und Privathäusern. In jedem Lagerheiligtum, dem *sacellum* römischer Kastelle, befand sich außer den Feldzeichen und der Kasse das Kaiserbild, gestiftet von den Offizieren,[117] vor dem die Soldaten das *sacramentum*, den Eid auf den Kaiser leisteten.[118] Die Beschädigung von Kaiserbildern galt als Majestätsverbrechen, sie genossen eine sakrale Aura. Sie waren das zentrale Objekt des Kaiserkultes, eine spanische Inschrift spricht von *statuae sacrae* von Pius, Marcus und Commodus; bei der Dedikation wurden Schlachtopfer dargebracht, so am Geburtstag Marc Aurels 169 in Dalmatien.[119] An Statuen und Bildern der Kaiser fanden Flüchtlinge Asyl, bis Antoninus Pius das abschaffte.[120] Der Mißbrauch des Asylrechts ist so alt wie dieses selbst.[121]

Neben den rundplastischen Kaiserbildern gab es solche auf allen dafür geeigneten Materialien, in verschiedenen Größen und Formen:[122] Ursprünglich sehr zahlreich waren die Kaiserbilder, gemalt auf Holz oder Leinwand. Zumeist waren es Porträts, doch wurden auch Kriegstaten dargestellt und bei den Triumphzügen mitgeführt. Fronto schreibt 147, also noch unter Pius, an seinen kaiserlichen Schüler: «Überall sind eure Bilder zur Schau gestellt: bei den Geldwechslern, auf den Ladentischen, in den Laubengängen und Lokalen, unter den Vordächern und in den Fenstern, meist schlecht gemalt. Plump und lumpig modelliert und deformiert kommt mir dein Bild auf der Straße vor Augen, nicht ohne daß ich schmunzelnd an dich denken, von dir träumen muß.»[123] Die Malerei der Römerzeit ist fast völlig verlorengegangen.[124]

q. Denkmäler für andere

Weniger zahlreich als die Bilder von Marc Aurel, aber immer noch ungewöhnlich häufig sind die von Lucius Verus. Wie von Marc Aurel, so gibt es auch von ihm altersbedingt mehrere Bildnistypen. Der Haupttypus ist in den modernen Sammlungen mit 90 Repliken vertreten.[125] Auffällig ist die blonde Löwenmähne, auf die der Beau so stolz war. Leider hat sich der Goldstaub nicht gehalten, mit dem er sie gepudert hat, um sie noch heller erstrahlen zu lassen. Den nach Barbarenart überlangen Bart hat er sich in Syrien 162/163 abnehmen lassen, weil der seine Geliebte störte,[126] was allerdings kein erhaltenes Bildnis wiedergibt. Der Typus ist den Porträts Marc Aurels ähnlich, doch fehlen Lucius die für Marcus kennzeichnenden stark gebogenen Augenbrauen und die tiefen Augenlider. Mehrfach gab es Statuenpaare von Marcus und Lucius; wie auf den Münzen, so wurde auch in der Skulptur die brüderliche Eintracht, die *concordia fratrum*, zur Schau gestellt.

Bildnisse von Faustina minor werden in den Quellen erwähnt und sind ungewöhnlich zahlreich als Marmorwerke und auf Münzen erhalten.[127] Verloren sind die auf Senatsbeschluß angefertigten Silberstatuen von Marcus und Faustina im Tempel für Venus und Roma und natürlich auch die Goldstatue, die Marc Aurel nach Faustinas Tod anfertigen ließ und zu den Spielen ins Theater brachte.[128]

Hunderte von Statuen der Zeit für verdiente Offiziere und Mitbürger, jene vom Kaiser, diese von den Städten gestiftet, sind uns nur durch die Basisinschriften bekannt. Sie liefern häufig die Ämterlauf-

Abb. 4:
Faustina junior.
Frau Marc Aurels
145 bis 176
aus Tivoli.

bahn der Geehrten und damit wichtige historische Informationen. Die jeweils vom Senat auf Bitten Marc Aurels errichteten Statuen für Militärs standen zumeist auf dem Trajansforum; der Kaiser entschied über Form, Zahl und Aufstellungsort. Reiterstatuen waren selten, zumeist gab es Standbilder. Der hochdekorierte Gardepräfekt Bassaeus Rufus erhielt eine vergoldete Statue auf dem Trajansforum, eine zweite in der Toga im Tempel des Antoninus Pius und eine dritte, gepanzert, wahrscheinlich im Tempel für Mars Ultor.[129]

r. Der Caballus auf dem Kapitol

Nun zum Caballus (Tafel VII)![130] Ginge es darum, die zehn berühmtesten Werke der Plastik zu benennen, so gäbe es wohl in neun Fällen Meinungsverschiedenheiten, doch in einem Fall Einvernehmen: bei dem Marcusreiter auf dem Kapitolsplatz, dem *grande simbolo di Roma*.[131] Wäre der Künstler bekannt, stünde sein Name in jeder

Kunstgeschichte der Antike. Beschrieben hat den Reiter 1864 Hippolyte Taine:[132] «In der Mitte des Platzes steht ein Reiterstandbild Marc Aurels aus Bronze. Die Haltung ist von vollendeter Natürlichkeit. Er macht mit der rechten Hand ein Zeichen: das ist eine kleine Handlung, welche ihn ruhig läßt, seiner ganzen Gestalt aber Leben verleiht. Er will zu seinen Soldaten sprechen und gewißlich nur, weil er ihnen etwas Wichtiges zu sagen hat. Er prunkt nicht. Er ist nicht ein Stallmeister, wie die meisten unserer modernen Statuen, und auch kein Fürst, welcher repräsentiert und seinem Berufe obliegt. Die Antike ist immer einfach. Er hat keine Steigbügel, denn das ist eine häßliche moderne Erfindung, ein Gerät, welches der Freiheit der Glieder schadet, ein Werk desselben industriellen Geistes, der die Flanellwesten und die beweglichen Überschuhe erfunden hat. Sein Pferd ist fest und stark und noch verwandt mit den Pferden des Parthenons.»

Eine besinnliche Betrachtung widmete Gregorovius der Statue. Er verleiht ihr Leben. Schon der Maler Petrus de Cortona soll den Reiter gefragt haben: «Warum bewegst du dich nicht? Du weißt doch, daß du lebst!»[133] Gregorovius läßt an den Augen des Kaisers die wildbewegte Vergangenheit der Stadt vorüberziehen, bis das Risorgimento ihm 1847 die Trikolore in die ausgestreckte Rechte gab.[134] Die Erwartung des Historikers, daß die Figur auch eine ebensolange Zukunft würde beobachten können, hat sich 1981 erledigt, als sie von ihrem Sockel genommen wurde.[135]

Der kapitolinische Reiter ist mit 4,24 Metern Scheitelhöhe überlebensgroß. Der Kaiser ist wie stets barhäuptig, die Gesichtszüge sind die des vierten, 169 geschaffenen Alterstyps (Tafel II, III). Er trägt ein Hemd, darüber den Feldherrnmantel, mit einer Scheibenfibel auf der rechten Schulter befestigt. Es gehört zu den Kulturkuriosa, daß die Antike so wie das Mittelalter keine Knöpfe kannte, die erst im 16. Jahrhundert aufkamen, angeregt durch die Knebel der Zeltverschlüsse, die man 1529 bei den Türken vor Wien sah. Auch Hosen gab es unter Marc Aurel nur im Felde, so auf der Marcussäule. Sein gewindelter Lendenschurz ist naturgemäß nicht sichtbar, die nackten, weit abgewinkelten Beine tragen nicht die ihm zustehenden kostbaren Patrizierschuhe, sondern leichte Militärsandalen. Strümpfe kannten die Römer zur Zeit Marc Aurels nicht.[136] Die linke Hand hielt die längst verlorenen Zügel und trägt den goldenen Fingerring des Senators, mit dem gesiegelt wurde. Der ausgestreckte rechte Arm gebietet Schweigen. Der Kaiser in dieser Haltung ist ein geläufiges Münzbild, auch bei Marc Aurel.[137] Als Hitler bei seinem Staatsbesuch in Rom am ominösen 8. Mai 1938 das Kapitol besuchte, fotografierte sein Bildreporter Heinrich Hoffmann den Reiter aus der Untersicht, so daß es aussah, wie wenn Marc Aurel die Rechte zum Deutschen Gruß erhöbe.[138]

Marcus sitzt auf einer ornamental gefransten Satteldecke, dem *ephippium* oder *stragulum*, aus Tuch oder Filz. Anders als Packsättel sind Reitsättel aus Holz und Leder erst seit dem 4. Jahrhundert bezeugt, Steigbügel, *stapiae*, seit dem 6. Jahrhundert. Hufeisen oder Hufschuh fehlen, sie wurden in der Kaiserzeit nur bei Bedarf verwendet. Das Zaumzeug ist mit Zierscheiben geschmückt. So wie die Frisuren der Menschen war auch die Haartracht der Pferde Modesache. Der Schwanz des Caballus ist halblang belassen, nicht gestutzt, geknotet oder geklammert wie bei den vier vergoldeten Pferden von San Marco in Venedig. Wie bei diesen ist das Stirnhaar zu einem eleganten Schöpfchen geflochten, das zwischen den Ohren aufsteigt; hier konnte bei echten Pferden ein Federbusch aufgesteckt werden.[139] Die Mähne ist temperamentvoll bewegt.

Eine Anomalie im Gebiß des Pferdes deutet darauf hin, daß es sich um ein bestimmtes Pferd handelt, das auch einen Namen trug. Aber welchen? Die Wagenpferde Achills hießen Xanthos und Balios, Falbe und Schecke,[140] Alexander ritt den Bukephalas, den Stierkopf. Caesar, Augustus und Hadrian errichteten ihren Lieblingspferden Denkmäler, Hadrian nannte das seine «Borythenes», Lucius Verus stiftete seinem «geflügelten» Volucer eine Goldstatue.[141] Pferdenamen kennen wir auch sonst von Zirkuspferden.[142] Pferd und Reiter auf dem Kapitolsplatz waren vergoldet. Wie das in der Sonne blitzt und blendet, kann man an dem goldenen Denkmal für den amerikanischen Bürgerkriegsgeneral William Tecumseh Sherman studieren, das vor dem Central Park von New York steht. Sherman war der brutalste Feldherr der USA. Sein alles verheerender Marsch durch Georgia 1864 ist unvergessen.

Die Reiterstatue ist ein vergleichsweise junger Denkmaltypus. Im Alten Orient fehlt sie. Ramses und Darius stehen auf dem Streitwagen, sie sitzen nicht zu Pferde. Reiter als Grabdenkmäler gibt es in Griechenland seit dem 6. Jahrhundert v. Chr., doch Perikles erhielt kein Reiterdenkmal, das paßte nicht zu einem Demokraten – ist doch der Reiter ein höherer Mensch. Mode wurden Reiterbilder mit dem Hellenismus. Alexander, den Bezwinger des Bukephalas, goß Lysipp als reitenden Löwenjäger in Erz,[143] als solchen sehen wir ihn auf dem Alexandersarkophag aus Sidon in Konstantinopel. Das berühmte Mosaik aus Pompeji in Neapel zeigt Alexander als Reiter im Kampf, ebenso die Bronzeminiatur aus Herculaneum in Neapel.

Die Römer stehen wie sonst, so hier in der Tradition des Hellenismus. «Reiterstatuen genießen in Rom hohes Ansehen, fraglos nach dem Vorbild der Griechen», so schreibt Plinius.[144] Das angebliche Reiterdenkmal der Cloelia aus dem späten 6. Jahrhundert v. Chr. dürfen wir als legendär betrachten,[145] verläßlich ist die Nachricht von der Reiterstatue für den Sieger Quintus Marcius Tremulus über die Samniten im Jahre 306, die Cicero noch im Jahre 43 v. Chr. sah.[146] Nach Sulla, Pompeius und Caesar erhielt der spätere Augustus im gleichen Jahr durch den Senat eine Ehrenstatue zu Pferd auf dem Forum Romanum neben den *rostra*, der Rednertribüne.[147] Alle Kaiser erhielten Reiterstatuen. Der *equus Traiani* stand mitten auf dessen Forum. Als Constantius II 357 Rom besuchte, bestaunte er die Statue und erklärte, so eine wünsche er auch für sich. Da soll der ihn begleitende persische Prinz Hormisdas gesagt haben, erst möge der Kaiser einen solchen «Stall» bauen wie das Trajansforum, das Amian für ein einzigartiges Bauwerk in der Welt hielt.[148] Kaiser hoch zu Roß aus vergoldeter Bronze gab es gemäß der *Notitia Urbis* aus constantinischer Zeit in Rom 23mal. Im Mittelalter galt der Metallwert mehr als der Kunstwert, die Statuen wurden eingeschmolzen. Den Sassaniden zu Pferde blieb das erspart, sie gab es nur auf Stein, als Felsrelief oder als Gemme.

5. Der Caballus im Mittelalter

In der Geschichte der segensreichen Irrtümer finden wir auch den Kapitolreiter.[149] Er blieb uns erhalten dank der Annahme, es sei Constantin.[150] Grund für die Benennung war der Standort. Das Reiterdenkmal schmückte den Vorplatz der Anniervilla am Coelius, wo Marc Aurel geboren worden war.[151] Das haben die Ausgrabungen 1961 bestätigt. Auf der Gegenseite stand die Kaserne der kaiserlichen *equites singulares*, der berittenen Garde des Kaisers, die seit etwa 260 nicht mehr bezeugt sind. Constantin schenkte das Gelände, benannt nach der Senatorenfamilie der Laterani, im Siegesjahr 312 dem Bischof Miltiades, der hier 314 seinen Lateranspalast und die dem Salvator Mundi geweihte Kirche errichtete. Es ist die älteste Kirche in der Form einer Basilika, sie heißt auch oft *Basilica Constantiniana*. Da sie zehn Jahre vor der Peterskirche im Vatikan errichtet wurde, trägt der Neubau, nun für San Giovanni in Laterano auf der von Alessandro Galilei 1736 gestalteten Fassade, die stolze Inschrift CUNCTARUM MATER ET CAPUT ECCLESIARUM, Mutter und Haupt aller Kirchen. Da somit der Caballus vor dem Palast und der Kirche Constantins stand (Tafel XIII b, XIV),[152] sah man diesen in dem goldenen Reiter. Als angeblicher Autor der Konstantinischen Schenkung und Förderer der christlichen Kirche genoß dieser Pseudo-Constantin als Denkmal hohes Ansehen.

Im Mittelalter verbanden sich allerlei Geschichten und Sagen mit dem Reiter. Die Zuschreibungen wechselten. Er galt nicht nur als Constantin, sondern auch als Marcus oder Quintus Curtius, als Cincinnatus, als Theoderich oder als ein Quintus Quirinus, der Rom einmal gerettet haben soll.[153] Während der in Rom immer wieder aufbrechenden Spannung zwischen der Papstherrschaft und der Volkspartei, dem *popolo*, kam es 966 zu einer Rebellion gegen Johannes XIII. Dem Stadtpräfekten Petrus gelang es, den Papst gefangen zu nehmen. Als aber der zu Hilfe gerufene Kaiser Otto I auf seinem dritten Italienzug mit Heeresmacht in Rom einzog, bestrafte er die Führer der Freiheitspartei. Johannes ließ Petrus an den Haaren am ausgestreckten Arm Marc Aurels aufhängen, führte ihn dann nackt rücklings auf einem Esel sitzend durch die Stadt und schickte ihn dann nach Deutschland in die Verbannung.[154]

Der im Mittelalter weitverbreitete Fremdenführer für Rompilger, die *Mirabilia Urbis Romae* von 1143, erzählt die Sage, daß die Stadt einst, noch unter Konsuln, am lateranischen Tor von einem fremden König belagert worden sei. Da habe sich ein riesiger Waffenträger angeboten, die Feinde zu schlagen, wenn der Senat ihm 30 000 Sesterzen und ein vergoldetes Reiterdenkmal bewillige. Dies geschah.

Der Befreier wurde mit ausgestreckter Hand dargestellt, mit der er den König gefangen hatte, dieser selbst wurde mit gebundenen Händen unter den Huf des Pferdes gelegt und zwischen dessen Ohren die Eule gestellt, die dem Reiter den Aufenthalt des Königs verraten hatte. Gemeint ist das Schöpfchen.[155] Ein besiegter Barbar mag damals unter dem Pferdehuf gelegen haben, auf den Darstellungen des 15. Jahrhunderts[156] ist er allerdings nicht mehr zu sehen. Da Marcus nicht gepanzert ist, kann die Figur unter dem Huf kaum ursprünglich sein.[157]

Die vielseitige Verwendung des Caballus illustriert eine Episode aus der Volkserhebung des Nikolaus Laurentii alias Cola di Rienzo. Als der römische Tribun auf dem Höhepunkt seiner Macht stand, inszenierte er am 1. August 1347 ein großes Fest. Es war der Jahrestag, an dem Augustus 30 v. Chr. Alexandria eingenommen und damit den Bürgerkrieg beendet hatte. Der Tag wurde vom Senat zum Staatsfeiertag, *feriae Augusti*, erklärt, christianisiert als Petri Kettenfeier. Cola gab schon am Vorabend ein Volksfest. Er vollzog die «Rittertaufe» in der grünen Porphyrwanne des Baptisteriums von San Giovanni in Laterano, in der angeblich Constantin durch die Taufe Silvesters vom Aussatz geheilt worden sein soll, und bewirtete die Römer, indem er durch Bleirohre aus den Nüstern des Caballus Wasser und Wein fließen ließ.[158]

Cola hätte wissen sollen, daß der Reiter Constantin nicht sein konnte. Denn dessen bartlose Köpfe waren am Constantinsbogen immer zu sehen. Erst die Humanisten in der zweiten Hälfte des 14. Jahrhunderts nahmen zur Kenntnis, daß der Reiter einen bärtigen Kaiser darstellt. Sie erwogen Hadrian, Antoninus Pius, Commodus und Septimius Severus.[159] Die Identifizierung mit Marc Aurel gelang durch dessen Profil auf den Münzen. Schon Petrarca sammelte und studierte solche,[160] doch erst Ende 1498 ist die Rede von der Statue Marc Aurels unter den Namen Marcus Antoninus oder Aurelianus, jedenfalls *statua vulgariter Constantiniana*, der Statue, die man üblicherweise die Konstantinische nennt. Die Bewunderung des römischen Kunstwerks überwog den Widerwillen gegen den Christenverfolger. Papst Paul III, als ehemals Alessandro Farnese klassisch gebildet durch den Humanisten Pomponius Laetus, den «Anbeter des Genius der Stadt Rom»,[161] schätzte das Denkmal. Als

Abb. 5: Idealbild des Kapitolsplatzes mit dem Caballus inmitten gemäß Michelangelos Entwurf, 1569 nach Stephanus Duperac in Paris gedruckt; rechts der Konservatorenpalast (beg. 1563), hinten der Palazzo Senatorio (beg. 1582), links der Palazzo Nuovo (beg. 1644) – der «Nabel der Welt».

Michelangelo in seinem Auftrag den Kapitolsplatz neu gestaltete – bis zu Sixtus IV 1477 war er Markt –, ließ der Papst den grüngoldenen Kaiser aus dem zu einem Weingarten gewordenen Lateransplatz holen und in die Mitte des Kapitolsplatzes stellen. Die Kanoniker des Lateran hatten gegen die Überführung protestiert, auch Michelangelo hatte sich vergebens dagegen ausgesprochen. Wollte er die prominente Position für ein eigenes Kunstwerk reservieren, analog zu seinem David, dem Wahrzeichen von Florenz?

Den Sockel durfte Michelangelo entwerfen, auch dieser ein Meisterwerk.[162] Er besteht aus einem Marmorblock vom Trajansforum, wurde 1565, im Jahr nach dem Tode Michelangelos, fertiggestellt und trägt zwei Inschriften. Links in Blickrichtung des Kaisers befindet sich die Renaissance-Kopie einer Widmung von Senat und Volk an Marc Aurel mit seiner ganzen Titulatur von 173.[163] Es ist das Jahr des erneuerten Friedens mit den Quaden und Markomannen nach dem Regenwunder.[164] Die Koinzidenz ist kaum zufällig, zumal das

Denkmal sicher anläßlich eines Sieges errichtet wurde.[165] Rechts auf dem Sockel lesen wir die Nachricht der rühmlichen Umsetzung durch den Papst. Am 25. Januar 1538 besah dieser das Werk. Die Front ziert sein Wappen mit den sechs Lilien der Farnese, die Rückseite ein Schild mit SPQR – *Senatus Populusque Romanus.* Zum Schutz der Statue wurde ein Wächter bestellt, dessen Amt erblich war. Es ist noch 1615 bezeugt, 1636 erließ der Senator Horatius Albanus ein Verbot, den Kaiser mit Steinen zu bewerfen.[166]

t. Vorbild seit der Renaissance

Durch die Plazierung auf dem Kapitol gewann die Statue Weltruhm. Schon zuvor diente sie als Muster für andere Reiterdenkmäler, so für das Justinians auf dem Augusteion von Konstantinopel[167] und das Theoderichs in Ravenna, das Karl der Große nach Aachen brachte. Sein eigenes kleines bronzenes Reiterbild aus Metz, heute im Louvre, stammt aus der Zeit um 970 und zeigt deutliche Anklänge an den Caballus. In der Renaissance wurde der Reiter martialisch, so der Gattamelata in Padua 1453 von Donatello;[168] 1465 schuf Filarete die als Commodus gedeutete Dresdener Statuette, die oft nachgebildet wurde.[169] Sie inspirierte Andrea Verrocchio, als er in seinem Todesjahr 1488 den Colleoni für Venedig schuf und der Pferdestirn ein Schöpfchen aufsetzte, und ebenso Verrocchios Schüler Leonardo da Vinci, der ein Reiterdenkmal für Francesco Sforza in Mailand entwarf und nach dem Sturz der Sforza durch Trivulzio 1499 ein zweites für diesen zeichnete. Selbst auf Dürers Kupferstich «Ritter, Tod und Teufel» hat man den Reiter entdeckt.[170] Zeichnung, Stiche und Miniaturmodelle verbreiteten die Kenntnis des Denkmals. Friedrich der Große besaß deren zwei.[171] 1696 hatte Andreas Schlüter den Caballus in Rom gesehen und konzipierte danach das Reiterdenkmal des Großen Kurfürsten, das 1703 auf der Langen Brücke in Berlin aufgestellte wurde und heute den Ehrenhof im Schloß Charlottenburg ziert.[172] 1723 erhielt der Dänenkönig Frederik IV ein Monument zu Pferde in Kongsberg bei Oslo, 1771 Frederik V in Kopenhagen.

Das Reiterdenkmal für Friedrich den Großen wurde 70 Jahre lang geplant. Fast hundert Entwürfe gingen dafür ein, sehr unterschiedlich konzipiert, doch das erforderliche Reiterbild richtete sich stets nach dem *Eques Capitolinus.*[173] Umstritten war die Gewandung. Gegen den Vorschlag, Friedrich wie Hermann den Cherusker darzustellen, dekretierte Friedrich Wilhelm II römisches Kostüm mit Lorbeerkranz in der «Attitüde Marc Aurels». Auch Daniel Christian Rauch zeichnete ihn 1830 noch römisch, ehe er sich für den Dreispitz entschied.[174] Sein 1851 vollendetes Monument steht seit 1981 wieder Unter den Linden in Berlin, nachdem es 1963 im Park von Sanssouci versteckt worden war. Es unterscheidet sich mit seiner Höhe von über 13 Metern, den zahlreichen Sockelreliefs und Nebenfiguren durch seine vielfältige vaterländische Belehrung von dem souverän in sich ruhenden Marc Aurel auf dem Kapitol. In Berlin ging es um Patriotismus, in Rom um eine Person. Programmatisch war das überdimensionale goldbronzene Reiterbild Ludwigs XIV von François Girardon auf der Place Vendôme von 1699 und sein Sturz in der Revolution 1792 (Tafel XV).[175] Es verhält sich in der Größenordnung zu dem Miniaturcaballus auf dem Schreibtisch Friedrichs des Großen wie Versailles zu Sanssouci. Die kleine Figur hat überlebt.[176]

Im 19. Jahrhundert gab es viele, meist antikisierte Reiterbilder von Regenten, 1807 erhielt Joseph II ein solches in Imperatorentracht von Franz Anton Zauner in der Wiener Hofburg, 1817 entwarf Canova eines für George Washington, 1825 wurde das Denkmal für Ludwig XIV in Lyon erneuert, 1862 das für König Ludwig I auf dem Münchener Odeonsplatz errichtet. Nach dem Reiterdenkmal für Atatürk auf dem Ulus Meydani, dem Nationalplatz in Ankara, gefertigt 1926 von dem Österreicher Heinrich Krippel, und dem seines Nachfolgers Ismet Inönü in Istanbul-Maçka – stets mit dem erhobenen Vorderhuf nach dem Vorbild des Caballus – endet die lange Tradition dieses Denkmaltypus. John F. Kennedy war auch noch ein Reiter, doch ein Denkmal zu Pferde für einen demokratischen Staatsmann war schon im klassischen Athen verpönt.

Der Caballus hat im Laufe der Zeit gelitten. Pferd, Körper und Kopf des Kaisers, getrennt gegossen, wurden in den vergangenen Jahrhunderten mehrfach ausgebessert, so unter den Päpsten Paul II 1466 und Sixtus IV 1473 sowie 1836 durch den Bildhauer Thor-

Abb. 6: Der Söldnerführer Colleoni († 1475) von Andrea Verrocchio in Venedig 1488/1495.

valdsen und den Architekten Valadier. Wie an vielen freistehenden Kunstwerken in modernen Großstädten machte sich dann die Luftverschmutzung durch die Abgase bemerkbar, so daß eine neue Restauration erforderlich wurde. Ein Bombenattentat auf dem Kapitol im April 1979 warf die Frage des künftigen Standorts auf: im Freien oder unter Dach, *dentro o fuori*? 1981, im Jahre, als der Alte Fritz wieder Über die Linden reiten durfte, verschwand das Idol vom Kapitol. Ein großer Kran hob den Reiter vom Sockel in alle vier Himmelsrichtungen, gleichsam als Zeichen des Segens,[177] ehe die Statue verladen und in die Werkstätten von San Michele in Trastevere zur Untersuchung und Aufarbeitung gebracht wurde

Abb. 7: Rückseite der italienischen 50-Cent-Euromünze mit dem Kapitolsplatz, erste Emission 2002, RI in Ligatur: Repubblica Italiana.

(Tafel V). Die Kosten trug die Allianz München über ihre Tochtergesellschaft Riunione Adriatica di Sicurità.

Am 21. April, dem «Geburtstag Roms», 1990 kam das Denkmal zurück, zunächst hinter Glas im Kapitolinischen Museum, ehe der Anbau im Konservatorenpalast fertig war, wo es heute zu sehen ist.[178] Auf dem originalen Sockel steht eine Nachbildung aus Bronze. Als sie am 31. Januar 1992 aufgestellt wurde, kündeten zehntausend Plakate in Rom *Marco Aurelio torna*. Bei der Einführung der Eurowährung durften die Staaten auf die Rückseiten der Münzen ein nationales Symbol setzen, da wählte Italien für das 50-Cent-Stück den Kapitolsplatz mit dem Ersatz-Caballus. Durch die Umsetzung des Originals wurde eine weitergehende Verwitterung der Goldauflage des Denkmals verhindert. Eine alte Legende besagt, wenn das Gold gänzlich abgewaschen ist, werde die Posaune des Jüngsten Gerichts ertönen. Das fällt nun aus.

u. Die Marcussäule

Neben der Reiterstatue repräsentieren die beiden antoninischen Gedenksäulen die Kunst der Zeit Marc Aurels. Die ältere für Antoninus Pius wurde bald nach seinem Tode errichtet, sie kam unter die Erde.[179] Die Säule für Marcus aber blieb immer oberirdisch sichtbar. Ihr Vorbild ist die hundert Fuß, rund 30 Meter hohe Trajanssäule, so, wie der Caballus das Gegenstück zum *equus Traiani* darstellt.[180] Die Säule auf dem monumentalen Forum Trajans krönte das Grab des Kaisers, dessen Asche eine goldene Urne in der würfelförmigen Basis barg.[181] Reliefs tragen schon die Juppiter-Giganten-Säulen aus dem römisch-keltischen Rheinland,[182] doch ein reliefiertes Spiralband, wie eine Buchrolle um den Schaft emporgewickelt, gab es zuvor nicht. Das etwa 200 Meter lange Band zeigt die beiden Dakerkriege des Kaisers. Er selbst erscheint auf den 114 Szenen sechzig Mal. Das Standbild Trajans auf der Spitze ersetzte Papst Sixtus V 1587 durch einen heiligen Petrus.

Die Publikation der Marcussäule verdanken wir dem Archäologen Eugen Petersen, Professor an den deutschen Universitäten 1873 in Dorpat und 1879 in Prag. Er war seit 1887 Erster Sekretar des – inzwischen – Kaiserlich Deutschen Archäologischen Instituts in Rom. Gemeinsam mit Alfred von Domaszewski und Guglielmo Calderini legte er 1896 das monumentale Doppelwerk vor. Die Untersuchungen, Aufnahmen und Druckkosten erforderten beträchtliche Mittel. Die Stifter werden im Vorwort genannt, es waren zumeist deutsche Fürstlichkeiten, aber auch Geschäftsleute, darunter jüdische Mäzene. Den Sockelbetrag lieferte Kaiser Wilhelm II in Erinnerung an seinen Rombesuch Ostern 1893. Damit machte er das Projekt zu einer nationalen Ehrensache. Handelt es sich bei den Markomannen doch um die «alten Deutschen», näherhin um Sweben, die Vorfahren der Schwaben, denen die Hohenzollern zugehören.[183]

Die Errichtung der Säule beschloß der Senat nach dem zweiten

Triumph des Kaisers am 23. Dezember 176.[184] Sie besteht aus Carrara-Marmor, mißt wie die Trajanssäule hundert Fuß oder 30 Meter, mit Sockel 42 Meter, und trug ein gleichfalls fünf Meter hohes Standbild des Kaisers,[185] bis 1588 Sixtus V auch hier eingriff und Marcus durch einen heiligen Paulus ersetzte. Damals wurden zudem Ausbesserungen vorgenommen, nachdem der Brand der benachbarten kleinen Andreaskirche, ein Geschenk von Papst Agapetus 955 an die Benediktiner, die Säule in Mitleidenschaft gezogen hatte. Die Wendeltreppe hat 203 Stufen, die 56 Beleuchtungsschlitze nehmen keine Rücksicht auf die Reliefs.

Der antike Standort auf dem Marsfeld war weniger prominent als derjenige der Trajanssäule. Vermutlich erhob sich auch hinter der Marcussäule ein Tempel für den vergöttlichten Kaiser, die *Mirabilia Urbis Romae*[186] nennen ein *palatium Antonini* und den Tempel des *divus Antoninus* bei der Säule.[187] Heute umgibt die Säule die Piazza Colonna, deren Niveau fast vier Meter über dem antiken Platz liegt, sieben Meter über dem Pflaster der vorbeiführenden Via Flaminia unter der heutigen Via del Corso. Der Name Colonna hat nichts mit der *Columna Marci* zu tun, sondern bezieht sich auf den benachbarten Palazzo Colonna, benannt nach dem ghibellinischen Adelsgeschlecht, das zwar eine Säule im «redenden» Wappen führt, aber zurückgeht auf das *Castellum de la Colonia* bei Tusculum, zuerst erwähnt 1047.[188]

Der «expressionistische» Stil der ursprünglich bemalten Reliefs[189] unterscheidet sich von dem «klassizistischen» der Trajanssäule.[190] Während dort das Geschehen in flacher Relieftiefe (4 Zentimeter) detailliert erzählt wird und die Einzelheiten in ihrem informativen Reichtum sorgsam individualisierend ausgestaltet sind, herrscht auf der Marcussäule mit ihrem kontrastreich tiefen Relief (9 Zentimeter) eher eine plakative Darstellung römischer Sieghaftigkeit. Die Bilder der Säule Trajans konnte man auch im oberen Bereich von den flankierenden Bibliotheken, der lateinischen und der griechischen, aus studieren, die der Marcussäule waren auf Fernsicht berechnet.[191]

Das 245 Meter lange Band, das in 23 Windungen nach oben führt, zeigt auf 116 Szenen[192] 62mal den Kaiser im ursprünglich purpurnen Paludamentum. Er beobachtet das Heer beim Flußübergang, beim

Abb. 8: Die Marcussäule auf der Piazza Colonna in Rom, Kupferstich von Giambattista Piranesi aus seinen römischen Veduten von 1772.

Marsch, beim Kampf, bei Belagerungen. Er inspiziert die Reiterei, berät sich mit seinem Stab, erhält Botschaften und empfängt Gesandte. Marcus verhandelt mit Barbaren, nimmt kniefällige Unterwerfung entgegen und läßt sich abgeschlagene Köpfe zeigen. Er hält Ansprachen ans Heer und opfert den Göttern.[193] Auffällig ist das Fehlen von Lucius Verus und Commodus.[194] Ersteres beruht auf dem Kriegsbeginn 170 nach dem Tode des Verus, letzteres auf der Abwesenheit von Commodus im Feindesland.[195]

Dargestellt sind jeweils auf der linken, der Seite der Sieger, Prätorianer mit Schuppenpanzer und Legionäre mit Schienenpanzer, Bogenschützen und Reiter, orientalische und germanische Hilfstruppen mit Kettenpanzer, auf der rechten Seite Barbaren zu Fuß und zu Pferd, barhäuptig, bärtig und in langen Hosen zu verschiedenen Trachten, die versuchsweise den Markomannen und Quaden, Jazygen und Kotinern zugeordnet werden. Mit einiger Sicherheit sind nach Physiognomie und Barttracht nur zwei Typen von Barbaren zu unterscheiden, die als Germanen und Sarmaten bestimmt werden.[196] Daneben gibt es Weiber und Kinder. Wir sehen Flußübergänge auf Booten, auf festen und schwimmenden Brücken, Belagerungen und wilde Kämpfe. Barbaren werden niedergeritten, abgestochen, in Schluchten gestürzt. Frauen, Kinder und Viehherden werden abgeführt, Dörfer angezündet, Aufständische von ihren Landsleuten in römischen Diensten enthauptet. Bemerkenswert ist, daß die mehrfach umkämpften Steinkastelle jenseits der Donau zu denken sind, wo alle dargestellten Szenen spielen. Wo sich die von den Römern belagerten hochbewehrten Festungen der Quaden befunden haben sollen, wissen wir nicht.

Sehr viel Mühe gab sich die Forschung, die Bildszenen mit bestimmten historischen Ereignissen zu verbinden und die Folge als chronologische Erzählung zu deuten.[197] Dafür gibt es Anhaltspunkte. In der Mitte des Bandes steht eine Victoria. Wenn das keine mechanische Kopie der Trajanssäule ist, wo gleichfalls eine Victoria das Geschehen halbiert,[198] dann verkörpert sie den Triumph von 176, dem auf dem Band die *expeditio Germanica secunda* von 178 folgt.[199] Die ersten drei Szenen zeigen den Ausgangspunkt: Palisaden am Ufer, den Flußgott Danuvius und das Ausrücken der Legion über eine Schiffsbrücke. Die letzten drei Bilder bringen die Unterwerfung der Barbaren, die Aufnahme ins Reich oder die Rückkehr von Kriegsgefangenen und einen umkämpften Beutezug. Das Geschehen spielt zwischen 170 und 179.

Abb. 9: Sogenannte Schildkröte (*testudo*). Römer belagern eine Festung der Quaden, in den Quellen nicht genannt. Relief der Marcussäule, Szene LIV. Zur Taktik: Livius XLIV 9.

Neben Anfang, Mitte und Ende sind sicher historisch zuzuordnen das Blitz- und das berühmte Regenwunder, unten beschrieben.[200] Alle weiteren Synchronisierungen bleiben spekulativ. Vierzehn Mal wird die Donau von West nach Ost überquert. Wo findet sich das in der Literatur? Welche Ansprachen, welche Opfer, welche Unterwerfungsszenen sollen gemeint sein?

Bei den dargestellten Episoden handelt es sich um typisierte, *cum grano salis* im Kriege wiederkehrende Ereignisse, nicht um singuläre Situationen eines fortlaufenden Geschehens. Auch für die dargestellten Barbarenfürsten gibt es mehrere Deutungsmöglichkeiten, die dem antiken Betrachter ohnedies kaum etwas sagten. Wer kannte sie schon? Insofern bleibt die Reihung beliebig. Nicht zufällig allerdings befinden sich die wichtigsten Szenen, die personifizierte Donau, das Regenwunder und die Victoria auf der Hauptseite der Säule im Osten, dem Betrachter auf der Straße zugewandt, über der antiken Tür in dem ursprünglich über zehn Meter hohen Sockel. Vor dem Ab- und Umbau zeigen ihn Stiche von Enea Vico 1550 und Giambattista Piranesi 1772. Er sah noch Einzelheiten, die heute längst verwittert sind.

v. Der Säulenwächter

Auf die Fertigstellung der Säule verweist die 1777 westlich von ihr gefundene Inschrift, die sich heute in der Galleria Lapidaria der Vatikanischen Museen befindet.[201] Nach dem Vorspruch handelt es sich um Verfügungen der kaiserlichen Fiskalkanzlei, die dem Säulenwächter, einem Freigelassenen namens Adrastus, gestattete, an der Stelle seiner Hütte auf eigenem Boden mit seinem Geld ein Haus zu bauen, nachdem er den Baugrund zu den üblichen Bedingungen erworben hatte. Es folgen drei Amtsschreiben aus der Zeit von Septimius Severus. Sie tragen die Daten vom 6. und 19. August und vom 11. September 193. Das erste betrifft die Zuweisung von Ziegeln und Baumaterial an Adrastus als *procurator columnae Divi Marci*, als Aufseher der Marcussäule, damit er für sich und seine Erben eine Behausung schaffe. Der zweite Erlaß bestimmt, daß der zur Bewachung der Säule bestellte Adrastus zehn Wagenladungen Bauholz erhalten solle zu dem Preis, den der Fiskus zahlen mußte, als das Gerüst (*pons*) gezimmert (*compingo*) werden mußte. Der dritte Brief gilt der Anweisung und Abmessung des Baugrundes in der Nähe und der Entrichtung des üblichen Bodenpreises. Der Begriff *pons*, der einen beliebigen Bretterboden bezeichnet, kann hier nicht irgendeine reparaturbedürftige hölzerne Tiberbrücke meinen,[202] sondern muß sich im Zusammenhang mit der Säule auf das Baugerüst beziehen, das nun demontiert werden konnte und damit die Vollendung der Säule dokumentiert.

w. Die Wirkungsgeschichte

Die Wirkungsgeschichte der Marcussäule ist von derjenigen der Trajanssäule nicht zu trennen. Letztere genoß das höhere Ansehen. Aus der Zeit um 400 stammen die beiden Siegessäulen von Konstantinopel, errichtet von den Kaisern Theodosius 386 und seinem Sohn Arcadius 403, sie feierten gleichfalls auf ihrem «Schneckenband» Siege über die Donaugermanen. So besaß das Neue Rom zwei Säulen wie das Alte Rom. Die Säule des Theodosius stand auf dem Forum Tauri und trug eine Silberstatue des Kaisers bis zu dem Erdbeben von 480.[203] Der Schaft stürzte in einem Sturm unter Sultan

Selim (1512 bis 1529). Die Säule des Arcadius schmückte dessen Forum, sie stand bis 1715; es gibt eine Zeichnung von ihr.[204]

Im frühen 11. Jahrhundert entstand die Bronzesäule des Bischofs Bernward von Hildesheim, ursprünglich in Sankt Michael, heute im Dom. Sie schildert auf einem Spiralband 28 Szenen aus dem Leben Christi von der Taufe im Jordan bis zum Einzug in Jerusalem. Rompilger kannten die Kaisersäulen, sie werden in den *Mirabilia Urbis Romae* genannt.[205] Ein prominenter Besucher war Karl IV, als er Ostern 1355 zu seiner Kaiserkrönung in Rom weilte. Nachdem er in San Silvestro das Haupt Johannes des Täufers verehrt hatte, besah er die *marmorea Antonini columna.*[206] Seit der Renaissance bringen zahlreiche Stiche Abbildungen, darunter der genannte von Piranesi. 1716 stellte Johann Fischer von Erlach zwei Reliefsäulen vor die Wiener Karlskirche mit Bildern der Wunder aus dem Leben des heiligen Karl Borromäus. Der frühe Klassizismus griff das Vorbild auf, wie die Vendômesäule Napoleons zeigt. Sie trägt die Statue des Korsen, die Bronzereliefs verherrlichen seine Siege bis Austerlitz. Die Säule stürzte in den Tagen der Commune 1871, wurde aber 1875 durch Mac Mahon wiederhergestellt.[207]

x. Reliefs

Das dritte historisch relevante Monument aus der Zeit Marc Aurels war der Ehrenbogen, den ihm der Senat nach dem Germanentriumph am 23. Dezember 176 zuerkannte.[208] Er überspannte den Clivus Capitolinus,[209] die Straße, die vom Forum am Saturntempel vorbei hinauf zum Juppitertempel führte. Erhalten hat sich eine vom Anonymus Einsidlensis kopierte Inschrift aus dem Jahr 176, die aller Wahrscheinlichkeit nach auf der Attika dieses Bogens stand: «Der Senat und das Volk von Rom (widmen diesen Bogen) dem Imperator Caesar, dem Sohn des vergöttlichten Antoninus, dem Bruder des vergöttlichten Verus Parthicus Maximus, dem Enkel des vergöttlichten Hadrian, dem (Ur-)Enkel des vergöttlichten Traianus Parthicus, dem Ururenkel des vergöttlichten Nerva, dem Marcus Aurelius Antoninus Augustus Germanicus, Sarmaticus, dem Pontifex Maximus, Inhaber der tribunizischen Gewalt zum 30. Mal, Imperator zum 8., Konsul zum 3. Mal, dem Vater des Vaterlandes, weil er den

Ruhm sämtlicher allergrößten Kaiser vor ihm übertroffen und die kriegerischsten Völker vernichtet oder unterworfen hat.» Im Stil der Zeit wird mit der Ehrung zugleich die dynastische Legitimität zum Ausdruck gebracht.[210] Alle hier genannten Verwandtschaftsbezeichnungen beruhen lediglich auf Adoption.

Den Bogen schmückten elf in Zweitverwendung erhaltene Reliefplatten höchster künstlerischer Qualität, über drei mal zwei Meter hoch. Drei von ihnen zieren die Wände im Treppenhaus des Konservatorenpalastes. Sie stammen aus der Kirche Santa Martina neben der Curia Senatus auf dem Forum und sind seit 1515 auf dem Kapitol bezeugt. Sie galten zuvor wohl so wie das Reiterdenkmal als Darstellungen Constantins.[211] Von einer zwölften Platte dieser Serie dürfte ein Bruchstück mit dem Kaiserkopf stammen, das in der Ny Carlsberg-Glyptothek von Kopenhagen erhalten ist.[212] Sie wurde wohl nicht ohne Grund zerschlagen.[213]

Acht weitere Platten befinden sich heute am Constantinsbogen,[214] wobei man die Köpfe Marc Aurels durch je einen Kopf Constantins ersetzt hat. Apart ist, daß eines der Reliefs den nun christlichen Kaiser bei heidnischen Opfern zeigt. Offenbar hat man den Schmuckwert der Platte höher eingeschätzt als ihre inhaltliche Aussage. Die drei Platten im Konservatorenpalast zeigen den Kaiser im faltigen Altersporträt[215] beim Opfer, beim Triumph und beim Ritt durch den Eichenwald. Neben ihm sehen wir hier wie auf anderen Reliefs einen bestimmten Mann, mitunter in demonstrativer Nähe. Es handelt sich sicher um Pompeianus, seit 169 Schwiegersohn Marc Aurels und «Generalstabschef» im Markomannenkrieg. Da Commodus ihn 180 kaltgestellt hat, sind die Platten vorher gefertigt. Die zwölf Tafeln lassen sich in eine chronologische Erzählung des Krieges ordnen.[216]

Verschollen ist ein Ehrendenkmal aus der Zeit um 169 für die Kaiserbrüder, von dem ein Relief im Palazzo Torlonia zu Rom erhalten ist. Es zeigt Lucius Verus in der Toga, der vor ihm knienden Barbaren die Hand reicht, eine der standardisierten Flehszenen in der Kunst wie in der Literatur.[217] Von einem Frieden mit Vologaeses verlautet freilich nichts, doch könnte die Unterwerfung der Quaden 168 gemeint sein.[218] Ein mit den römischen Staatsreliefs gleichrangiges Kunstwerk war das sogenannte Partherdenkmal in Ephesos für die Siege des Lucius Verus. Das Monument wurde schon in der Antike zerstört, die Fragmente befinden sich heute in Wien, sie lassen sich so wie die Tafeln des Ehrenbogens Marc Aurels in eine sinnvolle Reihe ordnen.[219] Ob es sich um eine kaiserliche, eine kommunale oder eine private Stiftung handelt, ist unklar.

Der bürgerliche Kunstsinn der Zeit äußert sich zumal in den Sarkophagreliefs. Seit trajanischer Zeit wurde bei Bessergestellten – nicht im Kaiserhaus – anstelle der Brandbestattung die Verwendung von Steinsarkophagen üblich. Ein Grund für den Wechsel ist nicht ersichtlich, das Repräsentationsbedürfnis konnte sich ebenso in teuren Urnen und Grabmonumenten geltend machen. Die oft mit hochwertigen Reliefs geschmückten Sarkophage – mythische Themen, Jenseitssymbole, Schlachtszenen und Personifikationen – standen in lichtlosen Grabkammern.[220]

γ. Kleinkunst

Die überwältigende Zahl der Bodenfunde aus dem 2. Jahrhundert ist nicht genau zu datieren. Dazu zählen Waffen, Metallgerät aller Art und Schmuck sowie Glas und Keramik. Nur wenige Werke der Kleinkunst lassen sich mit Marc Aurel in Verbindung bringen. Dazu gehören sogenannte Treueringe, Fingerringe mit dem Bild oder dem Namen des Kaisers. Ein Muster aus Gold besitzt die Münchner Antikensammlung. Links und rechts von einer Handreichung erscheinen die Porträts von Marcus und Faustina, beschriftet mit SIT IN EUM CONCORDI (ANIMO). «Sie sei einträchtig ihm gegenüber.» Brautleute opferten im Tempel von Venus und Roma vor Bildern des Kaiserpaares[221] und erhielten dafür solche Ringe.[222] Als Ringsteine dienten oft Gemmen und Kameen mit dem Profil des Kaisers. Von Marc Aurel und Lucius Verus sind zwei Stücke bekannt.[223] Die Träger bezeugten so ihre Kaisertreue. Ein prachtvoller Sardonyx-Kameo in Kassel zeigt Faustina Junior, die *mater castrorum*, als Siegesgöttin Victoria mit Palmzweig und Siegerkranz über einem Haufen Waffen thronend. Der Stein wurde unter Septimius Severus umgestaltet in seine Frau Julia Domna (Tafel X).[224] Sein Anspruch auf das Erbe Marc Aurels machte auch vor Kunstfälschung nicht halt.

Eine eigene Kleinkunstgattung sind die Patrizen, die Druckformen für Bildgebäck. So wie wir Nikoläuse in Lebkuchenform zu uns nehmen, wurde in Rom Kaiserliches optisch verbildlicht und physisch verinnerlicht. Aus Aquincum bei Budapest, dem Standquartier der *legio III Adiutrix*, der «mit dem Pegasus», gibt es aus einer Töpferwerkstatt runde Prägeformen für Fladen, gut 20 Zentimeter im Durchmesser. Auf einer beweisen Marc Aurel und Lucius Verus ihre Eintracht durch Handschlag. Sie tragen die Toga und werden je durch eine Victoria bekränzt, zwischen ihnen ein Adler auf der Weltkugel mit einem Palmzweig im Schnabel, dazu die Inschrift CONCORDIA AUGUSTORUM Marci AURELIi ET LUCII VERI. Eine zweite Kuchenform zeigt Marc Aurel beim Triumphzug, er wendet sich um und ersticht einen Barbaren, über ihm bringt ihm Victoria einen Kranz. Der von einem Krieger geführte Wagen biegt rechts in einen Torbogen ein, so wie auf der Tafel im Konservatorenpalast.[225] Darüber und darunter Waffen.[226] Auch beim Essen wird der Römer an den Krieg erinnert.

z. *Bauwerke*

Das zweite nachchristliche Jahrhundert war eine Zeit intensivster Bautätigkeit.[227] Sie spiegelt den erreichten Wohlstand im Mittelmeergebiet. Die meisten erhaltenen antiken Architekturdenkmäler stammen aus der Regierungszeit von Trajan und Hadrian. Unter Antoninus Pius und – kriegsbedingt – unter Marc Aurel nimmt die bauliche Aktivität ab, die Schwerpunkte verschieben sich von der Hauptstadt in die Provinzen.[228] In Rom wurde aber noch Wohnraum gebaut mit Haustein aus Travertin, der bei Tivoli anstand, und mit Backsteinen aus den umliegenden Ziegeleien, von denen sich einige im Besitz der Familie Marc Aurels befanden, dokumentiert durch die mit Besitzernamen gestempelten Ziegel.[229] Werkstücke aus Marmor wie Kapitelle und Gesimse lieferte Griechenland versatzfertig. Eine neue Technik war das *opus caementicium*, eine Art Beton aus Mörtelgußwerk, womit Hadrian sein Pantheon überkuppelte. Es hält noch immer, obschon es seiner Bronzeziegel beraubt ist.

Nach Hadrian trat die Repräsentationsarchitektur in Rom zurück. Antoninus Pius errichtete am Forum den Tempel für seine vergöttlichte Frau Faustina maior, den Marc Aurel dann auch ihm widmete. Das zeigt die nachträglich erweiterte Inschrift auf dem

Architrav. Den heutigen barocken Giebel erhielt der Bau durch Paul V 1602, nachdem dort schon im Mittelalter die Kirche San Lorenzo in Miranda eingerichtet worden war. Die antiken Bauten um die Marcussäule auf der Piazza Colonna sind verschwunden. Das von Ammian dem Marcus zugeschriebene Septizonium, der Kalenderbrunnen am Palatin, stammt von Septimius Severus.[230] Die Ruinen des «Faustinatempels» samt der Bauinschrift im Park der Villa Borghese auf dem Pincio sind ein Werk der Romantik von 1792.

An der Via Appia entstanden große Villen, so die gigantische Anlage der Quintilier[231] und die Villa des Herodes Atticus mit dem erhaltenen «Tempel des Deus Rediculus», der nach der Schlacht bei Cannae 216 v. Chr. die Umkehr Hannibals bewirkt haben soll, ein Bau, der die Urne Regillas enthielt.[232] Senatoren und reiche Geschäftsleute bewohnten *domus* in der Art der Annier-Villa, wo Marcus geboren wurde.[233] Die Masse der Bevölkerung lebte in *insulae*, von Straßen umschlossenen Blocks mehrstöckiger Mietshäuser. Die zulässige Bauhöhe betrug seit Trajan nur noch 60 Fuß, das sind 17,70 Meter.

Die Bautätigkeit der Zeit Marc Aurels in den Provinzen steht ganz in der Tradition seiner Vorgänger. In Gallien hat sich der sogenannte Janustempel von *Augustodunum* – Autun erhalten. Es handelt sich um einen gallorömischen Umgangstempel für eine keltische Gottheit, die anstelle des älteren Holzbaus nun eine Ausführung in Stein erhielt. Auch die großen Arenen von Arles und Nîmes wurden damals errichtet oder vollendet, das Amphitheater von *Lugdunum* – Lyon bestand schon, wie das Christenmartyrium von 177 beweist.[234] In Obergermanien sind die Zentralgebäude von *Augusta Raurica* bei Basel zu nennen, in *Castra Regina* – Regensburg das Legionslager von 179.[235] Befestigungen in Belgien, Dalmatien, Untermoesien, Thrakien und Mauretanien bezeugen die Bedrohung.[236]

In die Zeit Marc Aurels fällt der Ausbau von *Augusta Treverorum* – Trier in der Provinz Belgica. Die Hauptstraße wurde verbreitert und mit Laubengängen gesäumt, es entstanden die Thermen unter dem Viehmarkt und die Barbara-Therme, die Steinpfeilerbrücke über die Mosel, das Amphitheater und mehrere Tempel. Eine Weihinschrift für den Gott Asclepius aus der Samtherrschaft von Marc Aurel und Lucius Verus wird in Zusammenhang mit der Pest des Galen gebracht. In die Zeit nach der Jahrhundertmitte wird auch die Stadtmauer datiert sowie die Porta Nigra, die lange ins 4. Jahrhundert gesetzt wurde.[237] Aber sie ist in Anlage und Ausführung der Porta Praetoria des Regensburger Legionslagers von 179 so ähnlich, daß an denselben Architekten zu denken ist. Bedroht war Trier durch den Einfall der Chauken in die Belgica, die der spätere Kaiser Didius Julianus zurückgeschlagen hat.[238]

Eine rege Bautätigkeit herrschte in Nordafrika, das unter Marcus von Kriegswirren verschont blieb. Vier Ehrenbögen für ihn sind bezeugt, der bedeutendste in Oea, dem heutigen Tripolis.[239] Das vierbogige überkuppelte Tetrapylon stand über einer Straßenkreuzung, ist gut erhalten und trägt einen reichen Reliefschmuck, Die Inschrift aus dem Jahre 163 nennt die beiden Kaiser, den (zivilen) Procurator, den (militärischen) Legaten und den (privaten) Stifter, einen Priester des Kaiserkultes.[240] In Thugga, dem tunesischen Dougga, wurde das «Kapitol» in der Stadtmitte erneuert, ebenso in *Sufetula* – Sbeitla. In *Bulla Regia* entstanden reiche Privatbauten; die gewaltigen Antoninusthermen in Karthago, heute die Hauptsehenswürdigkeit, waren beim Regierungsantritt Marc Aurels wohl schon fertiggestellt. Die römischen Ruinen Nordafrikas sind deswegen so gut erhalten, weil die Araber, als sie das Land im 7. Jahrhundert in Besitz nahmen, die Städte nicht besiedelten. Wo mögen die Bewohner geblieben sein?

In Griechenland hatte Hadrian viel für Athen getan, Marcus erneuerte das von den Kostoboken zerstörte Heiligtum von Eleusis.[241] Auch in Korinth, der Provinzhauptstadt, wurde gebaut, sonst tat sich auf dem Bausektor wenig, abgesehen von den Stiftungen des Herodes Atticus für Athen und Olympia[242] und einzelnen Villen, so die durch ihre Mosaiken bemerkenswerte Anlage an der Südspitze der Insel Kephallenia.[243]

In Kleinasien stammt das vorzüglich erhaltene Theater von Aspendos aus der Zeit Marc Aurels, gestiftet von zwei inschriftlich genannten Brüdern und errichtet von dem Architekten Zenon, während das pompöse Markttor von Milet, heute im Berliner Pergamonmuseum, nicht erst unter Marc Aurel, sondern wohl schon unter Hadrian gebaut wurde. Mit kaiserlichen und privaten Mitteln wurden die Erdbebenschäden in Smyrna und anderen Städten behoben.

Illustratio supplementaria: Die Porta Nigra in Trier, dendrochronologisch auf 170 n. Chr. datiert.

Im späten 2. und frühen 3. Jahrhundert entstanden die Säulenstraße von Palmyra, die gigantischen Tempel von Baalbek (Libanon) und das Kolonnadenforum Gerasa (Jordanien). Trotz der Kriege an den Grenzen zeigt das Leben in den Provinzen unter Marc Aurel noch einen beträchtlichen Wohlstand.

Hast du in der Jugend nicht gesammelt,
wie willst du im Alter etwas finden?

SIRACH 25,5

III

JUGEND UND FAMILIE

a. Herkunft und Vorfahren – b. Das Geburtshaus – c. Der Geburtstag – d. Erste Ehren: Springpriester 128 – e. Zwei Adoptionen 130 und 136 – f. Pius adoptiert Marcus und Lucius 138 – g. Verlöbnis mit Faustina 138 – h. Die Quästur 138/139 – i. Caesar, princeps iuventutis, Priesterschaften 139 – j. Konsulat und Kaiservillen – k. Hochzeit mit Faustina 145 – l. Konsul III 161 – m. Kinderstube im Kaiserhaus – n. Wachtelkämpfe und Jagdvergnügen – o. Zirkus und Arena – p. Askese – q. Familie und Freunde – r. Fachlehrer – s. Philosophielehrer der Stoa – t. Platoniker und Peripatetiker – u. Herodes Atticus in Rom – v. Cornelius Fronto – w. Weinlese – x. Von der Rhetorik zur Philosophie – y. Der Tod des Pius 161 – z. Der Herrschaftsantritt der Brüder

a. Herkunft und Vorfahren

Die Familie Marc Aurels, die große plebejische *gens Annia*, stammt aus Spanien, aus Ucubis, dem heutigen Espejo in Andalusien, südöstlich von Cordoba an der Straße nach Granada.[1] Sie gehörte zu den römischen Kolonisten, die dort ansässig wurden, nachdem der ältere Scipio im Jahre 206 v. Chr. – während des Zweiten Punischen

Krieges – die Karthager aus dem von ihnen so genannten «Kaninchenland» vertrieben hatte.[2] Scipio gründete die erste mit Veteranen besiedelte römische Kolonialstadt *Italica* bei Sevilla, aus der Trajan und Hadrian stammen. Die Annier gelangten zu Ansehen und Reichtum und kehrten dann nach Rom zurück. Wenn es heißt, die Familie leite sich her von Numa Pompilius – dem legendenumrankten zweiten römischen König –, so handelt es sich um eine der üblichen Stammbaumfiktionen.[3]

Der erste Vorfahr, der sich politisch hervortat, war Titus Annius Milo, der als Volkstribun der Senatspartei im Jahre 52 v. Chr. seinen popularen Kollegen und Konkurrenten Clodius im Straßenkampf ihrer Gladiatorenbanden erschlug und trotz Ciceros Verteidigungsrede ‹Pro Milone› verurteilt wurde. Die nächsten Nachrichten über die Familie stammen aus der frühen Kaiserzeit. Marc Aurels Urgroßvater (Marcus) Annius Verus[4] war bereits Senator in prätorischem Rang.[5] Eine bedeutende Stellung besaß auch der Großvater, ebenfalls Marcus Annius Verus genannt. Nach einem Suffektkonsulat unter Nerva im Jahre 97 wurde er 105 unter Trajan in die angesehene Priesterschaft der Arvalbrüder aufgenommen. 121 unter Hadrian bekleidete er das ordentliche Jahreskonsulat und wurde Augur, das heißt Mitglied in einer zweiten Priesterschaft. Im Jahre 126 wurde er abermals *Consul Ordinarius*; ein drittes Konsulat wie hier, das nachgeordnete mitgerechnet, war bei Privatleuten höchst selten. Damit war Marc Aurels Großvater der Ranghöchste unter Hadrian und ein enger Vertrauter des Herrschers.[6] Seine Frau, die Tochter der älteren Matidia, einer Halbschwester der Kaiserin Sabina, der Frau Hadrians,[7] trug den Namen Faustina – ebenso seine Tochter, die den späteren Kaiser Antoninus Pius heiratete und wiederum dessen Tochter, die Frau Marc Aurels, und ebenso dessen älteste Tochter. Das ergibt viermal «Faustina» in direkter Linie.

Marc Aurels Vater, der gleichfalls Marcus Annius Verus hieß, war verheiratet mit Domitia Lucilla, der Tochter eines Senators aus bester Familie. Beide Eheleute waren durch den Besitz größerer Ziegeleien bei Rom «steinreich» geworden.[8] Lucillas Großvater war mit dem jüngeren Plinius befreundet, hatte unter Trajan als Prokonsul die Provinz Asia verwaltet, wurde von Hadrian zum *Legatus Augusti pro praetore* in der wichtigen Provinz Syria ernannt und stieg noch weiter auf zum Stadtpräfekten Roms. Marc Aurels Vater verstarb während seiner Prätur vor 130.[9] Lucilla, seine heißgeliebte Mutter, war eine gebildete Dame. Fronto – der Lehrer Marc Aurels – schrieb seine Briefe an sie auf Griechisch,[10] so auch seine Gratulation zu ihrem Geburtstag, den sie im August 143 in Neapel feierte. Er überschüttet die «neue Athena» mit einem Schwall von Komplimenten: Alle tugendsamen Frauen müßten zu ihren Ehren erscheinen und Fronto selbst würde als Türhüter darauf achten, daß keine Unwürdige darunter sei. Bei Marcus entschuldigt er damals sein Fernbleiben mit Konsulatspflichten. Er schicke aber seine Frau Gratia, die beim Essen genügsam und mit Küssen Lucillas zufrieden sei. Er selbst entbehre zur Zeit aller Küsse. In Rom wurde damals sehr viel geküßt: auf den Mund, den Nacken, die Hände und die Füße.[11]

b. Das Geburtshaus

Die Eltern Marc Aurels bewohnten eine große Stadtvilla in der Regio Prima Coelimontana auf dem Caelius, dem südöstlichsten der sieben Hügel Roms.[12] Er soll ursprünglich wegen seines Eichenbestandes *Querquetulanus Mons* geheißen haben und umbenannt worden sein, als der Etruskerfürst Caele Vibenna dem König Tarquinius Priscus zu Hilfe gekommen war und von diesem den Hügel zur Ansiedelung erhalten hatte.[13] Nach dem Stadtbrand des Jahres 27 n. Chr.[14] waren anstelle der Mietshäuser hier Gärten mit Senatorenvillen entstanden, so auch die der Domitier, der Familie, der Marc Aurels Mutter Lucilla angehörte. Die *Horti Domitiae* lagen in der Nähe der heutigen Kirche San Giovanni in Laterano, der Bischofskirche Roms, benannt nach dem Geschlecht der Laterani, deren letzter Angehöriger durch Nero hingerichtet worden war. Über den Grundmauern der Annier-Villa erhebt sich heute das 1348 gegründete, mehrfach erneuerte Hospital San Giovanni. Im Zuge von Umbauten während der Jahre 1959 bis 1964 war es möglich, die Villa auszugraben.[15] Namensinschriften auf Bleiwasserrohren und Ziegeln erlauben die Zuordnung. Gefunden wurden Marmorköpfe von Marc Aurel und – wahrscheinlich – von seinen Kindern Annius Verus und Annia Cornificia sowie ein Kopf des Pertinax. Die Basis eines Reiterdenkmals dort kann wohl nur dem Caballus gehören.[16]

Die Villa besitzt den üblichen, nicht sehr großen Innenhof und nur eine Besonderheit: eine Latrine mit dem Wandgemälde der Fortuna Balnearis, der die Bäder und entsprechende Anlagen geweiht waren, für den Kirchenvater Clemens Alexandrinus war das der rechte Tempel für eine römische Gottheit.[17]

c. Der Geburtstag

Marc Aurel, wie wir ihn nennen, wurde am 26. April 121 in dieser Villa geboren. Der *dies natalis* findet sich in den spätantiken Festkalendern, so bei Filocalus 354 n. Chr. Danach gab es an diesem Tag in Rom 24 Wagenrennen zu sieben Runden.[18] Von einer Inschrift[19] wissen wir, daß drei Tage lang gefeiert wurde, vom 24. bis 26. April.[20] Der Monatstag steht ebenso in der Vita:[21] *VI kal. Maias*, zu lesen: *die sexto ante kalendas Maias*, «am sechsten Tag vor den Kalenden des Mai». Nach der damals üblichen «inklusiven» Zählweise wird der Folgetag, hier der erste Mai, mitgezählt. Außerdem werden in der Vita die Namen der «ordentlichen» Konsuln genannt, so daß es möglich ist, auch das Jahr zu bestimmen. Konsuln waren damals zum zweiten Mal Marc Aurels Großvater Marcus Annius Verus und ein gewisser Arrius Augur. Das Konsulatsjahr läßt sich in die christliche Zeitrechnung übertragen, weil wir die komplette Konsulfolge kennen, und der Begründer der Inkarnationsära Dionysius Exiguus, wie er schreibt, 247 Jahre nach dem konsuldatierten Herrschaftsantritt Diocletians[22] das laufende Jahr als das 531. nach Christi Geburt bestimmt hat, der mithin rechnerisch im Jahre 1 v. Chr. geboren ist.[23] Marc Aurel hat seinen Namen mehrfach geändert. Geboren ist er als Marcus Annius Catilius Severus. «Catilius» hieß er nach dem dritten Mann seiner mütterlichen Großmutter, ebenfalls eine Domitia Lucilla. Dieser Catilius Severus war Konsul 110 unter Trajan, 120 unter Hadrian sowie Kommandeur der Syrienarmee.[24]

d. Erste Ehren: Springpriester 128

Dank der günstigen Quellenlage sind wir über Kindheit und Jugend Marc Aurels genauer und verläßlicher unterrichtet als über die irgendeiner anderen antiken Persönlichkeit.[25] Marc Aurel genoß bereits

Abb. 10: Marmorporträt Hadrians aus seiner Villa in *Tibur* – Tivoli.

als Knabe allseitige Sympathie.[26] Sein ausgeglichener Charakter wurde bewundert: *A principio vitae tranquilissimus, adeo ut in infantia quoque vultum nec ex gaudio nec ex maerore mutaret.* «Schon in den ersten Jahren zeigte er ein vollkommen ruhiges Wesen, so daß er als Knabe weder aus Freude noch aus Kummer das Gesicht verzog.»[27] Hadrian faßte eine tiefe Zuneigung zu dem Enkel seines Günstlings Marcus Annius Verus. Da er selbst keinen Sohn besaß, bereitete er den jungen Marcus planmäßig im Hinblick auf seine Nachfolge vor und machte dies auch der Öffentlichkeit bekannt. So erhob er den erst sechsjährigen Jungen in den *ordo equester,* den Rang der Ritter, und nahm im Jahre 128 den Siebenjährigen in die altehrwürdige Priesterschaft der Salier auf.[28] Dieses Collegium wurde wie die meisten religiösen Einrichtungen auf den Sagenkönig Numa, den Nachfolger des Romulus, zurückgeführt.[29] Die Salier trugen eine rote Tunika und eine Pickelhaube und führten zu Ehren des Kriegsgottes Mars zu Beginn der Feldzugssaison und an deren Ende, im März und im Oktober, ihre Springprozession durch, die dem Namen *Salii* von *salire* – «springen» zugrunde liegt. Dabei wurde das *Carmen Saliare*, ein Gebetslied gesungen. Der Text wurde 1778 auf einer Inschrift des Jahres 219 im Arvalheiligtum am Tiber unterhalb Roms entdeckt und ist in einem so altertümlichen Latein verfaßt, daß gewiß schon Marc Aurel ihn nicht mehr ganz verstanden hat: ENOS LASES IUVATE ... ENOS MARMOR IUVATO![30] Daß es durchaus nicht erforderlich ist zu wissen, was man betete, entspricht einem Wesenszug vielleicht nicht nur römischer Religion. Sie war eine Sache des Rituals, keine Sache des Glaubens. In der Antike diente die Religion dem Wohl des Staates, im Christentum dagegen der Seligkeit des Einzelnen.

e. Zwei Adoptionen 130 und 136

Vor dem Jahre 130 verlor Marcus seinen Vater.[31] Daraufhin adoptierte ihn sein gleichnamiger väterlicher Großvater aus erbrechtlichen Gründen. Der Großvater war reich. Als adoptierter Erbe seines Großvaters überließ Marcus das Vermögen seines Vaters seiner Schwester Annia Cornificia und gönnte ihr zudem das seiner Mutter.[32] Die erste Adoption Marc Aurels durch den Großvater war privatrechtlicher Natur. Der Adoptierte wurde umbenannt und hieß nun nach seinem väterlichen Großvater und juristischen Adoptivvater mit seinem zweiten Namen «Marcus Annius Verus», mithin so wie sein Vater und Urgroßvater. Hadrian nannte den Knaben wegen seiner bezeugten Wahrheitsliebe statt «Verus» scherzhaft «Verissimus».[33] Der Name «Verus» für Marc Aurel erscheint bei Galen, die Form «Verissimus» in der Widmung zur ersten Apologie Justins,[34] in der Chronik des Hieronymus zum Jahr 151 sowie auf lateinischen Inschriften und auf griechischen Münzen.[35] Der Vorname «Marcus» blieb ihm bei allen Namenswechseln erhalten. Er war in Rom sehr beliebt und leitet sich her von dem Kriegsgott Mars, während «Lucius» mit *lucere* – «leuchten» in Verbindung gebracht wird.[36]

Noch im 14. Lebensjahr, am 17. März 136, erhielt Marcus die Männertoga, die *toga virilis*, und war damit volljährig.[37] Während des Latinerfestes amtierte er als Ehrenpräfekt Roms.[38] Der kinderlose Hadrian war damals schon krank und dachte an die Regelung seiner

Nachfolge. Marcus war dafür noch zu jung, doch plante Hadrian ihn gemäß dem Vieraugensystem des Augustus offenbar als zweiten Nachfolger ein. Als ersten designierte Hadrian nach längerem Hin und Her[39] im Sommer 136 den für seine Schönheit bewunderten Lucius Ceionius Commodus,[40] durch Adoption Lucius Aelius Caesar, damals *Consul ordinarius* und anschließend in Carnuntum Statthalter in Pannonien. Die Wahl erfolgte gegen den Widerstand von Hadrians Ratgebern; insbesondere sein Großneffe und nächster männlicher Verwandter, der 24jährige Pedanius Fuscus, fühlte sich übergangen und bezahlte seinen Protest mit seinem Leben; desgleichen sein neunzigjähriger Großvater, Hadrians Schwager, der den Anspruch des Fuscus unterstützt hatte. Die beiden, heißt es, hätten dessen künftiges Kaisertum in den Sternen gelesen, diese aber offenbar mißverstanden.[41] Denn wir wissen ja: Die Sterne lügen nicht.

Hadrian deutete sie richtig, er sah aus dem Horoskop des Aelius, daß dieser nicht lange leben würde und daher den Thron für Marcus bald freimachen würde. Marius Maximus vermerkt die astrologischen Kenntnisse Hadrians.[42] Zugleich wurde auf Hadrians Wunsch Ceionia Fabia, die Tochter des Aelius, mit Marc Aurel verlobt, der damit zum künftigen Schwiegersohn des Thronerben bestimmt war, also zum Nachnachfolger. Aelius selbst besaß allerdings einen damals fünfjährigen Sohn, den späteren Adoptivbruder und Mitkaiser Marc Aurels, Lucius Verus, geboren am 15. Dezember 130 als L. Ceionius Commodus, namensgleich mit seinem Vater.[43]

f. Pius adoptiert Marcus und Lucius 138

Die Nachfolgeregelung Hadrians brach zusammen, als der erwählte Lucius Aelius Caesar mit 37 Jahren am 1. Januar 138 starb. Nun mußte Hadrian eine neue Zwischenlösung finden und adoptierte am 25. Februar den späteren Antoninus «Pius». Er war 51 Jahre alt und hieß mit vollem Namen Titus Aurelius Fulvus Boionius Arrius Antoninus. Auch diese Wahl wurde kritisiert, zumal Catilius Severus, der dritte Mann der Domitia Lucilla, Marc Aurels Großmutter, sich Hoffnungen gemacht hatte; nicht ohne Grund, denn er war im Staatsdienst besser ausgewiesen als Antoninus.[44] Dieser hatte außer seiner senatorischen Laufbahn und einer Tätig-

Abb. 11: Antoninus Pius. Metropolitan Museum, New York.

keit als Richter in Italien nur ein einjähriges Prokonsulat in Asia aufzuweisen und keinerlei militärische Erfahrung, wie Severus sie besaß. Hadrian aber schätzte den Charakter des Antoninus, der zudem mit ihm über die weibliche Linie verbunden war. Dessen Frau, die ältere Faustina, war die Tochter einer Halbschwester der Sabina, der Frau Hadrians.[45] Anders als bei der Auswahl des Aelius blieb Hadrian nun, wie üblich, bei der Kandidatenwahl in der Verwandtschaft. Antoninus besaß keinen lebenden Sohn mehr[46] und adoptierte auf Anordnung Hadrians seinerseits zwei mögliche Thronfolger: den mittlerweile fast siebzehnjährigen Marcus, einen Neffen der älteren Faustina – den Hadrian nicht nur wegen seines Charakters und seines richtigen Alters, sondern auch wegen seiner Verwandtschaft (*syngeneia*), offenbar mit Sabina, schätzte.[47] Zugleich adoptierte Antoninus den noch siebenjährigen L. Ceionius Commodus, den späteren Lucius «Verus», Sohn des verstorbenen

Lucius Aelius Caesar, nun unter dem Namen Lucius Aelius Aurelius Commodus.[48]

Durch diese Adoptionen bestimmte Hadrian den Pius zu seinem ersten und Marcus wiederum zum zweiten Nachfolger. Der zehn Jahre jüngere Lucius war von Hadrian sicher nicht schon damals im Sinn eines Doppelprinzipats als gleichrangiger Mitherrscher für Marcus vorgesehen,[49] sondern als Ersatz für ihn im Falle eines vorzeitigen Todes. Hadrian orientierte sich hier an der Nachfolgeregelung des Augustus, der nach dem Tode seines Neffen und Adoptivsohnes Marcellus 23 v. Chr. im Jahre 17 v. Chr. die beiden Söhne seiner Tochter Julia, nämlich Gaius und Lucius Caesar adoptierte, von denen ersterer, der ältere, als designierter Nachfolger galt,[50] der jüngere als dessen Erbe. Am Tage der Adoption träumte Marcus, er habe Schultern aus Elfenbein; er erfuhr, daß dies seine Tragfähigkeit erhöhe,[51] ihm gewissermaßen Elefantenkräfte verleihe. Marcus hat diese Episode gewiß selbst erzählt, denn er war traumgläubig, ebenso wie sein Lehrer Fronto.[52] Der Adoptierte wurde vorher nicht gefragt; Marcus hätte sich möglicherweise geweigert. Jedenfalls beklagte er sich über die Beschwernisse des Herrscheramtes, zumal er nun die mütterlichen Gärten verlassen und in die *domus privata*, die Stadtvilla Hadrians umziehen mußte. Dort lebte er weiterhin bescheiden und fügte sich.[53]

Mit seiner zweiten Adoption, jetzt durch Antoninus Pius, erhielt Marcus seinen dritten Namen. Aurelius Victor nennt ihn «Marcus Boionius»,[54] dann aber, wie üblich mit seinem vierten Namen «Aurelius»,[55] in voller Form bis 161 «Marcus Aelius Aurelius Verus»[56] oder kurz «Verus», aus dem Stadtbezirk der *Tribus Papiria*. Nach dem Tode des Pius 161 kamen zum Namen hinzu «Sohn des vergöttlichten Antoninus Pius, Enkel des vergöttlichten Hadrian, Urenkel des vergöttlichten Trajan, Ururenkel des vergöttlichten Nerva»[57] oder kürzer: «Marcus Aurelius Antoninus». In seinen Briefen an Fronto nennt er sich «Marcus Aurelius», in den Selbstgesprächen und auf Inschriften «Antoninus», ebenso wie seinen Adoptivvater, aber auch seinen ersten und seinen fünften Sohn.[58]

Die Benennung des Kaisers in der antiken wie der neueren Literatur schwankt. Fronto nennt ihn «Marcus Aurelius» oder «Antoninus», Galen verwendet «Verus», «Severus», «Aurelius Antoninus» oder «Marcus Antoninus». Dio und die Vita schreiben meist «Marcus», seltener bloß «Antoninus», Julian wechselt zwischen «Marcus» und «Verus», Aurelius Victor nennt ihn einmal «Aurelius», ein andermal «Marcus Boionius». Ammian bevorzugt «Marcus», Zosimos «Verus». Orosius schwankt zwischen «Aurelius» und «Marcus Antoninus», Otto von Freising verwendet «Marcus Antoninus Verus». Bei Herder heißt er mal «Mark-Aurel», mal «Mark-Antonin»; bei Luther, Gibbon und Mommsen «Marcus»; bei Voltaire, Renan und Jacob Burckhardt «Marc-Aurèle» beziehungsweise «Marc Aurel». So seitdem.

g. Verlöbnis mit Faustina 138

Hadrian mußte in seinen letzten Monaten leiden, so schwer, daß er mehrere Selbstmordversuche unternahm.[59] Er starb am 10. Juli 138 im Seebad Baiae westlich von Neapel. Antoninus Pius hatte sich dorthin begeben, so daß Marcus als der Ranghöchste in der Kaiserfamilie die Trauerfeier für seinen Adoptiv-Großvater anordnen, die Gladiatorenkämpfe organisieren und die Totenrede, die *laudatio funebris* halten mußte.[60] Hadrian hatte ihn noch kürzlich zum Quästor designiert. In der ausführlichen Danksagung Marc Aurels an seine Familie und Förderer zu Beginn seiner ‹Selbstbetrachtungen› fehlt der Name Hadrians, dem er doch zu allererst sein Kaisertum verdankte. Wie ist das zu erklären? Fronto erwähnt Hadrian oft in seinen Briefen: Er bewunderte ihn, liebte ihn aber nicht. Er schien ihm undurchschaubar und unberechenbar, es gab keine Vertrauensbasis.[61] Hadrian stand auf Kriegsfuß mit dem Senat, der ihm *post mortem* die Konsekration, die Vergöttlichung verweigern wollte. Pius mußte Druck ausüben.[62] Nach der Vollendung des Mausoleums im Jahre 139 wurde Hadrians Urne mit der des Aelius Caesar dorthin überführt.[63] Als Papst Gregor der Große 590 das Hadriansmausoleum zur Engelsburg umbauen ließ, verschwanden die Urnen mit den Inschriften, die aber als Kopien von Kopien beim Anonymus Einsidlensis erhalten blieben.[64]

Noch 138, sofort nach dem Herrscherwechsel, wurde eine wichtige Regelung getroffen, um die Thronfolge Marc Aurels abzusichern: Seine Verbindung mit dem Kaiserhaus wurde verstärkt. Hadrian hatte mit der Adoption des Pius am 25. Februar 138 verlangt, daß dessen

Tochter Faustina minor nicht mit Marcus, sondern mit Lucius Verus, dem Sohn des verstorbenen Thronkandidaten Aelius Caesar verlobt würde.[65] Beide waren acht Jahre alt.[66] Marcus hingegen wurde mit Fabia, der Schwester des Lucius Verus und Tochter des Aelius verlobt.[67] Nach dem Tode Hadrians am 10. Juli 138 aber verlobte Pius seine Tochter nun doch mit Marcus, nachdem er dessen Verlöbnis mit Fabia aufgelöst hatte.[68] Zuvor mußte er ebenfalls das Verlöbnis Faustinas mit Lucius lösen, falls dieses tatsächlich stattgefunden hatte.[69]

Faustina minor war eine Cousine Marc Aurels.[70] Die Verlobung unterstrich nicht nur das Recht auf die Nachfolge, sondern bescherte Marcus auch die reichste Frau, da Pius ihr sein Vermögen übertrug. So blieb der Besitz in der Familie, denn das Erbe des Kaisers kam an dessen Amtsnachfolger.[71] Damit war Marcus in dreifacher Weise verwandtschaftlich mit dem Herrscherhaus verbunden: nicht nur als Adoptivsohn des Kaisers und Brudersohn der Kaiserin, sondern auch als künftiger Schwiegersohn. Wie noch heute im englischen Königshaus ergab sich der Anspruch auf das Kaisererbe direkt aus der familiären Nähe des Kandidaten zum Herrscher. Schon Augustus hatte seine Tochter Julia mit dem jeweils vorgesehenen Nachfolger verheiratet: erst mit Marcellus, dann mit Agrippa und zuletzt mit Tiberius, der sich dafür von seiner geliebten Vipsania trennen mußte.[72]

Die römischen Kaiserinnen sind auf den Bildern an ihrer jeweiligen kunstvollen Haartracht zu erkennen (Tafel X), die – durch die Münzen reichsweit bekannt – von privaten Frauen nachgebildet wurde.[73] Die ältere Faustina trägt einen geflochtenen Kranz turbanartig auf dem Scheitel und am Hinterkopf, ihre Tochter erkennt man an dem Kranzknoten über dem Nacken. Anhand von Rundplastiken der jüngeren Faustina lassen sich neun Varianten dieser Frisur unterscheiden. Vermutlich änderte sie ihre Haartracht immer dann, wenn sie wieder ein Kind geboren hatte.[74]

Die Haartracht war allzeit der Stolz der Frauen. Der Zeitgenosse Marc Aurels Apuleius von Madaura bringt in seinem köstlichen Roman ‹Der goldene Esel› einen Prosahymnus auf die Bedeutung der Lockenpracht für die weibliche Schönheit. Wie die Farbe der Kleidung den Körper, so ziert die Form der Frisur das Gesicht. Der ganze Liebreiz selbst der Venus wäre dahin, hätte sie einen kahlen Kopf. Dann beschreibt Apuleius die herrlichen Frauenfrisuren seiner Zeit, die selbst der kostbarste Schmuck nicht ersetzen kann, *tanta est capillamenti dignitas*, «so wichtig ist die Würde des Haupthaares».[75] Moralisten hingegen haben den Frisurenkult angeprangert. Seneca bemerkt über die modestolzen Jünglinge seiner Zeit: «Wer von ihnen will nicht lieber den Staat in Verwirrung sehen als seine Lockenpracht?» – *Quis est istorum, qui non malit rem publicam turbari quam comam suam?*[76] Träfe das nicht auch auf Lucius Verus zu?

Die mehrfache Verwendung des Namens Faustina in der engsten Verwandtschaft Marc Aurels hat Verwechslungen hervorgerufen. Marc Aurels Verlobte hieß genauso wie ihre Mutter: Annia Galeria Faustina und wird von ihr, der Faustina maior, als die jüngere Faustina, *minor* oder *iunior*, unterschieden. «Faustina» erscheint zudem in den Namen der Schwester Marc Aurels, zweier Töchter, einer Nichte und weiterer Frauen der Sippe. Auch die Namen Matidia, Fadilla und Lucilla kommen mehrfach vor. Noch ärger bei den Männern. «Annius Verus» hießen der Großvater, der Vater und ein Sohn Marc Aurels; «Commodus» außer dem späteren Kaiser drei Ahnherrn des Lucius Verus. «Verus» hieß erst Marcus, dann sein Bruder Lucius. Mit «Antoninus» kann Pius gemeint sein, Marc Aurel, einer seiner beiden früh verstorbenen Söhne dieses Namens, ebenso Lucius Verus und später Caracalla und Elagabal. Wer steht hinter dem berühmten römischen Straßenverzeichnis ‹Itinerarium Antonini›?[77] Die Phantasielosigkeit der römischen Namengebung sticht ab von den Abertausenden griechischer Personennamen.[78] Die Armut an Vornamen wurde ausgeglichen durch eine Vielzahl von Familiennamen, die wiederum durch Beinamen differenziert wurden. Es heißt, die Sitte, mehrere Namen zu tragen, sei von den Albanern oder Sabinern übernommen worden.[79] Klassisch waren drei Namen: Vorname (*praenomen*), Familienname (*nomen gentile*), Beiname (*cognomen*). In der Kaiserzeit uferte das jedoch aus. Marc Aurel erhob einen Mann zum Konsul für 169, der sich mit 38 Namen inschriftlich verewigen ließ. Dessen Vater führte bereits deren zehn.[80]

h. Die Quästur 138/139

Am 5. Dezember 138 trat Marcus, siebzehnjährig, seine Quästur an, zu der ihn der am 10. Juli verstorbene Hadrian ausersehen hatte.[81]

Marcus war «kaum dem Knabenalter entwachsen», *vixdum pueritiam egressus*. Das von Augustus vorgeschriebene Mindestalter von 25 Jahren galt für Prinzen nicht.[82] Das Amt brachte den Eintritt in den Senat und war mit der Veranstaltung von Spielen verbunden. An ihnen fand Marcus kein Gefallen. Er mußte regelrecht genötigt werden, der Tierhatz, dem Theater, den Wagenrennen beizuwohnen, um sich der Öffentlichkeit zu zeigen.[83] Auch später machte er – so wie Seneca[84] – keinen Hehl aus seiner Abneigung gegen das blutige Massenvergnügen und beschränkte sich auf die gelegentliche Abhaltung von *venationes*, Tierkämpfen.[85] Er erledigte in der Kaiserloge Amtsgeschäfte oder widmete sich der Lektüre, so wie einst Caesar, was im Volk übel vermerkt wurde. Daß Marcus sich auch bei Gastmählern in seine Bücher vertiefte, statt fernzubleiben, zeigt den Zwang der Konvention.[86] Mißfallen erregte ebenso, daß er später in Rom den Gladiatoren scharfe Waffen verbot;[87] sein Sohn und Nachfolger Commodus hat das dann normalisiert. Bei der Senatssitzung am 1. Januar 139 hielt Marcus seine Antrittsrede, ein Lob auf Kaiser und Reich.

i. Caesar, princeps iuventutis, Priesterschaften 139

Pius unterließ nichts, um die Nachfolge seines Günstlings zu legitimieren und zu propagieren. Im Jahre 139 verlieh er ihm den Namen Caesar, mit dem Galba 69 Piso designierte, Vespasian Monate später Titus, Nerva 97 dann Trajan, Hadrian 136 Aelius und 138 Antoninus Pius nun Marcus. Der Titel Caesar für den Thronfolger blieb üblich bis in constantinische Zeit. Zusätzlich zu der Erhebung bestimmte Pius Marc Aurel für das Konsulat im Folgejahr 140. Auf den Münzen lesen wir: AURELIUS CAESAR AUGUSTI PII FILIUS CONSUL DESIGNATUS.[88] Zeitgleich wurde er zum ersten der *seviri turmarum equitum Romanorum*, mithin zum *princeps iuventutis*, dem Ersten der Staatsjugend, erhoben.[89] Die «Sechsmänner der römischen Reiterschwadronen» unter dem *princeps iuventutis* hatte Augustus geschaffen.[90] Alljährlich gab es eine Reiterparade, verbunden mit einer Musterung, die *transvectio* am 15. Juli, zur Erinnerung an den sagenhaften Sieg am See Regillus über die Latiner 496 v. Chr., den die Römer den berittenen Dioskuren verdankten.[91] Die Teilnehmer gehörten zur *iuventus*, der organisierten Reiterjugend unter 35 Jahren. So wie in Rom entstanden vielerorts solche Jugendverbände, selbst in kleineren Siedlungen wie im Lagerdorf am hessischen Limes in Altenstadt.[92] Neben ihrer zeremoniellen Funktion dienten die *collegia iuvenum* der Vorbereitung auf die Offizierslaufbahn bei der Reiterei. Die ersten *principes iuventutis* waren die beiden Adoptivsöhne des Augustus, Gaius und Lucius Caesar, die als Thronfolger vorgesehen waren, so wie nun Marcus unter Pius und im Jahre 175 Commodus unter Marcus. Münzen mit IUVENTAS (*sic*) weisen darauf hin.[93] Zusätzlich folgte noch 139 die Aufnahme Marc Aurels in die vier vornehmsten Priesterkollegien, zuständig für den Tempeldienst, die Gelübde und Weihungen, Opfer und Göttermahle. Salier war Marcus damals bereits. Eine Inschrift von 163 n. Chr. aus dem heiligen Hain der Arvalbrüder bezeugt, daß Marcus auch diesem Kultverein angehörte.[94] Der Kaiser wünschte das, der Senat empfahl das und die Priesterschaften beschlossen das.[95]

j. Konsulat und Kaiservillen

Am 1. Januar 140 übernahm Marcus sein erstes Konsulat, gemeinsam mit dem Kaiser, eine zusätzliche Ehre. Zum Amtsantritt hatte Marcus eine Rede zu halten, die auf den Dank an seinen Adoptivvater abgestellt war. Ein Briefwechsel mit seinem Lehrer Fronto galt vermutlich dem Konzept dieser Rede.[96] Es ging um ein Gleichnis, das die Situation des Prinzen im Betrieb des politischen Alltags betraf. Marcus schrieb, daß sich auf der Insel Aenaria, dem heutigen Ischia, ein See befinde, auf dem wiederum eine Insel liege, die somit gegen die Unbilden des äußeren Meeres geschützt ist. Das bezog Fronto auf die *imperii Romani molestiae et difficultates*, auf die Bedrängnisse des Römischen Reiches, vor denen der Kaiser den Marcus bewahre. Das Sprachbild verdeutlicht die Aussage, auch wenn es auf Ischia damals so wenig wie heute einen solchen See mit Insel gegeben hat. Eine Insel als Ort des Rückzugs gab es in der Hadriansvilla bei Tivoli: das *Teatro Marittimo*.[97]

Das Verhältnis zwischen Marcus und seinem «Vater» war eng. Pius förderte und forderte ihn. Gegen seinen Willen mußte Marcus nun abermals umziehen, aus der Stadtvilla Hadrians in die *domus*

Tiberiana, wo Pius wohnte. Es war der Nordwesttrakt des Palatiums, der einen Blick hinüber zum Kapitol gewährte. Er enthielt eine Bibliothek.[98] Außerdem wird berichtet, daß Marcus während 23 Jahren (?) das Schlafzimmer mit seinem verwitweten Adoptivvater teilte und nur zwei Nächte von ihm getrennt war.[99] Kam damit die Konkubine des Kaisers nicht etwas zu kurz?

Marcus befand sich auch dann stets in der Nähe des Kaisers, wenn dieser nicht in Rom weilte. Zwar hat Pius, im Gegensatz zu dem reiselustigen Hadrian, als Kaiser Italien nicht verlassen, doch hielt er oft außerhalb Roms Hof, zumal in Lorium. Das tagelange Hospitieren als «gähnender Beisitzer» bei den Prozessen war für den jungen Marcus strapaziös,[100] da seine Interessen in ganz andere Richtung wiesen. Zu Recht überhörte Pius die Gerüchte, Lucilla erflehe von den Göttern sein baldiges Ende, damit ihr Sohn Marcus endlich Nachfolger würde.[101] Die Kaiservillen[102] lagen einige Stunden entfernt im Halbkreis um Rom herum: nordwestlich in Etrurien Lorium[103] an der Via Aurelia, modern Castel di Guido in heute baumlosem, hügligem Gelände, Geburts- und Sterbeort von Antoninus Pius,[104] dann an der Via Clodia die Villa des Verus,[105] an der Küste Centumcellae, heute Cività Vecchia,[106] westlich von Rom Alsium, heute Palo, wo noch eindrucksvolle Substruktionen erhalten sind.[107] Im Jahre 162 ermahnte Fronto Marcus, seinen viertägigen Urlaub in Alsium doch nicht mit Büchern zu verderben, sondern sich zu erholen. Das habe Trajan mit Schauspielern und Wein getan, Hadrian mit Musik und gutem Essen, Antoninus Pius mit Leibesübungen und Spaßmachern.[108]

Als Aufenthaltsorte von Marcus und seinen Angehörigen sind weiter bezeugt die Villen von *Praeneste* – Palestrina und *Tibur* – Tivoli in den Bergen östlich von Rom, die gigantische Anlage Hadrians,[109] sodann Albanum[110] und Tusculum auf den Albanerbergen sowie oben am Berg Algidus und unten am Fuße Lanuvium.[111] Nahe der Küste Latiums standen die Villen von Laurentum mit dem geschätzten Lorbeerhain,[112] die Villa von Lavinium, heute Prattica di Mare[113], und dann Caieta,[114] in Kampanien die Villen bei Neapel, Baiae und Puteoli, von Marcus mit ihren klimatischen Besonderheiten geschildert.[115] Den Typus der riesigen, landschaftlich reizvollen Senatorenvillen mit ihren Gärten und Parks, Laubengängen und Wasserspielen beschreibt Plinius minor in seinen Briefen.[116] Anschaulich erzählt er darin von seinem Dienstbesuch bei Trajan in Centumcellae.[117]

k. Hochzeit mit Faustina 145

Am 1. Januar 145 wurde Marcus abermals Konsul, wiederum mit seinem Adoptivvater Pius, der das Amt nun schon zum vierten Mal bekleidete. Im Mai feierte Marcus Hochzeit mit Faustina minor.[118] Das Fest wurde mit beträchtlichem Aufwand begangen, der Schwiegervater verteilte Geld ans Militär und ließ eine Gedenkmünze prägen.[119] Am 30. November 147 wurde das erste von möglicherweise dreizehn Kindern geboren.[120] Jede Geburt im Kaiserhaus war ein Staatsereignis, das durch Sonderprägungen bekanntgemacht wurde. Das Fortleben der Dynastie sicherte den Bestand des Reiches. Die erstgeborene Tochter hieß so wie die Mutter, die Tante und die Großmutter Faustina, mit vollem Namen Domitia Faustina. Sie lag Fronto am Herzen, wie er in einem Brief an Marcus bezeugt, der ihm von ihrer Kinderkrankheit geschrieben hatte.[121]

Im Jahre 149 gebar Faustina minor, wie es scheint, Zwillinge, die Pius auf einer Goldmünze in zwei Füllhörnern zeigte, umschrieben mit TEMPORUM FELICITAS.[122] Während über den vermuteten «Gemellus» nichts bekannt ist – er müßte früh verstorben sein –, spielte seine Schwester Annia Aurelia Galeria Lucilla 164 als Frau von Lucius Verus und 169 von Pompeianus eine Rolle in der Politik. Sie nahm unter Commodus ein trauriges Ende.[123] 150 oder 151 folgte in der Reihe der Kinder Annia Aurelia Galeria Faustina. Marcus vermählte sie später mit Severus, dem gleichnamigen Sohn seines Lehrers in stoischer Philosophie.[124] Eine Enkelin dieses Paares war Annia Faustina, die nach der Ermordung ihres Mannes 221 einen Sommer lang die dritte Frau des überspannten syrischen Sonnenpriesters Elagabal war.[125] Daß sich dieser als Kaiser ausgerechnet «Marcus Aurelius Antoninus» nannte, ist bittere Ironie. Zwei oder drei weitere Söhne starben früh. Einer von ihnen hieß Hadrian, falls dieser nicht mit einem der beiden anderen Knaben identisch ist. Das nächste Kind Fadilla, geboren um 159, heiratete Plautius Quintillus, Konsul 177. Die 160 geborene Cornificia, benannt nach Annia Cornificia Faustina, der Schwester Marc Aurels, war zweimal mit Senatoren vermählt.

Abermals verkündeten die Münzen die Fruchtbarkeit der Kaiserin: FECUNDITAS AUGUSTAE,[126] als sie 161 wiederum Zwillinge geboren hatte. Ein Sesterz zeigt den Nachwuchs rechts und links auf ihren Armen, darunter stehen je zwei Töchter.[127] Der «ältere» Zwilling, Titus Aurelius Fulvus Antoninus, starb schon 165,[128] sein Bruder Lucius Aurelius Commodus wurde Nachfolger Marc Aurels. Faustinas vorletztes Kind hieß wiederum – zum vierten Mal in direkter Linie – Marcus Annius Verus, trug den Caesarentitel, lebte aber nur von 162 bis 169.[129] Eine letzte Tochter Vibia Aurelia Sabina heiratete Lucius Antistius Burrus, den Konsul unter Commodus 181, den dieser 189 jedoch einer Verschwörung verdächtigte und samt seinen Verteidigern beseitigen ließ. Faustina gebar mithin sechs Töchter, von denen fünf das heiratsfähige Alter erreichten, und fünf oder sieben Söhne; alle außer Commodus starben vor dem Vater. Drei Schwestern überlebten Commodus:[130] Fadilla, Sabina und Cornificia. Sabina erscheint inschriftlich noch als «Schwester» des Septimius Severus nach dessen Tod 211 unter Caracalla.[131] Cornificia gehörte zu den von Caracalla abgeurteilten Frauen; sie wurde 213 zum Selbstmord gezwungen, den sie in Erinnerung an ihren Vater Marcus mit stoischem Gleichmut vollzog.[132] Verbunden mit der Ehe- und Kinderlosigkeit vieler Senatoren in der gesamten Kaiserzeit[133] erklärt dies den Aufstieg der Provinzialen auf allen Gebieten des römischen Staatswesens.

Angesichts der zahlreichen Kinder Faustinas haben die Berichte über ihr ausschweifendes Privatleben wenig Glauben gefunden. Sie sind allerdings deftig. So wurde gemunkelt, ein Typ wie der für Gladiatoren schwärmende Commodus könne kein Sohn Marc Aurels sein; vielmehr sei er das Ergebnis eines Seitensprungs von Faustina mit einem Gladiator. In der kampanischen Sommerfrische zu Caieta habe sie es mit Seeleuten getrieben, die nackt arbeiteten und ihr so die Auswahl erleichterten.[134] Auch Pantomimen seien unter ihren Liebhabern gewesen wie der berühmteste Frauenheld der Zeit, der Schauspieler Pylades.[135] Und selbst Lucius Verus, ihr Schwager und Schwiegersohn, fehlt nicht unter ihren angeblichen Buhlen.[136] Verwundert wird vermerkt, daß der Kaiser die Affären seiner Frau übersah, ihnen weder nachspürte noch die Schuldigen bestrafte;[137] unerhört, daß Marcus vier Galane beförderte, von denen er einen sogar einmal beim Frühstück mit Faustina, *prandentem cum uxore*, überrascht habe. Die Sache kam auf die Bühne, somit ist an diesen Gerüchten nicht zu zweifeln. Grotesk aber ist die Schauergeschichte, Faustina habe den vermeintlichen Vater des Commodus von der Straße aufgelesen und dies nach einer Krankheit ihrem Mann gestanden. Marcus habe daraufhin die chaldäischen Wahrsager um Rat gefragt und auf deren Weisung hin den Gladiator getötet, Faustina in dessen Blut baden lassen und sie dann beschlafen.[138] Im kaiserzeitlichen Rom waberten die Gerüchte; eine Sammlung ergäbe ein bemerkenswertes Panoptikum der Volksphantasie.

Glaubwürdig ist, daß Marcus in seinen Briefen Faustina gegen derartige Verdächtigungen in Schutz genommen hat.[139] Bestanden sie zu Recht, so hätte er sie übersehen. In seinen Tagebüchern dankt er den Göttern, eine solche Frau zu haben: fügsam, zärtlich und anspruchslos.[140] Als man auf die üblen Gerüchte hin Marcus nahegelegt habe, sich von Faustina zu scheiden, habe er geantwortet, wenn er das tue, dann müsse er auch auf die Mitgift verzichten, auf die von seinem Schwiegervater übernommene Herrschaft.[141] Faustina begleitete Marcus nach Pannonien, Syrien und Ägypten.[142] Ihr Tod traf Marcus schwer,[143] er beklagt ihn in einem Brief an Herodes Atticus[144] und soll seinen Kummer über Gebühr gezeigt haben.[145]

l. Konsul III 161

Nachwuchs im Kaiserhaus war immer ein politisches Ereignis. Der Kindersegen unterstrich Marc Aurels Eignung für das Kaiseramt. Als Faustina 146 ihr erstes Kind zur Welt gebracht hatte, wurde Marcus befördert. Zum Amtsantritt der Volkstribunen am 10. Dezember 147 erhielt er die *tribunicia potestas*, das *imperium proconsulare* und das *ius quintae relationis*.[146] Die *tribunicia potestas* erlaubte ihrem Inhaber, den Senat einzuberufen und verlieh ihm Unverletzlichkeit, das *imperium proconsulare* verschaffte ihm den Heeresbefehl in den Provinzen, und das *ius quintae relationis* gewährte ihm das Recht, die ersten fünf Anträge auf jeder Senatssitzung zu stellen. Ausgestattet mit diesen Befugnissen, besaß Marcus bereits die wichtigsten Vollmachten des Kaisers.

Aus den folgenden Jahren bis zur Regierungsübernahme wissen wir nahezu nichts über Marcus. Bei der prächtigen 900-Jahrfeier

Roms 148 muß er aufgetreten sein. Pius brachte damals viele exotische Tiere in die Arena. Münzen zeigen Elefanten und Löwen, von denen an die hundert in der Arena getötet worden sein sollen. In der Vita werden zudem Nashörner, Krokodile, Nilpferde und Hyänen erwähnt.[147] Am 1. Januar 161 trat Marcus sein drittes Konsulat an, nun gemeinsam mit seinem Adoptivbruder Lucius Verus, dem diese Ehre damals nach 154 zum zweiten Male zuteil ward. Der Vorsprung Marc Aurels in den Konsulaten zeigt seinen höheren Rang gegenüber seinem Bruder. Auf Reisen saß Lucius im Wagen neben dem Prätorianerpräfekten, während Marcus neben dem Kaiser voranfuhr.[148] Zwei Ranggleiche gab es im Römerreich nie.

m. Kinderstube im Kaiserhaus

Wie über die Stufen der Amtseinführung sind wir auch über Marc Aurels innere Entwicklung gut im Bilde. Häusliches Familienleben ist keine Errungenschaft der Romantik. Am Kaiserhof gab es durchaus so etwas.[149] Augustus hat seine Enkel persönlich unterrichtet, er ist mit ihnen regelmäßig baden gegangen und hat ihnen das Schwimmen beigebracht. Kinderliebe über das Übliche hinaus wurde ebenfalls Claudius bescheinigt.[150] Marc Aurel rechnet sie zu den Tugenden.[151] Antoninus Pius schrieb 143 an Fronto, lieber zöge er mit seiner Tochter Faustina auf die Felseninsel Gyaros als ohne sie im Palast zu leben.[152] War das aber nicht abzusehen? Faustinas Hochzeit mit Marcus stand bevor. Die hafenlose, wasserarme «Insel der Eisen fressenden Mäuse» war ein gefürchteter Verbannungsort.[153] Im Jahre 1967 wurde Gyaros weltbekannt, weil die griechischen Obristen nach ihrem Staatsstreich dort ihre Gegner inhaftierten, ehe sie 1974 selbst gestürzt wurden.

Was wir aus den Quellen über die jungen Thronfolger erfahren, betrifft vor allem deren Bildung und Unterricht. Schon Augustus legte höchsten Wert darauf. Dem gelehrten Sohn eines Freigelassenen, Verrius Flaccus, zahlte er als Hauslehrer die stolze Summe von 100 000 Sesterzen im Jahr. Als dieser an den Hof kam, durfte er seine bisherigen Schüler mitbringen, allerdings keine neuen mehr annehmen.[154] Mehrere Pädagogen des Kaiserhauses kennen wir aus Inschriften.[155] Daß auch die Mädchen unterrichtet wurden, ist von

Julia, der Tochter des Augustus, bezeugt. Sie war bekannt für ihre Literaturkenntnisse, die im Kaiserhause leicht zu erwerben waren; bekannt freilich auch für ihre dort leicht zu verlierenden Sitten.[156]

n. Wachtelkämpfe und Jagdvergnügen

Bei Marcus fällt auf, in welch hohem Maße seine jungen Jahre bereits durch das Bemühen um Bildung geprägt waren. Indem er uns in seinen ‹Selbstbetrachtungen› mitteilt, welche Dinge ihn als Heranwachsenden gerade nicht beschäftig haben, erhalten wir einen Einblick in das, was Kinder und Jugendliche seines Standes normalerweise getrieben haben. Wie zu allen Zeiten, so war auch in der Antike der Umgang mit Tieren ein beliebtes Vergnügen für Kinder. Wir kennen das nicht nur aus der Literatur, sondern ebenso aus der Kunst, die vielfach Kinder mit ihren Lieblingstieren darstellt, etwa auf Grabreliefs. Aber auch Grabfunde bezeugen das enge Verhältnis zwischen Mensch und Tier. Mitunter wurde dem Verstorbenen sein Hund mit ins Grab gegeben; auch die Kaiser hatten Lieblingstiere.[157]

Unter den zum Zeitvertreib gehaltenen Tieren genoß die Wachtel eine besondere Beliebtheit.[158] Marcus bemerkt zu seinem Lehrer Diognetos, dieser habe ihm beigebracht, *to mē ortygotrophein*,[159] keine Wachteln zu halten. Athenaios kennt das Wort *ortygomania* – «Wachtelwahn», Pollux den Beruf des «Wachtelhändlers», *ortygopōlēs*.[160] Alfred Brehm nennt die Wachteln «liebenswürdige Stubengenossen» und bemerkt: «Der Hahn verfolgt jeden anderen mit blinder Wut und kämpft mit ihm bis zum letzten Atemzuge.»[161] Bei Griechen und Römern war die Angriffslust auf Artgenossen die Eigenschaft, die am meisten geschätzt wurde – wie bei Gladiatoren, so bei Tieren. Man hat sie zu den allbeliebten Wachtelkämpfen ausgenutzt, die laut Solon die Rekruten ansehen mußten, um Kampfesmut kennenzulernen.[162] Plutarch berichtet, Augustus und Antonius hätten ihren späteren Bürgerkrieg mit Hahnen- und Wachtelkämpfen vorweggenommen. Ovid erklärt, Wachteln lebten lange, weil sie lange zankten.[163] Ein Vorbild?

Marc Aurels Abneigung gegen Lieblingsvögel wurde indessen von seinem Lehrer Fronto nicht geteilt. Dieser hegte eine besondere Vorliebe für Steinhühner (*perdix saxatilis*), die bisweilen irrig mit

Rebhühnern (*perdix vulgaris*) gleichgesetzt werden. Man schätzte und zähmte Steinhühner wegen ihrer Stimme, ihrer unentwegten Liebesspiele und – natürlich – auch wegen ihrer Kampfeslust. Plinius überliefert Futterrezepte, mit denen man die Aggressivität der Steinhähne steigern könne.[164] Fronto gesteht seine Neigung in einem Brief an Marcus Caesar und in einem weiteren an seinen Schwiegersohn.[165] Der Rhetor hatte damals gerade seinen kleinen Enkel zu Besuch und schreibt an dessen Vater, daß der Knabe alles habe, was er wolle. Er rufe nichts öfter als *da! da!* Fronto will ihm Griffel und Schreibtafel nahebringen, aber der Kleine zeige mehr Interesse für Weintrauben und kleine Vögel, *avicularum etiam cupidissimus est*: Küken, Tauben und Sperlinge. Den Großvater wundert das nicht, denn von frühester Jugend bis heute, so gesteht er freimütig, habe er Freude an Steinhühnern gehabt.

Wie andere Zeitgenossen liebte der junge Marc Aurel die Jagd zu Pferde. Sie galt als Vorübung für den Reiterkampf im Krieg. Der jüngere Scipio hatte sie aus Griechenland nach Rom in Mode gebracht. Die Kaiser seit Augustus beschränkten sich auf den Fischfang, aber Trajan, Hadrian und Antoninus Pius waren große Jäger.[166] Die Jagdlust und die Vogelstellerei Marc Aurels bezeugen die Vita und der Grieche Oppian, der zwischen 177 und 180 ein Lehrgedicht über den Fischfang schrieb.[167] Marc Aurel auf der Saujagd erwähnt Dio.[168] Die Ausbeute bereicherte das Jagen in Tiergärten, *vivaria*, die aus Persien stammen und gräzisiert *paradeisos* hießen. In ihnen hielt und jagte man ursprünglich Hasen, später Wild aller Art.[169] Noch unter Pius weihte Marcus ein Wildgehege auf der Kaiservilla bei Centumcellae ein. Fronto warnte ihn: «Nimm dich in acht, wenn du ein Tier erlegst, daß du beim Galoppieren nicht stürzt!»[170] Als Kaiser überließ Marcus das Jagen später seinem Bruder Lucius Verus.[171]

0. *Zirkus und Arena*

Anderen zeitüblichen Belustigungen, wie Verus sie schätzte, stand Marcus ablehnend gegenüber. Sein Erzieher habe erreicht, schreibt er, daß er weder ein Grüner noch ein Blauer wurde und weder ein *palmularios* noch ein *skutarios*.[172] Damit sind öffentliche Lustbarkeiten angesprochen, die in Rom so außerordentlich beliebten Wagenrennen und Gladiatorenkämpfe. Insbesondere Hadrian hatte eine Vorliebe für sie.[173] Möglicherweise dachte Marc Aurel bei der Niederschrift dieser Worte an seinen Sohn Commodus, der dem Zirkuswesen ja geradezu verfallen war, später als Kaiser gar selbst in die Arena gestiegen ist und sich dort produziert und prostituiert hat.

Mit den Grünen und Blauen, griechisch *Prasianoi* und *Benetianoi*, sind die beiden Zirkusparteien der Zeit gemeint. Sie trugen ihre Namen nach den Farben der Kostüme ihrer Wagenlenker. Ursprünglich gab es vier dieser Fanclubs: die Roten, Weißen, Grünen und Blauen. Diese Farben wurden vom Kirchenvater Tertullian[174] symbolisch gedeutet. Um die Christen vom Besuch der Wagenrennen abzuhalten, erklärte er sie als Form des Sonnenkultes. Auch Phöbus Apollon fuhr ja auf einem Wagen. Die Rundfahrt versinnbildliche den Jahreslauf, wobei jede Farbe eine Jahreszeit bedeute. Anfangs hätten nur Sommer (Rot) und Winter (Weiß) gegeneinander gekämpft, später seien noch Frühling (Grün) und Herbst (Blau) hinzugekommen. Mit der Entwicklung zu einem sportlichen Zweiparteiensystem traten erstere zurück, Bedeutung behielten nur die Blauen und die Grünen. Bis hin zu Justinian favorisierten die meisten Kaiser einen der beiden Rennfahrerclubs. Marc Aurels lebenslustiger Adoptivbruder Lucius Verus schwärmte für die Grünen wie schon Caligula und Nero. Auch Commodus gehörte später zu den Grünen und kutschierte höchstselbst für sie.[175]

Die Wörter *palmularius* und *scutarius* verweisen auf die Gladiatorenkämpfe in der Arena, im Amphitheater des Colosseums. Die Gladiatoren traten in verschiedenen, traditionell festgelegten Bewaffnungen auf. Da kämpften die schwergepanzerten Thraker, die flinken Netzkämpfer, die mit zwei Schwertern fechtenden Dimachaerii und andere. Wie bei den Zirkusrennen gab es auch bei den Gladiatorenkämpfen Anhänger der einen oder anderen Waffengattung. Die bei Marc Aurel erwähnten Claqueure könnte man mit Anhängern der Rundschildner (*palma*) und Langschildner (*scutum*) übersetzen. Die Arena verabscheute Marc Aurel stets,[176] sehr im Gegensatz zu Fronto.[177]

p. Askese

Schon als Zwölfjähriger zeigte Marcus eine Neigung zur Askese. Die Vita bringt diese Haltung in Zusammenhang mit der Philosophie,[178] obschon er diese erst mit vierzehn Jahren kennenlernte und Askese von der Stoa ebensowenig gefordert wird wie die christliche Askese von Jesus. Askese ist eine universale Erscheinung, eine Form, sich in Willensstärke zu «üben», eine Möglichkeit, Kraft zu beweisen, ein höherer Selbstgenuß. Als Knabe kleidete sich Marc Aurel in ein *pallium*, den ärmellosen griechischen Umhang, und schlief auf dem Fußboden, bis seine Mutter ihn nötigte, ein Lager mit Fellen zu benutzen.[179] Es sei so kalt in seinem Schlafraum, schreibt er an Fronto, daß er kaum die Hand aus dem Bett strecken könne. Einmal berichtet er von einem Skorpion unter der Decke, den er aber noch töten konnte, bevor er gestochen wurde.[180] Besorgt schreibt daraufhin Fronto: «Wenn du schon dem Spiel, der Muße, dem Essen und dem Vergnügen den Kampf angesagt hast, dann schlafe doch wenigstens!»[181] Fronto lobt den Schlaf, Marcus klagt ihn an – Schläfrigkeit störe bei der *lucubratiuncula*, der Nachtarbeit mit der Ölfunzel.[182]

Zur asketischen Lebensführung gehörte immer auch geschlechtliche Enthaltsamkeit. Knabenliebe, die nicht nur Kaiser wie Nero und Domitian, sondern auch Trajan und Hadrian geschätzt hatten,[183] wurde durch den altrömisch gesinnten Antoninus Pius vom Hofe verbannt. Marc Aurel lobt ihn deswegen in seinen ‹Selbstbetrachtungen› und ist den Göttern dankbar, daß er sich selbst nicht dazu hergegeben hat und auch den Verlockungen eines Theodotos widerstehen konnte. Ebenso habe er sich durch Benedicta nicht verführen lassen und Frauenliebe erst vergleichsweise spät kennengelernt. Und wenn er gelegentlich den Kopf verlor, dann sei er doch stets recht bald wieder vom Liebeswahn genesen.[184] Das kennt man.

q. Familie und Freunde

Die Menschen, die Marc Aurel in seinen Jugendjahren nahegestanden haben, werden im ersten Buch seiner ‹Selbstbetrachtungen› genannt. Sie beginnen mit einer umfangreichen Danksagung, vorab an die Familienangehörigen. Der Stiefgroßvater Catilius Severus habe ihm tüchtige Privatlehrer besorgt, ohne auf die Kosten zu blicken. Sehr weise. Der Großvater Annius Verus sei ihm ein Vorbild der Gutmütigkeit und der Selbstbeherrschung gewesen. Das Andenken seines früh verstorbenen Vaters habe ihn Bescheidenheit und Männlichkeit gelehrt. An seiner geliebten Mutter Domitia Lucilla – er nennt sie *matercula mea*, «mein Mütterchen»[185] – rühmt er ihre Frömmigkeit, ihre Freigiebigkeit, die Ablehnung des Gehabes reicher Leute und die Warnung vor schlechten Gedanken.[186] Er sei dankbar dafür, daß er die letzten Jahre mit ihr zusammenwohnen konnte. Auch seiner «guten Schwester» Annia Cornificia widmet er ein Wort des Dankes.[187] Nicht ganz klar wird, wie der Satz über seinen Adoptivbruder Lucius Verus zu verstehen ist. Marc Aurel dankt den Göttern, daß er einen solchen Bruder bekommen habe, der ihn durch sein Wesen zur Sorge um sich selbst erweckt habe. Darin wird der doch sehr andersartige Charakter des Lucius Verus angedeutet, von dem sich Marcus absetzt, freilich ohne Abwertung, denn er betont umgekehrt den Respekt und die Sympathie, die Lucius ihm, dem Älteren, entgegengebracht habe.

Die längste Danksagung gilt Antoninus Pius, dem Adoptivvater, ein Muster als Mensch und Regent. Ihm widmet Marcus noch einen zweiten langen rühmenden Abschnitt im sechsten Buch.[188] Von ihm, der offenkundig dem Heranwachsenden großen Eindruck gemacht hat, entwirft Marc Aurel eine Charakterskizze, die zugleich als stoisches Herrscherbild gelten kann: Pflichtbewußtsein, Augenmaß, Schlichtheit, Verantwortungsbereitschaft, Heiterkeit, Umgänglichkeit, Beständigkeit – sogar mit Sokrates wird er verglichen. Schließlich dankt Marcus den Göttern, die ihm all diese vorbildlichen Menschen zugeführt und ihm den Weg zu einem gelungenen Leben gebahnt haben. In jedem und allem findet Marcus das Positive, was seinem Weltbild eine große Harmonie verleiht und seine pessimistischen Anwandlungen überwölbt.[189]

Wie zu seiner Familie, so verhielt sich Marcus auch zu seinen Freunden. Die Liebe zu den Büchern, die ja stets mit der Bereitschaft zur Einsamkeit verbunden ist, stand dem offenbar nicht entgegen. Mehrere Freunde kennen wir mit Namen, einige hat er als Kaiser in Ämter befördert. Fronto rühmt den auch untereinander verbundenen Freundeskreis Marc Aurels: *omnes amicos tuos concordia copulas*, alle deine Freunde verbindest du in Eintracht. Fronto vergleicht diese Gabe des Prinzen mit der des Sängers Orpheus, der die verschiedensten Tiere friedlich um sich zu scharen verstand.[190]

r. Fachlehrer

Catilius Severus, der Stiefvater Lucillas, sorgte dafür, daß Marcus nicht auf die öffentliche Schule geschickt wurde, sondern handverlesene Hauslehrer erhielt.[191] Zu ihnen pflegte Marcus ein persönliches Verhältnis, oft lange über die Lehrzeit hinaus. Die Schulbildung, die Marc Aurel genoß, entsprach dem in der Kaiserzeit üblichen Dreistufen-Modell. Von sieben bis elf Jahren lernte der Schüler Lesen, Schreiben und Rechnen beim *litterator.* Danach unterwies ihn der *grammaticus* in lateinischer und griechischer Sprache. Ab dem vierzehnten Lebensjahr, bei Marcus etwa im Jahre 136, übernahmen der Rhetor und der Philosoph die Weiterbildung in Redekunst und Charakterfestigkeit gemäß der Erziehung zum *vir bonus, dicendi peritus*, dem anständigen und redegewandten Mann, wie es schon der ältere Cato forderte.[192]

Die *Vita Marci* nennt achtzehn Erzieher und Lehrer, Dio vier, Marcus selbst zehn. Es sind teilweise dieselben, die auch Lucius Verus unterrichteten, insbesondere Herodes Atticus und Fronto, mit denen eine dauerhafte Freundschaft bestand.[193] Ausführlich berichtet Marcus über jene Lehrer, die zu seiner geistigen Entwicklung beigetragen haben. Namenlos bleibt die Amme, die *nutrix*, wie sie zum Haushalt begüterter Familien gehörte. Bekannt ist die Ziehmutter Hadrians, die freigelassene Schwäbin Aelia Germana, deren Grabstein aus Tivoli Prinz Carl von Preußen 1826 in die «Kleine Neugierde» des Schloßparks Glienicke hat einmauern lassen.[194] Marc Aurel wurde von seiner Amme behütet, bis sie ihn den Lehrern übergab.[195] Sie hatte sicher keinen negativen Einfluß auf seine Charakterbildung, wie das von den Kritikern des Ammenwesens befürchtet wurde. Der Historiker Tacitus und der Philosoph Favorinus erklärten, naturgemäß und heilsam sei für den Säugling die Muttermilch, nicht die von Ammen, die oft Sklavinnen fremder, meist griechischer Herkunft waren.[196] Andererseits wurden die Kinder dadurch schon früh mit dem Griechischen vertraut.[197]

Namenlos bleibt ebenso der Erzieher (*tropheus*), der Marcus beaufsichtigte. Er habe ihm das Beispiel eines tadellosen Lebens gegeben.[198] Dagegen kennen wir die Namen der Lehrer, die ihm Lesen und Schreiben (*prima elementa*) beigebracht haben, Euphorion war Elementarlehrer, Geminus Komödiant. Musik und Geometrie unterrichtete Andron, ebenfalls ein Grieche.[199] Sie alle wurden von Marc Aurel großzügig entlohnt. Weitere Fächer waren römisches Recht bei Lucius Volusius Maecianus und Malerei bei dem *magister pingendi* Diognetos.[200] Früh studierte Marcus griechische Grammatik. Lateinlehrer hatte er drei, von denen einer wie Fronto aus Nordafrika stammte. Drei weitere Gelehrte unterwiesen ihn in griechischer Rhetorik. Der Grammatiker Alexandros aus Kotyaeion in Phrygien, türkisch Kütahya, ein Kommentator Homers, habe ihm nicht nur ein sauberes Sprechen beigebracht, sondern ihm auch abgewöhnt, die Sprachfehler anderer als Besserwisser anzuprangern.[201] Zu den Schülern dieses Lehrers gehört Aelius Aristides, der nach dem Tode des Alexandros einen Beileidsbrief an dessen Heimatstadt geschickt hat.[202] Sein geliebter Rhetoriklehrer Fronto, so Marcus, habe ihm klar gemacht, daß Mißgunst, Hinterhältigkeit und Verstellung Tyrannenart sind, die sogenannten Patrizier aber oft wenig Menschlichkeit zeigen.[203] Daß Marcus sportlich war, wissen wir von ihm selbst und aus seiner Vita.[204] Er übte sich im Faustkampf, im Wettlauf, im – bisweilen schmerzhaften – Ringen und besonders im Ballspiel, das der Leibarzt Galen für gesundheitsfördernd erklärte.[205]

5. Philosophielehrer der Stoa

Am ausführlichsten würdigt Marcus seine Lehrer in der Philosophie. An erster Stelle erscheint hier wieder der Name Diognetos.[206] Dieser habe ihm beigebracht, keine Zeit mit Kinderspielen zu vergeuden, Wundertäter und Zauberer, Beschwörungen und Dämonenaustreibung zu verachten und ein offenes Wort hinzunehmen. Redefreiheit (*parrhēsia*) gehörte zu den demokratischen Tugenden. Diognet habe sein Interesse für die Philosophie geweckt, ihm die Lehrvorträge von Bakchios, Tandasis und Marcianus empfohlen. Wenn mit Diognetos ebenfalls der Zeichenlehrer gemeint ist, müssen wir uns einen Philosophen mit dem Pinsel in der Hand vorstellen. Immerhin gab es später den gelehrten Maler Hilarios, der im Jahre 395 von den Goten Alarichs geköpft wurde.[207] Bakchios war Platoniker,[208] von den beiden anderen Lehrern wissen wir nichts. Marcus – so erfahren wir weiter – habe auf Diognets Rat hin selbst philosophische Dialoge verfaßt.[209]

Diesen Ratschlägen dürfen wir entnehmen, daß Diognet selbst Philosoph stoischer Observanz war. Vermutlich ist er auch der Adressat der ‹Schrift an Diognet›, in der ein unbekannter Kirchenvater diesem Heiden gegenüber das Christentum verteidigt. Die – inzwischen mehrfach kopierte – Handschrift verbrannte, als im Deutsch-Französischen Krieg im August 1870 die badische Division Straßburg beschoß und dabei die Dominikanerbibliothek mit ihren Zimelien vernichtete.[210] Die zusammen mit den Apologien Justins[211] überlieferte Schrift wendet sich an einen, vielleicht denselben, Diognet, der am Christentum interessiert ist und bietet ihm eine Logostheologie, die auf den Namen Jesu verzichtet, dafür aber mit einer der stoischen engverwandten Ethik aufwartet, bereichert um die Vorstellung des Jüngsten Gerichts.

An zweiter Stelle nennt Marcus den Unterricht bei dem römischen Stoiker Quintus Junius Rusticus.[212] Er war vermutlich ein Nachfahr des gleichnamigen Stoikers, der für sein Bekenntnis zu Thrasea Paetus und Helvidius Priscus von Domitian hingerichtet worden war.[213] Diesem Lehrer dankt Marcus für die Einsicht, daß er an seinem Charakter arbeiten müsse, nicht mit Bildung protzen, sich nicht als Moralprediger, Asket und Menschenfreund aufspielen, sondern schlicht und bescheiden auftreten sollte. Ebenso lernte er, daß Widersacher und Rüpel Nachsicht verdienten. Rusticus habe ihm darüber hinaus die Kunst des genauen Lesens beigebracht und ihn mit den Schriften Epiktets vertraut gemacht, die er ihm aus seiner Privatbibliothek ausgeliehen habe.[214] Marcus hat später keinen anderen seiner Lehrer so wie Rusticus verehrt und geehrt. Er besprach alle politischen und privaten Probleme mit ihm und begrüßte ihn vor den Reichspräfekten mit einem Kuß, wie üblich auf den Mund. Ihm verlieh er ein zweites Konsulat, als *suffectus* 133, *ordinarius* 162, und machte ihn zum Stadtpräfekten Roms während der Christenprozesse.[215] Nach seinem Tod ließ ihm Marcus mit Zustimmung des Senats Standbilder errichten.[216]

Die Ethik Epiktets zeigt die größte innere Nähe zu den ‹Selbstbetrachtungen›, sie sind weitgehend von ihm inspiriert. Epiktet war als Sklave aus Kleinasien nach Rom gekommen. Sein Herr Epaphroditos, ein Freigelassener Neros, deckte 65 n. Chr. die Pisonische Verschwörung auf, was unter anderem zum Tode von Seneca und Thrasea Paetus führte. Als Sklave wurde Epiktet mißhandelt, so daß er zeitlebens hinkte. Nach seiner Freilassung hörte er bei dem griechisch lehrenden Stoiker Musonios Rufus. Dessen Schriften sind zwar verloren, doch wissen wir, daß er für ein naturnahes Leben und praktische Tugend eintrat, daß er Vegetarier war und die Gleichstellung der Ehefrau propagierte. Nachdem er zusammen mit Musonios von Domitian aus Rom verwiesen worden war, ging Epiktet nach Nikopolis, der von Augustus nach dem Sieg bei Actium gegründeten Stadt an der Adria, wo ihn Flavius Arrianus hörte, der Biograph Alexanders des Großen. Den Nachschriften Arrians verdanken wir, was von der Lehre Epiktets erhalten geblieben ist, darunter das ‹Handbüchlein der Moral›, ein Gegenstück zu Marc Aurels ‹Selbstbetrachtungen›. Goethe studierte es «mit voller Teilnahme», er fühlte sich zu den Stoikern hingezogen.[217] Wenn Anthony Birley eine gewisse «Ironie» darin erblickt, daß die beiden letzten großen Stoiker ein lahmer Sklave und ein römischer Weltherrscher waren,[218] so bezeichnet ebendies die Spannweite der stoischen Philosophie, deren Grundgedanken zeitlos sind.

Auf Diognet und Rusticus folgt in der Lehrergalerie der Stoiker Apollonios von Chalkedon. Ihn bestellte Pius als Philosophielehrer für Marcus und später auch für Lucius Verus.[219] Als Apollonios nach Rom kam und über sein Honorar verhandelte, mußte Pius seine Meinung über die angeblich geldverachtenden Philosophen ändern. Die Aufforderung, zum Unterricht aus der Stadt in die Domus Tiberiana, in den «Palast» auf dem Palatin zu kommen, lehnte Apollonios ab. Der Schüler habe beim Lehrer zu erscheinen, nicht umgekehrt. Pius lachte und sprach: «Apollonios fand es leichter, von Chalkedon nach Rom zu kommen als von seinem Haus in den Palast.» Er schickte den Prinzen hinunter.[220] Marcus hatte Apollonios schon früher einmal in Rom gehört, im Hause von Ceionius Commodus, dem Vater des späteren Lucius Verus, dessen Schwester Marcus damals heiraten sollte.[221] In seinen ‹Selbstbetrachtungen› dankt Marcus dem Philosophen.[222] Von ihm habe er gelernt, frei zu denken, ohne Wanken bedachtsam zu sein, stets der Vernunft zu folgen sowie Kummer und Schmerzen geduldig zu ertragen. In einem Brief an Fronto, damals Prokonsul in Asien, nennt Marcus einen Mitschüler, der «in diesem Winter», 153 oder 154, nach Rom gekommen sei, um bei Apollonios zu hören.[223]

Neben Diognet, Rusticus und Apollonios dankt Marcus dem sonst unbekannten Stoiker Cinna Catulus. Er habe ihn gelehrt, Klagen von Freunden hinzunehmen, sich zu den Lehrern zu bekennen und Kindern mit Liebe zu begegnen.[224] Vor allem aber ist es ein gewisser Claudius Maximus, für dessen Bekanntschaft Marcus den Göttern Dank ausspricht. Er schildert ihn als ein Muster der stoischen Tugenden: ein Vorbild der Selbstbeherrschung und der Unerschütterlichkeit, der Ausgeglichenheit und der Pflichterfüllung. Wahrheitsliebend und wohltätig wie er sei, habe er nie böse Absichten verfolgt oder geheime Pläne gehegt. Im Gegenteil: Er sei vollkommen vertrauenswürdig und dazu noch humorvoll gewesen.[225] Marcus erwähnt seine Krankheit und seinen Tod, betrauert von seiner Witwe Secunda.[226]

Wer war dieser Maximus? Die Charakterzeichnung deutet darauf hin, daß es sich eher um einen hohen Beamten als um einen akademischen Lehrer handelte. Maximus war unter Pius um 144 *Consul suffectus* und etwa 150 bis 154 Statthalter von Pannonia superior. Im Jahre 158 übernahm er als Prokonsul die Provinz Africa, wo er 159 n. Chr. in Sabratha dem berühmten Zaubereiprozeß gegen Apuleius vorsaß. Dieser ungemein vielseitige Autor, berühmt durch seinen Eselsroman mit dem Märchen von Amor und Psyche, hatte eine reiche Witwe geheiratet, und als deren Sohn plötzlich starb, verklagten ihn die Verwandten der Frau, magische Mittel verwendet zu haben, um ihr Herz zu gewinnen. Es ging um ihr Vermögen. Obwohl Liebeszauber (*amatorium*) als unwirksam galt, war er nach römischem Recht strafbar, wegen der hinterhältigen Absicht.[227] Apuleius neigte zwar zum Okkultismus, überzeugte den Prokonsul aber in einer langen, kulturhistorisch bedeutsamen Apologie von seiner Unschuld, indem er Maximus als Angehörigen einer «strengen Philosophenschule» (*austera secta*), vermutlich der Stoa, umschmeichelte.[228] Genannt wird unter den Lehrern des «Verissimus

Caesar» noch der sonst unbekannte Philosoph Basilides aus Skythopolis am Jordan.[229] Die Philosophen kamen aus dem griechischen Orient.

t. Platoniker und Peripatetiker

Nicht nur Anhänger der Stoa fanden sich unter den Lehrern Marc Aurels. Auch Aristoteliker waren vertreten. Als Peripatetiker wird Claudius Severus Arabianus bezeichnet, der Marcus ermahnte, nicht nur die eigene Familie, die Wahrheit und die Gerechtigkeit zu lieben, sondern auch Verständnis zu haben für die Ideale von Tyrannenmördern wie Dion, Cato minor und Brutus; und sogar für Paetus Thrasea und Helvidius Priscus, die als Gegner der Autokratie von Nero, Vitellius und Vespasian zu politischen Märtyrern geworden waren. Severus vermittelte Marcus so die Idee eines Staates, in dem gleiche Rechte und Pflichten gelten, Rederecht und Bürgerfreiheit herrschen und der Kaiser Gutes tut, freigiebig ist und sich gegenüber der Bürgerschaft nicht verschließt oder verstellt.[230] Severus war Grieche, sein Vater amtierte als erster Statthalter der von Trajan eingerichteten Provinz Arabia, wo Severus geboren ist.

Platoniker war außer Bakchios auch Alexandros aus dem kilikischen Seleukeia. Sein Beitrag zur Bildung Marc Aurels beschränkte sich auf die Anweisung, wenn jemand ein Anliegen habe, dürfe Marcus nicht ohne Not erklären, er habe für ihn keine Zeit.[231] Diesen Alexandros schildert Philostrat[232] als einen eitlen Stutzer, nennt ihn einen *Pēloplatōn*, einen «Mistplaton», der gleichwohl ein glänzender Redner war. Er sei weit herumgekommen, habe in Ägypten die «nackten Philosophen» besucht, die man gewöhnlich in Indien verortet. Philostrat schildert ausführlich einen rhetorischen Wettstreit mit Herodes Atticus in Athen, wo die begeisterte Menge einer Rede über die Frage lauschte, ob die Skythen zu ihrem nomadischen Leben zurückkehren sollten, da das Wohnen in Städten faul und krank mache. Auch pikante Anekdoten spart Philostrat nicht aus. So berichtet er von einer Begegnung Alexanders mit Antoninus Pius und seinem späteren Aufenthalt in Pannonien bei Marc Aurel, dem er als *procurator ab epistulis Graecis* diente, als Sekretär für die griechische Korrespondenz. Die Mutter Alexanders sei eine Helena an Schönheit gewesen. Um sie habe sich sogar Apollonios von Tyana bemüht, nicht ohne Erfolg – er wurde als illegitimer Vater Alexanders betrachtet. Dieser Apollonios, dem Philostrat eine romanhafte Biographie gewidmet hat, zählt zu den Wundermännern der Zeit.[233]

So wie Alexandros von Seleukeia dürfte auch Sextus von Chaironeia zu den platonischen Lehrern Marc Aurels gehört haben.[234] Denn er war der Neffe des berühmten Plutarch, der sich zu Platon bekannte und drei Schriften gegen die Stoiker verfaßte.[235] Von Sextus übernahm Marcus die Absicht, der «Natur» gemäß und nicht der Konvention entsprechend zu leben, die Menschen zu nehmen wie sie sind, leidenschaftliche Äußerungen und Handlungen zu meiden und Nächstenliebe zu üben.[236] Marcus hat Sextus wohl als Jüngling in Rom gehört und nicht erst als Kaiser in Athen.[237] Sextus lehrte und lebte als Philosoph, Ämter und Ehren im Staatsdienst erstrebte und erhielt er nicht.

u. Herodes Atticus in Rom

Unter den griechischen Rhetoriklehrern nennt die Vita auch Herodes Atticus.[238] Ihn hatte Antoninus Pius bestellt, obschon er als Prokonsul in Asia einmal von Herodes tätlich angegriffen worden war.[239] Wenn Herodes in der Danksagung fehlt, zeigt dies, daß der – mit Fronto verfeindete – temperamentvolle Redner eben kein charakterliches Vorbild für Marcus war. Dennoch bestand eine enge persönliche Verbindung.[240] Es gab Tage, da schrieb Marcus mehrere Briefe an ihn.[241]

Philostrat widmete Herodes die längste seiner Sophistenbiographien. Herodes war der bekannteste Rhetor seiner Zeit,[242] er gilt als der führender Vertreter der Zweiten Sophistik, der griechischen «Bildungsrhetorik».[243] Ihre Vertreter stammen aus dem westlichen Kleinasien und Athen; so auch der «attische» Herodes, so genannt im Unterschied zu den jüdischen Fürsten dieses Namens. Seine Reden, Briefe, Tagebücher und sonstigen Schriften sind samt und sonders verloren.[244] Doch geben etwa 130 Inschriften Auskunft über ihn.[245]

Die Familie führte sich zurück auf Aiakos, den Sohn des Zeus und Großvater Achills, eine der üblichen Stammbaumfiktionen. Die nachweisbare Erinnerung reicht nur bis zu Augustus, den ein Vor-

Abb. 12:
Herodes Atticus um 150 n. Chr., gefunden in Marathon mit Porträts von Marc Aurel und Lucius Verus, Louvre, Paris.

fahr als Gesandter Athens besuchte. Die Familie erhielt das römische Bürgerrecht durch Claudius, erkennbar im vollen Namen des Rhetors, der da lautet: Lucius Vibullius Hipparchus Tiberius Claudius Atticus Herodes. Seine Vorfahren bekleideten kommunale Ämter in Athen, unter Trajan gibt es zwei Suffektkonsulate, unter Hadrian war der Vater des Herodes und dann auch dieser selbst Oberpriester des Kaiserkultes in Griechenland. Herodes war der reichste Mann nach dem Kaiser. Das beruhte einerseits auf dem üppigen Erbe seiner Mutter, andererseits auf dem Fund eines ungeheuren Schatzes, den der Vater in seinem Hause am Theater Athens gemacht hatte. Das Gold war vermutlich während der Belagerung durch Sulla 86 v. Chr. versteckt worden und der Eigentümer im Kampf umgekommen. Kaiser Nerva beließ die Familie im Besitz des Schatzes.

Herodes Atticus wurde im Jahre 101 auf dem väterlichen Gut in Marathon geboren.[246] Er erhielt seine musische und körperliche Ausbildung in Sparta und wurde unterrichtet in Grammatik, platonischer Philosophie und «sophistischer» Rhetorik, d. h. in freier Rede über beliebige Themen, jeweils mythologisch angereichert. Latein lernte Herodes in Rom im Hause von Marc Aurels mütterlichem Großvater.[247] Der Tod seines Vaters in den letzten Jahren Hadrians führte zu einem Konflikt mit den Athenern. Laut Testament sollte jedem Bürger jährlich eine Mine zu hundert Drachmen ausgezahlt werden. In klassischer Zeit erhielt man für eine Drachme ein Schaf. Als Herodes das Erbe antrat, schien ihm eine solche Pflicht dauerhaft unerfüllbar. Er einigte sich mit den Athenern auf eine einmalige Zahlung von fünf Minen pro Person. Das Kapital dafür übertrug er seiner Bank. Als die Bürger ihren Betrag abholen wollten, wurden ihnen ihre jeweiligen Schulden bei dem Erblasser in Rechnung gestellt. Das verringerte die auszuzahlende Summe, so daß viele Bürger weniger, manche gar nichts erhielten. Das gab großen Ärger.[248]

In dieser Verstimmung erhoben die Athener Anklage gegen Herodes in Rom und fanden in Fronto, dem bekanntesten Anwalt der Stadt, Unterstützung. Der Vorwurf lautete auf Mißachtung des väterlichen Willens und tätliche Brutalität. Herodes hatte Freigelassene seines Vaters rechtswidrig mißhandelt und enteignet, einen sogar totgeschlagen.[249] Die Härte des Herodes im Umgang mit Untergebenen ist mehrfach belegt.[250] Fronto war von der Schuld des Herodes überzeugt. Den jungen Marcus aber schmerzte der Konflikt zwischen seinen Lehrern, die er beide liebte.[251] In einem Brief aus der Zeit zwischen 140 und 143 beschwor er seinen «heißgeliebten Fronto», in der Anklagerede vor dem Senat nicht mehr als sachlich notwendig vorzubringen, und dieser sagte das seinem Herrn und Schüler zu. Es gelang Marcus, seine beiden Lehrer zu versöhnen.[252] Offensichtlich wurde der dem Kaiser nahestehende Herodes freigesprochen. Er hatte kürzlich die 25 Jahre jüngere Appia Annia Regilla Atilia Caucidia Tertulla, kurz: Regilla, geheiratet, eine Verwandte der Kaiserin Faustina. Mit ihr hatte er sieben früh verstorbene Kinder, mit dem überlebenden Sohn zerstritt er sich später. In der Regierungszeit Marc Aurels wird uns Herodes Atticus noch mehrfach begegnen.[253]

v. Cornelius Fronto

Anders als Herodes wird Fronto in der Danksagung Marc Aurels genannt. Beide verband eine herzliche, geradezu sentimentale Freundschaft, die über den Herrschaftsantritt hinausreichte.[254] Über

Form und Inhalt des Rhetorikunterrichts Frontos informiert uns der Briefwechsel.[255] Er ist voll von wechselseitigen Komplimenten zum literarischen und argumentativen Stil des jeweils anderen. Die Palette dieser Komplimente ist breit. Fronto stellte seinem Schüler zudem Aufgaben: Ein Konsul hat standeswidrig in der Arena einen Löwen erlegt, das Volk jubelt, aber der Censor tadelt. Wie wurde argumentiert? Ein Volkstribun hat einen Bürger gesetzeswidrig verhaftet. Wie könnte das zu rechtfertigen sein? Marcus sollte erst die Rolle des Anklägers, dann die des Verteidigers spielen.[256]

Ziel der Rhetorik war einerseits die Einübung in die Gerichtspraxis, andererseits die Pflege der Würde und Schönheit der lateinischen Sprache: *scrupulosa et anxia cura in verbis probandis.*[257] Mit einer für uns kaum nachvollziehbaren Akribie wurde beispielsweise ergründet, was das Wort *praeterpropter* – «mehr oder weniger» eigentlich bedeute, wann und wo und wie man es korrekt verwende, und dies jeweils anhand von Belegen aus der älteren Literaturgeschichte Roms.[258] Als stilistische Schmuckstücke galten ausgefallene und unerwartete Wörter, *insperata et inopinata verba*[259] von kaum noch gelesenen Autoren wie dem älteren Cato, Plautus und Ennius. Auch Naevius, ein Epiker und Dramatiker aus der Zeit des Ersten Punischen Krieges, galt als literarische Autorität. Das Verhältnis Frontos zu Cicero, *caput atque fons Romanae eloquentiae*, war hingegen gespalten.[260] Der Archaismus war eine Mode und Fronto ihr Vorkämpfer. Jüngere Schriftsteller wie Tacitus, Seneca und Juvenal wurden abgelehnt. Fronto wird deutlich: Hier und da mag ja ein Satz gelungen sein, aber das Ganze? Wenn mal ein Denar in eine Kloake fällt, wird doch darum niemand sich um die Kloakenreinigung bewerben.[261] Fronto wußte sehr wohl, daß sein affektiert-artifizieller Stil nur in literarisch gebildeten Kreisen gewürdigt werden konnte. Er warnte Marcus daher: Wenn dieser im Senat oder vor der Volksversammlung spreche, müsse die Rede einfach und verständlich sein. Ausgefallene Bilder und Begriffe seien hier zu vermeiden. Die Stimme eines Caesaren töne wie eine Tuba, nicht wie eine Flöte, die leiser klinge, aber schwerer zu blasen sei.[262]

Für die Monate Juli und August im Jahre 142[263] hat Antoninus Pius den Lehrer seines Adoptivsohns mit dem Suffektkonsulat beehrt. Seit 143 aber rangierte er hinter Herodes Atticus, der damals als erster Grieche Jahreskonsul wurde, was noch Ausonius im Jahre 379 als eine ungebührliche Herabsetzung des großen Fronto betrachtete.[264] Zunächst war das Suffektkonsulat für diesen eine höchst willkommene Gelegenheit, seine rhetorische Kunst zu entfalten, denn von dem Neuling wurde eine Dankesrede vor dem Senat erwartet. Dreißig Briefe aus jenem Jahr sind erhalten, und die meisten gelten dieser Rede. Fronto erhöhte die Spannung, indem er nicht am Anfang seiner Amtsperiode, am 1. Juli[265] sprach, sondern dies auf den 13. August – die Iden des Monats – verschob. In einem langen Brief an Marcus rechtfertigt sich Fronto für die Verzögerung. Er brauche Zeit, um für den Kaiser, den er «wie die Sonne liebt», die rechten Worte zu finden. Sie sollten nicht in den Senatsprotokollen vergammeln, sondern ob ihrer Schönheit in aller Hände geraten. Fronto zitiert den bereits formulierten Anfang der Rede und bittet Marcus, seine Ungeduld zu zügeln. «Küsse deinen Vater und umarme ihn! Du wirst etwas Besonderes zu hören bekommen.»[266]

In seiner Antwort geht Marcus zunächst auf einen Redewettstreit mit Fronto ein, bei dem dieser als glänzender Sieger den Ehrenkranz im Wettkampf der Freundschaft errungen habe. «Liebst du mich doch mehr als je ein Mensch einen anderen geliebt hat, während ich mit schwächerer Liebeskraft dich nur mehr liebe als du dich selbst …» Solche Liebesschwüre wiederholen sich.[267] Nach seinem Auftritt in der Curia meldet Fronto seinem «Herrn und Caesar» Marcus den ihm zuteil gewordenen triumphalen Beifallssturm im Senat, nur als er die Patrizier – denen er als Cornelier sich selbst zurechnete – über die Plebejer stellte, hätten manche gemurrt – kein Wunder, denn die allermeisten Senatoren waren Plebejer. Fronto folgert daraus die Lehre für Marcus: «Du mußt darauf achten, das zu sagen, was die Leute gerne hören, ihre Ohren bedienen.» Ihm selbst ist das Pius gegenüber gelungen.[268]

Der Kaiser würdigte Fronto eines warmen Dankschreibens voller Bewunderung für Glanz und Substanz des Panegyricus, fürchtet aber, mit dem Lob von Frontos Rede sein eigenes Lob in dessen Rede in den Schatten zu stellen: Das zieme sich jedoch nicht.[269] Marc Aurels Begeisterung für Frontos Kaiserhymnus überschlägt sich. Dem enthusiastischen Geständnis, nie «etwas Lateinischeres», *latinius*, gelesen zu haben, nichts gleichwertiges Griechisches lesen zu können, folgt eine Serie von Jubelrufen: dreizehnmal mit «O!» beginnend. Jeden Abschnitt beschließt ein «Kuß» an seinen «allersüßesten Lehrer!» Das ist sprachlicher Hochbarock.[270]

Zum Rhetorikunterricht gehörte auch die Poesie. Marcus mußte lateinische Hexameter dichten, war aber so unzufrieden mit sich, daß er sie zumeist ins Feuer warf. Der im Brief genannte *furnus* ist der Backofen.[271] Heizöfen kannte die Antike nicht. Fronto hatte die nachts geschmiedeten Verse zu begutachten, fand aber wohl wenig Gefallen an der Tätigkeit. Er bevorzugte Erörterungen über angemessene Wortwahl und Diskussionen mit seinem Muster- und Meisterschüler über Probleme der Philologie. Fronto, der schon Lobschriften auf den Rauch, den Staub und die Nachlässigkeit verfaßt hatte, *laudes fumi et pulveris et negligentiae*,[272] sandte Marcus in die Sommerfrische nach Baiae eine Preisrede auf den Schlaf. Er wußte, daß sein Schützling gern die Nacht zur Arbeit mißbrauchte. Der hatte sich über seine Schläfrigkeit beschwert, was ja gegen die von Stoikern gepredigte Naturgemäßheit ging. Fronto meinte, es sei leichter, den Schlaf zu schmähen, als ihn zu verteidigen, aber Marcus erwiderte, was man leicht anklagen könne, sei schwer zu loben, und was schwer zu loben sei, erscheine wiederum nutzlos.

Marcus verteidigte den Angriff auf seine Lebensweise mit einem Hinweis auf Homer. Dessen Held Odysseus, der ja auch – so glaubte man – in dem «Labyrinth» von Baiae zwischengelandet war, hatte auf dem Heimweg von Troja die Ankunft in Ithaka verschlafen. Als die heimischen Feuer schon in Sicht waren, überließ er sich törichterweise dem Schlummer. Den nutzten seine Gefährten, den Sack zu öffnen, den ihm Aiolos, der Windgott, geschenkt hatte. Sie vermuteten darin Gold und Silber, aber heraus fuhren Stürme, die das Schiff aufs Meer hinaustrieben, und eine zehnjährige Irrfahrt zur Folge hatten – Schuld an allem war der Schlaf.[273] Und wiederum erwachte Odysseus, als seine Männer die Rinder des Helios schlachteten und so die Rache des Gottes heraufbeschworen.[274] Homer verglich den Schlaf des Odysseus mit dem Tod.[275] Das ist doch kein Leben! Marcus führte zudem noch Agamemnon ins Feld, dem Zeus im Schlaf den Trugtraum bescherte, er werde siegen, wenn er angreife – was für ein Irrtum![276]

Fronto hatte dagegen seinen Lieblingsautor Ennius ins Feld geführt, der seine poetische Inspiration im Traum erhalten hatte. Aber wüßten wir, so Marcus, was der Dichter im Schlafen erlebt hat, hätte er es nicht im Wachen aufgeschrieben? Nun lösche Marcus die Lampe und hoffe, der Schlaf werde ihm nicht verübeln, was er gegen ihn zu Papier gebracht hat. Zurück in Rom, findet Marcus die Antwort des Lehrers, der all das von ihm Vorgebrachte so gründlich widerlegt, daß Marcus ihm scherzhaft wünscht, er möge immer wach bleiben. Der Schlaf erfreue nämlich am meisten, wenn er bevorstehe.[277]

Auch nachdem Marcus Kaiser geworden war, setzte Fronto seine Ermahnungen fort. Phasen der Erholung und Entspannung seien für Natur und Mensch unentbehrlich. Das untermauert Fronto im Jahr 162 mit Beispielen und hält Marcus dazu an, so viel zu schlafen, wie ein freier Mann schlafen sollte, schon um den Göttern Gelegenheit zu geben, dem Schläfer Träume zu senden. Sei doch der Schlaf, *Somnus*, ein Sohn Juppiters, ein Gott mit Flügeln.[278] Vom Nutzen und Nachteil des Schlafs für das Leben lesen wir dann einiges in Nietzsches ‹Zarathustra›. Er hielt es mit Fronto: Schlaf sei der «Mohn der Seele».

Marcus beendet seinen Schlafbrief mit einem *satis luserim*, genug der Spielerei! In ernstem Ton sind die Briefe gehalten, die etwas über die menschliche Seite der Beziehung zu Fronto aussagen. Die persönliche Note wird dadurch unterstrichen, daß Marcus nicht diktierte, wie in seiner amtlichen Korrespondenz,[279] sondern, wie ausdrücklich vermerkt ist,[280] seinen Freunden mit der Hand schrieb, *autocheiria*. An seiner unsicheren Handschrift könne Fronto Marc Aurels Gliederschmerzen ablesen, heißt es im selben Brief.[281] Erst als Kaiser diktiert er auch an Fronto.[282] Es ist nachgerade rührend zu lesen, wie besorgt die beiden Korrespondenten sich nach der Gesundheit des jeweils anderen erkundigen. Fronto war oft krank, er konnte das Haus nicht verlassen, denn er litt an Podagra, an Gicht. Diese Krankheit war in der Kaiserzeit verbreitet, zumal unter Männern mittleren Alters aus gehobenen Kreisen. Sie wird in der modernen Medizin zurückgeführt auf übermäßigen Fleischgenuß, Alkohol und chronische Bleivergiftung.

Mit derselben Anteilnahme erkundigte man sich nach dem Wohlergehen der Angehörigen. Fronto war vom Schicksal geschlagen.

Von seinen sechs Töchtern starben fünf im Kindesalter, eine heiratete Aufidius Victorinus, den Freund Marc Aurels. Er nahm sich unter Commodus das Leben.[283] Etwas überzogen wirken auf uns heute die Liebesschwüre. Fronto an Marcus: *quid est mihi osculo tuo suavius?* «Was ist mir süßer als ein Kuß von deinem Munde?» Fronto zitiert die Liebesklage von Hero mit dem Licht auf dem Turm an Leander, den sie nachts schwimmend über den Hellespont lockt.[284] *Amore tuo ardeo,* «ich glühe vor Liebe zu dir, Marcus, aber sie ist größer als die von Hero, denn anders als die, würde ich nie gestatten, daß du dich einer solchen Gefahr im Wasser aussetzt. Der Mond könnte vorzeitig untergehen! Der Wind könnte mein Licht verlöschen! Du könntest dich in den Wellen erkälten! Die Strömung könnte dich wegtragen, ein Fisch dich in den Bauch beißen ...»

Wir besitzen einen Geburtstagsbrief von Marcus an Fronto aus der Zeit zwischen 140 und 143, der von literarischer Qualität ist: «Sei gegrüßt, mein bester Lehrer! Ich weiß, daß am Geburtstag eines jeden Menschen seine Freunde Gelübde ablegen. Ich aber will, weil ich dich liebe wie mich selbst, heute, an deinem Geburtstag, um Glück für *mich* beten. Daher rufe ich alle Götter an, die irgendwo auf der Welt den Menschen mit ihrer gegenwärtigen und bereiten Macht beistehen, die durch Träume oder Mysterien, durch Heilungen oder Orakel irgendwo Hilfe leisten und ihre Macht erweisen – jeden einzelnen dieser Götter rufe ich mit meinen Bitten an und versetze mich je nach der Art des betreffenden Wunsches an den Ort, von wo der Gott, der über entsprechende Macht verfügt, mich leichter hören kann. Daher steige ich nun zuerst auf die Burg von Pergamon und bitte Äskulap, er möge die Gesundheit meines Lehrers gut lenken und machtvoll beschützen. Von dort gehe ich nach Athen und flehe und bete auf den Knien zu Minerva – das heißt Athena –, wenn ich einmal etwas von Literatur verstehen sollte, so möge es vor allem aus Frontos Mund in mein Herz strömen. Nun kehre ich nach Rom zurück und flehe die Wege- und Meeresgötter an, daß du mich auf jeder Reise begleiten mögest und ich nicht so oft von so heißer Sehnsucht nach dir gequält werde. Zuletzt bitte ich alle Schutzgötter aller Völker und selbst den Hain, der das Kapitol umrauscht, mir zu gewähren, daß ich diesen Tag, an dem du für mich geboren wurdest, mit dir bei guter Gesundheit und in fröhlicher Stimmung feiern darf. Lebe wohl, mein süßester und teuerster Lehrer! Ich bitte dich, achte auf deine Gesundheit, damit ich dich sehen kann, wenn ich komme. Meine Herrin grüßt dich.» Fronto antwortete kurz, aber herzlich: «An meinen Herrn. Mir geht es in allem gut, weil du es mir wünschest; denn niemand verdient es eher als du, daß die Götter seine Bitten erhören – oder sollte ich lieber sagen: wenn ich für dich bete, so verdient niemand es mehr als du, daß meine Bitten für jemanden erfüllt werden. Lebe wohl, mein süßester Herr! Grüße meine Herrin!»[285]

w. Weinlese

Unter den kulturgeschichtlich reizvollen Episteln stehen die über die Ausflüge und das Weinlesefest obenan. Im Sommer 143 berichtet Marcus seinem Lehrer von der Rückkehr des Kaisers aus den Weinbergen. Der Kronprinz und einige Begleiter waren *solito more* zu Pferde und gerieten auf der Landstraße in eine Schafherde mit vier Hunden und zwei Schäfern. Sie hörten den einen zum anderen sagen: «Schau da, die Reiter, das sind gefährliche Räuber. Da gab ich», schreibt Marcus, «meinem Pferde die Sporen und ritt in die Herde hinein. Die Tiere blökten und stoben in alle Richtungen auseinander. Der Hirte warf seine zweigezackte Forke nach uns, der Reiter hinter mir fing sie auf und wir sprengten davon. Der Hirte behielt seine Schafe, aber verlor seine teure Wurfgabel. Das Abenteuer ging noch weiter, mein Fronto, aber eben kommt der Badediener und will mich holen. Lebe wohl, mein allerehrwürdigster, allereinmaligster Lehrer, *suavitas et caritas et voluptas mea.*»[286]

Um das Jahr 144 ist die Rede von einer Familienreise im Wagen auf der Via Latina zu einer der Villen in Kampanien.[287] «Wir machten einen Abstecher von einer Meile hinauf nach Anagni, eine kleine alte Stadt voller Antiquitäten und zahllosen Heiligtümern aller Art. Es gab viele Buchrollen auf Leinenbändern, *libri lintei*, religiösen Inhalts. Auf einer Inschrift am Tor lasen wir: ‹Priester, nimm das *samentum*.› Ich fragte einen Einheimischen, was das Wort bedeute. Der sagte, das sei hernikisch und bezeichne das Fell eines Opfertieres, das der Priester überziehe, wenn der die Stadt betritt.» Leinenbücher spielen im Kult der Etrusker eine Rolle.[288] Marcus betont seine Sehnsucht nach Fronto und bittet um Nachricht, wenn er mit der Weinlese beginnt.[289]

Etwas später schreibt Marcus:[290] «*Ave mi magister carissime! Nos valemus.* Uns geht es gut. Drei Stunden vor Sonnenaufgang erwachte ich und studierte bei einem guten Frühstück bis zwei Stunden nach Tagesanbruch. Danach spazierte ich mit größtem Vergnügen in Pantoffeln vor meinem Schlafzimmer auf und ab. Dann zog ich Stiefel und Mantel an und ging, meinen Herrn, den Kaiser zu begrüßen. Anschließend brachen wir auf zur Jagd. *Fortia facinora fecimus.* Gewaltige Heldentaten haben wir vollbracht. Wir hörten nämlich sagen, es wären Wildschweine gefangen worden. Selber bekamen wir leider keine zu Gesicht. Dafür sind wir allerdings einen steilen Hang hinaufgestiegen. Nachmittags waren wir wieder daheim. Ich zog die groben Klamotten aus, warf mich aufs Bett und las zwei Stunden in den Reden des älteren Cato. Hallo, Sklave, hol mir so schnell du kannst die Cato-Reden aus der Apollonbibliothek, wirst du jetzt rufen.[291] Aber vergeblich, *frustra mittis.* Die Bücher habe ich nämlich ausgeliehen und mitgenommen. Also mußt du dich schon an den *bibliothecarius* im Tiberiuspalast wenden. Aber ohne Trinkgeld rückt er nichts heraus. Und wenn ich nach Rom zurückkomme, lasse ich mir meine Hälfte davon auszahlen. Nach der Cato-Lektüre habe ich, Marcus, ein wenig geschrieben, brachte aber nichts Gescheites zustande. Darum habe ich es den Göttinnen des Wassers und dem Gott des Feuers dediziert. Was bringt so ein Jäger und Winzer wie hier schon aufs Papier? Draußen wird gesungen, ein widerlicher Lärm, wie bei einer Gerichtsverhandlung. Was ich da gesagt habe? Recht gesprochen habe ich, mein Meister ist schließlich ein *orator.* Übrigens habe ich mir anscheinend eine Erkältung zugezogen. Das kommt davon, wenn man in Latschen herumläuft oder dumme Briefe schreibt. Verschnupft bin ich ja sonst, aber heute bin ich regelrecht verschleimt. Jetzt hole ich noch etwas Öl. Das gieße ich mir auf den Kopf, und dann gehe ich schlafen. In meine Lampe kommt heute kein Tropfen mehr. Ich bin ziemlich geschlagen vom dauernden Reiten und Niesen. Bleibe gesund, mein teuerster, liebster Lehrer, den ich mehr ersehne, als, jawohl, als Rom.»

Am anschaulichsten ist der Brief des Prinzen von der Weinlese des Jahres 147 oder 148 aus Lorium.[292] Antoninus Pius beging das

Fest, so heißt es, mit seinen Verwandten und Freunden wie ein Privatmann. Nun der Text: «Uns geht es gut. Geschlafen habe ich nur wenig wegen einer kleinen Erkältung, die aber überwunden scheint. So habe ich von der elften Stunde der Nacht (5 Uhr früh) bis zur dritten des Tages (9 Uhr) teils gelesen, und zwar in Catos ‹De agri cultura›, teils geschrieben, gottseidank weniger schlecht als gestern. Dann machte ich meinem Vater (Antoninus Pius) die Morgenvisite und schlürfte bis zum Zäpfchen Honigwasser, das ich wieder ausspie. Ich ‹reinigte meine Kehle›, sage ich, obschon Novius und andere sagen würden ‹ich gurgelte› (*gargarissavi*). Mit sauberer Kehle also ging ich abermals zu meinem Vater und stand bei ihm, als er opferte. Dann kam das Frühstück. Was meinst du, was ich aß? Nur etwas Brot, während ich andere Bohnen, Zwiebeln und Fische mit viel Rogen verschlingen sah. Dann gingen wir Trauben schneiden und kamen gehörig ins Schwitzen. Wir jodelten dabei und ließen einige Trauben, wie der Dichter sagt, ‹hochhängende als überlebende der Weinlese zurück.›[293] Nach der sechsten Stunde, also mittags, kehrten wir heim. Ich studierte ein wenig, aber es kam nichts dabei heraus. Dann hielt ich mit meinem Mütterchen auf dem Sofa sitzend einen Schwatz. Ich sagte: ‹Was meinst du, was macht mein Fronto jetzt?› Darauf sie: ‹Und was meinst du, was macht meine Gratia?› (Frontos Tochter). Während wir so plauderten und zankten, wer wen lieber hätte, ertönte der Gong. Das hieß: Mein Vater geht ins Bad. Als wir gewaschen waren, gab es in der Torkel das Essen, und wir hörten mit Vergnügen, wie die Landleute sich übereinander lustig machten. Darauf ging ich zurück, und bevor ich mich gleich auf die Seite lege und schnarche, erfülle ich mein literarisches Pensum und liefere den täglichen Bericht an meinen geliebten Lehrer. Könnte ich ihn noch mehr vermissen, als ich es tue, nähme ich den Gram gerne auf mich. Bleib mir gesund, Fronto, wo immer du bist, mein Honigsüßer! Meine Liebe! Meine Wonne! Wie steht es mit uns? Ich liebe dich auch in der Ferne.» So der junge Marc Aurel. Als Kaiser ließ er seinem Freud und Lehrer vom Senat eine Statue widmen.[294] Alle seine Jugendfreunde hat er später befördert oder beschenkt.[295]

x. Von der Rhetorik zur Philosophie

Marc Aurels Verhältnis zu Fronto mußte eine Belastung überstehen, die seinem Lehrer an die Ehre ging: Der Wechsel von der Rhetorik zur Philosophie.[296] Zwischen Rhetoren und Philosophen bestand eine alte Spannung.[297] Das geht zurück bis auf Platons Abwertung der als Redelehrer auftretenden Sophisten, seine Gegenüberstellung des Redners, dem es um Erfolg geht, mit dem Philosophen, der sich um Erkenntnis bemüht, so im ‹Theaitetos›. In Rom war das der Konflikt zweier Lebensformen, zwischen der *vita contemplativa* und der *vita activa*, zwischen griechischem und römischem Bildungsideal. Der echte Römer, der *vir vere Romanus* war ein Redner. Cicero, selbst dies und Philosoph zugleich, beschreibt in seiner Schrift ‹De oratore› den echten Redner als einen Mann, der nicht nur gut zu reden weiß, sondern der zugleich das Recht, die Geschichte und die Sitten Roms kennt und respektiert. Der römische Redner stellt seine ganze Kraft in den Dienst der *res publica* und besitzt Ansehen und Einfluß in ihr. Die Republik war natürlich längst Vergangenheit. Noch in der Zeit Marc Aurels aber waren die Redner hoch angesehen, verkehrten in den besten Kreisen und führten ein aufwendiges und kultiviertes Leben, während die Philosophen zur Askese neigten. Die Rhetoren warfen den Philosophen vor, sich mit Spitzfindigkeiten zu befassen und sich schlecht zu benehmen, gemeint sind die kynischen Bettelphilosophen. Umgekehrt unterstellten die Philosophen den Rhetoren, den Hörern bloßes Wortgeklingel zu liefern, mit ihren «Reden, die so blinkend sind, in denen ihr der Menschheit Schnitzel kräuselt».[298]

Marcus hat auch später Redekünstler gern gehört, so den jungen Hermogenes in Tarsos und den Sophisten Aelius Aristides in Smyrna.[299] Welche Begeisterung damals ein berühmter Redner auslösen konnte, lehrt ein Brief des jüngeren Plinius über einen Auftritt des griechischen Konzertredners Isaios, dessen rhetorische Virtuosität er ausführlich mit einem differenzierten Spezialvokabular charakterisiert, ohne auf den Inhalt der Rede einzugehen.[300] Als der hellenisierte Gallier Favorinus unter Hadrian in Rom redete, begeisterte er auch Hörer, die kein Wort Griechisch verstanden, allein durch die Melodik seiner Sprache.[301]

Der Gegensatz zwischen Rhetorik und Philosophie hatte im Laufe der Kaiserzeit an Schärfe verloren. Die Rhetorik besaß nicht mehr die politische Bedeutung wie in der Republik, und die Philosophie hatte ein Verhältnis zur Praxis gefunden, jedenfalls die Stoa. Stoiker fühlten Verantwortung für die Gemeinschaft, jeder an seinem Platz. In diesem Sinne argumentierte Fronto, als die Neigung seines Zöglings erkennbar wurde. Rhetorik und Philosophie schließen einander nicht aus, schrieb er 143, dennoch sei der Vorrang der Rhetorik klar. Ein guter Ratgeber leiste mehr als ein streitsüchtiger Philosoph: *plus ad corrigendum promovent consilia quam iurgia.* Selbst Sokrates, der Erste unter den Weisen und den Rednern zugleich, sei durch die Sprache berühmt geworden.[302] Marcus aber sah das anders. Er befand sich 146 n. Chr. ganz im Banne der Bücher Aristons. Dieser in Chios geborene Schüler des Stoikers Zenon hinterließ 67 Bücher über Ethik,[303] für uns mit weit über neun Zehnteln der antiken Philosophie verloren. Marcus bekannte gegenüber Fronto: «Was du mir zu schreiben aufgegeben hast, habe ich liegengelassen, obschon ich Zeit hatte. Die Bücher Aristons haben mich zugleich beglückt und beschämt. Sie lehren mich, was mir alles noch fehlt, und ich werde rot, daß ich als Dein Schüler mit meinen 25 Jahren noch nicht den Weg zur reinen Vernunft gefunden habe.»[304] Marcus verspricht aber weiter, seine Aufgaben für Fronto zu erledigen und die Philosophie hintanzustellen. Er erinnert an das Wort eines attischen Redners: man müsse die «Gesetze auch einmal schlafen lassen».[305]

γ. Der Tod des Pius 161

Die Römer rechneten die *iuventus*, die Jugend, bis zum 40. Lebensjahr. Mit diesem Jahr endete sie auch für Marc Aurel, denn damals übernahm er die Herrschaft, nachdem Antoninus Pius 161 verstorben war. In seinen ‹Selbstbetrachtungen› lesen wir den Satz, der Vierzigjährige habe, wenn er nur ein wenig Verstand mitbringe, alles Vergangene und alles Zukünftige gesehen, weil die Dinge sich im Grunde immer wieder gleichen.[306] Wenn er dies kurz vor seinem Tode schrieb, bestätigen die fast zwanzig Kriegsjahre nach 161 nur das, was er in der Friedenszeit zuvor bereits erkannt hatte. Er mußte mithin keine Erwartung korrigieren, keine Enttäuschung beklagen, keine Hoffnung aufgeben. Neu waren nicht die Erkenntnisse, die ihm zuteil wurden, wohl aber die Pflichten, die er mit 40 Jahren nun als Kaiser zu erfüllen hatte.

Am 7. März 161 war Antoninus Pius in seiner Villa Lorium nach dem Übergenuß von Alpenkäse verstorben.[307] Zwei Tage lag er zu Bett. Am dritten rief er seine Freunde und Gardepräfekten ans Lager, legte ihnen Marc Aurel als Nachfolger ans Herz und ließ die goldene Fortuna-Statue aus seinem Schlafzimmer in dasjenige Marc Aurels bringen. Seine letzte Tageslosung lautete: *Aequanimitas* – «Gleichmut», die wichtigste Tugend der Stoiker.[308] Pius lebte 75 Jahre und regierte seit dem 10. Juli 138, also fast 23 Jahre. Er gab seiner ganzen Epoche, der Antoninenzeit, ihren Namen. Die Quellen rühmen seine Gerechtigkeit und Milde, auch den Christen gegenüber, und bezeugen seine Sorge um das Reich noch auf dem Sterbebett.

2. Der Herrschaftsantritt der Brüder

Der Herrscherwechsel vollzog sich reibungslos. Er war von langer Hand vorbereitet. Beim Tode des Pius besaß Marcus den Caesarentitel, die tribunizische Gewalt und das prokonsulare Imperium, nicht aber den Titel Imperator, den Augustusrang und das Oberpontifikat. Dies übertrug ihm der Senat am 7. März 161, der damit zum *dies imperii* wurde. Später hieß er auch *(dies) natalis purpurae* – «Geburtstag des Kaiserpurpurs» im Unterschied zum *(dies) natalis genuinus*, dem «echten Kaisergeburtstag». Der kalendarische Herrschaftsantritt wurde jeweils wie beim ersten Mal nach fünf, zehn und weiteren runden Jahren mit Spielen und Spenden gefeiert.

Die Vita berichtet, Marcus sei vom Senat genötigt oder gar gezwungen worden – *a senatu coactus* –, die Regierung zu übernehmen.[309] Marcus hielt sich an das Ritual der *recusatio imperii*, die dem Wunsch des Senats Nachdruck abverlangte. Die Weigerung war Teil des Zeremoniells, denn Marcus war ja längst als Nachfolger vorgesehen; wenngleich es glaubhaft ist, daß er es vorgezogen hätte, weiterhin im Schatten des Altkaisers zu privatisieren und zu philosophieren. Aber sein Pflichtbewußtsein verdrängte seine Neigung, und er übernahm das Amt. Er stellte jedoch die Bedingung, daß der

Senat die ihm verliehenen Vollmachten und Amtstitel ebenso seinem Adoptivbruder übertrage. Dies geschah, obschon Lucius auf die Rolle als Kaiser nicht vorbereitet war. Nach seiner Adoption durch Pius noch unter Hadrian im Frühjahr 138 hatte Lucius sich 23 Jahre lang als Privatmann der Jagd, der Ringstätte und anderen Jugendsportarten widmen können.[310] Immerhin hatte er nach einem ersten Konsulat 154 das zweite zusammen mit dem dritten des Marcus 161, just im Todesjahr des Pius inne. So wurde er nun als Imperator Caesar und Augustus zum jüngeren Kollegen Marc Aurels. Dessen Name «Verus» ging jetzt auf Lucius über, der nun Lucius Aurelius Verus Commodus hieß. Fronto nennt ihn «Lucius», er selbst sich «Verus». Der ältere Bruder betonte als Marcus Aurelius «Antoninus» seine Nähe zu Pius.[311]

Das Doppelprinzipat der Brüder war ein Novum in der römischen Geschichte,[312] nicht nur in der Realität, sondern auch in der Konzeption. So wie Augustus in der Adoption von Gaius und Lucius Caesar eine klare Rang- und Reihenfolge der Herrschaft geplant hatte, hat Pius nach dem Plan Hadrians Marcus auf die Nachfolge vorbereitet, nicht aber Lucius. Der zweite war jeweils als Nachfolger vorgesehen, nicht als Mitherrscher. Die Herrschaftsaufteilung 161 ist nur zu begreifen aus der persönlichen Amtsauffassung Marc Aurels, der in der Macht keinen Selbstzweck sah, sondern nur ein Mittel, das Gemeinwesen zu ordnen und zu sichern. Und dafür war in Zeiten der Bedrängnis ein Gehilfe nötig. Im Osten drohten aktuell die Parther, im Norden virtuell die Germanen. Zudem sorgte sich der kränkliche Marc Aurel um die Nachfolge.

Die Bereitschaft Marc Aurels, die Macht zu teilen und eine Samtherrschaft zu begründen, wurde von Mommsen entschieden getadelt,[313] aber mit Recht von den Zeitgenossen gerühmt. Ein großes Loblied auf die Brüderherrschaft sang Aelius Aristides[314] unter Marc Aurel und Lucius Verus im Jahre 166 in seiner Festrede auf die Fertigstellung des von dem «Gott» Hadrian gegründeten Kaisertempels auf der Inselstadt Kyzikos im Marmara-Meer.[315] Der Redner gehorchte dabei nach eigener Auskunft einem Traumbefehl des Asklepios. Dem Lob des Baus folgt das der Brüder, die mehr kaiserliche Vorfahren aufzuweisen hätten als alle Herrscher in Rom zuvor. Kein Wunder! Bis in die Spätantike nannten die Kaiser ihre Vorgänger

«Vorfahren», *maiores nostri*. Zum ersten Mal, so Aristides, habe ein Kaiser freiwillig seine Macht geteilt, was nicht einmal Alexander getan habe, als Darius ihm das nach der Schlacht von Issos anbot. Ruhm genieße zwar, wer das Reich erweitere, doch selbst ein Kaiser, der das Land jenseits des Atlantik – also Amerika? – hinzugewänne, verdiene nicht so viel Anerkennung wie die mustergültig einmütige Doppelherrschaft zum Schutze des Reiches. In ihm bildeten Menschen aller drei Erdteile in Europa, Asien und Libyen eine Gemeinschaft, getragen von der Philanthropie der Kaiser, ihrer Menschenfreundlichkeit und Großmut. Sie seien Vorbilder der Tugend, Freunde der Götter und Wohltäter der Menschheit. Aristides erinnert an die Eintracht der mythischen Brüder Amphion und Zethos, die Theben errichteten, und an Castor und Pollux, die den Römern siegen halfen. Das wohlgefügte Gemäuer des Tempels spiegle die innere Eintracht des Weltreiches Roms und die Harmonie des Kosmos.

Das Lob auf die Brüderherrschaft lesen wir dann ebenso in den späteren Quellen, so in den beiden Viten der *Historia Augusta*,[316] bei Dio,[317] den Breviatoren,[318] bei Themistios,[319] Hieronymus[320] und bei Ammian.[321] Eine kollegiale Staatsführung findet sich in der Antike mehrfach, so im Doppelkönigtum der Spartaner und in der gut bezeugten Brüderherrschaft bei den Germanen. Die Zweistelligkeit des römischen Konsulats reicht zurück in die früheste Zeit der Republik, diente aber nicht der Effizienz, sondern der Kontrolle. Um einen Rückfall in die Monarchie zu verhindern, gab es die Befugnis der Interzession, das Veto des einen Konsuls gegen Maßnahmen des anderen.[322] Nicht selten waren die Konsuln uneinig. Bei Caesar und Bibulus im Jahre 59 v. Chr. führte das zu grotesken Verhältnissen. Der Brudermord des Romulus an Remus war ein schlimmes Omen. Die fatale Rivalität wiederholte sich, als unter Tiberius der einzige Augustus-Enkel Agrippa Postumus sterben mußte, als Nero seinen Adoptivbruder Britannicus vergiftete, und später als Caracalla seinen leiblichen Bruder Geta in den Armen seiner Mutter erdolchte. Die Samtherrschaft der Brüder Arcadius in Konstantinopel und Honorius in Ravenna führte 395 nach dem Tod des Theodosius zur Entfremdung und zur administrativen Teilung des Reiches.

Das Doppelkaisertum von Pupienus und Balbinus, die beide auch Oberpriester waren, dauerte Anfang 238 nur 99 Tage. Eine stabile Zweiherrschaft gelang erst wieder, als Diocletian seinen Kampfgefährten Maximian 285 zum Mitkaiser erhob,[323] und 364, als Valentinian seinen Bruder Valens zum zweiten Augustus erwählte – beide Male mit Blick auf Marcus und Lucius. Trotz der jeweils gleichen Amtsgewalt gab es immer einen Autoritätsvorsprung des senior Augustus vor dem junior Augustus. So hatte Marcus seinem Bruder nicht nur die Lebensjahre und die Amtserfahrung voraus, sondern auch die Zahl der Konsulate, im Jahr 161 drei gegen zwei, sowie das damals noch unteilbare Oberpontifikat.[324] Marcus war der *auctor imperii* für Lucius; ebenso wie Diocletian für Maximian und Valentinian für Valens. Die Münzen verkünden damals wie später die CONCORDIA AUGUSTORUM und zeigen das Bild eines Handschlags (Tafel VII).[325] Die Athener stifteten *Philadelpheia*, ein Jahresfest der Bruderliebe, das ebenso in Kleinasien gefeiert wurde.[326]

Nach der konstitutiven Senatssitzung am 7. März 161 begaben sich Marcus und Lucius ins Standlager der Prätorianer. Die fällige Rede hielt Lucius,[327] es folgte die imperatorische *acclamatio*,[328] die Ausrufung zum Imperator, und die Vereidigung, das *iusiurandum* auf die neuen Kaiser. Wir kennen die Formel vom Regierungsantritt Caligulas, gesprochen von einem Legionslegaten in einem Lager am Tejo in Portugal am 11. Mai 37. Der Text auf einer Bronzetafel lautet verkürzt: «Ich will Feind sein jedem, der Gaius Caesar Feind ist, und wer ihn bedroht, den werde ich mit tödlichen Waffen zu Land und zu Wasser verfolgen. Ich werde meine Kinder nicht höher schätzen als Gaius Caesar. Falls ich dagegen wissend verstoße, sollen Juppiter, der vergöttlichte Augustus und die übrigen Unsterblichen mir und meinen Kindern die Heimat, die Gesundheit und alle Glücksgüter entziehen.»[329] Das daraufhin erforderliche Geldgeschenk an die Prätorianer war üppig.[330] Daß auch das Stadtvolk nicht vergessen wurde, zeigen Münzen mit der Legende LIBERALITAS AUGUSTORUM.[331]

Die erste öffentliche Amtshandlung der beiden neuen Kaiser war die Totenfeier für Antoninus Pius. Ihm wurde auf dem Ustrinum des Marsfeldes ein *rogus*, ein prunkvoller Scheiterhaufen, errichtet und auf die Spitze ein Käfig gesetzt, aus dem dann ein Adler emporflog, um die Seele des Kaisers in den Himmel zu tragen.[332] Die Sitte wird schon bei Augustus berichtet; Münzreverse zeigen sie.[333] Nach der Verbrennung wurde die Urne im Mausoleum Hadrians beigesetzt. Den *titulus sepulcralis* überliefert Cyriacus von Ancona: *Caesari Tito Aelio Hadriano Antonino Augusto Pio pontifici maximo, tribunicia potestate XXIII, imperatori II, consuli III, patri patriae.*[334] Marcus und Lucius hielten auf den *rostra*, der Rednerbühne des Forums, die Totenrede, die *laudatio funebris*. Der Senat beschloß einmütig die übliche Vergöttlichung, die *consecratio*. Zuvor mußte jeweils ein Augenzeuge beschwören, im Rauch den Kaiser emporschweben gesehen zu haben.[335] Die Münzen zeigen einen *rogus* und einen Adler.[336] Der Senat beschloß, dem Toten einen Tempel zu weihen.[337] Pius hatte 141 beim Tode seiner Frau Faustina maior dieser an der Nordseite des Forums einen Tempel errichtet, in den nun auch seine Statue aufgenommen wurde. Die erweiterte Inschrift auf dem Architrav, gut lesbar, lautet DIVO ANTONINO ET DIVAE FAUSTINAE EX SENATUS CONSULTO.[338] Sie blieb erhalten, als vor dem 12. Jahrhundert der Raum als Kirche San Lorenzo in Miranda genutzt wurde.

Pius erhielt alle Ehren, die den «besten» Kaisern bisher gewährt worden waren: einen *flamen* als Kaiserpriester und *sodales* als Priesterkollegen. Es folgten wie üblich die vom Volk geforderten Zirkusspiele[339] und andere Lustbarkeiten. Auf einer der drei Theaterbühnen Roms gab der berühmte Mimograph Marullus eine Posse zum Besten, in der die beiden neuen Kaiser dem Gelächter des Publikums preisgegeben wurden. Es war wohl nicht allzu schwierig, einen Bücherwurm und einen Leichtfuß im Kaiserkostüm zu karikieren, zumal die übliche Frivolität die Beliebtheit des Theatermimus ausmachte. Die Vita vermerkt, daß die Brüder sich den Spott gefallen ließen, der wohl genausogut als Majestätsbeleidigung hätte geahndet werden können.[340] Bei den Exequien des knauserigen Vespasian erschien ein Mimus in der Maske des Kaisers, fragte, was seine Feier kostete, und als er den Betrag erfuhr, bat er, ihm das Geld zu geben und seine Leiche in den Tiber zu werfen.[341]

Zum Andenken an ihren Adoptivvater errichteten Marcus und Lucius auf dem Marsfeld eine Porphyrsäule von fast 15 Metern Höhe, gekrönt von einem Standbild des Verewigten aus vergoldeter Bronze. Säule und Statue gingen verloren. Man kannte sie nur von Münzbildern,[342] bis im Jahre 1703 unter dem klassisch gebildeten Clemens XI

Abb. 13: Sockel der Antoninus-Pius-Säule mit der Apotheose des Kaisers († 161) und der älteren Faustina († 141) im Cortile della Pigna im Vatikan.

Teile gefunden wurden. Insbesondere der monumentale Marmorsockel hat sich erhalten.[343] Er wurde mehrfach umgesetzt und steht seit 1885 öffentlich zugänglich in den Vatikanischen Gärten.

Auf der Nordseite steht die Widmung der brüderlichen Kaiser: DIVO ANTONINO AUGUSTO PIO / ANTONINUS AUGUSTUS ET / VERUS AUGUSTUS FILII: «Gewidmet dem vergöttlichten Antoninus Augustus Pius. die Söhne Antoninus Augustus und Verus Augustus».[344] Die südliche Schauseite zeigt einen geflügelten nackten Jüngling, der den von einer Schlange umwundenen Himmelsglobus mit den Tierkreiszeichen trägt, die Symbole der Zeit und des Raumes im Mithraskult. Es ist Aion, die verkörperte Ewigkeit. Er trägt Pius und die zwanzig Jahre zuvor verstorbene Faustina, je mit einem Zepter. Zwei Adler rechts und links erinnern an die Sitte, auf der Spitze des Scheiterhaufens einen Adler aus einem Käfig zu entlassen, der die Seele des Verbrannten in den Himmel trägt.[345] Unten links hält der ebenfalls als Jüngling dargestellt Campus Martius den Obelisken, der als Gnomon, als Schattenstab des augusteischen Platzkalenders diente, heute vor dem Parlament auf dem Montecitorio.[346] Unten rechts grüßt die behelmte Roma mit den Waffen des friedliebenden Antoninus Pius. Der Schild trägt die Wölfin mit den Zwillingen – das gesamte Symbolprogramm der römischen Staatsideologie.

Auf der Ost- und auf der Westseite sehen wir je eine Militärparade: Sechzehn Reiter mit Standarten (*vexilla*) umkreisen zweimal fünf Prätorianer, an der Spitze je ein Feldzeichen-Träger (*signifer*). Es handelt sich um die *decursio* bei der Totenfeier.[347] Militär war nicht nur, wie hier, zeremoniell im Einsatz, sondern wurde sehr bald an den Grenzen gefordert.

Ab armis quies nusquam erat.

EPITOME

IV

DIE PARTHER UND DIE PEST

a. Der Ost-West-Gegensatz – b. Die Parther – c. Severianus unterliegt bei Elegeia 161 – d. Edessa verloren, Cornelianus geschlagen 162 – e. Hochwasser in Rom 161/162 – f. Lucius gegen die Parther 162 – g. Herodes Atticus in Athen – h. Lucius in Eleusis – i. Priscus erobert Artaxata 163 – j. Die schöne Pantheia – k. Lucius heiratet Lucilla 164 – l. Friedensangebot an Vologaeses – m. Avidius Cassius über den Euphrat – n. Die Pest aus Seleukeia 165 – o. Martius Verus in Medien – p. Lucius Verus an und bei Fronto – q. Der Redner Aelius Aristides – r. Der erste Triumph 166 – s. Die Victoria von Calvatone – t. Das Parthermonument von Ephesos – u. Kriegsberichte – v. Der Pestarzt Galen – w. Galens Schriften – x. Militärärzte – y. Die Seuche in Rom – z. Entvölkerung?

a. Der Ost-West-Gegensatz

Als um 450 v. Chr. Herodot sich anschickte, die Geschichte der Perserkriege zu erzählen, stellte er sie in den Zusammenhang des Ost-West-Gegensatzes, der ihm schon aus mythischer Zeit bekannt war. Begonnen habe das mit wechselseitigem Frauenraub. Zuerst hätten die phönikischen Seefahrer die Königstochter Io aus Argos entführt. Danach sei von den Hellenen zunächst die Europa aus Tyros, dann die Medeia aus Kolchis geraubt worden. Als umgekehrt Helena aus Sparta entführt wurde – auch sie eine Königstochter –, sei der erste Krieg, der um Troja, entbrannt. Seitdem habe Feindschaft bestanden zwischen Asien und Europa, und das habe schließlich zu den Schlachten bei Marathon und Salamis geführt.[1]

In der Zeit nach Herodot schwankt das griechisch-persische Verhältnis zwischen mißtrauischem Frieden und offenem Kampf, bis Alexander (336 bis 323 v. Chr.) zum Gegenschlag ansetzte, nicht aber, um den Erbfeind im Osten zu vernichten, sondern um ihn zu überwinden und ein west-östliches Großreich zu schaffen. Dies ist nach seinem Tode zerbrochen. Persien aber verblieb zunächst unter griechischer Herrschaft, im Nordosten unter den gräkobaktrischen Königen, im Südwesten unter den Seleukiden, die 293 v. Chr. ihre Hauptstadt aus Seleukeia bei Babylon nach Antiochia nahe dem Mittelmeer verlegten. Im iranischen Hochland dazwischen entstand ein machtpolitisches Vakuum.

b. Die Parther

Das änderte sich, als um 250 v. Chr. aus dem heutigen Turkmenistan ein iranisches Reitervolk in die seleukidische Provinz Parthia vorstieß, nach der diese Leute Parther benannt wurden. In Anlehnung an den Dynastiegründer Arsakes (247 bis 217 v. Chr.) trugen alle Nachfolger auf ihren Münzen diesen Namen, der so wie «Caesar» in Rom zu einem Titel wurde. Tacitus nennt das Partherreich danach *regnum Arsacis*, das mit Rom verfeindet, aber weniger bedrohlich sei als der Freiheitsstolz der Germanen.[2] Damit bezeichnet er die Hauptfeinde Roms im Osten und Norden, die nie bezwungen wurden.

Zuvor hatten die Griechen mit den Parthern zu tun. Nachdem diese das iranische Hochland gewonnen hatten, unternahm der Seleukide Antiochos III 209 v. Chr. nochmals von Syrien aus einen Zug in die «oberen Satrapien», konnte das Gebiet aber nicht halten. Dem Partherkönig Mithridates I gelang es um 140 v. Chr., seine Herrschaft bis Mesopotamien auszudehnen. Rückeroberungsversuche der Seleukiden mißlangen.

Als Sulla im Jahre 92 v. Chr. als Statthalter von Kilikien nach Kappadokien in der östlichen Türkei kam, bahnte sich eine Verbindung mit den Parthern gegen den gemeinsamen Feind in Syrien an, doch kam es dann zum Gegensatz durch den beiderseitigen Anspruch auf Armenien, dieses ewige Unglücksland zwischen den Großmächten. Der Prokonsul Pompeius erzielte 66 v. Chr. keine Vereinbarung mit den Parthern über den Euphrat als Grenze,[3] daher gab es nach der Einrichtung der römischen Provinz dort immer wieder Konflikte. Als im Mai 53 v. Chr. der Triumvir Crassus als Statthalter von Syrien den oberen Euphrat überschritt, kam es zur Katastrophe von Carrhae. Die Römer verloren 30 000 Mann. Dann folgte die berühmte Szene: Während der König Orodes, ein Philhellene wie alle Partherkönige, bei der Hochzeit seines Sohnes in Ktesiphon einem Schauspieler lauschte, der eine Szene aus den ‹Bakchen› des Euripides spielte und den Vers vortrug «Wir bringen vom Berg herrliche Jagdbeute», da wurde der Kopf des Crassus präsentiert.[4]

Der Gegenzug Caesars entfiel infolge seiner Ermordung 44 v. Chr., aber die Kämpfe gingen weiter. Im Jahre 36 v. Chr. scheiterte Marcus Antonius unter großen Verlusten, doch konnte er zwei Jahre später Armenien annektieren. Augustus schloß 20 v. Chr. Frieden, nachdem er durch einen Truppenaufmarsch die bei Carrhae verlorenen Legionsadler zurückerhalten hatte. Unter Nero sicherte Corbulo nach erneuten Kämpfen Armenien als römisches Protektorat, das unter Trajan wiederum verteidigt werden mußte. Trajan eroberte auch Mesopotamien bis an den Persischen Golf, doch Hadrian bot den Parthern Frieden und Freundschaft und begnügte sich wieder mit der Euphratgrenze.[5]

c. Severianus unterliegt bei Elegeia 161

Armenien indes blieb römisches Interessengebiet. Um 140 kündet eine Münze des Antoninus Pius mit der Aufschrift REX ARMENIIS DATUS von der Einsetzung oder besser der Anerkennung eines Königs,[6] aber die Parther gaben den Anspruch auf Armenien nicht auf. Pius konnte sie durch Drohbriefe und Grenzverstärkung vom Angriff abhalten. Die Schwarzmeer-Provinz Pontus-Bithynia wurde von einer zivil-senatorischen in eine militärisch-kaiserliche umgewandelt.[7] Den von Trajan in Ktesiphon erbeuteten Thron der Partherkönige, die *sella*, gab Pius nicht, wie gefordert, zurück. Hadrian hatte die Rückgabe versprochen.[8] Thron und Krone als Herrschaftssymbole sind persischen Ursprungs. Auf die daraus erwachsene Kriegsgefahr hin bereitete Pius das *bellum Parthicum* vor, indem er Ende 160 oder Anfang 161 Truppen nach Syrien verlegte.[9]

Gleich nach dem Tode des Kaisers am 7. März 161 schickte Vologaeses IV[10] anscheinend diplomatisch korrekt die Kriegserklärung.[11] Nun griff der Parther an zwei Fronten an. Herrscherwechsel im Nachbarland waren stets eine günstige Gelegenheit zum Angriff. Vologaeses erhob Pacorus zum König von Armenien, ebenfalls aus dem Arsakidengeschlecht, das allein eine Loyalität der Bevölkerung gewährleisten konnte.[12] Daraufhin setzte sich der Statthalter von Kappadokien Marcus Sedatius Severianus in Marsch, wurde aber in Elegeia von dem parthischen General Chosroes eingeschlossen. Die Bergstadt, heute Ilidscha, liegt am oberen Euphrat zwischen Erzincan und Erzurum. Hier hatte im Jahr 114 der König von Armenien Parthamasiris die Bestätigung durch Trajan ersucht und dabei einen gewaltsamen Tod gefunden.[13] Nun schlug das Glück um. Die Neunte Legion Hispana, die zuvor in Britannien und dann in Niedergermanien stationiert war,[14] wurde nach dreitägiger Einkesselung durch die gefürchteten Pfeile der Parther vernichtet, Severianus selbst nahm sich das Leben,[15] so wie einst Quinctilius Varus nach der Niederlage im Teutoburger Wald.[16]

Der zeitgenössische Satiriker Lukian malt die Szene aus. Er verspottet einen unbekannten Skribenten, der Severian überlegen läßt, ob er sich erdolchen, vergiften oder erhängen solle, dann aber als allzeit durstiger Gallier sein übergroßes gläsernes Trinkgefäß zerbrach und sich mit einer Scherbe den Hals durchschnitt.[17] Glaubwürdig hingegen berichtet Lukian, der populäre Wundermann Alexander von Abonuteichos habe Severianus mit einem selbstgefertigten Orakel zu dem Zug ermuntert und ihm einen triumphalen Empfang in Rom vorausgesagt, nach dem Scheitern des Legaten aber den Spruch in eine Warnung umgeschrieben und – so berichtigt – verbreitet, um seine Glaubwürdigkeit vorzutäuschen. Diesen Trick wiederholte er beim Löwenorakel an der Donau.[18]

d. Edessa verloren, Cornelianus geschlagen 162

Während des Krieges im Norden wurde auch im Süden wieder gekämpft. Die Parther bemächtigten sich Edessas, der Hauptstadt der Osrhoëne.[19] Das alte Orhay, wovon der heutige Name Urfa stammt, wurde in hellenistischer Zeit umbenannt in Edessa, nach dem älteren Namen von Aigai in Makedonien. Die Stadt mit dem Beinamen *mixobarbaros* war von hellenisierten Syrern bewohnt, besaß eine jüdische Gemeinde und stand in kurzzeitigem Wechsel unter armenischer, parthischer, griechischer und römischer Hoheit. Nachdem Hadrian die von Trajan zerstörte Stadt wieder aufgebaut und einen römischen Klientelfürsten aus der lokalen Dynastie ernannt hatte, waren nun wieder die Parther die Herren. Sie überschritten den Euphrat und drangen in Syrien ein.[20] Kriegsziel ihrer Vorstöße nach Westen war nicht Eroberung und Machterweiterung, sondern Beute und Schwächung des Feindes. Der Statthalter Attidius Cornelianus wurde 162 geschlagen und mußte die Flucht ergreifen.[21] In der Bevölkerung breitete sich eine romfeindliche Stimmung aus.[22] In der ethnisch gemischten Bevölkerung im Orient gab es immer Sympathisanten mit dem Landesfeind, die sich meldeten, sobald dieser mit Macht erschien. Auch die Römer fanden umgekehrt ihre Parteigänger im Partherreich, die ihnen die Tore öffneten.

Die bedenkliche Lage im Osten bereitete Marcus Sorge. In einem langen Schreiben aus dem Jahre 162 tröstet ihn Fronto. Er blickt zurück. Denn zu allen Zeiten haben sich die Römer im Denken und Handeln an ihrer Geschichte orientiert. Man kannte sie und erinnerte an sie, zumal in harten Zeiten, da sie Trost versprach. Welche Niederlagen hatte Rom nicht überlebt und überwunden! Fronto zählt sie auf: an der Allia gegen die Kelten, bei Caudium gegen die Samniten, bei Cannae gegen die Karthager, bei Numantia gegen die Iberer, bei Cirta gegen Jugurtha und zuletzt bei Carrhae gegen die Parther, die nun wieder drohen. Doch am Ende habe Rom stets triumphiert, also werde es auch die jüngsten Niederlagen verkraften.[23] Dieses Denkmodell, Geschichte als Argument, verwendete auch Ammianus Marcellinus nach der Katastrophe von Adrianopel 378,[24] wo Rom eine Schlacht gegen die Goten und den Kaiser Valens mit der gesamten Ostarmee verlor. Die tröstlichen Überlegungen Ammians sollten sich dann als trügerisch erweisen.

e. Hochwasser in Rom 161/162

Wenn Marcus sich nicht sofort selbst aus Rom an die Front begab, mag das damit zusammenhängen, daß er zwar durch Antoninus Pius sorgfältig auf die zivilen Aufgaben des Herrschers vorbereitet worden war, jedoch keinerlei militärische Ausbildung genossen hatte. Zudem hatte Marcus in Rom zu tun. Dringende Aufgaben hinderten ihn am Lesen, schreibt er an Fronto, doch der erinnert ihn an Julius Caesar, der inmitten seiner militärischen Pflichten in Gallien literarisch gearbeitet und über die Analogie in der Sprache geschrieben habe.[25] Marcus mußte organisieren. Es gab im Frühjahr 161 eine Tiberüberschwemmung, bei der viele Häuser zerstört wurden, Tiere ertranken und eine arge Hungersnot ausbrach.[26] Der Tiber hatte immer seine Tücken; sein Hochwasser bei Schneeschmelze und Winterregen war gefürchtet. Das beruht auf der weitgehenden Entwaldung des Quellgebietes und setzte häufig zumal den Nordteil Roms um das Marsfeld unter Wasser, so bis in die Neuzeit. 1598 stieg es über 18 Meter. Erst zu Beginn des 20. Jahrhunderts wurde der Flußlauf durch hohe Mauern reguliert, wobei die romantische Schiffslände Ripetta nördlich des Augustusmausoleums verlorenging. Bereits Tiberius hatte den Tiber zu bändigen versucht durch die Bestimmung von Aufsichtsbeamten, *curatores alvei Tiberis et riparum.*[27]

f. Lucius gegen die Parther 162

Marc Aurel fand bei seinem Herrschaftsantritt eine ganz neue Lage vor. Weder Hadrian noch Antoninus Pius hatten die Grenzen persönlich verteidigen müssen, so wie es nun die Situation in Syrien erforderte. Marcus brachte die Frage vor den Senat. Es wurde bestimmt, daß Lucius in den Krieg ziehen sollte. Er war jünger und kräftiger als Marcus, der stets von schwacher Gesundheit war. Die *Historia Augusta* deutet die Entscheidung pädagogisch. Lucius sollte seine Laster nicht länger in Rom ausleben können und im Felde zu einem anständigen Menschen werden.[28] Um ihn noch stärker an sich zu binden, verlobte Marcus im Sommer 161 seine zweite Tochter Lucilla mit ihm. Die ältere, Annia Aurelia Galeria Faustina, war offenbar schon ihrem späteren Mann Claudius Severus versprochen.[29]

Im Frühjahr 162 brach Lucius auf, von Marcus bis Capua begleitet.[30] Eskortiert wurde er von einem Teil der Prätorianergarde und einem der beiden Prätorianerpräfekten, von Furius Victorinus, der Procurator in Galatien gewesen war und sich im Osten auskannte. Zudem befanden sich im Stab einige Senatoren, unter ihnen der ehemalige Statthalter Syriens Pontius Laelianus im Rang eines *comes Augustorum*, eines Kaiserbegleiters.[31] Der wichtigste Militär im Stabe war der spätere Empörer Avidius Cassius,[32] er erhielt den Oberbefehl über die Truppen in Syrien. Der Nachschub wurde Nicomedes anvertraut, einem ehemaligen griechischen Sklaven. Er war Erzieher von Lucius Verus gewesen, wurde *praefectus vehiculorum*, sozusagen Postminister, und starb militärisch hochdekoriert.[33] Für seine persönliche Bedienung nahm Lucius seine vertrauten Freigelassenen mit.

Durch seine Niederlage gegen Vologaeses hatte Attidius Cornelianus seine syrische Statthalterschaft verwirkt. Zum Nachfolger bestimmte Marcus den Senator M. Annius Libo, Sohn seines gleichnamigen Vatersbruders. Mit Libo zerstritt sich Verus in Syrien, jener hatte sich anmaßend aufgeführt und sich allein Marcus gegenüber verantwortlich erklärt. Hier offenbarte sich die Achillesferse des Doppelkaisertums: Man konnte die beiden Kaiser gegeneinander ausspielen und so Zwist unter ihnen stiften. Als Libo wenig später starb, munkelte man von Giftmord, einem Schlag des Verus mittelbar gegen seinen Bruder. Gerüchte machten ja auch Lucius Verus selbst und ebenso Marcus zu Giftmordopfern.[34] Von einer Verstimmung zwischen den Kaisern ist allerdings die Rede, als Verus die Witwe Libos seinem ehemaligen Sklaven Agaclytus vermählte, ein Verstoß gegen die senatorische Standesehre! Da Marcus sich weigerte, an der von Verus ausgerichteten Hochzeit teilzunehmen, muß das nach der Rückkehr des Verus 166 in Rom geschehen sein.[35] Daraufhin bewirkte Marc Aurel einen Senatsbeschluß, der die Ehe einer Frau senatorischen Standes mit einem Freigelassenen für rechtsungültig erklärte.[36]

g. Herodes Atticus in Athen

Auf dem Weg von Italien ins syrische Kriegsgebiet hatte Lucius es nicht eilig. Er verweilte auf seinen Villen, ging in Apulien auf die Jagd und erkrankte in Canusium, dem heutigen Canosa di Puglia[37] an der Via Traiana bei Bari. Marcus bat im Senat die Götter um Genesung, leistete ein Gelübde und begab sich selbst auf den Weg zu dem Bruder, traf ihn aber nicht mehr an.[38] Auch Fronto war erschrocken und besorgt, doch hatte Lucius ihm brieflich seine Wiederherstellung noch gemeldet.[39] Über *Brundisium* – Brindisi fuhr Lucius nach *Hydruntum* – Otranto, wo den beiden Kaisern Ehrenstatuen errichtet wurden,[40] und weiter zu Schiff «mit Musik und Gesang» über Korinth nach Athen, wo Herodes Atticus seinen ehemaligen Schüler Lucius[41] und dessen Begleiter bewirtete.[42] Der reiche Redner bewohnte eine prachtvolle Villa in Kēphisia, dem noch heute nobelsten Viertel der Stadt am Südhang des Pentelikon. Damals war es ein Dorf nördlich der Stadt. Aulus Gellius, der oft Gast des Hauses war, beschreibt den Reiz des Anwesens mit seinem reichen Baumbestand und dem Konzert von Vögeln, mit anmutigen Spazierwegen, sprudelnden Bächen und erquickenden Bädern und nicht zuletzt mit der beneidenswerten Bibliothek. [43]

Gellius war Redner und Richter, stammte aus Rom, war bekannt mit Fronto und lebte zu Studienzwecken lange in Athen, wo er oft Gast bei Herodes Atticus war. Sein lateinisches Werk, zwanzig Bücher *Noctes Atticae*, ‹Nächte in Athen›, sind eine bunte, zitatenreiche Sammlung von rechts- und religionswissenschaftlichen, von historischen, philologischen und philosophischen Anekdoten und Abhandlungen ohne höheren literarischen Anspruch, aber reich an kulturhistorischem Gehalt und Stellen aus verlorenen Werken, darunter die noch immer gültige Fabel vom Bauern und der Haubenlerche, die rührende Geschichte von Androclus und dem dankbaren Löwen und die Herkunft des – meist mißverstandenen – Satzes *veritas filia temporis*, die «Wahrheit ist eine Tochter der Zeit». Das heißt: «Die Wahrheit kommt mit der Zeit ans Licht», nicht: «Die Wahrheit ändert sich mit den Zeiten», denn dann wäre sie *filia temporum*, nicht *filia temporis.*[44] Während Gellius philosophische Gespräche über die Lehre der Stoiker referiert, melden die christlichen Quellen[45] zum

Aufenthalt des Lucius Verus in Athen nur, daß während eines nächtlichen Opfers ein «Feuer» am Himmel von Westen nach Osten geflogen sei, also eine Sternschnuppe.

h. Lucius in Eleusis

Bevor Lucius sich im Spätsommer 162 wieder einschiffte, ließ er sich in die Mysterien von Eleusis einweihen.[46] Eleusis, 20 Kilometer westlich von Athen, war neben Delphi und Olympia das dritte hochbedeutende panhellenische Kultzentrum, eine Art Wallfahrtsort. Schon nachdem die Römer 229 v. Chr. die für die Griechen unerträgliche illyrische Seeräuberei in der Adria beendet hatten, wurden sie zu den Zeremonien zugelassen, was Barbaren sonst versagt blieb.[47] Nach Sulla haben Augustus und Hadrian sich einweihen lassen, nach Lucius Verus auch Marc Aurel mit Commodus[48] und später noch Gallienus. Form und Sinn der Mysterien waren geheimzuhalten – griechisch *myō* heißt Augen und Lippen «schließen». Den Teilnehmern war oft selbst nicht klar, was dabei geschah. «Ich begriff, wie bei einer Mysterienfeier, rein gar nichts», sagt Kleitophon bei Achilleus Tatios.[49] Die Einweihungen fanden an den beiden Kultfesten statt, den großen Eleusinien im Herbst und den kleinen Eleusinien im Frühjahr. In Rom beschreibt Ovid[50] das Ceres-Fest am 12. April und berichtet nochmals den Mythos. Bei den großen Eleusinien gab es einen prächtigen Festzug von Athen auf der Heiligen Straße nach Eleusis, Opfer und Speisungen, rituelle Waschungen und szenische Darbietungen.

Dem Kult zugrunde liegt der Mythos von Persephone, griechisch auch *Korē*, das Mädchen, lateinisch Proserpina.[51] Sie war die Tochter von Demeter, lateinisch Ceres. Persephone wurde beim Blumenpflücken von Hades, lateinisch Pluto, auf seinem Wagen geraubt und als seine Gemahlin Königin in seinem Reich, der Unterwelt. Darüber klagte Demeter, sie suchte die Tochter und ließ aus Kummer die Feldfrucht verdorren. Nun entschied Zeus den Streit, indem Persephone in der warmen Jahreszeit bei ihrer Mutter auf Erden, in der kalten jedoch bei ihrem Gemahl sein solle. Der Mythos spiegelt den Wechsel in der Natur, die Folge von Tod und Auferstehung, und dies wurde rituell in Eleusis auf die Mysten und ihre Jenseitshoffnung übertragen.[52] Das Hochgefühl bei der Einweihung, die durch sie vermittelte innere Harmonie, bezeugt im Jahre 166 Aelius Aristides.[53] Das beeindruckte indessen nicht jeden. Als die Athener in der Alexanderzeit den Diogenes, genannt «der Hund», aufforderten, sich in Eleusis einweihen zu lassen, und ihm versicherten, die Mysten erhielten nach ihrem Tode Ehrenplätze (*prohedriai*) im Hades, lehnte der Kyniker ab mit der Bemerkung, es sei lächerlich, daß große Männer wie Agesilaos und Epameinondas im Dreck der Erde (*borboros*) enden, während Hinz und Kunz auf die Inseln der Seligen versetzt würden, bloß weil sie eingeweiht waren.[54] Andere hatten solche Bedenken nicht.

Von Athen fuhr Lucius Verus weiter und genoß die Annehmlichkeiten der Küstenstädte von Asia, Pamphylia und Cilicia an der West- und Südküste Kleinasiens.[55] Erster Anlauf war vermutlich die wichtige Hafenstadt Smyrna. Möglicherweise besuchte er auch das gegenüberliegende Chios.[56] In Erythrai wurde Lucius als zweiter Stadtgründer geehrt, wie eine Versinschrift aus der Sibyllengrotte bekundet.[57] In Ephesos, der Provinzhauptstadt von Asia, plante der *curator rei publicae*, der kaiserliche Finanzkommissar, Marcus und Lucius dadurch zu ehren, daß er ältere, unansehnlich gewordene Kaiserstatuen einschmolz und daraus Standbilder der Kaiserbrüder verfertigte. Eine Inschrift aus Ephesos von 162 oder 163 zitiert einen Brief der Kaiser, die dem widersprachen und befahlen, die Bildnisse zu bewahren und zu restaurieren.[58] Es dürfte sich um Silberstatuen gehandelt haben, da Bronze schwerlich Mangelware gewesen sein kann. Die acht erhaltenen Basen für die Familie Marc Aurels in Ephesos haben wohl Marmorbilder getragen.[59] Marcus ist auch später gegen überzogene Ehrungen durch Griechenstädte eingeschritten.[60]

Im Herbst 162 erreichte Lucius endlich Seleukeia, den Hafen der syrischen Hauptstadt Antiochia, heute türkisch Antakya, wo er vier Jahre blieb.[61]

i. Priscus erobert Artaxata 163

Während Lucius auf dem Weg nach Syrien war, sorgte Marcus für Kappadokien. Truppen vom Rhein und von der Donau wurden nach Osten in Marsch gesetzt, die *Legio V Macedonica*, die «mit dem

Adler», aus Troesmis an der Donaumündung, die *Legio II Adiutrix*, die «mit dem Pegasus», aus Aquincum bei Budapest und die *Legio I Minervia*, die «mit dem Widder», aus Bonn.[62] Neuer Statthalter von Kappadokien für Severianus wurde Statius Priscus, der Britannien verwaltet hatte,[63] ein General, auf dessen Gebrüll hin einmal siebenundzwanzig Feinde den Geist aufgegeben haben sollen, wie ein von Lukian zitierter «Historiker» geschrieben hatte.[64] Jedenfalls konnte Priscus die Lage bei Elegeia stabilisieren. Im Jahre 163 gelang ihm sogar die Einnahme der armenischen Hauptstadt Artaxata, deren Ruinen nahe Erewan am Nordhang des Ararat liegen. Lucius Verus in Antiochia nahm daraufhin den Siegerbeinamen ARMENIACUS an und ließ sich von den Truppen ein zweites Mal nach dem Amtsantritt zum IMPERATOR ausrufen.[65] Beide Ehrentitel kamen ebenso Marcus zu, der in seiner Bescheidenheit sich erst 164 mit dem Beinamen ARMENIACUS schmückte.[66] Pacorus wurde vertrieben, neuer König der Armenier wurde der Arsakide und «Achämenide» Sohaemus, der die Senatorenwürde besaß und sogar einmal *Consul suffectus* war.[67] Goldmünzen von 164 mit REX ARMENIIS DATUS, «den Armeniern wurde ein König gegeben», zeigen Lucius Verus als Kaiser sitzend auf einem Podest, flankiert von zwei Offizieren, vor ihm steht Sohaemus und empfängt das Diadem,[68] so wie wenn sich die Szene im fernen Antiochia abgespielt hätte. Als neue Hauptstadt Armeniens wurde nahe dem zerstörten Artaxata nun Kainepolis, die «Neustadt», gegründet und mit einer römischen Besatzung belegt.[69] Armenien war bis auf weiteres römischer Klientelstaat.

Kurz, aber verläßlich berichtet über Sohaemus und seine erste Königszeit der Schriftsteller Jamblichos, der damals am armenischen Hofe lebte.[70] Jamblichos war Sohn eines syrischen Sklaven, wurde von einem Babylonier[71] aufgezogen, der als königlicher Schreiber am Partherhof gedient hatte und als Gefangener Trajans ins Imperium gekommen war.[72] In griechischer Sprache und babylonischer Magie gleichermaßen bewandert, glänzte Jamblichos als Rhetor der Zweiten Sophistik und prophezeite angeblich den Sieg des Lucius Verus über Vologaeses 165. Jamblichos schrieb einen Liebesroman ‹Babyloniaka›, eine Sensations- und Schauergeschichte. Kurz der Inhalt: Der König von Babylon hatte es auf die Frau eines jung vermählten Ehepaares abgesehen. Sie fliehen, erleben die unwahrscheinlichsten Abenteuer, bis sie am Ende selbst das Königtum übernehmen. Zwischendurch geht es um rasende Eifersucht und ungezügelte Leidenschaft, um Gift- und Selbstmorde, Feuersbrunst und Scheintod, um Räuber und Schatzgräber, Henker und Folterknechte, um Kannibalismus und Leichenkult, Verwechslung und Verzauberung, lebendig Begraben und vorübergehend Kreuzigen. Wir lesen von Verrat und Vergewaltigung, von Nekromantie und Nekrophilie, von erotischen Perversitäten, so daß der Mediziner Theodorus Priscianus die Lektüre als Aphrodisiacum empfahl.

j. Die schöne Pantheia

In Antiochia gab es für Lucius viel zu tun. Während seine Offiziere den Feldzug gegen die Parther vorbereiteten, stand gewiß auch er nicht abseits. Fronto berichtet, wie selbstlos sich sein Schüler, der Kaiser, um die Zucht im Heer gekümmert habe; er bescheinigt ihm alle Tugenden eines vorbildlichen Heerführers. Er habe die Strapazen der Legionäre auch seinerseits auf sich genommen, habe sich persönlich um alle militärischen Belange gekümmert, selbst um die Kranken, und sich mit der kargen Lagerkost begnügt.[73] Vermutlich aber kannte sich Fronto in der Literatur über den idealen Feldherrn besser aus als über den Alltag in Antiochia. Gleichwohl klingen seine Sätze über die im Frieden verlotterten Legionäre lebensnah. Weiber, Wein und Würfelspiel waren auch damals reizvoller als Wehrübung und Waffenputzen.

Das Bild in der *Historia Augusta* vom süßen Leben des Lucius ist freilich in der Gegenrichtung ebenso überzeichnet. Er habe sehr zum Verdruß Marc Aurels in Antiochia ein lockeres Leben geführt, vor wie nach dem Partherkrieg mit liederlicher Gesellschaft gewürfelt, die Nächte durchgezecht und seine Gäste mit üppigen Geschenken beglückt, die in der Vita aufgelistet sind: kostbare Gefäße, Gold- und Silbergerät, prächtige Kutschen, lebende und tote Tiere und hübsche Sklaven. In den Bordellen und Kneipen habe er mit Münzen um sich geworfen, Geschirr zerdeppert, Prügeleien inszeniert und stets eine gute Verdauung gehabt.[74] Während seiner Gelage, heißt es, habe Lucius Gladiatoren- und Tierkämpfen zugesehen und bei den Wagenrennen die Partei der Grünen favorisiert.[75] Deren Siege meldete er nach Rom, und die dortigen wurden ihm nach Syrien berichtet. Im Circus zu Rom wurde er mit Marcus dafür von den Blauen beschimpft. Sein Lieblingspferd Volucer, der «Fliegende», wurde mit Trauben und Nüssen gefüttert, im Palast untergebracht und mit einer Purpurdecke geschmückt. Als das Roß starb, erhielt es ein Grab auf dem Campus Vaticanus, Lucius ließ sich ein goldenes Standbild von ihm anfertigen.[76]

Winters lebte Lucius Verus in Laodikeia, heute Latakia, der Haupthafen Syriens, sommers in Daphne.[77] Dieser bis in die Spätantike hochberühmte Hain des Apollon unterhalb von Antiochia war wegen seiner Quellen und Zypressen ein vielbesuchter *locus amoenus*, ein Lustort,[78] der auch Lucius locken mußte. Und nicht ihn allein. Während seine Braut Lucilla, die Tochter von Marcus, noch in Rom weilte, vergnügte sich Lucius mit Pantheia, lateinisch Panthea, «die ganz Göttliche», einer gefeierten Schönheit aus Smyrna. Sie trug den Namen einer Romanheldin von Caninius Celer,[79] kaiserlicher Sekretär für die griechische Korrespondenz unter Hadrian und unter Antoninus Pius Rhetoriklehrer von Marc Aurel und Lucius Verus.[80] Den Stoff fand Celer in einer Nebenhandlung von Xenophons ‹Kyropädie›. Seine Pantheia, verheiratet mit Abradatas, dem König von Susa, war die schönste Frau Asiens. Sie gerät in die Gefangenschaft des persischen Großkönigs Kyros, der ihren Anblick vermeidet, um nicht in Versuchung zu geraten.[81] Er übergibt sie dem Meder Araspes zur Bewachung, der sich in sie verliebt und sie bedrängt. Darüber beschwert sie sich bei Kyros, der Araspes entfernt. Zum Dank gewinnt Pantheia Abradatas für die Sache des Kyros. Er fällt in der Schlacht gegen Kroisos als Wagenkämpfer für Kyros. Pantheia nimmt sich das Leben über der Leiche, Kyros richtet ihnen eine große Totenfeier aus und stiftet ein Grabmal. Diese Geschichte war im Jahrhundert Marc Aurels bekannt. Philostrat beschreibt ein berühmtes Gemälde, das den Tod der ebenso schönen wie tugendhaften Pantheia darstellt.[82]

Lukian schwärmte für die Pantheia des Lucius Verus. Wenn die *Historia Augusta*[83] sie als *amica vulgaris* verächtlich macht, beruht das auf ihrer nicht standesgemäßen Herkunft, die der senatsstolze Autor ihr ankreidete, ohne Näheres über sie zu wissen oder gar sie gesehen zu haben. Anders Lukian, der sie in Antiochia erblickte und ob ihrer Schönheit versteinerte, wie er schrieb. Eine umgekehrte Gorgo? Der sonst so frivole Spötter widmete Pantheia den Dialog ‹Eikones› (*Imagines*) über die Bildniskunst, in dem er sie als Ideal einer Frau verherrlicht: Sie singt wie Orpheus, lebt sittsam wie Sappho, ist klug wie Aspasia und schön wie die Aphrodite des Praxiteles. Eine *Helena rediviva!* Pantheia las den Dialog und wies bescheiden dieses Lob als Schmeichelei zurück. Der Vergleich mit Göttinnen könnte deren Neid herausfordern. Lukian entschuldigte sich, sein Text laufe bereits um, er könne ihn nicht mehr zurückziehen – wir denken an das Wort Horazens:[84] *Semel emissum volat inrevocabile verbum* – «einmal ausgesprochen, entfliegt ein Wort ohne Rückruf». Statt dessen schrieb Lukian einen zweiten Dialog ‹Zur Verteidigung der Bildniskunst›, in dem er Schönheit und Anmut Pantheias jetzt noch höher pries, indem er ihre Bescheidenheit hinzufügte.[85] Lucius Verus war so verliebt in sie, daß er auf ihre Bitten hin sich den Bart abnahm. Den Spott der Syrer nahm er hin.[86] Auch Marc Aurel gedenkt ihrer einmal:[87] «Sitzt Pantheia noch immer an der Urne von Verus?» Sie muß mithin auch 169 noch in seiner Nähe gewesen sein.

k. Lucius heiratet Lucilla 164

Während Lucius in Antiochia verblieb und nur einmal, und das auf Drängen seiner Ratgeber, Ende 163 oder Anfang 164 ohne Feindberührung bis an den Euphrat vorstieß,[88] überließ er die Kriegsführung, nun jenseits des Stromes, seinen Generalen. Er hatte anderes im Sinn. Im Sommer 164[89] fuhr er nach Ephesos, um seine Braut Lucilla in Empfang zu nehmen und zu heiraten. Er wollte ihr vor der Hochzeit die Begegnung mit Pantheia ersparen. Marcus hatte Lucilla unter der Leitung seiner Schwester Cornificia bis Brindisi begleitet und dem Prokonsul von Asia in Ephesos untersagt, ihr einen Staatsempfang zu bereiten.[90] Durch die Heirat wurde Lucius der Schwiegersohn seines Adoptivbruders. Der Ehe entsproß eine Tochter unbekannten Namens.[91] Nach dem Tode des Lucius Verus 169 vermählte Marcus die Witwe Lucilla gegen ihren und ihrer Mutter Willen mit seinem bejahrten Prätorianerpräfekten Pompeianus. Unter Commodus genoß Lucilla Achtung, entzweite sich aber als ältere

Abb. 14: Parthischer Panzerreiter, Graffito aus Dura-Europos, zerstört 257. *Cataphractarius* oder *clibanarius* ist der «in einem Ofen Eingeschlossene».

Augusta mit ihrer Schwägerin Crispina, der jüngeren Augusta. Der «Streit der Königinnen» ist eine bekannte Konstellation. Im Kaiserhaus ging es nach Marc Aurels Tod ja hoch her. Mit ihrem Liebhaber, einem Sohn ihres Mannes aus dessen erster Ehe, der mit Lucillas Tochter aus deren erster Ehe mit Lucius Verus verheiratet war, unternahm Lucilla 181 einen vergeblichen Mordanschlag auf ihren kaiserlichen Bruder Commodus, wurde nach Capri verbannt und dann getötet.[92]

l. Friedensangebot an Vologaeses

Nach seiner Ankunft in Antiochia hatte Lucius Verus dem Partherkönig Ende 162 oder Anfang 163 ein schriftliches Friedensangebot gemacht.[93] Das ergibt sich aus einer arg zerstörten Stelle von Frontos *Principia historiae.*[94] Fronto spricht dort auch von parthischen Panzerreitern, griechisch *kataphraktoi*, «rundum Eingeschlossenen», lateinisch *clibanarii*, «wie ein Ofen» in Eisen. Ein bekanntes Graffito aus Dura-Europos zeigt sie, Heliodor und Ammian haben sie beschrieben.[95] Sie waren gefürchtet, Fronto denkt an Meeresungeheuer. Die Frontostelle kannte und benutzte im Jahre 321 der Redner Nazarius in seinem

Panegyricus auf Constantin anläßlich der Fünfjahresfeier der Erhebung seiner Söhne zu Caesaren.[96] Da heißt es, «Antoninus», gemeint ist Lucius Verus, sei ein vorzüglicher Kaiser in Friedenszeiten gewesen und auch nicht gerade unfähig im Kriegswesen. Der Anblick der Eisenreiter aber habe ihn so erschreckt, daß er von sich aus dem Parther einen Brief mit einem Versöhnungsangebot zugesandt habe. Der aber habe das hochmütig verschmäht im Vertrauen auf seine sechsbeinige Wunderwaffe, die ihn aber bald enttäuschen sollte. Somit dauerte der seit 161 herrschende Kriegszustand fort.

m. Avidius Cassius über den Euphrat 164

Lucius ließ 164 an zwei Fronten angreifen,[97] nördlich von Kappadokien aus in Armenien und Medien durch Martius Verus und Claudius Fronto, südlich von Syrien aus in Mesopotamien durch Avidius Cassius. Er hat die gelockerte Disziplin im syrischen Heer[98] wiederhergestellt, wenn auch die ihm zugeschriebenen Brutalitäten in der Vita erfunden oder doch übertrieben sind.[99] In einem glänzenden Siegeszug erfüllte Cassius seine Aufgabe. Er traf auf die Parther bei der Felsenstadt, die bei den Assyrern «Dura» hieß und von den Seleukiden nach der gleichnamigen Stadt in Makedonien «Europos» zubenannt wurde; daher modern Dura-Europos. Sie liegt am rechten, römischen Ufer des Euphrat, wo die parthische Königsstraße von Babylonien über Palmyra nach Syrien führt. Die griechisch geprägte Stadt stand seit dem 1. Jahrhundert unter loser parthischer Oberhoheit und war vorübergehend von Trajan besetzt. Vologaeses IV sicherte sie sich wieder, denn Lukian ist zu entnehmen, daß die Parther mit beträchtlicher Heeresmacht bei Dura standen.[100] Hier schlug Cassius die eingedrungenen Parther zum ersten Mal.[101] Lukian verspottet einen Dreigroschenhistoriker, der die feindlichen Verluste damals mit 70 236 Gefallenen beziffert, die römischen mit zwei Toten und neun Verletzten. Genauigkeit suggeriert Verläßlichkeit. Wer aber mochte die toten Parther gezählt haben? Derselbe Skribent bringt dann ausführlich die Geschichte des maurischen Reiters Mausakas als Löwenjäger,[102] Fischliebhaber und Frauenheld, verschwendet aber nicht mehr als sieben Zeilen auf das Schlachtgeschehen.[103]

Nach dem Sieg des Cassius erhielt Dura eine palmyrenische Garnison und ein Amphitheater.[104] Als römische Grenzfestung wurde Dura 256 vom Sassaniden Sapor I zerstört, Julian fand sie 363 verlassen vor.[105] 1921 wurde sie von englischen Soldaten für die Wissenschaft entdeckt, von der Yale University ausgegraben und ist seitdem die bedeutendste römische Ruinenstätte Syriens neben Palmyra. Zu den spektakulären Funden zählen Papyri, darunter der militärische Festkalender, das *Feriale Duranum*,[106] sowie die Synagoge mit figürlichen Fresken zum Alten Testament, heute im Museum von Damaskus, angesichts des biblischen Bilderverbots ein Zeichen für die Hellenisierung des Judentums. Cassius hatte jenseits des Euphrat offenbar auch mit den Sarazenen, den Arabern, zu tun. Das ergibt sich aus einem Rückverweis Ammians auf seine verlorene Darstellung der Taten Marc Aurels. Genannt wird ein Exkurs über die Sitten der Sarazenen. Da Ammian seine Exkurse stets in einen Handlungsverlauf einfügt, hat er damalige Kontakte oder Konflikte mit den Arabern erzählt, von denen wir sonst nichts wissen.[107]

Nachdem Cassius keinen Feind im Rücken mehr fürchten mußte, zog er auf der noch heute befahrenen Piste am rechten, südwestlichen Ufer des Euphrats über Birtha stromauf.[108] In Sura hatte er weiteren Widerstand zu überwinden. [109] Die verkehrswichtige Stadt lag an der Stelle, wo die Straße von Damaskus und Emesa über Palmyra an den Euphrat stößt und gehörte zu den unter Nero von Corbulo angelegten Grenzfestungen.[110] Hier erzwang Cassius durch Einsatz seiner Katapulte den Übergang über den Euphrat auf einer Schiffsbrücke, griechisch *zeugma*, von Dio ausführlich und bewundernd beschrieben.[111] Am anderen, nördlichen Ufer eroberte Cassius zunächst die nahe stromauf gelegene Festung Dausara, heute Qalaat Djaber, danach wieder kurz flußab die von Alexander dem Großen gegründete Stadt Nikephorion,[112] das spätere Kallinikon, heutige Raqqa.[113] Sodann ging es von Nikephorion auf der streckenweise gepflasterten Straße dem Fluß Bilechas, heute Wadi Balikh, entlang nach Norden.[114] Das durch die fatale Niederlage des Crassius 54 n. Chr. bekannte Carrhae, syrisch Harran, öffnete Cassius die Tore. Die Stadt erhielt mit dem Namen *Colonia Aurelia* römisches Bürgerrecht, die Einwohner schmückten sich mit dem Beinamen *Philorhomaioi*, «Römerfreunde».[115]

Kurz darauf erreichte Cassius Edessa. Er stürmte,[116] die Stadt wurde genommen, der parthische Klientelkönig ersetzt durch einen römischen. Er heißt griechisch Mannos und trägt gleichfalls den auf Münzen bezeugten Beinamen Philorhomaios.[117] Edessa war in vorislamischer Zeit geistiges Zentrum des orientalischen Christentums, berühmt durch den leider verlorengegangenen «Briefwechsel» von König Abgar dem Schwarzen mit Jesus in Jerusalem.[118] 1144 wurde die Stadt als östlichste Kreuzritterstadt – ethnisch gemischt und religiös zerstritten – von dem Türken Zengi aus Aleppo erobert und entvölkert.[119] Türken zogen ein; unter den Osmanen kam eine armenische Minderheit hinzu, um 1900 etwa 12 000 Personen. 1964 war die Kirche der Armenier das Elektrizitätswerk der Stadt.

n. Die Pest aus Seleukeia 165

Von Edessa aus zog Cassius ostwärts. Zeit kostete die Eroberung des griechisch-syrischen Nisibis.[120] Die viel umkämpfte Stadt, damals in waldreicher Landschaft,[121] war fortan *Orientis firmissimum claustrum*, der feste Riegel des Reiches gegen die Perser,[122] denen die Stadt 363 zufiel. Sie wurde 1260 ausgemordet von den Mongolen unter Hulagu; an ihrer Stelle steht heute das türkische Städtchen Nusaybin. Vologaeses trat Cassius entgegen und wurde geschlagen. Während der König, von seinen Bundesgenossen verlassen, sich zurückziehen mußte[123] und sein Feldherr Chosroes, der Sieger über Severianus, sich schwimmend über den Tigris rettete,[124] gelangte Cassius auf den Spuren Trajans ins Zentrum des Reiches, eroberte und zerstörte südöstlich des heutigen Bagdad die Schwesterstädte Seleukeia am rechten, westlichen Ufer des Tigris und am linken, östlichen Ufer Ktesiphon.[125] Während Ktesiphon, trotz des griechischen Namens, eine parthische Stadt war und als Winterresidenz der Könige diente, war Seleukeia eine hellenistische Großstadt, gegründet bald nach 300 v. Chr. durch den Diadochen Seleukos. Sie wurde damals von 300 000 bis 400 000 Griechen bewohnt[126] und war schon durch Trajan 116 niedergebrannt worden.[127] Die Stadt wurde von Cassius des Verrats bezichtigt, angeblich *contra fidem* geplündert und ein zweites Mal angezündet.[128] Der Historiker Asinius Quadratus betonte in seiner griechischen Parthergeschichte, die Einwohner seien tatsächlich vertragsbrüchig gewesen,[129] und das ist plausibel, denn Cassius wird einen Grund gehabt haben. Aber die als himmlische Strafe gedeutete Pest sprach in den Augen der Historiker für eine vorangegangene Schuld. Seleukeia überlebte in bescheidenem Ausmaß, endgültig zerstörte die Stadt Kaiser Carus 283.[130] Sie wurde nie ausgegraben, im Januar 1965 sah ich dort nur noch einen Hain von Dattelpalmen.

Getrübt wurde der Erfolg durch die bei der Plünderung von Seleukeia im Heer ausgebrochene «Antoninische Pest» oder «Pest des Galen».[131] Über Ursprung und Ausbreitung der Seuche fabeln Ammian und die *Vita Veri*. Sie erzählen, daß die Soldaten ein Standbild Apollons aus seinem Tempel geraubt hätten, das dann nach Rom gekommen und dort im Apollontempel auf dem Palatin aufgestellt worden sei. Zugleich hätten sie einen goldenen Kasten aufgebrochen, aus dem der *spiritus pestilens*, der Pestgeist, aufgestiegen sei und sich über Parthien und die Welt bis nach Gallien und an den Rhein verbreitet habe.[132] Wir denken an den Pithos der Pandora.[133] Gewiß hat die Seuche auch vor dem Sakrileg schon in Seleukeia gewütet.

Man glaubt, Spuren der Epidemie auch im Westen gefunden zu haben. 1734 wurde in Trier eine lateinische Weihinschrift für den griechischen *Deus Asclepius* entdeckt,[134] die Basis einer verlorenen Statue. Stifter war ein epigraphisch wohlbekannter Mann, damals *procurator Augustorum*, also Verwalter des Kaisergutes in der Region. Die Datierung auf 166 bis 169 macht einen Zusammenhang mit der Seuche möglich. Dies könnte ebenso für den 1993 gehobenen Münzschatz aus der Nähe des Inschriftenfundes gelten, 2511 Goldmünzen bis zum Jahr 167.[135]

Trotz Hunger und Krankheit im Heer gelang Cassius der Rückmarsch nach Syrien.[136] Im Herbst 165 war der Feldzug beendet. Okkupation und Annexion von Mesopotamien waren nicht beabsichtigt, eine Vernichtung des Partherreiches noch weniger.[137] Es war eine klassische Strafexpedition. Fortan nannten sich beide Kaiser IMPERATOR III[138] und außer ARMENIACUS noch PARTHICUS MAXIMUS, Lucius schon 165, Marcus wiederum erst im Folgejahr 166.[139] Der Zusatz MAXIMUS ist eine Neuerung, er verweist auf einen zweiten Sieg. Cassius hatte die Parther am Euphrat und am Tigris geschlagen. War der Vergleich mit Trajan gemeint, der nur einfacher

PARTHICUS war? Die Münzen zeigen einen Parther mit phrygischer Mütze, die Hände auf dem Rücken gefesselt, unter einem Tropaion sitzend.[140] Solche Siegespfähle, behängt mit feindlichen Waffen, wurden ursprünglich da errichtet, wo der Feind sich «gewendet» hatte. Bisweilen finden wir Spuren eines Einzelschicksals: Ein Reiter der *Legio III Gallica*, die «mit dem Stier», der sich bei Seleukeia und Babylon ausgezeichnet hatte, verbrachte nach 35 Dienstjahren seinen Lebensabend in *Africa Proconsularis* nahe Tunis und erfüllte sein Gelübde für die glückliche Heimkehr, wie seine Inschrift mitteilt.[141]

o. Martius Verus in Medien

Während Cassius 164/165 in Mesopotamien operierte, unternahm Martius Verus, als Statthalter von Kappadokien und Nachfolger von Statius Priscus, von Armenien aus einen Vorstoß nach Südosten. Es ging mit der *Legio V Macedonica*, der «mit dem Adler», in die parthische Provinz *Media Atropatene*,[142] heute Aserbeidschan um Täbris, benannt nach Atropates, dem persischen Dynasten, der sich nach der Schlacht bei Gaugamela Alexander dem Großen anschloß und sich im Lande behauptete. Unterstützt wurde Martius Verus auf der Nordflanke durch Claudius Fronto und seine *Legio I Minervia*, die «mit dem Widder», die aus Bonn herbeigeholt worden war. Dorthin kehrte sie nach dem Feldzug zurück. Das bestätigt die Weihung eines heimgekehrten Teilnehmers an die «drei heiligen Matronen» in Köln, der anfügt, er sei «am Alutus, dem Fluß am Kaukasus» gewesen.[143] Gemeint ist nicht der Alutus in Dakien, sondern der Alonta, der «stinkende» Terek, der die Kaukasische Pforte nordöstlich durchfließt. Es ist der Kreuzpaß der Grusinischen Heerstraße, der Übergang über den Kaukasus, die Europastraße E 117. Der Durchgang konnte mit einer eisenbeschlagenen Pforte geschlossen werden, die der Sage nach Alexander gegen die wilden Nordvölker Gog und Magog angebracht haben soll.[144] Es war der entfernteste Punkt im Norden der Media Atropatene, den Claudius Fronto damals erreichte. Eine Inschrift für die Siege in Armenien, Parthien und Medien aus Siagu bei Hadrumetum in Africa[145] dürfte ebenfalls von einem Heimkehrer stammen.

Der Feldzug des Martius Verus war erfolgreich, aber folgenlos, abgesehen davon, daß er beiden Kaisern zu dem Siegerbeinamen

MEDICUS verhalf.[146] Er wurde nur kurze Zeit geführt, die Münzen bringen ihn allein im Jahre 166.[147] Erreicht wurde die Entlastung der Südfront und die Sicherung der Ostgrenze.[148] In Armenien und Osrhoëne regierten nun wieder Klientelfürsten; Edessa und Carrhae unterstanden weiterhin römischem Schutz, wie die Münzen dort zeigen, es gab nochmals eine kleine Provinz Mesopotamia. Die großen Grenzstädte erhielten als Kolonien römisches Bürgerrecht, so Carrhae, Edessa, Nisibis, Rhesaina, Singara und Dura.[149]

p. Lucius Verus an und bei Fronto

Im Herbst 165 sandte Lucius Verus seinem Lehrer Fronto einen Brief,[150] in dem er ihm mitteilt, er habe seine Feldherren Avidius Cassius und Martius Verus beauftragt, für ihn einen Kommentar zum Kriegsgeschehen abzufassen, der Fronto zugehen solle, damit dieser etwas über den Geist dieser Männer erfahre. «Willst du auch von mir einen Kommentar haben, so schreibe mir, wie der aussehen soll, und danach will ich mich richten, sofern nur meine eigene Leistung dabei ins rechte Licht gerückt wird. Du wirst auch meine an den Senat gesandten Reden und meine Ansprachen ans Heer nicht vergessen; meine Gespräche mit den Barbaren will ich dir schicken, die werden dir nützen.» Verus erwartet somit von Fronto ein Werk über seinen Feld- und Siegeszug, ähnlich den *Commentarii* Caesars über den Gallischen Krieg. Verus bittet, vor allem die Ursachen und Anfänge des Krieges darzustellen, die Überlegenheit der Parther und die Unglücksfälle, ehe er selbst auf dem Plan erschien. Dann sei seine persönliche «Leistung» zu beleuchten, entweder in der sachlichen Art des Thukydides oder besser ein wenig höher im Ton, doch nicht allzu weitläufig. «Meine Taten sind zwar nicht größer als sie sind, aber sie erscheinen so groß, wie du es haben willst.» In diesem Sinne wollte auch Cicero 44 v. Chr. seine Heldentaten durch den Historiker Lucceius herausgestellt wissen, *plusculum quam concedet veritas*, «ruhig ein wenig mehr als die Wahrheit erlaubt».[151]

Der Bericht der Feldherren wurde verfaßt und veröffentlicht. Lukian hat ihn gelesen.[152] Fronto nahm die ihm von seinem kaiserlichen Schüler gestellte Aufgabe in Angriff, doch gibt es nur die

Principia historiae, die Vorrede, arg verstümmelt.[153] Lucius Verus wird mit Achill und Herakles verglichen, seine Leistung über die von Trajan gestellt. Während die Barbaren an Rhein und Donau bloße Räuber seien, könnten allein die Parther als würdige Feinde gelten, was die Niederlage des Crassus, die Flucht des Antonius und der angeblich verlustreiche Rückzug Trajans bewiesen.[154] Umständlich schildert Fronto die Mühen des Feldzugs, die Lucius heroisch auf sich genommen habe. Er lobt das anfängliche Friedensangebot: So viel mehr habe Lucius an das Blut seiner Krieger gedacht als an seinen eigenen Schlachtenruhm, während Trajan das umgekehrt wertete, indem dieser die Friedensgesuche der Parther abgelehnt habe. All das werde Lucius mehr Ruhm bei der Nachwelt einbringen als früheren Kaisern ihre Triumphe.[155] Voraussetzung für den Ruhm auf dem Schlachtfeld ist die Darstellung auf dem Papier, also die Leistung des Literaten, hier die höchsteigene von Fronto, sei doch bereits die Tat des Feldherrn durch literarisch vermittelte Vorbilder, durch *exempla*, angeregt worden.[156]

Lucius übertrifft somit Trajan als Kriegsherr und gleicht ihm in der Sorge um den inneren Frieden, indem beide sich die Liebe des Volkes durch Schauspiele sicherten, insbesondere durch Theaterkünste und Wagenrennen, Gladiatorenkämpfe und Tierhatzen. Liebt der Römer doch nichts mehr als Brot und Spiele! Fronto variiert Juvenals (X 81) *panem et circenses* in *congiaria et spectacula*, wobei die letzteren heißer begehrt seien. Dieses schreibe er, um Lucius gegen die Vorwürfe wegen seiner Spielsucht in Schutz zu nehmen, nachdem er Schausteller aus Rom nach Syrien geholt habe.[157] Alles eigentlich nicht besonders römisch und rühmlich.

q. Der Redner Aelius Aristides

Nach dem Rückzug der Römer aus Mesopotamien nach Syrien nahm Vologaeses seine Hauptstadt Ktesiphon wieder in Besitz. Von einem Friedensschluß verlautet nichts, es sei denn, wir erachteten einen Traum des Aelius Aristides als seriöse Quelle. Im ersten Buch seiner *Hieroi logoi*, seiner Krankheitsberichte, aufgezeichnet 170 n. Chr., schreibt der Sophist zum Jahr 166, er habe am 12. Lenaion, dem 4. Februar, im Asklepiosheiligtum zu Pergamon geträumt,

Marc Aurel und Vologaeses hätten einen Friedens- und Freundschaftsvertrag geschlossen. Aristides sah sie mit Gefolge kommen und hörte sie auf Griechisch parlieren. Sie nahmen Platz, Marcus auf einem Thronsessel, der Parther gab Aristides die Hand und bat um einen Vortrag, den der Redner dann begann, indem er die Herrscher als göttliche Erscheinungen pries. Am 11. Februar besuchte er im Schlaf Marc Aurel und Lucius Verus im Palast zu Rom, nachdem er ein Bad genommen hatte. Er sah sich in der Mitte der beiden und hoch geehrt. Wunschträume und Eitelkeit![158] Zehn Jahre später ist der Rhetor Marc Aurel tatsächlich begegnet.[159]

Publius Aelius Aristides, ein gefeierter Vertreter der Zweiten Sophistik, stammte aus einer begüterten Familie in Hadrianoi am mysischen Olymp südlich von Prusa in Nordwestanatolien. Hadrian hatte die Stadt in dem von ihm geschätzten Jagdgebiet gegründet und den Einwohnern das römische Bürgerrecht verliehen. Daher trug Aristides den Gentilnamen des Kaisers «Aelius». Er wurde geboren am 26. November – errechnet aus seinem Horoskop – des Jahres 117.[160] Den Elementarunterricht genoß der Knabe in Kotiaion, dem türkischen Kütahya, Rhetorik lernte er in Pergamon und Athen bei Herodes Atticus.[161] Er bereiste viermal Ägypten, die griechischen Inseln und war 143 in Rom, wo er seine berühmte Lobrede auf die Stadt und das Reich hielt.[162] Bekannter noch wurde sein *Logos Panathenaikos*, ein patriotischer Abriß der griechischen Geschichte für den Schulgebrauch. Daneben gibt es noch 52 Reden auf Götter und Städte, über aktuelle und historische Themen.[163] Damit wollte er nicht nur die Zeitgenossen, sondern vornehmlich Leser in «späteren Jahrhunderten» beeindrucken.[164] Das ist gelungen.

Siebzehn Jahre litt Aristides unter Krankheiten, deren Symptome er ausführlich beschreibt. In spätantiker Manier[165] verzichtete er auf ärztliche Hilfe und vertraute auf den Himmel, auf den Heilgott Asklepios, der ihm in Pergamon Träume mit Diätvorschriften und Therapieanweisungen für seine Badekuren eingab, verzeichnet in seinen sechs autobiographischen *Hieroi logoi*.[166] Im übrigen verachtete Aristides die herkömmliche Religion mit ihrem Jenseitsglauben ähnlich wie Lukian.[167] Im Stil der Zeit suchte er sich einen, seinen Gott aus, den er zum Allgott erhob, zum Lenker und Retter des Universums.[168] Man wählte sich als Schutzgott die tausendnamige

Weltherrin Isis, den dreimal größten Hermes, den unbesiegten Mithras oder eben den Asklepios.

r. Der erste Triumph 166

Im Sommer 166 fuhr Lucius wieder auf dem Seeweg zurück nach Rom. Ihn begleiteten sein Stab, seine Freigelassenen und außer Lucilla auch Pantheia.[169] Die misenatische Flotte verließ nach dem 24. Mai Seleukeia, den Hafen von Antiochia,[170] Lucius machte ein drittes Mal Station in Ephesos.[171] Hier war er Gast bei der reichsten Familie der Stadt, den Vedii, denen Ephesos große Stiftungen verdankte[172] und die nicht nur den Kaiser, sondern auch dessen Gefolge großzügig bewirtete.[173] Die Legionen der Expeditionsarmee kehrten auf dem Landweg in ihre Stammlager zurück, nach Bonn die *Legio I Minervia*, nach Aquincum die *Legio II Adiutrix* unter dem Befehl von Pompeianus, während die *Legio V Macedonica* nicht wieder nach Troesmis am Donaudelta kam, was schon sehr bald die Kostoboken über den Fluß lockte.[174] Die Legion wurde in Dakien gebraucht, wo nun zwei Legionen gegen die Jazygen standen, in Potaissa und Apulum. Syrien war mit übergeordneter Kompetenz Avidius Cassius unterstellt,[175] doch Kappadokien blieb bei Martius Verus, belohnt mit dem Konsulat von 166.

Der Abschied von Syrien, gleichsam sein Königreich, *quasi regnum suum*, fiel Lucius nicht leicht,[176] war er in Rom doch nur der zweite Mann. Dort aber wurde er erwartet, insbesondere von seinem Lehrer Fronto, der kürzlich seine Frau und einen dreijährigen Enkel verloren hatte. Frontos Kummer war groß. [177] Lucius aber ward überschwenglich begrüßt. Nachdem Fronto, durch Krankheit geplagt, das Leben leid geworden sei, habe er nun nicht umsonst gelebt und sei mit jeder Spanne, die ihm verbleibe, zufrieden, da er Lucius mit solchem durch Tugend erworbenen Ruhm zurückgekehrt wisse. Lucius erwiderte den Gruß, teilte Frontos Freude und hoffte, bald von ihm umarmt und vielfach geküßt zu werden.[178] Damit endet der Briefwechsel zwischen Lucius und Fronto. Er ist offenbar bald danach gestorben.

Am 12. Oktober zelebrierte Lucius Verus mit Marc Aurel den Triumph über die Parther.[179] Den letzten Triumph zuvor hatte Hadrian im Herbst 118 mit dem Bild des toten Trajan durchgeführt.[180] Bei dem

Zug durch die Stadt standen Lucius Verus und Marc Aurel nebeneinander auf dem Wagen, Marcus führte auch seine Kinder mit, die im dynastischen Interesse bei jeder Gelegenheit dem Volk gezeigt wurden. Es folgten die nach Verdienst ausgezeichneten Generale und die Legionäre in Waffen mit der Beute und den Schautafeln, auf denen die Heldentaten des Siegers über die parthischen Panzerreiter dargestellt waren. Wir kennen die Szene von den Innenseiten des Titusbogens auf dem Forum Romanum.[181] Der Festzug, die *pompa triumphalis*, begann wie üblich auf dem Marsfeld im Circus Flaminius, der erst 1960 zwischen der Piazza Cairoli und dem Marcellustheater lokalisiert wurde,[182] ging vom Marsfeld durch die Stadt, durch den Circus Maximus und über das Forum und endete mit einem Opfer für Juppiter auf dem Kapitol.[183] Bei den anschließenden Spielen und Schaustellungen trugen die Kaiser das Triumphalgewand, die *Toga picta*, darunter die *Tunica palmata*, beide bestickt, dazu den Lorbeerkranz.[184] Bei den Vorführungen stürzte ein Seiltänzer ab, worauf Marcus die Verwendung von Fangnetzen anordnete, die bis in die Zeit des Biographen um 400 üblich blieben.[185]

Der Triumph, ein Sieges- und Volksfest, galt als die höchste Ehrung in Rom. Das Wort geht zurück auf griechisch *thriambos*, den Festzug zu Ehren des Dionysos, und kam über die Etrusker zu den Römern. Hatte das Heer den Feldherrn zum *imperator* ausgerufen, konnte der Senat diesem einen Triumphzug gewähren, sofern in der Schlacht wenigstens 5 000 Feinde gefallen waren, die natürlich nie gezählt, aber beschworen wurden.[186] Die frühen Triumphe seit Romulus – so auf den Triumphalfasten des Augustus – sind erfunden, belegt ist die Zeremonie erst seit 231 v. Chr. Da die Vorgänger und Nachfolger Marc Aurels bis zu Caracalla keine Triumphe feierten, spielten hier der Traditionalismus des Kaisers und seine *hommage* an das Stadtvolk Roms eine Rolle.

Aus Anlaß des Triumphes gab es für die beiden Kaiser mehrere Ehrenbezeugungen. Sie trugen hinfort den dreifachen Siegerbeinamen ARMENIACUS, PARTHICUS MAXIMUS, MEDICUS.[187] Der Senat ließ für Lucius Verus einen Triumphbogen errichten, der in der ersten Region Roms stand, wie die *Notitia Romae* aus constantinischer Zeit bezeugt.[188] Die Sockel fanden sich in der Nähe der Caracallathermen.[189] Die römische Bezeichnung lautet einfach *arcus* – «Bogen». Erst in den *Mirabilia Urbis Romae* findet sich die Benennung *arcus triumphalis.*[190]

Vom Senat erhielten Marcus und Lucius den Ehrenitel *pater patriae*[191] – so wie 2 v. Chr. Augustus. Nun hatte das Vaterland einmal zwei Väter. An Augustus gemahnt ebenso die *corona civica*, die Bürgerkrone, die der Senat damals den beiden Augusti verlieh.[192] Dieser Eichenkranz aus Goldblech zierte das Haupt Juppiters, da schon im uralten Orakel von Dodona im Nordwesten Griechenlands die Eiche dem Zeus heilig war.[193] Im römischen Militär war der Eichenkranz dann eine Auszeichnung für die Lebensrettung von Bürgern, *ob cives servatos*, wie ihn Marcus Caelius trug – der in der *clades Variana* gefallene Centurio, dargestellt auf seinem Bonner Grabmal.[194] Ein solcher Kranz wurde nach dem Bürgerkrieg 27 v. Chr. dem Sieger mit dem Ehrennamen «Augustus» zuerkannt und fortan oft von den Kaisern auf ihren Darstellungen getragen.[195] Gleichzeitig erhielten auf Bitte von Lucius Verus die beiden Söhne Marc Aurels, der fünfjährige Commodus und der dreijährige Annius Verus, vom Senat den Titel *Caesar*, der sie zu Nachfolgern im Kaiseramt designierte.[196] Auch die im Krieg in Armenien und Parthien bewährten Generale wurden nach Verdienst bedacht.[197]

5. Die Victoria von Calvatone

Neben den amtlichen Ehrenbezeugungen für die Triumphatoren durch den Senat gab es auch private Loyalitätsbekundungen. Da wir sie nur aus archäologischen Zufallsfunden kennen, muß ihre Zahl über die erhaltenen Zeugnisse weit hinausgegangen sein. Im Jahre 1836 wurde nahe dem Ort Calvatone zwischen Cremona und Mantua ein 1,70 Meter hohes Standbild der Victoria gefunden. Die geflügelte Göttin aus vergoldeter Bronze ist mit einem Peplos, einem Mantel, bekleidet, über dem ein Pantherfell liegt. Sie schwebt auf die Weltkugel herab, die sie mit den Zehen des linken Fußes berührt. Die Kugel trägt die Inschrift

VICTORIAE AUGustae
ANTONINI ET VERI
Marcus SATRIUS MAIOR,

ist somit der kaiserlichen Siegesgöttin von Marc Aurel und Lucius Verus geweiht. Den Stifter kennen wir nicht, wohl aber Angehörige seiner Familie, eines senatorischen Geschlechts aus der späten Republik.[198] Die Victoria von Calvatone konnte das Berliner Antikenmuseum 1841 erwerben und restaurieren. 1939 wurde sie in der Berliner Münze eingekellert und galt seit 1945 als verschollen. Im Dezember 2016 tauchte sie wieder auf; eine russische Trophäenkommission hatte die Victoria in die Eremitage verbracht, die das nun bekannt gab. Nachbildungen besitzt die Abguß-Sammlung Antiker Plastik in Berlin (Tafel XII) und das Alte Museum ebendort.[199] Eine Victoriastatue dieses Typs aus Tarent stand seit Augustus an der Stirnseite der Senatscurie und wurde dort als Garantin römischer Sieghaftigkeit verehrt, bis der christliche Kaiser Gratian sie 382 gegen den Einspruch der Senatoren entfernen ließ.[200]

t. Das Parthermonument von Ephesos

Die Siege des Lucius Verus im Orient werden verbunden mit dem Partherdenkmal aus Ephesos.[201] In dieser Stadt, dem Sitz des Statthalters, hatte Lucius 164 Lucilla geheiratet, hier war er auf dem Rückweg von Syrien nach Italien 166 mit seinem militärischen Gefolge großzügig bewirtet worden. Künstlerisch gleichrangig mit den staatlichen Monumenten in Rom – dem Caballus, der Marcussäule und den Ehrenbogenreliefs – handelt es sich dabei um ein Werk aus der Provinz, das als Ganzes die Antike nicht überlebte und daher auch keine Nachwirkung zeitigte. 1894 hatte das Österreichische Archäologische Institut von Abdul Hamid II die Konzession für die Erschließung des antiken Ephesos erhalten und leistete dort vorzügliche Arbeit, bis Präsident Erdoğan im September 2016 aus politischen Gründen die Archäologen des Landes verwies.

Die Funde kamen als Geschenk des Sultans an Franz Joseph nach Wien, transportiert auf dem Seeweg über das damals österreichische Triest und weiter mit der Südbahn. Heute sind sie zu sehen im Ephesos-Museum der Wiener Hofburg. 1907 beendete das türkische Antikengesetz die Ausfuhr. Als Gegengabe erhielt Abdul Hamid mehrere Lipizzanerschimmel und ein Ölgemälde mit dem Konterfei des Kaisers.

Gefunden wurden etwa dreihundert Fragmente eines Hochreliefs, das an den Fries des Pergamonaltars in Berlin erinnert. Das Material ist grobkörniger Dolomit, Marmor von der Insel Thasos, wo die Brüche unmittelbar an der Ostküste der Insel bei Aliki[202] und unterhalb der Akropolis, der «Hebräerburg» des Genovesen Gattilusi, noch eindrucksvolle Reste und Spuren zeigen. Die Nähe zum Wasser erleichterte den Abtransport. Die letzten Blöcke und Trommeln wurden nicht mehr abgeholt. Die erhaltenen Fragmente des Reliefs stammen von einer Folge von Figuren in Lebensgröße, daneben gibt es Teile von einem ornamentalen Fries mit Stierkopfgirlanden aus Eichenlaub. Die größere Zahl der Bruchstücke fand sich verstreut in den Ruinen des *Atrium Thermarum* des Hafengymnasiums, die kleinere vor der Celsusbibliothek, wo mehrere Platten für eine spätrömische Brunneneinfassung zweitverwendet wurden. Einzelne Teile dienten als Kanalabdeckung oder Straßenpflaster. Das Denkmal fand sein Ende in einer Orgie des Vandalismus. Köpfe wurden zertrümmert, Nasen abgeschlagen, es gibt Spuren von Axthieben.[203] Wüteten hier die Barbaren, die Christen oder die Muslime? Im Jahre 262 plünderten die Goten Ephesos, nach 395 gab es einen christlichen Bildersturm im Osten, im 10. Jahrhundert erschienen die Seldschuken. Sie gaben der Nachfolgesiedlung um die Johanniskirche den heutigen Namen «Selçuk».

Die Darstellungen des Reliefbandes zerfallen thematisch in fünf Gruppen. Die erste, sogenannte Adoptionsserie zeigt einen Staatsakt: der Knabe Lucius Verus in der Mitte zwischen links Antoninus Pius, dahinter Marc Aurel und rechts Hadrian, dahinter vielleicht seine Frau Sabina (Abb. 15), weiterhin Hofpersonal, Priester, Opferdiener, Flöten- und Tubabläser. Wir sehen ein Stier- und ein Trankopfer bei der dreifachen Adoption vom 25. Februar 138, als Hadrian den Antoninus Pius und dieser Marcus und Lucius Verus adoptierte.

Es folgt als zweites die Schlachtenserie (Tafel IX b). Die – wie stets – von links kommenden Sieger zu Pferd und zu Fuß besiegen die Barbaren, bärtig, behost oder bloß mit Lendenschurz, mehrere mit phrygischer Kappe als Orientalen kenntlich. Mitten im Getümmel symbolisch der Feldherr auf einem Zweigespann – er gilt als Lucius Verus, der zwar an keiner Schlacht persönlich beteiligt war, aber hier – wie üblich – für das geehrt werden soll, was in Wirklich-

Abb. 15: Das Parthermonument von Ephesos mit der Adoption von Marc Aurel (1. v. links) und Lucius Verus (3. v. links) durch Antoninus Pius (2. v. l.) und dessen Adoptivvater Hadrian (4. v. links). Der Kopf ganz rechts könnte die Kaiserin Sabina sein.

keit Statius Priscus, Avidius Cassius und Martius Verus im Felde geleistet haben (Tafel IX c). Der jugendliche Anführer der Parther sinkt getroffen über sein Pferd, er sitzt auf einem Wolfsfell.

Die dritte Serie aus sieben Platten enthält geographische Personifikationen. Weibliche Gestalten stehen für Provinzen, Völker oder Städte, ihre individuellen Symbole sind überwiegend verloren. Eine der Frauen wird als Alexandria oder Aegyptus gedeutet; eine andere trägt eine Reiterfahne, ein *vexillum* mit einer liegenden Mondsichel und einem vierstrahligen «Stern» darüber. Dieses noch heute die türkische Flagge zierende Symbol war in der Antike verbreitet, so auf Münzen von Pontos und Carrhae-Haran, wo die Mondgöttin verehrt wurde. Es findet sich in der Königssymbolik der parthischen Arsakiden und der persischen Sassaniden, dort auf den Kronen, wo indes der «Stern» die Sonne darstellt, so wie der Schah als «Bruder von Sonne und Mond» figuriert.[204] Aus der Sonne wurde dann ein Stern. Eine Gemme mit diesem Symbol und der Beischrift «die große Tyche von Rom und Ephesos» könnte diese Gestalt, die das *vexillum* trägt, die Vexillaria, als die lokale Patronin erscheinen lassen, die unter den Frauen zu erwarten ist.[205] Zu deren Füßen kauern Flußgötter in Halbfigur. Dazwischen steht ein Gepanzerter mit Zepter, Marc Aurel oder Mars, im Hintergrund erscheint die römische Wölfin mit den Zwillingen.

Die vierte Serie zeigt möglicherweise die Apotheose des 169 verstorbenen Lucius Verus. Der ebenfalls geköpfte Kaiser im Prunkpanzer besteigt einen Streitwagen, darüber die geflügelte Victoria, darunter liegt die Erdgottheit Tellus mit dem Füllhorn, botanisch reich bestückt. Virtus in Gestalt einer Amazone mit bloßer rechter Brust führt das Gespann (Tafel IX b). Während die Himmelfahrt des vergöttlichten Kaisers sonst auf einem Adler stattfand, so Trajan, oder auf einem geflügelten Genius, so Antoninus Pius, erhält der Vergöttlichte in dieser Szene einen Wagen, so wie auf den Münzen 161 Faustina auf dem Weg zu den Sternen.[206] Dem Wagen entgegen kommt ein von Greifen gezogenes Gefährt mit Apollon-Helios. Davor, wieder rechts gewendet, sehen wir ein Hirschgespann mit Artemis-Selene (Tafel VIII). Ein von Raubkatzen gezogener Götterwagen ist nicht identifiziert. Die Beifiguren zum Sonnengott und der Mondgöttin sind Phosphoros, der Morgenstern, und Hesperos, der Abendstern, weiterhin Gaia, die Erde, Thalassa, das Meer, Nyx, die Nacht, Anemos, ein geflügelter Windgott und Aion, die Ewigkeit. Der konsekrierte Kaiser steht in einem kosmischen Rahmen, den die römische Herrschersymbolik gern zitiert, denken wir nur an den Brustpanzer des Augustus von Prima Porta oder die fabelhafte Commodusbüste im Konservatorenpalast (Tafel VI).[207]

Die fünfte Serie zeigt den Ort der Ankunft, die Götterversammlung auf dem Olymp. Unter den wenigen erhaltenen Figuren sind erkennbar Demeter mit einer Fackel, die behelmte Athene, ein jugendlicher Ares, gleichfalls mit Helm, Poseidon mit Amphitrite über einem Meerwesen, Aphrodite mit aufwendiger «Hetärenfrisur», dazwischen der divinisierte Kaiser.

Die Platten des Figurenfrieses ergeben aneinandergelegt eine Länge von 96 Metern. Wie sie ursprünglich angeordnet und ob sie mit dem Bukranienfries verbunden waren, ist unbekannt. Angenommen wird ein Hofaltar, dessen Standort allerdings trotz inten-

Abb. 16: Das Parthermonument von Ephesos, zeichnerisch rekonstruiert von Wolfgang Oberleitner 2009. Die einzeln aufgefundenen Reliefplatten waren vielleicht so angeordnet oder sollten so geordnet werden.

siver Suche nicht entdeckt wurde. Der fehlende Feinschliff einiger Reliefs beweist, daß die Anlage nie vollendet wurde. Wenn das unter Marc Aurel bezeugte Erdbeben in Ephesos[208] in die Zeit der Arbeit am Denkmal fällt, wäre das ein Grund gewesen, wichtigere Baumaßnahmen der Vollendung vorzuziehen. Wie das fertiggestellte Monument ausgesehen haben kann oder vielleicht aussehen sollte, zeigt eine Rekonstruktion von Wolfgang Oberleitner.[209]

Das Parthermonument feiert ein für die Reichsgeschichte wichtiges Ereignis, umrahmt von einem breiten Bildprogramm, das die römische Reichsideologie veranschaulicht: die Sieghaftigkeit des Kaisers im Kampf mit den östlichen Barbaren, seine Nähe zu Göttern und deren Begünstigung Roms, die Eintracht unter drei Generationen der Dynastie sowie die weltweite römische Herrschaft und deren Einbettung in die kosmische Ordnung. Für das denkmalwürdige Ereignis, das hier verherrlicht wird, gibt es zwei Vorschläge. Der ältere, im Namen des Monuments festgeschriebene, stammt von dem Ausgräber Rudolf Heberdey, der 1904 an den Parthersieg des Lucius Verus dachte. Schlüsselszenen dafür sind einerseits der Kaiser auf dem Streitwagen im Kampfgetümmel und seine Apotheose, die Auffahrt in den Himmel. Diese Deutung führt zu einer Spätdatierung bald nach dem Tode des Lucius Verus 169.[210]

Die jüngere, inzwischen vorherrschende Deutung des Denkmals bezieht dieses auf den Herrschaftsantritt von Antoninus Pius 138, Schlüsselszene dafür ist die Adoptionsplatte. Das führt zu einer Frühdatierung in die ersten Jahre des Pius.[211] Wenn das Monument nach dieser Auffassung kein Denkmal für den Partherkrieg des Lucius Verus ist, dokumentiert es doch eindrucksvoll die römische Staats- und Kaiserideologie des Prinzipats mit der antoninischen Betonung der dynastischen Herrscherfolge.

u. Kriegsberichte

Der Partherkrieg hat so wie die Künstler auch die Literaten beschäftigt. Schon immer hat der Orient die Griechen fasziniert und ihre Phantasie beflügelt. Das begann mit Herodot, kulminierte bei den Alexanderhistorikern und lebte nun abermals auf. Bereits zwei Jahre nach dem Ende des Krieges nennt Lukian elf Autoren, darunter vier mit Namen, die das Geschehen geboten haben, allerdings in für ihn inakzeptabler Form. Da gibt es nicht nur die Schmeichler, die so wie Fronto den Kaiser Lucius Verus als homerischen Helden feiern, Vologaeses aber als Thersites schmähen – der den Abbruch der Belagerung von Troja und die Heimkehr durchsetzen will, dafür von Odysseus verprügelt wird – und die römischen Erfolge in den Himmel heben, sondern auch solche, die das Geschehen in einem Zukunftsroman fortschreiben. Lukian karikiert einen Skribenten, den er aus dem indischen Kaff Muziris oder dem Lande der Oxydraken kommen läßt. Da läse man: Cassius gründet in Mesopotamien die größte und schönste Stadt der Welt und überlegt, ob er sie «Stadt des Sieges», der Eintracht oder des Friedens nennen soll. Dann überschreitet er, wie einst Alexander, den Indus, siegt in einer Elefantenschlacht und umschifft, anders als Alexander, den Okeanos am Ende der Welt. Vologaeses ist inzwischen gefangen und Chosroes einem Löwen vorgeworfen worden.[212] Welche literarischen Perlen sind uns da verlorengegangen!

Lukians Schrift ‹Wie man Geschichte schreiben soll› zitiert und kritisiert sinnlose Aufbauschungen, phantastische Zahlenangaben und allenfalls pikante Anekdoten, weiterhin geographische und chronologische Irrtümer, schwülstige Reden, unverfrorene Plagiate, gefälschte Augenzeugenberichte, stilistische Entgleisungen und kompositorische Schieflagen, darunter überdehnte Einleitungen, wie das auch bei dem erbetenen Werk Frontos der Fall gewesen sein dürfte, falls es nicht überhaupt bei den *Principia historiae* geblieben ist.

Der Ausbruch des Partherkriegs animierte zudem das Interesse an Militaria. Das nutzte der in Rom tätige Rhetor und Rechtsanwalt Polyaen zur Abfassung und Veröffentlichung seiner *Strategika*.[213] Er stammte aus Makedonien, schrieb griechisch und konnte aus Altersgründen selbst nicht mehr im Heer dienen, wollte aber mit seinem Werk im Krieg ein Hilfsmittel für die Feldherrnkunst, im Frieden Bildungsstoff für den Geist bieten. So schreibt er in den Vorworten zu den acht Büchern. Sie enthalten etwa 900 militärische Episoden, großenteils Kriegslisten aus der Zeit von Odysseus bis Augustus, und sind mit dem Wunsch zum Sieg im Partherkrieg Marc Aurel und Lucius Verus gewidmet.[214] Kein Handbuch der Kriegskunst, aber als Unterhaltungslektüre in der Etappe vielleicht nicht ungeeignet.

v. Der Pestarzt Galen

Überschattet wurde der römische Sieg im Partherkrieg durch die von dort mitgebrachte Pest. Um welche Krankheit es sich bei der «Pest des Galen» gehandelt hat, ist umstritten.[215] Griechisch *loimos* und lateinisch *lues* oder *pestilentia* sind medizinisch unspezifisch –

jede Epidemie kann gemeint sein. Erwogen wurde Beulenpest, durch Ratten aus Zentralasien verbreitet. Daß Mäuse die Beulenpest bringen können, wußte schon die Bibel.[216] Darum ist auch Apollon der Pest- und Heilgott, der schon bei Homer[217] mit seinen Pfeilen die Pest bringt und wieder vertreibt. Das besagt sein Beiname Smintheus von *sminthos*, kretisch «Maus». In Frage kommen ebenso Flecktyphus und – zu jener Zeit dominant – eine Pockenepidemie.[218] Ihren Namen verdankt die Seuche dem bedeutendsten Arzt der Kaiserzeit. Galenos war Sohn eines wohlhabenden und gebildeten Architekten in Pergamon, geboren im Jahre 129.[219] Pergamon besaß damals das nach den vergangenen Blütezeiten von Kos, Knidos und Epidauros berühmteste Heiligtum des Asklepios, und das mag Galen angeregt haben, in seiner Heimatstadt Medizin zu studieren. Er selbst beruft sich auf einen Traum seines Vaters.[220] Es folgten Lehrzeiten in Smyrna, Korinth und Alexandria, der bis in die Spätantike berühmtesten medizinischen Schule der antiken Welt.[221] Sie geht zurück auf den Ausbau des Museions, des Zentrums der griechischen Wissenschaft durch Ptolemaios II, wo Herophilos um 280 v. Chr. die Anatomie begründete.[222]

157 kehrte Galen zurück nach Pergamon, das eine große, heute noch gut sichtbare Arena besaß. Dort spezialisierte er sich auf die Behandlung verwundeter Gladiatoren. Dies bot nicht nur vorzügliche Gelegenheit für anatomische Studien, sondern versprach auch gute Heilerfolge und beachtliche Einnahmen. Gladiatoren waren für ihre Impresarios teure Patienten. Die Auftritte fanden zumal bei den Provinziallandtagen statt, die in Asien wie in Gallien von den Oberpriestern ausgerichtet wurden.[223]

Galen kam 163 zum ersten Mal nach Rom,[224] erregte Aufsehen durch die Heilung Hochgestellter, durch die Kontroverse mit einem Konkurrenten und durch öffentliche Vivisektionen von Tieren. Als die Pest 166 Rom erreichte, verlor er fast alle seine Sklaven.[225] Damals ging Galen nach Pergamon zurück.[226] Im Jahre 168 berief der ewig kränkelnde Marc Aurel, damals in Aquileia, Galen zu sich und ließ sich von ihm behandeln. Galen verschrieb ihm gegen seine Schlaflosigkeit, seine ewigen Brust- und Magenleiden[227] einen «Theriak», der dadurch, daß der Kaiser ihn einnahm, berühmt wurde.[228] Da er eine geringe Dosis Opium enthielt, hat das zur Kontroverse darüber geführt, ob der Kaiser süchtig gewesen sei, was wohl kaum der Fall war.[229] Marc Aurel forderte Galen auf, mit ins Feld zu ziehen, doch dieser berief sich so wie sein Vater auf eine Anweisung des Asklepios, der ihm im Traum die Teilnahme am Feldzug verboten habe. Marc Aurel respektierte das.[230] Galen ging als kaiserlicher Leibarzt nach Rom, wo er die kaiserliche Familie, namentlich die Mandelentzündung des Commodus,[231] kurierte. Der Prinz unterstand dem Kämmerer Pitholaos und der Aufsicht seiner älteren Schwester Annia Faustina und ihres Mannes Claudius Severus.

Galen behandelte Marc Aurel nochmals im Winter 176/177,[232] überlebte die Tyrannei des Commodus, verlor aber in dessen Todesjahr 192 durch den großen Brand an der Heiligen Straße und auf dem Palatin[233] sein gesamtes stadtrömisches Vermögen. In seinem Trostbrief an einen Freund in Pergamon beschreibt er es: Goldsachen und Tafelsilber, die Bibliothek und die Schuldscheine, denn als reicher Mann verlieh er auch Geld. Besonders schmerzlich traf ihn der Verlust seiner medizinischen Geräte, seiner Gegengifte und Arzneien – darunter der berühmte Theriak – und vieler Rezepte, die er sich selbst notiert, teilweise für horrende Summen gekauft oder durch Tausch erworben hatte. Außerdem verbrannten eigene unpublizierte Traktate. Im Unterschied zu vielen anderen Geschädigten ging Galen nicht in schwarzer Trauerkleidung, wie er schreibt, sondern ertrug alles mit stoischer Gelassenheit, besaß er doch noch ein Landhaus in Kampanien.[234] Galen starb 199 in Rom.[235]

w. Galens Schriften

Trotz dieses Verlustes hinterließ Galen ein gewaltiges Gesamtwerk. Ein Verzeichnis nennt 441 unter seinem Namen erschienene Titel,[236] von denen nicht weniger als hundert Schriften, erhalten sind. Das zeitgenössische griechische Stilideal der Zweiten Sophistik, das pure Attisch, lehnte Galen ab. Es komme in der Sprache mehr auf Verständlichkeit als auf Schönheit an.[237] Galens Arbeiten beruhen teils auf der medizinischen Literatur seit Hippokrates,[238] teils auf Erkenntnissen anderer Ärzte, vor allem aber auf eigenen Experimenten und Diagnosen. Die Bemühung um Wissenschaftlichkeit bezeugt seine Notiz, Marc Aurel habe den Militärärzten gestattet, die Leichen der Barbaren für anatomische Untersuchungen zu benutzen.[239]

Galen war nicht nur Mediziner. 70 Bücher behandelten Moralphilosophie und Wortgeschichte. Athenaios behauptet, Galen habe mehr philosophische und medizinische Schriften verfaßt als irgendein Autor vor ihm, und zitiert Äußerungen von ihm über die Bekömmlichkeit von Wein, Brot und anderem Gebäck.[240] In der Schrift ‹Über seine Bücher› beklagt Galen, daß im Vicus Sandalarius, dem römischen Bücherbasar, seine Werke unter fremden Namen verkauft würden. Die *librarii* unter der heutigen Via Cardello nördlich des Colosseums erwähnt auch Gellius.[241] Die Antike kannte den Respekt vor dem «geistigen Eigentum» noch nicht, wohl aber die Klage darüber, daß er fehlte.[242]

Auf Galen geht der zukunftsträchtige Begriff der «Krise» zurück, er bezeichnet die «Entscheidung» im Krankheitsverlauf zwischen Tod und Genesung. Die Schlußredaktion seiner Schriften, die *Summaria Alexandrinorum* wurde ins Syrische, dann ins Arabische übertragen.[243] Manche Texte sind nur in hebräischer oder lateinischer Sprache erhalten. Für das Gesamtwerk mit lateinischer Übersetzung sind wir noch immer dem Leipziger Mediziner Carl Gottlob Kühn (1754 bis 1840) verpflichtet. Seine Ausgabe erschien 1821 bis 1833. Bis in die frühe Neuzeit war Galen die höchste Autorität in der Heilkunst. Erst im 17. Jahrhundert wurde der von ihm erreichte Stand in der medizinischen Wissenschaft überboten.

x. Militärärzte

Galen hat die nach ihm benannte Pest 166 in Rom und 168/169 in Aquileia erlebt, ihre Symptome und ihren Verlauf beschrieben,[244] mehrfach bemerkt er ihre lang anhaltende Wirkung, war aber machtlos gegen sie.[245] Die Ansteckung wirkte zumal in der Großstadt und unter den Truppen. Über die medizinische Versorgung der Legionen generell sind wir mangelhaft unterrichtet. Caesar nennt in seinen Kriegsberichten nirgends Militärärzte. Seit Augustus werden Lazarette, *valetudinaria exercitus*, erwähnt, so bei Seneca.[246] Die Vorsteher, *optiones*,[247] waren seit Marc Aurel von Steuern befreit, wie sein Gardepräfekt Taruttienus Paternus notiert.[248] Dasselbe Privileg genossen Militärärzte, die *medici legionum*, deren einen namens Antigonus Galen und Lukian erwähnen.[249] Die Anlage von Militärspitalen in den Lagern beschreibt der augusteische Gelehrte Hygin.[250] Jedes Kastell besaß ein solches.[251]

y. Die Seuche in Rom

Die Zahl der Pestopfer unter der Zivilbevölkerung war immens. In Pergamon litt möglicherweise Aelius Aristides unter ihr.[252] Selbst Rinder- und Schafherden wurden von ihr erfaßt. Tote gab es auch in Athen.[253] In Rom starben Tausende. Marcus mußte 167/168 Sonderbestimmungen für den Transport und die Bestattung der Leichen erlassen, die Beisetzung auf Landgütern verbot er. Das galt noch zur Zeit des Biographen. Den angesehensten Toten unter den Senatoren errichtete er Standbilder, wie wenn sie sich für die *res publica* geopfert hätten.[254] So wie später 1348/1349 die Geißlerzüge durch ganz Mitteleuropa die Hilfe des Himmels gegen die Epidemie erflehten, ließ auch Marc Aurel «von allen Seiten Priester holen, fremde Riten vollziehen» und Reinigungszeremonien durchführen, als zugleich der *terror belli Marcomannici* Rom erschütterte.[255]

z. Entvölkerung?

Die Pest des Galen gehört zu den historisch bedeutsamen Epidemien der Antike, so wie die Pest von 430/429 v. Chr. in Athen und die von 542/543 n. Chr. in Konstantinopel.[256] Während diese Seuchen indes auf einen vergleichsweise kleinen Raum beschränkt blieben, erfaßte die Pest des Galen weite Teile des Reiches, vielleicht sogar das angrenzende Barbaricum, wo freilich die lockere Siedlungsweise die Ansteckung verringerte. In der Einschätzung von Umfang und Auswirkung der Epidemie zeigt sich eine gegenläufige Tendenz. In der antiken Überlieferung sind die Angaben je später, desto höher. In der modernen Wissenschaftsgeschichte dagegen sind die Annahmen je jünger, desto niedriger. In der Literatur unter und nach Marc Aurel äußert sich in fachlichem Interesse Galen, mit einer philosophischen Bemerkung Marc Aurel, in einer sarkastischen Anekdote Lukian. Er verhöhnt einen Skribenten namens Creperius. Dieser behauptete, die Pest habe sich von Äthiopien über Ägypten nach Persien ausgebreitet, indem er bloß den Thukydides sklavisch nachahmte, der ebendies von der Seuche in Athen geschrieben hatte.[257] Zutreffen mag, daß es Opfer in Nisibis gab, aber aus Ägypten ist nichts derartiges zuverlässig bekannt. Die Papyri bezeugen dort keine Pestopfer, sondern *anachōrēsis*, Steuerflucht von Bauern – ein Dauerthema im römischen Ägypten.[258] Bei Fronto, Gellius, Polyaen und Herodian findet sich zur Pest nichts, ebensowenig bei den Kirchenvätern des 2. Jahrhunderts. Dio beschränkt sich auf die Toten im Heer des Cassius, Marius Maximus in der Vita auf die Opfer in Rom. Das Zeugnis des Aelius Aristides ist aus chronologischen Gründen unsicher.[259]

Die Spätantike bietet höhere Werte. Im Jahre 364 behauptet Eutrop,[260] die tödliche Krankheit habe den größten Teil der Reichsbevölkerung und fast das gesamte Heer erfaßt, bis an den Rand des Untergangs; so heißt es um 380 in der Hieronymus-Chronik zum Jahr 172. Um 390 bei Ammian erreicht die Pest den Rhein, die *Epitome de Caesaribus* erwähnt zusätzlich zu den Seuchen und Erdbeben noch Überschwemmungen und Heuschreckenplagen,[261] und um 420 meldet Orosius, das gesamte römische Heer sei dahingerafft worden.[262] Die größte Pestilenz, von der er weiß, meldet Dio erst für das Jahr 189 unter Commodus, sie traf insbesondere die Stadt Rom.[263] War das nach über zwanzig Jahren dieselbe Krankheit?

In der neueren Wissenschaftsgeschichte findet sich seit Barthold Georg Niebuhr[264] mehrfach die Annahme, in der Pest unter Marc Aurel liege ein wesentlicher oder gar der entscheidende Faktor für das Ende des Imperiums und damit der Antike überhaupt.[265] Gibbon, Mommsen und Rostovtzeff bleiben skeptisch. Otto Seeck indes übernahm 1895 die Vorstellung, das Reich habe «über die Hälfte der Bevölkerung» verloren, vom Heer sei nur ein «dürftiger Rest übriggeblieben».[266] James Gilliam hingegen bemerkt, wenn es 500 000 Opfer gegeben hätte, wäre das ein Prozent der Gesamtbevölkerung gewesen, die niedrig taxiert, auf fünfzig Millionen geschätzt wird. Am stärksten werden die Annahmen über Verluste relativiert durch Hilmar Klinkott 2017. Er listet die Massenerkrankungen unter allen Vorgängern Marc Aurels auf, gewöhnlich begleitet von Übeln aller Art, von Krieg, Erdbeben, Feuersbrunst und Überschwemmungen, wodurch sich die Pest des Galen sozusagen normalisiert. Wenn sich derartige Unbilden gerade unter guten Kaisern häufen, steigert der düstere Hintergrund den Glanz ihrer Tugenden.

Bezeichnend für die Philosophie Marc Aurels ist sein Tagebucheintrag, die Erfahrung nötige nicht, vor der Pest zu fliehen. Die wahre Seuche sei die Zerstörung der *dianoia*, der Urteilskraft, nicht die verunreinigte Luft. Diese schade nur dem Menschen als Lebewesen, jene aber dem Menschen als Menschen. Auf dem Sterbebett in Wien soll Marcus dann gesagt haben, seine Freunde mögen nicht über ihn Tränen vergießen, sondern über die Opfer der Pest.[267] Er zählte sich nicht dazu.

Tam diu Germania vincitur.

TACITUS

V

DER ERSTE GERMANENKRIEG

a. Nord-Süd-Konflikte – b. Zwanzig Stämme an der Donau – c. Chatten in Raetien 162 – d. Langobarden in Pannonien 166 – e. Markomannenfriede mit Ballomar 166 – f. Zwei neue Legionen – g. Das Löwenopfer 167 – h. Germanen vor Aquileia und Opitergium 167 – i. Markomannenpanik in Rom 167/168 – j. Die Kaiser zur Donau. Der erste Quadenfriede 168 – k. Der Tod des Lucius Verus 169 – l. Versteigerung der Kronjuwelen 169 – m. Rekrutierung von Gladiatoren und Germanen – n. Jazygen und Vandalen in Dakien 170 – o. Kaledonier in Britannien, Bastarnen in Kleinasien – p. Kostoboken in Eleusis, Mauren in Spanien 171 – q. Räuberhirten in Ägypten 172 – r. Sohaemus wieder in Armenien – s. Marcus in Carnuntum 170 – t. Der zweite Markomannenkrieg 171 – u. Das Regenwunder im Quadenland 172 – v. Chatten in Italien, Chauken in Belgien, Naristen in Raetien – w. Der zweite Quadenfriede 172 – x. Der dritte Markomannenfriede 173 – y. Der Eiskampf mit den Jazygen – z. Verhandlungen in Sirmium 174

a. Nord-Süd-Konflikte

In seiner sonst so sachlichen *Germania* bricht aus Tacitus ein Stoßseufzer. Nach der vernichtenden Niederlage der Brukterer im Westfälischen durch ihre Nachbarn heißt es: *maneat, quaeso, duretque gen-*

tibus, si non amor nostri, at certe odium sui. «Möge doch, bitte sehr, diesen Völkern, wenn sie schon uns nicht lieben, wenigstens der Haß untereinander erhalten bleiben», *quando urgentibus imperii fatis nihil iam praestare fortuna maius potest, quam hostium discordiam,* «denn wenn das Schicksal unser Reich in Bedrängnis bringt, kann uns Fortuna nichts Besseres bescheren als Zwietracht unter den Feinden.» Schärfer als die Königsgewalt der Parther drohte der Freiheitsdrang der Germanen. Seit zweihundert Jahren, seit den Kimbern und Teutonen, führen wir Krieg mit ihnen, «so lange wird Germanien schon besiegt.»[1]

Der hier angesprochene Nord-Süd-Konflikt ist ein ähnliches Dauerthema der europäischen Geschichte wie der Kampf zwischen Orient und Okzident. Marius hatte mit den eben genannten Nordgermanen zu tun, Caesar mit den Sweben Ariovists im Elsaß, Augustus mit Sugambrern und Cheruskern am Niederrhein, Domitian baute den Limes gegen die Chatten in Hessen. In der Folgezeit wurden die Grenzbefestigungen fortlaufend verstärkt, so daß Aelius Aristides in seiner Romrede 143 unter Antoninus Pius verkünden konnte, anstelle von Stadtmauern sei das gesamte Reich durch einen unüberwindlichen, unzerstörbaren Ringwall geschützt.[2] Welch ein Optimismus! Die Kämpfe unter Pius in Britannien, Mauretanien, Dakien, Moesien, Griechenland, Judaea und Ägypten[3] konnten seine Zuversicht nicht mindern.

b. Zwanzig Stämme an der Donau

Wie im Osten, so begann auch im Westen der Angriff gleich nach dem Tode von Antoninus Pius. Die politische Großwetterlage hatte sich markant verändert – wie im Osten so im Westen. Die durch Domitian abgewehrten Rheingermanen meldeten sich wieder, der Bau des Limes hatte nur für zwei Generationen Ruhe geschaffen. Antoninus Pius mußte wieder Germanen abwehren[4] und verschob die Grenze ostwärts.[5] Der Odenwaldlimes von Wörth am Main bis Wimpfen am Neckar[6] wurde zunächst verstärkt, dann aber aufgegeben und das Vorfeld gesichert durch den schnurgeraden Pfahlgraben von Miltenberg bis Lorch, 30 Kilometer weiter östlich im Innern Germaniens. Das spätere Württemberg war nach der Südwanderung der Kelten um 100 v. Chr. dünn besiedelt, die Helvetier hatten dort eine «Einöde» hinterlassen,[7] in die dann im 3. Jahrhundert n. Chr. die Alamannen vorstießen. Die erste Inschrift der neuen Grenzanlage stammt noch aus der Zeit vor dem Tode des Kaisers 161.[8] Sicherheit gewährte auch das nicht. Als Marcus größere Kontingente der Grenztruppen von Rhein und Donau an die Partherfront versetzte, blieb das den Germanen nicht verborgen.[9] Sie waren über das Geschehen im Reich stets erstaunlich gut im Bilde.

Der ganze Norden kam in Bewegung, vom Niederrhein bis zum Schwarzen Meer.[10] Die Marcusvita[11] nennt eine «Konspiration» von zwanzig Stämmen «zwischen Gallien und Illyricum», die damals und später dem Reich zu schaffen machten. Doch die Liste ist noch länger. Im westlichen Abschnitt handelt es sich um Germanen, im östlichen waren ebenso Krieger anderer Zunge beteiligt. Zwischen Nordsee und Main rührten sich die Chauken und die Chatten. Die mittlere Donau bedrohten vier swebische Stämme: die Markomannen zwischen Moldau und March, die Naristen oder Varisten[12] westlich zwischen Moldau und Regen. Nördlich lebten die Hermunduren, die Vorfahren der «Thüringer», östlich die Quaden, die Nachbarn der Markomannen zwischen March und Gran am Donauknie. Markomannen und Quaden waren die Hauptgegner Roms.

Nicht weniger gefährlich waren südöstlich die iranischen Sarmaten, vertreten durch ihren Teilstamm der Jazygen in der Theißebene; hinzu kamen nordöstlich die wiederum germanischen Lakringer, Buren und Harier,[13] möglicherweise gleichbedeutend mit den Astingen[14] oder Hasdingen, einem Teilstamm der Vandalen.[15] Entlang der Karpaten zum Schwarzen Meer nennt die Marcusvita dann die germanischen Viktofalen, die illyrischen Osen, die an der Eipel, nördlich des Donauknies saßen,[16] ferner drei dakische Stämme: die Besser, Kostoboken und die Cobotes alias Soboces oder Sabokoi. Zu den sarmatisch-iranischen Völkern zählen sodann Roxolanen und Alanen, während die Bastarnen und ihr Teilstamm, die Peukiner, nördlich der Donaumündung als Germanen gelten. Nicht alle letztgenannten Stämme erscheinen auch handelnd im Kriegsgeschehen, so aber noch die Langobarden, die Obier und die keltischen Cotiner.[17] Von einer «Konspiration» kann natürlich keine Rede sein, eher von einer konzertierten Aktion. Mehrere dieser Stämme waren im Zuge der großen Völkerverschiebungen von Nord nach Süd und von Ost nach West erst vor wenigen Generationen in ihre grenznahen Wohngebiete eingewandert. Marc Aurels Zeitgenosse Pausanias[18] nennt die Germanen die «volkreichsten und kriegerischsten Barbaren Europas», doch habe der Kaiser sie und die Sarmaten «bestraft», als sie rechtswidrig begannen, Krieg zu führen.

Die genannten Stammesnamen sind zumeist Fremdbezeichnungen, so wie auch der seit Caesar übliche Germanen-Name keltischen Ursprungs ist. Die Selbstbezeichnung der Germanen lautet *Svebi* – «Wir selbst», erhalten im Namen der Schwaben, die mit den Alamannen gleichgesetzt wurden.[19] Die Germanen waren eine Sprachgemeinschaft; ihre Stämme lebten als bäuerliche Kriegergesellschaften schriftlos in Holzhäusern; sie waren reich an Kindern und arm an Gütern und daher stets auf Beute aus den reichen römischen Provinzen versessen. Der Vorstellung, das Land habe die wachsende Bevölkerung nicht mehr ernähren können,[20] widerspricht die massenhafte Verschleppung gefangener Provinzialen ins Barbaricum.

Die politische Struktur der Stämme war locker. Wir hören von Stammeskönigen, die ihre Herrschaft an ihre Söhne vererbten,[21] aber nur eine prekäre Autorität genossen. Tacitus[22] bemerkt zur Königsgewalt bei den Germanen *in quantum Germani regnantur* – «soweit sich die Germanen überhaupt von Königen regieren lassen». Ihre Könige waren nur *principes inter pares* unter den Gefolgschaftsherren, die oft unterschiedliche Interessen verfolgten. Meist gab es eine friedfertige römisch gesinnte und eine kriegerische romfeindliche Gruppe – wie schon bei den Cheruskern.[23] Die von Germanen mit den Römern geschlossenen Verträge standen daher stets unter Vorbehalt. Das *bellum Germanicum*[24], beziehungsweise die erste und zweite *expeditio Germanica*,[25] wurde der schwerste Krieg gegen einen äußeren Feind seit Hannibal Rom bedroht hatte, so Eutrop. Die Marcusvita nennt den Markomannenkrieg den größten seit Menschengedenken.[26]

c. Chatten in Raetien 162

Den ersten Vorstoß unternahmen 162 die Chatten aus Niederhessen. Damit begannen die Einfälle, die mit nur kurzen Unterbrechungen bis zum Tode Marc Aurels weitergingen. Bis 171 wurde ausschließlich, danach überwiegend auf Reichsboden gekämpft.[27] Den Barbaren ging es um Beute, um Metall und um Sklaven. Während in Britannien der Konsular Calpurnius Agricola kämpfte, erschienen sie im obergermanischen Decumatland im heutigen Schwaben und in Raetien südlich der oberen Donau. Zwischen Straßburg und Wien stand damals noch keine Legion. Den Chatten schickte Marcus den Studienfreund und Konsular Aufidius Victorinus als Statthalter Obergermaniens entgegen.[28] Von einem militärischen Erfolg wird nichts berichtet, vermutlich zogen die Chatten mit ihrer Beute wieder ab, ehe es zum Kampf kam. Gleichwohl ließ Marcus sich nach dem Regierungsantritt ein zweites Mal zum Imperator ausrufen, wie die Münzen aus dem Jahr 163 zeigen.[29] Aufidius Victorinus war ein Senatorensohn, der mit Marcus vor der Herrschaftsübernahme gemeinsam die öffentlichen Rhetorenschulen Roms besucht hatte und mit Gratia, der Tochter Frontos, verheiratet war.[30] Danach erhielt *Augusta Vindelicum* – Augsburg, die Hauptstadt Raetiens, eine Stadtmauer.[31]

d. Langobarden in Pannonien 166

In den Jahren 163 und 164 herrschte im Westen militärisch Windstille, so daß drei Legionen im Partherkrieg eingesetzt werden konnten, die aus Troesmis, die aus Aquincum und die aus Bonn.[32] Immerhin finden wir einen Gardepräfekten am Rhein.[33] Die Ausdünnung der Grenze reizte die Germanen. Im Winter 165/166 erfolgte der große Barbarensturm an der mittleren Donau.[34] Bis in die Spätantike kamen die Germanen immer wieder über die zugefrorenen Ströme, während die römische Flotte festlag. Donau und Rhein waren damals nicht kanalisiert, die Flußbette waren breiter und flacher, die Strömung langsamer, und daher froren die Ströme öfter zu als heute. Wenn die Donau zu war, dann war die Grenze offen. Den ersten Flußübergang erzwangen die Langobarden. Sie waren kurz vor der Zeitenwende aus Skandinavien an die untere Elbe gezogen, wo sie 5 n. Chr. mit Tiberius zusammenstießen. Ihr Name sei ursprünglich Winniler, die «Gewinner» gewesen, doch als einmal ihre Frauen bei einer Kriegslist sich die langen Haare als Bärte drapiert hätten, da habe Wotan ihnen den Namen «Langbärte» verpaßt und ihnen den Sieg geschenkt. Diese von

Paulus Diaconus[35] um 780 aufgezeichnete Sage bestätigt die schon bei Isidor von Sevilla[36] gebotene Deutung der *Langobardi* als «Langbärte». Vermutlich wurden sie so von den westlich benachbarten Sachsen genannt, die kurze Bärte trugen.[37] Haartracht als ethnisches Kennzeichen ist mehrfach bezeugt, so unter den germanischen Stämmen bei den Sweben, den Chauken und den Franken,[38] aber ebenso bei den Alanen und Skythen[39] sowie bei den Kelten.[40] Die Germanen auf der Marcussäule sind, anders als die Legionäre und Prätorianer, bärtig. Die Langobarden werden zuerst als Kampfgenossen von Arminius gegen Marbod genannt[41] und erscheinen dann nach langem Schweigen der Quellen wieder unter Marc Aurel.

Obschon sie an der Unterelbe, also am weitesten von der römischen Grenze entfernt wohnten, machten die Langobarden den Anfang. Verstärkt durch die nicht näher bekannten Obier, zogen sie mit sechstausend Mann durch Schlesien und das Marchtal, mithin durch das Gebiet der Markomannen, überquerten den Strom bei Carnuntum, wo die *Legio XIV Gemina*, die «mit dem Adler» das nicht verhindern konnte, und erschienen 166 in Oberpannonien, im ungarischen Donauknie. Es handelt sich wie sonst um eine Raubschar, nicht um Einwanderer mit Weib und Kind,[42] denn diese kamen stets mit einer Wagenkolonne, die damals den Strom nicht so einfach überqueren konnte. In Pannonien wurden die Langobarden «bei ihrem ersten Unternehmen» durch die Reiterei des Macrinius Vindex und die Fußtruppen des Candidus zum Rückzug gezwungen.[43] Die vierte imperatorische Akklamation der Kaiser 166 – nach der dritten 165 für den Parthersieg[44] – und die Entlassung von Veteranen, bezeugt durch ein Militärdiplom vom 5. Mai 167,[45] bestätigen einen Erfolg im Felde.[46] Von den Langobarden ist dann unter Marcus nichts mehr zu hören. Ihre große Zeit kam im Jahre 568, als sie, nun mit Kind und Kegel, die nach ihnen benannte Lombardei in Besitz nahmen. 774 wurde das Langobardenreich von Karl dem Großen erobert und 800 dem erneuerten Imperium Romanum angegliedert.

e. Markomannenfriede mit Ballomar 166

Der Einfall der Langobarden führte durch das Gebiet der Markomannen. Möglicherweise waren auch sie beteiligt. Diese «Grenzlandmänner» hatte Marbod nach 9 v. Chr., den Römern unter Drusus ausweichend, aus den «Landen um den Main» nach Böhmen, ins Gebiet der keltischen «Bojer», geführt. Ihnen folgten vermutlich die Quaden, die von ihren Nachbarn die «Bösen, Gefährlichen» benannt wurden. Seit augusteischer Zeit lebten sie unter römischen Klientelkönigen meist in friedlicher Nachbarschaft zu Rom. Ein Zeugnis aus der Zeit um 70 bietet die im slowakischen Boldog nordöstlich von Preßburg gefundene Grabinschrift für einen Quintus Atilius Primus.[47] Den Mann kennen wir sonst nicht, wohl aber die Familie.[48] Atilius versah als Centurio der *Legio XV Apollinaris*, der «mit dem Greifen», die in Carnuntum stand, zugleich das Amt eines *interpres*, eines Dolmetschers,[49] und erscheint als *negotiator*, als Händler. Er lebte im Quadenland und starb dort mit 80 Jahren. Seinen Grabstein setzten ihm vier Freigelassene.[50]

Nach dem Rückzug der Langobarden und ihrer Kriegsgenossen erschien der Markomannenkönig Ballomar mit Vertretern von zehn anderen «Stämmen» bei dem Statthalter von Pannonien Jallius Bassus und erbat Frieden.[51] Ballomar, der «Glänzendberühmte»,[52] fürchtete einen Rachefeldzug, sei es, weil er an dem Einfall teilgenommen hatte, sei es, weil er den Langobarden den Durchzug erlaubt hatte. Die römischen Grenzwachen verhandelten und setzten auf Zeit, bis der Partherkrieg abgeschlossen wäre.[53] Immerhin wurde Waffenruhe beschworen, dann kehrten die Gesandten über die Donau zurück.[54] Dies war 166 der erste von drei Friedensschlüssen mit den Markomannen in der Zeit Marc Aurels.[55]

f. Zwei neue Legionen

Gleichzeitig herrschte in Rom eine Hungersnot, die den Kaiser dort festhielt. Marcus erklärte dem Volk und dem Senat, der Krieg erfordere beide Kaiser und könne erst nach der Rückkehr des Lucius Verus aufgenommen werden. Nach vierjähriger Abwesenheit kam dieser im Herbst 166 wieder nach Rom.[56] Am 12. Oktober 166 triumphierte er mit dem Bruder über die Parther.[57] Inzwischen bewog Marcus die bedrohliche Lage im Norden, in Oberitalien, der alten *Gallia Cisalpina* zwei weitere Legionen aufzustellen,[58] zumal beträchtliche Teile der westlichen Grenztruppen noch im Osten gebunden waren. Die seit Augustus geltende allgemeine Wehrpflicht war fast vergessen,[59] aber Marcus griff auf das alte Recht zurück. Es entstanden die *Legio II Pia Italica*, die «mit der Wölfin», für Noricum in Lauriacum an der Mündung der Enns, und die *Legio III Italica Concors*, die «mit dem Storch», um 170 in Raetien, Standort seit 179 Regensburg.[60] Südlich der Donau, wo das Tal des Flusses *Reganum* – Regen den Weg nach Norden öffnet, lag das von keltischen Vindelikern bewohnte *Radaspona*, mittelalterlich *Ratisbona*, römisch *Castra Regina*. [61] Seit Vespasian gab es das Kohortenkastell Regensburg-Kumpfmühl, von Marc Aurel dann ersetzt durch das näher am Fluß gelegene Legionslager.[62]

Der Waffenstillstand mit Ballomar währte einen Winter. Friedensbereitschaft und Kriegslust wechselten bei den Germanen beinahe mit den Jahreszeiten. Mehrfach haben germanische Stämme allzu friedfertige Könige beiseite geschoben, zumal wenn deren – gewiß auch materielle – Begünstigung durch Rom Neid weckte. Doch diesmal erfahren wir weitere Gründe. Die Markomannen und Victofalen,[63] bedrängt von Norden, namentlich durch die aus Skandinavien stammenden, von der Ostseeküste sich ausbreitenden Goten,[64] brachten alles durcheinander – *cuncta turbantibus*. Gemeinsam mit anderen Völkern forderten sie Aufnahme ins Reich und drohten anderenfalls mit Krieg.[65] Schon unter Antoninus Pius waren Gesandte von den angrenzenden Barbarenstämmen erschienen, die sich Rom unterwerfen wollten, um die Wohlfahrt im Reich und den Schutz des Kaiser zu genießen,[66] damals so vergebens wie diesmal. Daher gab es bereits 167 Krieg, er wurde von den Römern erwartet, sie standen am Ufer.

g. Das Löwenopfer 167

Die Römer an der Donau finden wir in der krausen Geschichte Lukians über den Wundermann Alexandros von Abonuteichos, dessen Orakelei schon die Katastrophe von Elegeia herbeigeführt haben soll.[67] Als sich Marcus im Krieg mit den Germanen befand, verkündete der Prophet einen Spruch, der Sieg, Ruhm und Frieden verhieß, wenn ein Paar indischer Berglöwen, die der Kybele heilig waren, nebst Blumen und Duftwerk als Opfer in den Fluß geworfen würde. Dies sei geschehen. Die Löwen seien zum anderen Ufer

Abb. 17: Markomannen erschlagen die von den Römern als siegbringende Opfer in die Donau geworfenen Löwen. Lithographie von J. N. Geiger († 1880).

geschwommen, wo die Markomannen sie für Hunde oder Wölfe gehalten und mit Keulen erschlagen hätten – dann kam die Katastrophe. Die Markomannen überquerten die Donau und fügten den Römern einen schweren Verlust zu, angeblich fielen 20 000 Mann.[68]

Anders als die Niederlage ist das Löwenopfer zwar dramatisch, aber unglaubwürdig. Von Caracalla und Licinius wird überliefert, daß sie sich Löwen hielten, wenn auch nicht im Feld, so wie Valentinian in Gallien zwei Bären hegte.[69] Welches Heer aber führte Löwen in Käfigen zu Opfer- und Orakelzwecken mit sich? Vorliebe von Kriegern für Löwen ist eine Kulturkonstante, sie führt über die in der Kreuzfahrerzeit aufgekommenen Löwenwappen bis zu Hermann Görings Lieblingslöwen, seinen «Caesar», von dessen Käfig neben dem Berchtesgadener Berghof Hitlers das Fundament noch erhalten ist. Daß die Löwen in der Donau etwas mit Marc Aurel selbst zu tun hatten, wird nicht gesagt, er war nicht zugegen. Wenn ein Opfer stattgefunden hat, dann waren es wohl – wie die Markomannen nicht zu Unrecht meinten – Hunde. Sie opferten die Griechen der Hekate, die Römer dem Faunus.[70] Wahrscheinlicher aber ist, daß Lukian die meist gläubig nacherzählte *story*[71] erfunden hat, herausgesponnen aus dem gewiß authentischen Text des Orakels.[72] Ob das Löwenopfer auf der Marcussäule dargestellt war, ist ganz unklar.[73] Mit dessen katastrophalem Fehlschlag wollte Lukian den Pseudopropheten nach dessen Fehlprognose bei Elegeia 161[74] ein weiteres Mal bloßstellen. Im Hinblick auf die folgenden Ereignisse ist die Schlacht im Frühjahr 167 anzunehmen.

Durch die «große Einfallspforte nach Italien, das Wiener Tor»,[75] drangen die Germanen dann erneut, diesmal siegreich, nach Pannonien vor. Die Marcusvita berichtet, der hochverdiente, zuletzt im Partherkrieg ausgezeichnete Gardepräfekt Furius Victorinus sei damals mit einem Teil des römischen Heeres umgekommen.[76] Dies geschah, noch ehe die Kaiser die Donau erreichten, ist daher auf die Schlacht nach dem Löwenopfer zu beziehen.[77] In diesem Kampf, bei dem außer Victorinus «20 000 Mann» fielen, haben im Verlauf der Markomannenkriege zum ersten Mal Germanen ein römisches Heer im Felde besiegt. Das ist insofern bemerkenswert, als die Barbaren den Legionären in Bewaffnung und Taktik eigentlich hoffnungslos unterlegen waren. Die Reliefs der Marcussäule und der Tafeln vom Ehrenbogen zeigen, daß die Germanen ganz überwiegend zu Fuß, in ihrer Alltagskleidung, ohne Helm und Panzer kämpften, nur mit Schild und Speer bewaffnet. Schwerter nach römischer Machart wurden erst im 3. Jahrhundert bei den Germanen gebräuchlich, Schießbogen und Wurfäxte noch später.[78] In der offenen Feldschlacht waren die Germanen den Römern gewöhnlich nicht gewachsen.

Die römische Niederlage an der Donau nach dem Löwenopfer ging laut Lukian dem Zug der Markomannen nach Aquileia voraus und läßt sich verbinden mit den Zerstörungsspuren der Kastelle *Carnuntum* – Altenburg und *Vindobona* – Wien, wo seit Trajan die *Legio X Gemina*, die «mit dem Stier» lag.[79] Der Standortkommandant Julius Geminius Marcianus, ein Freund und Landsmann Frontos aus Cirta, war mit einem Teil der Legion gegen die Parther nach Kappa-

Abb. 18: Das Löwenopfer (?) auf der Marcussäule. Abzeichnung der Szene XI b, heute völlig verwittert, von Bellori und Bartoli 1704.

dokien gezogen.[80] Der Ortsname *Vindobona* ist keltisch und heißt die «Weiße Siedlung»,[81] mithin dasselbe wie Belgrad.

h. Germanen vor Aquileia und Opitergium 167

Nach ihrem Sieg über Victorinus zogen die Markomannen im Sommer 167 gemeinsam mit den Quaden auf der Heerstraße über *Scarbantia* – Ödenburg südwärts. Wie es den Straßenstationen *Savaria* – Stein am Anger und *Poetovio* – Pettau an der Drau ergangen ist, wissen wir nicht, doch gibt es in *Emona* – Laibach/Ljubljana zwei einschlägige Münzhorte.[82] Diese auch noch heute wichtige Straße, eine *via publica*, verzeichnet auf der *Tabula Peutingeriana*, der spätantiken Straßenkarte, führt über die Julischen Alpen und den Birnbaumer Wald, die Wasserscheide zwischen Donau und Po, vorbei an der befestigten römischen Straßenstation Ad Pirum neben dem historischen k. u. k.-Zollhaus[83] weiter nach Aquileia.[84] Dazu vermerkt Ammian[85] um 390 n. Chr. im Zusammenhang mit dem Quadenkrieg Valentinians 373: «Die Quaden waren einst überaus kriegerisch und mächtig. Das zeigen ihre damaligen blitzschnellen Raubzüge, die gemeinsam mit den Markomannen unternommene Belagerung von Aquileia, die

Zerstörung von Opitergium sowie zahlreiche blutige rasche Kriegszüge. Bei der Überquerung der Julischen Alpen konnte ihnen Kaiser Marcus kaum Widerstand leisten, wie ich früher berichtet habe.» Er war noch in Rom.

Ammian bringt hier einen Rückverweis auf den verlorenen ersten Teil seines Geschichtswerks, in dem er die Taten Marc Aurels behandelt hat.[86] Hortfunde und Befestigungsanlagen im Ostalpenraum aus jener Zeit bezeugen die Bedrohung der gesamten Region.[87] Aquileia war besonders gefährdet, weil die reiche Hafen- und Handelsstadt an der Nordküste der Adria ihre Mauern seit Augustus nicht mehr instand gehalten hatte.[88] Opitergium ist das heutige Oderzo in Venetien. Die Stadt war berühmt durch eine «beispielhafte, für die Nachwelt denkwürdige Tat». Im Jahre 49 v. Chr. verteidigten sich tausend Anhänger Caesars gegen die Pompeianer und begingen in aussichtsloser Lage Massenselbstmord.[89] Im 7. Jahrhundert wurde die Stadt von den Langobarden völlig zerstört.[90] Sie waren wiederum auf demselben Weg nach Italien gekommen.

i. Markomannenpanik in Rom 167/168

In Rom verursachten die Nachrichten aus dem Norden einen Markomannenschreck, *terror belli Marcomannici*, eine Panik.[91] Einen Einbruch nördlicher Barbaren in Italien hatte es lange nicht gegeben. Zuletzt hatten die illyrischen Japoden im Jahre 35 v. Chr. Aquileia heimgesucht,[92] doch nachhaltiger wirkte der Kimbernschreck.[93] Wiederholte sich der Einbruch der Germanen in Italien vom Jahre 101 v. Chr., als Kimbern im Norden der Halbinsel erschienen? Während zugleich die Pest in der Stadt wütete, rief Marcus in Rom die himmlischen Mächte zu Hilfe. Die heimischen Götter reichten nicht aus. Von überallher holte er Priester fremder Kulte und vollzog alle erdenklichen Reinigungsriten.[94] Nach alter etruskischer Sitte bei Notfällen veranstaltete der Kaiser – zum letzten Mal in der römischen Geschichte – ein siebentägiges Göttermahl, bei dem zwölf Statuen bewirtet wurden. Schon im Jahre 399 v. Chr. wollte man auf Geheiß der Sibyllinischen Bücher durch ein solches *lectisternium* die Gunst der Götter gegen ein großes Sterben von Menschen und Tieren gewinnen.[95] In Notzeiten entfalteten die Römer stets eine außergewöhnliche religiöse Tätigkeit.[96] Lukian berichtet von einem Massenwahn, den der Schlangengott Glykon des Alexandros von Abonuteichos[97] in Rom hervorrief.[98] Das neue Idol fand nicht nur im Orient, sondern auch hier Anhänger. Das dürfte in diesen Zusammenhang gehören. Die gespannte Stimmung gipfelte im Gedanken eines nahen Weltuntergangs. Damals erstieg ein Prophet den wilden Feigenbaum auf dem Marsfeld und verkündete von dort, es werde Feuer vom Himmel fallen und das Ende der Welt, *finis mundi*, herbeiführen. Zum Beweis werde er vom Baum springen und sich in einen Storch verwandeln. Er sprang und zog einen Storch unter seinem Gewand hervor. Als Anführer einer Diebesbande vor den Kaiser gebracht, gestand und bereute der Mann und fand Gnade.[99] Marcus teilte die Untergangsangst nicht.

Während Marc Aurel mit den Nöten der Stadt kämpfte, bleibt sein brüderlicher Mitkaiser ganz im Schatten der Politik, so in der Zeit zwischen dem Triumph im Oktober 166 und dem Aufbruch an die Donau im Frühjahr 168. Zwei Kaiser gleichzeitig in Rom? Das mußte nicht sein und konnte schwierig werden. Gemäß der Vita ließ Lucius es nun doch an Respekt gegenüber Marcus fehlen und traf viele Entscheidungen, die auch die Politik berührten, ohne Absprache mit dem *senior Augustus*, auf eigene Rechnung. An der Via Clodia, die bei Veji von der Via Cassia abzweigt, 25 Kilometer nördlich von Rom, widmete er sich dem Ausbau seiner berühmt-berüchtigten *villa famosissima*. Einmal hielt Marcus in dieser Villa fünf Tage lang Gericht, um dem Bruder zu zeigen, wie man regiert.[100] In der Stadt sprach man schon seit dem Tod Libos[101] von einem Zwist unter den Brüdern, was nahe lag, aber nicht zutraf. Mit Marcus konnte man sich nicht streiten.

Lucius widmete sich unterdessen den Tafelfreuden und trieb es schamlos mit seinen Freigelassenen, die er aus Syrien mitgebracht hatte: Schauspieler und Possenreißer, Harfen- und Flötenspielerinnen, Gaukler und Narren – teilweise stadtbekannte Gestalten. Den begabtesten Tänzer nannte Lucius «Apolaustus», den «Genußmenschen». Er wird auch als «Philosoph» bezeichnet, weil er die seltene Kunst beherrschte, die Zahlentheorie des Pythagoras und dessen Seelenwanderungslehre wortlos, rein pantomimisch, «deutlicher als jeder Text», darzustellen, die Reinkarnation vermutlich durch Imitation der Tiere, die den Denker wiederverkörperten. Der hochgefeierte, vielmals ausgezeichnete Theaterheld wurde später von Commodus umgebracht, entweder weil er ihn verspottet hatte, ihm die Schau stahl oder eine kaiserliche Konkubine verführt hatte. Was anderes konnte den Commodus inkommodieren? Unter den sechs erhaltenen Inschriften auf Apolaustus aus verschiedenen Städten Italiens haben wir auch seinen Grabstein aus Tibur, von der Stadt gestiftet.[102] Ein Star! Wenn die Vita den Lebensstil des Lucius Verus nur halbwegs verläßlich darstellt, ist seine Unlust, ins Feld zu ziehen, begreiflich.

j. Die Kaiser zur Donau. Der erste Quadenfriede 168

Die Gefahr seitens der Markomannen erforderte indes dringend die Anwesenheit der Kaiser, wie Marcus im Senat ausführte.[103] Freilich hätte ein Kaiser genügt, aber Marcus hatte gute Gründe, den Bruder Lustig nicht allein in Rom zurückzulassen. Neid auf dessen Lorbeeren aus dem Osten müssen wir Marc Aurel nicht unterstellen, um seinen Zug an die Front zu motivieren.[104] Der Kaiser, noch am 6. Januar 168 durch eine Rede im Prätorianerlager in Rom bezeugt,[105] ließ seine beiden am 12. Oktober 166 zu Caesaren erhobenen Söhne Commodus und Marcus Annius Verus[106] in Rom zurück und begab sich eilig, aber verspätet Anfang 168 mit Lucius auf der Via Cassia über Florenz, Bologna, Padua und Altinum, den Vorgängerort von Venedig, auf den Kriegsschauplatz.[107] Er erwartete, wie Galen berichtet, einen kurzen Feldzug, doch sollte sich der in die Länge ziehen.[108]

Als die Kaiser in Aquileia erschienen, zog sich der größere Teil der Germanen beutebeladen zurück. Die Quaden wechselten die politische Richtung und setzten auf einen Friedensschluß. Sie töteten die eigenen Anführer, darunter den König, und unterwarfen sich;[109] sie baten Marcus um die Bestätigung des gewählten Nachfolgers.[110] Sein Name wird 174 mit Furtius angegeben.[111] Dies war Marc Aurels erster Friedensschluß mit den Quaden, die fünfte imperatorische Akklamation findet sich seit 168 in der Kaisertitulatur.[112] Den voraus- und vorübergegangenen Frieden mit den Quaden hatte Antoninus Pius zwischen 140 und 145 geschlossen. Das zeigt ein Sesterz mit der Umschrift REX QUADIS DATUS.[113] Die Einsetzung oder

Bestätigung dieses Königs folgte offenbar einem römischen Sieg.[114] Falls es der Vorgänger des Furtius war, war der Friedensbruch 167 besonders anstößig.

Nach dem Abzug der Quaden wollte Lucius Verus nach Rom zurückkehren, da die Germanen um Verzeihung gebeten hatten, deren Gewährung ja preiswerter war als ein Rachefeldzug. Zudem beunruhigte ihn die Schlappe des Victorinus.[115] Der Kaiser ein Feigling? Marcus jedenfalls mißtraute den Germanen und bestand auf dem Zug an die Grenze. So folgten die Kaiser den zurückweichenden Markomannen über die Julischen Alpen.[116] In Emona erhielten Marcus und Lucius ein Ehrendenkmal, von dem die Inschrift für Lucius erhalten ist.[117] Dort zweigt die Straße östlich nach Sirmium ab, wo die Sarmaten einstweilen Ruhe hielten. Ob die Kaiser nordwärts über Poetovio und Savaria bis nach Carnuntum gelangt sind, wissen wir nicht. Jedenfalls ließ Marcus die Kastelle Carnuntum und Wien erneuern, wie die Ziegelstempel der zehnten Legion erweisen,[118] und sorgte für den Schutz von Italien und Illyricum,[119] indem er im Rahmen seiner *expeditio Germanica* einen Militärbezirk einrichtete, eine *praetentura Italiae et Alpium*.[120] Marcus und Lucius Verus begaben sich dann auf demselben Weg südwärts über die Alpen zurück.

k. Der Tod des Lucius Verus 169

Den halben Winter 168/169 verbrachten die Kaiser in Aquileia. Lucius huldigte hier wieder der Jagd und dem Trunk und drängte auf Heimkehr.[121] Dann bewog sie die Pest,[122] mit kleiner Eskorte nach Rom aufzubrechen. Unterwegs aber erlitt Lucius im Wagen neben Marcus einen Schlaganfall, konnte drei Tage nicht sprechen und verstarb dann in Altinum[123] Ende Januar 169 mit 38 Jahren. In Rom angekommen,[124] ließ Marcus ihn nach römischer Sitte auf dem Marsfeld verbrennen und überführte seine Asche ins Mausoleum Hadrians, die Engelsburg.[125] Die Inschrift auf seiner Urne[126] überliefert der ‹Codex Einsidlensis›:[127]

IMPeratori CAESARI LUCio AURELIO
VERO AUGUSto ARMENIACO MEDico
PARTHICO PONTIFICi TRIBUNICiae
POTestatis VIIII IMPeratori V CONSULI III Patri Patriae.[128]

Das Todesjahr wird hier wie üblich nicht genannt, wir kennen es aus der Hieronymus-Chronik, die das 9. Regierungsjahr und das 2. Jahr der 237. Olympiade nennt, was über die Konsularfasten mit der Zeitrechnung nach Christi Geburt verbunden werden kann.[129] Obschon Marcus mit der Haltung seines Bruders durchaus nicht einverstanden war, erwies er ihm doch alle ihm zukommenden Ehren. Sein Biograph rechnet ihn weder zu den guten noch zu den schlechten Kaisern, *neque inter bonos neque inter malos principes*, weil er weder durch Tugenden noch durch Laster aufgefallen sei.[130] Ist denn Luxus, ist *high life* ein Laster? Freilich nicht *mos maiorum*, nicht Vätersitte. Aber der Senat konsekrierte Lucius. Marcus mußte das nicht anordnen. Eine Priesterschaft für den Kult wurde eingerichtet,[131] auf postumen Münzen und Inschriften ist Verus als DIVUS VERUS vergöttlicht.[132] Als *Divi fratres*, vergöttlichte Brüder, erscheinen Marc Aurel und Lucius Verus in den Digesten. Die Verwandten und Freigelassenen seines «Bruders» hat Marcus reich bedacht und geehrt.[133] Der Geburtstag des Verus am 15. Dezember erscheint noch als Feiertag im staatlichen Filocalus-Kalender von 354. Es gab in Rom wie üblich 24 Wagenrennen zu je sieben Runden.[134] Einen Tempel und ein Denkmal wie Antoninus Pius erhielt Lucius Verus allerdings nicht. Marcus führte auch die Lucius geschuldeten Siegerbeinamen über Parther, Armenier und Meder nicht weiter.[135]

Das Wohlwollen für seinen Bruder erstreckte sich nicht unbedingt auf dessen Hofstaat aus zweifelhaften Kreaturen. Insbesondere zwei griechische Freigelassene, Geminas und Agaclytus, hatten keinen guten Einfluß auf Lucius ausgeübt. Marcus hatte schwer daran getragen, daß Lucius die Witwe des Konsulars Annius Libo, seines väterlichen Vetters, mit dem griechischen Freigelassenen Agaclytus verheiratet hatte. Das war herabsetzend. Marcus schlug, wie wir bereits gehört haben, die Einladung zur Hochzeit aus.[136] Etwas pikant, daß Marc Aurels jüngste Tochter Vibia Aurelia Sabina später den Sohn dieses Agaclytus heiratete![137] Allen Freigelassenen gab Marcus nun einen «ehrenvollen» Abschied. Nur Eclectus behielt seine Stellung, der als Kämmerer dann an Silvester 192 mit einer Gruppe von Verschwörern Commodus umbrachte – viel zu spät.[138] Angekündigt wurde der Tod des Verus durch ein ungewöhnliches Vorzeichen: Eine Sau gebar ein Ferkel in der Gestalt eines Elefanten.[139]

Der frühe Tod des Kaisers Lucius gab Anlaß zu allerlei Gerüchten. Nirgends wucherte der Klatsch üppiger als in Rom, einer *fabrica famarum*. Vergil wußte, wovon er sprach, wenn er Fama als geflügeltes Ungeheuer mit tausend Zungen beschrieb.[140] So soll Lucius, siegesstolz nach dem Parthersieg, sich gegen Marcus verschworen haben, aber vor der Tat an Gift gestorben sein.[141] Die *Historia Augusta* weiß mehr. Danach habe Faustina Lucius mit vergifteten Austern ermordet, nachdem er sie verführt und das seiner Frau, ihrer Tochter, erzählt habe. Nach einer anderen Version soll Faustina ihren Schwiegersohn vergiftet haben, weil dieser mit seiner Schwester Fabia eine Verschwörung gegen Marcus plante. Lucius und Fabia sollen ein so enges Verhältnis gehabt haben, daß nach einem weiteren Gerücht Lucilla ihren Mann aus Eifersucht umgebracht habe. Verdächtigt wurde weiterhin der Leibarzt Poseidippos, der Lucius übermäßig zur Ader gelassen habe.[142] Sogar Marcus selbst kam ins Gerede. So erzählte man, Marcus habe den Bruder mit Hilfe von Schweinefleisch beseitigt, das er mit einem einseitig giftbestrichenen Messer geteilt habe. Die Marcusvita bestreitet all dieses, meint aber, aufgrund seines losen Lebens wäre ein vorzeitiger Tod nicht unverdient gewesen. Zur Verdächtigung Marc Aurels bemerkt sie: «Es gibt keinen Kaiser, über den nicht böswillige Gerüchte kursieren.»[143]

Die *Historia Augusta* kennzeichnet Lucius als Leichtfuß und Lebemann, der die Jagd und die Gelage, das Würfeln und die Wagenrennen liebte. Er legte erkennbar Wert auf seine äußere Erscheinung, seinen langen Bart und sein Kraushaar, das er mit Goldstaub verschönte. Sorge um die Frisur galt als unmännlich. Haare oder Herrschaft?[144] Daß Lucius denselben Geburtstag hatte wie Nero und derselben Zirkuspartei anhing, trübte sein ohnehin wenig schmeichelhaftes Bild in der *Historia Augusta*. Wir glauben gern, daß dieser Lebensstil Marcus mißfiel, aber die «Spannungen», *simultates*, zwischen den Kaisern waren nur ein Stadtgerücht, wie die *Vita Veri* einräumt. Und tat Lucius nicht gut daran, das Regieren seinem pflichteifrigen und rechtskundigen Bruder zu überlassen und das Kriegführen seinen tüchtigen Generalen?[145]

Fronto zeigt seinen Schüler freundlicher. Er rühmt dessen rhetorische, moralische und militärische Qualitäten,[146] ohne den Hang zum Genuß und zum Theater zu verschweigen.[147] Auch die übrigen Quellen urteilen milder. Wenn sie Lucius weder besondere Tugenden noch ungewöhnliche Laster bescheinigen, steht im ersten Fall der Vergleich mit Marcus dahinter, im zweiten der mit Commodus.

Wäre damals Marcus anstelle von Lucius gestorben, hätte das weitreichende Folgen gehabt. Die ‹Selbstbetrachtungen› wären nicht entstanden – welch ein Verlust! –, Lucius hätte als Alleinherrscher das Regime des Commodus erübrigt – oder vorweggenommen? Trotz ähnlicher Neigungen wie dieser zeigte Lucius keine Züge von Grausamkeit oder Selbstüberschätzung, hätte aber an der Front versagt. Nur durch seinen persönlichen Einsatz konnte Marcus die Donaugrenze halten. Vermutlich hätte Avidius Cassius schon damals mit guten Erfolgsaussichten zum Purpur gegriffen.[148]

l. Versteigerung der Kronjuwelen 169

Während Marcus 169 in Rom weilte, bemühte er sich um die Linderung der Verluste, die das Reich durch Pest und Krieg belasteten. Die geschrumpften Einnahmen aus den Provinzen und vor allem die Kosten für die unvermeidliche Aufstellung neuer Legionen verursachten einen akuten Finanzbedarf. Um dem Geldmangel abzuhelfen, wählte Marcus eine unerhörte Maßnahme. Er ließ die Preziosen aus dem Kaiserhaus versteigern. Nur von seinem Bewunderer Severus Alexander (222 bis 235) wird aus der Antike ähnliches berichtet.[149] Zwei Monate lang wurden die *ornamenta imperialia* auf dem Trajansforum feilgeboten: goldene Pokale, Gefäße aus Kristall und Achat, kaiserliches Tafelgeschirr, seidene und golddurchwirkte Brokatgewänder Faustinas, zahlreiche Gemmen aus der Schatzkammer Hadrians, Statuen und Gemälde großer Meister. Darunter war vermutlich auch die stadtbekannte Perlenkette aus dem Erbe der Adoptivgroßtante Matidia, die *linea famosa et celebrata*, die Fronto 162 in einem Brief an Marc Aurel behandelt und die auch Scaevola in den Digesten erwähnt.[150] Für den Stoiker selbst waren äußere Güter bloß Tand, *adiaphora*.[151] Die Kronjuwelen wurden zu Geld gemacht, um die Truppen zu bezahlen. Nach dem Krieg erklärte Marcus sich bereit, die Zimelien zurückzukaufen, doch nur wenige Käufer machten davon Gebrauch. Sie behielten, was sie hatten.

Diese Tat des Philosophenkaisers wurde noch im 4. Jahrhundert bei Eutrop und in der *Historia Augusta*, ja noch im 12. Jahrhundert bei dem byzantinischen Historiographen Zonaras gewürdigt.[152] In einer ähnlich patriotischen Haltung ließ bei der – vergeblichen – Erhebung Österreichs gegen Napoleon 1809 Franz I das kaiserliche Tafelgeschirr ausmünzen.[153] Marcus schonte in seiner Geldnot die vermögenden Kunstsammler aus dem Senatorenstand, die er doch mit einer kriegsbedingten Sondersteuer, einer *superindictio extra ordinem*, hätte schröpfen können, ähnlich wie es später Commodus tat.[154]

m. Rekrutierung von Gladiatoren und Germanen

Bevor Marcus, nun Alleinherrscher, wieder an die Front ging, verstärkte er nochmals das Heer. Über die Ergänzung der Donaulegionen informiert uns eine Inschrift.[155] Sie stammt aus dem Jahre 195 und nennt 139 Veteranen, die unter Marc Aurel im Jahre 169 ausgehoben worden waren und die übliche Zeit von 25 Jahren in der *Legio VII Claudia*, der «mit dem Stier», gedient hatten. Die Legion lag in Viminacium, dem Hauptort von Moesia superior bei Kostolac östlich von Belgrad nahe der Donau an der Jazygenfront. Dort fand sich der Stein. Entsprechend der seit Hadrian üblichen regionalen Rekrutierung stammen fast alle Soldaten aus der näheren Umgebung, die Hälfte trägt das Gentilnomen *Aurelius*, das auf eine Bürgerrechtsverleihung durch Marc Aurel verweist. Bei Auxiliarverbänden dokumentierte dies ein Militärdiplom.[156]

Die in der Provinz verfügbaren Rekruten deckten den Nachwuchsbedarf nicht. Zumal in den nicht unmittelbar bedrohten Gegenden gab es Widerstand, wenn Aushebungen angeordnet wurden. So geschah es unter Hadrian und Marc Aurel bei den römischen Bürgern im grenzfernen Spanien.[157] Marcus war zu Notmaßnahmen gezwungen. Im Jahre 169 rekrutierte er auch Sklaven, denen die Freiheit geschenkt wurde. Wie einst nach der Niederlage von Cannae gegen Hannibal wurden die Sklaven vom Staat gekauft. Die ja unbedingt sinnvolle Heranziehung von Gladiatoren zur Grenzverteidigung wurde übel vermerkt. Das Volk bangte um seine Vergnügungen und höhnte, der Kaiser wolle aus den Gladiatoren wohl

Philosophen machen.[158] Wer kämpfen konnte, wurde gebraucht. Sogar illyrische Räuber meldeten sich zu den Waffen, während die Diogmiten, griechische Stadtpolizei, schwerlich freiwillig gekommen sein dürften.[159] Diese wurden auch später noch in Notfällen zu den Waffen gerufen, nicht immer erfolgreich.[160] Griechenland kannte zwar Räuberbanden, die als Krieger in eigener Sache den Gott Ares-Mars verehrten,[161] lieferte aber den Kaisern keine Soldaten; auch Ägypten trat militärisch nur bei Aufständen in Erscheinung. Daß wie aus illyrischen auch aus germanischen Räubern römische Soldaten, ja hohe Offiziere werden konnten, lehrt Charietto unter Julian.[162] Umgekehrt rekrutierten sich Räuberbanden aus entlassenen oder entlaufenen Soldaten.[163]

Da auch diese Aushilfe nicht hinreichte, warb Marcus Söldner an. In der Vita heißt es: *emit et Germanorum auxilia contra Germanos.* «Er kaufte germanische Hilfstruppen gegen die Germanen.»[164] Die Politik der Anwerbung Reichsfremder ist alt. Schon Caesar hat mit seinen viertausend germanischen Reitern, die er immer um sich hatte, die Gallier in die Flucht geschlagen.[165] Unter Augustus finden wir – nicht immer zuverlässige! – Cherusker im römischen Heer; die julisch-claudischen Kaiser hielten sich eine germanische Leibwache, die *corpore custodes*, die letzte Stütze Neros.[166] Die als Reiter und Schwimmer berühmten Bataver vom Niederrhein[167] stellten etwa zehntausend Mann Hilfstruppen; Tacitus nennt die Germanen *laeta bello gens*, ein Volk, das froh ist, wenn es kämpfen kann – eine Charakteristik, die für die gesamte Frühzeit stimmt und im Gegensatz zur friedfertigen Einstellung der kaiserzeitlichen Römer steht.[168] Da die Germanenstämme auch untereinander gewöhnlich auf Kriegsfuß standen, nimmt es nicht wunder, wenn sie dies für gute Münze im Dienste Roms taten. Antoninus Pius hatte auf die Einstellung von Söldnern verzichtet,[169] aber Marc Aurel hatte keine Wahl. Er konnte nicht wissen, daß die spätere Zunahme der Germanen im Heer,[170] verbunden mit den Angriffen von außen, schließlich das Ende des Imperiums besiegeln würde.

Nachdem noch Trajan Gefangene in die Sklaverei verkauft hatte,[171] wurden Germanen von Marcus im Reich angesiedelt. *Infinitos ex gentibus in Romano solo conlocavit* heißt es: «Zahllose Angehörige fremder Völker siedelte er auf römischem Boden an», und zwar in den

Grenzprovinzen Dacia, Pannonia, Moesia, Germania und in Italien selbst.[172] Ihnen wurde Land zugewiesen, das sie steuerpflichtig bestellten. Ihr Kriegsdienst in den Hilfstruppen gewann bis in die Spätantike an Bedeutung. Auch diese Politik hatte Tradition. Fremde, die etwas leisteten, waren im Reich immer willkommen.[173] Das rühmte noch Aelius Aristides 143 in seiner Romrede.[174]

Zu diesem innenpolitischen Interesse trat seit Augustus ein außenpolitisches Motiv. Um das ständige Hämmern auf die römischen Grenzen zu mindern, haben die Kaiser neben Strafaktionen und Grenzbefestigungen immer auch größere Gruppen von Barbaren ins Reich übernommen. Das brachte Renditen und Rekruten. Die über den Wehrdienst beschleunigte Integration gelang. Die von Agrippa 38 v. Chr. auf das römische Ufer umgesiedelten Ubier in und um Köln nannten sich schon bei Tacitus nach Neros Mutter Agrippina «Agrippinenses».[175] Augustus siedelte 50 000 dakische Geten in Mösien an[176] und übernahm Sweben und Sugambrer, Tiberius 40 000 weitere Germanen nach Gallien.[177] Claudius verlieh dem Swebenkönig Vannius mit seinem Anhang Land in Pannonien,[178] unter Nero gewährte der Statthalter von Moesien nochmals mehr als 100 000 Barbaren von jenseits der Donau Aufnahme ins Reich. Sie kamen mit Frauen, Kindern und Fürsten oder Königen und sollten Tribut zahlen. Da wir dies nur aus einer zufällig erhaltenen Inschrift wissen,[179] ist mit weiteren Umsiedlungen zu rechnen. Die germanischen Neusiedler, die sich als Gefangene oder Flüchtlinge der *fides* des Kaisers anvertraut hatten, waren ihrer Rechtsstellung nach keine Sklaven,[180] sondern Deditizier. Das Wort *dediticius* ist abgeleitet von *se dedere* – «sich ergeben». Man hat den minderfreien Status als «Hörigkeit» bezeichnet, doch unterstanden die Deditizier nicht privaten Herren. Sie lebten so wie die Provinzialen und erhielten nach und nach römisches Bürgerrecht, kollektiv im Jahre 212.[181]

Parallel zur Versorgung mit Land trat die mit Geld. Um die Germanen schon jenseits der Reichsgrenze stillzustellen, zahlten die Kaiser ihnen Jahrgelder, die ein Bündnis vortäuschten. Gemäß Tacitus war das gängige Praxis,[182] bezeugt für Claudius, Domitian und Hadrian.[183] In der Zeit nach Marcus nahm das größere Ausmaße an, beginnend mit Commodus und war noch Usus unter Justinian.[184] Aus römischer Sicht waren das Subsidien oder Ehrengeschenke, aus germanischer Perspektive aber Tribute, faktisch Stillhaltegelder. Franz Altheim sprach 1962 in diesem Zusammenhang von «Entwicklungshilfe», was gewiß für die Modernisierung des Militärsektors der Germanen zutrifft.[185]

Eine wirksame Sicherung der Grenzen aber war weder durch Diplomatie noch durch Geldgeschenke zu erreichen, sondern nur durch Abschreckung, durch demonstrierte und praktizierte militärische Überlegenheit Roms. Denn die Angriffe der Barbaren gingen weiter. Im Herbst 169 weilte Marcus noch in Rom. Während er sich mit seiner Familie in der von Augustus errichteten Villa Imperialis zu *Praeneste* – Palestrina erholte, verlor er seinen siebenjährigen Sohn Annius Verus Caesar durch eine mißlungene Ohrenoperation. Hätte Annius Verus überlebt, wäre er wohl gleichzeitig mit Commodus, wie 166 zum Caesar, so 177 zum Augustus erhoben worden. Das Doppelkaisertum hätte dann nach dem Tode Marc Aurels fortdauern können, wenn Commodus seinen kaiserlichen Bruder nicht, so wie 211 Caracalla den Geta, umgebracht hätte. Das blieb Annius Verus erspart.

Marcus verkürzte die Staatstrauer, um die Spiele zu Ehren Juppiters, die *Ludi Capitolini* am 15. Oktober, nicht zu blockieren. Er ließ dem Toten eine Statue errichten und ein goldenes Bildnis anfertigen, das bei der Zirkusprozession mitgeführt werden sollte. Mit der *pompa circensis* wurden die Wagenrennen eröffnet. Zudem wurde der Name des Prinzen ins Kultlied der Salier aufgenommen.[186]

Die Nachrichten von der Donau riefen den Kaiser ein zweites Mal an die Front. Noch vor dem Ablauf der Witwentrauer Lucillas um Lucius verheiratete Marcus sie mit Pompeianus, der schon bei Jahren war. Der Widerstand Lucillas und ihrer Mutter rührte Marcus nicht. Er verpflichtete sich so seinen wichtigsten General und verhinderte, daß Lucilla am Ende durch die Ehe mit einem Senator diesem Thronansprüche verschaffte, die Pompeianus nicht erheben konnte, da er *nec satis nobilis* war, nicht hinreichend wohlgeboren.[187] Danach begab sich Marcus im Herbst 169 zum *bellum Germanicum* wieder nach Carnuntum ins Winterlager.[188] Die Münzen aus dem Frühjahr 170 zeigen eine ADLOCUTIO AUGUSTI, eine Ansprache des Kaisers an die Soldaten, also eine Feldherrnrede, wie sie die antiken Geschichtsschreiber so gern rekonstruieren, und verkünden den

Aufbruch an die Front, die PROFECTIO AUGUSTI. Sie beschwören FELICITAS – Glück, SALUS – Heil und VICTORIA – Sieg des Kaisers und wünschen ihm eine gute Heimkehr durch FORTUNA REDUX. Es gab noch ein Abschiedsgeschenk an das Volk, eine fünfte LIBERALITAS,[189] dann verließ Marcus die Stadt. Erst acht Jahre später sollte er Rom wiedersehen.[190] Nun ein Blick auf die Nebenkriegsschauplätze!

n. Jazygen und Vandalen in Dakien 170

Die Donau blieb während der gesamten Regierungszeit Marc Aurels der Hauptkriegsschauplatz, doch rumorte es auch in anderen Grenzprovinzen. Das reiche Dakien wurde von allen Seiten bedrängt, spürbar zunächst von Westen. Ende 167 wurden die Goldbergwerke von Alburnus Maior, dem heutigen Rosia Montana westlich von Klausenburg aufgegeben. Die im Jahre 1855 in den Stollen entdeckten Wachstafeln enthalten Aufzeichnungen nur bis zum 29. Mai 167; diese brechen dann – offenbar kriegsbedingt – ab.[191] Die schon von Herodot erwähnten Goldvorkommen wurden seit der Eroberung Dakiens durch Trajan 104 n. Chr. von den Römern – genauer: für die Römer – ausgebeutet und bis in die Neuzeit genutzt. In jüngster Zeit bemüht sich ein kanadischer Konzern in Bukarest um die Schürfrechte in gigantischem Ausmaß, was die Landschaft, mehrere Ortschaften und die wohlerhaltenen römischen Galerien zerstören würde.

Gegner im Westen Dakiens waren die Jazygen. Sie gehörten wie die Roxolanen zu den sarmatischen Völkern, daher werden sie – so unter Marcus – oft als «Sarmaten» bezeichnet, so wie Markomannen und Quaden auch volltönender «Germanen» genannt werden. Die Jazygen lebten wie die Skythen, denen sie zugerechnet werden, als schriftlose Reiternomaden in Wagen und Zelten in der südrussischen Steppe, schon Herodot kennt sie.[192] Ihr Kriegsgeist erstreckte sich auch auf die Jungfrauen, die angeblich erst einen Feind getötet haben mußten, bevor sie heiraten durften.[193] Wer denkt da nicht an die Amazonen? Noch unter Marc Aurel verwendeten sie Knochen statt Eisen, kämpften mit Bogen und Lasso und trieben keinen Handel mit den Nachbarn.[194] Das Namensgut erweist die Sprache der Sarmaten als indogermanisch, verwandt mit dem Persischen. Ob sie die Sprache der mit ihnen verbündeten Germanen – und umgekehrt – verstanden, ist fraglich. In jedem Falle überwog und verband sie das gemeinsame Kriegsziel: Beute aus Rom. Im Zuge der zahlreichen Westwanderungen aus dem Schwarzmeergebiet gelangten die Jazygen bis in die Theißebene. Unter Neros Nachfolgern begannen die Vorstöße über die Donau. Domitian, Nerva und Hadrian hatten mit ihnen zu schaffen.

Ammian vermerkt um 390, die Sarmaten seien allzeit «römische Klienten» gewesen, doch wechselten Krieg und Frieden wie mit den Germanen.[195] Unter Antoninus Pius kamen jazygische Gesandte nach Rom, um im Senat einen Friedensvertrag zu bestätigen,[196] doch unter Marc Aurel war es damit wieder vorbei. Sie bedrohten die dakische Hauptstadt Sarmizegetusa, lateinisch *Colonia Ulpia Traiana Augusta Dacica*. Eine verstümmelt erhaltene Inschrift von 170 oder 171 rühmt die Tapferkeit, mit der die Stadt aus einer tödlichen Gefahr, *anceps periculum*, gerettet worden sei.[197]

Damit läßt sich der Schlachtentod des hochdekorierten Statthalters von Obermösien Claudius Fronto[198] verbinden, der zugleich Patron der Stadt war. Viele Städte wählten sich damals einen einflußreichen Senator zum Patron, der ihre Interessen vor Gericht und bei Hofe vertrat und dafür geehrt wurde. Meist vererbte sich das Patronat. Die Inschrift der Basis von Frontos Statue, die ihm Marc Aurel auf dem Trajansforum widmete, nennt seine Auszeichnungen und Ämter, so seinen provinzübergreifenden Oberbefehl über die Truppen in Dacia und Moesia superior.[199] Er sei nach mehreren Siegen über die Jazygen tapfer kämpfend für die *res publica* gefallen. Die Furcht vor ihnen war bis zur Adriaküste spürbar, denn damals wurde Salona befestigt.[200] Verbündet mit den Jazygen waren «Germanen». Gemeint sind fraglos, wie auch sonst, Quaden, deren nördliche Nachbarn.[201] Die Quaden hatten den Frieden von 168 gebrochen, ihren damals eingesetzten romtreuen König Furtius verjagt und an seiner Stelle Ariogaisos, den «edlen Speerkämpfer», erhoben.[202] Nun befanden sie sich wieder im Kriegszustand mit Rom. Der Einfall nach Dakien und der Tod des Claudius Fronto ereigneten sich im Frühjahr 170, denn noch in diesem Jahr erscheint als Nachfolger Cornelius Clemens.[203]

Clemens hatte dann mit Gegnern im Norden zu tun, mit hasdingischen Vandalen. Die schon von Plinius und Tacitus genannten Vandalen[204] stammen aus Jütland, erscheinen über die Ostsee kommend in Schlesien, dessen Name vom vandalischen Königsgeschlecht der Silingen stammt. Ein zweites Königshaus gab den «hasdingischen» Vandalen den Namen, die nun mit Kind und Kegel an der Nordgrenze Dakiens standen. Geführt wurden sie von Raus und Raptus, von «Rohr und Balken».[205] Ein solches Doppelkönigtum findet sich mehrfach bei den Germanen, so bei den Vandalen zuvor mit Ambri und Assi, bei den Langobarden mit Ibor und Agio, bei den Angelsachsen mit Hengest und Horsa.[206] In der Regel dürfte es sich um Brüder handeln wie bei Romulus und Remus. Die Vandalen forderten Geld und Land und boten den stets gerne geleisteten Kriegsdienst an. Clemens lehnte ab, nahm aber ihre Wagenkolonne in Obhut, während die Männer östlich am Pruth von den Kostoboken Land erkämpfen wollten. Sie siegten, da sich deren Kriegsmannschaft 171 auf dem Beutezug nach Griechenland befand.[207]

Da die Räuberei der Vandalen in Dakien 172 weiterging, fürchteten die gleichfalls ostgermanischen Lakringen, die von Clemens Land erhalten hatten, dieser werde die Vandalen auf ihr Gebiet schicken, griffen sie an und brachten ihnen erhebliche Verluste bei. Die Vandalen belästigten daraufhin Dakien nicht weiter, wandten sich 173 an den Kaiser und erhielten von ihm Gelder und die Zusage von Land, sofern sie ihm gegen seine Feinde Beistand leisteten.[208] Vandalen und Lakringen standen danach im Dienst Marc Aurels.[209] In späteren Jahren finden wir Vandalen mal im Kampf gegen Aurelian und mal im Dienst für ihn. Sie lebten als Siedler in Pannonien unter Constantin, ehe sie um 400 nach Westen aufbrachen, um 429 unter Geiserich Afrika zu erreichen.[210]

o. Kaledonier in Britannien, Bastarnen in Kleinasien

Auch Britannien kam nicht zur Ruhe. Die keltischen *highlanders* aus den schwer zugänglichen Bergwäldern Caledoniens[211] plünderten die Provinz, so daß schon Hadrian eine Militärgrenze quer durch die Insel ziehen mußte,[212] die englisch *Hadrian's Wall* heißt, aber kein Wall ist, sondern ein *wall*, eine Mauer. Weitere Kämpfe unter Antoninus Pius erforderten die Einrichtung einer zweiten Verteidigungslinie weiter nördlich.[213] Dennoch wiederholten sich die Angriffe. Marcus ernannte zum Statthalter den bewährten Statius Priscus, den er aber schon 162 nach Kappadokien an die Partherfront versetzte, wo Severianus 161 aus dem Leben geschieden war.[214] Nun griffen die Kaledonier, später Picten genannt, in Britannien erneut an.[215] Marcus entsandte Calpurnius Agricola gegen sie,[216] der nicht erfolglos war, denn er wurde 169 Statthalter von Dakien.[217] Die Militärgrenze durch Britannien mußte auf die Hadriansmauer zurückgenommen werden. Appian bemerkte damals, die Provinz Britannien sei nicht eben ertragreich.[218] Das *bellum Britannicum* war noch im Gang, als 166 der große Einbruch an der Donau stattfand.[219]

Vermutlich ins Jahr 170 fällt ein Raubzug der Bastarnen aus dem Gebiet nördlich der Donaumündung nach Kleinasien. Sie kamen durch die Meerengen und landeten in Bithynien. Eine Inschrift aus Thyatira, dem heutigen Akhisar weit im Hinterland von Pergamon, erwähnt eine kriegsbedingte Sondersteuer durch Marc Aurel; der Statthalter von Asia in Ephesos Nonius Macrinus wird als «Retter der Provinz» gepriesen.[220] Hier fassen wir ein Vorspiel zu den Einfällen der Germanen nach Kleinasien, als in den Jahren nach 255 Heruler, Boranen und Goten über das Schwarze Meer das Landesinnere heimsuchten.[221] Damals kamen auch die Großeltern des späteren Gotenbischofs Wulfila als Gefangene ins Barbaricum.

p. Kostoboken in Eleusis, Mauren in Spanien 171

Wie die Militärgrenze in Britannien hielt auch die untere Donaugrenze von Moesia inferior nicht. Es ist die Stelle, wo 376 der fatale Einbruch der Westgoten erfolgte. Nach der Verlegung der fünften Legion aus Troesmis nach Potaissa in Dakien[222] überquerten Ende 170 oder Anfang 171 die Kostoboken den Strom.[223] Dieses den Dakern zugerechnete Volk bewohnte die östlichen Karpaten und stand in einem Vertragsverhältnis zu Rom. Das zeigt eine stadtrömische lateinische Grabinschrift für Zia, die Gemahlin des kostobokischen Klientelkönigs Pieporus, gesetzt von zwei Enkeln.[224] Dieser romfreundliche König war offenbar von der Kriegspartei des Stammes vertrieben worden, so wie wir das von germanischen Klientelfürsten kennen, und fand mit seiner Familie in Rom Asyl.[225]

Ungehindert erschienen die Barbaren in der Provinz und gelangten über Thrakien, wo Philippopolis, Nikopolis ad Istrum, Serdica und Augusta Traiana alias Beroia, der «Schlüssel zu den Balkanpässen», damals befestigt wurden,[226] durch Makedonien und Thessalien bis Mittelgriechenland. Ihr Ziel waren die Schatzhäuser von Delphi. Auf dem Wege dorthin wurden sie jedoch bei Elateia zurückgewiesen durch einen damals bekannten Olympioniken, einen Sieger im Waffenlauf, der ihnen mit einer zusammengerufenen Schar entgegentrat, selber aber fiel. Pausanias sah wenig später seine Bronzestatue auf der Agora der Stadt. Die Kostoboken näherten sich daraufhin Athen, wo sie im Mai 171 das Heiligtum von Eleusis in Brand steckten.[227] Gegen sie sandte Marcus den Procurator und Reiterführer Vehilius Gratus Julianus,[228] doch dürfte der die Barbaren kaum noch angetroffen haben. Die «Vertreibung» eingefallener Barbaren schließt deren geordneten Rückzug nicht aus. Das zwischen Krieg und Frieden changierende Verhältnis wie zu den Germanen bestand ebenso zu den Kostoboken.

Im Jahre 171 kamen böse Nachrichten ebenfalls aus dem Westen. Es gab Unruhen bei den Sequanern im Schweizer Jura, die aber Marcus mit friedlichen Mitteln stillen konnte.[229] Ernst war die Lage in Spanien. Nachdem Mauretanien unter Pius rebelliert hatte,[230] waren maurische Banden wiederum über die Meerenge gekommen und plünderten die Heimat der Familie Marc Aurels, die Provinzen Baetica und Lusitania, also das heutige Andalusien und das südliche Portugal. Stark übertreibend spricht die Vita von «fast ganz Spanien».[231] Die meistbetroffene Baetica war eine «befriedete» senatorische Provinz unter einem Prokonsul, der kein Militär zur Verfügung hatte. Marcus ernannte den gegen die Chatten erfolgreichen Aufidius Victorinus zum Statthalter mit militärischer Befugnis und sandte zudem Vehilius Gratus Julianus mit Truppen dorthin, nachdem die Kostoboken 171 aus Griechenland vertrieben oder abgezogen waren. Das muß 172 oder 173 geschehen sein. Victorinus wurde Statthalter in Karthago, an seine Stelle trat Nonius Macrinus.[232] Gratus übernam die Führung der Schwarzmeerflotte, der *classis Pontica*, wurde später Gardepräfekt unter Commodus, dann aber von diesem beseitigt.[233] Die Legaten hatten nur vorübergehend Erfolg.[234]

q. Räuberhirten in Ägypten 172

Ein weiterer Nebenkriegsschauplatz war Ägypten. Dort rebellierten 172 die berüchtigten Boukoloi, die Rinderhirten im westlichen Delta,[235] nahe Alexandria. Führer der Rebellen war der Priester Isidoros, bekannt für seine Kühnheit. Dio berichtet, ziemlich romanhaft, daß der Polizeichef von Alexandria, ein Centurio, einige dieser Männer gefangen habe. Darauf seien andere, als deren Frauen verkleidet, mit Lösegeld bei ihm erschienen, hätten ihn erschlagen und seinen Kollegen geopfert, ja aufgefressen, nachdem sie sich über dessen Leiche verschworen hätten.

Glaubhafter heißt es weiter, die *bucolici milites*[236] seien nahe daran gewesen, Alexandria, die zweitgrößte Stadt im Reich, zu erobern, nachdem sie die Garnison besiegt hatten. Die Stadt konnte durch die *Legio Secunda Traiana*, die «mit dem Schützen», eben nicht wirksam geschützt werden. Sie war in Nikopolis stationiert, dem östlichen Vorort der Stadt, heute unter Camp Mustafa Pascha in Ramleh. Erst Avidius Cassius, der mit der syrischen Armee dem ägyptischen Legionslegaten Calvisius Statianus zu Hilfe kam, vermochte die Aufständischen zu trennen und zu besiegen.[237] Im Jahr 172 schweigt die alexandrinische Münze.[238]

Wie das Leben und Treiben dieser autonomen Sumpfräuber in ihren unzugänglichen Dörfern zwischen den Nilarmen die Phantasie beflügelte, das schildern zwei Liebesromane, der des Achilleus Tatios aus der Zeit Marc Aurels und der davon abhängige des Heliodor aus dem 3. Jahrhundert.[239] Wie bei Jamblichos[240] geht es um Trennung, Abenteuer und Wiedervereinigung, nachdem die Braut auf dem Wege von Pelusion nach Alexandria in die Gewalt der Räuberhirten geraten und – unberührt! – wieder befreit ist. Sie sind dunkelhäutig, kahlköpfig, sprechen kein Griechisch und unterstehen einem «König». Sie trotzen der Staatsmacht, auch wenn diese mit Heeresstärke auftritt. Es gibt Menschenopfer, sakralen Kannibalismus und Verkleidung als Kriegslist. Am Ende werden sie durch eine Streitmacht aus der Hauptstadt besiegt.[241] Zweihundert Jahre Römerherrschaft konnten das Reich nicht flächendeckend zivilisieren. In unzugänglichen Gebieten herrschte weiterhin Faustrecht, wie in den Bergregionen Kleinasiens, Griechenlands und Dalmatiens so auch im Sumpfland des Nildeltas.

r. Sohaemus wieder in Armenien

Gespannt blieb die Lage in dem ewig umstrittenen Armenien. Sohaemus war von den Parthern vertrieben worden. Martius Verus, der nach Statius Priscus Statthalter von Kappadokien geworden war, führte ihn 172 in sein Königreich zurück.[242] Bei dieser Gelegenheit besuchte er Kainepolis, wo die Besatzung zu meutern drohte. Martius Verus stellte die Ordnung wieder her und erfuhr dabei von Dio ein hohes Lob für sein Feldherrntalent.[243] Er erscheint als ein Mann von Energie und Ausdauer, von gesundem Urteil und kluger Voraussicht. Sein strategisches Können habe sich in seinen ebenso raschen wie richtigen Entscheidungen gezeigt. Dio rühmt seine gewinnende Persönlichkeit (*charis*) und seine Kunst der Menschenführung. Als Vorgesetzter wie als Tischgenosse sei er geschätzt gewesen, durch Glaubwürdigkeit und Großzügigkeit habe er damals die römischen Soldaten besänftigt und den Barbaren klar gemacht, daß Freundschaft besser ist als Feindschaft.

Ein weiteres Mal, 173 oder 174, mußte Martius Verus eingreifen, als in Armenien Unruhen entstanden, nachdem der Feldherr des Sohaemus, der «Satrap» Tiridates,[244] ebenfalls ein Arsakide, einen Krieg vom Zaun gebrochen hatte. Er hatte den König der Heniochi erschlagen.[245] Dieses Volk bewohnte, nördlich Armenien benachbart, die Ostküste des Schwarzen Meeres, das Umland der griechischen Stadt Dioskurias im antiken Kolchis. Als mythische Gründer galten die namengebenden Dioskuren Castor und Pollux, die an der Argonautenfahrt teilgenommen hatten. Ihre Wagenlenker Telchis und Amphitos waren die Namenspaten der Heniochi, wörtlich der «Zügelhalter».[246] Tiridates hatte eigenmächtig jenseits der römischen Einflußzone operiert und wurde daraufhin von Martius Verus nach Kappadokien beordert, vermutlich ins Legionslager nach Melitene, und verhört. Dabei bedrohte er Verus mit dem Schwert. Dieser ließ ihn verhaften, schickte ihn zu Marc Aurel an die Donau, und der verbannte ihn nach Britannien.[247] Dio nennt dies als weiteres Beispiel für die Milde des Kaisers. Anders als die meisten Ratgeber Marc Aurels hat Martius Verus später das Regime des Commodus überlebt.[248] Eine militärische Bauinschrift von zwei Truppenabteilungen aus dem Kloster Etschmiadsin, dem Sitz des armenischen

Patriarchen, westlich von Eriwan, bezeugt römische Präsenz dort noch im Jahr 177.[249]

s. Marcus in Carnuntum 170

Kehren wir nun zu Marc Aurel zurück! Von 170 bis 173 finden wir ihn drei Jahre lang ununterbrochen in dem 168 wiederhergestellten Carnuntum östlich von Wien zwischen Petronell und Deutsch-Altenburg, den Markomannen gegenüber.[250] Der Name des Ortes ist vermutlich keltischen Ursprungs, so wie der Ländername Kärnten und der Stammesname *Carnuti* in Mittelgallien. Hier führte die uralte «Bernsteinstraße», ein Trampelpfad, von der Ostsee über die Donau nach Italien.[251] Das Militärlager wurde 15 n. Chr. unter Tiberius errichtet. Trajan verlegte eine Legion nach Carnuntum und erhob 106 die Zivilstadt zum Sitz des Legaten für Oberpannonien, unter Hadrian wurde sie Munizipium mit römischem Bürgerrecht für die 50 000 Einwohner. Carnuntum besaß eine Arena, ein Theater, Thermen und Tempel sowie ein Praetorium, die Stadtvilla für den Provinzstatthalter, in der dann Marc Aurel residierte und regierte. Carnuntum war die Operationsbasis gegen die nordwestlich lebenden Markomannen und die nordöstlich siedelnden Quaden. Nach Marcus weiterhin hochbedeutend, verfiel die Stadt im 4. Jahrhundert[252] und wurde um 400 verlassen, als Quaden und Markomannen schließlich doch die Oberhand gewonnen hatten. Heute ist Carnuntum die eindrucksvollste Ruinenstätte der Römerzeit in Österreich.[253] Standortkommandant in Carnuntum war damals der Legat der *Legio XIV Gemina* «mit dem Adler» Vettius Sabinianus. Seine lange, steile Laufbahn verrät die Inschrift aus Thuburbo Maius in Tunesien, da Vettius Sabinianus Patronus der Stadt war.[254]

t. Der zweite Markomannenkrieg 171

Das Jahr 170 galt der Vorbereitung auf den Krieg gegen die Markomannen, die nach ihrem Raubzug 168 ungestraft entkommen waren. Zunächst gab es Rückschläge. Die siegverheißenden Parolen der Münzen setzen aus, vermutlich aufgrund der Niederlage von Claudius Fronto in Dakien.[255] 171 melden die Münzen die Zehnjahresfeier der Herrschaft Marc Aurels, die Dezennalien.[256] Wie üblich leistete der Senat dabei Gelübde für das folgende zweite Jahrzehnt (VOTA SUSCEPTA), nachdem er die für das vergangenen erste eingelöst hatte (VOTA SOLUTA). Bei diesen Gelübden für das Heil des Staates, den üblichen *vota pro salute rei publicae*, wurden den Göttern Dankopfer versprochen, beispielsweise eine Hekatombe Rinder, Votivgaben, Statuen oder ein Tempel.

Zu Beginn der warmen Jahreszeit 171 eröffnete Rom den Rachefeldzug gegen die Markomannen unter dem Gardepräfekten Marcus Macrinius Vindex, dem Vater des Langobardensiegers von 166. Der Präfekt wurde aber geschlagen und fiel.[257] Marcus widmete ihm drei Ehrenstatuen in Rom.[258] Die nordöstlich der Markomannen lebenden Cotini erfüllten damals ihr Hilfsversprechen zu einem Entlastungsfeldzug an den Kaiser nicht, ja sie mißhandelten den zu ihnen geschickten Staatssekretär Taruttienus Paternus, der vermutlich die Subsidien überbrachte. Das, so Dio, führte später zu ihrem Verderben.[259] Der Kaiser, der den Winter in Carnuntum verbracht hatte,[260] griff nun selber ein; er vernichtete die ins Reich vorgestoßenen Markomannen beim Versuch, über die Donau zurückzukehren; er nahm ihnen die Beute ab und gab sie den Provinzialen wieder.[261]

Ende 171 kam es offenbar zu einem nach 166 zweiten Frieden, bei dem Marcus den Markomannen verbot, innerhalb einer zehn Meilen breiten Sperrzone entlang der Donau zu siedeln. Römische Präsenz auf dem linken Donau-Ufer bezeugen Inschriften und Kleinfunde. Damals oder wenig später entstanden fünf holzbewehrte Feldlager für 3500 Soldaten gegenüber der wichtigen Donaufurt bei Brigetio nahe Komarom.[262] Brigetio riegelte die Täler von Waag und Neutra ab. Die Breite der Sperrzone wurde 173 halbiert, daher wissen wir von dem vorausgegangenen, sonst nicht bezeugten Friedensschluß 171.[263] Damals hat Marcus wohl auch die Geiseln genommen, die dann 173 ersetzt wurden, und, wie die Vita berichtet, eine größere Zahl Markomannen in Italien angesiedelt.[264] Die Münzen von 171 zeigen Victoria und die Parole VICtoria GERmanica sowie die sechste imperatorische Akklamation. Das bezeugt einen bedeutenden Sieg über die Germanen.[265]

In diesen Zusammenhang gehören vielleicht auch zwei von Dio vermerkte Episoden. Ein gefangener Jüngling verweigerte vor Marcus die Aussage, weil er fror und erst mal einen Mantel forderte. Das war in der kalten Jahreszeit. Ein römischer Wachsoldat hörte nachts vom anderen Ufer den Hilfeschrei eines Gefangenen, schwamm hinüber und rettete ihn.[266] Das war in der warmen Jahreszeit.

u. Das Regenwunder im Quadenland 172

Nach dem Frieden mit den Markomannen wandte sich Marcus gegen die Quaden. Mit der Schilderhebung des Ariogaisos anstelle des Furtius und dem Kriegszug nach Dakien 170 hatten sie den Frieden von 168 gebrochen und die Feindseligkeiten wieder aufgenommen. Marcus mußte handeln. Zum ersten Mal wurde der Krieg erfolgreich in Feindesland getragen. Anfang 172 überschritt der Kaiser die Donau. Münzen des Jahres zeigen das Heer auf einer Schiffsbrücke, auf einem Medaillon ist eine Ansprache des Kaisers an die Truppe, eine *adlocutio*, dargestellt.[267] Die Römer drangen weit ins Barbaricum vor, doch der Erfolg dieser Strafexpedition beruhte auf einem Zufall. Im Sommer 172[268] ereignete sich das Regenwunder, die bekannteste Episode aus den Germanenkriegen Marc Aurels, lokalisiert im Quadenland, heute in der westlichen Slowakei.[269] Kein anderer Vorfall hat so viel Staunen bei den Zeitgenossen und Interesse in der Nachwelt erregt wie dieses Naturphänomen.[270] Es wurde mit einem wachsenden Kranz von Legenden ausgestaltet, die nicht immer von echtem Sachbericht unterschieden werden können.[271]

Das eindrucksvollste Zeugnis bietet die Bildspirale der Marcussäule auf der Piazza Colonna in Rom. Da gibt es in mäßiger Höhe eine ungewöhnliche Szene. Über Legionären, die von links kommend – wie alle Sieger auf römischen Denkmälern – Barbaren in langen Hosen niederkämpfen, breitet ein riesiger geflügelter Dämon seine Arme aus, von denen ein Vorhang aus Regensträhnen herabströmt. Daneben stehen Soldaten, die den Rundschild über den Kopf halten. Die in der antiken Kunst ungewöhnliche Gestalt erinnert an die Beschreibung des Regengottes Notus in Ovids ‹Metamorphosen› (I 264 ff.): ein schaurig-schrecklicher Greis, aus dessen Bart und Haar und feuchten Schwingen es regnet.

Das Geschehen erwähnt kurz die Vita und schildert ausführlich Cassius Dio:[272] Die Römer, Schild an Schild stehend, sind von einer

Abb. 19: Das Regenwunder im Quadenland. Der Dämon rettet die verdurstenden Römertruppen durch einen Wolkenbruch 172. Relief der Marcussäule, Szene XVI.

Unzahl Quaden eingeschlossen, durch Hitze und Durst ermattet, denn der Zugang zum Wasser ist ihnen versperrt. Da gibt es einen erlösenden Platzregen, die Römer trinken mit offenem Mund nach oben, sammeln das Wasser in ihren Helmen und Schilden und tränken auch ihre Pferde. Das nutzen die Barbaren zum Angriff, aber Hagel und Blitze fahren auf sie nieder, der Regen – o Wunder! – nährt das Feuer unter ihnen als wäre es Öl, während es die Römer verschont.[273]

Das Regenwunder beflügelte die Phantasie. Die Legendenbildung fassen wir schon bei Dio und seinen Quellen, so beim Bericht über den Eingriff des Wettergottes in den Kampf, der wundersam wohlsortiert allein die Quaden mit Blitz und Hagel vernichtet, aber die Römer im Handgemenge ausspart. Der Blitzschlag geht gemäß der Vita dem Regen voraus. Er zerstört ein *machinamentum*, einen Belagerungsturm der Quaden. Sehr anschaulich zeigt dies ebenfalls die Marcussäule. Römer verteidigen in Anwesenheit des Kaisers eine Stadtmauer, während das Holzgerüst der Angreifer vom Blitz getroffen zusammenbricht. Dies erscheint auf Bild 11, während der Regengott erst auf Bild 16 folgt. Es handelt sich somit um eine völlig andere Situation vor Ort, es sind zwei Ereignisse, die in der Textüberlieferung kompositorisch verbunden wurden.[274] Wo mag diese Stadt zu suchen sein? Soweit die Germanen Belagerungsmaschinen benutzten, ließen sie diese von römischen Überläufern oder Gefangenen bauen und bedienen.

Die hilfreichen Unwetter konnte schon Marcus nicht als bloßen Zufall stehen lassen. Das physische Geschehen verlangte eine metaphysische Erklärung, eine Sinnstiftung. Der Himmel sandte erst Blitz, dann Regen auf Bitten des Kaisers, so die Vita.[275] Marcus sprach in seinem bei Dio griechisch referierten Brief an den Senat, den es – auf Latein – sicher gegeben hat, von einer Rettung durch Gott (*para theou*) oder vorsichtig «nicht ohne Gott» (*ouk atheei*), jedenfalls ganz allgemein, ohne den zuständigen Wettergott Juppiter oder ein anderes höheres Wesen zu benennen.[276] Das entspricht seiner Philosophie, nicht aber dem Bedürfnis des Publikums. Hier sah jeder seinen eigenen Gott am Werk. Ebenso verfuhr später Constantin mit der Inschrift auf seinem Ehrenbogen in Rom, wo er den Sieg über Maxentius INSTINCTU DIVINITATIS erfocht, auf «Eingebung der Gottheit».[277] War das Juppiter, Mithras oder der Christengott?

Dio bezeugt, daß es Leute gab, die behaupteten, der ägyptische «Magier» Arnuphis habe den «Hermes Aërios» bezaubert, den Regen zu senden. Gemeint ist hier wohl der Zaubergott Thoth.[278] Arnuphis sei in der Begleitung Marc Aurels gewesen, was denkbar ist, da eine, wenn auch undatierte Inschrift für Isis aus Aquileia einen hieroglyphenkundigen Arnuphis nennt.[279] Daß sich Arnuphis aber bei der Expedition im Feindesland aufhielt, wo es um Tod und Leben ging, ist nicht anzunehmen. Die Erzählung setzt irrig die Anwesenheit des

Kaisers bei der Truppe voraus, was ebenso die übrigen Legenden unterstellen. Das verlieh der Episode Gewicht.[280]

Die Vita Elagabals bereichert die Entourage Marc Aurels noch um «Chaldäer und Magier», deren Zauberkünste den Sieg über die «Markomannen» herbeigeführt hätten.[281] Im Jahre 404 erscheint im Lobgedicht Claudians auf das sechste Konsulat des Kaisers Honorius ein Chaldäer bei Marcus. Der Dichter feiert den Rombesuch des Honorius durch einen Vergleich mit der Rückkehr Marc Aurels nach dem Regenwunder, das der Götterkönig, der zuständige altrömische Juppiter Pluvius bewirkt habe, bezaubert durch den «chaldäischen Magier» oder, eher, bewogen durch die reinen Sitten dieses Kaisers.[282] Chaldäer verstanden sich aufs Regenmachen.[283] Die *Suda* im 10. Jahrhundert kennt dann den Namen des Zauberers, Julianos Theurgistes.[284] Er verfaßte angeblich unter Marc Aurel *Oracula Chaldaea*, tat Wunder und konnte die Pest bannen.[285] Im Krieg gegen die «Germanen und Sarmaten» half er Marcus, indem er sich aus Lehm eine Maske formte, aus deren Augenschlitzen Blitze zuckten, vor denen die Barbaren flohen.[286]

Üppiger noch als die heidnische wuchert die christliche Legendenbildung zum Regenwunder. Nach der stoischen, ägyptischen und der römischen Deutung bringen die Kirchenväter ihre eigenen Varianten. Die früheste – wenn sie echt ist[287] – bietet der Bischof Apollinaris[288] von Hieropolis, türkisch Pamukkale, in seiner Verteidigungsschrift an Marcus.[289] Die Feinde sind bei ihm, wie dann auch in der Hieronymus-Chronik, Germanen und Sarmaten, die Soldaten die der 12. Melitenischen Legion aus Kappadokien in der östlichen Türkei. Die Legionäre seien vor dem Feinde auf die Knie gefallen, was diese verblüfft habe, ehe sie dann durch Sturm und Blitz in die Flucht gejagt wurden. Die Legion habe zur Erinnerung daran den Beinamen *Keraunobolos-Fulminata*, die «blitzeschleudernde» erhalten. Das war ein Beiname des Juppiters Tonans, des «Donnergottes». Die Fulminata gab es. Sie hieß griechisch *Keraunophoros*, die «Blitztragende» oder «die mit dem Blitz». Den Beinamen *Fulminata* trägt die zwölfte Legion in Melitene, dem heutigen Malatya schon seit Augustus im Jahre 5 n. Chr.[290] Ihr Feldzeichen war ein Adler auf einem Blitzbündel.

Die Verbindung mit dem Regenwunder ist unhistorisch.[291] Daß gewiß nicht die ganze Legion, sondern nur eine Abteilung, eine *vexil-*

latio, im Quadenland mitgekämpft habe, ist ein moderner Rettungsversuch der Nachricht, der sich erübrigt, da allein der «Blitz» im Namen der Legion die Legende ihrer Anwesenheit bei dem Blitzwunder hinreichend motiviert. ‹Die Donnerlegion› heißt eine Ballade des Stuttgarter Pfarrers und Dichters Albert Knapp von 1854. Das Geschehen wird nach Tertullian romantisch ausgemalt: «Wehe, wenn der Schlachtendonner durch die rauhen Klüfte brüllt / Eh' der Römer sich erquicket ...» Das Gedicht gehörte zum Lernpensum der Tertia an preußischen Gymnasien.[292]

Euseb, dem wir die Nachrichten aus Apollinaris verdanken, referiert zudem Tertullians Äußerungen zum Regenwunder. In seinem *Apologeticum* (5,6) von 197 behauptet der africanische Kirchenvater kühn, er habe den Brief des «verehrungswürdigen Kaisers» an den Senat gelesen, in dem dieser das Verdienst an dem rettenden Unwetter dem Gebet der Christen zugewiesen habe. Ein solches Falsifikat war mithin unter den Christen verbreitet. Im Jahre 212 drohte Tertullian dem Prokonsul Africas Scapula für seine Christenverfolgung mit der Hölle als Strafe des Himmels, angekündigt durch die Sonnenfinsternis vom 24. August in Utica, und er beglaubigt dies mit dem durstlöschenden Regen, den in der *expeditio Germanica* Marc Aurels die Gebete der Christen bewirkt hätten. Schon oft hätten sie Trockenheiten durch Kniefälle und Fasten abwenden können.[293]

Tertullian äußert sich nicht zu der Frage, wie der Kriegsdienst der von Gott erhörten christlichen Legionäre mit dem Liebesgebot der Bergpredigt in Einklang zu bringen sei. Doch ging er davon aus, daß Christen Waffendienst leisteten. Indes ist die Nachricht, daß in der *Fulminata*, und zwar just bei der im Regen stehenden Abordnung, Christen gedient haben, Legende. Die Vereinbarkeit des Wehrdienstes mit dem Liebesgebot war innerhalb des Christentums immer umstritten. In der Zeit nach Marc Aurel wurde das von den Kirchenvätern Tertullian, Origenes und Cyprian verneint, wobei namentlich im Kaiserkult des Heeres der Stein des Anstoßes gesehen wurde. Doch auch nach dem «gottgeliebten» Kriegsherrn und Sieger Constantin gab es Stimmen, die *militia Caesaris* und *militia Christi* für unvereinbar erklärten, so der heilige Martin, den bei seiner Mission in Gallien freilich nach römischer Weise bewaffnete «Engel» unterstützten.[294] Bei Euseb, Gregor von Nazianz und Theodoret hingegen war Kriegsdienst für einen christlichen Kaiser selbstverständlich.[295] Für Augustinus ist das Töten auf Befehl grundsätzlich soldatische Pflicht.[296]

Die Regenwunder-Legende lebt fort in der lateinischen wie in der griechischen Literatur. Aus der Zeit um 250 stammt das angeblich uralte zehnte Buch der sibyllinischen Weissagungen, die in jüdisch-christlicher Tradition das Ende des Imperiums und den Untergang der Welt prophezeien. In verschlüsselter Form werden die Kaiser beschrieben, so auch der «weise» und «fromme» Marc Aurel, auf dessen Gebete hin Gott den im Germanenkrieg eingeschlossenen Truppen den rettenden Regen gesandt habe.[297]

Die christliche Deutung blieb dominant. Sie fußt auf dem legendär angereicherten Lagebericht Marc Aurels über das Regenwunder an den Senat.[298] Den gräzisierten Brief überliefert ein Manuskript des 14. Jahrhunderts im Anhang zu Justins zweiter Apologie.[299] Das, was bisher nur in der dritten Person berichtet wurde, steht hier im angeblich authentischen Text des Kaisers selbst. Mit einer kleinen Truppe aus der ersten und der zehnten – nicht der zwölften! – Legion seien die Römer umzingelt worden von 977 000 Feinden. Da betete Marcus vergeblich um die Hilfe der alten Götter und wandte sich dann, vom Durst geplagt, an die Christen im Heer. Sie warfen sich zu Boden, und schon strömte der mildeste Regen hernieder, auf die Feinde aber harter Hagel. Daher, so folgert der Kaiser in diesem Brief, dürfen alle, die es wollen, künftig Christen sein, damit sie uns nicht mit ihren Gebeten bekämpfen. Wer einen Christen seines Glaubens wegen anklagt, werde bei lebendigem Leibe verbrannt. Diese Verordnung solle auf dem Trajansforum und in allen Provinzen angeschlagen werden. Hier dürften schon zeitgenössische Leser gezweifelt haben.

Abgesehen von den augenfälligen christlich-legendären Zusätzen enthält der Kaiserbrief bei Justin aber verläßliche Angaben, die auf das Original zurückgehen. So erfahren wir, daß die Eingeschlossenen nicht der Blitzlegion aus dem fernen Melitene angehörten, sondern eine kleine Gruppe aus Abteilungen von drei Legionen bildeten. Genannt werden die *Legio I Italica*, «die mit dem Keiler», die unter Marc Aurel am Schutz der Donau mitwirkte,[300] die *Legio X Gemina*, die «mit dem Stier», bezeugt damals in Wien, und die *Legio X Fre-*

tensis, die «mit der Trireme», aus Carnuntum. Der gefälschte Brief kennt zudem den richtigen Aufenthaltsort des Kaisers. Danach befand sich Marcus damals im Gebiet der keltischen Cotiner, bei den nördlichen Nachbarn der Quaden im slowakischen Erzgebirge an der oberen Gran.[301] Über den Ort des Regenwunders ist damit nichts gesagt, da Marc Aurel dabei nicht anwesend war – er erscheint auch nicht auf dem Säulenrelief an dieser Stelle –, doch ist er in der Nähe zu vermuten. «An der Gran[302] im Quadenland» überschrieb Marcus 173 das zweite, ursprünglich erste Buch seiner Meditationen, das dritte überschrieb er wieder «in Carnuntum».[303]

Marcus hatte einen Grund für den Besuch bei den Cotinern, mit ihnen war eine Rechnung zu begleichen. Sie hatten im Vorjahr den versprochenen Entlastungsfeldzug gegen die Markomannen unterlassen und waren mit dem Gesandten Paternus übel verfahren, was dann ihr Verderben zur Folge hatte.[304] Das führte Marcus 172 herbei.[305] Wie er treulose Barbaren strafte, das zeigt die Marcussäule.[306] Die Cotini wurden besiegt und nach Unterpannonien umgesiedelt. Zu Anfang des 3. Jahrhunderts erscheinen in Rom inschriftlich *cives Cotini* als Prätorianer, deren Namen erkennen lassen, daß ihnen das römische Bürgerrecht von Marc Aurel verliehen worden war.[307] Verläßlich ist neben den Truppennamen und dem Aufenthaltsort Marc Aurels, wie schon Mommsen sah,[308] eine dritte Angabe des Justinschen Kaiserbriefes: die Person des Kommandierenden: Pompeianus. Die Hieronymus-Chronik nennt hier statt dessen Pertinax,[309] sicher unrichtig. Pompeianus wurde 172 für seine Verdienste zum Konsul für 173 bestimmt.[310]

Der Bericht an den Senat in der Fassung Justins verschwand in der Überlieferung zugunsten der Version Tertullians mit dem Blitz. Dieser Brief sei noch bei «sehr vielen» vorhanden, schreibt der Augustinus-Schüler Orosius um 420. Er berichtet, der Krieg des «sehr ehrwürdigen» und «maßvollen» Kaisers gegen die Markomannen und ihre Verbündeten sei durch die Vorsehung Gottes entschieden worden. Das im Quadenland eingeschlossene Heer sei nahe am Verdursten gewesen, da habe auf Anrufung Christi ein Regen die Römer gerettet. Über die von Blitzen verjagten Feinde habe Christus den Römern einen großartigen Sieg geschenkt.[311] Übernommen wurde die Wundergeschichte einerseits aus der Hieronymus-Chro-

Abb. 20: Hinrichtung von vertragsbrüchigen Germanen, wahrscheinlich Cotinern, durch germanische Hilfstruppen im Quadenkrieg 172. Relief der Marcussäule, Szene LXI.

nik in deren Bearbeitungen,[312] andererseits aus Orosius, so in der Weltchronik Ottos von Freising († 1158), der nicht versäumt, auch bei dieser Gelegenheit die besondere Tapferkeit der überaus starken Germanen hervorzuheben,[313]

In der griechischen Literatur finden wir das legendär ausgestaltete Regenwunder im späteren 4. Jahrhundert bei dem heidnischen Redner Themistios[314] in Konstantinopel. Er kennt ein Gemälde, auf dem der Kaiser mit erhobenen Händen zu Juppiter betet, während die Soldaten den Regen in ihren Helmen auffangen. Themistios spricht irrig von Antoninus Pius. Die christliche Version beruht auf Eusebs Kirchengeschichte, so bei dem Bischof Gregor von Nyssa in Kappadokien, wo die *Legio XII Fulminata* stationiert war[315] und ein weiteres Mal bei dem byzantinischen Mönch und Dio-Epitomator Xiphilinos.[316] Danach sei es der *eparchos*, der Präfekt gewesen, der Marcus darauf hingewiesen habe, daß sich im Heer Christen befänden, die mit ihren Gebeten alles erreichen könnten. Sie möge er um die Fürsprache bei ihrem Gott bitten. Daraufhin hätten die christlichen Legionäre gebetet und das Heer gerettet.[317]

Das Regenwunder im Quadenland erinnert an andere Fälle, in denen die himmlischen Mächte durch Unwetter der richtigen Seite zum Siege verholfen haben. Dio berichtet, daß auch Septimius Severus dies widerfahren sei. Als er 194 in der Schlacht bei Issos gegen Pescennius Niger zu unterliegen drohte, da habe ein von Gott gesandter – *para tou theiou* – gewaltiger Gewittersturm das Blatt gewendet. Wenig später erschlugen Blitze Anführer der Skythen, als sie im Begriff standen anzugreifen.[318] Einzelne Fälle dieser Art, wie beim Regenwunder, dürfen als historisch gelten, meist aber ist die Hilfe des Himmels übertrieben oder gar erfunden. In jedem Falle verleiht sie dem Sieger das Gefühl, das Schicksal auf seiner Seite zu haben. Das legitimiert den Erfolg. Dem Verlierer gewährt sie Trost, es war nicht sein Versagen, denn gegen das Schicksal ist man machtlos.

Die Beispiele für den Topos Naturgewalten als Schlachtenhelfer beginnen mit Gilgamesch, der den Unhold Chumbaba mit der Hilfe von acht Winden bezwingt. Als die Kinder Israel in der Wüste Sinai nichts zu trinken hatten, befiehlt der Herr dem Moses, mit seinem Stab aus dem Felsen Horeb Wasser zu schlagen. Sturm unterstützt Josua im Kampf gegen die Amoriter sowie Barak und Debora im Krieg gegen die Kanaanäer. Hektor besiegt die Achäer an der Schiffsmauer mit Hilfe des Wettergottes Zeus, dieser vertreibt mit Blitzen erst die Perser, dann die Kelten aus Delphi. Die Gunst der Götter oder der Zufall der Meteorologie begünstigt die Siege der Römer und verursacht ihre Niederlagen. Das erfuhren Hannibal bei Cannae, Caesar bei Pharsalos, Arminius im Teutoburger Wald, Trajan vor Hatra, Constantin bei Chrysopolis, Theodosius am Frigidus, Herakleios in der Schlacht gegen die Perser 625. Und als die Franken Karls des Großen nach Zerstörung der Irminsul an Wassermangel litten, sprudelte plötzlich, *divinitus factum*, ein Quell hervor.[319] Der Topos hielt sich. Hitlers Rußlandfeldzug scheiterte ja nur an General Winter, an Väterchen Frost. *Fortuna meliores sequitur*, heißt es optimistisch bei Sallust,[320] das Schicksal steht auf seiten der Besseren, erweist sie als solche, macht sie zu solchen.[321] Insofern war Marc Aurels Dank an die höheren Mächte für den Wunderregen im Quadenlande angebracht.

v. Chatten in Italien, Chauken in Belgien, Naristen in Raetien

Im Herbst 172 kehrte Marcus siegreich nach Carnuntum zurück und verfaßte dort seinen erwähnten Bericht an den Senat. Die Münzen melden mit GERMANIA SUBACTA die Unterwerfung «Germaniens» und zeigen ein Tropaeum und einen Gefangenen.[322] Schon seit Caligula, Claudius und Domitian gibt es Umschriften wie DEVICTIS GERMANIS oder GERMANIA CAPTA.[323] Das Bildmotiv ist eine trauernde Germania, die unter einem Tropaeum sitzt, einem mit Beutewaffen behängten Siegespfahl.[324]

Am 15. Oktober 172 nahmen Marcus und Commodus den Siegerbeinamen GERMANICUS an.[325] Das hatte Tradition und klingt vollmundiger als *Quadicus* oder *Marcomannicus*. In diesem Sinne nannte Marcus sich 175 auch SARMATICUS und nicht *Jazygicus*.[326] In den Jahren 173 und 174 findet sich auf den Münzen RELIGIO AUGusti mit dem Bild Merkurs.[327] Die Betonung der Frömmigkeit Marc Aurels entspricht seinem Bekenntnis, das Regenwunder göttlicher Hilfe zu verdanken. Merkur war der beliebteste Gott an der Donau. Er wurde geehrt, weil er der Friedensbote ist. Als solcher erscheint er auf Münzen der Kaiserzeit. Merkurs Heroldstab, der *caduceus*, war das *signum pacis*, das Friedenssymbol.[328] Die Siegesnachricht könnte der Grund für die Errichtung des kapitolinischen Reiterdenkmals gewesen sein. Die auf den Sockel kopierte Weihinschrift aus dem Jahre 173 würde das nahelegen, wenn sie auf den alten Sockel zurückginge. Wie aber könnte man sonst den Text hier motivieren?[329]

Der Sieg über die Quaden weckte die Erwartung, Marc Aurel werde nach Rom zurückkehren und triumphieren, dabei die heiß begehrten Spiele und Spenden liefern. Ein staatlich nicht autorisiertes Medaillon von 173 zeigt im hoffnungsvollen Vorgriff darauf die Ankunft des Kaisers, den ADVENTUS AUGUSTI.[330] Daß es dazu nicht gekommen ist, ergibt sich nicht nur aus der Nachricht zum Jahr 176 von der achtjährigen Abwesenheit Marc Aurels.[331] Denn Dio vermerkt resignierend, Marc Aurel sei in Pannonien «verblieben», um Friedensverhandlungen zu führen.[332] Aber offenbar ist Pompeianus noch Ende 172 in Rom erschienen, um am 1. Januar sein zweites Konsulat für 173 anzutreten.[333]

In Italien mußte Pompeianus den Kaiser ersetzen. Denn während dieser fern an der Donau stand, rührten sich die Chatten wieder. Davon zeugen Zerstörungen am hessischen Limes, so der Brand des Kohortenkastells Altenstadt,[334] und ein Hortfund aus dem Kastell Stockstadt am Main, 1322 Münzen, die letzte von 169.[335] Das deutet auf einen Vorstoß nach Süden. Hortfunde in Augsburg und Regensburg stehen im gleichen Zusammenhang.[336] Im Jahre 173 fielen die Chatten[337] nach 162 ein zweites Mal in Raetien ein. Dabei wurde Gauting, heute bei München, zerstört.[338] Der auf der Tabula Peutingeriana *Bratananium* genannte Ort war ein wichtiges Straßenkreuz. Danach überquerten die Chatten die Alpen und plünderten Italien.[339] Sie vertrieb Pompeianus. Ihn unterstützte als Reiterführer, *praepositus vexillationis*, der ebenfalls aus dem Quadenkrieg zurückgekehrte Pertinax, der sich besonders auszeichnete[340] und daraufhin die Senatorenwürde erhielt. Von einem glänzenden Sieg ist die Rede, unter den gefallenen Feinden habe man auch Frauen in Rüstung entdeckt.[341] Die Amazonen der Griechen sind Sagengestalten, aber wie Männer kämpfende Germanenfrauen kennen wir als Walküren im Himmel und als Kriegerinnen im Felde.[342] Sie bewunderten ihre Helden und verachteten Feiglinge.[343]

Nach dem Sieg über die Chatten forderten die an die Donau zurückgekehrten Truppen ein Donativ, das Marcus ablehnte, indem er darauf hinwies, daß dies letztlich auf Kosten ihrer arbeitenden Verwandten ginge. Außerdem verdanke er sein Amt nicht der Gunst des Heeres, sondern dem Willen Gottes.[344] Versuchte man, ihn zu erpressen? Die Gefahr war gebannt, und Marcus prägte im Jahr 173 Münzen, die ihn als Wiederhersteller Italiens, als RESTITUTOR ITALIAE zeigen. Stehend mit Lanze reicht er der vor ihm knienden Italia hilfreich die Hand und richtet sie auf.[345]

Trotz des Markomannensieges von 171 gab es im Jahr 173 oder 174 wiederum einen großen Germaneneinfall diesmal nach Noricum. Das aus dem späteren 1. Jahrhundert stammende Kohortenkastell Regensburg-Kumpfmühl war 173[346] mit dem Lagerdorf in Flammen aufgegangen, ebenso *Sorviodurum* – Straubing. Die Stadt *Ovilavae*, das heutige Wels, wurde in Mitleidenschaft gezogen. Das bezeugen nach 169 vergrabene Münzschätze.[347] Eine Kriegerschar gelangte im Westen bis *Juvavum* – Salzburg, das damals zerstört wurde, eine andere im Osten bis St. Pölten und im Süden über Graz hinaus bis *Flavia Solva*.[348]

Die Plünderer waren vermutlich die nördlichen Nachbarn von Noricum, die Varisten oder Naristen.[349] Es handelt sich um einen ursprünglich «illyrischen» Stamm, der von den östlich angrenzenden Markomannen die germanische Sprache angenommen hatte und den Sweben zugerechnet wurde.[350] Sie lebten in der Oberpfalz und im Böhmerwald[351] und kamen aus den Tälern von Naab und Regen bei *Castra Regina* – Regensburg, oder aus dem oberen Moldautal bei Linz über die Donau.[352] Mit den Markomannen kämpften sie gegen die Römer.

Der römische Gegenschlag brachte den Naristen erhebliche Verluste,[353] was eine Inschrift aus Numidien[354] bestätigt. Sie ehrt den Reiteroffizier Marcus Valerius Maximianus aus *Poetovio* – Pettau, Ptuj in Slowenien, der damals den Anführer der Naristen Valao, den «Auserwählten»,[355] eigenhändig erschlug. Dafür sei Maximianus vom Kaiser öffentlich gelobt und ausgezeichnet worden. Dieser habe ihm *phalerae*, Kriegsorden,[356] ein Pferd und Waffen verliehen.[357] Dio bezeugt, daß nach ihrer Niederlage dreitausend Naristen zu den Römern übergegangen und ins Reich aufgenommen worden waren.[358] Mit Reitern von ihnen begleitete Maximianus den Kaiser 175 nach Ägypten; 179 finden wir ihn im Quadenland.[359] Die Inschrift verzeichnet sämtliche Beförderungen, Ehrungen und Kommandos des Mannes. Gesetzt wurde sie nebst der hinzuzudenkenden Statue von den Ratsherren der Stadt *Diana Veteranorum*, heute Ain Zana in Algerien, wo Maximianus offenbar mit seiner inschriftlich bezeugten Frau Ulpia Aristonica seinen Lebensabend verbrachte.

Als Befreier von Noricum und Raetien nennt die *Historia Augusta* wiederum Pertinax.[360] Durch diesen Erfolg kehrte er in die Gunst des Kaisers zurück, nachdem ein Komplott am Hof ihn verleumdet hatte. Marcus verlieh Pertinax prätorischen Rang und den Oberbefehl über die *Legio I Adiutrix*, die «mit dem Steinbock», die aus

Abb. 21: Inschrift für Marcus Valerius Maximianus, den Sieger über Valao und Kommandanten in Trentschin, gefunden in Zana/Algerien. 18 Jahre lang war er in verschiedenen militärischen Stellungen, zumeist im Donauraum tätig und wurde 185 Ehrenkonsul.

dem Quadenkrieg nach Brigetio zurückgekehrt war. Für 175 bestimmte er ihn zum Suffektkonsul, gemeinsam mit Didius Julianus.[361] Dieser war im Haus von Marc Aurels Mutter Lucilla aufgewachsen, war in der senatorischen Laufbahn zum Praetor aufgestiegen und von Marcus um 168 zum Legaten der *Legio XXII Primigenia* im obergermanischen Mainz ernannt worden.[362] Auch diese Legion führte den Steinbock als Zeichen. Maximianus war dann lange Statthalter in der westlich angrenzenden Provinz Belgica, die von der Kanalküste bis zum Oberlauf der Mosel reichte, und schlug von dort aus mit der Hilfe von rasch zusammengestellten Bürgermilizen einen Einfall der Chauken zurück.[363] Das war der Stamm, aus dem später die Sachsen hervorgingen.[364] Sie lebten zwischen Ems und Elbe. Westlich siedelten die «großen», östlich die «kleinen» Chauken.[365] Tacitus nennt sie das «edelste Volk» der Germanen, *nobilissimus populus*, friedfertig, aber kampfbereit. Im allgemeinen waren sie romtreu, hatten aber im Jahre 69 die Erhebung der Bataver unter Civilis am Niederrhein unterstützt und plünderten zuweilen küstennahes Land in Belgien. Es gibt aus der Zeit Marc Aurels Spuren von Zerstörungen und von Baumaßnahmen.[366] Die Bedrohung Belgiens könnte der Grund dafür gewesen sein, daß in jenen Jahren Trier eine Stadtmauer mit der Porta Nigra erhielt.[367] Der Erfolg des Didius ist 173 oder eher 174 anzunehmen, denn die Belohnung war das erwähnte Suffektkonsulat 175 mit Pertinax.[368]

w. Der zweite Quadenfriede 172

Während 173 und 174 in Italien, Raetien und Belgien die Rheingermanen bekämpft werden mußten, gab es an der mittleren Donau vorübergehend Ruhe. Die nach dem Regenwunder geschlagenen Quaden und andere Germanenstämme schickten wohl noch 172 Gesandte – außer den Cotini ist an die Vandalen und Lakringen zu denken.[369] Sie erbaten und erhielten Frieden.[370] Die Quaden führte der zwölfjährige Prinz Battarios, er war vermutlich der Sohn des Ariogaisos, den Marcus nicht anerkannte und der darum nicht vor dem Kaiser erschien.[371] Battarius versprach ein Kriegsbündnis, eine Symmachie, erhielt Subsidien und wehrte den Fürsten Tarbos ab, der Dakien bedrohte, indem er ebenfalls Geld forderte oder Krieg ankündigte. Tarbos, griechisch «Schrecken», war östlicher Nachbar der Quaden, wo die unter den angreifenden Stämmen genannten illyrischen Osen siedelten,[372] denen Tarbos wohl zugehörte.[373]

So wie die Quaden erbaten und erhielten andere Barbaren einen Frieden, um sie von den Markomannen zu trennen. *Divide et impera!* Keine römische Parole, aber römische Praxis. Die Gesandten boten Pferde und Rinder und versprachen, 13 000 Gefangene freizulassen und später die übrigen. Bei jedem Friedensschluß mit Germanen forderte Rom zu allererst die Rückgabe der Gefangenen und Deserteure. Solche gab es,[374] wohl Landarbeiter, die bei den Barbaren weder Steuern zahlen noch Kriegsdienst leisten mußten. Römische Gefangene arbeiteten bis in die Spätantike jenseits der Donau zu Abertausenden als Fremdarbeiter, so daß dadurch die germanischen Männer für den Kriegsdienst frei waren. Ob die immer geforderte und meist versprochene Rückführung der Gefangenen erfolgte, erfahren wir nicht.

Stets waren die Germanen auch am Handel mit Rom interessiert. Sie lieferten den Römern Luxuswaren wie Bernstein und Frauenhaar, Gebrauchsgüter wie Pelze, Leder und Gänsefedern, Nahrungsmittel wie Honig, Salz und Schlachtvieh, nicht zuletzt Sklaven. Da sich Naturalien im Boden nicht erhalten, ist dieser römische Import archäologisch kaum nachzuweisen. Umgekehrt aber ist der Export durch römisches Fundgut in Germanien reich bezeugt. Häufig sind Glas und Keramik sowie Metallgerät aller Art. Gebrauchswaren finden sich überwiegend grenznah, Luxusgüter für den Adel auch grenzfern. Der Warenwert mußte auch damals schon wenigstens die Transportkosten abdecken. Die Bodenfunde verdichten sich nach 160 merklich.[375] Auffällig ist die Funddichte römischer Fibeln im markomannischen Gebiet. Da die Antike – so wie das Mittelalter – keine Knöpfe kannte, benutzte man Gewandspangen als Schließen, die mitunter prächtig verziert waren. Dazu findet sich römisches Silbergeschirr als Beigabe in Adelsgräbern in der Funktion von Prestigeobjekten.[376] Handelsartikel, Beutegut und Diplomatengeschenke sind nicht zu unterscheiden.

Besonders begehrt waren bei den Germanen stets Waffen, vor allem Angriffswaffen, deren Ausfuhr verboten war,[377] weswegen der Markt kontrolliert werden mußte. Daher untersagte Marcus den Quaden den Marktbesuch auf römischem Boden. Zudem fürchtete er, daß sich unter die Quaden auch Jazygen und Markomannen mischen würden, mit denen er noch auf Kriegsfuß stand. Diese konnten bei dem Marktbesuch die römische Grenzwehr ausspionieren und sich mit Proviant für den nächsten Einfall versorgen. Nach der Regulierung des Handels nennt Dio nochmals «viele» mit den Quaden erschienene Gesandte anderer Stämme (*genē*) und Völker (*ethnē*), die sich unterwarfen. Marcus übernahm von den Barbaren wieder einige ins Heer, ebenso zurückgekehrte Gefangene und Überläufer. Andere erhielten Land in Dakien, Pannonien, Mösien und den germanischen Provinzen, sogar in Italien. Nachdem die um Ravenna Angesiedelten sich der Stadt zu bemächtigen versucht hatten, schob er sie über die Donau ab und nahm keine weiteren Barbaren in Italien auf, ja er verwies die bereits Aufgenommenen wieder des Landes.[378]

x. Der dritte Markomannenfriede 173

Nach der römischen Machtdemonstration gegenüber den Quaden erschien 173 auch eine Gesandtschaft der Markomannen und bat um Milderung der Friedensbedingungen von 171.[379] Sie erklärten, alle Forderungen erfüllt zu haben, wenn auch schweren Herzens. Marcus halbierte darauf die damals festgelegte Sperrzone jenseits der Donau und gestattete eine Nutzung bis zu 38 Stadien oder fünf Meilen vom Ufer aus, also etwa sieben Kilometer. Auch Handel wurde wieder erlaubt, allerdings nur an festgesetzten Orten und zu bestimmten Zeiten. Die Markomannen oder ihre römischen Fremdarbeiter müssen demnach den offiziellen Kalender gekannt und genutzt haben. Die römischen Markttage waren ja auch am Niederrhein der Grund für die Germanen dort, die Wocheneinteilung zu übernehmen und die Tagesnamen zu germanisieren.[380] Wenn es 173 bei Marc Aurels nach 161 und 171 drittem Friedensdiktat gegenüber den Markomannen heißt, er habe die «Geiseln» ausgewechselt, so erweist dies eine frühere Geiselnahme, vermutlich 171.[381] Ammian erwähnt in einem griechischen Epigramm eine große Siegesfeier Marc Aurels, bei der den Göttern zum Dank Hekatomben von weißen Stieren geopfert und vom Heer dann verzehrt wurden. Das könnte 173 geschehen sein.[382]

Nach den Friedensschlüssen mit den Germanen heißt es 173 auf den Münzen dann einmal mehr GERMANIA SUBACTA,[383] zudem ließ sich Marcus zum siebten Mal zum Imperator ausrufen. Er wartete nicht wie sonst auf einen entsprechenden Beschluß des Senats, erstattete diesem aber wie üblich Bericht. Der Senat bestätigte sodann die Akklamation und verlieh zusätzlich der Faustina, die sich im Lager befand, den Ehrentitel *mater castrorum*. Beide Ehrungen erscheinen Ende 174 auf den Münzen.[384] Seitens der Markomannen und Quaden war nach der Abfertigung der Friedensboten im Sommer 173 vorerst nichts zu fürchten. Dennoch konnte Marcus auch jetzt nicht nach Rom zurückkehren.

y. Der Eiskampf mit den Jazygen

Das Engagement des Kaisers im Quadenland 172 hatten sich die Jazygen zunutze gemacht. Sie bedrohten nicht nur östlich Dakien, wie 170 geschehen,[385] sondern mehr noch westlich Pannonia inferior. Sie waren 173 über die Donau gekommen, aber wurden zurückgetrieben. Auf dem zugefrorenen Strom leisteten sie Widerstand. Dio schildert sehr anschaulich einen Kampf im Winter 173/174[386] mit den Reitern der Barbaren auf dem Eis, der sich in ein für die Römer siegreiches Handgemenge verwandelte.[387] Marcus hatte nach dem Einfall der Jazygen noch 173 sein Hauptquartier von Carnuntum südwärts ins Krisengebiet verlegt, und zwar nach Sirmium an der Save,[388] dem heutigen Sremska Mitrovica westlich von Belgrad. Ihn begleitete Faustina mit ihrem jüngsten und letzten Kind, der dreijährigen Sabina.[389] Als Operationsbasis für die Kriege gegen die Sarmaten war Sirmium die größte Stadt Pannoniens und besaß als *colonia* römisches Bürgerrecht. Sirmium war eine keltische Gründung, das zugehörige, etwa 50 Kilometer entfernte Uferkastell an der Donau *Bononia* trägt einen keltischen Namen wie *Bononia* – Bologna und *Bononia* – Boulogne.

z. Verhandlungen in Sirmium 174

Nach ihrer Niederlage baten die Jazygen durch König Banadaspos um Frieden, den Marcus verweigerte. Er plante Vergeltung. Auch die Quaden wurden abgewiesen, als sie um eine Erneuerung des Friedens ersuchten, nachdem sie den von 172 gebrochen hatten. Sie hatten vor den Römern flüchtige Markomannen aufgenommen und nicht alle Gefangenen freigegeben, sondern nur solche, die man zu keiner Arbeit brauchen und auch nicht verkaufen konnte – eine aufschlußreiche Bemerkung: Es gab offenbar einen innergermanischen Sklavenhandel. Zudem wurden die Familien der Ausgelieferten zurückbehalten in der Hoffnung, daß diese desertieren und wiederkommen würden. Marcus hatte Ariogaisos, den Nachfolger des römischen Klientelkönigs Furtius, nicht anerkannt und traute auch dem Angebot, dafür weitere 50 000 Gefangene freizugeben, nicht. Sein Wunsch, die Quaden völlig zu vernichten, war wohl nicht ganz ernst gemeint. Jedenfalls versprach er dem, der ihm den Kopf des Ariogaisos bringe, fünfhundert Goldstücke, für den Mann aber setzte er tausend aus. Das hatte Folgen.[390]

Während der Zeit an der Front hatte Marcus natürlich auch stets laufende Regierungsgeschäfte zu erledigen, zumal als höchster Richter Prozesse zu entscheiden. Überliefert sind indes nur spektakuläre Fälle, die noch zu schildern sind. Im Sommer 174 fand in Sirmium der Prozeß der Athener gegen Herodes Atticus statt[391] sowie die Abfertigung einer Gesandtschaft aus Tarraco[392] und die Regelung der Zugehörigkeit zu den Athener Körperschaften.[393] Der Winter 174/175 in Sirmium verging mit Kriegsvorbereitungen. Aber daraus wurde nichts. Cassius hatte sich in Syrien erhoben.

Successorem suum nemo occidit.

MARCUS

VI

CASSIUS UND DER ZWEITE GERMANENKRIEG

a. Herkunft und Aufstieg des Cassius – b. Die Krankheit des Kaisers – c. Todesnachricht und Proklamation 175 – d. Die Kaiserrede zum Aufbruch – e. Der erste Jazygenfriede 175 – f. Cassius ermordet 175 – g. Strafaktionen – h. Durch Judaea nach Alexandria – i. Der Tod Faustinas 176 – j. Marc Aurels Konkubinat – k. Aelius Aristides in Smyrna 176 – l. Marcus in Athen 176 – m. Die Mysterien von Eleusis – n. Berber in Spanien, Räuber in Griechenland – o. Triumph in Rom am 23. XII. 176 – p. Die Tafeln des Ehrenbogens – q. Die Quintilier an der Donau 177 – r. Commodus wird Augustus 177 – s. Commodus heiratet Crispina 178 – t. Der zweite Germanenkrieg 178 – u. Der zweite Jazygenfriede in Sirmium 178 – v. Der Kaiser in Wien 179/180 – w. Der Griff über die Donau – x. Das Lager Trentschin 179/180 – y. Ammian zum Germanenkrieg – z. Wo sind die Völker geblieben?

a. Herkunft und Aufstieg des Cassius

Wer die fatale Rolle von Falschmeldungen in der Geschichte untersuchen wollte, fände zu den wirkmächtigsten Medienlügen der letzten hundert Jahre Parallelen in der Antike – so in der Zeit Marc Aurels. Aufgrund einer Nachricht Anfang April 175 von der Donaufront ließ sich in Antiochia Gaius Avidius Cassius[1] von der

Orientarmee zum Kaiser ausrufen. Er war etwa gleichaltrig mit Marc Aurel und stammte aus einer ursprünglich aramäisch, dann griechisch sprechenden Familie im syrischen Kyrrhos, nordwestlich von Aleppo, nahe dem heutigen Grenzübergang zur Türkei. Die Vita in der *Historia Augusta*[2] behauptet seine Herkunft mütterlicherseits von Cassius Longinus, dem Caesarmörder, doch ist das eine der zeitüblichen Stammbaumlegenden, von der hier nur offenbleibt, ob Cassius selbst oder sein Biograph sie erfunden hat. Auf letzteren gehen jedenfalls die angeblichen republikanischen Allüren des Cassius zurück. In Erinnerung an den gleichnamigen Caesarmörder habe Cassius den Antoninus Pius, dann Lucius Verus als «Tyrannen» beseitigen wollen. Als Lucius das Marcus meldete, soll dieser abgewiegelt haben, *successorem suum nullus occidit* – «seinen Nachfolger bringt niemand um».[3] Sehr philosophisch.

Cassius' Vater Heliodoros rühmte sich seleukidischer Abstammung. Er besaß das römische Bürgerrecht und war als Rhetor und Philosoph mit Hadrian befreundet, dem er als Sekretär *ab epistulis* diente. Heliodor stieg auf zum Statthalter Ägyptens, wie eine lateinische Bauinschrift aus Assuan in Oberägypten bestätigt.[4] Das war die Position auf der ritterlichen Laufbahn unmittelbar unter dem Gardepräfekten, Heliodor blieb auch unter Antoninus Pius auf seinem Posten.[5]

Aus dem syrischen Raum stammende Männer und Frauen spielen im Staats- und Geistesleben der Kaiserzeit eine hervorragende Rolle. Außer Heliodor, Avidius Cassius und Pompeianus sind hier die Literaten Herodian und Achilleus Tatios nebst Heliodoros zu nennen, dann der Astrologe Vettius Valens, der Rhetor Hadrianos und Kirchenväter wie Justin und Tatianos. Unter Augustus denken wir an den Historiker Nikolaos von Damaskus, unter Trajan an seinen Architekten Apollodoros, ebenfalls aus Damaskus, unter Septimius Severus an seine Frau Julia Domna aus Emesa und an den Rechtsgelehrten Ulpian aus Tyros. Syrischer Herkunft waren die Kaiser Severus Alexander und Philippus Arabs, weiterhin Zenobia von Palmyra, die Philosophen Porphyrios und Jamblichos sowie die Literaten Lukian aus Samosata, Maximos von Tyros, Libanios und Ammianus Marcellinus aus Antiochia.

Bald nach dem Herrschaftsantritt Marc Aurels stieg Avidius Cassius als *Consul suffectus*[6] in den Senatorenstand auf und zeichnete sich

164/165 im Partherkrieg aus, was ihm den Oberbefehl über die Legionen in Syrien und Ägypten einbrachte.[7] 172 hatte er den Hirtenaufstand im Nildelta niedergeworfen.[8] Cassius verfügte über die zweitstärkste Militärmacht im Reich und genoß allenthalben hohes Ansehen.

b. Die Krankheit des Kaisers

Cassius war bei bester Gesundheit, während Marcus immer kränkelte. Im Winter 174/175 bangte nicht allein Faustina um sein Leben. Man fürchtete die Turbulenzen nach seinem bevorstehenden Tod, denn Commodus war als Knabe von 13 Jahren noch nicht regierungsfähig, jedenfalls damals. Als im Jahre 218 Elagabal und 222 Severus Alexander in diesem Knabenalter, dynastisch motiviert, Kaiser wurden, hatte dies für das Reich böse Folgen; die Kinderkaiser der Spätantike sodann mußten die Herrschaft rivalisierenden Generalen überlassen. «Wehe dir, Land, dessen König ein Kind ist!», heißt es schon im Prediger Salomonis (10,16).

Wäre Marcus im März 175 seiner Krankheit erlegen, dann wäre wohl sein Schwiegersohn Pompeianus nicht nur Tutor des Knaben Commodus, sondern auch Regent und selbst Anwärter auf den Thron geworden. Mit Pompeianus aber waren Faustina und Lucilla verfeindet.[9] So lag es für sie nahe, nach dem erwarteten Ende Marc Aurels in Avidius Cassius den würdigsten und fähigsten Nachfolger zu sehen. Das war er. Auch um selbst dann nicht ihre Stellung als Kaiserin zu verlieren, ließ Faustina, so weiß die Fama, den offenbar verwitweten Cassius durch einen vertrauten Boten wissen, er möge sie, wenn er Kaiser geworden sei, zur Frau nehmen[10] und damit sein Kaisertum legitimieren. Ist der Kaiserin zuzutrauen, ihren zum Nachfolger vorgesehenen Sohn hintanzusetzen? Daß sie ihn für unwürdig gehalten habe, ist doch wohl nur erfunden, um ihre angebliche Offerte an den General zu motivieren.[11]

c. Todesnachricht und Proklamation 175

Mitte April 175 kam das Gerücht vom Tode Marc Aurels auf. Es war durchaus glaubwürdig, wenngleich voreilig, und verbreitete sich bis nach Syrien, bis zu Avidius Cassius in Antiochia. Um zu verhindern, daß Pompeianus ihm zuvorkomme, veranlaßte er etwa am 22. April seine Proklamation zum Kaiser, denn er wußte um sein hohes Ansehen im ganzen römischen Orient. Seine erste Maßnahme bestand darin, den für tot gehaltenen Marcus unter die Götter zu erheben, dem dies mithin zweimal widerfuhr.[12] Divinisierung des toten Kaisers war eigentlich Sache des Senats, diente aber Cassius dazu, die Nachricht, Marcus sei tot, zu verbreiten. Außerdem verkündete er *wishful thinking*, das Heer in Pannonien habe ihn zum Nachfolger Marc Aurels gekürt. Der Senat aber, der es besser wußte, erklärte auf die Nachricht von der Erhebung sofort Avidius Cassius zum Staatsfeind, zum *hostis publicus*, nahm den Ausgang des Konflikts vorweg und konfiszierte seinen Besitz in Italien.[13] Herodes Atticus schickte ihm aus Athen den kürzestmöglichen Brief: *Hērōdēs Kassiōi: emanēs* – «Herodes an Cassius: Du bist wahnsinnig!»[14] Das war er auch.

Sehr bald erfuhr Cassius die Wahrheit. Was tun? Der ganze Osten von Ägypten bis Kilikien, den er seit 166 als Oberkommandierender erfolgreich verwaltete, hatte sich für ihn erklärt, selbst in Rom hatte er Anhang. Er war beliebt. Doch was nun? Es gab kein Zurück. Cassius erhob den Mann, der ihn mit den *ornamenta regia*, dem Purpur, investiert hatte, zu seinem Gardepräfekten und ernannte einen Sekretär für die lateinische Korrespondenz.[15] Warum er keine Münzen hat prägen lassen, wissen wir nicht. In seinem Machtbereich lagen die Münzstätten Caesarea Cappadociae, türkisch Kayseri, und Alexandria.[16] Gewöhnlich haben neu erhobene Kaiser dieses Propagandamittel sofort genutzt. Die alexandrinischen Münzen setzten aus, doch datieren Papyrusurkunden nach dem Insurgenten.[17] Cassius rüstete zum Waffengang, allerdings ohne ein böses Wort gegen den Kaiser persönlich zu äußern.[18] Aber hatte er Marcus nicht ein «philosophisches altes Weib» genannt?[19] Die Überlieferung ist dubios.[20]

d. Die Kaiserrede zum Aufbruch

Marcus erhielt die Nachricht von der Empörung aus dem Legionslager *Melitene* – Malatya in der Osttürkei durch Martius Verus, den Statthalter von Kappadokien.[21] Dieser wußte, daß Marcus lebte, hatte mit Cassius zusammen gegen die Parther gekämpft und sah nicht ein, daß sein Kollege nun Imperator sein wollte. Martius Verus blieb kaisertreu. Der Versuch Marc Aurels, die Neuigkeit geheimzuhalten, mußte mißlingen. Es gab Unruhe im Heer. Marcus dämpfte sie durch eine Ansprache, deren Text bei Dio in direkter Rede wiedergegeben wird, aber nach klassischer Manier vom Historiker als Rhetor formuliert ist, so wie sie gehalten worden sein dürfte oder könnte, im Geist und Gehalt grundsätzlich authentisch. Das Prinzip der Wiedergabe beziehungsweise der Bearbeitung der in allen Entscheidungssituationen von den leitenden Männern gehaltenen Reden hat schon Thukydides (I 2,2) für die gesamte antike Historiographie bis zu Prokopios im 6. Jahrhundert n. Chr. gültig dargelegt. Er bot das Muster auch für Dio.[22]

Der Kaiser spricht seine Männer als *systratiōtai*, seine Mitkämpfer, *commilitones*, an.[23] Er sei nicht böse, aber beklage seine Situation. Könne man dem Dämon, der Gottheit zürnen, durch die alles besteht und geschieht? Und doch dürfte klagen, wer unverdient Unglück erfährt. «Ist es nicht schrecklich, aus einem Krieg in den anderen zu stürzen und am Ende, wie jetzt, gar noch in den Bürgerkrieg? Und ist es nicht noch schlimmer, wenn das Vertrauen, *to piston*, die *fides* unter den Menschen verlorengeht? Jetzt hat sich mein bester Freund gegen mich verschworen, und ich werde ohne mein Zutun, ohne meine Schuld in einen Konflikt gezogen, den ich nicht will. Ist damit nicht alles, was Menschen verbindet, zerstört? Beträfe das Unglück nur mich, wäre das hinzunehmen, da ich ohnedies sterben muß. Aber nun steht ein Kampf bevor, der alle bedroht. Könnte ich doch Cassius herbitten und meinen Konflikt mit ihm vor euch oder dem Senat aushandeln! Gern übergäbe ich ihm die Macht, das wäre vielleicht besser für das Reich und sicher besser für mich alten, kranken Mann. Aber Cassius wird sich aus gutem Grund fürchten, hierherzukommen, ihr aber müßt euch nicht fürchten, ihm entgegenzutreten. Er hat sich erhoben, weil er mich tot glaubte. Da er inzwischen weiß, daß ich lebe, könnte er seine Haltung geändert haben. Sollte er dabei bleiben, wird ihn, wenn wir anrücken, die Achtung vor mir und die Furcht vor euch eines Besseren belehren. Ich fürchte nur eines, daß er nicht überlebt und mir dadurch den höchsten Siegespreis mißgönnt, nämlich: ihm zu verzeihen und ihm meine Freundschaft anzubieten. So möchte ich aller Welt zeigen, wie man einen

Bürgerkrieg beenden sollte.» So etwa Marcus bei Dio. Im gleichen Sinne schrieb er an den Senat, ohne Cassius zu schmähen. Nur undankbar nannte er ihn, da er nun gegen ihn die Waffen erhob.[24]

Marcus mußte den Konflikt in der Tat nicht fürchten. Cassius konnte mit sieben Legionen rechnen,[25] aber an der Donau standen zehn,[26] am Rhein sechs, in Spanien und Numidien weitere fünf. Dazu kam die Prätorianergarde, die Elitetruppe «mit dem Skorpion», teils in Rom, teils um den Kaiser.[27] Die Münzen aus dem Frühjahr 175 beschwören die CONCORDia EXERCituum, die Eintracht der Heere, und zeigen einen Handschlag.[28] Marcus rief zur Sicherheit Commodus aus Rom ins Feldlager,[29] weil man in Italien die Ankunft des Cassius fürchtete. Es gab Unruhen.[30] Der noch nicht vierzehnjährige Commodus war am 20. Januar in alle Priesterschaften aufgenommen worden, verließ am 19. Mai Rom[31] und erhielt am 7. Juli 175 in Sirmium von Marcus die *toga virilis*, die Männertoga. Er wurde damit offiziell zum Erwachsenen und als *princeps iuventutis* Führer der Ritterjugend.[32] Der Name der Feier bei der Verleihung *tirocinium fori* verweist auf die damit verbundene Wehrpflicht. Marcus wartete den dafür üblichen Termin, das Dionysosfest der *Liberalia* am 17. März im Folgejahr nicht ab, sondern wählte mit dem 7. Juli einen ebenfalls sinnträchtigen Termin. Es war der Tag der Himmelfahrt des Romulus, genauer: der Rückkehr des Romulus zu den Göttern nach der Erfüllung seines Auftrags, Rom zu gründen.[33] Gleichwohl zeigte man das Grab des Romulus auf dem Forum.[34] Zur Feier des Tages ließ Marcus zum sechsten Mal an das Volk von Rom ein *congiarium* verteilen, eine Geldspende. Münzen mit der Parole LIBERALITAS AUGUSTI VI[35] verkündeten die Freigiebigkeit des Kaisers und des Prinzen auch denen, die nichts bekommen hatten. Während des Winters 175/176 wurden in Alexandria zum ersten Mal Münzen für Commodus geprägt, um den Thronfolger im Osten bekannt zu machen.[36]

e. Der erste Jazygenfriede 175

Die Gefahr aus dem Osten nötigte Marcus, den geplanten Rachefeldzug gegen die Jazygen aufzugeben und ihnen den im Vorjahr verweigerten Frieden zu gewähren. Die Jazygen hatten ihren glücklosen König Banadaspos abgesetzt, nachdem dieser den Kampf auf dem Eis verloren hatte und mit seinem Friedensangebot von Marcus abgewiesen worden war.[37] Nun erschien der neue König Zantikos mit seinen Großen vor Marcus in Sirmium. Im Frühsommer 175 erhielt er einen Frieden nach dem Muster der 173 den Markomannen und Quaden auferlegten Bedingungen, allerdings mit einer doppelt breiten Sperrzone. Marcus hat wohl einmal gesagt, eigentlich müßte man wie die Quaden auch die Jazygen ausrotten.[38] So wird die authentische, aber nicht als ernste Absicht überlieferte Aussage gelautet haben, denn wer wird Marcus das «ruhmreiche Verbrechen des Völkermords», das *occisarum gentium gloriosum scelus* zutrauen?[39] Angeblich hunderttausend Römer mußten die Jazygen zurückgeben, abgesehen von denen, die sie verkauft hatten, die gestorben oder geflohen waren.[40] Die Jazygen lieferten zudem achttausend Reiter, von denen Marcus 5500 nach Britannien sandte, wo weiterhin Krieg drohte.[41] Dort gab es noch im frühen 5. Jahrhundert sarmatische Reiter,[42] offenbar Nachkommen jener Jazygen. 175 wurde Marcus zum achten Mal zum Imperator ausgerufen.[43]

Den Jazygen gewährte Marcus damit entgegen seiner Kriegsabsicht, aber nicht «gegen seinen Willen» einen erträglichen Frieden, was er – anders als sonst – dem Senat nicht mitzuteilen wagte.[44] Man erwartete dort wohl einen blutigen Sieg. Der aber erübrigte sich. Marcus hielt sich durch diesen für ihn durchaus günstigen Frieden beim Marsch nach Osten den Rücken frei. Um zu verkünden, die Sarmaten seien bezwungen, nahmen Marcus und Commodus den Siegerbeinamen SARMATICUS an.[45]

f. Cassius ermordet 175

Sehr bald nach dem Aufbruch gegen den Usurpator kam die erlösende Nachricht: Cassius ist tot.[46] Auf dem Marsch zu Fuß hatte ihm ein vorbeireitender Centurio namens Antonius einen Schlag in den Nacken versetzt und war entflohen, während ein *decurio*, ein Rottenführer, den halbtoten Cassius erschlug. Die Legionen verspürten wenig Lust, gegen ihresgleichen zu kämpfen. Die mutige Tat zweier Männer hat den Zusammenstoß zweier Heere verhindert und so Hunderten oder gar Tausenden den Schlachtentod erspart. Es ist indes auch denkbar, daß derselbe Fall eingetreten wäre wie später im Mai 366, als vor der Entscheidungsschlacht die Truppen des Usurpators Procopius die Schilde umdrehten und zu Valens, dem legitimen Kaiser übergingen.[47] So wie dieser das Haupt des Empörers an Valentinian schickte, so überbrachten damals Antonius und sein Gefährte den Kopf des Cassius dem Kaiser. Dieser aber weigerte sich, einen Blick darauf zu werfen und befahl, den Kopf zu bestatten. Die beiden Attentäter hat er wohl kaum belohnt, denn er hätte Cassius gerne begnadigt. Marcus betrauerte den Tod des fähigen Feldherrn.[48] Cassius starb um den 26. Juli 175. Sein Traum von der Herrschaft währte drei Monate und sechs Tage.[49] Eine kurze Würdigung widmet ihm Asinius Quadratus. Er nennt Cassius einen hochbedeutenden Mann, notwendig für das Reich und einflußreich beim Kaiser, aber durch einen Schicksalsschlag, *sors fatalis*, umgekommen.[50]

g. Strafaktionen

Mit den Angehörigen und Anhängern des Hochverräters verfuhr Marcus ungewöhnlich milde. Zumeist hatte die Überwindung eines Staatsfeindes blutige Folgen für die Schuldigen und Beschuldigten, so wie zuvor im Falle Sejans im Jahre 31 unter Tiberius[51] und im Jahre 312 im Falle des Maxentius, dessen Kopf Constantin nach dem Sieg an der Milvischen Brücke auf einem Spieß durch die Straßen Roms tragen ließ, nachdem er dessen Angehörige beseitigt hatte.[52] In solchen Fällen galt Sippenhaft. Marcus hingegen behandelte die Familie des Gegenkaisers schonend. Zwar war nach dessen Tod der neue Gardepräfekt vom Heer erschlagen worden, ebenso der Sohn des Cassius, Maecianus, dem Alexandria anvertraut worden war,[53] Marcus aber verhängte keine Todesstrafen.[54] Ein zweiter Sohn, Heliodorus, wurde in die Verbannung geschickt, die anderen erhielten unter «freiem Exil» mehr als die Hälfte ihres väterlichen Vermögens zurück, ja sie wurden mit Gold und Silber unterstützt, die Frauen erhielten Schmuck. Die Tochter Alexandria (sic) und ihr Gatte Druncianus genossen volle Bewegungsfreiheit und den Rechtsschutz als Angehörige des Senatorenstandes unter dem Patronat eines Onkels des Kaisers.[55] Nach dem Tode des Druncianus sollten dessen Güter indes an den Fiskus fallen.[56]

Dem Senat verbot Marcus, gegen Parteigänger und Mitwisser der Erhebung vorzugehen, und rief einige bereits Deportierte zurück.[57] Ein Konvolut Briefe des Cassius, in denen dieser offenbar ihm geneigte Adressaten für seine Sache umwarb, ließ Marcus ungeöffnet verbrennen.[58] Ein Gleiches tat auf eigene Verantwortung Martius Verus, den Marcus als neuen Statthalter nach Syrien vorausgesandt hatte. Verus fand in Antiochia die Akten des Cassius und verbrannte sie. Dies geschehe, sagte er, zwar ohne Auftrag, aber im Sinne des Kaisers, und sollte der unwillig sein, wäre es besser, selbst zu sterben als den Tod der durch die Papiere Belasteten herbeizuführen.[59] Einige Centurionen, die sich zu weit hervorgetan und noch anderes sich hatten zuschulden kommen lassen, wurden hingerichtet,[60] während der Statthalter Ägyptens Gaius Calvisius Statianus, ein Freund Frontos,[61] der vor 169 als kaiserlicher Sekretär für die lateinische Korrespondenz bezeugt ist,[62] mit dem Leben davonkam, sein Vermögen behielt und nur auf eine Insel verbannt wurde. Dessen Papiere, die Mitwisser belasten konnten, ließ Marcus ebenso verbrennen.[63] Ein Prophet, der *quasi instinctu deorum* – gleichsam durch göttliche Eingebung – den Sieg des Cassius vorausgesagt hatte, wurde gleichfalls auf eine Insel, nach Syros, verbannt.[64]

Auf die Milde gegenüber den Leuten des Cassius verweisen die Münzen von 176 mit der Umschrift CLEMENTIA AUGusti.[65] Mit dieser Politik folgte Marcus dem Vorbild des Antoninus Pius. Im Jahre 145 hatte in Nordspanien der Statthalter Cornelius Priscianus eine Erhebung geplant, die mit seinem Selbstmord endete, während zeitgleich ein anderer Senator, Atilius Titianus, wegen desselben Delikts proskribiert, als vogelfrei erklärt wurde, indem der Senat seine Hinrichtung und Enteignung verfügte. In beiden Fällen hat Pius auf die Bestrafung von Mittätern und Mitwissern verzichtet.[66]

h. Durch Judaea nach Alexandria

Um die Ostprovinzen zu sichern, setzte Marcus noch im Sommer 175, begleitet von Faustina, den Töchtern[67] und seinem «Mitkaiser» Commodus,[68] den Marsch fort. Zu seiner Entourage zählten Pertinax, damals *consul suffectus*,[69] die Garde, wohl unter dem Befehl von Bassaeus Rufus, sowie die von Marcus hochgeschätzten Brüder

Condianus und Maximus Quintilius, die im Jahre 151 gemeinsam Konsuln gewesen waren. Ihre Eintracht war sprichwörtlich, vermutlich waren sie Zwillinge.[70] Die Familie der Quintilii oder Quinctilii gehörte zu den Patriziern, dem römischen Uradel aus der Königszeit. Bekanntester Angehöriger war Quinctilius Varus, der Gegner des Arminius. Geleitschutz auf dem Weg nach Osten bot Valerius Maximianus, der Bezwinger des Naristen Valao, mit einem Hilfskontingent berittener Markomannen, Naristen und Quaden.[71] Wie verträgt sich diese inschriftlich bezeugte Begleitung mit der Nachricht bei Dio, Marcus habe ein Hilfsangebot «vieler Barbaren» abgelehnt, weil er ihnen das beschämende Schauspiel eines Kampfes von Römern gegen Römer nicht bieten wollte?[72] Vermutlich galten die fest in den Dienst genommenen Feinde nicht mehr als Barbaren.

Auf dem Weg nach Osten machte Marcus Station im Legionslager Viminacium etwa 100 Kilometer östlich von Sirmium nahe der Donau. Von hier richtete er zwei inschriftlich erhaltene Briefe nach Delphi.[73] Durch Kleinasien ging es dann vermutlich auf der späteren «Pilgerstraße», die von Byzanz diagonal durch Anatolien über Ankyra zur Kilikischen Pforte, einem Engpaß auf dem Taurus, und weiter nach Syrien führte. Es ist dies die alte persische Königsstraße, die schon Herodot erwähnt.[74] In Syrien vermied Marcus einen Besuch von Kyrrhos, dem Geburtsort des Cassius, und von Antiochia, wo die Bevölkerung diesem zugejubelt und Marcus geschmäht hatte. Marcus strafte die Stadt, indem er ihr das höchste Vergnügen, die Wagenrennen und die Theaterspiele, für eine Weile untersagte, eine übliche Form der Strafe unbotmäßiger Städte.[75]

Auf dem Weg durch Palästina – die Straße hatte Marcus nach dem Zeugnis der Meilensteine erneuern lassen[76] – bedrängten ihn die Juden, die Cassius unterstützt hatten, und lärmten während einer Ansprache,[77] so wie später die Christen bei einer Rede Julians. Dieser rief: «Hört mich, dem doch selbst die Alamannen und Franken zugehört haben», indem er, wie Ammian berichtet,[78] Marcus imitierte, als dieser auf dem Wege nach Ägypten durch Palästina kam und, angewidert von dem Gestank und dem Geschrei der Juden, ausrief: «O Markomannen, o Quaden, o Sarmaten, endlich fand ich Menschen, die noch ungebärdiger sind als ihr es seid.»[79] Ammian, der von einem «Tumult» der Juden vor Marcus spricht, erinnert an ihre lautstarken Auftritte in Masse, die jüdische *turba*, die wir aus der Zeit von Cicero und von Claudius aus Rom kennen, die Pontius Pilatus in Caesarea und Jerusalem, Paulus ebendort und in Korinth erlebten und von der ebenso aus Ptolemaïs berichtet wird.[80] Was mögen die Juden damals von Marcus gefordert haben? Vermutlich wieder Zugang nach Jerusalem, den ihnen Hadrian nach dem Bar Kochba-Aufstand verboten hatte.[81]

Als Anlaß für jenen Krieg nennt die *Historia Augusta*[82] das von Hadrian erlassene Verbot der Beschneidung, die als Körperverletzung Minderjähriger analog der Kastration untersagt wurde.[83] Wohl auf Protest der Rabbiner hin hob Antoninus Pius das Gesetz wieder auf,[84] und dabei blieb es auch unter Marc Aurel. Auf zwei Berliner Papyrusurkunden vom Jahr 171 wird ägyptischen Juden die Beschneidung ihrer Söhne gestattet, nachdem sie dem kaiserlichen Strategen den Beweis ihrer Herkunft erbracht haben. Die Beschneidung eines Proselyten wäre entsprechend der eines Nichtjuden geahndet worden.[85]

Friedlichen Charakter hatte eine Begegnung Marc Aurels mit Juden, die im Babylonischen Talmud erzählt wird. Da heißt es, Kaiser «Antoninus, der Sohn des Asverus», vermutlich Marc Aurels Vater Annius Verus, sei mit dem Patriarchen Jehuda Hanassi befreundet gewesen und habe mit ihm Briefe gewechselt und Gespräche geführt. Das Thema, das Wesen der Seele, lag durchaus im Interesse beider.[86] Der Text gehört zu einer Gruppe von Legenden, in denen «Antoninus» mit einem Rabbi biologische, kosmologische und theologische Fragen erörtert. Die jüdische Legende verlegt die Beziehung zwischen Marcus und den Juden weit zurück: Eine Jüdin, die verbotenerweise ihren Säugling beschnitten hatte, traf auf dem Weg zu Hadrian, dem Richter, Lucilla mit dem neugeborenen Marcus. Die Frauen tauschten für diesen Anlaß die Kinder aus, und die Jüdin wurde freigesprochen.[87] So wie die Christen suchten auch die Juden Marc Aurel als ihren Freund darzustellen.

Marcus erreichte im Herbst 175[88] Alexandria, wo er schon am 28. Juli wieder anerkannt worden war.[89] Mit der abgefallenen Legion des Standorts verfuhr er glimpflich. Man dankte es ihm. Die sechs Militärtribunen der Legion stifteten dem Kaiser dort eine Statue, deren Basis mit lateinischer Inschrift gefunden wurde.[90] Den Bürgern verzieh er ihre Anerkennung des Cassius.[91] Marcus lebte hier als Bürger unter Bürgern und besuchte als Philosoph die Heiligtümer und sonstigen Örtlichkeiten,[92] insbesondere die Universität, das berühmte Museion.[93] Dort lebte und lehrte damals der größte Gelehrte der römischen Kaiserzeit, Claudius Ptolemaios, ein Universalgenie in den Wissenschaften, nicht bloßer Kompilator wie Plinius maior oder Seneca mit ihren Naturgeschichten. Claudius Ptolemaios schrieb griechische Werke über Mathematik, Harmonielehre und Optik, über Geographie und Kosmologie, Astronomie und Astrologie. Sein Hauptwerk über die Himmelskunde *Megistē* oder *Megalē Syntaxis* läuft aufgrund der unter Harun al-Raschid angefertigten arabischen Übersetzung unter dem Namen *Almagest* und hat das geozentrische Weltbild der Christen und Muslime weit über tausend Jahre geprägt. Er hat in der Wissenschaftsgeschichte der Astronomie einen ähnlich beherrschenden Platz wie Galen in der Medizin. Wenn Claudius Ptolemaios nicht kurz zuvor gestorben ist, hat Marcus ihn fraglos gesprochen.

Alexandria war die zweitgrößte Stadt im Reich und das Tor nach Osten. Zum Jahr 166 melden die chinesischen Reichsannalen den Besuch römischer Kaufleute als «Gesandte» des Kaisers An-tun, die nicht über die von den Parthern blockierte Seidenstraße, sondern auf dem Seeweg, aus Tonking, d. h. Vietnam, gekommen waren. Sie brachten dem «Sohn des Himmels» Geschenke, darunter das von chinesischen Männern schon damals begehrte Rhinozeros-Horn. Einem noch heute lebendigen Aberglauben zufolge soll es pulverisiert die Manneskraft steigern. Vor allem aber brachten die Männer vermutlich Seide – seit Augustus ein geschätzter Luxusartikel in Rom; auch Faustina besaß Seidengewänder, *vestis serica*.[94] *Seres*, die «Seidenleute», hießen die Chinesen in Rom.[95] Der Kontakt hatte keine dauerhaften Folgen; ob er auf Marc Aurel oder schon auf Pius zurückgeht, ist unklar.[96]

In Alexandria hatte Marc Aurel auch politisch zu tun. Die Könige der Nachbarländer und Gesandte der Parther erschienen vor ihm, um den Frieden zu bekräftigen.[97] Marcus blieb nur kurz, doch das Volk lobte ihn, so die ‹Heidnischen Märtyrerakten›. Als er die Stadt noch im Jahr 175 wieder verließ, blieb eine seiner Töchter dort, vermutlich Cornificia, wenn, wie anzunehmen ist, Petronius Mamertinus, ehedem *praefectus Aegypti*, ihr Schwiegervater war.[98] Station machte Marcus nun doch in Antiochia, wo er das 115 durch Erdbeben zerstörte Bad hatte erneuern lassen.[99] Marcus hob das Spielverbot wieder auf.[100] Als er Kilikien erreicht hatte, unternahm er einen Abstecher nach Tarsos, um den fünfzehnjährigen Hermogenes reden zu hören. Angetan von einer glänzenden Stegreifrede, beschenkte Marcus ihn reichlich.[101] Marc Aurels Wendung von der Rhetorik zur Philosophie in jungen Jahren war lediglich eine Akzentverschiebung.

i. Der Tod Faustinas 176

Nach Durchquerung der Kilikischen Pforte auf dem Weg nach Tyana, gab es einen Halt im Dorf Halala am Nordhang des Taurus.[102] Dort erkrankte Faustina und starb Anfang 176.[103] Das Gerücht, sie habe sich das Leben genommen, als ihre Beziehung zu Cassius ans Licht kam,[104] versucht, dem zufälligen Tod einen Sinn zu verleihen, eine geläufige Form der Legendenbildung.[105] Faustina wurde von Marcus tief betrauert.[106] Er klagt über ihren kürzlich erfolgten Tod in einem Brief an «seinen Freund» Herodes Atticus in Athen, der, zurückgekehrt aus seiner freiwilligen Verbannung in Epirus, den vergangenen Querelen zum Trotz triumphal empfangen worden war.[107] Marcus schilderte ihm die Zustände im Winterlager 175/176, in dem er sich bei oder nach dem Tode Faustinas aufhielt. Er überwinterte demzufolge nicht in Alexandria,[108] sondern erst auf dem Rückweg in Kappadokien.[109]

Alle erdenklichen Ehren ließ Marcus seiner Frau zukommen. Schon seit dem Frieden mit den Quaden Ende 173 trug sie den Ehrentitel *mater castrorum*.[110] Den Ort ihres Todes benannte Marcus Faustinopolis, so wie Hadrian den Sterbeort Trajans *Selinus* umbenannt hatte in *Traianopolis*.[111] Marcus verlieh den Bewohnern von Faustinopolis als *colonia* römisches Bürgerrecht. Dort erhielt Faustina einen Tempel,[112] nachdem der Senat auf Marc Aurels Antrag ihre *consecratio* beschlossen und ihr göttliche Ehren als DIVA und PIA bewilligt hatte. Ihre Himmelfahrt propagierten Münzen und Inschriften.[113] Sie erfolgte bei Kaisern auf einem Adler, bei Kaiserinnen auch auf einem Pfau. Für Faustinas Kult wurden Priesterinnen eingesetzt und die Alimentarstiftungen – eine Art staatlicher Erziehungsbeihilfe – um *puellae Faustinianae* erweitert.[114] Ein goldenes Bild der Kaiserin wünschte sich Marc Aurel bei jedem Theaterbesuch in der Kaiserloge neben seinem Sitz. Silberne Bilder des Kaiserpaares sollten im Tempel von Venus und Roma aufgestellt werden, und Brautleute hatten vor der Hochzeit auf dem Altar ein Opfer darzubringen.[115]

Um die Großmut Marc Aurels noch heller erstrahlen zu lassen, stellt der Biograph diese Beweise ehelicher Zuneigung vor den pikanten Hintergrund der angeblichen Affären Faustinas, die ihr das Stadtgerücht anhängte. Ihr wurde, wie gesagt, Ehebruch nicht nur mit Lucius Verus angedichtet, sondern auch mit Gladiatoren, Seeleuten und Schauspielern, was immerhin einen Eindruck von den damals herrschenden Sitten vermittelt.[116]

j. Marc Aurels Konkubinat

Eine zweite Ehe ging Marc Aurel nicht ein. Ceionia Fabia, die Schwester des Lucius Verus, suchte ihn zu gewinnen, um selbst Faustinas Nachfolgerin zu werden. Fabia war als Mädchen 136 auf Wunsch Hadrians mit Marcus verlobt worden, bis diesem dann 138 auf Anordnung von Antoninus Pius statt ihrer dessen Tochter Faustina versprochen wurde.[117] Fabia heiratete dann Plautius Quintillus, den Konsul von 159, und hatte einen Sohn gleichen Namens von ihm, war aber 176 offenbar verwitwet. Marcus ließ sich auf ihr Ansinnen nicht ein. Statt dessen nahm er sich eine namentlich nicht bekannte Konkubine, die Tochter von einem Procurator Faustinas, vermutlich aus dem Freigelassenenstande. Marcus, so heißt es, wollte seinen «vielen» Kindern keine Stiefmutter zumuten.[118] Freilich lebten damals nur noch zwei. Aber deren Erbe wäre geschmälert worden, wenn es aus der neuen Ehe Kinder gegeben hätte.

Marcus handelte so wie Antoninus Pius. Dieser hatte sich nach dem Tode der älteren Faustina die Galeria Lysistrata, eine ihrer Freigelassenen, als Konkubine erwählt. In dieser Eigenschaft erscheint sie auf einer Inschrift ihres Erziehers, ihres *papas*, des kaiserlichen Hofmeistern Narcissus.[119] Als Lysistrata ihrem Günstling Repentinus die Gardepräfektur verschaffte, wurde der durch eine anonyme

Schmähschrift schwer getroffen.[120] In Rom florierte eine Untergrundliteratur von Pasquillen, auf denen die so zahlreich überlieferten, meist pikanten Gerüchte beruhen. Der römische *concubinatus* war eine gesellschaftlich anerkannte Lebensgemeinschaft, monogam, dauerhaft und weit verbreitet. Vespasian zuvor hat als Witwer seine Konkubine Caenis fürstlich ausgestattet. Auch sie besaß politischen Einfluß[121] Zumeist handelt es sich um eine Verbindung mit Frauen niederen Standes, mit denen eine Ehe für einen Senator unstatthaft war. Die Kinder beerbten nur die Mutter.[122] Erst in christlicher Zeit wurde das Konkubinat anrüchig und dann verboten. Doch zurück zu Marc Aurel!

k. Aelius Aristides in Smyrna 176

Von Faustinopolis zog Marcus weiter auf der Straße, die er gekommen war, nach Westen. Am 8. August 176 finden wir ihn und Commodus in Milet an der Küste,[123] anschließend in Smyrna, wo er mit dem Sohn das Dionysosfest beging und den berühmten Rhetor Aelius Aristides traf. Marcus wollte ihn sehen und hören. Philostrat erzählt, wie der Kaiser drei Tage lang allmorgendlich von den Honoratioren der Stadt begrüßt wurde, ohne den Rhetor darunter zu entdecken. Dies bemängelte er gegenüber den Brüdern Quintilius. Am nächsten Tag brachten sie den Aristides herbei, und Marcus stellte ihn zur Rede. Der entschuldigte sich, er sei so im Nachdenken über eine Sache, ein *theōrēma*, gewesen, daß er sich nicht stören lassen wollte. Dafür hatte der Kaiser durchaus Verständnis und fragte, wann er den Redner denn hören könne. Der erwiderte: «Stelle mir heute ein Thema, dann werde ich morgen darüber reden.» Aristides hielt nichts von der Kunst der Konzertredner, über ein beliebiges *ad hoc* gestelltes Thema aus dem Stegreif zu schwadronieren, sondern nahm sich Zeit, um zu überlegen, was er genau sagen sollte.[124] Zudem bat der darum, seine Studenten mitbringen zu dürfen. Dies erlaubte der Kaiser, denn das sei *dēmotikon*, volksnah. Und als Aristides auch noch Nachsicht für den Applaus erbat, der vielleicht etwas laut würde, lächelte der Kaiser: «Das ist deine Sache.» Leider nennt Philostrat das Thema nicht, weil es unterschiedlich überliefert werde. Mit Vorliebe behandelte Aristides fiktive Situationen der klassischen

Geschichte; da geht es um die verpönte Befestigung Spartas, das umstrittene Begräbnis der verurteilten Strategen nach der Seeschlacht bei den Arginusen 406 v. Chr. oder das problematische Verhältnis Alexanders zu seinem Vater Philipp.[125]

Als Smyrna im Folgejahr 177[126] von einem Erdbeben und Erdrissen zerstört wurde, schrieb Aristides auf seinem Landsitz *Laneion* bei *Hadrianotherai*-Balikesir eine große Klagerede und wandte sich in einem Brief an den Kaiser mit so bewegenden Worten, daß diesem die Tränen kamen und er den Wiederaufbau der Stadt befahl.[127] Die Kosten übernahm er selbst, die Aufsicht übertrug er einem Senator im Rang eines Praetors. Dio, der dies berichtet, wußte das, ihm unterstand 218 als Prokonsul in Asia auch Smyrna. Aristides wurde wegen seiner Fürsprache als zweiter «Gründer» der Stadt betrachtet – nach dem Diadochen Antigonos Monophthalmos, König seit 306. «Gründer» sind aufgewertete Wohltäter, Smyrna war tausend Jahre älter. Von den Alexandrinern erhielt Aristides eine Bronzestatue auf dem Marktplatz von Smyrna, deren Basis mit der Inschrift im Museum von Verona erhalten ist.[128] Das war offenbar der Dank für eine Rede vor dem Kaiser zu ihren Gunsten, nachdem sich die Stadt durch die Unterstützung des Cassius diskreditiert hatte.

l. Marcus in Athen 176

Etwa im September 176 fuhr Marcus mit Commodus zu Schiff von Smyrna nach Athen.[129] Die Stadt war noch immer das Zentrum der Bildung, so wie Alexandria weiterhin Mittelpunkt der Wissenschaften war. Zum Studium von Philosophie und Rhetorik versammelten sich hier Lernbegierige aus allen Ländern des Reiches und dem Barbaricum, so daß es Klagen darüber gab, man höre kein reines Attisch mehr in der Stadt.[130] Nachdem der Philhellene Hadrian die nach ihm benannte Bibliothek gestiftet, den riesigen Tempel des Zeus Olympios vollendet und Athen um ein Viertel vergrößert hatte, förderte Marc Aurel nun den Unterricht in allen Zweigen der Bildung durch die Gewährung von Jahresgehältern an die Lehrer.[131] Insbesondere widmete er sich den vier Philosophenschulen. Er stiftete Professuren für die Akademie Platons, den Peripatos des Aristoteles, den Garten Epikurs und die Stoa Zenons, ohne die Anhänger seiner eigenen, der stoischen Philosophie zu bevorzugen. Die Auswahl der Kandidaten überließ er Herodes Atticus – ein Gunsterweis nach der Niederlage des Herodes in Sirmium?[132]

Neben der Philosophie bedachte Marcus auch die Rhetorik. Der Herodes-Schüler Theodotos erhielt als Lehrer der politischen Beredsamkeit von Marcus ein Jahresgehalt von zehntausend Denaren, das dann ebenso die Nachfolger des Theodotos bezogen.[133] Den Phönizier Hadrianos aus Tyros, einen Schüler des Herodes Atticus, hatte Marcus auf einen Lehrstuhl für Rhetorik berufen, ohne ihn gehört zu haben. Um seinen guten Stil zu prüfen, den der Konsular Severus, einer der Lehrer von Marcus, in Frage stellte, gab dieser dem Redner ein Thema, um ihn deklamieren zu hören. Es ging, so wie bei Aristides, um ungeschehene Geschichte der klassischen Zeit.

Die Aufgabe lautete: «Hypereides unterstützt die Rede des Demosthenes nach der Einnahme von Elateia durch Philipp.» Marcus denkt an eine berühmte Situation des Jahres 338 v. Chr.: Spätabends erscheint ein Eilbote in Athen und meldet, der Makedone habe die Schlüsselfestung auf dem Wege nach Mittelgriechenland besetzt und rüste zum Marsch auf Athen. Die Panik in der Stadt beschreibt Demosthenes in seiner Kranzrede. Die hastig einberufene Volksversammlung am nächsten Tag ist rat- und sprachlos, endlich ergreift Demosthenes das Wort und beantragt Schutzmaßnahmen.[134]

Nun die Frage des Kaisers an Hadrianos: Wenn Hypereides, der gleichgesinnte Patriot, ihm beigepflichtet hätte, wie hätte seine Rede gelautet? Hadrianos fingierte sie brillant, so daß ihn Marcus bewunderte und ihm einen lebenslangen Mittagstisch auf Staatskosten gewährte. Gemeint ist vermutlich Speisung im Prytaneion, die einst der angeklagte Sokrates auch für sich gefordert hatte.[135] Ferner verlieh Marcus dem Redner einen Ehrensitz im Theater, Steuerfreiheit und Priesterwürden und verehrte ihm Gold, Silber und Pferde, mit denen jener protzte. Hadrianos wurde dann nach Rom berufen, wo auch des Griechischen Unkundige seine «Nachtigallen-Stimme» zu schätzen wußten.[136] Wie sich Marcus um die städtischen Belange Athens gekümmert hat, ersehen wir aus der Zugangsregelung der höchsten Körperschaften.[137]

m. Die Mysterien von Eleusis

Bevor die Rückreise nach Rom angetreten wurde, ließ Marcus sich und Commodus – so wie Lucius Verus vierzehn Jahre zuvor[138] – in die Eleusinischen Mysterien einweihen. Dazu boten sich die im Herbst 176 gefeierten Eleusinien an. Während einer kritischen Phase im Krieg an der Donau, vermutlich im Krisenjahr 172, hatte Marcus das Gelübde abgelegt, sich einweihen zu lassen.[139] Um die Einführung in die Rituale bat er als Mystagogen wiederum Herodes Atticus.[140] Dieser übernahm das Amt, starb aber schon im folgenden Jahr.[141] Das von den Kostoboken zerstörte Heiligtum hatte Marcus wiederherstellen lassen.[142] Die Bürger von Kyrene errichteten eine Statue des Kaisers im Heiligtum.[143]

n. Berber in Spanien, Räuber in Griechenland

Während Marcus 175 noch in Sirmium weilte und Commodus die Männertoga verlieh, gab es in Südspanien nach 171[144] zum zweiten Mal einen Einfall der Mauren.[145] Das bestätigen zwei Ehreninschriften für den Procurator von Mauretania Tingitana Gaius Vallius Maximianus, der von seinem Amtssitz *Tingis* – Tanger aus die Invasoren über die Meerenge verfolgt und dann vernichtet hatte und so den Frieden in der Baetica wiederherstellen konnte. Die eine Inschrift stammt aus Italica bei Sevilla, das die Räuber den Guadalquivir aufwärts erreicht hatten, die andere, noch küstennäher, aus Barba bei Antequara, den Singilis aufwärts zugänglich, das lange belagert, aber nicht erobert wurde.[146] Die Vita nennt – vermutlich zu weit gefaßt – auch hier das westlich angrenzende Lusitanien als Kriegsgebiet.[147] Daß auch Mauretanien bedroht war, bezeugen Befestigungen in Volubilis und anderen Orten. Inschriftlich ist zum Jahr 174 eine Strafexpedition gegen die südlichen Nachbarn der Provinz bezeugt.[148]

Nachdem Marcus Ende 176 Griechenland verlassen hatte, machte sich dort im Norden das Räuberwesen bemerkbar. Die lange Laufbahninschrift aus Tunesien für Marcus Valerius Maximianus, den Sieger über Valao,[149] nennt nach seiner Teilnahme am Zug in den Orient 175[150] die Stellung als Finanzprokurator von Moesia inferior im heutigen Bulgarien. Im Jahre 177 war er Befehlsinhaber von Truppenabteilungen, um die Räuber im Grenzgebiet von Makedonien und Thrakien zu bezwingen. Sie hausten offenbar im Rhodope-Gebirge. Ihr in diesem Zusammenhang genannter Stammesname *Brisei* erscheint in keiner anderen Quelle. Aus der Marcusvita erfahren wir, daß der Kaiser gefangene Räuber aus Dalmatien und Dardanien im heutigen Serbien ins Heer einreihte – eine Praxis, die bis in die Spätantike geübt wurde.[151] Einen lebendigen Einblick in das Räuberwesen im nordgriechischen Thessalien bietet Marc Aurels Zeitgenosse Apuleius in seinen ‹Metamorphosen›, dem lesenswerten Eselsroman.

o. Triumph in Rom am 23. XII. 176

Wir hatten Kaiser und Kronprinz in Athen verlassen: Als Marcus sich mit Commodus im Piräus einschiffte, hatten die Winterstürme bereits begonnen. Nach einer riskanten Fahrt erreichte er etwa Anfang November 176 den Hafen Brundisium, wechselte den Kriegsmantel mit der Toga[152] und begab sich nach Rom. Die Münzpresse zeigte ein Schiff, begrüßte die glückliche Ankunft, den ADVENTUS der Kaiser und verkündete Frohsinn, die HILARITAS des Volkes. FORTUNA REDUX (die Göttin der glücklichen Heimkehr), IUPPITER CONSERVATOR (der Bewahrer Iuppiter) und PAX AETERNA (ewiger Friede) erscheinen in den Parolen.[153] Marcus hielt eine Ansprache an sein Volk, bei dem die Zuhörer seine «lange» Abwesenheit durch Fingerzeichen auf acht Jahre – halbe ganz gerechnet – bezifferten, um für jedes ein *congiarium* von einem Goldstück zu erhalten. Marcus lächelte und versprach es.[154]

Die Jubelstimmung im Volk nutzte Marcus zur weiteren Rangerhöhung seines Sohnes. Commodus wurde am 27. November zum Imperator ausgerufen, gleichzeitig mit seinem Vater, dieser zum neunten Mal. Anlaß war wohl die Siegesbotschaft aus Südspanien.[155] Auf die Zukunft des Commodus verweisen die Umschriften SPES PUBLICA und PRINCEPS IUVENTUTIS.[156] Am 23. Dezember 176 feierte Marcus auf Senatsbeschluß seinen zweiten Triumph, diesmal gemeinsam mit Commodus über die Germanen und Sarmaten.[157] «Viele Tausend hatte er getötet und Pannonien von der Sklaverei befreit.»[158] Bei dem Triumphzug sah man den Kaiser eine Strecke zu Fuß neben dem Wagen einhergehen, auf dem Commodus saß.[159] Für 177 wurde der fünfzehnjährige Commodus zum Konsul vorgesehen, der bis dahin jüngste in der römischen Geschichte. Mitkonsul sollte sein Schwager Quintillus werden.[160] 179 folgte ein zweites Konsulat. 177 und 179 gab es weitere imperatorische Akklamationen, parallel zu denen des Vaters.[161]

Zum Zeichen des auf den Münzen verkündeten Friedens ließ Marcus die Türen des Janustempels an der Nordseite des Forum Romanum schließen.[162] Sie wurden nach alter, schon bei Ennius († 161 v. Chr.) erwähnter Sitte, bei Kriegsbeginn geöffnet und bei Kriegsende geschlossen. Diese Symbolhaltung fügt sich gut in die von Marcus auch sonst bezeugte Wiederaufnahme altrömischer Sitten,[163] auf die bereits Augustus zurückgegriffen hatte, als er am 11. Januar 29 v. Chr. mit der Schließung des Janustempels die PAX AUGUSTA verkündete.[164] Daß die Kriege damals gleichwohl sofort wieder auflebten, wiederholte sich bei Marcus schon Monate später. Wenn es heißt, erst Gordian III habe den Tempel 244 wieder geöffnet,[165] hatte man den Sinn der Sitte inzwischen vergessen. Denn an Kriegen hat es in der Zwischenzeit nicht gefehlt.

Anläßlich des Triumphes erhielt das Volk die übliche Bescherung, ein *congiarium*. Münzen von Anfang 177 preisen eine LIBERALITAS des Commodus.[166] Die *plebs Romana* erhielt die geforderten acht Goldstücke in Gestalt von 800 Sesterzen, eine größere Spende hatte es nie gegeben.[167] Die Zahl der Empfangsberechtigten ist nicht bekannt. Unter Augustus im Jahre 5 v. Chr. waren es 320 000, unter Septimius Severus im Jahr 202 noch 200 000.[168] Solche Zahlen zeigen, in welchem Maße die stadtrömische Bürgerschaft von den Abgaben aus den Provinzen lebte. Zugleich tilgte Marcus alle Schulden an die kaiserliche und an die staatliche Kasse, d. h. an den *fiscus Caesaris* und an das *aerarium Saturni*, so wie das auch frühere Kaiser schon getan hatten.[169] Die Schuldscheine ließ er auf dem Forum Romanum öffentlich verbrennen. Zu den gewöhnlichen Volksbelustigungen stiftete er angeblich hundert Löwen, die im Colosseum mit Pfeilen totgeschossen wurden, soweit nötig vom *Confector* den Gnadenstoß erhielten und dann wie üblich im Tiber entsorgt wurden.[170] Solche Zahlen, die niemand nachprüfen konnte, beruhen auf den Anschlägen der *Acta Urbis* und unterstreichen die Volksnähe des Kaisers.

p. Die Tafeln des Ehrenbogens

Zur Erinnerung an seinen Triumph erhielt Marcus 176 durch Senat und Volk von Rom (SPQR) einen Ehrenbogen, weil er alle Ruhmestaten aller allergrößten Kaiser übertroffen, die kriegerischsten aller Völker vernichtet oder unterworfen habe, so die Inschrift.[171] Den Bogen schmückten die drei wohlerhaltenen Reliefplatten, die sich heute im Treppenhaus des Konservatorenpalastes befinden,[172] und weitere acht, wiederverwendet mit ausgewechselten Köpfen am Constantinsbogen.[173] Die Platten zeigen teilweise standardisierte Szenen, wie sie auf Siegesdarstellungen häufig sind, teilweise auch solche, zu denen sich keine Parallelen finden, die sich somit auf besondere Ereignisse beziehen. Insgesamt illustrieren sie in ihrer ursprünglichen Anordnung die Vorgeschichte des Triumphs in einer sinnvollen Geschehensfolge[174] in den acht Kriegsjahren von 169 bis 176. Drei Tafeln gelten dem Beginn des Feldzugs, fünf weitere illustrieren Flehszenen und Friedensschlüsse, vier Tafeln veranschaulichen die Rückkehr nach Rom mit dem Triumph. Der zwischenzeitliche Zug in den Orient ist ausgespart.

Der Feldzug beginnt mit der *lustratio exercitus*, der rituellen «Reinigung» des Heeres durch ein Staatsopfer (I). Inmitten der Krieger, überragt wie stets von Feldzeichen, vollzieht der Kaiser – einst Marcus, nun der «christliche» Constantin – die Suovetaurilia, ein Opfer, bei dem ein Eber (*sus*), ein Widder (*ovis*) und ein Stier (*taurus*) geschlachtet werden. Die Tafel demonstriert die *pietas*, die Frömmigkeit Marc Aurels. Hinter ihm auf Augenhöhe Pompeianus.[175] Es folgt die Ansprache des Kaisers an die Soldaten (II), die *adhortatio imperatoris capessendi belli*.[176] Marc Aurel steht mit erhobener Rechten, die Schweigen gebietet, auf einem Tribunal und hält eine Rede, wie sie Dio vor dem Aufbruch gegen Cassius wiedergibt[177] und wie sie den Feldherren bei solchen Gelegenheiten von den Historikern seit Thukydides in den Mund gelegt wird.[178] Danach verläßt der Kaiser mit der Garde die Stadt; ein Togatus, wohl der Genius Senatus, verabschiedet ihn, eine vor ihm liegende weibliche Gestalt begrüßt

Abb. 22: Die zwölf Tafeln des verlorenen Ehrenbogens von 176.
I. Reinigungsopfer vor dem Auszug 169 (*lustratio exercitus*)
II. Ansprache ans Heer 169 (*adlocutio*)
III. Auszug aus Rom 169 (*profectio*)
IV. Gefangene vorgeführt 171? (*Germania capta*)

V. Marcus im Eichenwald 172 (*clementia*)
VI. Kopffragment des Kaisers 172 (Regenwunder?)
VII. Quadenprinz Battarius 172/173 (*Germania subacta*)
VIII. Marcus empfängt Zanticus
in Sirmium 175 (*rex datus*)

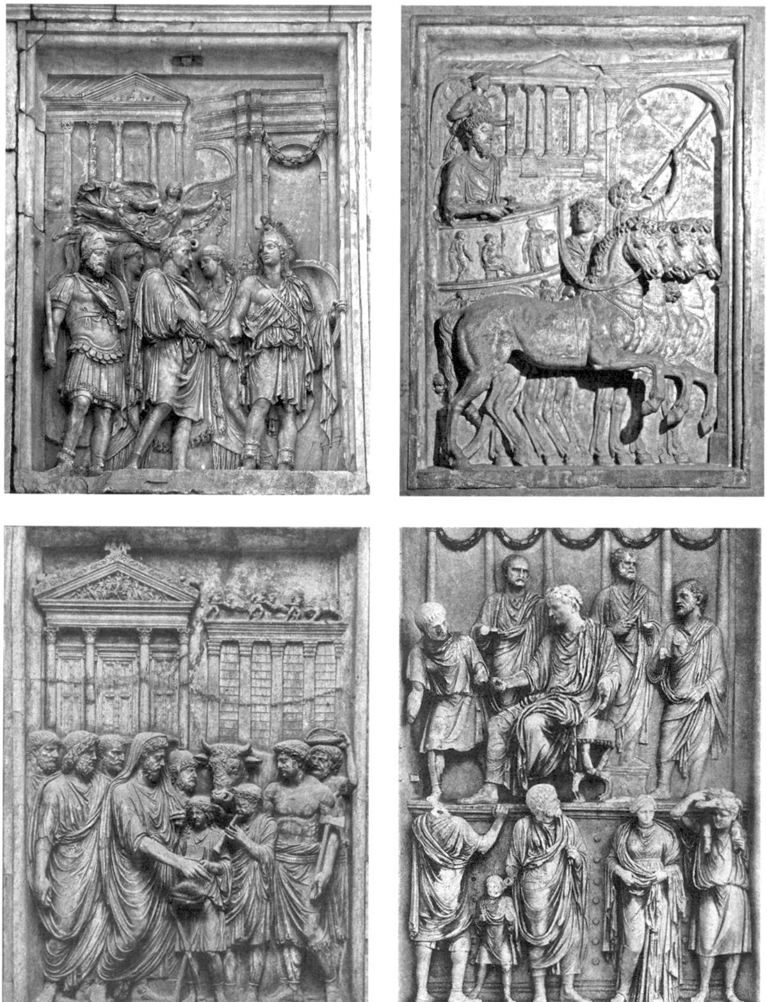

IX. Rückkehr nach Rom 176 (*adventus Augusti*)
X. Triumph 176 (*pompa triumphalis*)
XI. Dankopfer auf dem Kapitol 176 (*pietas*)
XII. Spenden ans Volk 176 (*liberalitas*)

ihn (III). Sie stützt sich auf ein Rad, symbolisiert daher die Via Flaminia, die Straße nach Norden. Es ist die *profectio*, der Aufbruch ins Feld, zunächst nach Carnuntum.[179] Auf der folgenden Platte sehen wir einen ersten militärischen Erfolg: Legionäre bringen dem wieder erhöht stehenden Kaiser Gefangene (IV). Es handelt sich vermutlich um den Sieg, der zum zweiten Markomannenfrieden 171 geführt hat.[180] Auch Münzen des Jahres 173 zeigen Gefangene.[181]

Sodann befinden wir uns in Feindesland, in einem Wald unter Eichen (V). Es ist die bekannteste der elf Platten, eine der drei im Konservatorenpalast.[182] Sie zeigen noch die Köpfe des Kaisers mit dem faltigen Altersporträt.[183] Der Kaiser im Panzer, wie stets ohne Helm, mit fliegendem, ursprünglich purpurnem Feldherrnmantel zu Pferde, rechts neben und hinter ihm der bärtige Kopf des Pompeianus, gleichfalls beritten, helmlos und demonstrativ auf fast gleicher Höhe mit dem Kaiser; links stehend bartlos und behelmt Bassaeus Rufus als Gardepräfekt. Rechts knien vor dem Kaiser, geführt von einem Reiteroffizier, zwei Barbarenfürsten, die flehend die Hände erheben. Der Kaiser reicht ihnen gnädig die Rechte zum Beweis seiner *clementia*, zu der er sich in seinen ‹Selbstbetrachtungen› verpflichtet. Darüber wehen zwei Reiterfahnen, *vexilla*.

Bei dem Frieden mit den Quaden erschien der zwölfjährige Prinz Battarios vor dem Kaiser (VII). Er wird auf der folgenden Tafel von einem älteren Barbaren vorgeführt.[184] Ein Knabe spielt im gesamten Kriegsgeschehen nur hier eine Rolle. Als Friedensschluß läßt sich ebenso die Bogenplatte deuten, wo Marcus auf dem Podest einen Barbaren mit Gefolge empfängt (VIII). Zwei Arkaden im Hintergrund verweisen das Geschehen in eine Stadt.[185] Das erinnert an den Besuch des Jazygenkönigs Zantikos in Sirmium, der dort die Friedensbedingungen entgegennahm.[186] Dies war der Abschluß des ersten Kriegs an der Donau zu Anfang des Jahres 175.

Die letzten Tafeln zeigen Marc Aurel 176 wieder in Rom.[187] Hier sind die Waffen verschwunden. Den zurückgekehrten Kaiser, begleitet vom griechisch behelmten Gott Mars hinter ihm, begrüßt die Göttin Roma, rechts, mit entblößter Brust und römischem Helm, zwischen ihnen der Kopf der hinzugedachten Faustina, die sich dem Kaiser zuwendet. Es ist der *felix adventus* (IX). Darüber schwebt die Victoria mit der Lorbeergirlande. Daß der Kaiser zu Fuß erscheint, erfordert die Begegnung mit den Gottheiten, die in der römischen wie in der griechischen Bildniskunst nie reiten und leibhaftig in das Menschengeschehen integriert werden. Der Tempel im Hintergrund links wird der Fortuna Redux zugewiesen, der «Fortuna der glücklichen Heimkehr», der Bogen rechts daneben ist die Porta Triumphalis Domitians. Wir befinden uns mithin auf dem Marsfeld, wo die Via Flaminia von Norden kommend die Stadt erreicht.

Es folgt die Tafel mit der Quadriga (X). Wenige Wochen nach der Ankunft, am 23. Dezember 176, feierte Marcus mit Commodus seinen Triumph über die Germanen und Sarmaten.[188] Der Kaiser steht auf dem Wagen und hielt ursprünglich in der Rechten einen verlorenen Lorbeerzweig, in der Linken das Adlerzepter Juppiters. Links neben ihm, vom Beschauer rechts, ist auf dem Wagen noch Platz – hier dürfte Commodus gestanden haben, wie die Schriftquellen und Münzen bezeugen. Anfang 193 wurde er offenbar nach der *damnatio memoriae* durch Pertinax weggemeißelt.[189] Über dem Kaiser schwebt die Victoria und bekränzt ihn; vor ihm sehen wir den Kopf eines Liktors, eines Amtsdieners, und einen Tubabläser. Der Kaiser ist im Begriff rechts hinten durch die Porta Triumphalis zu fahren, neben der, wie auf der Adventus-Platte mit den drei Göttern, der Tempel der Fortuna Redux steht. Es ist derselbe Hintergrund, denn die Triumphzüge begannen auf dem Marsfeld.

Auf der Platte danach (XI)[190] vollzieht der Kaiser als Abschluß des Triumphes unter Flötenmusik das Dankopfer für den Göttervater; der Opferdiener mit dem Beil wartet auf den Stier. Hinter dem Kaiser, Kopf an Kopf wieder Pompeianus, links der bekränzte Genius Senatus. Den Ort bezeichnet dahinter der dreitürige Tempel der kapitolinischen Trias, wo der Triumphzug stets endet. Auf der Pfeilerhalle daneben ist eine *venatio*, eine Tierhatz dargestellt. Gerüstete Theaterjäger (*venatores*) erlegen einen Löwen, eine Löwin und einen Stier. Blutige Zirkusspiele für das Volk gehörten zu den Festlichkeiten des Triumphes. Außer der Stiftung von angeblich hundert Löwen für die Arena hat Marcus damals beispiellos Gelder verteilt.[191] Dies zeigt die Platte XII des Bogens.[192] Ein Amtsdiener reicht dem Kaiser aus einem Sack die Münzen, die er, wie versprochen,[193] an die Familien vor seinem Tribunal verteilt. Prägungen vom Anfang des Jahres 177 verkünden die siebte LIBERALITAS reichsweit.[194]

In dieser Reihenfolge gelesen, illustrieren die Reliefs wesentliche Stationen der *expeditio Germanica prima* in zeitlicher Folge. Bemerkenswert ist, daß nur Friedensschlüsse dargestellt werden, keine Kampfhandlungen. Wir vermissen das Regenwunder. Das aber könnte auf der verlorenen zwölften Platte, hier Nr. VI, mit dem Kopenhagener Fragment gezeigt worden sein. Daß von dieser nur der Kopf des Kaisers erhalten blieb, deutet auf eine bewußte Zerstörung der Tafel. Dafür gäbe es einen Beweggrund. Die zugehörigen drei Platten im Konservatorenpalast überlebten in der Kirche Santi Luca e Martina, die im 6. Jahrhundert auf den Ruinen des Secretarium Senatus neben der Curia errichtet wurde. Man hielt den dargestellten Marcus für Constantin. Bei ihm konnte man den Regendämon nicht dulden, in der Kirche schon gar nicht. Man zerschlug die Tafel. Anscheinend gab es mithin außer auf der Marcussäule hier noch eine zweite Darstellung des Regenwunders und zwar, propagandistisch motiviert, mit dem Kaiser.[195]

q. Die Quintilier an der Donau 177

Schon Ende 176 brachen die Jazygen den Frieden, den sie vor dem Zug nach Ägypten im Frühjahr 175 mit Marcus geschlossen hatten.[196] Wiederum überschritten sie die Donau, vermutlich auf dem Eis, durchquerten Pannonien und plünderten Dalmatien. Ihnen trat nach seinem Suffektkonsulat mit Pertinax 175 Didius Julianus entgegen und vertrieb sie.[197] Gleichwohl kehrte keine Ruhe ein. Zum Jahr 177 meldet eine Inschrift, für seinen Sieg im Krieg gegen die Germanen und Sarmaten habe der Gardepräfekt Bassaeus hohe Auszeichnungen erhalten.[198] Da zugleich drei Ehrenstatuen erwähnt werden, war Bassaeus zuvor gefallen.[199] Die Fortsetzung des Kampfes gegen die «Skythen» genannten Jazygen jenseits der Donau übertrug Marcus den Quintiliern. Sie erhielten den provinzübergreifenden Oberbefehl in Illyricum, ähnlich wie zuvor Cassius in Syrien.[200] Ihr ungewöhnliches «Zwillingsregiment», schon 174 in Griechenland, rechnete Mommsen zu den «gemüthvollen Verkehrtheiten der antoninischen Epoche».[201]

Unter Commodus nahm die Familie Quintilius ein trauriges Ende. Des Hochverrats beschuldigt, wurden Condianus und Maximus sowie ein Sohn im Jahre 183 auf Befehl von Commodus erdrosselt, während es dem anderen unter abenteuerlichen Umständen gelang, in Syrien unterzutauchen. Cassius Dio betont den Reichtum der Familie und lobt die Gelehrsamkeit, das Feldherrntalent und die brüderliche Liebe von Condianus und Maximus. Wie sie zusammen lebten, amtierten und schriftstellerten,[202] so endeten sie zusammen.[203]

Die Familie Quintilius fassen wir auch archäologisch durch die beiden Villen an der Via Latina und der Via Appia, die inschriftlich zugeordnet sind.[204] Die Villa am fünften Meilenstein der Via Appia[205] ist die größte Anlage ihrer Art im Umkreis der Stadt, dem *suburbium*, wo die Aquädukte auch privater Wasserversorgung zur Verfügung standen. Ein Bleirohr mit der Inschrift der Quintilier zeugt davon. Die Villa umfaßte mehr als 20 Hektar und grenzte an die Liegenschaften des Herodes Atticus, mit dem die Brüder verfeindet waren. Die bis 14 Meter hoch aufragenden Ruinen zogen nicht nur Künstler wie Piranesi († 1778) an, sondern auch Sammler, die den Skulpturenschmuck entwendeten. Er findet sich in den großen Museen von Rom, Paris und München.

Hinter dem Portal an der Nordseite der Straße steht eine dekorative Brunnenanlage, ein Nymphaeum. Durch Säulengänge gelangte man über Treppen zum Wohngebiet auf einer Bodenterrasse, zum beheizbaren Speisesaal, dem Triclinium, mit kostbarem Fußbodenbelag. Nebenan befindet sich ein großes Thermengebäude sowie eine überkuppelte Rotunde. Auf der Ostseite gibt es einen 400 Meter langen hufeisenförmigen Hippodrom; auf der Westseite liegen Gärten, haben sich die Quintilier doch auch – wie die Senatoren Cato und Columella – literarisch gemeinsam mit dem Landbau befaßt.[206] Die bange Frage bleibt, die ja auch jedem Besucher der Luxusvilla des Reisekaisers Hadrian in Tivoli auf der Zunge liegt: Hatten die Brüder angesichts ihrer Tätigkeit im Osten überhaupt Zeit, ihr prachtvolles Anwesen zu nutzen? Nach ihrer Verurteilung hat Commodus die Villa konfisziert.

r. Commodus wird Augustus 177

Im Frühsommer 177[207] erhob Marcus seinen Sohn zum Augustus. Er heißt jetzt IMPERATOR CAESAR LUCIUS AURELIUS COMMODUS AU-

GUSTUS PATER PATRIAE. Einen sechzehnjährigen «Vater des Vaterlandes» hatte es noch nie gegeben. Zudem trug Commodus schon als Caesar die Siegerbeinamen GERMANICUS und SARMATICUS.[208] Wohl damals hat Commodus auch seine erste *tribunicia potestas* erhalten,[209] so daß ihm, wie einst Lucius Verus, nur noch der Rang des Pontifex Maximus fehlte. Hier gab es zuvor niemals Kollegialität. Nun hatte das Reich wieder zwei Kaiser, so wie vor dem Tod von Lucius Verus 169. Formal war damit das damals erloschene Doppelprinzipat wiederhergestellt. Die Erhebung von Knaben zu Mitherrschern durch die Verleihung des Augustustitels wiederholte sich später bei den minderjährigen Caracalla 197, Diadumenianus 218, Alexander Severus 222 und Gordian III 238. Der jüngste Augustus war dann 375 der vierjährige Valentinian II. Die Abwertung von Titeln im Lauf der Zeit ist eine allgemeine Erscheinung.

Den Quintiliern gelang es 177/178 nicht, den «Krieg zu beenden».[210] Er hatte schwere Schäden angerichtet. Aquincum, die Hauptstadt von Ostpannonien und Zentrum des Kaiserkultes, war samt dem Lager der *Legio II Adiutrix* zerstört worden. Der Neubau begann erst nach den Kriegswirren der Zeit unter Marc Aurel. Mit dem Goteneinbruch von 378 verelendete die Stadt, der Name wurde vergessen. In den Mauern des Amphitheaters, angeblich Etzels Burg, lokalisierte die Thidrekssaga aus dem 13. Jahrhundert den Endkampf der Nibelungen.[211] Die ersten Ausgrabungen erfolgten 1778 unter Maria Theresia, 1894 entstand das Archäologische Museum. Aquincum ist die bedeutendste römische Ruinenstätte Ungarns.[212]

Den Quintiliern blieb ein Sieg versagt. Der Kaiser mußte selbst wieder aus Rom an die Donau ziehen. Als sein Entschluß bekannt wurde, bedrängten ihn die Philosophen, sich nicht in Gefahr zu begeben, sondern zu bleiben und mit ihnen die Weltprobleme zu erörtern.[213] Marcus ließ sich nicht umstimmen, diskutierte aber drei Tage die *Praecepta philosophiae* mit ihnen, die ‹Vorschriften der Philosophie›, anhand seiner *Paraineseis*, seiner ‹Ermahnungen›.[214] Schon nach dem ersten Aufbruch 168 hatten ihn seine Freunde gebeten, nach Rom zurückzukehren, doch er sah in der Beendigung des Krieges seine wichtigere Aufgabe.[215]

s. Commodus heiratet Crispina 178

Bevor Marcus mit Commodus wieder an die Donau ging, verheiratete er im Juni oder Juli 178 den siebzehnjährigen Sohn zwar etwas überstürzt, aber standesgemäß mit Bruttia Crispina,[216] die sogleich den Augustatitel erhielt.[217] Marcus wollte für Nachwuchs seiner Dynastie sorgen, auch in der übernächsten Generation.[218] Die Braut stammte aus bester Familie, denn sie war die Tochter des Bruttius Praesens, Konsul 153, bestimmt für ein zweites Konsulat 180, und Enkelin des gleichnamigen Bruttius Praesens, befreundet mit Hadrian und 139 zum zweiten Mal Konsul. Der Schwiegervater des Commodus dokumentierte seine Wichtigkeit im Stile der Zeit durch die Länge seines Namens. Sie ist inschriftlich leider nur fragmentarisch erhalten und lautet: LUCIUS FULVIUS LUCII FILIUS POMPTINA TRIBU GAIUS BRUTTIUS PRAESENS MIN ... VALERIUS MAXIMUS POMPEIUS L ... VALENS CORNELIUS PROCULUS ... AQUILIUS VEIENTO.[219] Es gab nur eine kleine Hochzeit, aber das Volk in Rom erhielt wieder eine Geldspende.[220] Die Hoffnung des Kaisers auf Enkel erfüllte sich nicht. Crispina blieb kinderlos. 182 verbannte sie Commodus unter dem Vorwurf eines Ehebruchs nebst seiner Schwester Lucilla nach Capri, bevor er beide Kaiserinnen umbringen ließ.[221]

t. Der zweite Germanenkrieg 178

Marcus eröffnete die *expeditio Germanica secunda*[222] mit einer Rede vor dem Senat, den er um finanzielle Unterstützung aus dem *aerarium Saturni* bat.[223] Der Zufallsfund einer Inschrift aus Bulla Regia in Africa Proconsularis verrät uns den Zahlmeister des Feldzuges, den *procurator arcae expeditionis*, Marcus Rossius Vitulus. Er wurde nach dem Abschluß der *expeditio felicissima Quadorum et Marcomannorum* ausgezeichnet.[224] Zur Einstimmung auf den Krieg erneuerte Marcus ein Ritual, das Livius[225] aus der legendären Königszeit überliefert.[226] Der Kaiser ergriff einen blutigen Speer aus dem Tempel der Kriegsgöttin Bellona-Enyō auf dem Marsfeld und schleuderte ihn auf ein Feld, das die Priester zum Territorium der Feinde erklärt hatten. Dio berichtet das nach Angaben von Augenzeugen.[227] Es handelt sich um den zeremoniellen Teil der Theorie vom *bellum iustum*, dem gerechten Krieg, für den die Priesterschaft der Fetialen zuständig war. Marcus war Fetiale. Die Priesterwürden zählten zur amtlichen Ausstattung der kaiserlichen Kompetenzen, bei Marcus schon seit 139, ebenso bei Commodus seit 175. Als gerecht galt nur ein Krieg, der zur Verteidigung oder zur Wiedergutmachung geführt und dem Feind in aller Form angekündigt wurde.[228] Daran war hier nicht zu denken. Nördliche Barbaren waren – jedenfalls für Fronto – keine echten Feinde (*hostes*) wie die Parther, sondern bloße Räuber (*latrones*).[229]

u. Der zweite Jazygenfriede in Sirmium 178

Am 3. August 178 verließ Marcus mit Commodus Rom, das er nicht mehr sehen sollte.[230] Da die Jazygen drohten und der Krieg auch *expeditio Sarmatica* heißt,[231] ist als Winterquartier 178/179 Sirmium anzunehmen.[232] Die Nähe des Kaisers zeigte Wirkung. Gesandtschaften verschiedener Völker erschienen, die Marcus je nach Verdienst, aber stets großzügig behandelte. Manchen gewährte er Bürgerrecht mit dauernder oder zeitweiliger Befreiung von Steuern und Abgaben oder versprach ihnen gar unbegrenzt Unterhalt.[233]

Die Jazygen erreichten nach dem Rückzug der Quintilier[234] in einem zweiten Friedensschluß eine Erleichterung der 175[235] festgelegten Friedensbedingungen. Marcus wollte sich den ihm nützlichen Stamm nicht entfremden, denn auch der stellte Söldner. Nur die Bestimmungen über die Zusammenkünfte und Märkte blieben bestehen sowie das Verbot, die Donau mit Schiffen zu befahren und die Inseln zu betreten. Die Jazygen erhielten die Erlaubnis, durch das römische Dakien mit den stammverwandten Roxolanen an der unteren Donau zu verkehren, wenn der Statthalter es zulasse. Der Friede der Jazygen mit Rom brachte diese allerdings in Gegensatz zu den vorher mit ihnen verbündeten Quaden, denen Marcus unversöhnlich gegenüberstand. Jetzt fürchteten die Jazygen die Quaden und forderten Marcus auf, diese niederzukämpfen.[236] Der Reiseschriftsteller Pausanias meldet, der «zweite Antoninus» habe die Germanen, das «zahlreichste und kriegerischste Volk in Europa», bestraft, ebenso die Sarmaten, die beide den Krieg begonnen hätten.[237]

Abb. 23: Bauinschrift vom Tor des Legionslagers *Castra Regina* – Regensburg von 179 n. Chr., gefunden 1873. Die dritte Zeile hat Commodus nach seinem Herrschaftsantritt ausmeißeln lassen und sich schon damals den Ehrentitel *Germanicus maximus* zugelegt.

v. Der Kaiser in Wien 179/180

Im Frühjahr 179 begab sich Marcus von Sirmium aus über Carnuntum nach Wien, an den Ort seines nahen Todes.[238] Anstelle des 173 zerstörten Kohortenkastells Kumpfmühl[239] entstand 179 nördlich davon in Regensburg unter dem heutigen Dom ein zehnmal so großes Lager für die *Legio III Italica*, die «mit dem Storch»; die halbe Bauinschrift[240] zeigt das dortige Museum. An der Quadenfront erhielt die *Legio I Adiutrix*, die «mit dem Steinbock» im Lager Brigetio einen neuen Legaten in dem bewährten Valerius Maximianus, nachdem die Feldlager gegenüber zerstört worden waren.[241]

In diesen Wochen erzielte der Nachfolger des Bassaeus als Gardepräfekt Taruttienus Paternus einen größeren Sieg über die Quaden, die 174 den Frieden des Vorjahres gebrochen hatten.[242] Nun erhielt Marcus zum zehnten, Commodus zum dritten Mal die imperatorische Akklamation.[243] Vermutlich damals wurde ihr König Ariogaisos gefangen oder, wahrscheinlicher, von den Quaden ausgeliefert. Denn mit der Niederlage hatte er sein Kriegsglück verspielt, und die Kopfprämie von tausend Goldstücken ließ man sich schwerlich entgehen. Ariogaisos wurde nach Alexandria verbannt. Dio wertet das als Zeichen der Milde des Kaisers,[244] denn der traditionelle Verbannungsort war die wasserarme und hafenlose Strafinsel Gyaros,[245] die auch Fronto kannte.[246]

Von Ariogaisos gibt es, so scheint es, ein Bild. 1987 wurde zu

Biesheim im Elsaß eine Achat-Gemme gefunden (Tafel XI).[247] Sie zeigt Commodus zu Pferde mit erhobener Lanze, gerichtet auf einen unter ihm liegenden Barbaren, der flehend die Hand hebt. Ihn hat der Althistoriker Michael Paul Speidel als König der Quaden identifiziert. Der hier verherrlichte Sieg kann nur der von 179 gewesen sein. Das erlaubt nun den Schluß, daß es sich um die Kampagne des Paternus handelt, deren Erfolg sich der Junior-Augustus zuschreibt. Der Stein wurde vermutlich nach dem Tode Marc Aurels anläßlich des zweiten Germanentriumphs des Commodus im Oktober 180 geschnitten.[248] Damals beförderte Commodus sich auch auf der Inschrift von Regensburg durch Rasur vom GERMANICUS zum GERMANICUS MAXIMUS.

w. Der Griff über die Donau

Die ewigen Kriege mit den Donaubarbaren sollen in Marcus die Absicht geweckt haben, ihr gesamtes Gebiet dem Imperium einzuverleiben. Nachdem er am Ende des ersten Germanenkrieges durch die Erhebung des Cassius daran gehindert worden sei,[249] habe er nach dem Abschluß des zweiten Germanenkrieges den Plan wieder aufgegriffen, doch sei er darüber gestorben.[250] Als Ziel benennt die Vita die Schaffung zweier Provinzen Marcomannia und Sarmatia in den Gebieten der Hermunduren, Markomannen, Quaden und Sarmaten, d. h. Jazygen. Die Ernsthaftigkeit dieses Projekts ist noch immer strittig. Angesichts der militärischen Kräfteverhältnisse und der geographischen Gegebenheiten erscheint die vorgesehene Expansion töricht. Indessen muß ein unsinniger Plan deswegen nicht auch unhistorisch sein.[251] Bei unausgeführten Plänen wissen wir nie, wie ernst sie gemeint waren und ob sie unter anderen Umständen verwirklicht worden wären. Feststellbar sind gegebenenfalls nur Maßnahmen, die auf ein entsprechendes Vorhaben hindeuten. Solche liegen hier vor. Doch betreffen sie nicht das Vorhaben zur Gänze.

Ersichtlich unausführbar und offenkundig unwahrscheinlich wäre eine Absicht auf die Eingliederung der Sitze der Hermunduren und Markomannen gewesen. Thüringer Wald, Erzgebirge und Sudeten als Nordgrenze, das Böhmische Becken als Teil des Römischen Reiches – das ist schwer vorstellbar. Ähnliches gilt für die Sarmatia in der Theißebene. Dafür wäre ein Limes durch freies Gelände vom Donauknie zu den Karpaten erforderlich gewesen, ein Anschluß an die Provinz Dakien, deren Nordteil schon außer Kontrolle war.[252] Insoweit hat die Skepsis gegenüber dieser Nachricht aus der Vita recht.[253]

Anders steht es mit dem Quadenland. Hierfür haben wir literarische, archäologische und epigraphische Zeugnisse für Maßnahmen Marc Aurels, die auf eine dauerhafte territoriale Kontrolle abzielten. Das zeigen die nächsten Verhandlungen. Nach ihrer erneuten Niederlage durch Paternus 179 schickten die Quaden und Markomannen Gesandte. Marcus hatte in beide Stammesgebiete eine Besatzung von je 20 000 Mann gelegt,[254] die sich aus dem Umland ihrer befestigten Standorte ernährten. Solche sind schon auf dem Relief der Marcussäule zu sehen, wo sie gegen die Barbaren verteidigt werden mußten.[255] Die Anlage dieser Stützpunkte hatte zur Folge, daß die Germanen dort im Umkreis weder Viehzucht noch Ackerbau betreiben konnten, während die Römer sich Bäder bauten und ein schönes Leben führten. Darüber beschwerten sich die Gesandten; sie beklagten zumal, daß die Römer viele Überläufer aufnähmen und Gefangene zurückhielten.[256] Das widersprach offenbar vorangegangenen Vereinbarungen, die vermutlich bei der Auslieferung des Ariogaisos getroffen worden waren.

Nach dem weiteren Bericht Dios ertrugen die Quaden ihre Bedrückung durch Rom nicht und beschlossen, nach Norden zu den stammverwandten Semnonen auszuwandern. Das erfuhr Marcus und sperrte die Wege, um das Volk unter Aufsicht zu halten. Dio schloß daraus, daß Marcus das Land nicht annektieren, sondern das Volk bestrafen wollte. Plausibel ist das Gegenteil. Nur ein bewohntes Land lohnt den Erwerb. Darauf zielt Dios Bemerkung, daß der Kaiser, hätte er länger gelebt, das ganze Land in seine Gewalt bekommen hätte.[257] Marcus verhandelte ebenso mit den swebischen Buri, den nördlichen Nachbarn der Cotiner und Quaden im Quellgebiet der Oder. Mit ihnen kam er nicht überein, da er die Quaden, ihre Feinde, schonte.[258] Neben der dominanten Frontstellung der Germanen gegen Rom gab es immer auch Feindschaft der Stämme untereinander. Die *expeditio Burica*, die nur durch die Inschrift eines

Centurio bekannt ist, war wohl ein Abstecher beim Zug Marc Aurels gegen die Cotiner.[259]

x. Das Lager Trentschin 179/180

Die literarisch bezeugte Festsetzung der Römer im Vorfeld der Donaugrenze wird durch archäologische und epigraphische Zeugnisse erhärtet. Das lehrt die Stationierung von römischem Militär in über dreißig nachgewiesenen Feldlagern im Gebiet der Markomannen und Quaden.[260] So wie Augustus die rechten Nebenflüsse des Rheins Lippe (Haltern), Lahn (Waldgirmes) und Main (Marktbreit) als Einfallswege nach Germanien wählte, nutzte Marc Aurel zur Besitzergreifung die linken Nebenflüsse der Donau – von Brigetio aus das Waagtal ins Quadenland, von Carnuntum aus das Marchtal an der Grenze zu den Markomannen. Das waren umgekehrt die Einfallschneisen der Germanen. Von Carnuntum aus zog sich eine Postenkette das Marchtal nordwärts flußaufwärts über Devon, Stupava, Stillfried, Oberleiserberg bis ins Nebental der Thaya nach Musov, dem früheren Muschau, in Mähren südlich von Brünn gelegen. Ausgedehnte militärische Anlagen der Zeit nach 172 mit einem römischen Bad bezeugen expansive Politik.[261] All das ging über die bloße Unterstützung einer Strafexpedition hinaus. Wenn das reich ausgestattete Fürstengrab von Musov derselben Zeit angehört,[262] haben wir es mit einem markomannischen Klientelfürsten zu tun, wie wir solche in Ballomar und Furtius kennengelernt haben.[263]

Der deutlichste Hinweis auf eine Okkupationsabsicht ist die Felsinschrift von Trentschin am Oberlauf der Waag in der Westslowakei, 120 Kilometer nördlich von Preßburg.[264] Sie ist der Victoria, der Siegesgöttin der Kaiser Marc Aurel und Commodus, gewidmet und stammt von einer 855 oder 2855 Mann[265] starken Heeresabteilung, die dort ihr Winterlager hatte. Der dabei genannte Ortsname *Laugaricium* kehrt wieder auf der Inschrift aus Tunesien für Valerius Maximianus. Wir kennen ihn bereits als Sieger über den Naristen Valao, als Begleiter des Kaisers nach Ägypten und im Einsatz gegen die Räuber in Griechenland.[266] 178 war er Legionskommandeur und Teilnehmer der *expeditio Germanica*. Er befehligte als *praepositus vexillationum* die genannte Truppe tief im Quadenland, nachdem Pater-

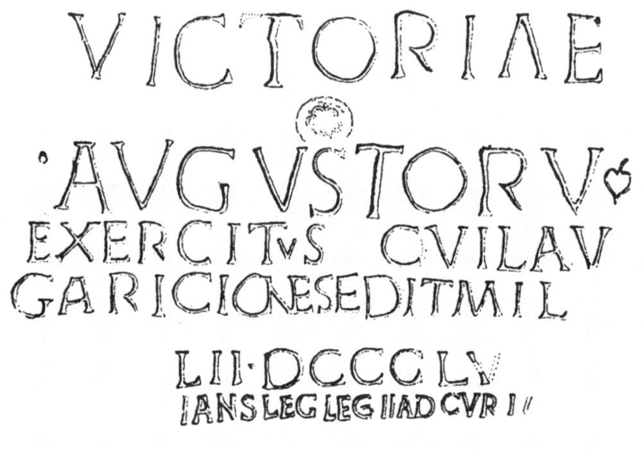

Abb. 24: Die Felsinschrift von Trentschin: Das in Laugaricio stationierte Heer unter dem Legaten der *Legio II Adiutrix* namens Marcus Valerius Maximianus weiht diese Inschrift der Victoria der Kaiser Marcus Aurelius und Commodus.

nus die römischen Waffen dort wieder zur Geltung gebracht hatte – mithin im Winter 179/180. Das Winterlager im Feindesland war gewöhnlich die Vorstufe zum Bau eines Kastells und damit zur Landnahme. Dazu kam es nicht, weil Commodus nach dem Tod seines Vaters am 17. März 180 die römischen Truppen über die Donau zurücknahm.[267]

Der Tod bewahrte Marc Aurel vor den Folgelasten, die ein so weit vorgeschobener Außenposten mit sich gebracht hätte. Die Überdehnung des Imperiums wurde vermieden, die Grenzen waren vorerst gesichert. Der Krieg war lang genug, der längste seit Jahrhunderten. Tatsächlich wurde er mit seiner vierzehnjährigen Dauer von 166 bis 179 nur vom Hannibalkrieg 218 bis 202 v. Chr. übertroffen. Die energische Kriegsführung Marc Aurels war die entscheidende Voraussetzung dafür, daß es nach seinem Tod lange zu keinen Barbareneinbrüchen über die mittlere Donau mehr kam. Erst 233 wiederholte sich die Situation. Alexander Severus kämpfte damals im Osten; kaum hatte er Truppen vom Rhein und von der Donau abgezogen, schon überschritten die Germanen wiederum beide Ströme.[268]

y. Ammian zum Germanenkrieg

Ammianus Marcellinus, der als Bewunderer Julians auch Marcus schätzte, wies diesem das Verdienst an der Abwehr zu. Kein Kaiser vor oder nach Marc Aurel hat so lange wie er ununterbrochen an der Front gestanden. Ammian skizzierte die Germaneneinfälle seit den Kimbern und Teutonen und den stets wiederhergestellten Schutz des Imperiums, das unter Marc Aurel in besonderem Maße bedroht gewesen sei. Stämme verschiedener Sprachen hätten sich damals vereint, große Kriege entfesselt, Städte erobert und geplündert und römische Truppen unter einem erprobten Feldherrn vernichtet – gemeint ist vermutlich der Gardepräfekt Vindex, der 171 gegen die Markomannen fiel.[269] Nach all diesen Verlusten aber sei die Lage wiederhergestellt worden, weil damals das süße Leben noch nicht um sich gegriffen habe und die Menschen der guten alten Zeit (*sobria vetustas*) noch nicht mit üppigen Gastmählern und schändlichem Gewinnstreben infiziert gewesen seien. Vielmehr seien Hohe und Niedrige einträchtig mit höchstem Einsatz zum ruhmvollen Tod fürs Vaterland (*pro re publica*) bereit gewesen – wie die Fahrt in einen ruhigen, sicheren Hafen.[270] Ammian schreibt dies zweihundert Jahre später, nachdem die Goten die untere Donaugrenze durchbrochen hatten, die Provinzen plünderten und das oströmische Heer 378 bei Adrianopel vernichtet war. Das *tam diu Germania vincitur* des Tacitus[271] hatte sich ins Gegenteil verkehrt: *tandem Romania vincitur.*

z. Wo sind die Völker geblieben?

Die immense Vitalität der Völker, die uns in der Zeit Marc Aurels begegnen, legt die Frage nahe: Wo sind sie geblieben? Die Forschung hat sich eingehend und ausführlich mit dem Thema der Ethnogonie und Ethnogenese befaßt und dargelegt, wie Völker entstehen.[272] Die Frage, wie Völker verschwinden, blieb dagegen meist ungestellt oder unbeantwortet. Und doch ist sie schon alt. Bereits der Geograph Strabon unter Augustus wunderte sich über die zahlreichen nicht mehr existierenden Völker, die ihm in der älteren Literatur begegneten. Er unterschied zwei Formen des Verschwindens: Entweder gab es die Menschen irgendwann nicht mehr, sie waren umgekommen oder ausgewandert und ihr Land blieb wüst, oder aber es verschwand irgendwann allein ihr Name und die Sprache und die politische Verfassung war nicht mehr dieselbe.[273] Letzteres ist der Normalfall, auch hier.

Die in den Kriegen Marc Aurels genannten Rheingermanen sind schon wenige Generationen später in den neuen westgermanischen Stammesbünden aufgegangen:[274] die Chauken in den Sachsen und die Chatten in den Franken. Der Stammesname der Alamannen oder Sweben an der Donau umfaßte die Naristen, Cotiner, Markomannen und Quaden. Sie wurden zu Ahnherren der Österreicher, verloren allerdings Territorium an die Slawen in Böhmen und Mähren im Norden. Die Jazygen in der Theißebene wurden im Frühmittelalter von den Avaren und Magyaren überlagert und gaben ihre indogermanische Sprache zugunsten des Finnisch-Ugrischen auf.

Die Nachkommen der germanischen Bastarnen und der dakischen Kostoboken an der unteren Donau leben fort in den Bewohnern Rumäniens, deren vulgärlateinische Sprache sich durchgesetzt hat. Im Orient bewiesen die Armenier eine erstaunliche Lebenskraft bis heute, während die Völker am mittleren Euphrat sich anpassen mußten. Sie wurden so wie die Mehrzahl der Syrer und Ägypter arabisch sprechende Muslime, wohingegen die Juden zwar überwiegend auswanderten, aber ihren Glauben bewahrten und alle Wechselfälle überstanden. Somit haben alle Völker, mit denen Marc Aurel zu tun hatte, selbst oder ihre Nachkommen bis in die Gegenwart überlebt.

Justitia est fundamentum regnorum.

SALOMON

VII

RECHT UND VERWALTUNG

a. Senat und Konsulat – b. Die Gardepräfekten – c. Rechtsprechung und Prozeßordnung – d. Kronrat und Gerichtsorte – e. Der Herodes-Atticus-Prozeß 174 – f. Gesetzgebung – g. Die Kanzlei – h. Sklaven im Recht – i. Freilassung – j. Sklavenflucht und Sklavenfolter – k. Das Militär – l. Religion und Kaiserkult – m. Rom und Athen – n. Städte und Straßen – o. Bürgerstiftungen und Bürgerpflichten – p. Familienpolitik: Alimentarstiftungen – q. Die Stiftung von Sicca – r. Erbrecht und Vormundschaft – s. Provinzialverwaltung – t. Das Gladiatoren-Edikt – u. Finanzpolitik – v. Aufwandsgesetz und Bankenkontrolle – w. Bürgerrecht für Banasa – x. Die Ideologie des Adoptivkaisertums – y. Commodus oder Pompeianus? – z. Die Vorstufen zur Herrschaft

a. Senat und Konsulat

Die beiden Grundlagen des Staates, die *firmamenta rei publicae*, schrieb Cicero, seien die Auspizien und der Senat.[1] Das gilt auch noch für das Staatsrecht des Prinzipats, da der Kaiser Inhaber der Auspizien war, die das Wohlwollen der Götter garantierten, und der Senat die höchste moralische Instanz im Reich blieb. Er hielt die Erinnerung an seine einstige Führungsposition lange lebendig. Caesar wurde von Senatoren im Senat ermordet; es gab senatorische Widerstandsaktionen gegen Augustus, Nero und Domitian.[2] Noch Hadrian ließ drei Senatoren aus politischen Gründen hinrichten. Dann entspannte sich das Verhältnis. Unter Marc Aurel war es so gut wie nie zuvor und selten hernach. Er bezeugte den Senatoren mehr Respekt als irgendein Vorgänger oder Nachfolger bis zur Zeit seines Biographen im späten 4. Jahrhundert und darüber hinaus.[3] Zugleich unterstreicht der Verfasser für die Leser seiner Zeit den Anspruch des Senats auf Hochachtung, obschon der in der Spätantike nur noch ein altreicher Honoratiorenclub war. Der böse Commodus wütete dann wieder gegen die «älteren Herren».

Sooft Marcus in Rom war, nahm er an den Senatssitzungen teil, selbst wenn er keinen eigenen Antrag stellte. War dies aber der Fall, dann fuhr er eigens aus Kampanien nach Rom. In den Sitzungen kam es vor, daß ein Senator widersprach.[4] Das war statthaft, wenn auch erfolglos. In seinen Selbstgesprächen ermahnt sich Marcus, vor dem Senat eine angemessene und klare Ausdrucksweise zu beachten.[5] So wie einst Caesar aus Gallien erstattete er aus Pannonien dem Senat regelmäßig Berichte über das Kriegsgeschehen, die in den *Acta Urbis* durch Aushang veröffentlicht wurden.[6] Bei den jährlichen Beamtenwahlen blieb Marcus bis zum Einbruch der Nacht und verließ die Senatscurie erst nach der Beendigung der Sitzung durch den amtierenden Konsul mit der Formel *nihil vos moramur, patres (et) conscripti* – «wir halten euch nicht länger auf, Senatoren».[7]

Marcus schmeichelte dem Senat, indem er die Finanzaufseher für die Städte, die *curatores* oder *correctores*, aus dem *amplissimus ordo*, den Senatoren, wählte.[8] Er übertrug ihm als Körperschaft oder eigens ernannten Senatoren von prätorischem oder konsularem Rang Rechtsfälle, die eigentlich in die kaiserliche Zuständigkeit fielen. Marcus machte darüber hinaus den Senat zur Berufungsinstanz gegen Entscheidungen der Konsuln. Bei Kapitalprozessen gegen Senatoren unternahm er selbst eine Voruntersuchung, ehe er ein öffentliches Gerichtsverfahren durchführen ließ. Nie habe er, so rühmte er sich, einen Senator zum Tode verurteilt. Die höchste Strafe war Verbannung.[9] Nach altem Recht triumphierte er 166 und 176 gemäß einem *senatus consultum*.[10]

Die erhaltenen Senatsbeschlüsse unter Marc Aurel zeigen, daß die ehrwürdige Körperschaft noch Bestimmungen traf, die der Kaiser aus eigener Machtvollkommenheit hätte erlassen können, so das Gesetz über die Höchstpreise von Gladiatoren und das über den Anspruch von Kindern auf den Nachlaß der Mutter.[11] Benötigte Marcus Geld aus dem *aerarium Saturni*, bat er den Senat um Erlaubnis.[12] Wünschte der Kaiser, verdiente Beamte durch Statuen zu ehren, faßte der Senat die Beschlüsse.[13] Wohl wissend, daß er nur von Kaisers Gnaden handeln konnte, traf der Senat seine Entscheidungen in vorauseilendem Gehorsam. Nur ausnahmsweise mußte Marcus deutlich werden.[14]

Die senatorischen, von Prokonsuln verwalteten Provinzen blieben dem Senat erhalten. Wurde aus militärischen Gründen eine senatorische Provinz in eine kaiserliche umgewandelt, dann wurde der Senat durch eine andere entschädigt.[15] Als Baetica und Pontus-Bithynia kaiserlich wurden, erhielt der Senat Sardinien und Lycia-Pamphylia.[16] Nach dem Tode Marc Aurels stellte der Senat eine goldene Statue von ihm in die Curia.[17] Marc Aurels Ansprachen an das Volk verliefen so wie zur Zeit der Republik, der *civitas libera*.[18] Es ist erstaunlich, wie sehr sich der Kaiser noch um die Gunst der städtischen Massen bemühte, die doch längst kein politisches Gewicht mehr besaßen.

Der Senat ergänzte sich aus der schwindenden Zahl altsenatorischer Familien und der wachsenden Zahl kaiserlicher Günstlinge. Sie kamen zunächst überwiegend aus Italien, dann zunehmend aus den Provinzen, zunächst aus den lateinischen. Unter Marcus gerieten die Senatoren aus Italien in die Minderheit.[19] Um die Bindung an das Mutterland zu erhalten, verlangte Marcus von den Neulingen aus den Provinzen, ein Viertel ihres Kapitals in italischen Ländereien anzulegen. Bei Trajan war es ein Drittel.[20] Mit dem geforderten Mindestvermögen von einer Million Sesterzen nahm Marcus es nicht genau. Ärmere Kandidaten erhob er in den Senatorenrang von ehemaligen Tribunen und Aedilen.[21] Zugehörigkeit zu einer alten und bekannten Familie war zwar weiterhin ein Vorteil, brachte aber kein Vorrecht. Man könne, sagte er, Menschen nicht so formen, wie man sie haben möchte, daher solle man sie im Staatsdienst ihren Fähigkeiten gemäß einsetzen.[22] Die senatsfreundliche Haltung Marc

Aurels entsprach dem in allen Viten durchschimmernden Standesstolz des Autors der *Historia Augusta.* Verräterisch ist die Wendung, Marc Aurel habe seine Gunst gezeigt «gegenüber allen Senatoren und Menschen», *erga omnes senatores et homines.*[23]

Höchste Auszeichnung war das ordentliche Konsulat, jeweils paarig besetzt. Es begann am 1. Januar und gab dem Jahr den Namen. Im Laufe des Jahres folgten dann Suffektkonsuln, so daß für die Regierungszeit Marc Aurels mit etwa 190 Konsuln zu rechnen ist, von denen rund die Hälfte namentlich feststeht.[24] Eine kleine Gruppe, nur zehn Männer, erreichten ein zweites Konsulat. Dazu zählten Claudius Pompeianus, der Stabschef im Germanenkrieg; Junius Rusticus, der Lehrer Marc Aurels und richtender Stadtpräfekt im Prozeß gegen Justinus,[25] und Martius Verus, Kampfgenosse mit Cassius gegen die Parther und dessen Gegner nach der Erhebung. Marcus hat diese Männer, die wir im Felde an seiner Seite finden, mit dem Kaiserhaus familiär verbunden, so Bruttius Praesens als Schwiegervater des Commodus, Vitrasius Pollio, Stadtpräfekt und Gatte einer Cousine des Kaisers, sowie als Schwiegersöhne Claudius Severus und Claudius Pompeianus. Deren altehrwürdige Familiennamen beruhen nicht auf Verwandtschaft mit den republikanischen Claudiern, sondern auf Bürgerrechtsverleihung durch julisch-claudische Kaiser.

Pompeianus erscheint als der zweite Mann neben dem Kaiser.[26] Er stammte aus Antiochia in Syrien, gelangte in den Senat und führte als konsularischer Legat für ihn in Pannonien erfolgreich die Kriegszüge gegen die Markomannen. 169 heiratete er nach dem Tod von Lucius Verus die verwitwete Kaisertochter Lucilla,[27] die sich nach der Geburt des ersten Kindes von Pompeianus abwandte und unter Commodus ein böses Ende nahm.[28] Pompeianus kommandierte beim Regenwunder,[29] privatisierte unter Commodus und erschien erst wieder nach dessen Ermordung unter Pertinax 193 im Senat, wo Cassius Dio ihn persönlich erlebte.[30] Aber er kehrte nicht in die Politik zurück. Pertinax bot ihm die Kaiserwürde an, und Didius Julianus hätte ihn dann gern zum Mitherrscher erhoben, Pompeianus aber lehnte aus Altersgründen ab.[31] Auf den Reliefs im Konservatorenpalast und auf der Marcussäule erkennt man ihn in auffallender Nähe zum Kaiser.

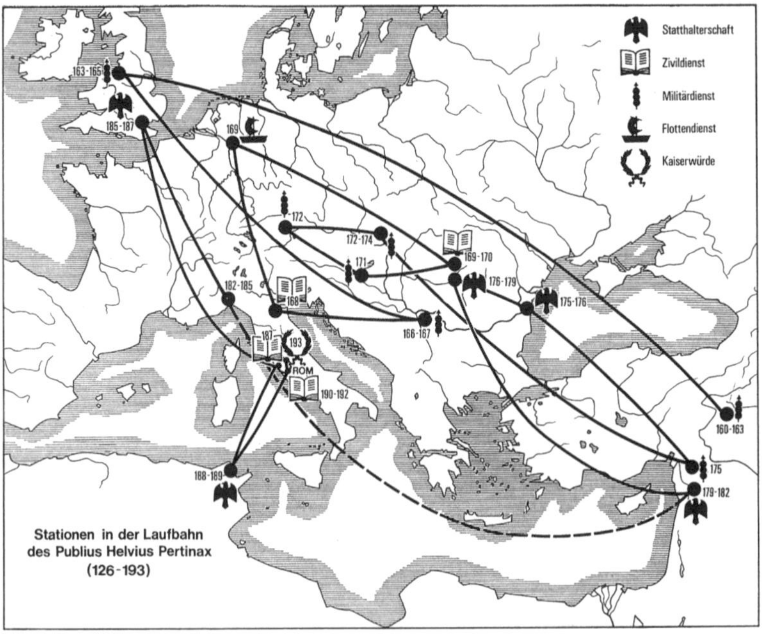

Abb. 25: Die Laufbahn des Pertinax vom Lehrer um 145 zum General 160 und zum Kaiser 193.

Neben Pompeianus ist Publius Helvius Pertinax zu nennen.[32] Seine Karriere ist ein Muster für die Vielfalt der Tätigkeit im Staatsdienst.[33] Er wurde am 1. August 126 auf dem Landgut seiner Mutter in den Apenninen geboren. Sein Vater war ein ehemaliger Sklave und erfolgreicher Holzhändler. Pertinax wurde von einem griechischen und einem römischen Rhetor unterrichtet und verdiente sein erstes weniges Geld als *doctor litterarum*,[34] als Grammatiklehrer. Dann vermittelte ihm der Patron seines Vaters, ein Mann von konsularem Rang, eine besser bezahlte Stellung im Heer als Centurio, von der er zum Präfekten einer Kohorte in Syrien aufstieg. Dies geschah auf Empfehlung von Pompeianus, der ihn von seiner Schulzeit her kannte.[35] Im Partherkrieg des Lucius Verus zeichnete sich Pertinax aus, wurde nach Britannien versetzt und kommandierte anschließend eine Reitereinheit in Moesia an der unteren Donau. Danach amtierte er im Zivildienst als Procurator der Alimentarstiftung in seiner Heimat, der Aemilia. Wieder beim Militär, wurde er Befehlshaber der Rheinflotte in Mainz und wirkte dann abermals in der Finanzverwaltung als Procurator in Dakien. Dabei fiel er bei Marcus eine Zeitlang in Ungnade.

Dann verlieh ihm Marcus die prätorische Senatorenwürde, übertrug ihm die *Legio I Adiutrix*, mit der Pertinax die Germanen in Raetien und Noricum besiegte.[36] Er kämpfte 173 in Italien gegen die Chatten[37] und erhielt 175 ein Suffektkonsulat. Marcus soll später bedauert haben, daß Pertinax dadurch nicht mehr als Gardepräfekt in Frage kam, da dieser Amtsinhaber dem Ritterstand angehören mußte.[38] Hätte hier ein kaiserliches Machtwort nicht genügt? Auf dem Zug gegen Cassius begleitete er den Kaiser, ehe er in dessen letzten Jahren ein übergeordnetes Kommando der beiden Moesien und dann der drei dakischen Provinzen erhielt.[39]

Unter Commodus vermochte Pertinax seine Laufbahn fortzusetzen. Er amtierte nach Stationen in Syrien, Britannien und Africa zuletzt in Rom als Stadtpräfekt, war im Todesjahr des Commodus zum zweiten Mal Konsul und anschließend für zwei Monate und 25 Tage sein Nachfolger. Er regierte im Stil Marc Aurels und übersah so wie dieser die Affäre seiner Frau mit einem Sänger. Diese und seine angebliche Liaison mit Cornificia,[40] der Tochter Marc Aurels, würzen seine Vita in der *Historia Augusta*. Da er die Prätorianer nicht hinreichend bedachte, ermordeten sie ihn zum großen Bedauern von Senat und Volk.

b. Die Gardepräfekten

Spitzenfunktionäre im Prinzipat waren stets die beiden Gardepräfekten.[41] Unter den *praefecti praetorio* Marc Aurels ragen fünf Männer hervor: Flavius Constans, der 163 die Grenze am Niederrhein schützte; Furius Victorinus, der das Amt 160 nach der Präfektur Ägyptens erhielt, sich unter Lucius Verus im Osten auszeichnete und 167 gegen die Markomannen fiel. Sein Nachfolger war Bassaeus Rufus, der ebenfalls nach einer langen Karriere zuvor 168 für kurze Zeit *praefectus Aegypti* war, 174 beim Prozeß gegen Herodes intervenierte[42] und dann, wie schon 172 im Quadenkrieg, 175 Marcus auf dem Zug gegen Cassius begleitete.[43] Sein Kollege Macrinius Vindex kommandierte im Kampf gegen die Markomannen und fiel 171.[44] Taruttienus[45] Paternus hatte zunächst als *procurator ab epistulis Latinis* die lateinische Korrespondenz des Kaisers unter sich, ging 171 als erfolgloser Gesandter zu den Cotinern und stieg 177 zum Gardepräfekten auf. 179 besiegte er die Quaden. Er wurde 182 von Commodus hingerichtet.[46] Mit Paternus beginnt die Reihe der großen Juristen im Amt der Prätorianerpräfektur,[47] er wurde auf der Marcussäule identifiziert.[48]

c. Rechtsprechung und Prozeßordnung

Papinian, die höchste Autorität in der Rechtswissenschaft – so im Zitiergesetz Galla Placidias von 426[49] – nannte um 200 Marc Aurel einen «außerordentlich weitsichtigen (*providentissimus*)» und «höchst rechtsbewußten (*iuris religiosissimus*)» Kaiser,[50] und bei Gordian III (238 bis 244) ist Marcus ein im Rechtswesen ungemein beschlagener Kaiser, ein *consultissimus princeps*.[51] Die Quellen rühmen die «einmalige» Sorgfalt, die *singularis diligentia*,[52] und die ungewöhnliche Ausdauer, mit der sich Marc Aurel der Rechtsetzung und Rechtsprechung widmete.[53] Die Parteien erhielten lange Redezeiten, die Verhandlungen zogen sich hin bis in die Nacht und erstreckten sich zuweilen über elf oder zwölf Tage. Auch scheinbaren Bagatellen widmete er sich, im Felde wie im Frieden.[54] Sogar den Toten galt seine Sorge, als er Grabesruhe vor Störungen zu schützen suchte.[55] Die Marcus nachgerühmte Beseitigung gesetzlicher Unklarheiten geht wohl auf die Tätigkeit seiner Hofjuristen zurück.[56] Starjurist war Cervidius Scaevola.[57] Er hat zahlreiche Rechtsfragen kommentiert, von seinem umfangreichen Werk fand 533 vieles Aufnahme in die Digesten des *Corpus Iuris Civilis* Justinians.

Seine Neigung zur Nachsicht zeigte Marcus schon als Caesar, als er um 148 im Prozeß Frontos gegen den gewiß nicht unschuldigen Herodes Atticus zur Schonung riet, wobei freilich Persönliches mitspielte.[58] Als Kaiser verhängte er grundsätzlich mildere Strafen als das Gesetz vorschrieb. Marcus unterschied zwischen Straftaten bei Bewußtsein und solchen im Wahnsinn. Einem irren Muttermörder verordnete er Sicherheitsverwahrung, Hausarrest in dessen Villa. Mit dem Irrsinn, *furor*, sei er genug gestraft. Gebe es aber Anzeichen dafür, daß er doch bei klarem Kopfe gehandelt habe, sei die gesetzliche Todesstrafe fällig.[59]

Kapitalprozesse gegen Senatoren und andere Standespersonen behielt Marcus sich selber vor. Der hier verwendete Begriff der *honestiores* im Gegensatz zu den *humiliores* oder *plebeii* bezeichnet eine soziale Zweiteilung der Gesellschaft. Zu den *honestiores* zählten seit Hadrian Beamte, Priester, Militärpersonen, Akademiker und andere Bessergestellte; sie wurden höher besteuert und milder bestraft. Von niederen Diensten waren sie freigestellt.[60] Ein Praetor, der zu rasch geurteilt hatte, wurde von Marcus genötigt, das Verfahren zu wiederholen. Gerechtigkeit (*aequitas*) beachtete er auch im Umgang mit Kriegsgefangenen.[61] Umstritten ist, wieviel von der humanitären Tendenz in Marc Aurels Rechtspflege stoisch inspiriert, persönlich motiviert oder dem Zeitgeist geschuldet ist.[62] Doch was man hier den Geist der Zeiten heißt, das ist nichts als des Kaisers eigner Geist.

Marcus schuf weniger neues Recht, als daß er altes wiederherstellte.[63] Dennoch gab es Reformen, so in der Prozeßordnung. Er erweiterte die Zahl der Geschäftstage (*dies fasti*), an denen Recht gesprochen werden konnte, auf 230 und verfügte, daß in dringenden Fällen der Praetor auch an den übrigen 135 Feiertagen (*dies nefasti*) angerufen werden durfte.[64] Unter Antoninus Pius monierte Fronto die Verschleppung von Urteilen durch mehrfache Vertagung. Dagegen bestimmte dann Marcus, dies dürfe nur einmal erfolgen.[65] Zeitraubende Verhandlungen trafen Bauern zumal während der Weizenernte und der Weinlese besonders hart. Marcus verfügte, daß während dieser Zeiten kein Prozeßgegner vorgeladen werden dürfe.[66] Die Praxis der Rechtspflege hatte Marcus als Zuhörer bei Antoninus Pius kennengelernt,[67] die Theorie verdankte er seinem Rechtslehrer, dem «hochklassischen» Juristen Volusius Maecianus.[68]

d. Kronrat und Gerichtsorte

Die Entscheidungen fällte Marcus nicht selbstherrlich, sondern im *auditorium*, der Gerichtshalle, mit seinem Kronrat, seinem *consilium*. Alle militärischen und zivilen Angelegenheiten besprach er mit seinen *amici* oder *optimates*, seinen Rechtsgelehrten.[69] Wichtigster juristischer Berater war der Karthager Cervidius Scaevola.[70] Marcus schrieb: «Es ist besser, wenn ich dem Rat von so vielen, so erfahrenen Freunden folge, als daß diese sich meinem Willen unterordnen.»[71] Marcus ermahnt sich, Belehrung anzunehmen.[72] Dennoch entschied er bisweilen gegen die Mehrheit im Kronrat, so in einem protokollierten Fall des Jahres 166, als er einen Erbstreit gegen die Interessen des Fiskus zugunsten der im Testament Bedachten löste.[73] Die Zusammensetzung des Consiliums bei Marc Aurel kennen wir aus der Zeugenliste auf der *Tabula Banasitana* von 177[74] – einer Inschrift aus der im heutigen Marokko gelegenen Stadt Banasa. Es sind vier Senatoren im Rang gewesener Konsuln und sechs Männer ritterlichen Standes.[75] Als Protokollant firmiert der Freigelassene Asclepiodotus.[76]

Der Ort des Kaisergerichts wechselte.[77] In Rom tagte das Consilium auf dem Palatin, in der Domus Flavia, dem Repräsentationstrakt des domitianischen Kaiserpalastes. Gericht fand zuweilen außerhalb Roms in den Kaiservillen statt,[78] bei Pius in seiner Villa Lorium, bei Marc Aurel in der Villa des Verus an der Via Clodia.[79] Unterwegs dürfen wir als Gerichtsort das jeweilige Praetorium in den Standorten annehmen, wo der Kaiser oder sein Vertreter residierte, so in Carnuntum und Sirmium.

e. Der Herodes-Atticus-Prozeß 174

Bei der Rechtsprechung suchte Marcus die Menschen eher zu bessern als zu strafen. Er ertrug Widerspruch und nahm Spott gelassen hin.[80] Dafür ist ein Fall bezeichnend, der sich während des Sarmatenkrieges 174 n. Chr. in Sirmium abspielte. Der Kaiser mußte über seinen alten Freund und Lehrer Herodes Atticus zu Gericht sitzen. Abermals[81] stand dieser unter Anklage seitens der Athener, und wiederum ging es letztlich um den Reichtum des Redners.[82] Aber wer machte von seinem Geld so segensreich Gebrauch wie Herodes? Philostrat[83] nimmt Ploutos, den Gott des Reichtums, gegen den Vorwurf in Schutz, er sei blind, denn den Herodes habe er sehend begünstigt. Niemand habe mit seinem Vermögen so viel Gutes getan wie er. Bedürftigen müsse man spenden, sagte Herodes, um ihnen aus der Not zu helfen, und Nichtbedürftigen, um sie vor Not zu bewahren.

Wie schon sein Vater hatte Herodes die gesamte Bürgerschaft Athens bewirtet, ihren Festen verlieh er einen nie gesehenen Glanz.[84] Das über 200 Meter lange hufeisenförmige Stadion, das Panathenaikon mit seinen 70 000 Sitzen ließ er mit pentelischem Marmor verkleiden, ein «Wunder für die Augen».[85] Als Herodes 177 starb, erhielt er ein Grabmal oberhalb des Stadions, geziert von den Bildnissen der Kaiser Marc Aurel und Lucius Verus neben dem des Verstorbenen.[86] Die in christlicher Zeit verfallene Anlage wurde wieder von einem Stifter, von dem reichen Aromunen und griechischen Patrioten Georgios Averoff aus Alexandria für die ersten Olympischen Spiele 1896 erneuert.[87]

Bespielt wird ebenso wieder das Herodes-Atticus-Theater am Südhang der Akropolis. Es handelt sich um ein Odeion mit ursprünglich überdachter Bühne für 5000 Besucher. Durch seine Ausstattung war es das prächtigste Gebäude Athens. Auch dies verfiel in christlicher Zeit und wurde 1858 auf Kosten des Atheners Konstantinos Pittakis freigelegt und restauriert.[88] Herodes widmete den Bau dem Andenken seiner Frau Regilla[89] und hatte Grund dazu, denn er hatte ihren Tod verschuldet. In seiner Neigung zum Jähzorn hatte er sie wegen eines leichten Vergehens von seinem Freigelassenen Alkimedon verprügeln lassen. Im achten Monat mit ihrem fünften Kind schwanger, erlitt sie eine Frühgeburt und starb. Ihr Bruder Bradua, Konsul in ihrem Todesjahr 160, verklagte damals Herodes wegen Totschlags, doch schob dieser die Schuld auf den Knecht und wurde von Marcus freigesprochen. Herodes bekräftigte sein Bedauern durch eine ins Maßlose gesteigerte Trauer. So ließ er alle Räume seiner Villa in Kephisia bei Athen schwarz verhängen und verweigerte sich den Tröstungen seiner Freunde. Regillas Schmuck schenkte er den Göttern von Eleusis, das Grab errichtete er in seiner Villa an der Via Appia.[90] Statuen für sie stiftete er in Olympia.[91]

Außer dem Stadion und dem Odeion erbaute Herodes auf dem Helikon westlich des Stadions einen Tempel für Tyche, die in hellenistischer Manier personifizierte Fortuna der Stadt. Korinth erhielt ein Theater, Delphi ein Stadion, in den Thermopylen in Mittelgriechenland richtete er Heilbäder ein. Baukostenzuschüsse gingen nach Epirus, Italien und an verschiedene griechische Städte. Olympia bekam eine Wasserleitung, die in einem Nymphaeum endete, einem monumentalen Zierbrunnen.[92] In den Nischen des Halbrunds standen die Statuen von Herodes und Regilla, gerahmt von jenen des Marcus und der Faustina sowie der Kaiser zurück bis Hadrian oder gar Nerva und der Angehörigen des Bauherrn. Regilla war hier Priesterin der Demeter,[93] als solche war sie die einzige Frau, die bei den Wettkämpfen der nackten Männer zuschauen durfte. Die dankbaren Griechen ehrten Herodes Atticus mit zahlreichen Statuen. Eine Herme aus Korinth trägt seinen Namen, daher kennen wir seinen bärtigen Kopf (Abb. 12).[94]

Extreme Besitzunterschiede sind eine Gefahr für jede Demokratie. Aufgrund seines Reichtums gewann Herodes eine Macht in der Stadt, die über die der verfassungsgemäß gewählten Behörden hinausging. Eine Volksversammlung äußerte Unmut darüber. Die Athener hatten die Brüder Quintilius dazu eingeladen, die als kaiserliche *correctores* in Griechenland kollegial die inneren Belange Athens beaufsichtigten.[95] Sie waren mit Herodes verfeindet, seit es um den Siegespreis für eine musikalische Darbietung bei den Pythischen Spielen in Delphi ging.[96] Herodes fühlte sich persönlich angegriffen, ja bedroht, und erstattete Anzeige beim Prokonsul in Korinth. Die Quintilier aber hatten dem Kaiser in Sirmium bereits berichtet. Herodes wurde der Tyrannei bezichtigt. Die prominenten Wortführer der Athener waren Praxagoras,[97] sein Schwiegersohn Demostratos[98] und Mamertius.[99] Marcus quartierte sie in seiner Nähe ein, versorgte sie mit allem Nötigen, Faustina und ihr Töchterchen ergriffen Partei für sie.

Herodes logierte unterdes dort in und auf einem Turm, gemeinsam mit den beiden bildhübschen Töchtern seines Freigelassenen Alkimedon, die Herodes am Herzen lagen und ihm Tisch- und Küchendienst leisteten. Sie wurden eines Nachts von einem Blitz getroffen und starben. Das erschütterte Herodes derart, daß er am nächsten Verhandlungstag, in die Enge getrieben, den Kaiser aufs Unflätigste beschimpfte. Marcus hörte zu und verzog keine Miene. Er ertrug die Majestätsbeleidigung mit stoischer Gelassenheit. Als der empörte Gardepräfekt Bassaeus Rufus den Herodes fragte, ob er etwa lebensmüde sei, meinte der, ein alter Mann habe nichts mehr zu befürchten, und verzichtete auf die restliche Redezeit, die ihm nach der Wasseruhr, bekannt aus dem klassischen Athen,[100] noch zustand. Herodes gab den Prozeß verloren und begab sich für eine Weile schmollend ins freiwillige Exil in der Hafenstadt Orikon, heute Orso, in der Bucht von Valona im südlichen Albanien. Die Kläger beschuldigten sodann die Freigelassenen des Herodes, die Marcus so milde wie möglich strafte, während er bei Alkimedon, der den Tod Regillas verantworten mußte,[101] den Verlust der Töchter für Strafe genug erklärte.

Die Rechtsprechung erfolgte in der Regel auf Latein. Im Osten wurde das nicht überall verstanden. Darauf wies einmal Rufus den Kaiser hin, indem er spöttisch hinzusetzte, die anwesenden Griechen verstünden den Sachverhalt auch auf Griechisch nicht. Dio bemerkt, das gelte auch für Rufus selbst, indem er auf dessen bäuerische Herkunft anspielte. Darüber kursierten Anekdoten. Als der junge Rufus einmal auf einem Obstbaum arbeitete und hoch hinaus wollte, rief ihm jemand zu: «Komm runter, Präfekt», das war schon damals sein Spitzname.[102] Marcus war in der Sprachenfrage großzügig. Als Didius Julianus einmal wissen wollte, ob die Aussage eines Zeugen, der kein Latein verstand, gültig sei, antwortete Marcus, es genüge, wenn der Inhalt des Gesagten verstanden sei.[103]

f. Gesetzgebung

Neben der Rechtsprechung aufgrund der bestehenden Gesetze oblag dem Kaiser die Fortbildung der Rechtslage. Die Gesetzgebung erfolgte überwiegend durch *Constitutiones* in Form von Reskripten als Antwort auf die Fragen von rechtsuchenden Beamten und Privaten, auch von Frauen und Sklaven.[104] Für zahlreiche Streitfälle gab es noch keine rechtliche Regelung. Die Entscheidung des Kaisers schuf dann Präzedenzfälle. Die Initiative kommt zumeist von außen, der Kaiser reagiert. Seine Reden vor dem Senat bewirken ein *senatus consultum*, einen «Ratschlag» des Senats, der dann Gesetzeskraft besitzt. Von Marcus sind über 350 Gesetze bezeugt, davon 263 im *Corpus Iuris*,[105] die er halbjährlich in seinen *Semestria* veröffentlichen und verbreiten ließ.[106] Um sie verfügbar zu machen, legte der kaiserliche Kanzleibeamte Papirius Justus eine Sammlung an, zwanzig Bücher *Constitutiones* aus der gesamten Regierungszeit des Kaisers, chronologisch geordnet.[107] Zahlreiche Gesetze beziehen sich auf drei Bereiche: erstens auf die Stellung von Sklaven, insbesondere die Freilassung (*manumissio*), zweitens auf die Bestellung von Vormundschaften (*tutela*), wobei es um die Rechte der Mündel ging, und drittens auf die seit Trajan kritische Finanzlage der Städte und die Berufung von Ratsherren (*decuriones*), deren kommunale Pflichten mit hohen Aufwendungen verbunden waren.

g. Die Kanzlei

Während die Mitglieder des Kronrats, des *consilium*, an den Entscheidungen des Kaisers mitwirkten, oblag die Ausführung den Inhabern der Kanzlei, den Staatssekretären. Dieses von Claudius geschaffene Amt des Procurators *ab epistulis* besorgte die umfassende Korrespondenz des Kaisers, zuweilen geteilt in einen *ab epistulis Latinis* und einen *ab epistulis Graecis*. Wir kennen ein Dutzend Amtsträger, die Hälfte allerdings nur aus fragmentarischen Inschriften. Die anderen sind bemerkenswert wegen ihrer Tätigkeit vor, neben und nach dem Sekretariat. Wie alle Karrieren im Staatsdienst war auch diese vielseitig und abwechslungsreich. Das ist zu zeigen.

Caecilius Crescens Volusianus aus Nordafrika hatte zuvor eine Priesterwürde und das Amt eines *advocatus fisci*, eines Finanzaufsehers inne. Er stammt aus der Verwaltung des Antoninus Pius. Ihm folgte Varius Clemens aus Celeia in Noricum. Er zwar zuvor Offizier, dann Finanzbeamter, anschließend Statthalter, erst in Mauretanien, dann in Raetien, später Senator. Der nächste, Aelius Apollonides, war Grieche und amtierte als *ab epistulis Graecis*. Calvisius Statianus wurde nach seinem Sekretariat Präfekt von Ägypten.[108] Alexandros aus dem kilikischen Seleukeia, dem heutigen Silifke, war ein gefeierter Wanderredner und Sophist.[109] Die griechische Korrespondenz des Kaisers besorgte er eine Zeitlang in Pannonien. Er war reich, eitel und trug den Spottnamen Peloplaton, «Mistplaton», Marcus aber nennt ihn freundlicher «Platonikos».

Wohlbekannt ist der lateinische Sekretär Taruttienus Paternus, der 171 als Gesandter zu den Cotini geschickt wurde[110] und 178 nach Bassaeus Rufus Prätorianerpräfekt wurde,[111] im Jahre 179 Sieger über die Quaden, ferner Rechtsgelehrter und Militärschriftsteller war.[112] Das griechische Sekretariat bekleidete um 174 Claudius Vibianus Tertullus aus Selge in Pisidien. Er wurde Kaiserpriester der Provinz, mehrfacher Wohltäter und später Angehöriger des Museions von Alexandria. Dieselbe Funktion hatte um 176 Aius Sanctus, dann Rhetoriklehrer des Commodus;[113] er war beim Tode Marc Aurels Präfekt von Ägypten, danach Suffektkonsul. Sulpicius Cornelianus schließlich, der letzte *ab epistulis Graecis* Marc Aurels, forderte im Sinne der zweiten Sophistik reines Attisch. Dafür lobt ihn Fronto und empfiehlt ihn.[114] Die Procuratoren *ab epistulis* unter Marc Aurel zeigen in ihrem vielfältigen Berufsprofil die elastische Personalpolitik des Kaisers.

h. Sklaven im Recht

Sklaverei war das häufigste Thema in der Rechtspflege Marc Aurels. Fast sechzig Rechtsbescheide von ihm zur Sklaverei sind überliefert.[115] Sie setzen die Humanisierung des Sklavenstatus während der frühen Kaiserzeit fort.[116] Des Kaisers eigene Tendenz zugunsten einer menschlicheren Behandlung aller Sklaven zeigt sich in seinen ‹Selbstbetrachtungen›. Er prüft sich selbst und fragt sich, ob er Göttern und Menschen, Freien und Sklaven nicht doch einmal etwas Ungehöriges gesagt oder angetan habe.[117]

Eine grundsätzliche Bemerkung zur Sklaverei bietet ein Zeitgenosse des Kaisers, der Jurist Gaius, in seinen *Institutiones.*[118] Den Text entdeckte Barthold Georg Niebuhr 1816 in Verona auf einem Palimpsest, überschrieben mit Werken des heiligen Hieronymus. Unter Marc Aurel stellt Gaius fest, daß Sklaven bei allen Völkern ihren Herren unterstehen, die über Leben und Tod entscheiden und denen alles gehört, was die Sklaven erwirtschaften. Aber zu unserer Zeit, *hoc tempore*, ist das anders. Gaius beruft sich auf den Zeitgeist so wie Trajan in der Antwort auf Plinius: *nec nostri saeculi est.*[119] Im Römerreich dürfe niemand Sklaven maßlos (*supra modum*) und grundlos (*sine causa*) mißhandeln. Sklaven, die vor grausamen Herren Asyl in einem Tempel oder an einer Kaiserstatue suchen, müßten nach Untersuchung des Falles verkauft werden.[120] Sklaven solle man nicht nur durch Gewalt gehorsam halten, sondern auch durch Mäßigung, hinreichenden Lebensunterhalt und angemessene Arbeitsaufträge, sonst könnten Tumulte entstehen. Das Herrenrecht sei nicht mit brutaler Gewalt auszuüben.[121]

Die Feststellung der Grausamkeit war Sache des Richters. Er entschied dann auch über Kapital- und Kerkerstrafen für Sklaven. Hadrian hatte das Töten von Sklaven den Gerichten vorbehalten.[122] Hatte der Sklave eine Untat begangen, so konnte der Herr ihn künftig nicht mehr nach einem entsprechenden Richterspruch den Zirkusbestien vorwerfen,[123] ihn wohl aber unter der Maßgabe verkaufen, daß er nicht freigelassen werden dürfe. Aus einem solchen Grund konnte der Verkäufer auch bestimmen, daß dem Sklaven der Aufenthalt in der Stadt oder dem Land des Verkäufers untersagt blieb.

Unter den Antoninen war die freie Verfügung des Sklavenhalters über sein *instrumentum vocale*,[124] sein sprechendes Werkzeug, eingeschränkt. Gaius begründet dies mit dem Mißbrauch des Rechts, dessen Ausübung er an den zeitgemäßen Sittenbegriff gebunden sah: *male enim nostro iure uti non debemus* – «von unseren Rechten dürfen wir nicht in übler Weise Gebrauch machen»[125] – wieder eine pragmatische Korrektur des strikten Prinzips, eine humanitäre Inkonsequenz, wie sie die römische Rechtspraxis mehrfach aufweist.[126]

Ein seltsamer Fall wird aus den Tagen Marc Aurels berichtet. Der flüchtige Sklave Primitivus hatte einen Totschlag gestanden und wurde vom Prokonsul Africas Voconius Saxa verurteilt. Dieser ließ Primitivus foltern, um die Mitwisser der Untat zu ermitteln. Dabei zeigte sich, daß der Mord nur vorgespielt war, um die Flucht zu motivieren. Primitivus fürchtete die Grausamkeit seines Herrn, die ihn vom Hof getrieben hatte, und erfand einen Grund, um dessen Brutalität glaubhaft zu machen. Um nicht zurückkehren zu müssen, nahm er die Todesstrafe auf sich. Nach dem Beweis seiner Unschuld konsultierte Saxa den Kaiser und dieser verfügte, das Urteil zu widerrufen und Primitivus zu verkaufen mit der Auflage, daß er nie wieder in die Gewalt seines brutalen Herrn zurückkehren dürfe. Diesem sei der Verkaufserlös für den Verlust seines Sklaven zu erstatten. Wenn Marcus auf die Anfrage des Statthalters diesem *egregia ratio humanitatis* – «vorzügliche Wahrung der Menschlichkeit» bescheinigt, dürfen wir das auf dessen Bereitschaft zur Rettung des Sklaven beziehen.[127]

i. Freilassung

Die Rechtsetzung Marc Aurels erfolgte gewöhnlich zugunsten des Sklaven, *in dubio pro servo.* In den zahlreichen Fällen, in denen es um die Freiheit und die Rechte eines Sklaven ging, entschied der Kaiser gemäß der «milderen Auslegung»[128] oder der «gerechteren» Lösung.[129] Er bevorzugte die *interpretatio humanior*, die menschlichere Entscheidung gemäß dem *favor libertatis*, der Begünstigung der Freiheit.[130] Dafür sprach auch die Staatsraison, denn anders als Sklaven zahlten Freie Steuern und hatten Wehrdienst zu leisten. Sklaven konnten in kritischen Fällen sich direkt an den Kaiser wenden, um die ihnen zugesicherte Freiheit zu erlangen,[131] wie das auch unter Diocletian und später bezeugt ist.[132] Immer wieder ging es um die häufige Freilassung durch Testament oder durch testamentarische Auflage an den Erben oder Käufer (Fideikommiß), die Freilassung vorzunehmen. Mal suchte sie der Erbe zu verzögern, mal zu verhindern, mal war der Wille des Erblassers nicht klar ausgedrückt und mußte interpretiert werden. Galt die Freilassung, wenn der Erblasser seine Sklaven als Freie und Erben bezeichnet und begünstigt hatte, ohne daß eine formale *manumissio* vollzogen worden war? Galt sie, wenn sie im Testament nicht ausgesprochen, aber nachweisbar versprochen worden war? Galt sie, wenn das Testament insgesamt nicht rechtsgültig war oder wenn das Erbe nicht angetreten wurde, weil der Tote verschuldet war, so daß der Gläubiger durch die Ausgliederung der Sklaven aus der Erbmasse geschädigt wurde? Marcus entschied im letzteren Fall, selbst wenn Gläubiger der Fiskus war, zugunsten des Sklaven.

Gegen das Interesse der Sklavenhalter bestätigte er auch die testamentarische Freilassung eines Sklaven, der als Vermögensverwalter seines Herrn noch keine Rechenschaft abgelegt hatte. Das habe nach dessen Ableben zu geschehen. Es sei unwürdig, finanzielle Interessen geltend zu machen, wenn es um die Freiheit eines Menschen geht.[133] Das Interesse der Erben, die testamentarische Freilassung zu verhindern, bezeugt ein Fall, in dem sie behaupteten, durch eine Kerkerstrafe mache sich ein Sklave der Freiheit unwürdig. Die «vergöttlichten Brüder» entschieden: Habe der Sklave vor dem Tode des Herrn die Freiheitsstrafe abgebüßt, gelte die

Freilassung, nicht aber, wenn er beim Tode des Erblassers noch «in Fesseln gelegen» habe.[134]

Die Digesten überliefern ein protokolliertes Redefragment Marc Aurels über strittige Freilassung. Werde sie angefochten, so dürfe das nur zu Lebzeiten des Freigelassenen geschehen, damit dieser sich verteidigen könne, nicht nach seinem Tode, wenn es um dessen Nachlaß gehe, den nur ein Freier nach eigenem Ermessen vererben könne. Stirbt der Betroffene während des Verfahrens, so erlischt das Recht zur Klage.[135] Die zuvor gültige Fünfjahresfrist hob Marcus auf.[136] Er schuf ein Beweismittel für freie Geburt, indem er Einwohnermeldeämter einrichtete. Neugeborene Kinder freier Eltern waren binnen 30 Tagen bei den Vorstehern der Senatskasse, den Präfekten des *aerarium Saturni* in eine Liste einzutragen. Das gelte ebenso für die Provinzen.[137] Der Sklavenmarkt wurde stets mit geraubten oder mit verkauften Kindern versorgt. Der Redner Pollux sprach unter Marc Aurel einmal über Bewohner der griechischen Inseln, die so arm waren, daß sie, um ihre Steuern zu bezahlen, ihre Kinder in die Sklaverei verkaufen mußten.[138]

Ein altes Gewohnheitsrecht war der Freikauf. Er beruht auf der geduldeten Verfügung des Sklaven über sein *peculium*, seine durch Nebentätigkeit erworbenen Ersparnisse. Die dabei verbleibende Unsicherheit des Sklaven war ein Mißstand, den möglicherweise ein Erlaß von Marc Aurel und Lucius Verus beheben wollte.[139] Da überträgt der Sklave im Einvernehmen mit seinem Herrn seinen Nebenerwerb einem Dritten, der ihn damit seinem Herrn abkauft, um ihn, wie versprochen, freizulassen. Weigert sich der Herr dann aber, den Sklaven dem Dritten zu verkaufen, oder dieser sich, den Sklaven freizulassen, kann der Sklave das gerichtlich erzwingen.[140]

Es gab viele Wege zur Freiheit. So konnte der Verkäufer eines Sklaven festlegen, daß der Käufer ihn nach einer gewissen Zeit freilassen müsse oder daß er die Sklavin nicht zur Prostitution zwingen dürfe. Diese Vergünstigungen blieben den Sklaven auch erhalten, wenn der Käufer sie an Dritte weiterverkauft hatte. Bei einem Verstoß gegen sie trat automatisch die Freiheit in Kraft. Derartige Einschränkungen waren für den neuen Eigentümer oder dessen Erben lästig, daher kamen entsprechende Fälle vor Gericht. Sklaven hatten in diesem Zusammenhang das Recht, gegen ihren

Herrn Beschwerde zu erheben. Marcus entschied hier jeweils zugunsten der Freiheit, ja, erlaubte Freilassung selbst dann, wenn der Herr seinen gesamten Besitz verpfändet hatte.[141] Das Recht von Kommunen und eingetragenen Vereinen, ihre Sklaven freizulassen, wurde neu geregelt, ebenso die Freilassung nach Verbüßung einer Haftstrafe, die dann keine Benachteiligungen mehr zu Folge haben sollte.[142]

Das ausgeprägte Interesse Marc Aurels an Freiheit und Freilassung rühmte vierhundert Jahre später Justinian,[143] dem wir die Gesetze seines Vorgängers im *Corpus Iuris* verdanken. Justinian nennt Marcus einen *prudentissimus princeps*, einen «höchst umsichtigen» Kaiser, *philosophiae plenus* – «voller Philosophie». Anlaß war die sinngemäße Ergänzung zu einer Senatsrede Marc Aurels. Darin geht es um das Erbe eines ermordeten Herrn, der eine testamentarische Freilassung versprochen hatte. Es gab Unklarheiten, weil das Testament erst nach Abschluß des Strafverfahrens, also längere Zeit nach dem Tod, geöffnet werden durfte. Justinian regelte später die strittige Freiheit der Sklavinnen und Sklaven zu deren Gunsten.[144]

In diesen Zusammenhang gehört der Fall des Donatus, dessen Geschichte Marc Aurel skizziert.[145] Dieser Gutsherr war auf dem Lande von Räubern überfallen worden und entkam verwundet in seine Villa. Bald darauf verfaßte er sein Testament, in dem er seine Sklaven vom Verdacht pflichtvergessener Hilfeleistung freisprach und sie freiließ. Nach dem Tode des Donatus und der Eröffnung des Testaments verdächtigte der Erbe die Sklaven, das Ende ihres Herrn beschleunigt oder herbeigeführt zu haben, um – wie zu ergänzen ist – möglichst bald frei zu werden. Das lag nicht im Interesse des Erben, er forderte eine peinliche Untersuchung und die Bestrafung der Sklaven. Marcus verfügte, daß weder der gebotene Anstand gegenüber den Sklaven noch die Erregung des Erben ein solches Verfahren erlaubten, nachdem der Eigentümer die Sklaven von jeder Schuld freigesprochen hatte. Marcus entschied zu ihren Gunsten.

Kein Anlaß zur Freilassung waren für Marcus Forderungen des Zirkusvolkes. Im Laufe der Kaiserzeit hatte sich die Sitte herausgebildet, daß bei den Spielen in der Arena das Publikum in Sprechchören nicht nur den Kaiser begrüßte und das Schaugeschehen kommentierte, sondern auch Wünsche äußerte. Galten diese der

Freilassung von Gladiatoren oder Tierkämpfern, so schob Marcus hier einen Riegel vor. Solchen Forderungen durch lautstarke *acclamatio* sei nicht stattzugeben. Makaber ist der Fall eines Dompteurs, der einen Löwen an Menschenfleisch gewöhnt hatte. Das wurde bejubelt, da Löwen sich oft scheuten, die ihnen gebunden entgegengefahrenen Verurteilten zu zerfleischen. Als das Volk nachdrücklich forderte, diesen Mann freizulassen, verkündete der Kaiser, der Blutvergießen gern vermied, durch einen Herold, dies sei kein würdiger Grund für eine Freilassung.[146] Schon frühere Kaiser, seit Tiberius, hatten sich geweigert, solchen Theaterakklamationen nachzugeben,[147] und Diocletian formulierte lapidar: *vanae voces populi non sunt audiendae* – das Geschrei der Menge verdient kein Gehör.[148] Auch Marc Aurel behielt sich die Entscheidung vor.[149] Fronto allerdings empfahl Marcus, damals noch Caesar, der Stimme des Volkes zu gehorchen, das erhöhe seine Beliebtheit.[150]

j. Sklavenflucht und Sklavenfolter

Die Bestimmungen Marc Aurels zugunsten der Sklaven waren keine Schritte auf dem Wege zur Abschaffung der Sklaverei, sondern galten einem erträglichen Abhängigkeitsverhältnis, das durchaus im wohlverstandenen Interesse der Sklavenhalter lag. Auch deren Belange wahrte der Kaiser. Das zeigt die Bestätigung der Befugnisse zum Aufspüren flüchtiger Sklaven. Sklavenflucht war eine dauerhafte Begleiterscheinung der Sklavenhaltergesellschaft.[151] Sie schädigte nicht nur den Eigentümer, sondern auch die Allgemeinheit, weil die Räuberbanden im Reich[152] weitgehend aus desertierten Soldaten und entlaufenen Sklaven bestanden. Der Räuberhauptmann Bulla Felix, der in den Jahren 206 bis 209 mit seiner Bande von 200 Mann Italien verunsicherte, soll einem Gutsherrn ausgerichtet haben: «Ernährt eure Sklaven anständig, dann gehen sie nicht unter die Räuber.»[153] Unter seinen Männern befanden sich auch zahlreiche schlecht oder gar nicht bezahlte kaiserliche Sklaven und Freigelassene. Die Digesten enthalten einen langen Abschnitt mit Stellungnahmen von Rechtsgelehrten zur Frage, unter welchen Umständen ein entlaufener Sklave als *fugitivus* zu betrachten sei. Notlage galt als Entschuldigung.[154]

Die meisten Flüchtigen waren Landarbeiter, die bei neuen Arbeitgebern, wo bessere Bedingungen zu erwarten waren, meist willige Aufnahme fanden. Der aufnehmende Gutsherr machte sich strafbar. Hegte der *dominus*, dem der *servus* entwichen war, eine Vermutung, wo dieser sich aufhielt, konnte er das betroffene Anwesen durchsuchen lassen. Nach einer Bestimmung Marc Aurels mußte sich der geschädigte Herr allerdings vom Provinzgouverneur eine schriftliche Durchsuchungsgenehmigung ausstellen lassen, die Zugang auch zu senatorischen und kaiserlichen Latifundien gewährte. Dazu konnte er dann die Hilfe der örtlichen Behörden und der Straßenpolizei, der *milites stationarii*, anfordern. Wer dies erschwere oder verhindere, mache sich strafbar.[155] Das Aufspüren entlaufener Sklaven wurde auch von privaten *fugitivarii* oder *plagiarii* betrieben.[156] Was die zurückgebrachten Sklaven erwartete, wird nicht thematisiert. Prügelstrafen waren gängig. Der ältere Cato verprügelte seine Sklaven eigenhändig, schon wenn sie beim Tischdienst etwas übersehen hatten.[157]

Ein trübes Thema, das auch bei Marcus angeschnitten werden muß, ist die Folter. Sie war in antiker wie in christlicher Zeit allgemein statthaft und üblich, sogar die wiederholte,[158] bis sie im Zuge der Aufklärung untersagt wurde, von Friedrich dem Großen am dritten Tag seiner Regierung. «Peinliche» Befragung (*quaestio*) von Senatoren und Standespersonen (*honestiores*) vor Gericht war indessen verboten.[159] Doch gab es auch gegenüber einfachem Volk (*humiliores*) Einschränkungen. Betroffen waren nicht zuletzt Sklaven. Sieben Gesetze Marc Aurels griffen hier ein. Marcus verbot die Folter von Sklaven in Erbschaftsangelegenheiten und in der Statusfrage bei einer Frau, die möglicherweise als Sklavenkind von freien Eltern aufgezogen worden war und nun von dem Herrn der mutmaßlichen Mutter beansprucht wurde.[160] Die Aussage eines gefolterten Sklaven, heißt es, sei kein hinreichender Beweisgrund für ein Strafurteil, dies sei mit Argumenten zu begründen.[161]

Gegen den eigenen Herrn durften Sklaven unter der Folter nicht verhört werden. War diesem ein fremder, aber kundiger Sklave während des Verfahrens übereignet worden, um nicht gefoltert werden zu können, galt das Verbot nicht.[162] Städtische Sklaven, die gewissermaßen allen Bürgern gehörten, konnten jedoch sowohl gegen als auch für einzelne Bürger unter der Folter verhört werden.[163] Gegen den eigenen Herrn und die Herrin konnte ein Haussklave als möglicher Mitwisser ausgepeitscht und befragt werden beim Verdacht eines Ehebruchs.[164] Das diente der Sicherung des Erbes ehelich geborener Kinder. Die Sitten waren locker. Als Cassius Dio unter Septimius Severus 211 in Rom *Consul suffectus* wurde, fand er dreitausend Anzeigen wegen Ehebruchs vor. Der Kaiser verzichtete auf die Verfolgung.[165]

k. Das Militär

Das Wohl des Imperiums erforderte die Sicherung der Grenzen durch den Imperator und das Militär. Marcus war weder durch seine Neigung noch durch seine Ausbildung auf seine Rolle als oberster Feldherr vorbereitet. Vor seiner Regierungsübernahme hatte er keine Provinz betreten, nie ein römisches Heer gesehen.[166] Erst der Aufbruch an die Front 168 brachte Erfahrung und Erfolge. Diese dokumentierten und propagierten Münzparolen, Siegerbeinamen und Reliefs. Sieghaftigkeit war die wichtigste Eigenschaft des Kaisers, denn überall, außer im mittleren Nordafrika, drohten die Barbaren.

Unter Marc Aurel sind dreißig Legionen bezeugt,[167] von denen wir zwanzig im Einsatz kennen, darunter 166 zwei neue.[168] Sie waren wie Perlen auf der Schnur an den Grenzen aufgereiht, jede hatte ihr festes Standquartier und rekrutierte sich seit Hadrian vornehmlich aus dem Umland. Das führte zu einer wachsenden Ortsbindung. Dazu kamen etwa 130 überwiegend berittene Hilfstruppen, insgesamt standen über 150 000 Mann unter Waffen. Der Kaiser besaß außer den Prätorianern kein marschbereites Feldheer, mit dem er der jeweils besonders bedrohten Region zu Hilfe kommen konnte. Erst Constantin schuf sich ein dauerhaftes «Bewegungsheer», indem er die Truppen, mit denen er 312 Maxentius besiegt hatte, nicht wieder in ihre Standorte zurückführte, sondern zu seiner Verfügung beisammen ließ. Die allseitige Bedrohung verbot es Marc Aurel, irgendwo größere Kontingente der Grenzverteidigung abzuziehen. Verstärkung der jeweiligen Schwachpunkte war nur durch den zeitweiligen Zuzug einzelner Legionen oder durch Vexillationen zu erzielen, die von ihrem Standort vorübergehend abgestellt wurden und später zurückkehrten. Namengebend ist das *vexillum*, ein Tuch mit dem Emblem der Einheit an einer Querstange. Es ist das Feldzeichen der auxiliaren Reiterschwadronen, der *alae*.

Wie unter Augustus war das Militär an der Grenze oder nahebei stationiert, die Hilfstruppen, die Auxiliareinheiten, unmittelbar, die Legionen in kurzem Abstand vom Limes. Der seit Trajan laufende Umbau der Holz-Erde-Kastelle mit Pfahlzaun und Spitzgraben in Steinmauerwerk machte unter Marc Aurel rasche Fortschritte. Die Dichte und Stärke des Grenzschutzes richtete sich nach der Bedrohung von der Feindseite. Der Limes westlich Regensburg war schwach besetzt, weil das Vorland weitgehend menschenleer war, östlich aber donauabwärts war wirksamer Schutz erforderlich[169] und doch nicht hinreichend. Das zeigen die wiederholten Einfälle.

Zur Verstärkung der Abwehrfähigkeit hat Marcus die Befehlsbereiche der einzelnen Statthalter und Legionskommandeure zu größeren Einheiten zusammengefaßt. Dies geschah sowohl an der Donau als auch im Orient und ist im Zusammenhang mit der Provinzialverwaltung darzulegen. Die wachsende Gefährdung erforderte erhöhte Kompetenzen vor Ort.

Auch zur Sicherung des Nachschubs gab es provinzübergreifende Sonderkommandos für die Truppenversorgung. Nach einem ersten Beispiel unter Trajan finden wir solche unter Lucius Verus am Euphrat im Partherkrieg, bei Marcus auf der Donau an der Markomannenfront,[170] im Hafen von Seleukeia bei Antiochia während Marc Aurels Orientreise 175/176 und in der Nähe des Kaisers im Sarmatenkrieg 178/180. Der Amtstitel lautet *praepositus copiarum* oder *praepositus annonae*.[171] Die von den Barbaren heimgesuchten Grenzprovinzen hatten unter den zu ihrem Schutz aufgebotenen römischen Truppenkonzentrationen vielleicht nicht weniger zu leiden.

Ein gravierendes Problem war die wachsende Kriegsdienstverweigerung.[172] Immerhin lesen wir, daß zweimal auch Bürger zu den Waffen griffen, 171 in Griechenland gegen die Kostoboken und 174 in Belgien gegen die Chauken.[173] Im Jahre 169 mußte Marcus auch Sklaven, Räuber und Gladiatoren rekrutieren.[174] Die Herren der Sklaven wurden aus dem Fiskus schadlos gehalten, die Gladiatoren gehörten dem Kaiser. Sie waren zahlreich und hatten sich schon unter Spartacus – dem Anführer im Sklavenkrieg von 73 v. Chr. – als feldtauglich erwiesen. Unter Caligula werden 20 000 Gladiatoren erwähnt, Trajan hat bei seinem dakischen Triumph 107 zehntausend Gladiatoren in der Arena kämpfen lassen.[175] Die Zahlen mögen überzogen sein, bezeugen aber, daß diese Männer ein Rekrutenreservoir bildeten. Zudem stellte Marcus Tausende von Germanen und Sarmaten als Söldner ein. 175 lieferten allein die Jazygen 8000 Reiter,[176] im gleichen Jahre finden wir unter römischem Kommando Naristen, Markomannen und Quaden.[177]

Dauerhaft bedeutsam wurde die Zeit Marc Aurels für das Militärwesen auf literarischem Gebiet. Der Gardepräfekt von 177 Taruttienus Paternus[178] verfaßte das Standardwerk des Militärrechts *De re militari*, aus dem die Digesten Auszüge überliefern. Sie behandeln unter anderem die Stellung von 45 mit dem Kriegswesen verbundenen Berufen, «Zivilisten» im Heere:[179] Ärzte, Architekten, Fuhrleute, Waffenschmiede, Zimmerer und sonstige Handwerker mit ihren Rechten und Pflichten; daneben geht es um Ehe, Familie und Versorgung; um genehmigte Nebentätigkeit, Anspruch auf Urlaub und Dienstbefreiung; um Beförderung, Auszeichnung und alle erdenklichen Geld- und Strafsachen.[180] Zu Beginn des Partherkrieges widmete der Makedone Polyaen, Rhetor und Sachwalter in Rom, den kaiserlichen Brüdern seine griechischen *Strategika*.[181] Es handelt sich um eine Sammlung von Kriegslisten und unvorhergesehenen Folgen im militärischen und zivilen Leben.

l. Religion und Kaiserkult

Die römischen Kaiser hatten nicht nur juristische, administrative und militärische Funktionen, sondern auch religiöse Aufgaben. Der Herrscher vertrat das Volk gegenüber den himmlischen Mächten und sicherte sich so die Gunst der Götter und des Volkes zugleich. Das ist eine Kulturkonstante der Monarchie seit Agamemnon bei Homer und David in der Bibel. In Rom waren schon Caesar und Augustus jeweils Pontifex Maximus; Marc Aurel wurde es durch Senatsbeschluß mit dem Herrschaftsantritt 161, nachdem er zuvor schon niedere Priesterämter bekleidet hatte.[182] Seine philosophischen

Überzeugungen hat Marcus nicht gegen die altüberlieferte Religion ausgespielt,[183] vielmehr hat er seine kultischen Pflichten als Kaiser ernst genommen.[184] Römische Grundüberzeugung war, daß Wohl und Wehe des Reiches von der Gunst der Götter abhing, die eine peinlich genaue Befolgung der Rituale forderten. Dies führte schon Polybios aus, Cicero und andere bestätigen es.[185]

Marcus erfüllte die Erwartungen der Öffentlichkeit. Münzen von 173 und 174 preisen die RELIGIO AUGUSTI.[186] Als Lucius 162 erkrankte, bat Marcus im Senat die Götter um Genesung und leistete ihnen Gelübde;[187] in der Pestnot 166 griff er zu älteren und fremden Kultbräuchen.[188] Durfte der Kaiser auf mögliche Hilfe des Himmels verzichten? Insbesondere reinigte er den Kult des reichsweit verehrten, in Rom jeweils am 25. April gefeierten ägyptischen Heilgottes Serapis[189] von populärem Beiwerk, wie es zumal in dem vergnügungssüchtigen Hafenort Pelusium an der Nilmündung üblich geworden war.[190] Münzen mit Serapisdarstellung Marc Aurels aus Alexandria bestätigen die Förderung dieses Kultes.[191]

Marcus erweiterte den herkömmlichen Kaiserkult im dynastischen Interesse auf seine schon zu Lebzeiten «vergöttlichte Familie», die *domus divina*, wie zumal die Inschriften lehren.[192] Auf seinen Antrag hin wurden vom Senat Antoninus Pius, Lucius Verus und Faustina in den Himmel erhoben. Ihren Höhenflug zeigt der Sockel seiner Säule im Vatikan.[193] Marcus selbst heißt in griechischen Quellen wie üblich einfach *theos*.[194] Darüber hatte schon Alexander der Große gespottet. Als er verwundet wurde, bemerkte er zu seinen Freunden: «Das ist doch Menschenblut (*haima*) und kein Götterblut (*ichōr*)!»[195] Dies vergoß in der Ilias (V 340) die von Diomedes getroffene Aphrodite. Priesterfunktionen versah Marcus bereits als Knabe mit den Saliern; Reliefs zeigen ihn als Pontifex Maximus beim Staatsopfer.[196] Noch unter Julian zweihundert Jahre später zitiert Ammian ein Epigramm, das die ausufernde Opferpraxis Marc Aurels rügt:

> Wir, die weißen Stiere, grüßen Marcus, den Caesar!
> Wenn du noch einmal siegst, sind wir alle dahin.[197]

m. Rom und Athen

Wie alle Kaiser hat sich auch Marc Aurel um die Städte gekümmert. Erste Maßnahmen galten 161/162 Rom dem Schutz gegen die Überschwemmungen durch den Tiber.[198] Die Stadt wurde so gut mit Getreide versorgt, daß Marcus damit zuweilen die Hungersnot in den Städten Italiens lindern konnte.[199] Siebenmal preisen die Münzen mit der Devise LIBERALITAS die Geldspenden des Kaisers an das Volk.[200] Die Säule mit den Bauwerken im Umkreis, das Reiterdenkmal und der verlorene Ehrenbogen schmückten die Stadt.[201]

Die Sorge Marc Aurels um die religiösen Belange Roms ersehen wir aus der Notiz bei Athenaios, der «allerbeste» Kaiser habe den hochgelehrten Priester Larensios mit der Aufsicht über Tempel und Opfer betraut.[202] Larensios sei im Griechischen wie im Lateinischen zu Hause gewesen, habe die größte bis dahin bekannte Privatbibliothek besessen und sich in den religiösen und politischen Bestimmungen von «Romulus und Numa» ausgekannt. Larensios ist bei Athenaios der Gastgeber in seiner ‹Enzyklopädie der Tischgespräche›, den *Deipnosophistai.* Cornelia Quinta setzte ihrem «unvergleichlichen Gemahl» die in Rom erhaltene Grabinschrift: «Publius Livius Larensis, pontifex minor ist hier bestattet.»[203]

Dem Philhellenen Marcus lag ebenso Athen am Herzen. Das zeigte er bei dem Prozeß in Sirmium[204] und bestätigte er in dem langen Brief, den er im Anschluß daran noch 174 nach Athen sandte. Der Text findet sich auf einer 1966 auf dem römischen Markt Athens entdeckten Inschrift, zusammengesetzt aus zweihundert Fragmenten.[205] Es handelt sich um eine *epistula generalis,*[206] einen Sammelbrief an die Athener, die Griechen überhaupt und die Staatsbeamten. Darin erfahren wir Näheres über die Streitpunkte in Sirmium und über die Entscheidungen des Kaisers. Nachdem er den Athenern sein Wohlwollen im Konflikt mit Herodes gezeigt hat, ermahnt er sie nun, doch das nicht zu vergessen, was Herodes alles für ihre Kultur, ihre *paideia*, getan hat. Sie mögen sich wieder mit ihm versöhnen, so daß es künftig keiner kaiserlichen Vermittlung bedürfe. Tatsächlich ist Herodes 175 nach Athen zurückgekehrt und wurde in Ehren empfangen.[207]

Auf über hundert Zeilen sodann regelte Marcus zur «Wahrung des alten Ruhmes» der Stadt den Zugang zu hochangesehenen Körperschaften. Es ging um die Mitgliedschaft im Adelsrat des Areiopags, der noch aus der Königszeit im 8. Jahrhundert v. Chr. stammt. Gefordert wurde dafür traditionell die *trigonia*, der Nachweis der freien Geburt in der dritten Generation, doch war das angesichts der schweren Zeiten nicht durchzuhalten. Es fehlte an Kandidaten. Die Gesandten baten den Kaiser um Zulassung von zahlungskräftigen Nachkommen freigeborener Eltern, Freiheit in der zweiten Generation. Marcus gab nach: Unter Lucius Verus bereits Aufgenommene dürfen ausnahmsweise Mitglieder bleiben, doch künftig gelte wieder altes Recht.

Für die Teilnahme an der Boulē, dem Volksrat der Fünfhundert, den Kleisthenes nach der Vertreibung der Tyrannen 510 v. Chr. eingerichtet hatte, gestattet Marcus, daß auch Söhne von freigelassenen Eltern Zugang haben sollten. Hinreichend war somit Freiheit in der ersten Generation. Zu regeln war sodann ein Streit zwischen den beiden Priesterfamilien von Eleusis, den Eumolpiden und den Keryken, die das Amt des Staatsherolds innehatten. Zu ihnen gehörte Herodes Atticus. Einen Priester aus der falschen Familie beließ Marcus im Amt, verordnete aber künftig die Wahrung des Herkommens.

Eine über Athen hinausgreifende Einrichtung war das attische Panhellenion, das Marc Aurel in seinem Brief aus Sirmium an die Athener und die Panhellenen behandelt.[208] Hadrian hatte 131 in Athen einen Tempel für Zeus Panhellenios gestiftet,[209] der das kultische Zentrum des Hellenentums sein sollte. Von *Panhellēnes* spricht schon Homer.[210] Zugehörig waren Städte griechischen Ursprungs und griechischer Kultur im östlichen Mittelmeergebiet, die alle vier Jahre in Athen, der Mutterstadt der Zivilisation, das Fest der Panhellenia feierten. Die Leitung hatte das Synhedrion der Panhellenen, die gewählt wurden, aber wie die Areiopagiten die *trigonia* nachzuweisen hatten. Dies war Thema des Schreibens von Marc Aurel. Den Vorsitz hatte ein wechselnder Archon inne, der die Spiele finanzierte. Er war so wie die übrigen Panhellenen römischer Bürger, bestätigt vom Kaiser, dem Protektor des Panhellenions. Die ganze Einrichtung war Ausdruck des griechischen Kulturpatriotismus der städtischen Honoratioren, zugleich aber auch Schiedsstelle mit rich-

Büste Marc Aurels aus griechischem Marmor, Typ 3.
Unter dem Feldherrnmantel mit der Scheibenfibel erscheint der Panzer mit der Gürtelbinde, am Hals ist die Tunika, das Hemd, zu erkennen (zu Kap. II o).

Marc Aurel auf dem Kapitol en face (zu Kap. II r).

Marc Aurel auf dem Kapitol im Halbprofil (zu Kap. II r).

Der Reiter auf dem Kapitol (zu Kap. II r).

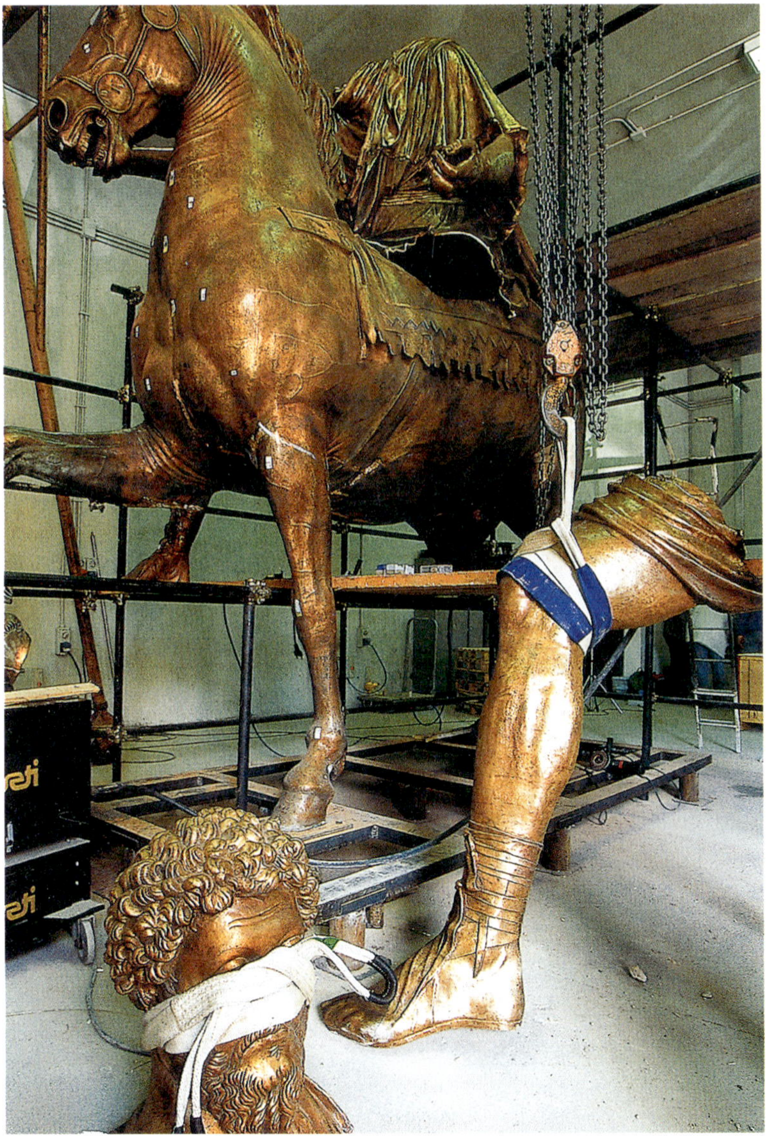

Der Caballus bei der Restauration 1985 (zu Kap. II t).

Commodus als Herkules
mit Löwenhelm und Keule,
den Äpfeln der Hesperiden über einem Amazonenschild,
flankiert von Füllhörnern, begleitet von Amazonen,
auf einer Weltkugel mit dem Zodiakus
(zu Kap. X j).

Sesterzen (Bronze) und Aurei (Gold, vergrößert):
a. Hadrian, b. Antoninus Pius, c. Faustina maior,
d. Marc Aurel nach 138, e. ders. nach 145, f. ders. nach 161,
g. ders. nach 169, h. Faustina minor, i. Commodus,
j. Lucius Verus, k. Lucilla, l. Eintracht zwischen Marcus und Lucius
(zu Kap. II n).

Parthermonument von Ephesos in Wien:
VIII Artemis-Selene auf einem von vier Hinden gezogenen Wagen über einer Meeresgöttin (zu Kap. IV t).
IX a. (rechts oben) Kampf der Römer gegen Barbaren, (zu Kap. IV t)
IX b. (rechts unten) Der Kaiser auf einer Quadriga, geleitet von Victoria über der Personifikation der Fruchtbarkeit, (zu Kap. IV t).

Sardonyx-Kameo einer Kaiserin als Victoria mit Siegeskranz und Siegespalme, ursprünglich Faustina II, Haartracht umgearbeitet in Julia Domna, die Frau von Septimius Severus (zu Kap. II y und III g).

Achat-Gemme aus Biesheim,
Fassung 4. Jahrhundert n. Chr.:
Commodus zu Pferde tötet Ariogaisos
(zu Kap. VI v).

TAFEL XII

Die Victoria von Calvatone bei Mantua aus vergoldeter Bronze, seit 1841 im Antikenmuseum Berlin, seit 1945 in St. Petersburg (zu Kap. IV s).

a. Mithras aus Marino in den Albanerbergen, entdeckt 1963. Der Stiertöter mit phrygischer Mütze in der Höhle, begleitet von Schlange und Hund, flankiert von den Fackelträgern Cautes und Cautopates. In den oberen Ecken Sonne und Mond, seitwärts die acht Weihegrade (zu Kap. VIII c).

b. Der Lateranspalast mit dem Caballus, Zeichnung von Maarten van Heemskerck, um 1535 (zu Kap. II s).

Der Caballus vor dem Lateran. Fresko von Filippino Lippi in Santa Maria sopra Minerva, Rom, in der Cappella Carafa (San Tommaso d'Aquino), um 1490 (zu Kap. II s).

Reiterstatue Ludwigs XIV von François Girardon auf dem Transport zur Place Vendôme 1699, in der Französischen Revolution zerstört. Zeitgenössisches Gemälde von M. A. Houasse (zu Kap. II t).

Die letzten Worte Marc Aurels, Gemälde von Eugène Delacroix, 1844.
Lyon, Musée des Beaux-Arts (zu Kap. X x).

terlichen Aufgaben, die bei Marc Aurel unter der Aufsicht der Brüder Quintilius stand. Die jüngste Inschrift zum Panhellenion stammt aus der Zeit Gordians III aus dem Jahre 244.[211]

Einen Einblick in die inneren Verhältnisse Athens unter Marc Aurel gewährt eine weitere Inschrift, eine Liste der Epheben, wahrscheinlich des Jahres 177.[212] Die Ephebie war die staatliche Schulung der Jünglinge, die mit dem vollendeten achtzehnten Lebensjahr für mündig erklärt wurden. Schon Aristoteles beschreibt diese Einrichtung.[213] Sie diente der militärischen Ausbildung und führte nach zwei Jahren zur Aufnahme in den Bürgerverband. In der Kaiserzeit verlagerte sich die Schulung auf zivile Disziplinen, auf Rhetorik, Literatur und Philosophie. Eine große Rolle spielten sportliche Wettkämpfe zu Land und zu Wasser. Unser Stein zeigt unter der Namensliste drei Ruderer mit einem Siegeskranz. Diese und die anderen Ephebenlisten aus Marc Aurels Zeit unterscheiden zwischen Bürgern und Fremden in gleicher Größenordnung.[214] Ähnliche Jugendorganisationen, *collegia iuvenum*, gab es, von Rom ausgehend, in vielen Provinzstädten.[215] Sie dienten der Ausbildung loyaler Offiziere für das kaiserliche Heer, in dem wir Athener vermissen.[216]

n. Städte und Straßen

Nicht weniger als um Rom und Athen kümmerte sich Marcus um andere Städte. Aurelius Victor berichtet, Marcus habe viele Städte gegründet und besiedelt,[217] verschönert und wiederhergestellt, so das durch Feuersbrunst verwüstete Karthago. Manchen Städten gewährte Marcus das römische Bürgerrecht durch Erhebung zur Kolonie, so in Syrien den Grenzstädten, in Kleinasien Halala, dem Sterbeort der Kaiserin, umbenannt in Faustinopolis,[218] und Abonuteichos, dem Geburtsort des Schlangenpriesters Alexandros, fortan Ionopolis.[219] In Africa betraf dies die Colonia Aelia Aurelia Mactaris, berühmt als Beispiel für sozialen Aufstieg durch die Grabinschrift des «Schnitters von Mactar», der sich vom mittellosen Knecht zum Vormann hochgearbeitet hatte, Kleinunternehmer wurde und durch 23 Jahre Ernteeinsatz in der ganzen Provinz zu Wohlstand und Ansehen kam, eine Familie gründete und zum ersten Ratsherrn aufstieg.[220] Als Gründungen Marc Aurels gelten in Obergermanien *Aquae* – Baden-Baden, *Civitas Alisinensis* – Bad Wimpfen und *Vicus Aurelianus* – Öhringen.[221]

Um den innerstädtischen Verkehr zu entlasten, verordnete Marcus Fußgängerzonen. Er suchte die gelockerten Sitten der Frauen und jungen Männer zu bessern und erneuerte das Verbot gemischten Badens, evident erfolglos.[222] Alle größeren Bauvorhaben der Städte waren von den Provinzialstatthaltern zu genehmigen, vermutlich um die Finanzierung sicherzustellen und Überschuldung zu vermeiden. Bei Neubauten müsse der von Nero vorgeschriebene Abstand zum Nachbarhaus von zehn Fuß, knapp drei Metern, eingehalten werden, um Licht, Luft und Aussicht zu gewähren, so die *Divi fratres*.[223] Es ging auch um die Feuergefahr. Marcus verfügte, daß Arbeiten an Stadtmauern, Stadttoren und öffentlichen Bauten, auch der Neubau von Mauern, ihm selbst zu melden seien.[224] Persönlich erteilte er einem Privatmann die Baugenehmigung für die Erweiterung seines Bades.[225] Das Prunkbad von Sagalassos im südlichen Kleinasien, fertiggestellt 165 und mit Kaiserstatuen geschmückt, war vermutlich eine private Stiftung.[226]

Die Städte im Reich waren grundsätzlich autonom.[227] Die Bürger von Sagalassos nannten sich damals «befreundet und verbündet», *philē kai symmachos*, mit den Römern.[228] Fronto bezeichnet die Bürger von Kyzikos euphemistisch als *socii*, «Bundesgenossen des römischen Volkes».[229] Die Städte regelten ihre Belange selbst, doch setzte der Kaiser die Rahmenbedingungen, behob Mißstände und amtierte als oberster Richter, wie in Athen geschehen. Wie dort ging es auch andernorts um die höchste kommunale Behörde, den Stadtrat, den *ordo decurionum*. Entsprechend den Senatoren amtierten die örtlichen Ratsherren, die Dekurionen, lebenslänglich und entstammten den vornehmsten und reichsten Familien. Sie besetzten die Ämter, regelten die Versorgung und überwachten das Steueraufkommen. Ein Brief Frontos von 164 an seinen Freund Arrius Antoninus, den Verwalter von Transpadanien, liefert Einzelheiten.[230] Die Dekurionen speisten auf Kosten der Stadt, hatten Ehrensitze in den Theatern, trugen aber auch die Ausgaben für die Beschaffung der *res frumentaria*, des Brotgetreides. Das war eine heikle Sache. Marcus nahm die Dekurionen in Schutz, wenn man sie zwingen wollte, den Weizen unter dem Marktpreis an das Volk zu verkaufen.[231] Die Dekurionen finanzierten Baumaßnahmen, Spiele und Kulte. Fronto plädiert für einen alten Dekurionen, der nach einer längeren Verbannungsstrafe seinen Sitz im Rat wieder eingenommen hatte. Das war strittig und kam vor den Kaiser. Dieser gestattete das, allerdings nur auf den hinteren Bänken. Auch die Anfrage, ob ein unehelich Geborener Dekurione werden könne, bejahte Marcus, doch beim Wettbewerb mit einem ehelich Geborenen sei dieser vorzuziehen.[232] Es ging um die Wahrung der Ehe und die Würde der Körperschaft.

Ein Dauerproblem der Städte war – schon damals! – ihr Haushalt. Um die Verschuldung zu hemmen, hatte Trajan *curatores* als kaiserliche Finanzaufseher bestellt.[233] Solche gab es auch unter Marc Aurel. In Athen finden wir die Brüder Quintilius in dieser Funktion.[234] Eine Inschrift aus Ephesos nennt einen Provinzialpriester des Landtags von Asia, der dieses Amt versah.[235] Es gab auch unverschuldete Probleme. Ephesos und andere Städte im Osten erlebten wiederholt Erdbeben. Solche erschütterten zumal den Ägäisraum, Griechenland und das westliche Kleinasien.[236] Im Jahre 17 n. Chr. bebten zwölf berühmte Städte, insbesondere Sardes, Magnesia, Temnos, Philadelphia und Aigeai. Tiberius gewährte großzügige Zuwendungen und fünf Jahre Steuerfreiheit.[237] Unter Trajan stürzten vier Städte in Kleinasien und zwei in Griechenland zusammen.[238] Im Jahre 161 wurde der Tempel für Hadrian in Kyzikos durch ein Beben beschädigt; die Restaurierung mit kaiserlicher Hilfe feierte Aelius Aristides beim dortigen Kaiserfest im September 166.[239] Im Jahre 177 traf es Smyrna,[240] vermutlich gleichzeitig auch Nikomedien und Ephesos.[241] Dort restaurierte Marcus das Artemision.[242] Eine Provinzialprägung zeigt Marcus und Lucius in der Toga beiderseits der Göttin.[243] (Abb. 26) Das Problem ist geologischer Natur. Der über einem tektonischen Bruch der Lithosphäre liegende Rand der Ägäischen Platte ist allzeit erdbebengefährdet. Überall leistete Marcus Hilfe, *oppidis labentibus auxilium tulit.*[244] Die Sorge Marc Aurels für die Städte wurde von der – notabene – christlichen Aberkios-Legende erweitert, wonach Marc Aurel der Stadt Hieropolis Geld für eine Therme und Getreidelieferungen zugesagt habe.[245] Hilfe in Hungersnot ist für Marc Aurel inschriftlich bezeugt in Ephesos und Phrygien, in Italien für Concordia, Camerinum, Ariminum und die umliegenden Städte.[246]

Abb. 26:
Bronzemünze des Septimius Severus aus Ephesos. Die Rückseite zeigt Marc Aurel und Lucius Verus in Toga beiderseits opfernd auf einem Altar der Artemis, umschrieben DISNEŌKO PRŌTŌN ASIAS, EPHESIŌN «Zwei Kaisertempel in der ersten Stadt von Asia, in Ephesos».

Neben diesen Hilfsmaßnahmen gab es kaiserliche Stiftungen zum Ausbau der Städte. Die eindrucksvollsten Ruinen in Milet sind die Faustinathermen, eine monumentale Anlage, die Epigrammen zufolge auf Marc Aurels Gemahlin zurückgeht. Das Bad ist mit einer Palästra, das heißt einer Ringerschule, und einem Stadion, einer Rennbahn, verbunden und bestand aus einer großen Umkleidehalle (*apodyterium*), einer riesigen basilikalen Warmwasserhalle (*caldarium*), einem Schwitzbad (*sudatorium*), sämtlich mit Fußbodenheizung (*hypokauston*, lateinisch *vaporarium*), einem Saal für Wannenbäder (*tepidarium*) und mehreren Kaltwasserbecken (*frigidarium*). Es gab ein kleines Museum mit Statuen von Apollon und den Musen und auch sonst einen reichen Bildschmuck.[247] Die Stiftung in Milet steht in der Tradition hellenistischer Wohltäter seit Ptolemaios I (306 bis 282 v. Chr.) und römischer Machthaber seit Pompeius.

Wie für die Städte, so sorgten die Kaiser auch für die Straßen,[248] nicht nur, aber nicht zuletzt aus militärischen Gründen. Die Geschichte der *viae publicae* oder auch *viae militares* beginnt mit der Via Appia des Censors von 312 v. Chr., des blinden Appius Claudius. In der Kaiserzeit überzogen die Straßen das Reichsgebiet wie ein Spinnennetz.[249] Die Fernstraßen wurden von Benefiziariern in militärischem Rang überwacht und waren gesäumt von Meilensteinen, mannshohen Säulen mit der Angabe der Entfernung von der nächsten Stadt in «tausend Schritten», *milia passuum*, knapp 1500 Meter. Die Inschriften nennen zudem den Namen der Kaiser, manchmal auch den Beamten. Aus den datierbaren Meilensteinen wurde zuweilen die Aufmarschroute zu einem Grenzkrieg erkannt. Unter Marcus dienten sie umgekehrt den Barbaren als bequeme Marschwege ins Reich.[250]

Die wichtige Verbindung Roms mit dem nordöstlichen Italien und der Donaufront war die Via Flaminia. Sie wurde von *Ariminum* – Rimini aus überwacht. Zwei namhafte, dort stationierte *curatores* kennen wir durch ihre Ämterlaufbahn – den Juristen Arrius Antoninus und den späteren Statthalter von Moesia superior Macrinius Avitus.[251] In der Folge seiner Ämter war Marc Aurels späterer Schwiegersohn Pompeianus einmal Inhaber eines solchen Amtes, und zwar an der Via Aemilia von Ariminum nach Aquileia.[252]

Die Reparatur der Straßen bezahlten selten die Kaiser, oft örtliche Stifter oder die anliegenden Städte. Aus Inschriften der Zeit Marc Aurels ersehen wir, daß im Jahr 167 die Straße zwischen Sirmium und Aquincum ausgebessert wurde,[253] wichtig für die Verteidigung der Donaugrenze. Die Straße zwischen Beirut und Damaskus, die südlich am Antilibanon vorbeiführt, war durch das Geröll eines Bergstromes unpassierbar geworden. Sie wurde unter Marc Aurel und Lucius Verus durch Abarbeitung der Felsen wieder gangbar gemacht. Die Kosten trug die benachbarte Stadt Abila Lysaniae, der Legionslegat und sein Centurio überwachten die Arbeit.[254] Ganz ähnlich hatte ein Sturzbach die Straße von Turin und Aosta über den Kleinen Sankt Bernhard nach Vienne blockiert, sie mußte bei *Axima* – Aixme wieder geöffnet werden. Im Jahre 163 wurde sie mit privaten Mitteln wiederhergestellt, indem das Gewässer in sein altes Bett zurückgeleitet wurde, an mehreren Stätten Dämme gebaut und die Tempel und Thermen erneuert wurden.[255]

Nachdem Hadrian eine Staatspost eingerichtet hatte, einen *cursus fiscalis*,[256] der nicht mehr von den Provinzen, sondern vom Fiskus getragen wurde, finden wir unter Marc Aurel die ersten Inschriften für kaiserliche Postmeister, *praefecti vehiculorum*, zuständig für die Postkutschen.[257] Diese ritterlichen Präfekten überwachten jeweils einen Straßenbezirk, der in ihrem Titel benannt wird. Die Benutzung war auf Militärs, dienstreisende Beamte oder Beauftrage beschränkt, doch konnte der jeweilige Statthalter auch privaten Reisenden einen Freifahrschein, ein *diploma*, ausstellen. Marcus, noch als

Caesar, zitiert eine Stelle aus einer Rede Frontos vor Antoninus Pius, in der es um die Anreise eines Prozessierenden aus der Ferne nach Rom geht und gefragt wird, ob er den Weg zu Pferd oder *diplomatibus*, mit Freifahrschein für eine Postkutsche gemacht habe.[258]

o. Bürgerstiftungen und Bürgerpflichten

Zu allen Zeiten der Antike beruhte das Niveau des städtischen Lebens wesentlich auf den Spenden und Stiftungen patriotisch gesinnter Bürger. Marc Aurels Großtante, die schon erwähnte Matidia, gründete aus ihrem immensen Vermögen mehrere Stiftungen in Italien, darunter eine für den Unterhalt von Findelkindern und eine für die Einrichtung einer Bibliothek.[259] Zahlreiche Inschriften bezeugen Bürgerstiftungen für Ephesos. Prominent ist hier die reiche Familie der Vedii Antonini, deren Ahn zu den Freunden von Augustus gehörte. In der Zeit von Antoninus Pius bis Commodus finanzierten sie die Errichtung oder Verschönerung öffentlicher Bauten; dazu zählen unter anderem der altberühmte Artemistempel, das Odeum und ein prachtvolles Gymnasion mit einer Therme. Der zur Familie gehörige Sophist Titus Flavius Damianus[260] stiftete zudem im Sommer 166 eine erhebliche Menge Brotgetreide für die aus Syrien zurückkehrende Eskorte des Lucius Verus.[261] Aus Kleinasien ist hier auch der Literaturlehrer Marc Aurels, Alexandros von Kotyaeion, zu nennen, der als Wanderredner reich geworden war und seiner Heimatstadt solche Bauten gestiftet hat, daß er dort als Neugründer heroisiert wurde. Die dankbare Stadt versorgte seine Hinterbliebenen.[262]

Ein nordafrikanisches Beispiel für Bürgersinn bietet eine Bauinschrift aus Lepcis Magna.[263] Sie wurde im Jahr 174, datiert durch die Konsuln, Marc Aurel gewidmet, dem Sieger über die Armenier, Meder, Parther und Germanen, und stammt von einem Ehrenbogen, der finanziert wurde durch 120 000 Sesterzen aus dem Testament des Bürgers Avilius Castus und den gleichen Betrag aus dem Stadtsäckel. Der Bogen mit seinen Statuen – gewiß des Kaisers und seiner Familie – zierte die Stadt und wurde errichtet unter dem Prokonsul Gaius Septimius Severus und dem proprätorischen Legionslegaten Lucius Septimius Severus. Dieser ist der spätere Kaiser, der hier zum ersten

Mal genannt wird. Seine Familie stammt aus Lepcis. Ehrenbogen dieser Art sind häufig in den Provinzen, in Africa zumal.[264]

Sehr umfangreich in der Zeit Marc Aurels war die erwähnte Bautätigkeit des reichen Herodes Atticus nicht nur in Athen, sondern in Griechenland überhaupt und in Italien.[265] Vielfach wurden die Erwartungen an die Begüterten aber als Last empfunden. Ein Beispiel dafür liefert Aelius Aristides, der wohlhabende Redner.[266] In seinen ‹Heiligen Berichten›, den *Hieroi logoi*, schildert er ausführlich die diesbezüglichen Zumutungen und seine Bemühungen, von den kommunalen Pflichten befreit zu werden. Im Jahre 147 wurde Aristides zum «Asiarchen» gewählt. Das Amt war eine Würde und eine Bürde, denn der Provinzialpriester mußte die Wagenrennen und Gladiatorenkämpfe bezahlen. Gegen diese hohe Ehre legte er Berufung ein und bekleidete statt dessen das Priesteramt für Asklepios in dem Tempel, der am Hafen von Smyrna im Bau war. Doch sollte der Gott selbst das erst noch bestätigen.[267] O Wunder! Er tat es. Der fromme Aristides vernahm den Willen «des Gottes» im Traum.

Im Jahre 152, als Antoninus Pius Augustus und Marc Aurel Caesar war, sollte Aristides in seiner Heimatstadt Hadrianoi das Jahresamt des Friedenswächters, des Irenarchen übernehmen. Gemäß dem üblichen Verfahren hatte die Gemeinde dem Statthalter eine Liste mit den Namen der zehn führenden Männer zugestellt, aus denen dieser Aristides bestimmte. Die Irenarchen waren die Polizeipräfekten, die mit berittenen Polizeisoldaten für Ruhe und Ordnung zu sorgen, Diebe und Räuber aufzuspüren hatten.[268] Das war mit Kosten verbunden. Aristides wandte sich nach Rom, da Pius den Städten je nach Größe für drei oder vier Redner Immunität verliehen hatte, sofern sie unterrichteten.[269] Mit diesem Bescheid erreichte Aristides die Befreiung, wurde aber ermahnt, Schüler anzunehmen.

Als Bürger von Smyrna wurde Aristides auch dort in die Pflicht genommen. Man wählte ihn zum Prytanen, zum Bürgermeister, dem die Verwaltung und Versorgung der Stadt unterstand. Unter Aufbietung seiner ganzen Redekunst – er sprach «fünf Wasseruhren» lang – erreichte er 153 n. Chr. vom Statthalter die Freistellung. Nun wählte ihn die Stadt zum Steuereinnehmer, was Zeit kostete und den Ausgleich von Fehlbeträgen erforderte. Wieder mußte Aristides prozessieren, ehe er das Amt los wurde.[270] Abgesehen davon, daß

Aristides alle Schritte gemäß Traumanweisungen des Asklepios tat, beleuchtet sein Fall die Situation der Munizipalaristokratie unter den Antoninen.

p. Familienpolitik: Alimentarstiftungen

Kaiserliche Hilfsmaßnahmen gab es wie für die Kommunen so für Privatleute. Marc Aurels Familienpolitik galt vornehmlich der finanziellen Fürsorge. Das zeigen die Alimentarstiftungen. *Alimenta* sind zunächst einfach Nahrungsmittel, dann aber insbesondere die Kosten für den Unterhalt und die Erziehung von Kindern. Nachdem schon Kaiser Nerva im Jahre 97 für die Kinder bedürftiger Eltern in Italien, Mädchen und Knaben, Erziehungsbeihilfen gestiftet hatte,[271] die aus den Erträgen kaiserlicher Domänen bestritten wurden, hat Trajan das Institut auf die Provinzen ausgedehnt; Plinius minor errichtete eine solche Stiftung für seine Heimatstadt am Comer See.[272] Hadrian hat die Institution ausgebaut,[273] Münzen und Reliefs feiern das. Antoninus Pius erweiterte die Zuwendungen in Erinnerung an seine früh verstorbene Frau Faustina durch die Einrichtung von *puellae alimentariae Faustinianae.*[274] Eine ähnliche Schöpfung war dann die Luisenstiftung in Preußen, als im humanistischen Geiste Wilhelm von Humboldts nach dem frühen Tode der Königin von Preußen 1810 die ihrem Gedenken gewidmete Anstalt für die Ausbildung «zur Erziehung junger Mädchen aus gebildetem Stande» zu Gouvernanten gegründet wurde. Eine weitere Stiftung stattete die «Luisenbräute» aus, die am Todestag der Königin – in Schwarz! – heirateten.[275]

Marc Aurel hat diese Stiftungen fortgeführt und erweitert. Anläßlich der Hochzeit seiner Tochter Lucilla mit Lucius Verus 164 hat er Mittel bereitgestellt, aus denen «Knaben und Mädchen unter neuen Namen» Zuwendungen erhalten sollten. Sie hießen dann vielleicht *puellae Lucillianae* und *pueri Veriniani.* Nach dem Tode seiner Frau Faustina 176 hat Marcus zu ihren Ehren nochmals *puellae Faustinianae* eingerichtet.[276] Zwei Reliefs in der Villa Albani zu Rom zeigen die Zuteilung an je dreizehn Mädchen.[277] Summarisch vermerkt die Vita: *de alimentis publicis multa prudenter invenit* – Zur Versorgung der Allgemeinheit hat er vieles klug eingerichtet.[278] Die

Abb. 27: Marcus der Kinderfreund im Barbarenland.
Relief der Marcussäule, Szene CIV.

Verteilung des Geldes erfolgte innerhalb von Alimentarbezirken, denen *curatores regionum* – Regionsaufseher – vorstanden. Sie waren zugleich als *curatores viarum* für den Zustand der Straßen verantwortlich.[279] Der nachmalige Kaiser Didius Julianus bekleidete unter Marc Aurel zeitweilig eine *cura alimentorum*, die Aufsicht über die Versorgung mit Lebensmitteln.[280] Es gibt Marcus gewidmete Inschriften der alimentierten Knaben und Mädchen.[281] Die Zuwendungen waren gestaffelt. Knaben erhielten monatlich 16, Mädchen 12 Sesterzen, unehelich geborene je 12 und 10.[282] Später soll Alexander Severus, der Bewunderer Marc Aurels, nach dem Tode seiner Mutter Julia Mammaea Geld für *puellae Mammaeanae* gestiftet haben.[283] Zu Recht spricht Mommsen von einer «großartigen» Institution.[284]

q. Die Stiftung von Sicca

So wie unter Trajan Plinius eine Alimentarstiftung für seine Geburtsstadt Como auflegte, geschah das auch in anderen Städten unter anderen Kaisern. Aus der Kolonie Sicca Veneria in Africa Proconsularis, heute El Kef in Tunesien, stammt eine lange diesbezügliche Inschrift.[285] Der Rat der Stadt dankt dem *procurator a rationibus*, einem Finanzbeamten der Kaiser Marc Aurel und Lucius Verus, der schon als Divus bezeichnet wird, vermutlich mit einer verlorenen Statue für seine Verdienste, *ob merita eius*, und zitiert einen Brief des Geehrten an seine «lieben Mitbürger». Genannt wird ein beträchtliches Stiftungskapital aus den an die Bürger verpachteten Liegenschaften des Stifters, von dessen Zinsen alljährlich dreihundert Knaben im Alter von drei bis fünfzehn Jahren und zweihundert Mädchen im Alter von drei bis dreizehn Jahren unterstützt werden sollten. Die Knaben erhalten monatlich zweieinhalb Denare, die Mädchen zwei. Auszuwählen seien junge Bürger und Bürgerinnen, die in der Stadt wohnen. Die jährlichen an der Spitze der Stadt stehenden beiden *Duumviri* sollen die Auswahl treffen und die Auszahlung überwachen. Wenn einzelne Begünstigte die Altersgrenze im Laufe der Zuwendungszeit überschreiten oder sterben, sollen sie ersetzt werden, damit die Zahl der Alimentierten immer voll bleibt.

r. Erbrecht und Vormundschaft

Marc Aurels Familienpolitik galt weiterhin dem Ehe- und Erbrecht. In seiner Schrift über den Ehebruch, in der Augustinus das Wort Jesu über die Scheidung wegen Hurerei auslegt, zitiert der Kirchenvater ein Protokollfragment aus dem Codex Gregorianus, angesichts dessen er den Kaiser «Antoninus» dafür lobt, daß er, obschon er kein Christ gewesen sei, Männer und Frauen gleichermaßen zur Keuschheit, zur *pudicitia*, verpflichtet habe. Wer hier unter Berufung auf die *iura forensia*, also das geltende Recht, den Männern weniger Einschränkungen auferlegt als den Frauen, der lese, was Marc Aurel über die Scheidung verfügte. Er sagte, kein Mann könne von seiner Frau Keuschheit verlangen, die er nicht auch selber wahrt; seine Sittsamkeit sei vielmehr Vorbild für die seiner Frau.[286]

Mit Erbschaftsprozessen war Marc Aurel schon als Caesar in Berührung gekommen. Eine Partei hatte in einem Streitfall bei Antoninus Pius Berufung eingelegt, war aber aus der Provinz nicht fristgerecht bei Hofe erschienen. Fronto hielt ein Plädoyer, aus dem Marcus längere Passagen zitierte. Er zollte ihnen Bewunderung für den rhetorischen Glanz ohne Äußerung zum Inhalt.[287] Als Kaiser hatte er dann einen Fall in eigener Sache zu entscheiden. Um 162 war die jüngere Matidia, die Halbschwester seiner Großmutter väterlicherseits, gestorben, eine Dame von ungeheurem Reichtum.[288] In Italien besaß sie Ziegeleien und mehrere Häuser und Liegenschaften, ebenso in Mauretanien und in der Provinz Asia. Berühmt war die Perlenkette der Matidia.[289] Das Testament enthielt eine Anzahl von Nachträgen, die auf das in der Kaiserzeit verbreitete Übel der *heredipetae*, der Erbschleicher verweisen. Die Gültigkeit dieser Legate war umstritten, zumal sie das gesetzliche Viertel, den Pflichtteil für die Familie, schmälerten. Die Kette war den Töchtern Marc Aurels zugedacht. Marcus mußte sich entscheiden, ob er, wie Fronto ihm riet, seine Ansprüche geltend machen sollte, doch kennen wir den Ausgang nicht.[290]

Auf testamentarische Zuwendungen seitens Privater verzichtete Marcus großmütig zugunsten von deren Erben.[291] Dem Schutz von elternlosen Kindern diente die Bestellung eines *praetor tutelarius*. Immer wieder kam es vor, daß die Vormünder von Waisen aus wohlhabenden Familien das Vermögen ihrer Schützlinge veruntreuten und so ihre *tutela*, ihre Schutzpflicht verletzten. Dies hatte nun der neugeschaffene Amtsträger zu überwachen.[292] Aus den Bestimmungen, in welchen Fällen die Übernahme einer Vormundschaft abgelehnt werden konnte, ersehen wir, daß diese zu finden schwierig war, daher zugewiesen wurde und mit Geld- und Zeitaufwand verbunden war.[293]

In Härtefällen wurden die Kinder aus illegitimen Verbindungen legitimiert und damit erbfähig.[294] Die Anfechtung von Testamenten wurde erschwert. So sicherte Marcus nach strittiger Beratung im Consistorium dem Enkel eines Freigelassenen das Erbe, obwohl jener wegen eines Kapitalverbrechens angeklagt war, was ihn nach einer Verurteilung die Erbfähigkeit gekostet hätte.[295] Wichtiger als der Wortlaut eines Testaments war für Marcus die Absicht des Erblassers. Die geschiedene Frau eines griechischen Senators hatte ihren Söhnen ein Vermögen hinterlassen, sobald sie durch den Tod ihres Vaters rechtsfähig geworden seien. Nun hatte dieser die Söhne schon zu Lebzeiten aus seiner Gewalt entlassen, und die Söhne beanspruchten das Erbe. Marcus war kinderfreundlich und sprach es ihnen zu, weil er davon ausging, daß die Frau geglaubt hatte, erst mit dem Tode des Vaters würden die Söhne aus der *patria potestas* befreit.[296]

Im Jahre 178 erging das *Senatus consultum Orfitianum.*[297] Dieser nach einem der beiden Konsuln benannte Senatsbeschluß stammt inhaltlich aus der kaiserlichen Kanzlei und bestimmt, daß die intestate Erbschaft einer Mutter ihren mündigen oder unmündigen Kindern zukommt und nicht mehr ihren eigenen väterlichen Verwandten. Das galt ebenfalls für uneheliche Kinder und lag im Interesse der Mütter. Ulpian schreibt in seinem Referat des Gesetzes, unserer Quelle: *ad filios*; Marcus meint aber nicht allein die Söhne, sondern auch die Töchter, denn laut Salvius Julianus, dem um 170 gestorbenen Starjuristen Marc Aurels, umfaßt in Rechtstexten das männliche auch das weibliche Geschlecht: *semper sexus masculinus etiam femininum sexum continet.*[298] Diese Regelung ersparte den Juristen die ausdrückliche Berücksichtigung des weiblichen Geschlechts in der Wortwahl, neudeutsch das *Gendern.* Was zum Beispiel für den Erben bestimmt wird, gilt ebenso für die Erbin usw. Zugleich sichert Marcus den Pflichtteil für Kinder, die im Testament übergangen wurden. Auch ihnen ordnet er ein Viertel des elterlichen Nachlasses zu. Damit milderte er ein Gesetz des Zwölftafelrechts von 450 v. Chr.[299]

Erbrechtlich wurden die Veteranen der Prätorianer begünstigt. Nachdem Antoninus Pius einzelnen bei der Verabschiedung durch Militärdiplom das *conubium* verliehen hatte, also das rechtskräftige Eherecht mit einer Nichtrömerin, hat Marcus auf diesem Wege Kindern solcher Veteranen aus der Verbindung mit Frauen aus der Provinz das römische Bürgerrecht gewährt. Um den heiratswilligen Entlassenen die Frauensuche zu erleichtern, wurde dem jeweiligen künftigen Schwiegervater, der die Ehe bewilligen mußte, dieselbe Rechtsstellung zugesichert, wie wenn die erwarteten Enkel nicht von seiner Tochter, sondern von seinem Sohn stammten. Es ging um die leidige Vormundschaftspflicht.[300]

5. Provinzialverwaltung

In der Provinzialverwaltung bewies Marcus, wie es heißt, außerordentliche Güte und Mäßigung.[301] Mehrfach mußte er kriegsbedingt, *pro belli necessitate*, die Kommandobereiche umstrukturieren,[302] indem er Prokonsuln, das heißt senatorisch-zivile Statthalter, durch kaiserlich-militärische Legaten ersetzte und mit Truppen ausstattete, so in der südspanischen Baetica, oder in Spannungsgebieten prätorische Legaten zu konsularen mit erhöhter Befehlsgewalt aufwertete, so in den mauretanischen Provinzen.[303] Zeitbedingt und doch zukunftweisend war die Einrichtung von provinzübergreifenden Zentralkommandos, so in der *praetentura Italiae et Alpium*[304] an der oberen Donau gegen die Markomannen, unter Avidius Cassius in Syrien gegen die Parther[305], unter Claudius Fronto in *Moesia superior* und *Dacia* gegen die Jazygen[306], unter den Quintiliern an der illyrischen Donau gegen die Quaden und unter Pertinax erst in den beiden Moesien und dann in den drei dakischen Provinzen gegen Roxolanen und Kostoboken[307]. Das weist voraus auf die regionalen Heermeister der Spätantike, die vier *magistri militum per Gallias, per Illyricum, per Thracias* und *per Orientem.*

Die Einrichtung von Zentralkommandos war militärisch sinnvoll, politisch indes nicht unproblematisch. Das konnte zur Bildung von Hausmacht verführen, zumal wenn der Legat in seinem Bezirk beheimatet war. Nach der Erhebung des Cassius verfügte Marcus, daß niemand Statthalter werden dürfe in der Provinz, aus der er stammt.[308] Schon zuvor durften Fiskalprokuratoren, kaiserliche Vermögensverwalter, in ihrer Heimatprovinz nicht amtieren, um Begünstigung zu vermeiden.[309] Der Vorwurf, Marcus habe die Verwalter in die Provinzen geschickt, um sich zu bereichern, steht in einem gefälschten Brief des Usurpators Cassius.[310]

Italien war unter dem Prinzipat keine Provinz und hatte keine Statthalter. Daher kamen alle Probleme, die von den Städten allein nicht gelöst werden konnten, direkt vor den Kaiser. Da Hadrian ständig auf Reisen war, hatte er dafür vier *iuridici*, Rechtspfleger konsularen Ranges, bestellt, die ihn vertraten. Einer von ihnen war der spätere Kaiser Antoninus Pius.[311] Nachdem dieser, ständig in Rom, das Amt wieder abgeschafft hatte, griffen Marcus und Lucius Verus erneut auf die hadrianische Lösung zurück und bestellten wiederum Amtsträger in dieser Funktion. Italien verlor nach und nach seine Sonderstellung im Reich, bis diese durch Diocletian (284 bis 305) dann beseitigt wurde. Hadrian hatte in der Hof- und Reichsverwaltung Angehörige des *ordo equester* an der Stelle von Freigelassenen bestellt. Da diese aber fachlich versierter waren, ernannte Marcus nun solche als beigeordnete Kollegen der Herren Ritter und trug damit zur Aufblähung der Bürokratie bei, die in der Verwaltungsreform Diocletians einen weiteren Schub erfuhr.

t. Das Gladiatoren-Edikt

Finanzielle Probleme gab es im Zusammenhang mit den jährlichen Provinziallandtagen.[312] Neben den Obliegenheiten des Kaiserkultes besaßen die dort versammelten Abgeordneten der Städte das Recht, Gesuche und Beschwerden aller Art, auch über den Statthalter, direkt an den Kaiser zu schicken. Von Polyaen aus Makedonien, dem Verfasser der *Strategika*, gibt es Fragmente einer Rede zugunsten einer Eingabe des makedonischen Provinzialkonzils an Marc Aurel bezüglich einer ergangenen Verwaltungsmaßnahme, deren Auswirkungen befürchtet wurden. Der Inhalt der Maßnahme ist unbekannt, der Erfolg der Rede anzunehmen.[313] Vermutlich ging es um eine finanzielle Belastung.

Der Provinziallandtag der *Tres Galliae* tagte jährlich am 1. August am Kaiseraltar der Provinzhauptstadt *Lugdunum* – Lyon. Hier stand der Provinzialpriester für 177 wegen der hohen Kosten für die Ausrichtung von Spielen vor dem Ruin. Er wandte sich an Marc Aurel und erwirkte einen Senatsbeschluß zugunsten der finanziell überforderten Provinzialaristokratie, das inschriftlich erhaltene Gladiatorenedikt.[314] Es fand sich auf einem Marmorfragment in Sardes und auf einer Bronzetafel aus Italica in der Baetica. Nachdem schon Tiberius und Pius die Kosten für den Auftritt von Gladiatoren begrenzt hatten,[315] setzte Marcus wiederum Höchstpreise fest, die von den Gladiatorenhändlern oder Fechtmeistern (*lanistae*) den Spielgebern (*editores*), hier den Provinzialpriestern, für die einzelnen Fechter – nach Kategorien unterschieden – in Rechnung gestellt werden durften. Zugleich verzichtete Marcus auf die Steuer, die auf den Einnahmen der Gladiatorenhändler lag, um die Staatseinnahmen nicht mit Menschenblut zu beflecken. Die Preisbeschränkung betraf ebenso die kaiserlichen Procuratoren, die den Spielgebern zum Tode verurteilte Verbrecher für die Arena verkauften. Das kam dem Fiskus zugute.[316] Daß der auch mit christlichen Todeskandidaten derartige

Geschäfte machte, ist vermutet worden.[317] Marc Aurels persönlicher Widerwillen gegen die Arena ist schon für seine Jugendjahre belegt.[318]

Die Gladiatur als Todesstrafe *coram publico* enthielt die schwache Möglichkeit der Begnadigung bei tapferer Gegenwehr. In solchen Fällen gab es spontane Sprechchöre im Publikum. Solche *acclamationes* sind bis in die Spätantike bei verschiedensten Gelegenheiten bezeugt.[319] Die Hinrichtung in der Arena wurde nicht abgeschafft, aber immerhin freigestellt. Marc Aurel und Lucius Verus gewährten den zum Tode Verurteilten die *libera mortis facultas.* Sie durften wählen zwischen Schwert, Beil und Geschoß, zwischen Schlinge, Gift, Prügel (!) und «Sonstigem».[320]

u. Finanzpolitik

Der Standardvorwurf gegen die römischen Kaiser betrifft ihre Finanzpolitik. Man beklagt überhöhte Steuerforderungen und verschwenderische Ausgaben der Staatseinnahmen, von denen zwei Drittel auf das Militär entfielen. Marcus hat eine solche Kritik nicht verdient und nicht erfahren. Die Vita rühmt seine Sorgfalt bei den staatlichen Ausgaben und sein Einschreiten gegen die Quadruplatoren, gegen Denunzianten, denen ein Viertel der Strafsumme zustand, wenn ein von ihnen angezeigter Steuersünder eine Nachzahlung leisten mußte.[321] Das galt ebenso für konfisziertes Vermögen von anderen Straffälligen. Marcus folgte darin dem Vorbild seines kaiserlichen Vaters.[322] Auf ihn beriefen sich Marcus und Lucius auch, als sie der Gemeinde von Delphi die goldenen Kränze zurückgaben, mit denen sie 164 zur Hochzeit des Lucius Verus gratuliert hatte. Sogar die Reisekosten wurden den Boten erstattet.[323] Mit dem Kranzgold, dem *aurum coronarium*, bezeugten die Städte den Kaisern zu besonderen Gelegenheiten ihren Respekt.[324]

Die *curatores viarum*, die Straßenaufseher, ermächtigte Marcus, Steuererheber, die von den Bauern der Domänen zusätzliche Abgaben verlangten, zu strafen oder in Italien dem Stadtpräfekten zu überstellen.[325] Das Problem zeigt sich in einer Inschrift aus Africa Proconsularis. Die Bauern der Domäne *Saltus Burunitanus* wurden von dem Großpächter überfordert. Eine erste Klage bei Marc Aurel oder Commodus drang nicht durch. Sie versuchten es abermals bei Commodus, der ihnen Recht gab und die seit Hadrian festgelegten tragbaren Lasten wieder bestätigte.[326]

Anzeigen zugunsten des Fiskus nahm Marcus nicht entgegen, falsche Ankläger belegte er gemäß dem Gesetz[327] mit Infamie. In Prozessen, bei denen es um Geld ging, ließ er das Interesse der Staatskasse aus dem Spiel.[328] Das ersehen wir auch aus seinem Gladiatorenedikt.[329] Die Finanzen der drei kaiserlichen Provinzen Galliens bedurften indes einmal einer Inspektion, zu der Marcus den Legaten Vettius Saturninus entsandte.[330] Tüchtige Männer erhielten Zuwendungen. In Notlagen ermäßigte oder erließ er die direkten und indirekten Steuern, *tributa et vectigalia*. Zum Jahr 178 wird vermerkt, Marcus habe die Schuldscheine der Provinzialen der letzten dreimal 15 Jahre[331] dreißig Tage lang auf dem Forum Romanum verbrennen lassen, sowohl die Rückstände beim kaiserlichen Fiskus als auch die beim senatorischen Aerarium,[332] so wie es schon 118 unter Hadrian geschah.[333] Ein Steuernachlaß in der Provinz Dakien ist inschriftlich zum Jahr 161 bezeugt.[334]

Bei den Spenden, den *largitiones*, ans Volk *congiaria* und ans Heer *donativa*, verfuhr er unterschiedlich. Grundsätzlich war er sparsam, verweigerte sogar bisweilen als unberechtigt empfundene Forderungen der Soldaten – sehr sozial – im Hinblick auf die Steuerzahler.[335] Bei besonderen Gelegenheiten jedoch erwies er sich ungewohnt großzügig, so im Jahre 161 bei seinem und seines Bruders Regierungsantritt. Damals erhielten die Prätorianer von Lucius je 5000 Denare, also 20 000 Sesterzen, von Marcus 3000 beziehungsweise 12 000 Sesterzen, die übrigen *pro rata* entsprechend weniger.[336] Natürlich wurde das Geld nicht an Ort und Stelle ausgezahlt; verteilt wurden vielmehr Bronzemarken, *tesserae*, als Gutscheine. Zu den Vergünstigungen gehörten stets aufwendige Spiele,[337] die auch während der Abwesenheit des Kaisers in Rom stattfanden. Freigiebigkeit zählte zu den Herrschertugenden, sieben Münzemissionen, numeriert ab der dritten, verkünden die LIBERALITAS AUGUSTI.[338] Die spektakuläre Versteigerung der Kronjuwelen 169[339] diente wohl weniger der Aufbesserung der Militärkasse als der Demonstration seiner Großmut. Diesen Zweck verfolgte ebenso die rätselhafte Tempelgründung Marc Aurels auf dem Kapitol für die vergöttlichte Euergesia, die Wohltätigkeit.[340]

v. Aufwandsgesetz und Bankenkontrolle

Neben den staatlichen Einnahmen und Ausgaben beschäftigte auch das private Finanzgebaren den Kaiser. Im Gegensatz zur gesamten Tradition der römischen Gesetzgebung, aber im Einklang mit seiner liberalen Haltung, lockerte er die Aufwandsbeschränkungen bei den Staats- und Familienfesten der reichen Oberschicht. Das war neu. Der Kampf gegen den Luxus begann ja schon im Zwölftafelgesetz von 450 v. Chr. mit der Regelung des Bestattungswesens,[341] gefolgt von der undurchführbaren Beschränkung des Goldschmucks der Frauen 215 v. Chr. [342] Die späteren Bestimmungen begrenzten die Kosten der Gastmähler, penibel in Geldwert aufgeschlüsselt durch Sulla und Augustus, wie Gellius bezeugt.[343] Noch Hadrian beschränkte den Luxus durch Wiederholung der alten *leges sumptuariae*.[344] Nun aber gestattete Marcus den Prominenten, den *clariores viri*, denselben Aufwand, der am Kaiserhof üblich war.[345] Oder lag darin eine Prise Ironie angesichts der am Hofe eingekehrten Bescheidenheit?

Kontrolle erforderte das Bankwesen. Das ergibt sich aus Marc Aurels Bestimmungen über die *mensarii* und die *auctiones*.[346] Die Tische, *mensae*, der auch *argentarii* oder *nummularii* genannten Geldwechsler kennen wir aus dem Tempelvorhof in Jerusalem, wo Jesus sie umwarf.[347] Wechslertische sah ich in Bagdad noch 1964 reihenweise neben der Staatsbank, sie boten günstigere Kurse. Im kaiserzeitlichen Rom standen sie zunächst auf der Südseite des Forums, später auch an anderen Plätzen. Bei den Wechslern erhielt man Kleingeld und Reichsmünzen für Provinzialprägungen. Die Anlage von Depots erlaubte bargeldlosen Zahlungsverkehr durch *perscriptio*, Bankanweisung.

Eine große Rolle im Bankverkehr spielten die Darlehen und die Versteigerung des Besitzes von zahlungsunfähigen Schuldnern zugunsten der Gläubiger. Unter Tiberius gab es im Jahre 33 – wieder einmal – einen Aufstand gegen die Wucherer; der Senat mußte eingreifen, der Kaiser verordnete einen Aufschub der Rückforderungen. Da die Gläubiger zu gleicher Zeit die Darlehen kündigten, kam es zu einer Geldknappheit, der Immobilienmarkt brach zusammen und Tiberius mußte mit hundert Millionen Sesterzen aushelfen.[348] Die Bändigung des Wuchers dürfte auch der Zweck der Bankaufsicht Marc Aurels gewesen sein.

Die Münzen mußten nach Gehalt und Gewicht – Schrot und Korn – von den *nummularii* geprüft werden. Dazu dienten Auge, Hand, Nase und Ohr – für Epiktet[349] ein Vorbild, wie der Philosoph seine Eindrücke kontrollieren solle.[350] Weitgehende Folgerungen wurden in der Forschung aus der Verminderung des Silbergehalts in den unter Marc Aurel geprägten Denaren gezogen. Mommsen sprach von einer «Münzkalamität» unter Marc Aurel.[351] Die Denare enthalten etwa fünf Prozent weniger Edelmetall als unter Antoninus Pius. Das wurde als Beginn der Geldentwertung, ja als Anfang der Wirtschaftskrise des 3. Jahrhunderts gedeutet.

Tatsächlich hängt aber der Geldwert nicht vom Silbergehalt ab, sondern von der umlaufenden Geldmenge. Angesichts der schrumpfenden Ausbeute der Silbergruben Spaniens – die einzige ergiebige Fundstätte[352] – ließ sich durch die Reduktion des Silbergehalts die jährliche Ergänzung der Geldmenge aufrechterhalten. Die Quellen belegen keine Preissteigerung, die Parität zu den Gold- und Bronzemünzen blieb gleich, so daß eine finanzielle Krise nicht zu erkennen ist.[353] Das Problem der Zeit war nicht die monetäre, sondern die militärische Situation, die mit Geld nicht zu meistern war.

w. Bürgerrecht für Banasa

Ein altes Thema war die Ausweitung des erblichen römischen Bürgerrechts. Das begann mit der Aufnahme der sabinischen Claudier im 6. Jahrhundert v. Chr. Um den Zusammenhalt der im Reich vereinten Völker zu festigen, haben die Kaiser verdienten Provinzialen die *civitas Romana* verliehen, die ihnen Zugang zu den Ämtern im Staatsdienst eröffnete und ursprünglich außerdem zur Befreiung von der Erbschaftssteuer verhalf. Aus praktischen Gründen wurde Lateinkenntnis vorausgesetzt, die bei Anwärtern aus dem griechischen Osten nicht selbstverständlich war. Die Verleihung erfolgte an Einzelne oder an Gruppen, so im Jahr 48 durch Claudius an die Gallier.[354] Sklaven von Bürgern erhielten die *civitas Romana* bei der Freilassung, Auxiliarsoldaten beim Dienstaustritt durch Militärdiplom.[355] Germanische Fürstensöhne im Heer wurden auch zuvor schon bedacht, so Arminius unter Augustus.

Bürgerrechtsverleihungen Marc Aurels kennen wir zudem durch die große Bronzetafel aus Banasa in der Mauretania Tingitana[356] im heutigen Marokko. Die Stadt war eine von Augustus gegründete Bürgerkolonie *Colonia Julia Valentia Banasa*, unter Marc Aurel *Colonia Aurelia Banasa.*[357] Die Tafel enthält drei Texte aus der Zeit Marc Aurels, die zeigen, wie die Einbürgerung von fremden Stämmen verlief. Der erste Text ist eine Antwort von Marc Aurel und Lucius Verus an den um 168 n. Chr. in *Tingis* – Tanger amtierenden Procurator der Provinz, der das beigefügte Gesuch eines Julianus aus dem Stamm der Zegrenser um das Bürgerrecht unterstützte. Die Kaiser betonen, dies werde nur für außerordentliche Verdienste (*maxima merita*) verliehen, sei aber dem Stammesoberen (*primor popularium*) Julian, seiner Frau und den drei Kindern gewährt. Die Zegrenses waren offenbar in der Nachbarschaft der römischen *Colonia Banasa* ansässig.

Der zweite Text ist ebenfalls ein Brief, den Marc Aurel nun mit Commodus etwa im Mai 177 an den übernächsten Statthalter sandte, an Vallius Maximianus, der kurz zuvor die Mauren aus Spanien vertrieben hatte.[358] Dessen Vorgänger hatte wiederum das Bürgerrechtsgesuch eines *princeps gentis* der Zegrenser mit einer Empfehlung an den Hof gesandt. Die Kaiser bewilligen das für den *princeps*, seine Frau und die vier Kinder, bitten aber um die Angabe von deren Alter. Es geht wohl um die Steuerpflicht. In dem dritten Brief vom 6. Juli 177 bestätigen die beiden Kaiser das Gesuch gemäß der erneuten Fürsprache des Procurators mit den Unterschriften von zwölf hochgestellten Zeugen. Daraus erfahren wir, daß der zweite Bittsteller ebenfalls Julianus hieß, vermutlich der Sohn des Julianus aus dem ersten Brief, nun aber mit dem kaiserlichen Gentilnamen Aurelius Julianus. Aus den Altersangaben ergibt sich, daß seine Frau das erste ihrer vier Kinder mit vierzehn Jahren geboren hat. Die Frauen der beiden Juliani, Ziddina und Faggura, tragen noch einheimische Namen, die Kinder, auch die Töchter schon römische. Alle sind aber nach wie vor steuerpflichtig, sie müssen *tributa* an das *aearium populi Romani* und *vectigalia* an den *fiscus* des Kaisers leisten. Sie sind somit Reichsangehörige.

Die Verleihung der *civitas Romana* erfolgte *salvo iure gentis*, ohne Änderung der Stammesrechte. Das damit festgestellte doppelte Bürgerrecht war seit Augustus eine Neuerung. Noch Cicero[359] hatte erklärt, niemand könne Bürger zweier *civitates* sein. Angesichts der Bürgerpflichten in einer *polis* war das selbstverständlich, und blieb es, solange das Reich als Verbund von *civitates* verstanden wurde, deren jede das *ius belli* beanspruchte. Mit Augustus aber gewann das Imperium den Charakter eines Dachverbandes mit abgestuften Zugehörigkeitskriterien. Das römische Bürgerrecht wurde in Form von Privilegien auf die bestehende lokale Rechtsstellung aufgesattelt. Das heißt in diesem Zusammenhang, daß für die Juliani weiterhin ihre Rechte und Pflichten innerhalb der *gens Zegrensium* gültig bleiben. In Athen war das unklar. Behielt, wer dort römischer Bürger geworden war, den Zugang zu den städtischen Ämtern und den familiengebundenen Priesterschaften? Dies mußte Marc Aurel in einem Brief an die stadtstaatlich denkenden Athener klären.[360] Ein Mann wie Herodes Atticus blieb Bürger von Athen auch als *civis Romanus*.

x. Die Ideologie des Adoptivkaisertums

Ein zentrales Problem der kaiserzeitlichen Innenpolitik war die Nachfolge in der Herrschaft. Sie beruhte auf der Anerkennung durch das Bürgerheer, die Legionen. Das Militär dachte dynastisch und sah im Sohn des verstorbenen Kaisers dessen legitimen Nachfolger. Die Vererbung der Herrschaft ist eine Kulturkonstante, die sich in China und Japan, bei den Azteken und Inka findet, und so seit Homer (Ilias II 100, 186) eine Selbstverständlichkeit war.[361] Das galt gemäß der Königsfolge im Alten Testament noch für die Kirchenväter. Athenagoras von Athen sprach von gerechter Erbfolge im Herrscheramt,[362] der Afrikaner Lactanz von einem Erbrecht (*ius hereditatis*) und Euseb von Caesarea von einem Naturgesetz (*thesmos tēs physeōs*).[363]

Ein vollwertiger Ersatz für den natürlichen Sohn war der adoptierte. Schon in der Republik spielt die Adoption in der Familienpolitik eine bedeutsame Rolle,[364] wobei indes nicht Kinder adoptiert wurden, sondern junge Männer, die bereits gezeigt hatten, was von ihnen zu erwarten war. Gefordert wurde, daß der Adoptivvater kinderlos und älter war als der Adoptivsohn, denn die Adoption galt als eine Imitation der Natur. Die Freistellung des zu Adoptierenden durch dessen Vater erfolgte mittels eines dreimaligen Scheinverkaufs des Sohnes in die Sklaverei.[365] Beteiligt waren Praetor, Priester und Volksversammlung. Das vereinfachte Caesar. Er adoptierte durch Testament seinen Großneffen Gaius Octavius, der nach seinem Namenswechsel zu Gaius Julius Caesar beim Heer als legitimer Erbe des Dictators galt und seit 27 v. Chr. Augustus hieß. Das Erbgut umfaßte außer dem Namen und dem Vermögen des Erblassers auch dessen Klientel. Bis zu Nero war die Familienzugehörigkeit die Basis der Kaisermacht. Galba suchte im Januar 69 durch die Adoption des Calpurnius Piso seine Nachfolge zu sichern.[366] Der Feldherr Mucianus überließ seinem Kollegen Vespasian die Herrschaft, weil dieser zwei Söhne hatte, die späteren Kaiser Titus und Domitian.[367]

Nerva eröffnete die Reihe der Adoptivkaiser, indem er, altersschwach und kinderlos, im Jahre 97 den mächtigen General Trajan adoptierte. Cassius Dio vermerkt, daß Nerva seine Verwandten überging und sich bewußt für den fähigsten Mann entschied.[368] Der aber stand an der Spitze von drei Legionen nördlich des Großen Sankt Bernhard. Unter Trajan formulierte Tacitus die Ideologie des Adoptivkaisertums in der Rede, die er Galba in den Mund legte, als dieser im Januar 69 Piso adoptierte. Bei der Wahl dürfe Verwandtschaft keine Rolle spielen, allein Tüchtigkeit habe zu gelten, und darin bestehe ein Ersatz für die republikanische Freiheit, der ja Senatoren nachtrauerten.[369] Die freie Adoption wurde ebenso von Plinius, dem Lobredner Trajans, als Prinzip gepriesen: «Wer über alle herrscht, solle aus allen ausgewählt werden.» *Imperaturus omnibus eligi debet ex omnibus.*[370] Am Ende seiner Rede widerruft Plinius seine Forderung, indem er Juppiter anfleht, Trajan doch noch einen Sohn zu schenken; der möge einem adoptierten gleich erzogen werden. Die freie Auswahl erübrigt sich dann. Plinius macht aus dem Mangel eine Tugend.

Als Nachfolger Trajans war Hadrian, der Sohn seines Vetters, vorgesehen, der zudem eine Enkelin der Schwester Trajans zur Frau hatte, doch beruhte seine «Adoption» auf der Aussage des sterbenden Trajan zu seiner Frau Plotina, von ihr dem Senat mitgeteilt.[371] Die Propaganda Hadrians verbreitete das. Als dieser, wiederum ohne eigenen Sohn, seine Nachfolge regelte, verkündete auch er in seiner von Dio formulierten Rede, Verwandtschaft dürfe bei der Adoption des Nachfolgers keine Rolle spielen,[372] und hielt sich nicht daran.[373]

Er adoptierte den Ehemann einer Tochter von Sabinas Halbschwester, Antoninus Pius, den Onkel Marc Aurels. Die von Tacitus, Plinius und Dio vertretene, ja von hellenistischer bis in byzantinische Zeit erhobene Forderung der freien Auswahl des Besten ist somit ein Wunschtraum, bestimmend blieb die Verwandtschaft. An ihr orientierten sich dann Hadrian und Antoninus Pius bei ihren nachfolgepolitischen Adoptionen.[374]

γ. Commodus oder Pompeianus?

Da seit Vespasian, nach sieben Herrschern ohne natürlichen Erben, Marc Aurel der erste Kaiser war, der wieder einen regierungsfähigen Sohn hatte, war es unvermeidlich, daß dieser für die Nachfolge vorgesehen wurde. Schon bevor Commodus sie angetreten hatte, prunkte er mit seiner «Ahnenreihe», seiner «Abstammung» von fünf Kaisern: als Sohn von Marcus, Enkel von Pius, Urenkel von Hadrian, Ururenkel von Trajan und Urururenkel von Nerva, so auf der Regensburger Inschrift von 179 und später auf seinen Meilensteinen, und noch seine Grabinschrift nennt sie.[375] Die seinem Vater treuen Legionen hätten den Sohn gegen jeden Konkurrenten verteidigt, auch wenn dies Pompeianus gewesen wäre, der zwar Schwiegersohn Marc Aurels war, aber als *homo novus* aus dem Ritterstand stammte, der noch nie einen Kaiser gestellt hatte. Marcus hatte ihm die Rolle als Mentor des Commodus zugedacht, doch ließ dieser sich nichts sagen. Von den übrigen vier Schwiegersöhnen Marc Aurels hätte Quintillus als Mann der Fadilla und durch Adoption Neffe des Lucius Verus die standesgemäße Voraussetzung erfüllt, aber er war kein Militär.[376] Die Anwartschaft des Commodus war so gesichert, daß jede Designierung eines anderen Nachfolgers zum Bürgerkrieg geführt hätte, und das hätte auf dem Schlachtfeld mehr Opfer gekostet als dann die Tyrannei von Commodus unter der Prominenz in Rom. Welche Werbewirkung der Name Antoninus hatte, zeigt sich an Kaisern bis ins 4. Jahrhundert.[377]

Marcus konnte nicht voraussehen, wie sich sein Sohn als Alleinherrscher entwickeln würde. Wenn es heißt, Marcus habe gewünscht, daß Commodus stürbe, damit er kein zweiter Caligula, Nero oder Domitian würde,[378] so dürfte die Aussage ursprünglich gelautet haben: Es wäre besser, daß Commodus stürbe, falls er dereinst wie die genannten drei Unkaiser regierte. Die *Historia Augusta* freilich sieht schon in dem Knaben das Scheusal, widerwärtig, pervers und brutal. Als Zwölfjähriger habe er in Centumcellae befohlen, einen Bademeister in den Ofen zu werfen, weil das Badewasser nur lauwarm war. Sein Pädagoge aber habe nur ein Hammelfell verbrannt und den Prinzen durch den Gestank getäuscht.[379] Der besonnene Cassius Dio dagegen nennt den Knaben «nicht boshaft», sondern *akakos* – «harmlos», aber verführbar.[380]

Für Marcus gab es keinen Zweifel, daß Commodus *capax imperii*, also regierungsfähig sei. Kein römischer Kaiser hat je darauf verzichtet, seinem Sohn die Nachfolge anzuvertrauen. Als Constantin 326 aufgrund einer Intrige seinen Erstgeborenen Crispus tötete, standen seine drei Söhne der intriganten Fausta in Reserve. Insofern war die Designierung des Commodus kein vermeidbarer «Mißgriff» Marc Aurels, keine «Fehlentscheidung».[381] Das dynastische Erbrecht stand auch der «absoluten» Kaisermacht der Imperatoren nicht zur Disposition. Das zeigte sich unter Diocletian, als sich 306 Constantin und Maxentius, die bei der Nachfolgeregelung zugunsten Adoptierter übergangenen Söhne seiner Mitkaiser, erhoben. Das hat Marc Aurel vermieden.

z. Die Vorstufen zur Herrschaft

Planmäßig und verantwortungsbewußt hat der Kaiser seinen Sohn auf dessen Aufgabe vorbereitet und die Römer auf ihren künftigen Herrn eingestimmt. Die Vorstufen zur Herrschaftsübernahme waren seit Augustus' Nachfolgepolitik bekannt und bewährt. Auch Marcus selbst war ja so publizistisch «aufgebaut» worden. Bereits als ihm von Faustina am 31. August 161 Commodus und sein Zwillingsbruder Aurelius Antoninus geboren wurden, erfuhr die Öffentlichkeit dies durch Sonderprägungen der Reichsmünze, der *moneta imperii*. Die Fruchtbarkeit, die FECUNDITAS, der Kaiserin wurde gepriesen, die Knaben erscheinen auf einem *pulvinar*, einem Göttersofa, als Garanten der FELicitas TEMPorum, der glücklichen Gegenwart.[382] Aurelius Antoninus verstarb vierjährig 165. Als Marc Aurel mit Lucius Verus im folgenden Jahr den Triumph über die Parther feierte, zeigte er bei dem Festzug dem Volk auch seine Töchter und Söhne, den Commodus und den 162 geborenen Annius Verus.[383] Sie erhob er am 12. Oktober 166 zu Caesaren.[384] Diesen zum Titel gewordenen Namen trugen alle männlichen Mitglieder des Kaiserhauses, bis Hadrian ihn mit Lucius Aelius auf den Thronfolger einschränkte. Marcus folgte mit der Verleihung des Caesarentitels einem Rat seines Mitkaisers Lucius Verus.[385] Als 169 auch Annius Verus starb, blieb Commodus als einziger Thronanwärter übrig. 175 wurde er in alle Priesterkollegien aufgenommen und zum *princeps iuventutis* erhoben. Im Folgejahr wurde er zum ersten Mal Imperator und triumphierte mit dem Vater, 177 wurde er zum zweiten Mal Imperator und erhielt die Titel *Augustus* und *Pater Patriae*. Damit waren die Weichen für die Nachfolge gestellt, die Commodus mit dem Tode Marc Aurels am 17. März 180 antrat.

Ihr müsset gehasset werden um meines Namens willen von allen Völkern bis ans Ende.

MATTHÄUS

VIII

DIE CHRISTENPROZESSE

a. Jesus – König oder Erlöser?

Auf dem Wege nach Emmaus klagten die Jünger, enttäuscht über den Tod Jesu: «Wir aber hofften, Er sei es, der Israel erlösen werde.»[1] Die Befreiung von der römischen Fremdherrschaft und die Erneuerung des Königreichs Davids – das war die politische Mission des Messias Christus. Schon in der Weihnachtsgeschichte ist er der «neugeborene König der Juden»; als König und Davids Sohn zieht er unter Hosianna-Rufen am Palmsonntag in Jerusalem ein, und als *basileus tōn Ioudaiōn* wird er gekreuzigt.[2] Die durchaus politische Erwartung der Jünger unterstützte Jesus durch seine Gewaltworte. Nicht den Frieden zu bringen, sei er gekommen, sondern Zwietracht, Feuer und Schwert. Zwölf Legionen Engel aus den himmlischen Heerscharen meint er gegen Rom aufbieten zu können.[3] Die Jünger in Gethsemane sind bewaffnet. Die militante Messiasidee beflügelte die Zeloten, die zeitgenössischen Widerstandskämpfer gegen Rom noch in den beiden jüdischen Kriegen.[4]

Mit der Kreuzigung verschob sich die Erwartung: Erst bei der Wiederkehr am Ende der Tage wird Christus das Römerreich und jegliche irdische Obrigkeit aufheben und «alle seine Feinde unter seine Füße legen», wie es bei Paulus heißt.[5] So verwandelte sich das Bild Jesu vom gegenwärtigen Befreier der Juden zum endzeitlichen Erlöser der gläubigen Menschheit, «von dannen er kommen wird, zu richten die Lebenden und die Toten».[6]

Da die Juden an ihrer politischen Messiasvorstellung festhielten, haben sie Jesus als falschen Messias betrachtet, ihn selbst verklagt und seine Anhänger wegen Gotteslästerung verfolgt. Sie steinigten den Armenpfleger Stephanus und den Herrenbruder Jakobus,[7] und auch Paulus «schnaubte mit Dräuen und Morden wider die Jünger des Herrn», ehe er im Sturz vor Damaskus seine Bekehrung erfuhr.[8] Das Judentum wurde als altehrwürdige Religion seit der späten Republik im Reich geduldet; Augustus und seine Nachfolger stifteten zugunsten von Kaiser und Reich zwei Widder und einen Stier, auf «ewige Zeiten» zum zweimaligen täglichen Opfer im Tempel für Jahve.[9]

Das Verhältnis des Staates zu den Christen aber war und blieb ungeklärt, das umgekehrte Verhältnis der Christen zum Staat schwankte. Das bezeugen die Mahnung des Paulus an die Christen in Rom und der erste Petrusbrief an die Gemeinden Kleinasiens: «Seid untertan der Obrigkeit!» Anhängern anderer Religionen mußte so etwas nicht gesagt werden, aber das Wort Jesu, niemand könne zwei Herren zugleich dienen, begründete eine Spannung, die immer wieder aufbrach, selbst in christlicher Zeit.[10]

b. Römische Religionspolitik

Der römische Staat hatte mit Religionen anderer Völker keine grundsätzlichen Probleme. Verehrte nicht jedes Volk seine Götter auf die altbewährte Weise? Man sah in Gottheiten gleicher Funktion dieselbe Gestalt unter verschiedenen Namen. Man konnte sie durch *interpretatio Romana* ins Lateinische übersetzen.[11] So schrieb unter Marc Aurel der Philosoph Kelsos: «Es macht nichts aus, wie man den höchsten Gott benennt: Zeus, Zen, Adonaios, Sabaoth, Ammon oder Papaios.»[12] Darüber hinaus rechnete man mit einer Vielzahl von himmlischen Wesen, die jeder auf seine Art verehrte. Ein Krieg um der Religion willen war dem antiken Polytheismus unbekannt, ja unverständlich. Mehrfach haben die Römer so wie fremde Menschen so auch fremde Kulte förmlich aufgenommen. Im Jahre 204 v. Chr. holte der Senat den heiligen Stein der phrygischen Göttermutter aus Pessinus nach Rom, 146 baute Mummius dem griechischen Herakles in Rom einen Tempel.

Probleme gab es nur, wenn fremde Bräuche gegen die guten Sitten der Vorväter, die *mores maiorum* verstießen. Als im Jahre 186 v. Chr. dem Senat gemeldet wurde, bei den nächtlichen Dionysos-Mysterien in Rom spielten sich alkoholische Orgien ab, sexuelle Exzesse und Ritualmorde, schritt er ein. Livius spricht von «angeblich 7000 Beschuldigten» und vielen Todesurteilen in ganz Italien. Die Bakchanalien wurden verboten, eine Bronzetafel – von wievielen? – mit dem Senatsbeschluß stammt aus Kalabrien.[13] Unter den Kaisern gab es Maßnahmen gegen anstößige Kulte in der Stadt Rom und in Italien.[14] Claudius verbot die keltischen Druiden, Hadrian den karthagischen Molochkult wegen der Menschenopfer.[15] Die auf den Messiasglauben gegründeten Erhebungen der Juden 66 n. Chr. gegen Nero, 117 gegen Trajan und 138 gegen Hadrian forderten zwar erhebliche Blutopfer, führten aber nicht zum Verbot der mosaischen Religion.[16]

c. Mysterienkulte und Wundermänner

In den ersten Jahrhunderten der römischen Kaiserzeit war das Spektrum der Religionen im Reich breiter und bunter als je zuvor. Unter der Kuppel des Kaiserkultes, der offiziellen Zivilreligion, wurden in den römischen Städten die kapitolinischen, in den griechischen die olympischen Götter verehrt. Im Westen lebten die germanischen, keltischen, iberischen und karthagischen Glaubensvorstellungen weiter und vermischten sich. In den keltisch-germanischen Rheinprovinzen zeigen das die Juppiter-Giganten-Säulen, Göttinnen mit unlateinischen Namen wie die DEA VAGDA VERCUSTIS, verehrt von einem Gardepräfekten Marc Aurels in Köln,[17] und die beliebten Drei Matronen mit lokalen Beinamen wie die MATRONAE MEDIOTAUTEHAE oder VALLABNEIHAE oder UDRAVARINEHAE.[18] In christlicher Zeit wurde daraus der Kult der «drei Marien» in Worms und Ortenberg.

Im Osten blühten alte und neue Observanzen und strahlten nach Westen aus. Orientalische Mysterienkulte und Erlösungsreligionen fanden Zulauf: aus Ägypten die Verehrung für Isis und Serapis, den hundsköpfigen Anubis und Apis in Stiergestalt. Aus Persien stammen der Mithraskult (Tafel XIII a) und der Manichäismus, aus Kleinasien die Kulte für Sabazios und Zalmoxis, für Kybele, die Magna Mater, und für Attis oder Adonis, den auferstehenden Gott. Lukian beschreibt eine Götterversammlung auf dem Olymp, wo die Klage ertönt, daß angesichts der Verbreitung dieser Spottgestalten die Ambrosia knapp und der Nektar immer teurer werde – es wird karg im Himmel.[19]

In Kleinasien wirkten ebenso die drei bekannten Wundermänner der frühen Kaiserzeit.[20] Apollonios von Tyana[21] gehört noch ins späte 1. Jahrhundert n. Chr. Er war Pythagoreer und erschien als Wesen zwischen Mensch und Gott, als Sohn des Zeus. Apollonios zog durch die Welt, tat Wunder, bannte Dämonen, heilte Kranke und erweckte Tote. Er kannte die Zukunft und lebte asketisch. Wie Jesus predigte er Eintracht, Verzeihung und Gerechtigkeit,[22] aber auch Tierliebe. In der heidnischen Spätantike galt er als eine Art «Gegenchristus».

Ein Religionsstifter war Alexandros von Abonuteichos zur Zeit Marc Aurels.[23] Auch er soll göttlicher Abstammung gewesen sein und erweckte Tote. Sein Schlangengott Glykon Neos Asklepios (Abb. 28) war berühmt durch seine Orakel, die ins Kriegsgeschehen eingriffen.[24] Seine Verehrung ist durch Münzen und Inschriften aus ganz Kleinasien, Ägypten, Griechenland und Dakien bezeugt, seine

Abb. 28: Schlangengott Glykon Neos Asklepios des Alexandros von Abonuteichos. Kultfigur aus *Tomi* – Constantza am Schwarzen Meer um 160 n. Chr.; zu Beginn der christlichen Zeit mit anderen Kultobjekten sorgsam vergraben, 1963 entdeckt.

Vita überliefert Lukian, der persönlich mit ihm verfeindet war und ihn als dreisten Betrüger darstellt. Gleichwohl reicht der Einfluß des Propheten bis in senatorische Kreise, ja bis in die Hofgesellschaft Roms. Prominentester Anhänger war sein Schwiegersohn Publius Mummius Sisenna Rutilianus, *Consul suffectus* und zwischen 166 und 170 Prokonsul in Asia.[25] Der Kaiser, sicher Lucius Verus, erlaubte Alexandros, seine Heimatstadt umzunennen in Ionopolis, türkisch heute Ineboli. Der Kult erlosch im 3. Jahrhundert.

Peregrinus Proteus[26] stammte aus Parion in Mysien, Kleinasien, wanderte als Asket und Sittenprediger durch die Welt und wurde aus Rom ausgewiesen. Lukian lästert über ihn, aber auf Männer wie Gellius und Ammian machte er Eindruck.[27] Bei den olympischen Spielen 165 predigte er gegen den Milliardär Herodes Atticus.[28] Dann zelebrierte er seinen Tod, indem er auf den für ihn errichteten Scheiterhaufen stieg, um als Märtyrer der Philosophie wie einst Herakles aus den Flammen in den Olymp aufzusteigen. Zeitweilig war er hochangesehener Christ, wurde verhaftet und von der Gemeinde liebevoll versorgt. Peregrinus erwartete das Martyrium, um seinen Ruhm zu steigern. Der Statthalter von Syrien Sergius Paullus, ein Freund der Philosophie, gönnte ihm das nicht und ließ ihn ungestraft frei. Später wurde Peregrinus exkommuniziert, da er Opferfleisch verzehrte.

d. Gnostische Sekten

Neben den heidnischen Kulten und Propheten, die mit dem Christentum konkurrierten, finden wir in der Zeit Marc Aurels eine große Zahl von Glaubensgemeinschaften, die von der «rechtgläubigen» Orthodoxie griechisch als «Häresien», lateinisch als «Sekten» bezeichnet werden. *Hairesis* heißt «Wahl», *secta* «Gefolgschaft». Beide Begriffe werden noch im 4. Jahrhundert auch für die Urkirche verwendet. Epiphanios von Salamis kennt 60, Augustinus 88 Sekten, die zumeist schon unter den Antoninen florierten. Unter Marcus hören wir von den Ebioniten, einer judenchristlichen Sekte im Umkreis von Palästina. Die Ebioniten lebten nach jüdischem Ritus und verwarfen die Jungfrauengeburt. Um 170 übersetzte der Ebionit Symmachus das Alte Testament noch einmal ins Griechische.[29]

Die meisten mehr oder weniger christlichen Sekten werden der Gnosis zugerechnet, einer religiös-philosophischen Bewegung, der es um *gnōsis* – Erkenntnis geht, nicht um Glauben, wie den Christen. Unser Wissen von den Gnostikern verdanken wir überwiegend den Gegenschriften der Kirchenväter;[30] die sehr umfangreiche eigene Literatur wurde fast vollständig vernichtet oder ging verloren.[31] Das gilt ähnlich für die sogenannten Apokryphen zum Neuen Testament. Neben den für den Gottesdienst zugelassenen Schriften gab es seit dem 2. Jahrhundert eine Fülle von weiteren Evangelien, Apostelgeschichten und Apokalypsen, die nach dem Ausschluß aus dem Kanon, wenn überhaupt, nur noch zum privaten Gebrauch verwendet wurden.[32]

Bestimmte Grundvorstellungen sind den gnostischen Kirchen gemeinsam. Dazu zählt ein ausgeprägter Dualismus zwischen Geist und Stoff, Licht und Finsternis, Gut und Böse. Ziel des Glaubens ist die Erlösung der Seele, die von ihrem göttlichen Ursprung abgefallen ist, sich verstofflicht hat und als hauchartiges Pneuma wieder in die himmlische Heimat, das allumfassende Pleroma aufsteigt. Den Weg weist die Askese. Das Universum ist ein einziger Zusammenhang, der durch Kosmologie, Astrologie und Anthropologie erläutert wird. Mythen und Märchen von Engeln und Geistern bereichern die Glaubenswelt, die sich aus den verschiedensten Quellen speist: Altorientalisches, Jüdisches, Griechisches und Christliches wird verarbeitet, aus dem Neuen Testament stammt Gedankengut von Johannes und Paulus. Jesus ist präsent, aber nicht dominant.

Clemens Alexandrinus hebt unter den gottlosen Irrlehrern drei Gnostiker hervor, die unter Hadrian und Antoninus Pius predigten.[33] Der erste ist der Ägypter Valentinus, der in Alexandria, Rom und Cypern lehrte. Sein ‹Evangelium der Wahrheit› liefert eine phantastische Kosmogonie; die Erlösung geschieht durch Jesus in Form der Erkenntnis. Eine ausführliche Schrift gegen ihn verfaßte Tertullian. Als zweiten Gnostiker nennt Clemens den Christen Markion, den erfolgreichsten Stifter. Er stammte aus Sinope am Schwarzen Meer und war Reeder. 144 wurde er exkommuniziert und gründete in Rom eine eigene Gemeinde, die sich weit verbreitete. Markion berief sich auf Paulus und verwarf das Alte Testament, das doch für die Messianität Jesu unentbehrlich ist, einerseits durch die «Abstammung» aus dem Hause Davids und andererseits durch die «Vorhersagen» der Propheten. Markion «reinigte» das Lukasevangelium,[34] postulierte einen fremden Übergott und forderte strenge Askese einschließlich strikter Enthaltsamkeit. Kein Häresiearch wurde von den Kirchenvätern so bekämpft wie Markion. Tertullian schrieb fünf Bücher gegen ihn, Clemens nennt ihn den «gegen Gott kämpfenden Giganten», und für Euseb ist er der «Wolf aus Pontos». Es gab Märtyrer der Markioniten, was für die Orthodoxen ein Problem war. Euseb erklärt, das Martyrium eines Ketzers ändere nichts an seiner Ketzerei und damit an seiner Verdammnis. Der Wahrheitsbeweis durch Martyriumsbereitschaft ist – zirkulär – an die Rechtgläubigkeit gekoppelt.[35]

Der dritte von Clemens genannte Ketzer Basilides lehrte unter Hadrian in Alexandria. Basilides berief sich auf Glaukias, den legendären Dolmetscher des Petrus, und auf den Apostel Matthias. Erwähnt werden von Basilides ein Kommentar zum Evangelium in 24 Büchern und Gedanken aus Platon und Pythagoras. Basilides gestattete den Genuß von Opferfleisch, was nach orthodoxer Lehre Verrat am Glauben war. Wenn die Kirchenväter sich sehr viel mehr mit den Irrlehren als mit der Verfolgung auseinandersetzten, so darum, weil jene der Seele schaden, diese aber nur dem Körper.[36]

e. Christliche Subkultur

Die Weigerung der Christen, Opferfleisch zu essen, entsprach ihrer Ablehnung der Staats- und Kaiserfeste. Das gemeinsame Mahl stiftete Zusammengehörigkeit wie bei Heiden so bei Christen. Soweit wie möglich kapselten sie sich von der römischen Gesellschaft ab. Sie lebten in enger Gemeinschaft miteinander. Ihr Glaube war keine Religion wie alle anderen, sondern die einzig wahre, gottfällige, seligmachende für alle Menschen, alle Völker. Die Christen betrachteten die anderen Religionen, namentlich den Kaiserkult, als Teufelswerk und ihre Feinde als Knechte der Dämonen, denen das ewige Höllenfeuer droht.[37] Christen gingen keine Ehe mit Heiden ein, leisteten keinen Wehrdienst[38] und übernahmen keine öffentlichen Ämter, denn lapidar formuliert Tertullian:[39] «Nichts ist uns so fremd wie die *res publica*. Unsere *res publica* ist die Welt», in der Christen gleichwohl Fremdlinge sind. Christen gingen nicht vor die ordentlichen Gerichte, da sie doch selbst beim Weltgericht über die Ungläubigen richten werden.[40]

Wegen ihrer nächtlichen Zusammenkünfte galten die Christen als *latebrosa et lucifuga natio*, als ein lichtscheues Volk, das im Verborgenen wuselt, in *publicum muta* – «schweigsam in der Öffentlichkeit», *in angulis garrula* – «im Geheimen geschwätzig»,[41] also eine Untergrundbewegung. So bildeten die Christen gemäß Mommsen[42] einen «Staat im Staate» unter der «Nebenregierung» der Bischöfe und harrten der Wiederkehr des Herrn auf den Wolken des Himmels. Das wurde als Haß auf die Menschheit aufgefaßt, als *odium generis humani*, wie Tacitus schreibt.[43] Derselbe Vorwurf traf traditionell die Juden, da sie Eheverbindung und Tischgemeinschaft mit anderen ablehnten.[44] Doch hatten sie eine alte Religion und genossen seit ihrer Parteinahme für Caesar auf dem Weg nach Ägypten Privilegien. Der Gottesdienst in den Synagogen war zugänglich und lockte auch Nichtjuden an, der Judenglaube war eine *religio licita*, eine «erlaubte Religion».[45] Daß Juden das Kaiseropfer verweigerten, ist nicht bekannt, es mußte auch als Beweismittel von ihnen nicht verlangt werden.

f. Nero und der Brand Roms

Bezeugt ist die Abneigung der «durch ihre Schandtaten verhaßten» Christen in der Bevölkerung. Als im Juli 64 Rom brannte, wurde Nero, sicher zu Unrecht, verdächtigt, den Brand gelegt zu haben. Aber er brauchte Baufreiheit für seine Palastbaupläne, und denen kam der Brand zugute. Der Nutznießer einer Untat wird gern als ihr Urheber verdächtigt. Nero bediente sich der christenfeindlichen Stimmung, um den Verdacht von sich auf die Christen abzuwälzen und sie so grausam zu bestrafen, daß selbst Tacitus[46] sich dagegen wandte und Mitleid in der Bevölkerung andeutet. Grund für die Verurteilung war somit nicht der Glaube, sondern der Vorwurf der Brandstiftung, auf der Todesstrafe stand. Wer als Mitglied einer Bande von Brandstiftern hingerichtet wurde, ist kein Märtyrer. Noch das Strafgesetzbuch Karls V, die *Carolina* von 1532, bedrohte den Mordbrenner mit der «spiegelnden Strafe» des Feuertodes.

g. Johannes-Apokalypse

Nach der Erhebung der Juden gegen Nero und der Zerstörung Jerusalems 70 n. Chr. kam es zu Maßnahmen der flavischen Kaiser gegen die Juden und die mit ihnen in Verbindung gebrachten Christen. Im Jahre 95 ließ Domitian «mit vielen anderen» seinen Vetter Flavius Clemens hinrichten, dem als Senator und Konsul zum Opfer verpflichtet, Gottlosigkeit vorgeworfen wurde, während dessen Frau Domitilla, die Nichte des Kaisers, wegen ihrer Hinneigung zum Christentum auf eine Insel verbannt wurde, bis Nerva dann alle zurückrief.[47] Als Verbannter oder Flüchtling auf der Insel Patmos schrieb damals ein Johannes seine ‹Apokalypse›, laut Mommsen[48] eine «wüste Träumerei von einer anderen Welt», und ein radikal antirömischer Angriff auf das «Tier aus dem Abgrund», auf das «große Babylon, die Mutter der Hurerei und aller Greuel auf Erden», das ist die «große Stadt, die das Reich hat über die Könige auf Erden».[49] Ihr wird im Namen Gottes der Untergang angekündigt.

h. Romfeindliche Sibyllinen

Romfeindliche Apokalyptik war jüdisch-christliches Gemeingut. Sie begegnet uns in den griechischen Hexametern der Sibyllinen. Als Sibyllen bezeichnetet die Antike seit Heraklit[50] gottbegeisterte Seherinnen, die, ausgehend vom kleinasiatischen Erythrai, mit verschiedenen Städten des östlichen Mittelmeergebietes und Italiens verbunden wurden. Ihnen hat man die ‹Sibyllinischen Bücher› zugeschrieben, die römische Staatsheiligtümer waren, aber unter Sulla 83 v. Chr. ein erstes Mal, und nach Wiederherstellung unter Stilicho 408 ein zweites Mal verbrannten. Sie wurden in Notzeiten befragt, so von Marc Aurel während der Markomannenpanik in Rom 167.[51] Die uns erhaltenen Sibyllinen hingegen sind private Texte religiöser oder politischer Propaganda. Während der Sibylle von Cumae die Weissagung des Goldenen Zeitalters unter Augustus zugeschrieben wurde,[52] verkünden die meisten sibyllinischen Gedichte den nahen Untergang Roms und das Ende der Welt. Diese Texte stammen von unbekannten jüdischen und christlichen Autoren, die als Sprachrohr die bei den Heiden hochangesehenen Prophetinnen benutzten. Die Sibyllinen waren zur Zeit Marc Aurels «weltweit» verbreitet.[53]

Das achte Sibyllinenbuch aus den Jahren vor 180 spricht, nun am Ende der Zeiten, vom Zorn Gottes über die sittenlose Menschheit. Feuer vom Himmel werde das goldgierige, kriegslüsterne, tyrannische Rom vernichten, Wölfe und Füchse würden in den Ruinen hausen, von den falschen Göttern komme keine Hilfe. Die Sibylle prophezeit ohne Namensnennung, aber erkennbar die Kaiser Hadrian und seine drei Nachfolger, also Pius, Marcus und Lucius – danach kehre Nero zurück, und ein feuriger Drache bringe unerbittlichen Grimm Gottes über die Römer mit Heulen und Zähneklappern. Dann ist es vorbei mit dem Senat, den Legionen und dem Herrn im Purpur. Die Toten werden erweckt, und ein heiliger HErr regiert den Erdkreis auf ewige Zeiten. Ein Hymnus auf Christus als Weltenrichter beschließt den Text.[54]

Welche Unruhe solche Weissagungen auslösen konnten, bezeugt ein von Justin[55] erwähntes Gesetz, das auf die Verbreitung der Sibyllinen und ähnlicher Bücher die Todesstrafe setzte, doch würden die Christen das mißachten und – nicht sehr loyal – den Heiden diese Schriften nahebringen, um ihnen Einsicht in die Weltlage zu vermitteln. Das Gesetz, wenn es dies gab, stammt kaum von Marc Aurel, gemeint ist vermutlich das alte Verbot des Tiberius von Weissagungen über Kaiser und Reich.[56] Von Marcus gab es eine Verordnung, daß jeder, der durch abergläubische Erzählungen einfältige Menschen in Schrecken versetzt, auf eine Insel verbannt werden sollte.[57] Dasselbe verfügte er, wie oben erwähnt, über einen Mann, der eine Weissagung über den Erfolg der Rebellion des Cassius verbreitet hatte.[58]

i. Montanistische Endzeitlehre

Romfeindliche Prophetie aus christlichem Geist gab es unter Marc Aurel wie in der Großkirche so bei den Häretikern, die ein eigenes Glaubensbekenntnis hatten, und bei den Schismatikern, die sich der Bischofsgewalt entzogen. Das waren zumal die dogmatisch orthodoxen Montanisten. Die von ihnen getragene und verbreitete Bewegung macht die Sorge des Kaisers vor solchen Unruhestiftern verständlich. Montanus predigte seit den letzten Jahren unter Pius oder den ersten unter Marcus bis zu dessen Tod. Er stammt aus dem an Sektenstiftern und Wundermännern so reichen Kleinasien, aus einem Dorf am oberen Mäander im westlichen Phrygien. Daher wurde seine Sekte «kataphrygisch» genannt. Sein Geburtsort Tymion und das neue «Jerusalem» Pepuza[59] wurden in der Spätantike zerstört und waren lange nicht lokalisiert. Erst seit 2008 ist durch einen Inschriftenfund südlich von Uşak die Lage von Tymion bekannt. Es war eine Siedlung von Pachtbauern auf einer Kaiserdomäne, während Pepuza mit Ruinen in einer Felsenschlucht zwölf Kilometer weiter südlich identifiziert wird.[60] Die arme Gegend macht den Wunsch der Landleute nach einer Wende aller Dinge begreiflich. Die Ethik der Montanisten war rigoros asketisch. Ihre Märtyrer starben so wie die der Markioniten im Glauben an Christus, aber gemäß den orthodoxen Kirchenvätern umsonst.

Montanus und seine beiden Prophetinnen Maximilla und Priscilla predigten im Zustand der Ekstase, inspiriert vom Heiligen Geist, wie sie glaubten, beziehungsweise besessen vom Teufel, wie Euseb[61] meinte. Ihre Themen waren die Schrecken der Endzeit mit Kriegen und Aufständen,[62] Aufrufe zu Buße und Besserung angesichts des bevorstehenden Endes Roms und der Welt gemäß der Johannes-Apokalypse.[63] Der Montanismus verbreitete sich in ganz Zentralanatolien, in Phrygien, in Galatien und in Ankara bis nach Kappadokien. Er fand Anhänger in Rom und Karthago, wo der Kirchenvater Tertullian sich ihm zuwandte. Erst Justinian hat den Montanismus in Phrygien ausgerottet, Prokop bezeugt den Massenselbstmord der Gläubigen.[64]

j. Christengegner

Die Untergangsstimmung bei den Christen stand im Gegensatz zur offiziellen Staatsideologie der *aeternitas Romae.* Bei vielen Gebildeten stieß die christlichen Endzeitlehre und das danach ausgerichtete Leben auf Unverständnis und Ablehnung. Tacitus zählt das Christentum zu den beschämenden Abscheulichkeiten (*atrocia aut pudenda*), die in der sittenlosen Weltstadt zusammenflössen. Sueton nennt anläßlich der neronischen Verfolgung die Christen eine «Sorte Menschen neuen und bösartigen Irrglaubens».[65] Man sah in der Lehre von göttlicher Offenbarung und magischen Wundertaten, von fleischlicher Auferstehung und messianischem Weltgericht, von höllischem Feuer und himmlischer Wonne einen schandbaren Aberglauben. Das griechische Wort dafür *deisidaimonia* bedeutet «Furcht vor Dämonen». Für Plutarch war das schlimmer als Gottlosigkeit.[66] Tatsächlich war diese Angst nirgends so verbreitet wie bei den Christen. Denn der Teufel mit seinen Trabanten schien allgegenwärtig. Trägst nicht auch du ein «hölzernes Pferd» in deiner Brust, in dem böse Feinde aus der Hölle sitzen und lauern, dich in ihre Gewalt zu bringen?

Christenfeinde gab es auch unter Marc Aurel. Der Satiriker Lukian karikierte den Zeitgenossen Peregrinus Proteus als christlich inspirierten Scharlatan; Lukians Freund Kelsos schrieb ein ganzes Buch gegen die Christen, das ‹Wahre Wort›, das so wie die übrige christenfeindliche Literatur durch die kaiserlich byzantinische Polizei «zur Ehre Gottes und zum Nutzen der Seelen» den Flammen übergeben wurde, aber fast zur Gänze, in der Widerlegung durch den Kirchenvater Origenes zitiert, erhalten blieb.[67] Kelsos tadelt die Christen für den Abfall von der Religion ihrer Väter und moniert ihre Ablehnung der Ärzte und der Wissenschaften überhaupt. Er verspottet einen Propheten wie Jesus, der da sagt: «Ich bin Gott oder Sohn Gottes oder göttlicher Geist und bin gekommen, denn bald geht die Welt unter, und es ist aus mit euch wegen eurer Ungerechtigkeit. Ich aber will euch retten, ihr werdet mich wiederkommen sehen mit himmlischer Macht. Selig, wer mich verehrt, die anderen erwartet das ewige Feuer.»[68]

Kelsos erklärt die Erlösungstheologie für absurd, die Drohung mit dem Weltgericht und der Hölle sei Schreckpropaganda, und von einer Glaubenseinheit könne angesichts der Sekten auch bei den Christen keine Rede sein. Die naheliegende Entsprechung von Monotheismus und Monarchie[69] weist er zurück mit der These von der Völkervielfalt im Reich. Er versteht es als einen Zusammenschluß von Städten mit ihren je eigenen Kulten. Die Zerstörung der nationalen Religionen durch die Christen bedrohe somit die Substanz des Imperiums. Das Christentum ist *stasis*, Aufruhr.[70] Ihr Gott sei machtlos. Wenn die Christen in ihrer Erzählung vom Regenwunder behaupten, ihr Gott schütze die Römer, sofern sie ihn nur anbeten, dann sollen sie erklären, weshalb er seine Gläubigen nicht vor den Strafen des Kaisers bewahren kann. Den Christen, denen die Erde verheißen wurde, sei nicht mal ihre Erdscholle sicher, und wer sich verberge, werde aufgesucht und hingerichtet.[71]

k. Sakralkannibalismus?

Ganz in die Nähe Marc Aurels kommen wir mit den christenfeindlichen Äußerungen seines Lehrers Fronto, zitiert um 220 bei Minucius Felix.[72] «An einem bestimmten Tag kommen die Christen mit ihrer ganzen Familie, mit Kindern und Alten, zusammen. Sie essen und trinken unmäßig, bis sie die blutschänderische Lust überkommt. Sie haben an den Kandelaber einen Hund gebunden, dem werfen sie einen Brocken hin, der außerhalb der Reichweite seiner Leine liegt.

Den will er aufschnappen, reißt den Leuchter um, und nun im Dunkeln vollzieht sich eine wüste Orgie, jeder mit jeder, wenn nicht im Fleisch, dann doch im Geist.»

Dieses absurde Ritual erwähnen die Kirchenväter, um die Bösartigkeit und Unsinnigkeit der heidnischen Greuelpropaganda darzutun. Den umgeworfenen Leuchter beim Gruppensex kennt Justin,[73] die Hunde als Lichtlöscher nennt Tertullian,[74] und die erwähnte *story* von dem «Rhetor aus Cirta» berichtet Minucius Felix danach. Der Verdacht solcher Ausschweifungen war alt und verbreitet. Bezeugt nicht schon Paulus den Vorwurf der «Hurerei» gegen die Christen in Korinth?[75] Der Kult für die Staatsgötter vollzog sich in der Öffentlichkeit, der für Christus hinter verschlossenen Türen. Was spielte sich da ab? Geheimbündelei (*hetaeria*) war grundsätzlich verdächtig und verboten.[76] Der den Christen vorgeworfene Atheismus war für sich gesehen nicht strafbar.[77] Den gab es auch sonst. Aber die Anrede «Bruder» und «Schwester» in der Gemeinde deutete auf Inzest,[78] das Abendmahlswort «Dies ist mein Leib, dies ist mein Blut» gar auf Menschenopfer. Stets waren Blutschande und Sakralkannibalismus die Hauptvorwürfe gegen die Christen. Dieselben Verdächtigungen hatten das Verbot der Bakchanalien ausgelöst. Athenagoras spricht im Jahre 177 von thyesteischen Mahlzeiten, nach Thyestes, dem sein Bruder Atreus, König in Argos, dessen eigene Söhne gebraten vorsetzte, und von ödipudeischen Beilagern, nach Ödipus, der als König von Theben unwissentlich seine eigene Mutter heiratete.[79] Ein noch schlimmerer Vorwurf seitens der Römer war Schadenszauber. Ihn übte mit Todesfolge ja in der Bibel Petrus gegenüber Ananias und Saphira.[80] Schwarze Magie war in Rom ein Kapitaldelikt.[81] Die gegen die Christen erhobenen Vorwürfe wurden umgekehrt im Spätmittelalter von den Christen in den Zauberei-, Ketzer- und Hexenprozessen verwendet. Den Angeklagten wurde von der Inquisition zur Last gelegt, im Dunkeln Massenunzucht und Kannibalismus an Kindern begangen zu haben.[82]

1. Plinius an Trajan

Aus der Zeit um 110 stammt das Schlüsseldokument für das Verhältnis zwischen Christentum und Staat, der einschlägige Brief des jüngeren Plinius an Trajan und dessen Antwort.[83] Plinius war damals von Trajan entsandter proprätorischer Legat für Bithynien und Pontus[84] in Nordwestanatolien und bittet den Kaiser um Rechtsauskunft. Plinius wollte wissen, ob tatsächlich schon der Name «Christ» allein, ohne erwiesene Straftat, zu ahnden sei, oder ob ein Christ wegen der mit dem Namen verbundenen Untaten zu bestrafen sei – die dann nachzuweisen wären. Plinius weiß nicht, ob es auch junge Menschen treffe, ob Reuige oder Bußfertige Verzeihung verdienen oder ob genauere Untersuchungen erforderlich seien. «Bisher habe ich die Angeklagten gefragt, ob sie Christen seien. Gestanden sie, habe ich meine Frage unter Todesdrohung wiederholt. Blieben sie auch beim dritten Mal dabei, ließ ich sie wegen Widersetzlichkeit (*pertinacia et obstinatio*) hinrichten. Von diesem Wahn (*amentia*) befallene römische Bürger schickte ich zur Aburteilung nach Rom. Dann häuften sich die Verfahren. Ich erhielt eine anonyme Liste mit Beschuldigten. Wer dann unsere Götter anrief, vor dem Kaiserbild und den Götterstatuen Wein und Weihrauch opferte und Christus schmähte, durfte gehen, auch wenn er gestand, Christ gewesen zu sein.» Er erhielt *venia ex paenitentia*, Straflosigkeit wegen Reue. Damals, so Plinius, hätten sie sich, erzählten sie, an einem bestimmten Tag – also einem Sonntag – «noch in der Dunkelheit versammelt, Christus, ihrem Gott, Lieder gesungen, einander eidlich versichert, Raub, Diebstahl und Ehebruch zu meiden, Wort zu halten und Anvertrautes zurückzugeben. Später, bei Helligkeit, hätte es ein gemeinsames Mahl gegeben, gewöhnliche Speise – bis zum Verbot der Hetärie, das ich auf Deine Anweisung eingeschärft habe.» Plinius habe dann zwei Sklavinnen, sogenannte Dienerinnen – Diakonissen – auspeitschen lassen, um die Wahrheit zu erfahren, aber nur wüsten Aberglauben gehört. Da sich dieser aber gefährlich weit verbreitet habe, bitte er um Belehrung.

Plinius erweckt den Eindruck, daß er mit den Angeklagten in ihrer Muttersprache, auf Griechisch, verhandelt habe, was er fraglos beherrschte. Gleichwohl verlangte es die Würde Roms, daß Griechen auf Latein antworten müßten und Dolmetscher beteiligt waren. Das galt in Kleinasien wie in Griechenland und Rom.[85] Dolmetscher vor Gericht kennen wir aus Ägypten,[86] sie wurden benötigt, da Testamente in allen Sprachen des Reiches gültig waren.[87] Die beiden Verfahren, zwischen denen Plinius schwankt, sind einerseits die Polizeimaßnahme (*coercitio*) aufgrund des Geständnisses und andererseits der Strafprozeß, der eine Ermittlung (*cognitio*) erfordert. Die «rechtliche Schrankenlosigkeit der außerstädtischen Amtsgewalt»[88] befugte Plinius zur Hinrichtung geständiger Angeklagter. So wurde bereits Jesus nach seinem Bekenntnis als «König» durch Pilatus hingerichtet.

m. Trajans Antwort

Trajan antwortete knapp: Plinius habe recht getan, man müsse fallweise entscheiden. Nachspüren sei zu unterlassen, *conquirendi non sunt.* Wer opfere, sei frei, anonyme Anzeigen seien zu ignorieren, *nam pessimi exempli nec nostri saeculi est*, das wäre ein übles Beispiel und unserer Zeit unwürdig. Christsein ist ein Antragsdelikt. Das von Plinius geübte und von Trajan gebilligte Verfahren setzt voraus, daß die Zugehörigkeit zur christlichen Gemeinde todeswürdig ist, ohne daß – wie im Falle Neros – den Angeklagten eine persönliche Straftat zur Last gelegt werden muß. Das *nomen Christianum* genügt für das Urteil, wenn das Bekenntnis vorliegt, weil die Beteiligung an oder die Bereitschaft zu sittenwidrigen Kulthandlungen vorausgesetzt wird. Ein bedenkliches Analogon gibt es auch im heutigen deutschen Strafrecht. Die bloße Mitgliedschaft in einer verbotenen Vereinigung mit «kriminellen, terroristischen oder verfassungsfeindlichen Zielen» ist strafbar. Man muß nichts getan haben.[89] Noch gilt die alte Regel: «Mitgegangen, mitgefangen, mitgehangen.»

Die Rechtsgrundlage für die bereits durchgeführten Verfahren war Plinius nicht bekannt. Er fragt nach. Tertullian[90] spricht später von einem Erlaß Neros, einem *Institutum Neronianum*, das weder Tacitus noch Plinius nennt. Bei Sulpicius Severus ist das ein reichsweites Verbot des Christentums,[91] davon aber kann keine Rede sein. Rechtswirksam war das Verbot der Hetärien, das Plinius auf kaiserlichen Befehl verkündete. In der griechischen Welt waren Hetärien politische Clubs, die oft im Geheimen staatsfeindliche Pläne hegten. Derartige Verbindungen, schreibt Trajan an Plinius,[92] hätten sich als ruhestörende Plage in den Städten der Provinz erwiesen, darum seien sie zu verbieten, so wie auch neue Kollegien von Handwerkern, die sich bald politisierten. Wenn die Plinius vorgeführten Christen erklärten, sie hätten ihr Kultmahl nach dem Hetärienverbot aufgegeben, auf die rituelle Tischgemeinschaft, das Abendmahl, verzichtet, scheint das fraglich. Jedenfalls haben sie mit dem Boykott des Kaiserkultes die traditionelle religiöse Grundlage des Römerstaates in Frage gestellt und schließlich auch beseitigt zugunsten einer neuen politischen Theologie.

Trajan bestätigt das Vorgehen des Plinius. Hätte der den Brief sonst publiziert? Der Kaiser aber geht über die Anfrage hinaus durch das Aufspürungsverbot: *conquirendi non sunt.* Diese humanitäre Inkonsequenz haben die Apologeten dem Kaiser als Zeichen schlechten Gewissens vorgehalten, in gewisser Weise zu Recht. Plinius hatte ja begründete Bedenken, ob es sinnvoll sei, dem Gesetz zuliebe so viele Menschen hinzurichten. Trajan wählte einen Mittelweg: ohne Kläger kein Richter! Da der Staat bei den Christenprozessen nur reagiert, nicht selbst aktiv wird, um das Christentum zu beseitigen, ist der Begriff einer Christen-«Verfolgung» unangemessen.

Schon Plinius hatte den Angeklagten einen seines Erachtens gangbaren Ausweg angeboten. Das am Ende des Verhörs geforderte Kaiseropfer aber war in den Augen der Christen Verrat am Glauben. Den antiken Göttern war am Opferdampf gelegen, gleichgültig, was die Opfernden dachten oder glaubten. Der «Herr aber sieht das Herz an»,[93] sagt der Christ. Er erkennt in dem Akt eine Gotteslästerung, auf die ewige Höllenstrafe steht. Für Plinius ist das Opfer noch nicht die allgemein geforderte Loyalitätsbekundung wie bei Decius 250, sondern reines Beweismittel. Opfert der Angeklagte, heißt dies, daß er jenen verruchten Ritualen fernbleiben will. Ob er bisher an ihnen oder auch nur am Gottesdienst teilgenommen hat oder nicht, bleibt unerheblich. Der Richter will nicht ein Verbrechen ahnden, sondern einen Verdächtigen davor behüten oder einen Geständigen bessern. Das Verbot, anonymen Anzeigen nachzugehen und Christen aufzuspüren, dient dem sozialen Frieden. Das Gerücht der geheimen Orgien kommt nur dort zur Geltung, wo es tatsächlich Unruhen auslöst. War das ein halbherziges Verhalten der Regierung oder ein weiser Mittelweg zwischen dem Wünschenswerten und dem Erreichbaren? Jedenfalls – typisch römisch – eine pragmatische Lösung.

n. Hadrians Toleranzedikt?

In apologetischem Interesse schrieben die Kirchenväter den «guten» Kaisern eine christenfreundliche Haltung zu[94]. So überliefert Justin[95] ein Schreiben angeblich von Hadrian, dem Nachfolger Trajans, an den – mehrfach bezeugten[96] – Prokonsul von Asia Minicius Fundanus, das auf eine Frage seines Vorgängers an den Kaiser antwortet. Darin befiehlt Hadrian: Die Christen sollen nicht beunruhigt werden. Auf das gegen sie erhobene Geschrei der Provinzialen sei nichts zu geben. Trete ein Ankläger auf, der irgendwelche Gesetzesverstöße behaupte, so sei das sorgsam zu prüfen und gegebenenfalls gemäß der Schwere des Verbrechens zu ahnden. Danach richte sich ebenso die Buße für den Kläger, falls er die Christen verleumdet habe.

Da in dieser Verordnung nicht mehr der todeswürdige Christenname, sondern allfällige Vergehen der Christen, abgestuft nach der Schwere des Delikts, geahndet werden sollen, wird die normale Rechtslage fingiert, so wie sie Justin und die Christen überhaupt immer wieder forderten, da ihnen in einem solchen Verfahren keine Strafe drohte. Stillschweigend behandelte «Hadrian» den Christenglauben hier anachronistisch als *religio licita*, wie das erst für Gallienus belegt ist.[97] Noch weitergehende Sympathie für das Christentum wird Hadrian in der *Historia Augusta* zugeschrieben; danach soll der Kaiser geplant haben, Christus unter die Staatsgötter aufzunehmen und ihm überall bildlose Tempel zu errichten.[98] Das ist ebenso fiktiv wie Hadrians Toleranzedikt.[99] Wertvoll ist indes der Hinweis auf die tumultuarischen Proteste gegen die Christen, wie sie uns 177 in Lyon wieder begegnen. Sie fallen unter die anonymen Anklagen, die Trajan zu ignorieren befahl.

o. Marc Aurel zum Christentum

Überboten wird der angebliche Bescheid Hadrians durch einen Brief, den Antoninus Pius 152 oder Marc Aurel 161 im ersten Jahr seiner Regierung an den Provinziallandtag von Asia nach Ephesos gesandt haben soll.[100] Auf ein Schutzersuchen der dortigen Christen stellt er diese den heidnischen Adressaten als Vorbild hin. Die Christen seien nur zu belangen, wenn sie gegen die römische Herrschaft agieren – also bei Hochverrat. In jedem anderen Fall verdiene der Ankläger Strafe. «Marcus» nimmt die Christen gegen den Vorwurf in Schutz, Schuld an den Erdbeben zu sein, und rühmt ihre Frömmigkeit und die Todesbereitschaft. Das ihnen erwünschte Martyrium für den Glauben erweise sie als Sieger. Schreibt das ein Kaiser? So sahen das die Kirchenväter!

Die nächste fromme Fälschung ist dann der christianisierte Kaiserbrief über das Regenwunder, den Tertullian anhängt, Marcus habe Anklägern der Christen härteste Strafen angedroht,[101] abermals gesteigert durch Euseb. Er spricht sogar von einem unter Commodus gültigen «kaiserlichen Erlaß», der die Ankläger der Christen mit der Todesstrafe bedrohte.[102] Derartige Machwerke kursierten, wie die Bezugnahme auf sie, etwa bei dem Bischof von Sardes Meliton,[103] erweist. Das frühe Christentum ist reich an Textfälschungen, beginnend mit den pseudo-apostolischen Briefen im Neuen Testament.

Marcus selbst äußert sich zu den Christen in den erhaltenen Quellen ein einziges Mal. Die Christen stürben «theatralisch», das heißt, um gesehen zu werden und mit ihrer Todesbereitschaft für den neuen Glauben zu werben. Das ist für Marc Aurel[104] keine stoische Gelassenheit, keine *ataraxia* gegenüber dem tapfer ertragenen Unvermeidlichen, sondern Selbstdarstellung, tragischer Pomp, der Mitleid nur wegen des zugrundeliegenden Aberglaubens verdient.

In anderer Form verwendete der Kirchenvater Cyprian aus Karthago um 250 den Theatervergleich. Er preist den Tod der Blutzeugen nicht nur als «Beispiel für die Brüder», sondern auch als «glorreiches Schauspiel» (*spectaculum gloriosum*) für Gott, der Gefallen daran findet, den Sittenverfall der Christen durch die Verfolgung zu strafen. Der lange Friede, so Cyprian, habe die von Gott verordnete Disziplin untergraben, so daß die Christen dem Gewinnstreben huldigten und Ehen mit Ungläubigen eingingen, daß die Bischöfe Wucherzinsen nähmen und Jahrmärkte besuchten, daß die Männer sich den gottgegebenen Bart stutzten und die Frauen sich schminkten, ja die Haare färbten.[105]

p. Martyriumsbereitschaft

Die Bereitschaft zum Martyrium ist ein Merkmal frühchristlicher Frömmigkeit. Der von Marc Aurel hochgeschätzte Epiktet[106] erklärt den Wunsch eines momentan Unglücklichen zu sterben für Irrsinn (*mania*), bei den Christen aber für deren Gewohnheit (*ethos*). Der Heide Caecilius Natalis bei Minucius Felix begründet das: Christen verachten die Qualen auf Erden, um den Qualen in der Hölle zu entgehen. Sie nehmen den zeitlichen Tod in Kauf für das Ewige Leben. Sie verzichten auf Freuden im Diesseits zugunsten der Seligkeit im Jenseits.[107] Aber, so fragen wir, was wußten sie darüber? Indes: Nicht das Wissen, sondern der Glaube macht selig, und das schon im Diesseits. «Selig sind, die nicht sehen und doch glauben», sagt Jesus zum ungläubigen Thomas.[108]

Die Kirchenväter stimmen ein. «Christen verachten den Tod, ja sie heißen ihn willkommen», schreibt Justin,[109] und Tertullian bestätigt es. «Der Christ bedankt sich, wenn er verurteilt wird.»[110] Tertullian[111] verweist auf die Verlegenheit des Arrius Antoninus, der nach einer Karriere unter Marc Aurel bei Commodus um 184 Prokonsul von Asia war, als sich Christen so zahlreich zum Martyrium meldeten, daß er nach den ersten Hinrichtungen die übrigen fragte, warum sie sich denn nicht vom Felsen stürzten oder zur Schlinge griffen, wenn sie unbedingt sterben wollten. Aber Selbstmord war Christen verboten, wie Justin[112] schreibt. Denn das führe in der Konsequenz zum Aussterben der Menschheit, die Gott erschaffen habe und zu deren Nutzen die Welt bestimmt sei, die, menschenlos geworden, überflüssig würde.[113] Das bestritt Kelsos. Er fand, daß die Welt auch um der Tiere willen da sei.[114] Im Neuen Testament werden Leben und Leiden der Frommen als Prüfung verstanden, die sie der Nachfolge Christi würdig macht. Das Martyrium ist eine *imitatio Christi*, für den Märtyrer der sofortige Eingang in den Himmel, für alle anderen ein *instrumentum Dei* zur Verbreitung des Glaubens.[115]

q. Christliche Jenseitshoffnung

Die Standhaftigkeit der Christen im Leiden und Sterben wurde auf heidnischer Seite von Marc Aurels Leibarzt Galen anerkannt,[116] doch die Todesbereitschaft im Hinblick auf den himmlischen Lohn fand kein Verständnis. Das zeigen die wiederholten Nachfragen der römischen Richter, und auch einem Juden war das unbegreiflich, wie Justin in seinem ‹Dialog mit dem Juden Tryphon› schreibt. Aber das Martyrium «bezeugte» – *martyrein* – für jedermann sichtbar die Stärke des Glaubens und für viele zugleich dessen Richtigkeit. Die Kirche wuchs, so heißt es, und so war es, durch das Blut der Glaubenszeugen.[117] Die in der antiken Bildung Verwurzelten mußten sich fragen, was denn im Himmel zu erwarten sei. Offenbart wurde es laut Lukas dem Stephanus während seiner Steinigung. «Voll des Heiligen Geistes» sah er im Himmel die «Herrlichkeit Gottes und Jesum stehen zur Rechten Gottes», des Menschen Sohn.[118] Paulus spricht im Römerbrief vom ewigen Leben in Christo, vom Frieden mit Gott und von der zukünftigen Herrlichkeit, von Heil und Seligkeit im Jenseits. Aber was mochte er sich selbst, was sollten sich andere darunter vorstellen? Er selbst berichtet, einmal ins Paradies des dritten Himmels entrückt worden zu sein und unaussprechliche Worte vernommen zu haben.[119] Das habe ihm eine solche Wonne bereitet, daß er Lust verspüre, sein Leben zu beenden, um bei Christus zu sein, was auch viel besser wäre. Doch um der Gemeinde willen harre er aus.[120]

Die Evangelisten sodann bieten Genaueres zum Jenseits. Den armen Lazarus erwartet nach dem Tode die ewige Seligkeit «in Abrahams Schoß».[121] Gemeint ist ein Ehrensitz neben Abraham beim Festschmaus im Paradies.[122] Den Jüngern verheißt Jesus nach ihrem Tode die zwölf Richterstühle beim Weltgericht und das ewige Leben, wohl nicht immer auf diesen Stühlen. Denn das Paradies wird als ein Festmahl beschrieben, bei dem Wein getrunken und Brot gegessen wird und die Ehrengäste rechts und links von Jesus zu Tische liegen, wie das bei den Griechen üblich war und beim letzten Abendmahl beschrieben wird. Johannes «lag» an der Brust des Herrn.[123] Eine solche Vorstellung gibt es auch bei Platon. Gemäß Musaios, den er zitiert, erwartet die «Heiligen» im Hades ein ewiges Gelage.[124] Dem Christen vermittelte die pure Hoffnung auf das bloße Zusammensein mit Gott[125] im Paradies, in der himmlischen Heimat, ein solches Glücksgefühl, daß der Märtyrer sich dafür demonstrativ von den Löwen zerreißen ließ.

r. Ist der Tod das Ende?

Die Verheißung der ewigen Seligkeit und die Furcht vor dem höllischen Feuer motivierten die Annahme der «Frohen Botschaft», des Evangeliums. Eine solche Heilsgewißheit konnte keine Philosophie, keine Religion sonst bieten. Zwar gab es Jenseitsvorstellungen, doch blieben diese unscharf und unsicher. Epikur hatte jegliches Leben nach dem Tode bestritten und die Furcht vor ihm bekämpft. Lucrez pries ihn dafür,[126] und der ältere Plinius[127] stimmte zu. Nach dem letzten Tag im Leben, schreibt er, sei es wieder so wie vor dem ersten. Nur die menschliche Eitelkeit, die *vanitas*, lüge sich ein künftiges Leben zusammen, eine Unsterblichkeit der Seele oder eine Seelenwanderung, eine Wiederbelebung der Toten, eine Verwandlung in Manen oder gar in Götter. Eine eigenständige, vom Körper unabhängige Seele hätten Menschen ebensowenig wie andere Lebewesen. All das sei Aberglaube, der die vorzüglichste Wohltat der Natur, den Tod und die ewige Ruhe, zerstöre: *praecipuum naturae bonum, mortem.*

Wie populär der Glaube an die Endlichkeit allen Lebens war, zeigen die häufigen Grabinschriften vom Typus: «Einstmals waren wir nichts, dann wurden wir geboren, jetzt haben wir Ruhe und lassen die Sorgen zurück.» Man verstand die stehende Formel, selbst wenn auf dem Grabstein nur die Abkürzung zu lesen war: N.F.F.N.S.N.C. Der Tote spricht: *Non fui, fui, non sum, non curo* – «Ich war nicht, dann war ich, ich bin nicht, das kümmert mich nicht.»[128] Ingeniös hat Athenagoras[129] und nach ihm Tertullian[130] daraus ein Argument für die fleischliche Auferstehung gemacht: Wenn Gott dich einmal aus dem Nichts, das heißt aus Staub, geschaffen hat, dann kann er das doch wohl auch ein zweites Mal, wenn du in Staub zerfallen bist.

s. Antiker Unsterblichkeitsglaube

Die Formen des Unsterblichkeitsglaubens,[131] die Plinius benannte, finden wir bei Dichtern und Philosophen. Homer[132] zeigt uns das traurige Los der trojanischen Helden als Schatten im Hades; Sokrates[133] will dort mit den Vorzeitheroen philosophieren, wenn vielleicht der Tod doch nicht das Ende allen Daseins sein sollte, aber die ewige Ruhe – welch ein Gewinn! Sokrates weiß, daß er auch über ein Nachleben nichts weiß. Platon behauptet im Sinne politischer Pädagogik die Unsterblichkeit der Seele und ein Totengericht im Hades, das nach Verdienst und Schuld ewigen Lohn und ewige Strafe verhängt. Näheres wird nicht in Klartext mitgeteilt, sondern nur durch Mythen verbildlicht.[134] Pythagoras zuvor war der bekannteste Vertreter der Seelenwanderung, die jedoch nicht, wie im Buddhismus, ins erlösende Erlöschen, das Nirwana, führt. Die Folge der Wiedergeburten ist allenfalls durch die periodischen Welterneuerungen begrenzt.

In römischer Zeit gab es populäre Vorstellungen von Wiedergeburt durch Mysterien sowie vom Totengericht in der Unterwelt mit dem Elysium für die Guten und den Qualen für die Bösen, wie die Dichter sie ausmalen. Gedacht ist an Tantalos, Sisyphos und Ixion. Lukian[135] verhöhnt den Glauben daran. Indes vertrat keine Philosophenschule eine konsequente und attraktive Jenseitstheorie. Cicero verhieß dem verdienten Staatsmann einen Beobachtungsposten auf den Sternen, ist sich der Sache aber nicht ganz sicher.[136] Als nach Caesars Tod ein Komet erschien, glaubte man, das sei die Seele des in den Himmel aufgenommenen Dictators.[137] Die Verstirnung, der *katasterismos*, ist eine seit dem Hellenismus übliche Form der Heroisierung.[138]

Die Stoiker lassen das Thema Fortleben dahingestellt. Panaitios von Rhodos leugnete es,[139] Seneca nennt es eine *fama*, ein Gerücht, Marc Aurel denkt an Auflösung.[140] Quintilian, Tacitus und Galen bekunden ihr Unwissen über das, was nach dem Tode kommt. Platons Unsterblichkeitslehre fand im Jahrhundert Marc Aurels Anklang bei Plutarch, Apuleius und Pausanias, entwickelte sich aber nie zu einer logisch in sich geschlossenen Theorie mit dogmatischem Geltungsanspruch.[141] Einen solchen erhob aber die christliche Religion. Ihre Forderungen und Versprechen boten Suchenden Sicherheit. Augustinus schreibt am Beginn seiner Bekenntnisse an Gott, seiner *Confessiones*, den berühmten Satz: *inquietum est cor nostrum donec requiescat in te* – «ruhelos ist unser Herz, bis es Ruhe findet in Dir». Der Glaube gewährt Ruhe im Leben, die sonst erst im Grabe zu finden ist.

t. *Justins Apologien*

Lactanz behauptet um 315, unter den guten Kaisern zwischen Domitian und Decius, also zwischen 98 und 250, habe sich das Christentum unangefochten und wohltätig von Osten bis Westen ausgebreitet.[142] Er übergeht die Christenprozesse unter Marc Aurel sowie die Gegenstimmen. Bedrängnis bezeugen die an Hadrian gerichteten griechischen Schutzschriften für die Christen von Quadratus[143] und die für Antoninus Pius bestimmten von Aristides[144] und Justin. Dieser adressiert seine Apologie zugleich an Marc Aurel, Lucius Verus, an den «heiligen» Senat und das römische Volk.[145] Justin stammte aus Flavia Neapolis, dem alten Sichem in Samaria, dem heutigen Nablus, und leitete in Rom eine christliche Schule. Trotz seinem lateinischen Namen sprach und schrieb er Griechisch, so wie die Christen damals allgemein. Er war, so wie später Augustinus und andere Kirchenväter, nacheinander Anhänger verschiedener Philosophien: Stoiker, Peripatetiker und Pythagoreer, insbesondere aber bewunderte er Platon, der dann Justins Verständnis des Christentums geprägt hat. Seine Bekehrung führt Justin auf die Begegnung mit einem alten Weisen zurück, der ihn von der Wahrheit der christlichen Heilsbotschaft überzeugt und ihm die Glaubensgewißheit ewiger Seligkeit vermittelt habe.

Anlaß für die Abfassung der Apologien war die Hinrichtung von drei Christen in Rom durch den Stadtpräfekten Quintus Lollius Urbicus unter Antoninus Pius,[146] der seltsamerweise in der kanonisierten Liste der zehn Christenverfolger nicht auftaucht. Warum aber schrieb dann Justin seine Schutzschrift? Er verteidigt die Christen gegen ihre Ankläger und wirbt für den neuen Glauben bei den Heiden. Ist es kein Widersinn, Christen nur wegen ihres Namens als Christen zu verurteilen, ohne daß ihnen Straftaten nachgewiesen sind? Justin zitiert das erwähnte, vermutlich von ihm selbst fingierte Schreiben Hadrians, das doch – wäre es historisch – die erwähnten Hinrichtungen unmöglich und die Apologien von Quadratus und von ihm gegenstandslos gemacht hätte.[147] Gesetzesverstöße bestreitet Justin durchaus glaubwürdig. Er erklärt, Christen seien die besten Untertanen des Kaisers, weil sie die Gebote der Bergpredigt gewissenhaft befolgten, Steuern zahlten und stets loyal geblieben seien, wenn sich die Juden gegen die Römer erhoben, so, als sie in dem von Bar Kochba angeführten Aufstand (132 bis 135) unter Hadrian schwer zu leiden hatten.[148] Schon im ersten Jüdischen Krieg unter Titus waren sie romtreu geblieben.[149] Anders als die fundamentalistischen Zeloten im Heiligen Land[150] wollen die Christen das Reich Gottes nicht selbst herbeiführen, sondern erwarten geduldig, betend und wachend den Paraklet, den Erlöser «auf den Wolken des Himmels», wie Jesus den Propheten Daniel zitiert.[151] Die zweite Bitte des Vater-Unsers «Dein Reich komme!» will den Vorgang nicht beschleunigen, sondern die Gläubigen darauf vorbereiten.

Der einzige Vorwurf, den die Römer gegen die Christen erheben könnten, so Justin, sei der, daß diese nicht ihre Götter anbeten. Diese aber seien in Wahrheit teuflische Dämonen, gefallene Engel, die an allen Irrlehren und Bosheiten schuld seien. Diese selbst und die von ihnen Verführten, so auch die Christenverfolger, erwarte beim Weltgericht das ewige Höllenfeuer. Platon[152] habe die Unterweltstrafe auf tausend Jahre begrenzt, aber Christus lehre die Verdammnis der Ungläubigen in der Gehenna ohne Ende.[153] Justin droht dem Kaiser und allen, die sich nicht bekehren.[154]

Plädiert Justin für eine Duldung der Christen, so betont er gleichwohl, daß diese freudig für ihren Glauben sterben, ja das Martyrium willkommen heißen. In der Bergpredigt steht: «Selig sind, die um der Gerechtigkeit willen verfolgt werden, denn das Himmelreich ist ihr.»[155] Der Tod vereint den Blutzeugen sofort mit Gott, während alle anderen Toten in einem Zwischenreich, dem Hades, auf ihre Erwekkung kurz vor dem Weltgericht warten müssen. Dies aber trete ein, sobald die Zahl der Erlösungsfähigen erfüllt sei. Die durch die Todesbereitschaft der rechtgläubigen Christen bewiesene Standhaftigkeit bezeuge außer ihrer Unschuld die Wahrheit ihres Glaubens. Die Göttlichkeit Christi ergebe sich aus seinen Wundertaten, nachzulesen in den ‹Akten des Pontius Pilatus›, – abermals eine Fälschung[156] –, und namentlich aus den Messiasverheißungen der Propheten, zumal des Jesaja, die eingetroffen seien und damit zugleich die Voraussagen des Weltendes beglaubigten. Justin denkt an alte Stimmen angeblich von 800, 2000, 3000 und 5000 Jahren vor der Geburt Jesu.[157]

Den Glaubenswechsel erleichtert Justin seinen heidnischen Lesern durch die sympathische These, daß der in Christus fleischgewordene Logos, der *logos spermatikos*, keimhaft in jedem Menschen angelegt sei. Philosophen wie Sokrates und Heraklit seien beinahe schon Christen gewesen. Auch in den heidnischen Mythen findet er Bestätigung für christliches Gedankengut, so in der Erzählung von Herakles am Scheideweg, von der Jungfrauengeburt des Perseus durch Danaë, vom Weltuntergang bei Hydaspes und bei Asklepios, der Tote erweckt habe und in den Himmel aufgefahren sei. Der Hermes Logios deute auf den christlichen Logos voraus. Wie schon Philo Judaeus erklärt Justin den Moses zum ältesten Philosophen, der zumal Platon inspiriert habe. Am Ende seiner Briefe bittet Justin darum, sie zu veröffentlichen, was dann geschah.[158]

u. Crescens gegen Justin 167

Justin hat seine Bereitschaft, für den Glauben zu sterben, unter Beweis stellen müssen. Das hat sich früh angekündigt. Bei seinem ersten Aufenthalt in Rom, wo er unbehelligt als Katechet lehrte, wurde er von seinem philosophischen Gegner Crescens angegriffen, so daß Justin damit rechnete, von diesem angezeigt und dann verhaftet zu werden. Crescens war Kyniker. Deren von Antisthenes († 360 v. Chr.) gestiftete und von Diogenes († 325 v. Chr.) popularisierte Lehre hatte vieles gemein mit dem Christentum. Beide Bewegungen vertraten einen strengen Monotheismus, eine asketische Lebensführung, die Verachtung aller Götter und Güter, aller Freuden und Konventionen zugunsten einer natürlichen Bedürfnislosigkeit.[159] Das verband sie zudem mit den Stoikern, Diogenes wurde auch von Marc Aurel bewundert.[160] Ziel der kynischen wie der stoischen Ethik war die Befreiung der Seele von Emotionen auf Erden, nicht die Gewinnung des Himmelreiches. Die Kontroverse zwischen Crescens und Justin ging gewiß um das Verhältnis zwischen Vernunft und Offenbarung. Daß die Kirchenväter ihrem Glaubensbruder Justin den Sieg zusprachen, verwundert nicht.

Den Streit zwischen Crescens und Justin bezeugt ebenso der Syrer Tatian, der Schüler Justins war und eine scharfe Polemik gegen das Heidentum verfaßte,[161] ehe er vor 172 Rom verließ und als strenger Asket in «Assyrien» eine Evangelienharmonie, das *Diatessaron*, zusammenstellte, eine später weitverbreitete Zusammenfügung der vier Evangelien. In seiner Schmähschrift auf die römische Religion greift Tatian auch Crecens an, wie üblich über und unter der Gürtellinie. Crescens habe ihm und Justin den Tod gewünscht. Aus diesen Zeugnissen folgerte Euseb, Crescens habe Justin tatsächlich vor Gericht gebracht und seinen Tod schon unter Pius 155 bewirkt.[162] Das war aber nicht der Fall.

Den Prozeß gegen Justin kennen wir aus den frühchristlichen Märtyrerakten,[163] den ältesten und ausführlichsten neben denen zum Tod Polykarps, des Bischofs von Smyrna. Den Märtyrerakten zugrunde liegen offenbar Verhörprotokolle, von amtlichen *notarii* in Kurzschrift auf Papyrus geschriebene *commentarii*, die von diesen zur Kenntnis christlicher Gemeindemitglieder gelangten und in die uns erhaltene Form gebracht wurden. Sie wurden für den liturgischen Gebrauch – wer weiß wie? – bearbeitet, aus der lateinischen Gerichtssprache ins Griechische übersetzt, legendär angereichert und literarisch stilisiert.[164]

Der Richter Justins war der römische Stadtpräfekt Quintus Junius Rusticus, der Marc Aurel in der stoischen Philosophie unterrichtet hatte.[165] Als Jahr des Verfahrens gilt 167. Von dem Streit mit Crescens zwölf Jahre zuvor weiß die Akte nichts, der Ankläger wird nicht genannt. Das Verhör begann mit der Aufforderung des Präfekten an Justin, an die Götter zu glauben und dem Kaiser zu gehorchen. Auf die Frage, zu welcher Lehre er sich bekenne, antwortet Justin, er habe alle geprüft, ehe er die wahre Lehre der Christen angenommen habe, auch wenn diese den Irrgläubigen nicht gefalle. Nach dem Inhalt des Glaubens befragt, bekennt sich Justin zum Gott der Christen, dem Schöpfer aller Dinge, und zu Jesus Christus, Gottes Sohn, den die Propheten als Künder der Erlösung und Lehrer der Guten vorausgesagt haben sollen. Nun will Rusticus wissen, wo die Gemeinde sich trifft, denn das geschah ja im Verborgenen. Justin weicht aus, Gott werde überall angebetet. Seine Schüler lehre er in seiner Wohnung, im Obergeschoß des Hauses eines gewissen Martin, nahe den Bädern des Timothinus alias *Thermae Novati* auf dem Viminalischen Hügel. Sie standen leer und dienten als Versammlungshalle der Christen.[166] Diesen Kultort der Christen verschweigt Justin, Rusticus fragt nicht nach. «Dann bist du also Christ?» Justin bejaht es.

Nun verhört Rusticus die fünf Mitangeklagten aus Kleinasien, vier mit griechischem Namen, darunter eine Frau und einen kaiserlichen Sklaven. Alle bekennen Christus. Justin wird gefragt, ob er glaube, nach der Geißelung und Enthauptung in den Himmel aufzufahren, und antwortet: Das wisse er. Nun sollen die Angeklagten zusammentreten und den Göttern opfern. Stets versuchen die Richter, den Christen die Hinrichtung zu ersparen. Ein Wort und eine Handbewegung, und sie waren frei. Aber die Christen weigern sich. Justin sagt: «Wir bitten durch unseren Herrn Jesus Christus, bestraft zu werden, damit wir dem furchtbaren Weltgericht entgehen.» Rusticus befiehlt die Enthauptung wegen Verweigerung des Opfers und Ungehorsams gegen den Kaiser, «wie das Gesetz es verlangt».

Wie bisher beschränkte sich die «Verfolgung» auf persönlich Angeklagte. Die römische Gemeinde blieb unbehelligt. Sie barg die Leichen der toten Glaubensbrüder und bestattete sie heimlich.[167] Im Heiligenkalender erscheint Justinus Martyr am 1. Juni, eine größere Verehrung wurde ihm nicht zuteil. Die Sukzession der Päpste wurde nicht unterbrochen. Auf dem Stuhl Petri saß weiterhin Soter, der die christlichen Bergarbeiter unterstützte,[168] die Montanisten bekämpfte und das Osterfest am ersten Sonntag nach Frühlingsvollmond feierte, wie das Constantin 325 reichsweit anordnete.[169] Gewöhnlich werden mit dem Prozeß gegen Justin auch die Martyrien des nicht lokalisierten und nicht datierten Pionius und der drei Glaubenszeugen von Pergamon verbunden, deren Namen Euseb überliefert.[170] Wahrscheinlicher aber ist die Verfolgung unter Decius 250.[171]

Die Eröffnung des Verfahrens gegen Justin und seine sechs Schüler verbindet die älteste Fassung der Akte mit «gottlosen Erlassen», die nach einer jüngeren Version von «gewissenlosen Verfechtern der Götzenkulte» gegen die frommen Christen in Stadt und Land in Kraft gesetzt worden seien, um sie zu nötigen, den albernen Idolen zu opfern.[172] Zugrunde liegt offenbar Marc Aurels Berufung fremder Priester nach Rom, um göttliche Hilfe zu erhalten, und das siebentägige Göttermahl, als im Krisenjahr 167 der «Markomannenterror» und die Pest eine Panik in Rom ausgelöst hatten.[173] Ein reichsweites Opfergebot gab es nicht, noch weniger eine Maßnahme speziell gegen die Christen. Eine neue Gesetzeslage steht hinter dem Justinusprozeß nicht, denn das Verfahren hielt sich ganz im Rahmen der

Bestimmungen Trajans ohne Rückgriff auf eine allgemeine «Christenbestrafung», die sich erst 250 unbeabsichtigt aus dem reichsweiten Opferbefehl des Decius ergab.[174] Wenn die Kirchenväter hier von einer *persecutio*, einer Verfolgung sprechen, die moderne Forschung gar von einer ersten Welle der Christenverfolgung unter Marc Aurel,[175] so ist das stark übertrieben. Ein Zusammenhang des Justinprozesses mit den Zeremonien des Notjahres 167 muß nicht angenommen werden.

v. Polykarp und die «neuen Verordnungen»

Ein zweites Zentrum der Auseinandersetzung mit den Christen neben Rom war Kleinasien. Dort hatte der neue Glaube schon vor Paulus Wurzeln geschlagen und seit Plinius Probleme aufgeworfen. Unter den Antoninen ist das Martyrium des Polykarp zu nennen. Er war hochbetagt und angeblich von den Aposteln zum Bischof von Smyrna bestellt. Seinen Tod schildert Euseb nach einem Brief der Gemeinde von Smyrna an die einer Nachbarstadt und an die «ganze Welt». Nachdem schon einige Christen gefoltert und den Bestien vorgeworfen worden waren, da der Statthalter sie nicht zum Kaiseropfer überreden konnte, habe der junge Germanicus sich todeswillig auf die zögernden Löwen gestürzt. Daraufhin habe die Menge geschrien: «Hinweg mit dem Gottlosen! Auf, zur Suche nach Polykarp!» Der Phryger Quintus, der sich gestellt hatte, sei beim Anblick der Tiere schwach geworden und habe, um sein bißchen Leben zu retten, sein ewiges Seelenheil verraten – ein schlechtes Beispiel!

Polykarp floh, wurde aber gefangen und von dem Irenarchen, dem Chef der Stadtpolizei, bedrängt «Herr Kaiser» zu sagen. Dasselbe versuchte der richtende Prokonsul mehrfach vergebens. Im Verlauf des Gesprächs erbat Polykarp vom Prokonsul einen Termin, um ihn über das Christentum zu belehren und zu bekehren. Der aber erwiderte: «Überzeuge das Volk», zu ergänzen: «davon, daß ihr keine Untaten im Geheimen begeht und loyale Untertanen des Kaisers seid, so daß man nicht länger gegen euch hetzt.» Hätte das nicht den Kaisereid erfordert? Als Polykarp unerschrocken um die Löwen bat, drohte der Prokonsul mit Feuer. Aber der Bischof warnte ihn umgekehrt vor dem viel schlimmeren höllischen Feuer.

Die Heiden und Juden auf den Rängen aber forderten einen Löwen für Polykarp. Der Provinzialpriester und Spielleiter ließ ausrufen, die Tiernummer sei leider beendet, die Bestien waren satt. Nun sollte Polykarp verbrannt werden, aber das Feuer mied ihn. Der Konfektor mußte ihn erstechen. Der Tote wurde verbrannt, die Asche der Gemeinde überlassen. Das konnten die Juden nicht verhindern, sie hetzten am heftigsten gegen die Christen. Polykarp war der zwölfte Märtyrer, die nicht näher bestimmten aus Philadelphia in Lydien, türkisch Alashehir, eingerechnet.[176] Euseb erwähnt Verfolgungen in Asien allgemein und nennt noch das Martyrium von zwei Katholiken und einem markionitischen «Irrlehrer».[177] Es handelt sich bei Polykarp offenbar um eine Volksfesthinrichtung anläßlich des jährlichen Provinziallandtags.

Das Martyrium Polykarps ist als Zeugnis für Marcus und seine Welt bemerkenswert, auch wenn schon seit 150 Jahren immer noch umstritten ist, ob es sich schon unter Pius 155[178] oder erst unter Marc Aurel 167 abgespielt hat.[179] Der in den Märtyrerakten überlieferte Name des Prokonsuls Quadratus ist nicht singulär. War es Lucius Statius Quadratus, den Aelius Aristides im Jahre 166 erwähnt, so starb Polykarp unter Marc Aurel.[180]

Die in jedem Fall prekäre Lage der Christen Kleinasiens unter Marc Aurel erhellen die von dort stammenden Bittschriften an ihn. Verloren sind die von Apollinaris, dem Bischof in Hieropolis in Phrygien, dem heutigen Pamukkale, und die des Rhetors Miltiades, der zugleich gegen die Ketzer, die Heiden und die Juden polemisierte.[181] Von der reichen theologischen Literatur der Zeit, deren Titel Euseb verzeichnet, ist nichts erhalten, doch dürften die Themen und Argumente kaum über das Bekannte hinausgegangen sein.

Zum Jahr 170 nennt die Chronik Eusebs das Sendschreiben an Marc Aurel, das Meliton, der Bischof von Sardes verfaßte.[182] Darin beklagt er «neue Verordnungen» für Asien,[183] aufgrund deren die gottesfürchtigen Christen verschreckt und verfolgt würden, da sich an ihrem Besitz unverschämte Denunzianten räuberisch bereichern wollten. Zum Tode Verurteilte wurden rechtmäßig enteignet, dem Ankläger stand als Quadruplator ein Viertel ihres Vermögens zu. Meliton schreibt an Marcus, falls er selbst die Verordnung erlassen habe, sei es eben hinzunehmen, anderenfalls möge er den Urheber und die Ursache der Todesdrohung prüfen, die nicht einmal gegen Barbaren gerechtfertigt sei.

An diese Notiz knüpft sich die Frage, ob Marcus das Verfolgungsverbot Trajans aufgehoben und damit eine Wende in der Politik gegenüber den Christen herbeigeführt habe. War die Bestimmung auf Asien beschränkt, hat sie der Prokonsul in Ephesos erlassen.[184] Andererfalls könnte eines der im *Corpus Iuris Civilis* überlieferten oder ausgewerteten Religionsgesetze des Kaisers gemeint sein. Da heißt es: «Wer leichtgläubige Menschen mit abergläubischer Götterfurcht verschreckt, soll auf eine Insel verbannt werden.»[185] Näheres bieten die Rechtsgelehrten: Die Statthalter sind für die Ruhe in den Provinzen verantwortlich. Tempelschänder (*sacrilegi*),[186] Räuber (*latrones*) und Menschenfänger (*plagiarii*) sind aufzuspüren und erstere verschärft zu strafen.[187] Von Christen und einer staatlichen Fahndung nach ihnen ist in den «neuen Verordnung» nirgends die Rede,[188] eine veränderte Haltung des Kaisers ihnen gegenüber läßt sich nicht bestätigen.[189] Dennoch hat anscheinend der Tenor der Edikte die Christenfeinde in Asien animiert, Anklage zu erheben. Gegen die Bereicherungsabsicht von Denunzianten ist Marc Aurel eingeschritten.[190]

w. Der große Prozeß in Lyon 177

Ein dritter Fokus der Verfolgung neben Rom und Asien war Gallien. Zehn Jahre nach dem Ende Justins im Sommer 177 kam es zu dem Massenmartyrium in Lyon.[191] Das keltische Lugdunum war die Hauptstadt der *Tres Galliae*, Zentrum der Verwaltung, der Wirtschaft und des Kaiserkultes. Dort lebten Händler aus allen Provinzen, Anhänger orientalischer Religionen und seit dem 2. Jahrhundert gab es auch eine griechische Kolonie von Christen, begründet von Kleinasien aus. Den Anfang nahm die christliche Gemeinde gewöhnlich von der Synagoge, um die sich nach der Bekehrung der Juden auch Griechen und Einheimische scharten. Wie die Juden so lebten die Christen in den Städten, nicht in den Dörfern, wo sich später der alte Glaube zäh hielt, so daß der Begriff für den Landmann, *paganus*, bei christlichen Autoren den «Heiden» bezeichnete. Es waren immer wieder die städtischen Massen, das *profanum vulgus*, das gegen die Christen hetzte. Unter Marc Aurel habe es, so Euseb, in verschiedenen Teilen der Welt «Myriaden», also Zehntausende, von Märtyrern gegeben, wie er aus den Vorgängen in Gallien vermutungsweise (*stochasmōi*) erschließt.[192] Müssen wir das übernehmen?

Was in Lyon den Ausbruch der Volkswut gegen die Christen veranlaßt hat, wird in der kirchlichen Überlieferung verschwiegen. Es war irgendein Vorfall im Juni 177. Einen örtlichen Anlaß muß es gegeben haben, denn in anderen Städten lebten die Christen unbehelligt.[193] Euseb zitiert im griechischen Original ein langes, ausführliches Schreiben der Gemeinden von Lugdunum und Vienna nach dem Ende des Pogroms an ihre Glaubensbrüder in Asien und an die damals noch als Glaubensbrüder betrachteten Montanisten in Phrygien, das heißt an die Christen in West- und Zentralanatolien.[194] Der Text wurde verfaßt vielleicht von Irenaeus, dem Schüler des Polykarp, der als Priester in Lugdunum die Verfolgung während einer Reise nach Rom überlebte und danach Bischof in Lugdunum wurde. Seine Gewährsleute gehörten offenbar zu den Überlebenden der Verfolgung.

Irenaeus deutet das Geschehen als Werk des Teufels und als Vorspiel zum apokalyptischen Harmagedon.[195] Die Absicht des Teufels war, durchaus christlich gedacht, die Christen zum Abfall vom Glauben zu bringen, so daß sie ihm gehören. Denn das hatte der Widerruf zur Folge.[196] Der Vorwurf gegen die Christen lautete wieder stereotyp auf thyesteische Mahlzeiten mit Kinderopfern und ödipudeische Beilager, also Inzest. Sehr plastisch beschreibt der Brief, wie die Christen gemäß der Vorhersage Jesu diffamiert und drangsaliert wurden.[197] Der Brief nennt die prominenten Opfer mit Namen, darunter den neunzigjährigen Bischof von Lugdunum Pothinus, voller «Sehnsucht» nach der «Freude des Martyriums», denn die irdischen Leiden seien nichts gegen das himmlische Glück;[198] weiterhin traf es einen Diakon aus Vienna, zwei Frauen, einen Arzt und einen angesehenen römischen Bürger aus Pergamon. Der Sklave Sanctus habe die Aussage verweigert und immer nur lateinisch geantwortet: «Ich bin Christ»;[199] offenbar sprachen die übrigen Christen griechisch.

Der Gemeindebrief beschreibt die Foltermethoden und das Schicksal der Opferwilligen, die trotzdem nicht alle davonkamen. Das war widerrechtlich.[200] Ein Rechtsbruch war ebenso der Fahn-

Abb. 29: Christliche Märtyrer in der Arena, Gemälde von Jean-Léon Gérôme, 1880. Die *ad bestias* Verurteilten wurden den Tieren einzeln nackt und gefesselt vorgeworfen.

dungsbefehl des Statthalters.[201] Er wurde allerdings nicht ausgeführt, denn die Gemeinde als solche blieb bestehen. Die Christenhetze in Lyon muß sich über einige Wochen erstreckt haben. Der Schlußakt fand statt am Kaiserfest des gallischen Provinziallandtags, am 1. August 177.[202] Der Statthalter ließ die Beschuldigten, Männer wie Frauen, in aller Öffentlichkeit vor die Richtertribüne treten, verhörte sie nochmals, um ihnen Gelegenheit zu geben, einen Freispruch zu erwirken.[203] Sie aber blieben fest, und der Richter sprach sein Urteil. Reuige und Leugner wurden entlassen, die bekennenden römischen Bürger enthauptet, die anderen den Zirkusbestien vorgeworfen.[204] Dies sei geschehen gemäß einem Reskript Marc Aurels,[205] das ebenso unhistorisch ist wie sein Schutzbrief von 161, der das Gegenteil verordnet.[206] Da die Verurteilten den Spielgebern verkauft wurden, ist ein Zusammenhang mit dem Gladiatorenedikt Marc Aurels vermutet worden.[207]

Die Zahl der Toten ist überliefert. In seinem Märtyrerkatalog spricht Euseb von 48 Opfern.[208] Die Leichen wurden verbrannt, ihre Asche in die Rhône geworfen, um den christlichen Grabkult zu verhindern. Ebenso verfuhren die Christen ihrerseits später mit verurteilten und verbrannten Ketzern. Die Asche von Jan Hus wurde 1415 in den Rhein bei Konstanz gekippt, die von Girolamo Savonarola 1498 bei Florenz in den Arno. Auch politische Verbrecher wurden so entsorgt. Die Asche der in Nürnberg verurteilten Nationalsozialisten kam 1946 in den Conventzbach südlich von München, die von Adolf Eichmann 1962 ins Mittelmeer.

Der Sammelprozeß von Lyon 177 führte zum größten Blutopfer, das den Christen bis dahin abverlangt worden war. Selbst wenn wir die – vermutlich späteren – drei Märtyrer von Pergamon hinzunehmen, weckt der Begriff von einer «Welle der Verfolgung»[209] falsche Vorstellungen. Daß der Statthalter in zwei Fällen über die trajanische Rechtsordnung hinausgegangen ist, beweist noch keinen «Wendepunkt in den Beziehungen zwischen dem römischen Staat und der christlichen Kirche».[210] Denn verurteilt wurden nur denunzierte Einzelne, nirgends die Gemeinde als solche. Das Verfahren blieb grundsätzlich das alte, wie später der Prozeß in Scilli zeigt und Tertullian bestätigt. «Neue Verordnungen» gegen die Christen sind ebensowenig nachweisbar wie ein Verfolgungsbefehl durch den Kaiser.[211] Im Laufe der Überlieferung wuchs in der Literatur die berichtete Zahl der Opfer und steigerte sich die Härte der Maßnahmen. Ohne die christlichen Quellen wüßten wir über die Prozesse nach Plinius nichts, kein heidnischer Autor würdigt sie einer Erwähnung, Kriminalfälle waren kein historischer Stoff.

x. Der kleine Prozeß in Scilli 180

Wiederum in den Bahnen der Ordnung Trajans verlief dann, schon unter Commodus, der Prozeß gegen zwölf namentlich überlieferte Christen aus Scilli, einem nicht lokalisierten Städtchen der Provinz Africa Proconsularis. Er wurde geführt von Saturninus, mit vollem Namen Publius Vigellius Raius Plarius Saturninus Atilius Braduanus Caucidius Tertullus.[212] Der Name verrät eine Verwandtschaft mit Annia Caucidia Regilla, der Frau des Herodes Atticus. Saturninus war unter Marc Aurel Legat der *Legio V Macedonica*, der «mit dem Stier», zu Troesmis in der Dobrudscha und wurde kurz vor Marc Aurels Tod vom Senat zum Prokonsul in Africa bestimmt. Das Amt trat er in den ersten Monaten unter Commodus an.[213] Am 17. Juli

180 kam es im *secretarium* des Statthalters in Karthago zum Verhör, in den *Acta Scillitanorum* protokolliert. Es ist die älteste erhaltene christliche Schrift auf Latein.[214]

Von einem Druck der Straße verlautet nichts, zugrunde lag offenbar die Anzeige eines Klägers. Das Verfahren zeigt wiederum das Dilemma zwischen der Rechtslage und der Humanität, die an der Standhaftigkeit der Beklagten scheiterte. Der Richter ließ nichts unversucht, um die Christen zum Kaiseropfer zu bewegen. Statt dessen suchte umgekehrt der Sprecher der Zwölf den Statthalter für den Glauben an Jesus zu gewinnen, um ihm die Hölle zu ersparen. Das verbat sich der Richter, er hätte sich dann selbst verurteilen müssen. Die angebotene Bedenkzeit von dreißig Tagen lehnten die Christen ab und wiederholten ihr Bekenntnis. Daraufhin ließ Saturninus die Zwölf ohne weitere Verschärfung köpfen. Der Ruhm dieser Märtyrer spiegelt sich in den Schriften von Tertullian und Augustinus, der Bericht wurde am Todestag im Gottesdienst zwecks Nachahmung verlesen. Es fällt auf, daß den Aberhunderten von nordafrikanischen Christen, auch denen in Karthago selbst, nichts widerfuhr.

Unter Commodus gab es noch einen weiteren Prozeß, den gegen den Alexandriner Apollonios unter dem Gardepräfekten Perennis in Rom[215] in der Zeit zwischen 180 und 185. Die auch in diesem Falle angebotenen drei Tage Bedenkzeit änderten nichts an der Todesbereitschaft des «Asketen». Er bemitleidete vielmehr den Präfekten, dem die göttliche Gnade entging. Apollonios wurde an einem 21. April, dem Geburtstag Roms, geköpft. Die Gemeinde feierte den Jahrestag. Eine allgemeine Christenverfolgung gab es auch unter Commodus nicht, war doch seine Konkubine – und Mörderin – Marcia selber – beinahe – Christin![216]

γ. *Die Aberkios-Legende*

Trotz des Pogroms in Lyon 177 blieben die Christen Marc Aurel gewogen. Er war für sie kein «neuer Nero». Das zeigen die Kirchenväter, das bestätigt die Legende, so die von Aberkios. Sie stammt aus dem späteren 4. Jahrhundert und ist in drei Varianten überliefert.[217] Aberkios war demnach ein hochheiliger Bischof von Hieropolis[218] in Phrygien. Er zerschlug die Götterbilder, erregte damit Aufruhr, heilte Blinde und taufte die Menge. Marc Aurel hört von ihm durch den Bischof von Smyrna Euxeinianos, der zum Wiederaufbau der vom Erdbeben zerstörten Stadt[219] spürbare Hilfe geleistet hat. Der gute Kaiser dankt ihm dafür ehrfurchtsvoll in einem Brief und bittet ihn, Aberkios zu bewegen, nach Rom zu kommen, er werde dringend gebraucht. Denn Marc Aurels Tochter Lucilla, die Verlobte des Lucius Verus, war erkrankt. Der in sie gefahrene Dämon hatte aus ihrem Mund verkündet, er werde nur Aberkios weichen. Während der Kaiser gegen die Barbaren kämpft, erscheint der Bischof in Rom, wird dem Stadtpräfekten Cornelianus und der Kaiserin Faustina vorgestellt und vertreibt den Dämon aus dem Leibe Lucillas. Zum Dank für die wunderbare Heilung erbittet und erhält Aberkios vom Kaiser Geld für den Bau eines Bades an den heißen Quellen von Hieropolis und eine jährliche Lieferung von dreitausend Scheffeln Weizen. Christentum und Kaisertum erscheinen hier unter Marc Aurel in schönstem Einvernehmen.

Die russische Version der Vita[220] enthält Fragmente der metrischen Grabinschrift des Aberkios, die ergänzt werden konnte durch einen Stein aus Hieropolis, der dort 1881 von William Ramsay gefunden wurde. Der Text – falls er richtig ergänzt wurde – bestätigt nicht nur die Geschichtlichkeit des Aberkios, sondern auch seine Reise nach Rom, wo er die *basileia* und die *basilissa* gesehen habe, also vermutlich die Kaiserin und die Prinzessin.[221] Daraus könnte die Heilungslegende entstanden sein.[222]

Aus dem frühen 5. Jahrhundert stammt der Bericht des Orosius über die Prozesse unter Marc Aurel, durchgeführt angeblich «auf dessen Befehl», *praecepto eius.*[223] Indem Orosius die Christenverfolgung und die daraufhin erfolgte göttliche Strafe der Pest mit dem Partherkrieg verbindet, im Quadenkrieg sodann bei dem Regenwunder das Bekenntnis Marc Aurels zum Christengott als dem Retter des Heeres berichtet, nimmt er einen Gesinnungswandel des Kaisers vom Verfolger zum Beschützer der Christen an, wie es auch das abschließende große Lob auf den Kaiser voraussetzt. Einen zweifachen Gesinnungswandel Marc Aurels suggerierte zuvor Euseb, der für das Jahr 161 den christenfreundlichen Schutzbrief des Kaisers für Ephesos, 177 den christenfeindlichen Hinrichtungsbefehl für Lyon meldet und anschließend die wieder christenfreundliche Danksagung für das Regenwunder, das freilich dem Prozeß in Lyon vorausgeht.[224] Die Legendenbildung ist verquer.

In Anlehnung an Augustinus[225] parallelisiert Orosius in figuraler Bibelinterpretation die zehn ägyptischen Plagen Pharaos, der die Israeliten nicht ausziehen lassen will, mit den «zehn» Christenverfolgungen. Nach jeder habe Gott die Römer gestraft, so wie einst die Ägypter; in der vierten biblischen Plage durch die Stechmückenschwärme, in der vierten Verfolgung nach Nero, Domitian und Trajan unter Marc Aurel durch die große Seuche.[226] Die Zählung findet sich noch bei Otto von Freising in seiner *Historia de duabus civitatibus.*[227]

z. Melitons Romtheologie

Die Doppelbürgerschaft der Christen als Angehörige der *Civitas Dei*, der spirituellen Gottesgemeinde, einerseits und der *Civitas terrena*, des Römischen Reiches, andererseits, erforderte von Anfang an eine Klärung. Es ging um die Vereinbarkeit von Imperium und Ekklesia. Die radikal antirömischen Sibyllinen repräsentieren nur eine Unterströmung im christlichen Denken. Versöhnlich argumentierte Athenagoras von Athen in seiner Schutzschrift für die Christen[228] aus dem Jahre 177, die allerdings von den Vorgängen in Lyon noch nichts wußte. Der Autor wendet sich an Marc Aurel und Commodus, er droht den Christenverfolgern nicht mit dem höllischen Feuer, sondern versucht sie zu überzeugen, indem er sich nicht auf die Bibel, nicht einmal auf Christus bezieht, sondern auf die griechischen Philosophen, die den Logos bereits geahnt haben, ehe die christliche Wahrheit offenbart wurde. Athenagoras weist den Vorwurf des Atheismus und die übrigen Anklagen zurück, er lobt die Weisheit und Menschenliebe der Kaiser, rühmt die sittliche Haltung der Christen und bezeichnet sie als loyale Untertanen, die für die Herrschaft beten, die in gerechter Erbfolge vom Vater auf den Sohn übergehend, die ganze Welt umfassen möge.

Die hier angenommene Vereinbarkeit von Christentum und Kaisertum vertrat unter und kurz nach Marc Aurel ebenso Theophilos von Antiochia, der einzige Bischof unter den Apologeten, in seiner Verteidigung des Christentums, gerichtet an den Heiden Autolykos.[229]

Der Autor nennt sich «Christ», weil er mit göttlichem Öl «gesalbt» sei, *christos.* Jesus kommt in der ganzen Schrift nicht vor, ebensowenig Paulus. Theophilos beruft sich auf die Genesis und die Propheten, den ältesten und einzig wahren Glauben, preist die christliche Moral und den biblischen Gottesgedanken und verlästert den Götzendienst. Zur Auferstehung der Toten verweist er auf Parallelen: auf Herakles und Asklepios, auf die Natur im Frühjahr und die Erneuerung des Mondes. Theophilos liefert einen Abriß der Weltgeschichte bis zum Tode Marc Aurels, 5695 Jahre nach der Erschaffung der Welt. Der Kaiser verdankt Gott seine Stellung, ist aber selber kein Gott; die Christen ehren ihn, aber verehren ihn nicht; sie beten für ihn, aber beten ihn nicht an. So ist ein Zusammenleben doch möglich!

Die Harmonisierung von Kirche und Reich vollendet sich in der Augustus- oder Romtheologie. Den Ansatz bietet das Gleichnis vom Zinsgroschen «Gebt dem Kaiser, was des Kaisers ist», bestätigt durch das Wort des Petrus «Fürchtet Gott, ehret den Kaiser!» gemäß den Sprüchen Salomonis.[230] Kanonisch wurde das 13. Kapitel des Römerbriefes von Paulus, der die Christen zum Gehorsam gegenüber dem Kaiser verpflichtet, und dann das Lukasevangelium mit der Weihnachtsgeschichte. Sie verknüpft das Heilsgeschehen mit der römischen Politik. Die Geburt des Welterlösers folgt dem Gebot des Weltherrschers, «daß alle Welt geschätzet würde». So sei Gott in Gestalt von Jesus als römischer Bürger zu Welt gekommen.[231] Die *Pax Augusta* erfüllte nach Gottes Voraussicht eine heilsgeschichtliche Aufgabe, sie ermöglichte die Mission.[232]

Das Kronzeugnis für die Romtheologie bietet der Bischof Meliton von Sardes in seiner oben behandelten «kleinen Bittschrift» an Marc Aurel. Meliton weist den Kaiser darauf hin, daß die christliche «Philosophie», die unter Augustus zu blühen begann, dem Reich viel Segen beschert habe, Wachstum an Glück, Glanz und Größe. Der Kaiser möge diese ihm nützliche Religion in Ehren halten, so wie das auch Hadrian und Antoninus Pius in ihren – angeblichen – Schreiben nach Kleinasien getan hätten.[233] Das Verhältnis Christi zu Gott konnte man mit dem Doppelprinzipat von Marc Aurel und Lucius Verus vergleichen.[234] Die sinnvolle Gemeinschaft von Christentum und Reich verkündet die zeitgenössische Legende zum Regenwunder im Quadenland.[235]

Die Romtheologie mit ihrer providenziellen Synergie zwischen dem irdischen Frieden des Augustus und dem himmlischen Frieden Jesu hat sich behauptet. Auch Tertullian betont die seit Christus zurückgegangenen Naturkatastrophen, durch die Gebete der Christen abgewendet, und verweist, wie Athenagoras, auf die Fürbitte der Christen für die ja von Gott eingesetzten Kaiser und ihr friedliches Regiment.[236] Zudem entlarvt Tertullian wiederum den Irrsinn, Christen bloß wegen ihrer Zugehörigkeit zu einer angeblich kriminellen Vereinigung hinzurichten, aber nicht nach ihnen zu fahnden und sie nach einer bloßen Bestreitung freizugeben. Der Staat war offenbar rat- und hilflos.

Die Vereinbarkeit von Christentum und Römertum im Sinne Melitons vertrat dann Origenes. Sein Schüler Eusebios von Caesarea hat dies zur Reichstheologie ausgearbeitet.[237] Unter Constantin verkündete er die endlich vollendete heilsgeschichtliche Harmonie zwischen Christenglaube und Römertum, zwischen Kirche und Staat.[238] Diese Lehre setzte sich durch.

Im Gegensatz zur Zweireichelehre Augustins griff dessen Schüler Orosius wieder auf Euseb zurück. Orosius[239] übertrug die Lehre von der Abfolge der vier Weltreiche vor dem Erscheinen des Messias aus dem Danielbuch auf die Gegenwart, indem er das vierte und letzte Weltreich mit dem gottgewollten Imperium Romanum gleichsetzte. Es sollte dauern bis zum Weltende. So entstand unter Marc Aurel die Idee einer Synthese von Thron und Altar, zwischen Sacerdotium und Imperium, eine Lehre, die – unterschiedlich ausgelegt – bestimmend wurde für die politische Theologie der Spätantike und des Mittelalters, ja bis hin zur Heiligen Allianz von 1815.[240]

O vitae philosophia dux! O virtutis indagatrix et expultrix vitiorum!

CICERO

IX

LEBENSPHILOSOPHIE

a. Republik: keine Philosophen! – b. Kaiserzeit: Philosophie in Maßen! – c. Opponierende Philosophen – d. Philosophen am Kaiserhof – e. Lukians zehn Schulen – f. Die Stoa – g. Die ‹Selbstbetrachtungen›: Gott und Natur – h. Der Gott in dir – i. Kultische Kaiserpflichten – j. Schicksal und Vorsehung – k. Die Welt aus Stoff und Kraft – l. Weltenbrand in Äonen – m. Nichts Neues unter der Sonne – n. Kosmische Metaphern – o. Pessimismus? – p. Die Seele und das Leitvermögen – q. Individualethik: Selbstbeherrschung – r. Meinungen sind machbar – s. Adiaphora – Scheingüter – t. Tod und Vergänglichkeit – u. Ruhm? – v. Gefühle beherrschen! – w. Sozialethik: Pflichterfüllung und Menschenliebe – x. Feindesliebe – y. Theorie und Praxis – z. Zehn Leitsätze

a. Republik: keine Philosophen!

Philosophie ist heute eine Sache der Universität, Forschungsgegenstand am Schreibtisch und Lehrstoff im Hörsaal. Das Ergebnis ist Literatur. In den antiken Städten war Philosophie ein Teil des öffentlichen Lebens und vollzog sich mündlich von Mensch zu Mensch im Schatten der Säulenhallen, am Markt oder unter freiem Himmel. Das Ergebnis waren Charaktere und Konflikte.

Nach Rom kam die Philosophie, wie die höhere Kultur zumeist, aus Griechenland. Das Wort geht zurück auf Pythagoras.[1] Philosophie war aber in Rom nicht unbedingt willkommen. Gellius, der Zeitgenosse Marc Aurels, überliefert ein Wort des Dichters Ennius aus der Zeit um 200 v. Chr.: Man dürfe aus der Philosophie nur Kostproben genießen, sich nicht von ihr verschlingen lassen, *degustandum ex philosophia, non in eam ingurgitandum.*[2] Philosophie kritisiere doch nur den Götterglauben, stelle alte Werte in Frage und treibe müßige Spekulation statt praktischer Politik!

Mehrfach kam es zu Maßnahmen. Im Jahre 181 v. Chr. ließ der Praetor philosophische Schriften aus der Schule des Pythagoras verbrennen.[3] Sie enthielten Widersprüche zur römischen Religion, so das Verbot blutiger Opfer. Berühmt war der Fall des Jahres 155 v. Chr. Damals hielt der Philosoph Karneades in Rom zwei Reden. Am ersten Tag lobte er die Gerechtigkeit, ohne die ja kein Gemeinwesen Bestand hat. Das gefiel den Römern. Am zweiten Tag führte er aus, daß es keine wahre Gerechtigkeit gebe, die Berufung auf sie bloße Interessenpolitik sei. Das empörte den alten Cato. Er beschleunigte die Rückreise des Philosophen nach Athen, bevor er die römische Jugend verdürbe. Sokrates, meinte Cato, sei ein Schwätzer gewesen, den die Athener zu Recht hingerichtet hätten.[4] Zur Zeit Ciceros warnt das Rhetoriklehrbuch für Herennius: *philosophia vitanda est*, die Philosophie sei zu vermeiden, denn sie führe zu Sorglosigkeit und Müßiggang, *adfert enim socordiam et desidiam.*[5] Philosophie macht «gedankenreich und tatenarm». Aber Anziehung und Abneigung hielten an.

b. Kaiserzeit: Philosophie in Maßen!

Cicero hat in der erzwungenen Muße seiner letzten Jahre griechische Philosophie ins Lateinische übertragen, insbesondere ethisches Gedankengut hellenistischer Autoren. Dabei betonte er den Vorrang der *vita activa* vor der *vita contemplativa*; der lebenspraktische Bezug war für die Römer stets das Wichtigste an der Philosophie. Er rühmt sie als Führerin durchs Leben, sie spendet die Tugenden und vertreibt die Laster.[6] Gleichwohl blieb die Beschäftigung mit ihr umstritten. Maecenas warnte Augustus vor den angeblichen Philosophen, die durch ihre öffentlichen Auftritte revolutionäre Ansichten verbreiteten und traditionelle Werte in Frage stellten.[7] Agrippina hinderte ihren Sohn Nero am Philosophieren, das sei dem Herrscheramt abträglich;[8] und Tacitus berichtet, sein Schwiegervater Agricola sei ebenfalls von seiner Mutter davor bewahrt worden, mehr Philosophie zu treiben, als einem Römer und künftigen Senator zukomme.[9] Der neureiche Trimalchio aus dem *Satyricon* des Petronius († 66) rühmt sich in seiner selbstverfaßten Grabinschrift, niemals einen Philosophen gehört zu haben, *nec unquam philosophum audivit.*[10]

c. Opponierende Philosophen

Wiederholt kam es zu Konflikten der Kaiser mit namhaften Philosophen, die in stoischem Stolz mit den Caesarmördern sympathisierten, die Monarchie ablehnten oder den Kaisern unbequeme Haltungen einnahmen. So traf es 66 n. Chr. Thrasea Paetus und seinen Schwiegersohn Helvidius Priscus, 65 n. Chr. Musonios Rufus und 94 n. Chr. seinen Schüler Epiktet. Unter Nero, Vespasian, Domitian und Hadrian gab es Ausweisung aus Rom, Verbannung auf eine Insel und Hinrichtungen.[11] Als durch und unter Marc Aurel das Philosophieren Mode wurde, vermehrten sich die kynischen Bettelphilosophen, die durch ihr unverschämtes Auftreten und ihre ungehemmte «Natürlichkeit» Anstoß erregten. Anschaulich schildern Gellius, Aristides und namentlich Lukian ihr arbeitsscheues wüstes Treiben.[12]

d. Philosophen am Kaiserhof

Unangesehen dieser Auswüchse besaß die Philosophie im kaiserzeitlichen Bildungskanon ihren festen Platz. Sie galt als Führerin zur Sittlichkeit und als Lebenshilfe in Notlagen. Bis in die Spätantike finden wir Kaiser unter den Zuhörern der Philosophen. Caesar besuchte in Alexandria die Vorträge des Peripatetikers Ariston, von dort stammte ebenso der Stoiker Areios Didymos, der am Hof des Augustus eine Art Hauskaplan und Seelsorger war. Ein Akademiker und ein Peripatetiker waren Hauslehrer des Prinzen Marcellus, des Neffen von Augustus.[13] Den Philosophen Thrasyllos schätzte Tiberius namentlich als Astrologen. Seneca hatte als Erzieher Neros keinen Erfolg. Als

Kaiser belustigte ihn bei Tisch das Gezänk der Philosophen, deren Ansichten laut Seneca beinahe so weit auseinandergingen wie die Zeitangaben der Wasseruhren.[14] Der wahre Weise – so Seneca[15] – werde die öffentliche Ordnung nicht stören.

Antoninus Pius befreite Philosophen von der Steuerpflicht. In einem Schreiben an den Provinziallandtag von Asia, das reichsweit galt, regelte er die Steuerfreiheit der Professoren, der Zahl nach entsprechend der Größe einer Stadt. Für die Philosophen aber bestimmte er keine Höchstzahl, da ihrer ohnedies wenige seien. Soweit sie eine reiche Erbschaft gemacht hatten, stifteten sie diese sowieso ihrer Stadt (*patria*). Sofern sie aber über ein Erbteil stritten, bewiesen sie, daß es ihnen nicht um Weisheit zu tun sei.[16]

Aus den letzten Jahren Marc Aurels stammt Lukians Dialog über die ‹Kunst des Parasiten›. Darin erwähnt er einen «berühmten Philosophen», der trotz seines hohen Alters den Kaiser auf seinen Reisen begleitet und sich dafür bezahlen läßt.[17] Da Antoninus Pius nicht gereist ist, kann mit dem Kaiser nur Marc Aurel gemeint sein, doch wer war der Begleiter? Daß nicht nur Kaiser sich Hausphilosophen hielten, zeigt eine bei Bonn gefundene Inschrift für den Griechen *Euaretus philosophus*, den «Freund des Salvius Julianus». Es handelt sich bei ihm um den berühmten Juristen, der unter Antoninus Pius Legat in Untergermanien war.[18]

e. Lukians zehn Schulen

Die Meinungsverschiedenheiten der Philosophen, die Seneca verspottete und über die Nero sich amüsierte, beruhten auf deren Schulzugehörigkeit. Die Philosophie der Kaiserzeit unterteilte sich in verschiedene Richtungen, die jeweils auf einen griechischen Meisterdenker des 6. bis 3. Jahrhunderts v. Chr. zurückgingen. Den Philosophen einfach so gab es nicht. So wie jeder Christ, jeder Moslem, jeder Hindu einer bestimmten Konfession angehört, standen die Philosophen in verschiedenen Schultraditionen, die alle auf je eigene Weise die Welt erklärten und den Weg zum wahren Leben weisen wollten. Dabei hatten alle das gleiche Ziel – die *eudaimonia*, die «Glückseligkeit», oder bescheidener den «Seelenfrieden».

Herodian, unter Marc Aurel geboren, schreibt, das Zeitalter habe eine große Zahl weiser Männer hervorgebracht.[19] Doch waren sie wirklich groß? Lukian karikiert in seinem satirischen Dialog ‹Philosophenversteigerung› zehn Heilslehren, die damals Anhänger fanden, wenn auch unterschiedlich viele: Auf Befehl des Zeus führt Hermes die Schulhäupter vor, befragt und taxiert sie und bietet sie wie auf dem Sklavenmarkt zum Kauf an. Er beginnt mit dem ältesten Philosophen, mit Pythagoras, der fünf Jahre Schweigen verlangt, die Seelenwanderung lehrt und Gott als «Zahl, Geist und Harmonie» bezeichnet. Zweiter Kandidat ist der Kyniker Diogenes in der Tonne, der lebt wie ein Hund, Weltbürger sein will und Befreiung durch Bedürfnislosigkeit verheißt. Danach kommt Aristippos von Kyrene zum Verkauf. Das dreimalglückseligste Leben, der *bios trismakaristos*, bietet ihm das Gelage und der Luxus, mithin das genaue Gegenteil des kynischen Ideals. Nummer Vier und Fünf erscheinen als Paar: Der «lachende» Philosoph Demokrit, der nichts ernst nimmt, und der «weinende» Philosoph Heraklit, der das Menschenlos beklagt.

Der sechste Philosoph, der Akademiker, ist Sokrates und Platon in Personalunion. Er verdoppelt die Welt durch seine Ideenlehre in Schein und Sein, er erlaubt – gemäß Platons *Politeia* – die Weibergemeinschaft und – gemäß dessen *Nomoi* – den Weingenuß. Gut Essen und Trinken empfiehlt auch Epikur, der siebte Philosoph. Als achter erscheint der «streng blickende» (*skythrōpos*) Stoiker Chrysippos, der in der Tugend (*aretē*) die Vollendung des Lebens erblickt. Er hat nichts dagegen, durch Hermes in die Sklaverei verkauft zu werden, denn alle Dinge, auf die der Einzelne keinen Einfluß hat, sind unerheblich (*adiaphora*). Ausführlich referiert Lukian die bei den Stoikern beliebten Sprachspielereien, ihre Haarspaltereien und Trugschlüsse. Als Vorletzter wird der Peripatetiker ausgeboten, der mit Aristoteles exoterische (externe) und esoterische (interne) Lehre unterscheidet, der weiß, wie lang eine Mücke lebt und wie die Seele einer Auster beschaffen ist. Den Schluß macht Pyrrhon, der Skeptiker, der alles bezweifelt, einschließlich seiner eigenen Existenz. Er geht für nur eine attische Mine über den Tisch. Billiger war nur Diogenes mit zwei Obolen, während der Akademiker zwei Talente brachte. Die Philosophen Drei bis Fünf fanden keine Käufer. Sie sind noch zu haben.

f. Die Stoa

Lukian verzerrt das Bild der Philosophen um der Komik willen, am stärksten das der Stoa, da deren Spitzfindigkeiten nur einen untergeordneten Platz im Lehrgebäude einnahmen. Der Stoiker Seneca karikiert das anhand der Streitfrage, ob alle Güter «Körper» seien oder alle Tugenden «Lebewesen».[20] Bei Marc Aurel gibt es keine derartigen Haarspaltereien. Bei ihm treten Logik und Physik hinter die Ethik zurück. Die byzantinischen Lukianscholien geben seinen ‹Selbstbetrachtungen› wohlbegründet den Titel *Ethika*[21] Entscheidend ist der Zentralbegriff der *aretē*, lateinisch *virtus*, alle guten Charakterzüge umfassend. Die Schule der Stoa, die um 300 v. Chr. der Zypriote Zenon von Kition in der Bunten Säulenhalle, der *Stoa Poikilē* zu Athen begründet und Chrysippos aus Soloi in Kilikien dort weiterentwickelt hatte, genoß in Rom höchstes Ansehen. Der Stoizismus war in erster Linie praktische Philosophie, insbesondere Sozialethik, und unterschied sich damit von dem Individualismus der Lehre Epikurs und seiner Maxime *lathe biōsas*, «Lebe im Verborgenen!»[22]

Das am besten überlieferte stoische Schriftgut der Kaiserzeit bieten die Traktate, Dialoge und die 124 Lehrbriefe Senecas. Sein dem jungen Nero gewidmeter Fürstenspiegel (*quodam modo speculum*) trägt den Titel *De clementia* – ‹Über die Milde›, und warnt vor dem Machtmißbrauch – leider vergeblich. Seneca nennt den Menschen ein «soziales Wesen, zum Gemeinwohl geboren».[23] Marcus las noch als Kaiser Seneca, den Fronto aus stilistischen Gründen ablehnte,[24] doch wichtiger wurde für Marcus Epiktet, den er mehrfach zitiert.[25] Ihn hatte ihm sein Lehrer Rusticus nahegebracht.[26]

g. Die ‹Selbstbetrachtungen›: Gott und Natur

Unter Antoninus Pius erhielt Marcus als Prinz Philosophie-Unterricht.[27] Die Frucht sind seine ‹Selbstbetrachtungen›. Im ersten Buch dankt er seinen Lehrern. Die folgenden elf Rollen enthalten 487 Aphorismen. Es sind in loser Folge einzelne Gedanken über die Welt, über den und die Menschen in der Absicht der Selbsterziehung. Die Formulierung ist jeweils die eigene des Kaisers, das Gedankengut indes überwiegend angeeignete Schultradition.[28] Marcus ermahnt «seine Seele». Es geht ihm um die innere Haltung zu den äußeren Gegebenheiten, die ihn in Einklang mit den Verhältnissen bringen soll. Man denkt an einen Bildhauer, der ständig an sich selber arbeitet, um dem Ideal eines humanen Menschen näherzukommen. Und genau darin liegt die Faszination, die dieses Buch auf alle Leser ausgeübt hat und ausübt, weil man sich immer wieder in der gleichen Lage entdeckt, in der sich Marcus findet und zurechtfinden will.

1796 hat der Pfarrer aus Mühlheim am Rhein Johann Wilhelm Reche, ein Kantianer, im Anhang zu seiner kommentierten Übersetzung der ‹Unterhaltungen mit sich selbst› eine Systematik der Gedanken Marc Aurels vorgelegt, die der grundlegenden Vorarbeit des Theologen Thomas Gataker, Cambridge 1652,[29] verpflichtet ist und mit der Gottesvorstellung des Kaisers beginnt.[30] Wie die Philosophen zumeist war Marcus Monotheist. Lapidar heißt es: «Alles ist durch ein heiliges Band miteinander verschlungen. Nichts steht allein für sich. Eines fügt sich zum andern und schmückt das Universum (*synkosmei ton kosmon*). Alles zusammen ist ein einziger Kosmos. Gott ist eines, alles durchdringend, eines ist die Materie (*ousia*), eines das Weltgesetz (*nomos*), eines die allen denkenden Wesen gemeinsame Vernunft (*logos*). Es gibt nur eine einzige Wahrheit (*alētheia*), nur eine Vollkommenheit für die Lebewesen gleichen Ursprungs und gleicher Teilhabe an der Vernunft.»[31] Ein wahrer Kosmotheismus.

Die hier zusammengefaßten Gedanken erscheinen im Gesamtwerk vielfach wiederholt, abgewandelt und erweitert, ergeben aber trotz mancher begrifflichen Unschärfe durchaus ein geschlossenes Bild. So erscheint das höchste Wesen, *ho theos*, der «Gott», oft in der Mehrzahl, *hoi theoi*, die «Götter» stets als Gruppe, gewissermaßen als Führungskollektiv, zuweilen gleichbedeutend im selben Aphorismus.[32] Der Plural spricht hier ebensowenig gegen den Monotheismus wie das hebräische *elohim* im Alten Testament. Daneben findet sich bei Marc Aurel *to theion* – «das Göttliche» oder «die Gottheit».[33] Gott ist der Urheber der Weltordnung und der Logos, der das All «verwaltet».[34] Schöpfer und Schöpfung zugleich sind *kosmos* und *physis*, oft *physis tōn holōn* – «Allnatur». Sie hat uns geschaffen,[35] sie hat uns das Leben und die Vernunft geschenkt,[36] sie lenkt den Weltlauf und ist dieser selbst.[37] Da *physis* weiblich ist, heißt sie auch *hē theos* – «die Göttin».[38]

Der Naturbegriff bei Marcus enthält einen Doppelsinn. Auf der einen Seite umfaßt er alles, was wirklich ist; und alles, was wirklich ist, hat in der Weltordnung seinen Platz, seine Funktion, ist Teil der kosmischen Harmonie und insofern vernünftig, gut und schön. Wir sollen erkennen, daß wir kein Recht haben, an der Weisheit der Weltvernunft zu zweifeln und ihre Werke zu mißbilligen. Auf der anderen Seite heißt es, wir sollten der Natur gemäß leben, denken und handeln. Es gibt also auch das Nichtnaturgemäße im Menschen und damit in der Natur. Neben dem universalen Naturbegriff steht der normative Naturbegriff, gemäß welchem wir unsere Handlungen und unsere Einstellungen ausrichten sollen.[39]

Natur, Gott und Logos, die Weltvernunft, verband auch Seneca: *quid enim aliud est natura quam deus et divina ratio toti mundo partibusque eius inserta?* «Was ist die Natur anderes als Gott und die göttliche Vernunft, der Logos, der ganzen Welt und ihren Teilen ‹eingepfropft›?»[40] Seneca gestattet auch den Namen «Juppiter» für das höchste Wesen, so wie ebenfalls Marcus es zuweilen «Zeus» nennt.[41] Die übrigen Olympier kommen ebensowenig vor wie die Götter von Eleusis oder orientalische Gottheiten. Asklepios indes schickt Heilträume, an die Marcus so wie seine Zeitgenossen glaubte.[42] Wenn die römischen Götter auf den Münzen erscheinen, so folgte Marcus in dieser Hinsicht wie in der Opferpraxis den tradierten Gebräuchen.

Aber gibt es denn Götter? Von Xenophanes im späten 6. Jahrhundert v. Chr. kannte man das Wort: «Wenn die Kühe Götter hätten, sähen die aus wie Rindvieh.»[43] Seitdem war Atheismus ein philosophisches Thema, ernsthaft behandelt von den Materialisten in der Atomtheorie, wonach die Welt aus der zufälligen Zusammenballung der «unteilbaren» Atome entstanden sei.[44] So notiert Marc Aurel: «Fragt man dich, wo du die Götter gesehen hast, so antworte: Erkennbar sind sie nur in ihren Werken.» Das war ein altes Argument, das in stoischer Tradition so lautet: «Wer meint, daß durch die zufällige Zusammenballung von Elementarteilchen dieser schön geordnete Kosmos entstand, der muß auch annehmen, daß durch bloßes Zusammenwürfeln von Buchstaben die Annalen des Ennius hätten entstehen können.»[45] Ein starkes Argument!

Marcus spezifiziert die göttliche Wirkung: Wer nur Sichtbares für wirklich hält, müßte auch sein eigenes Gemüt, seinen eigenen Willen, ja seine eigene Seele für erdichtet erklären, die für ihn selbst doch das Gewisseste überhaupt darstellt.[46] Ob die Atome naturgemäß umherschwirren oder Götter die Welt regieren, ändert nichts an der Ordnung des Kosmos,[47] nichts an meinem Entscheidungsvermögen;[48] und diese innere Gewißheit führt Marcus zum Glauben. Gäbe es keinen Gott, keine gütige Vorsehung, die uns die Weltordnung zu erkennen ermöglicht, dann lohnte sich das Leben nicht.[49] Gott ist psychomorph, die Seele der Welt, eine Chiffre für das Unverfügbare.[50]

h. Der Gott in dir

Die innere Stimme, das Gewissen, das uns in kritischen Lagen den rechten Weg weist, ist bei Marcus äußeren Ursprungs. Es ist «das Göttliche», ja der «Gott in uns».[51] An ihn richtet sich sinnvollerweise das Gebet. Es laute nicht «Gib, daß mich die Frau meines Nachbarn erhört», sondern «Erlöse mich von dem Wunsch nach der Frau meines Nachbarn». Dabei geht es nicht um ein äußeres Gut, sondern um eine innere Einstellung, nicht um eine Veränderung des Weltlaufs, sondern um die Fähigkeit, das Ungehörige zu vermeiden und das Unveränderbare hinzunehmen. Und wenn man schon betet, dann zum Nutzen der Gemeinschaft, nicht zum eigenen Vorteil.[52]

Das Göttliche in uns ist uns von Gott obenher «zugeflossen» im Sinne einer Emanationstheologie, so wie der Heilige Geist «ausgegossen» wurde.[53] Chrysippos hatte die «Kraft des ewigen Gesetzes, den Führer im Leben und Lehrer der Pflichten ‹Zeus› genannt»,[54] und ähnlich schreibt Marcus nach Epiktet:[55] Zeus gab jedem seinen Daimon, seinen Genius als Geist (*nous*), Vernunft (*logos*) und Führer (*hēgemōn*) zur Tugend.[56] Wer seinem dem Zeus «entsprossenen»[57] Daimon folgt, erlangt die Eudaimonie, die Glückseligkeit; sie aber liegt für den Stoiker nicht im Erreichen des Zieles, sondern in der Bemühung darum, im naturgemäßen Leben.[58] Daher Marc Aurels *apithi!* Geh weg, Phantasie![59] Gemeint sind Phantome.

Der Gott in uns hat mit dem Gott außer uns den Logos gemeinsam. Die Seele des Menschen ist mit der Seele Gottes verbunden, beide unterstehen demselben Gesetz.[60] Er soll den Göttern folgen,[61] sich ihnen anvertrauen, soll sie preisen und ehren, ihnen dienen und danken. Dann lebt er im Einklang mit ihnen und mit der Weltordnung.[62] Welche Möglichkeiten sind uns doch geschenkt, nichts anderes zu tun, als das, was Gott gefällt, und das bereitwillig hinzunehmen, was er uns zuteilt![63] Wer die göttlichen Gebote befolgt, wird selbst ein göttlicher Mensch.[64]

i. Kultische Kaiserpflichten

Wie vertrug sich nun die vergeistigte Gottesidee des Philosophen mit den religiösen Pflichten des Kaisers? Die Frage war alt. Varro[65] (116 bis 27 v. Chr.) beantwortete sie. Nach ihm gibt es drei Arten von Götterlehre, *tria genera theologiae*: Erstens das *genus mythicon*, das die Dichter verwenden. Dort sind die Götter poetische Personen, die Funktionen in fiktiven Texten erfüllen. Sie spielen bei Marc Aurel keine Rolle. Zweitens gibt es das *genus physicon*, das den Philosophen angehört. Deren Gottesvorstellung beansprucht einen Erkenntniswert bezüglich der Welterklärung, verlangt aber keinen Kult. Drittens gibt es das *genus civile*, die Volksreligion. Sie hat Marcus respektiert. Die Verehrung der traditionellen Götter dient primär dem Zusammenhalt der Gemeinschaft und der Achtung vor den höheren Mächten. Die Pflege der überkommenen Bräuche ist insofern geboten.

In diesem Sinne konnte es für Marcus keinen Widerspruch darstellen, wenn er unbeschadet seiner philosophischen Gottesidee die mit seinem Kaiseramt verbundenen religiösen Pflichten des Polytheismus erfüllte.[66] Auch im häuslichen Bereich hielt er an den religiösen Bräuchen fest, indem er opferte, unabhängig vom Kalender, so wie einst als Prinz mit Antoninus Pius.[67] Religion ist mit der Philosophie vereinbar, sofern das Opfern, Beten und Schwören als Ausdruck einer sozialen Zugehörigkeit verstanden wird, nicht als persönliches Bekenntnis. Wieviele Atheisten sind heute noch Mitglied in christlichen Kirchen! Immerhin: Kult bezeugt Achtung der Tradition, die das Leben bereichert und Gemeinschaft stiftet, bezeugt Ehrfurcht vor den höheren Mächten, die das Wirkliche ermöglichen, bezeugt Zustimmung zum Unverfügbaren.[68]

j. Schicksal und Vorsehung

Die höheren Mächte erscheinen bei Marcus auch namenlos in der Form des gottgleichen oder gottgewollten Schicksals, das in der stoischen Philosophie überhaupt eine wichtige Rolle spielt. Der griechische Begriff *heimarmenē*, abgeleitet von *meiromai*, bezeichnet das «Zugeteilte». Er umfaßt alles, was ohne unseren Willen geschieht, durch eine übermächtige Gewalt bewirkt wird, und meint auch diese selbst, das «Verhängnis».[69] Wie Epiktet unterscheidet Marc Aurel scharf zwischen dem, was in unserer Macht steht, und dem, was wir nicht beeinflussen können.[70] Bekommt der Arzt selbst Fieber, der Steuermann Gegenwind, so ist das hinzunehmen.[71] Unabänderliches ist nicht zu beklagen, nicht zu befürchten. «Was dir von der Schicksalsgöttin Klotho zugesponnen wird, begrüße!»[72]

Das Problem liegt hier in der Abgrenzung unseres Gestaltungsspielraums. Zwischen dem Veränderbaren und dem Unabänderlichen liegt eine breite Grauzone des vielleicht doch Veränderbaren, hier kommt es auf den Versuch an. Wenn, durchaus stoisch, Jesus in Gethsemane betete und im VaterUnser wünschte: «Dein Wille geschehe»,[73] so geschieht der ja ohnehin. Gott bedarf unserer Zustimmung nicht, aber sie bekundet den Verzicht auf Kritik am Unabänderlichen. «Was Gott tut, das ist wohlgetan», heißt es im Gesangbuch, «Gib dich zufrieden und sei stille».[74] Ähnlich dachte Marc Aurel. Es hat keinen Sinn, dem Schicksal Vorwürfe zu machen, mit ihm zu hadern und zu rechten.[75] Hier denken wir an Hiobs Gottvertrauen oder an den Römerbrief des Paulus, der dem Topf verbietet, sich beim Töpfer zu beschweren.[76] Wie sonst steht Marcus dem Christentum sehr nahe. Er schreibt so, wie es bei Jesaja (55,8) heißt: «Eure Wege sind nicht meine Wege, spricht der HErr.»

Marcus weiß sehr wohl um die negativen Störfaktoren in seinem positiven Weltbild. Diese aber beruhen nicht auf objektiver Sachlage, sondern auf deren subjektiver Deutung, einem Mangel an Einsicht. Arznei ist manchmal bitter, aber dennoch heilsam. Splitter und Späne entstehen bei jeder Arbeit; sie kommen zum Abfall, hinaus aus der Werkstatt. Aber für das Weltall gibt es kein Draußen. Alles verbleibt im Innern und gewinnt irgendwie, irgendwann und irgendwo eine neue Funktion.[77] Nichts Einzelnes ist schädlich, alles ist dem Ganzen nützlich. Widrigkeiten verlästere nicht, meistere sie zugunsten des Gemeinwohls![78] «Was wäre aus Herakles geworden, hätte es keine Löwen, keine Hydra, keine Frevler gegeben?», fragt Epiktet.[79] Verlöre die Tugend nicht ihren Sinn, wenn es keine Laster gäbe? Was das Schicksal verhängt, entspricht der Vorsehung, der *pronoia*, sie ist gnädig und gut.[80] Die Natur läßt sich nicht verbessern, wohl aber das, was der Mensch ihr und sich selbst antut. Mißstände sind dazu da, behoben zu werden, sind Teile der weisen und gerechten Weltordnung und dienen der Vernunft zur Welterkenntnis.[81] Die «Pläne der Weltregierung» kennen wir nicht, wie Wilhelm von Humboldt 1821 schrieb,[82] aber wir vollstrecken sie.

Kann Marcus die Dinge nicht ändern, so kann er doch seine Einstellung zu ihnen bestimmen und soll dies tun.[83] Ganz in diesem Sinne sah Leibniz in seiner ‹Theodizee› von 1697 den Sinn des Schlechten darin, das Gute zu steigern.[84] Er referiert die Kritik von Pierre Bayle an Marc Aurel, der die Übel zu lieben gefordert habe.[85] Das aber kann sich nur auf die unabänderlichen Mißstände beziehen, denn sonst wären alle Handlungsanweisungen zugunsten der Selbsterziehung und des Gemeinwohls sinnlos. Und darum geht es Marc Aurel.

Marc Aurels Fatalismus erfüllt eine Trostfunktion, erspart ihm Erregung über Unabänderliches, hat aber keinerlei Einfluß auf sein Wollen und Handeln. Denn die Fähigkeit dazu ist selbst eine Gabe des Schicksals, wofür dieses Dank verdient.[86] Was dir begegnet, ist durch die Kette der Ursachen seit Ewigkeit vorbereitet,[87] aber was du tust, ist deine Entscheidung. Mehrfach betont Marcus die Freiheit (*eleutheria*),[88] die nur bedroht werde durch vernunftwidrige Triebe. Das Schicksal bedient sich gewissermaßen unserer Freiheit, um sich zu erfüllen. Entsprechend rät Schiller: «Nehmt die Gottheit auf in euren Willen, / Und sie steigt von ihrem Weltenthron.»

k. Die Welt aus Stoff und Kraft

Die Vorstellung von Gott und Schicksal ergänzt der Philosoph durch ein Bild von der Welt, der Natur. Kosmos heißt ursprünglich «Schmuck». Der Kosmos schmückt sich selbst durch seine Ordnung. Wiederum ein Gedanke des Pythagoras! Was uns im einzelnen stört, die rissige Feige, die faulende Olive, aber auch der zähnebleckende Löwe und der wutschnaubende Eber, all das sind Schmuckelemente des Ganzen, das zu betrachten dem Weisen Vergnügen bereitet.[89] Die Welt ist aus zwei Bestandteilen zusammengesetzt, aus einem passiven und einem aktiven Element. Im All heißt das passive Element, der träge Urstoff, *ousia* (Substanz), *sōmation* (Körper) oder *hylē* (Stoff). Das aktive Element, die bewegende Urkraft, heißt *psychē* (Seele), *logos* (Geist) oder *aition* (Ursächliches).[90] Modern gesprochen handelt es sich um die duale Struktur aus Materie und Energie. Beide sind ungeschaffen und unvergänglich; denn nichts entsteht aus Nichts, und nichts vergeht in Nichts.[91] Entsprechend lesen wir bei Seneca: *duo esse in rerum natura, ex quibus omnia fiant, causam et materiam* – «alles in der Natur entsteht und besteht aus zwei Bestandteilen, aus Ursächlichem und Stoff», wobei er *causa* auch als *ratio*, als *logos* bezeichnet.[92]

Die Materie wiederum setzt sich bei Marcus zusammen aus dem Hauchartigen (*pneumatikon*), dem Feurigen (*pyrōdes*), dem Erdartigen (*geōdes*) und dem Feuchten (*hygron*).[93] Es sind die vier Elemente des Empedokles, aus denen bei Epiktet auch der Mensch besteht.[94] Während die Materialisten den Geist aus dem Stoff entstehen lassen, die Kraft als Eigenschaft der Körper betrachten,[95] sind für Marcus Geist und Stoff gleichursprünglich. Alles ist in ständiger Bewegung. Mit Heraklit erklärt Marcus, daß nichts dauert außer der Tatsache, daß nichts dauert. Die Welt ist immer dieselbe, aber sie verändert sich unentwegt und unaufhaltsam wie ein reißender Bergstrom.[96] Alles verwandelt sich, und das ist nicht schlimm.[97] Die Dinge zerfallen in ihre beiden Grundbestandteile und werden aus ihnen anders wieder zusammengesetzt.[98] Wir denken an die Blätter der Bäume, die aus Licht und feuchter Erde entstehen, zerfallen und sich erneuern.[99]

l. Weltenbrand in Äonen

Neben dieser permanenten Metamorphose gibt es die periodische Wiedergeburt der Welt, ihre *palingenesia* nach einem langen, aber festen Zeitraum infolge des Weltenbrandes, der *ekpyrōsis*,[100] lateinisch *conflagratio*, wie Heraklit gelehrt hatte.[101] Xenophanes erwartete dagegen eine Sintflut, einen *kataklysmos*, lateinisch *diluvium*.[102]

Nur Zeus, so Epiktet, überlebt den Weltenbrand[103] und garantiert die Erneuerung.

Den Glauben an eine kosmische Katastrophe teilten ebenso die frühen Christen, sie wird von den Evangelisten dramatisch ausgemalt.[104] Auch in der Bibel wird mit der *apokatastasis* eine Welterneuerung verheißen, ein neuer Himmel und eine neue Erde,[105] aber dieser Vorgang wiederholt sich dort nicht periodisch. Die stoische Periodenfolge ist eine *anakyklōsis*, ein ständiges Auf und Ab, ein Kreislauf wie der Punkt auf einem Wagenrad, die ewige Wiederkehr des Gleichen.[106]

Marcus benutzt für die Weltperioden das Wort *aiōn* – Ewigkeit, denn sie folgen «von Ewigkeit zu Ewigkeit»,[107] eine Formel, die wir auch aus den Psalmen und von Paulus kennen.[108] Wie in der Bibel bedeutet das Wort aber zugleich die Zeit insgesamt, in der sich diese Kreisläufe abspielen. Sie ist unbegrenzt, in unserem Sinne ewig.[109] Eine Naherwartung des Endes gibt es bei Marcus nicht, so wie sie Seneca hegte[110] und das Evangelium bezeugt.[111] Gleichwohl geisterte auch unter Marc Aurel eine solche Endzeitvorstellung durch Rom. Das zeigt die Episode von dem Propheten mit dem Storch auf dem Feigenbaum.[112]

m. Nichts Neues unter der Sonne

Die ständige Wiederholung des Geschehens hat zur Folge, daß es «nichts Neues unter der Sonne» gibt. Die «alte, mittlere und neue Geschichte» zeige, daß alles kurzlebig und wohlbekannt ist.[113] Wer das Jetzige sah, hat, gemäß Marcus, alles gesehen, was seit Urzeiten geschah und in Ewigkeit geschehen wird, denn alles ist von gleicher Art und gleichen Ursprungs.[114] Genauer heißt es: Mit vierzig Jahren hast du alles gesehen, was es gibt, in zehntausend Jahren sähst du nicht mehr.[115] Es ist das «Schwabenalter», Marcus hatte es 161 mit Regierungsantritt erreicht. Immer dasselbe spielt und spult sich auf der Weltenbühne ab,[116] ob unter Kroisos, Philipp und Alexander, unter Vespasian und Trajan, unter Hadrian und Pius – nur die Darsteller wechseln.[117] Wer die Menschenwelt von oben betrachtet, sieht nichts als teils öde, teils fruchtbare Länder, Äcker und Herden, Kriegsheere und Barbarenvölker, Marktleben und Gerichtsverhandlungen, Festesfreude und Trauerzüge, Heiraten und Scheidungen, Geburten und Todesfälle: ein bunter Mischmasch von Begebenheiten und Gegensätzen, alles in allem doch wohlgeordnet.[118]

Marc Aurels Abwertung der Geschichte hat berühmte Vorläufer und namhafte Nachfolger. So lesen wir in der Bibel beim Prediger Salomonis: «Was ist's, was man getan hat? Eben das, was man hernach wieder tun wird; und geschieht nichts Neues unter der Sonne. ... Es ist alles eitel und Haschen nach Wind.»[119] Salomo wertet die Historie ab zugunsten des Lebensgenusses.[120] Und dann Goethe: «Soll ich vielleicht in tausend Büchern lesen, / daß überall die Menschen sich gequält?» So Faust zu seinem geschichtsbegeisterten Famulus. Und noch im Alter 1828: «Ob dieser oder jener stirbt, dieses oder jenes Volk untergeht, ist mir einerlei.»[121] Goethe bevorzugt die Betrachtung von Kunst und Natur. Nicht anders Schopenhauer: «Die Geschichte zeigt auf jeder Seite nur das Selbe unter verschiedenen Formen.» Alles stehe schon bei Herodot.[122] Oder poetischer: Das ist «wie mit der Zuckerbäckerware. Es sind viele und vielerlei gar krause und bunte Figuren: aber alles ist aus einem Teig geknetet.»[123] Schopenhauer geht es nicht um Detailwissen, sondern um Wesenserkenntnis; er steht dem «vortrefflichen Marc Aurel» nahe.[124] Für diesen ist das unabänderlich Vergangene wie das unvorhersehbar Künftige *adiaphoron*, gleichgültig.

n. Kosmische Metaphern

Das Weltgeschehen bei Marc Aurel entwickelt sich nicht, auch das Staatsleben nicht, wiewohl es verbessert werden kann. Die schleichende Kräfteverschiebung zwischen dem Niedergang der römischen Welt und dem Aufstieg der germanischen Völker sieht er ebensowenig wie die allmählichen technischen Fortschritte auf beiden Seiten. Seine Geschichte besteht aus einer begrenzten Zahl von Ereignistypen, die sich wiederholen, und Faktoren, die zusammenhängen. Der Kosmos gleicht einem Lebewesen,[125] einem Menschen, der sozusagen ein Mikrokosmos ist. Daher sind alle Glieder funktional, alle Ereignisse kausal miteinander verbunden.[126] Marcus verwendet daneben die Figur der Familie, in der alle Angehörigen «verwandt» und einander «lieb» sind.[127] Das Universum erscheint aber ebenso im Bild eines Bauwerks, einer Pyramide, wo jeder Stein seinen Ort hat und da seine Funktion erfüllt,[128] und im Bild einer Polis, der «Stadt des Zeus», in der jedes Haus seinen Platz hat,[129] sowie in der Metapher aus der Musik, wo jeder Ton zur «Harmonie» des Ganzen beiträgt.[130] Alles ist mit allem verknüpft und vernetzt[131] und bildet in «heiliger» Verflechtung durch wechselseitige Beziehung eine große Ordnung (*taxis*) gemäß der Vorsehung (*pronoia*).[132] Was immer geschieht, das geschieht zur rechten Zeit.[133]

Marcus formuliert sein organisches Weltbild in enger, teilweise wörtlicher Anlehnung an Platons *Timaios* (29a–30d). Auch für ihn hat der Schöpfer in seiner Güte dem Kosmos die denkbar schönste Ordnung gegeben, indem er ihn durch seine Voraussicht als ein beseeltes Lebewesen (*zōon empsychon*) schuf, begabt mit Geist (*nous*) und Vernunft (*logismon*). Wir denken an Goethe: «Die vernünftige Welt ist als ein großes unsterbliches Individuum zu betrachten, das unaufhaltsam das Notwendige bewirkt und dadurch sich sogar über das Zufällige zum Herrn macht.»[134]

Der Mensch ist ein Teil des Ganzen, des Kosmos, der Natur und zwar ein winziger: in der Substanz der Welt nur wie der Kern einer Feige, in der Ewigkeit der Zeit nur die Umdrehung eines Bohrers.[135] Er lebt auf einer kleinen Scholle und stirbt nach kurzer Zeit: ein Rauch und ein Nichts in der Unendlichkeit von Zeit und Raum.[136] So singt auch der Psalmist: Der Mensch ist ein Nichts vor Gott, ein vergänglicher Schatten.[137] Er entsteht und besteht, laut Marc Aurel, aus denselben beiden Grundsubstanzen wie das Universum und zerfällt wieder in sie,[138] in den trägen Urstoff, die Materie, und die bewegende Urkraft, die Energie;[139] beim Menschen sind es «Leib und Seele».[140]

o. *Pessimismus?*

Moderne Leser empfinden die Grundstimmung der ‹Selbstbetrachtungen› oft als pessimistisch und sehen das Wort des Aristoteles bestätigt, alle geistreichen Menschen seien schwermütig.[141] Marcus weiß, daß die Wirklichkeit unseren Wünschen nicht immer entspricht, er sieht die Schatten des Daseins sehr genau – schon bei sich selbst. Von seinem Körper redet Marcus verächtlich. Selbst ewig leidend,[142] hatte er Grund dazu. Der Körper besteht aus Erde und

«Dreck», er fault, ist anfällig und steht nicht wie der Geist in unserer Gewalt, sondern verwirrt uns durch Lust und Schmerz.[143] Es gibt durchaus trübsinnige Töne bei Marcus, die mit seinem kosmischen Harmoniegedanken nur dann vereinbar sind, wenn wir sie als Gefühlsäußerungen werten, denen er doch selbst Gültigkeit abspricht. Denn Licht und Schatten, Gutes und Böses sind gottgewollt, zudem ist alles Äußerliche für den Weisen wesenlos.[144] Das Körperliche ist nur eine, die erste Beziehung, in der wir stehen. Die zweite ist die zu Gott, die dritte ist die zu den Mitmenschen.[145] Diese beiden allein sind wesentlich. Marc Aurels Körperfeindlichkeit geht nicht so weit wie bei der *mortificatio*, der Abtötung, der zeitgleichen christlichen Asketen, denn um dem Geist zu dienen und die Aufgaben für die Gemeinschaft zu erfüllen, muß der Körper gesund und fest sein.[146] Essen, Trinken und Erholung sind nötig und naturgemäß, doch stets mit Maßen, nie um der puren Lust willen.[147] Das wahre Glück gewährt die Tugend und ein Minimum an äußeren Gütern.[148] Das aber doch.

p. Die Seele und das Leitvermögen

Die dem Körper gegenübergestellte Seele, die Psyche,[149] wird zweigeteilt. Sie besteht aus Lebenshauch (*pneumation*) und Vernunft (*nous, hēgemonikon, dianoia, logos*).[150] Die Psyche als Lebenshauch ist auch den vernunftlosen Tieren eigen, die Vernunft aber bleibt den Menschen vorbehalten.[151] Die den Tieren und Menschen gemeinsame Seele, der Lebenshauch, ist luftartig gedacht, feinstofflich.[152] Das ist die Seele, die mit dem ersten Atemzug in den schreienden Säugling gelangt und die den Sterbenden mit dem letzten Atemzug wieder verläßt.[153] Er «haucht seine Seele aus». Die dem Menschen eigentümliche Vernunftseele (*noera psychē*), sein göttlicher Daimon,[154] hingegen ist geistig und zerfällt wiederum in zwei Teile, in einen passiven und einen aktiven Seelenteil, einen untergeordneten, für Schmerz- und Lustgefühle empfänglichen,[155] und einen übergeordneten, herrschenden Teil, das Hegemonikon.[156] Das ist bei Marcus sein besseres Ich, seine innere Akropolis,[157] bei anderen ist es der individuelle Charakter.[158]

Das Hegemonikon, meist übersetzt mit «Leitvermögen», bisweilen mit «höhere Seelenkraft», mit «führende», «herrschende», «leitende» oder «königliche Vernunft», hat die Deutungshoheit; es bildet die Meinung über die Eindrücke nach freiem Ermessen.[159] Das Hegemonikon ist autonom und autark.[160] Es verlangt Gehorsam,[161] damit wir uns nicht durch die Fäden der Affekte (*neurospastia*) hin- und herzerren lassen.[162] Marcus benutzt in diesem Zusammenhang das Bild von der gefährdeten Seele als Marionette, das Platon entworfen hat.[163] Bei diesem gibt es zusätzlich den goldenen Leitfaden der Überlegung, den *logismos*, der bei Marcus nur als solcher vorkommt,[164] aber dem Hegemonikon entspricht. Dieses verfügt über Vernunft, *dianoia*, gleich einer nicht zu trübenden Quelle,[165] ist von außen nicht beeinflußbar, aber innerer Schwäche ausgesetzt. Marcus führt Selbstgespräche mit ihm,[166] beobachtet und belehrt es[167] und sorgt für seine Gesundheit.[168] Der Kaiser arbeitet an seinem Charakter. So wie das Hegemonikon die leitende Instanz im Menschen ist, spricht Marcus vom Hegemonikon des Kosmos[169] als der höchsten göttlichen Gewalt. Das Hegemonikon ist das Göttliche im Menschen, da der Logos den Menschengeist mit dem Weltgeist verbindet.[170]

q. Individualethik: Selbstbeherrschung

Die Selbsterziehung beginnt mit der Selbstkritik. So lautet Marc Aurels Leitfrage: «Wie werde ich ein besserer Mensch?» Marcus strebt danach, zu werden, wie er sein sollte.[171] Dazu möge ihm die von Gott verliehene Einsicht (*dianoia*) die Richtung weisen. Sie erlaubt die Unterscheidung zwischen naturgebotenen Tugenden und naturwidrigen Lastern, zwischen *aretai* (*virtutes*) und *kakia* (*vitium*).[172] Was schön, gut und gottgefällig ist, das bedarf keiner Begründung, das zeigt sich in unmittelbarer, unvermittelter Evidenz bei der Betrachtung und dem Vergleich von Handlungen, von *exempla*.[173]

Die stoische Tugendlehre Marc Aurels unterscheidet zwischen Pflichten gegen uns selbst und Pflichten gegenüber anderen, so wie 1781 Kant zwischen *officia erga te ipsum* und *officia erga alios* trennt.[174] Die Pflicht gegen uns selbst verlangt, von den in uns angelegten Möglichkeiten den optimalen Gebrauch zu machen, uns handelnd ihrer würdig zu erweisen.[175] Die dafür zuständige Individualethik fordert das, was wir uns selbst schuldig sind: Frömmigkeit, Selbstbeherrschung und Gelassenheit, weiterhin Zufriedenheit, Tapferkeit und Geduld, aber auch Bescheidenheit und Wahrhaftigkeit, Zurückhaltung und Besonnenheit, vor allem aber Gehorsam gegenüber der Stimme der Vernunft, dem inneren Daimon, der dadurch Eudaimonie, Glückseligkeit gewährt. Auch Epikur koppelt das glückliche Leben an die Herrschaft der Vernunft.[176] Die Tugend ist das einzig wirklich Wertvolle, sie vollendet die Lebenskunst.[177] Die Philosophie, die dieses lehrt, ist keine Zuchtrute, sondern ein Heilmittel.[178] Aber ist das nicht dasselbe?

Der Mensch wird bedroht und bedrängt durch unkontrollierte Emotionen und übermächtige Affekte. Er ist so wie der christliche Heilige ständig Versuchungen ausgesetzt. Wenn es heißt, das Leben sei ein Kampf[179] – das Wort *eirēnē*, Friede, kommt bei Marcus nicht vor –, dann sind weniger die äußeren Widrigkeiten als die inneren Schwächen gemeint, der Kampf gegen sich selbst.[180] Wer dem Nächsten zürnt oder schadet, wer sich von Lust oder Schmerzen überwältigen läßt, wer unwahrhaftig ist oder planlos lebt, der schändet seine Seele.[181] Emotionen dürfen den strengen Stoiker nicht aus der Fassung bringen. Er kontrolliere seine Phantasie, beherrsche seine Triebe, seine Gefühle[182] und widerstehe den Versuchungen, denen zumal ein Kaiser durch das Hofleben ausgesetzt ist.[183] *Apatheia* (Leidenschaftslosigkeit), *autarkeia* (Selbstgenügsamkeit) und *ataraxia* (Unerschütterlichkeit) bestimmen sein Verhalten.[184] Ausgeglichenheit und Gelassenheit zeichnen ihn aus.

r. Meinungen sind machbar

So wie Epiktet warnt Marcus davor, die eigene Seelenruhe durch bloße Vorstellungen zu gefährden, das innere Gleichgewicht durch selbstgeschaffene Phantasiebilder in Frage zu stellen.[185] Ärger und Aufregung, Zorn und Unzufriedenheit beruhen auf mangelnder Selbstbeherrschung, auf wirklichkeitsfremder Erwartung und angemaßtem Urteil über Dinge, die sich unserem Einfluß entziehen. Knapp und klar heißt es bei Marc Aurel[186] wie bei Epiktet: Was uns beunruhigt, das sind nicht die Sachen selbst, die *pragmata*, sondern die *dogmata*, unsere Meinungen über sie, ihre Deutungen,[187] genauer: ihre Fehldeutungen, die wir vermeiden sollen und vermeiden können. Denn wir bilden uns unsere Meinung, sie ist machbar. Keine

Sache kann uns eine bestimmte Meinung über sie aufzwingen. Ein Unglück wird zu einem solchen dadurch, daß wir es zu einem Unglück erklären und darum unglücklich werden. Das, meint Marcus, muß nicht sein.[188]

s. Adiaphora – Scheingüter

Der Weise ist Herr seiner selbst, alles Äußere ist mehr oder weniger bedingt durch Umstände, aus deren Abhängigkeit er sich befreit, indem er sie zu bloßen *adiaphora* erklärt, zu gleichgültigen Dingen, bei denen es «keinen Unterschied» macht, ob sie da sind oder fehlen, ob sie so oder anders aussehen, weil sie zwischen Tugend und Laster, zwischen *aretē* und *kakia* liegen.[189] *Adiaphora* sind Reichtum und Armut, Kleidung und Wohnung, Gesundheit und Krankheit, Lust und Schmerz, Erfolg und Mißerfolg, Leben und Tod.[190] Wie erbärmlich sind die Menschen, die sich ihnen ausliefern! Unzufriedene und Ehrgeizige, Argwöhnische und Angeber, Böswillige und Verbitterte, Herrsch- und Habsüchtige; Kindergezänk, Hundegekläffe![191] Alexander, Caesar und Pompeius, was sind sie gegen Diogenes, Heraklit und Sokrates? Letztere durchschauten die Dinge und ruhten in sich, erstere wurden gehetzt von Plänen und von Sorgen geplagt.[192] Wir denken an den Prediger Salomonis: «Alles ist eitel und Haschen nach Wind.»[193] *Vanitas vanitatum!* Den Weisen dürfen die *adiaphora* nicht bekümmern, seine *apatheia* nicht erschüttern.[194] Das Ideal Marc Aurels ist die seelische «Meeresstille» (*galēnē*).[195]

Die Lebensphilosophie Marc Aurels erinnert an das Würfelspiel «Mensch ärgere dich nicht!» Nämlich dann, wenn du rausgeworfen wirst, denn das ist der Sinn und die Regel dieses philosophischen Spiels. Jetzt heißt es: nicht verzagen, neu beginnen![196] Marcus will sich sogar von dem Wunsch nach Büchern befreien,[197] gewiß mit Ausnahme des Tagebuchs, das freilich nur der Selbstvergewisserung und der Selbsterziehung dient. Primitive Menschen streben nach dem Besitz von Steinen und Pflanzen, etwas höher stehende nach dem von Tieren, noch feiner gebildete schätzen kunstfertige Sklaven, warum nicht auch Bücher, zumindest jener Autoren, die Marcus schätzt und nutzt? Gewiß, Besitz belastet. Der Weise legt nur Wert auf seinen Charakter.[198]

t. Tod und Vergänglichkeit

«Die Philosophie dient der Beklemmung als Gegengift», heißt es bei Cioran 1952,[199] ganz im Sinne Marc Aurels. Gefährdet wird der Seelenfriede insbesondere durch den Gedanken an den Tod,[200] ist doch der Mensch das Wesen, das nicht nur weiß, sondern auch fürchtet, daß es sterben muß. Das Thema Tod ist in der Philosophie der Zeit omnipräsent, denken wir an Lucrez[201] oder Cicero,[202] an Seneca,[203] Plutarch[204] oder Epiktet.[205] Der Tenor in der umfangreichen antiken Konsolationsliteratur ist allzeit derselbe. Durch Gründe und Beispiele wollen diese Trostschriften zeigen, daß Verlust verschmerzt werden könne, daß insbesondere der Tod kein Übel sei. Marcus kommt fast hundertmal darauf zu sprechen,[206] ihn beschäftigt die Allmacht, die Allgegenwärtigkeit des Todes. «Ununterbrochen bedenke, wie viele schon gestorben sind!»[207] Ärzte, die andern das Leben verlängern wollten; Sterndeuter, die andern das Ende voraussagten; Helden und Tyrannen, die andern den Untergang bereiteten – sie alle sind auch selbst dahin. Philosophen erging es nicht besser. Marcus erinnert an Demokrit und Heraklit, an Sokrates, Chrysipp und Epiktet – alle von der Ewigkeit verschlungen. Er denkt an Alexander, Pompeius und Caesar, an Augustus, seine Familie, seinen Hofstaat, sein Geschlecht, an seine, Marcus' eigene, bereits verstorbenen Zeitgenossen. Lucilla, Marc Aurels Mutter, überlebte seinen Vater Verus, dann starb auch sie. Davor überlebte Antoninus Pius seine Frau, dann starb auch er. Davor überlebte der Sekretär Celer[208] seinen Herrn Hadrian, dann starb er selbst.[209]

Die Erinnerung dient Marcus nicht dazu, die Verstorbenen über ihren Tod hinaus im Gedächtnis weiterleben zu lassen, wie es der Zweck der *memoria* gewöhnlich war und ist. Die erinnerte Vergangenheit lehrt ihn vielmehr die Vergänglichkeit alles Gewordenen, die Eitelkeit des Glaubens an die Zukunft des Bestehenden. Das ist kein Pessimismus, sondern Einsicht in die Weltordnung. «Wie viele Städte sind nicht schon gänzlich untergegangen!» Marcus nennt Helike, das 373 v. Chr. im Golf von Korinth versank, Pompeji und Herculaneum, 79 n. Chr. vom Vesuv verschüttet, und «zahllose andere».[210] Das war keine Strafe Gottes wie der Untergang von Sodom und Gomorra in der Bibel[211], sondern ein Lehrstück für die Macht der Natur, die zu fürchten kindisch wäre.[212] Vergänglich wie die Werke sind die Menschen selber. Marcus zitiert die Rede des Glaukos aus der Ilias:[213] «Blätter im Herbst vom Winde verweht auf die Erde, im Frühjahr / neu wieder sprießend, so ist das Geschlecht der sterblichen Menschen.» Es gibt keine Dauer.[214] Das war ein Topos der Philosophiegeschichte. Denken wir an Heraklits *Panta rhei* – «Alles ist im Fluß», an den Prediger Salomonis: «Alles hat seine Zeit» bis zu François Villon in seinem Großen Testament von 1462. Mit dem «Schnee von gestern» verschmilzt und verschwindet die Erinnerung selbst an die großen Herren der Vergangenheit. Wo ist *le preux Charlemaigne*, wie François Villon spöttelte?

Was ist der Tod? In der Genesis ist er die Strafe für den Sündenfall, Adam wird wieder zu Erde.[215] Tot ist tot. Im Evangelium ist der Tod der Übergang zur Ewigkeit in der Hölle oder im Himmel. Wie andere Fragen, so erörtert Marcus auch dieses «Mysterium der Natur»[216] in Anlehnung an Epiktet und in Auseinandersetzung mit Epikurs Materialismus, den Lucrez im dritten Buch seines Naturgedichts vertritt. Danach sind alle Dinge vorübergehende Konglomerate von unzerstörbaren Atomen.[217] Ebenso ist der Mensch zusammengesetzt aus kleinsten Teilchen und löst sich im Tode wieder in diese auf. Laut Epiktet zerfällt der Tote in die ihm «freundlichen und verwandten» vier Elemente Feuer, Erde, Luft und Wasser.[218] Und auch diese selbst sterben, wie Marcus aus Heraklit weiß, indem Erde zu Wasser, Wasser zu Luft, Luft zu Feuer und Feuer zu Erde wird.[219] Die Grundbestandteile dauern.

Bei Marcus wird der Körper wieder zu Erde, aus der er gebildet ist, und die Seele wieder zu Luft, aus der sie kommt. Sie kehrt zurück aus der Fremde in den *logos spermatikos*, die fruchtbare Weltseele,[220] die aus den beiden Bestandteilen neue Menschen formt. Wer oder was stirbt, fällt nicht aus dem Kosmos heraus, sondern löst sich auf und verwandelt sich.[221] Daß wir auf Erden in der Fremde sind, ist dann ein Grundgedanke Augustins. Das Leben ist für Marcus Pilgerschaft, der Tod ist das Ausruhen von dem Hin und Her der gegensätzlichen Wahrnehmungen, von der Herrschaft der Triebe und dem Dienst am Fleisch, ja auch von dem fortwährenden Nachdenken darüber.[222] Eine persönliche Unsterblichkeit kennt Marcus nicht. Die Wiedergeburt der pythagoräischen Seelenwanderung quittiert er mit Skepsis.[223] Ein

Fortleben in anderen Leibern gibt es ebensowenig wie den platonischen Hades mit einer Belohnung der Guten und einer Bestrafung der Bösen. Das bestritt ebenso Epiktet, durchaus im Einklang mit Epikur, aber auch mit dem Prediger Salomonis und mit Hiob.[224] Wer Schlechtes tut, schadet und bestraft sich selbst.[225]

Marc Aurels Zeitgenosse Lukian hat die verschiedenen Jenseitsvorstellungen ebenso geistreich wie scharfzüngig verspottet.[226] Das könnte Marcus gefallen haben. Aber las er lockere Lektüre? Statt einer Jenseitserwartung erhofft er durch seine Ermahnungen an sich selbst eine Art Wiedergeburt zu Lebzeiten. «Hast du dir erst einmal den Namen eines guten, bescheidenen, wahrhaftigen, verständigen, gleichmütigen, hochherzigen Menschen erworben, sieh zu, daß du ihn nicht verlierst und verlange nicht, daß andere ihn dir beilegen. Dann wirst du ein anderes Leben beginnen und ein anderer Mensch sein.»[227] Den Glauben, ein Sinneswandel schaffe einen anderen, den «neuen Menschen», hegte schon Paulus.[228] In der Zeit Marc Aurels finden wir das im ‹Brief an Diognet› (c. 2), und noch Aufklärer wie Condorcet, Philosophen wie Nietzsche, Sozialisten wie Trotzki und Biologen wie Konrad Lorenz hofften auf den Neuen Menschen.[229] Marcus warnt: «Wenn du weiterhin von Leidenschaft und Todesangst hin- und hergerissen wirst, bleibst du ein stumpfsinniger Mensch. Vermeidest du das, lebst du gleichsam auf den Inseln der Seligen.» Sie sind bei Marcus eine Metapher für ein gelungenes Leben, das die naturgegebene Aufgabe des Menschseins erfüllt.[230] Die Inseln der Seligen oder das Elysium waren der Lustort, auf dem die Mysten von Eleusis ihre Unsterblichkeit zu verleben hofften.[231] Der pseudoplatonische *Axiochos* (371 CD) beschreibt ihn als Schlaraffenland. Als Marcus selbst sich in Eleusis hat einweihen lassen, kann er diese Verheißung nur allegorisch verstanden haben.[232]

Für seine eigene Stellung zum Tode erklärt Marcus die Frage, was dieser sei, für unerheblich. Es ist die bloße Hinfälligkeit des Menschen, die das Problem ausmacht. Alexander von Makedonien und sein Stallknecht wurden nach ihrem Tode in denselben Zustand versetzt.[233] Es ist ganz gleich, ob nun dein Körper in seine Bestandteile zerfällt und dein Geist sich verflüchtigt oder ob er dauert und ins All übergeht und erneut Verwendung findet.[234] Welche der beiden Theorien auch zutrifft, ob Auflösung oder Übergang, der Tod ist wie das Leben ein Werk der Natur.[235]

Der Tod ist nicht zu vermeiden, nicht zu beklagen und nicht zu fürchten.[236] Ist er das Ende, erlischt die Empfindung. Ist er nicht das Ende, geht das Leben in anderer Form weiter.[237] Selbst die Lustphilosophen verachten den Tod.[238] Hier stimmt Marc Aurel dem Epikur zu, der an Menoikos schrieb: Der Tod geht uns nichts an. Denn solange wir da sind, ist der Tod nicht da, und sobald der Tod da ist, sind wir nicht mehr da. Nach seiner Auflösung in die Elemente hat der Körper keine Gefühle mehr, und dann ist er ein Nichts für uns.[239] Wie alles Vergangene, bemerkt Marcus, so existiert auch alles Künftige allein in unserer Vorstellung, real ist einzig das Gegenwärtige.[240] Nur jetzt und hier können wir denken, empfinden und handeln. *Carpe diem!* heißt das bei Horaz.[241] Ebenso Marcus: Alles Frühere, alles Spätere liegt außerhalb unserer Reichweite. Blicke nicht nach hinten, nicht nach vorne, sondern nach oben! Betrachte den ewigen Lauf der Sterne, bedenke den baldigen Zerfall der Stoffe – das reinigt dich![242] Marcus vertritt einen ethischen Präsentismus, der an Goethes Wort erinnert, seine einzige «Göttin» sei die Gegenwart.[243]

Kündet ein Gott dir: Morgen mußt du sterben!, so ist es gleichbedeutend mit dem Versprechen vieler Jahre;[244] das Leben ist ohnedies kurz. Angesichts der Ewigkeit spielen Jahre keine Rolle.[245] Was du auch liebst, gleicht einem Sperling, der vorüberfliegt.[246] Makaber ist Marc Aurels Kritik an dem in der Arena von den Löwen halb zerfleischten Sträfling, der um sein Leben jammert, da er doch nur am nächsten Tag völlig zerrissen wird.[247] Allerdings meint Marcus tatsächlich, daß den Weisen Schmerzen des Fleisches nicht berühren dürfen.[248] Er wendet sich aber gegen die Christen, die «theatralisch» sterben, indem sie ihre Todesbereitschaft als Märtyrer demonstrativ zur Schau stellen.[249] Marcus selbst mußte freilich die geforderte Standhaftigkeit gegenüber den Bissen und Krallen der Raubtiere nicht beweisen,[250] findet aber das Geschehen im Amphitheater und an ähnlichen Orten widerwärtig.[251]

Der Weise hat immer den Tod vor Augen. Marcus mahnt: Warte nur, balde ruhest du auch![252] Wenn du dein Kind küßt, sage dir: Vielleicht ist es schon morgen tot.[253] Doch sei das nicht von schlimmer Vorbedeutung, wie man meint, sonst dürfte man auch nicht sagen:

Morgen wird das Korn gemäht.[254] Die Lebenszeit ist knapp und kostbar. Zum Lesen kommt er schon jetzt nicht mehr.[255] Hoffe nicht auf freie Zeit im Alter, um deine Lebenserinnerungen, deine Exzerpte und die Geschichte der alten Griechen und Römer zu lesen. Beeile dich mit dem, was wichtig ist![256] Mit dem Psalmisten könnte Marcus sagen: «Herr, lehre uns bedenken, daß wir sterben müssen, auf daß wir klug werden!»[257] Dazu Marcus: Besorge, daß du in deiner letzten Stunde guten Gewissens zurückblicken kannst.[258] Bis es soweit ist, tu den Menschen Gutes und preise die Götter![259] Das Leben ist dir nur geliehen. Der Weise sagt zur Natur: «Gib was du willst; nimm wieder, was du willst»,[260] so wie Hiob (1,21) sprach: «Der HErr hat's gegeben, der HErr hat's genommen; der Name des HErrn sei gelobt.»

Der Mensch ist ein Werk der Natur, und sie will Wandlung. Alles wandelt sich, so auch du selbst: vom Kind zum Jüngling zum Mann zum Greis, vom Leben zum Tod. Wie deinen Vorfahren, so wird es auch dir ergehen. Es gibt viele Arten von Untergang, Umwandlung und Auflösung – ist das schlimm?[261] Beim Heizen wandelt sich das Holz, beim Essen die Speise, alle Tätigkeit verändert etwas. Auch der Tod ist eine Umwandlung, gleichermaßen notwendig für die Natur des Alls, sie bestimmt die Stunde des Abschieds.[262] Hadere nicht mit deiner Schöpferin, befreunde dich mit ihr! Du verläßt Menschen, die ganz anders denken als du, so daß du sagen wirst: «Komm schneller, Tod, damit ich nicht selbst mich vergesse!»[263] Hier wie überhaupt heißt es: Allzeit bereit!

Sehr realistisch bemerkt Marcus, daß nicht alle an seinem Sterbelager Stehenden sein Ableben bedauern werden, sondern etliche sich sagen: «Endlich sind wir von diesem Schulmeister (*paidagōgos*) erlöst, der uns doch im Stillen verachtete.» Marcus weiß, daß seine Geringschätzung der äußeren Güter von den wenigsten Mitmenschen geteilt wird, so daß die meisten es als Erleichterung empfinden, wenn er geht. Und dies erleichtert wiederum ihm selbst den Weggang, den er ohne Groll gegen jene vollzieht, der Natur gehorsam, freundlich und friedlich.[264] Neben den trauernden Hinterbliebenen gibt es doch immer die lachenden Erben. Das Erbteil, das Marcus hinterlassen wird, ist vor allem das Kaisertum, das dann seinem Sohn Commodus zukommen wird. Der aber erscheint in den Tagebüchern nirgends. Commodus sollte doch das Erbe als Aufgabe verstehen, nicht als Glücksgut. Als solches ist das Kaisertum nur ein *adiaphoron*. Töricht, wer es begehrt.

Der Tod ist mit seinem Wann und Wie ein Teil der Natur. «Mensch, laß dein Leben heiter enden, so als fiele die Olive, reif geworden, herab, die Erde preisend, die sie trug, dem Baum dankend, der sie wachsen ließ.»[265] Neben der Naturmetapher verwendet Marcus das Theaterbild. Der Mensch hat die Weltordnung zu akzeptieren wie ein Schauspieler seine Rolle. Hat der sie gespielt, so muß er ohne Wenn und Aber die Bühne verlassen, so wie der Autor des Stückes dies vorgesehen hat. Nicht auf den Willen des Einzelnen, sondern auf Sinn und Zusammenhang des ganzen Stückes kommt es an. Und daraus ergibt sich so wie das Ende des Auftritts eines jeden Spielers auf dem Theater, so auch der Tod jedes Menschen in der Welt.[266] Was immer der «Kosmos» will, geschieht zur rechten Zeit, nicht zu früh, nicht zu spät.[267] Der Tod ist heiteren Sinnes zu erwarten und zu ertragen. «Mensch, gehe heiter fort, denn auch der dich entläßt, ist heiter.» *Hilaritas* – Heiterkeit gehört zu Marc Aurels Münzparolen.[268] Das letzte Wort in den Meditationen heißt *hileōs* – «heiter».[269]

Die Pflicht, dem Tod ins Auge zu schauen, entnimmt Marcus dem Sokrates der platonischen ‹Apologie›: «Den Posten, ihr Athener, den jemand eingenommen hat, weil er ihn für den besten hielt, oder auf den ihn sein Feldherr gestellt hat, da muß er meines Erachtens ausharren und die Gefahr bestehen, auch den Tod in Kauf nehmen, nur die Schande nicht.»[270] Für Marc Aurel ist Schande nicht als Urteil anderer zu fürchten, sondern als beschädigtes Selbstwertgefühl. Die innere Stimme, der Daimon entscheidet.

Als Marc Aurel im Sterben lag, hat er sein Ende durch Verzicht auf Nahrung beschleunigt. Damit stellt sich das in der Antike umstrittene Problem, ob Selbstmord zulässig sei.[271] Platon hat es bestritten, die Stoa hat es bejaht, und Marcus selbst bestätigt das in seinen Reflexionen. Da im Alter die Urteilsfähigkeit nachläßt, muß man rechtzeitig nachdenken darüber, ob man noch seinen Pflichten genügen kann oder sein Leben beenden sollte.[272] Marcus mißt dem Leben keinen Eigenwert zu, sondern schätzt es nur nach der Möglichkeit, es gemäß dem Willen der Natur, nach dem inneren Daimon zu gestalten.[273] Voraussetzung ist die kosmische Ordnung. Sollte die Welt aber bloß aus einem Gemenge von Teilchen bestehen, die sich zusammenfügen und wieder auseinanderfallen – warum lebe ich dann noch weiter?[274] Eine physikalische Frage gewinnt für den Philosophen existenzielle Bedeutung.

Marcus ermahnt sich, die Götter zu ehren und den Menschen Gutes zu tun, ähnlich dem Gebot Jesu: «Liebe Gott über alle Dinge und deinen Nächsten wie dich selbst!»[275] Das ist für Marcus der Sinn des Lebens, doch kann er an äußeren Hindernissen scheitern. Marcus notiert: «Wie du am Ausgang deines Lebens gelebt zu haben wünschst, so kannst du jetzt schon leben. Ermöglicht man dir dieses nicht, so scheide aus dem Leben, doch so, wie wenn dir nichts Übles widerfahre. Wenn der Rauch mir den Atem nimmt, gehe ich weg. Nichts und niemand wird mich halten.»[276] Er entscheidet selbst: «Hindern sie dich, ertragen sie dich nicht, dann sollen sie dich töten. Es ist besser zu sterben als zu leben wie sie.»[277]

Ebenso wie Marc Aurel rechtfertigt Seneca den Selbstmord bei schwerem Leiden.[278] Aber steht das nicht im Widerspruch zur stoischen Lehre von der Unerheblichkeit des Schmerzes? Beweist der Philosoph das nicht eben dadurch, daß er jede Qual aushält? Der Stoiker aber klebt nicht am Leben, es ist für ihn kein Selbstzweck, sondern hat Wert nur insoweit es der Erfüllung der Menschenpflicht dient und dienen kann. Der Sinn des Lebens ist Tätigkeit.[279]

u. Ruhm?

Die Kürze des Lebens wird durch die *hysterophēmia*, den Nachruhm, verlängert.[280] Für Seneca ist es erstrebenswert, das Lob «der Guten» bei der Nachweilt zu verdienen und zu erringen. Denn damit stiftet der Tüchtige durch sein Vorbild auch noch nach seinem Tode Nutzen.[281] *Longum iter est per praecepta, breve et efficax per exempla* – «Lang ist der Weg durch Vorschriften, kurz und wirksam der durch anschauliche Beispiele.»[282] Sie bieten *imagines virtutum*.[283] Das entspricht antikem Denken.[284] Bei den Griechen wurde Ruhm bisweilen sogar mit verwerflichen Mitteln erstrebt, wie Herostrat in Ephesos zeigt; bei den Römern war *gloria aeterna* Ziel und Lohn eines tugendhaften Lebens gemäß den Vätersitten, den *mores maiorum*.[285]

Marc Aurel denkt nicht so. Wer nach Ruhm strebt, handelt mit Rücksicht auf das Urteil anderer, macht sich abhängig.[286] Was andere denken und sagen, kommt für ihn nicht in Betracht, es sei denn, daß sie ihn belehren. Dann, heißt es, folge ihnen und höre auf gute Ratgeber![287] Das kennzeichnet seinen Regierungsstil, wie die Vita bestätigt.[288] Marcus schämt sich auch nicht, sich helfen zu lassen.[289] Er hört anderen überhaupt gut zu und sucht sie zu verstehen,[290] folgt aber letztlich allein seinem Gewissen wie der Steuermann, damit das Schiff gerettet werde, wenn die Matrosen ihn schmähen, oder wie der Arzt, damit der Patient geheilt werde, auch wenn dieser ihn beschimpft.[291] Der Weise erhofft oder befürchtet von anderen nichts. Er ist über Lob und Tadel erhaben. Er prüft und beurteilt die Dinge selbst, hier und jetzt.[292] Nachruhm ist ihm gleichgültig[293] in kosmischem Bewußtsein angesichts der Vergänglichkeit aller Dinge. Die Helden der Republik wie Curius Dentatus, Scipio und Cato, die großen Kaiser wie Augustus, Hadrian und Antoninus Pius – wie kurz ist ihre Berühmtheit angesichts der Ewigkeit![294] Macus fordert eine Betrachtung *sub specie aeternitatis*, so wie später Spinoza in seinen ‹Ethica›, seiner Abwertung der Affekte.[295]

Ewigkeit war ein Grundbegriff der römischen Staatsideologie. Unter Augustus verhieß Juppiter in Vergils *Aeneis* (I 278 f.) den Römern ein ewiges Reich, ein *imperium sine fine*, was zur herrschenden Geschichtsauffassung wurde. Seit Vespasian verkünden die Münzen die *aeternitas Augusti*, die Ewigkeit des Kaisertums, und im 3. Jahrhundert, als es um das Reich bedenklich stand, intensivierte sich die Präsenz der Parole.[296] Auf den Münzen Marc Aurels fehlt die Ewigkeitsverheißung für Kaiser und Reich. Nur die verstorbenen Mitglieder des Kaiserhauses gehen bei der *consecratio* ein in die Ewigkeit.[297]

Marcus weiß um die Vergänglichkeit wie der Erscheinungen so der Erinnerung. Späteres verdeckt Früheres wie die zweite Düne die erste; wie die Blätter der Bäume vergehen die Blätter der Bücher.[298] Und stimmt denn überhaupt, was über frühere Menschen kursiert? Vielleicht war der als stinkender Schwätzer verunglimpfte pythagoreische Philosoph Telauges mit seiner Seelenhaltung in Wirklichkeit dem weisen Sokrates überlegen.[299] Was sind das für Menschen, bei denen du in Erinnerung bleiben willst! Du kennst sie nicht, das erlebst du nicht.[300] Du willst von Leuten nicht vergessen werden, die selbst bald vergessen sein werden? In Kürze ist sowieso alles vergessen.[301] Nur das wirkliche Momentane zählt, nicht das mögliche

Spätere, darum geht der Ruhm dich nichts an, er ist so gleichgültig wie die Ruhmlosigkeit.[302]

Marc Aurels Ruhmeskritik trifft sich mit der beim Prediger Salomonis (2,16): «Weder an den Weisen noch an den Toren wird man sich ewig erinnern. In den Tagen, die kommen, werden alle längst vergessen sein.» Nicht nur vergeblich, sondern geradezu verfehlt ist die Ruhmsucht aus christlicher Sicht bei Paulus. Nicht Ruhm bei den Menschen, sondern einzig Ruhm bei Gott sei zu erstreben, um des Himmelreichs würdig zu werden. *Soli Deo gloria!*[303] Wenn Tacitus[304] anmerkt, Ruhm verdiene, wer ohne Ruhmbegehren Ruhmwürdiges geleistet habe, so gilt das wie für Paulus so für Marc Aurel, die beide nicht damit gerechnet haben, nach zweitausend Jahren noch berühmt zu sein. Darüber haben sie sich keine Gedanken gemacht. Marcus hat gleichwohl der Konvention gehuldigt und dafür gesorgt, daß die Nachwelt ihn nicht vergißt, das beweisen seine Denkmäler, die seine Person und seine Taten ganz in der üblichen Weise *aere perennius* verherrlichen.[305] Gottseidank.

v. Gefühle beherrschen!

Die stoische Individualethik ist in ihrer strengen Form wirklichkeitsfremd. Seneca fordert, die Emotionen auszutilgen. Wer sie überhaupt zulasse, sei ihnen verfallen; wer sich verliebt oder Tränen vergießt, sei nicht mehr Herr seiner selbst.[306] Stimmt das? Die Abtötung aller seelischen und körperlichen Gefühle führt zur Indolenz. Völlige Gefühlskälte ist weder möglich noch wünschenswert; und daß wir unseren Empfindungen ausgeliefert seien, wenn wir sie in irgendeiner Form zulassen, trifft nicht zu. Gellius referiert eine Rede des Herodes Atticus, die er in Athen gehört hatte. Herodes wurde von einem Philosophen getadelt, als er den Tod eines Sohnes beklagte. Da verteidigte Herodes sich mit der Geschichte eines thrakischen Barbaren. Der hatte erfahren, daß die Griechen ihre Weinstöcke und Ölbäume beschneiden, damit sie besser fruchten. Er kam nach Hause und machte das gründlich. Er kappte alle Weinstöcke und Ölbäume, die nun gar nichts mehr lieferten.[307] Soll man so alle Gefühle abtöten? Herodes stellte der stoischen Apathie die Metriopathie gegenüber, das Maßhalten, so wie die Akademiker Platons und die

Peripatetiker des Aristoteles das forderten.[308] Lust und Schmerz sind ja keine Vorstellungen, die wir uns machen und daher auch vermeiden können, sondern sie ergreifen und erregen uns ganz naturgemäß. Wir können sie nicht ausschalten, wohl aber können und sollen wir sie mildern und meistern, wie Herodes sagt und Marcus weiß. Das ist Metriopathie. Ihm ist darin zuzustimmen, daß wir die Gewinnung von Lust und die Abwehr von Schmerz nicht zu unserem Lebenszweck machen sollten, aber die Gaben der Götter dürfen wir genießen. Erstrebenswerter freilich ist die wahre Lust, die aus rechtem Denken und Handeln erwächst.[309]

Ein Vertreter der philosophischen Metriopathie war Marc Aurels Leibarzt Galen. Der Lehrbrief an seinen ungenannten Schulfreund nach dem Stadtbrand in Rom 192 steht unter dem Titel *Peri alypias* – ‹Über die Unverdrossenheit› oder kurz ‹Gegen den Verdruß›.[310] Hier erweist sich Galen auch als Seelenarzt. Ganz im stoischen Sinn werden Verluste aller Art, auch der des Lebens, der *conditio humana* zugerechnet, auf die wir uns einrichten und einlassen müssen. Was gewonnen wurde, kann verlorengehen; es wäre töricht, das zu beklagen.[311] Der Weise hat beständig vor Augen, was alles ihm zustoßen könnte, Verbannung, Tod und andere Übel. Er erschrickt nicht, wenn es eintritt. Dazu Galen: «Die Beobachtung der Politik ist ein guter Lehrmeister dafür, uns das Walten des Zufalls in Erinnerung zu rufen.»[312] Wohl wahr.

Galen beschreibt, wie kühl er die Nachricht aufgenommen habe, sein gesamter Hausrat sei verbrannt, und empfiehlt so wie der Kaiser Gelassenheit in jeder Lebenslage. Das unersättliche Streben nach Reichtum und Ruhm, Ansehen und Einfluß mache nur ewig unzufrieden. Galen bewundert die Anspruchslosigkeit der kynischen Philosophen Krates und Diogenes, er zitiert den Gründer der Stoa Zenon von Kition, der dem Verlust seines Vermögens durch Schiffbruch die Einsicht in die Belanglosigkeit äußerer Güter verdankte, bildlich: den stoischen Philosophenmantel. Schon sein Vater habe ihn gelehrt, so Galen, menschlichen Dingen nur einen geringen Wert beizumessen. Das Wissen um sie und um das Wirken der Götter – das sei gut. Die Wertschätzung des Verständnisses für das Göttliche und das Menschliche, *ta theia kai ta anthrōpina*, findet sich wörtlich ebenso bei Marc Aurel.[313]

Für den Arzt Galen ist das Menschenleben natürlich nicht wertlos. Die Sorge für das Lebensnotwendige ist sinnvoll. Was uns vor Hunger und Durst, vor Kälte und Krankheit bewahrt, können wir nicht geringschätzen. Galen betet darum, gesund und bei Verstand zu bleiben, um immer mit einem Freund sprechen und einem Vorleser folgen zu können. Kein Weiser sei völlig frei von Affekten, und auch ihn, Galen, würde es schmerzen, seine Heimat zerstört oder einen Freund von einem Tyrannen mißhandelt zu sehen, wie das damals unter Commodus wohl vorkam.

Erleichtert wurde dem begüterten Arzt, den Verlust zu ertragen, daß seine Villa in Kampanien unberührt blieb, die noch immer so viel medizinisches Gerät enthielt, daß er seinen Beruf, wenn auch unter erschwerten Umständen, weiter ausüben konnte. Anders stand es um den Philosophen und um den Grammatiker, die Galen nennt, die beide in jenem Brand ihre Bibliotheken verloren, ihre Arbeitsgrundlage, und sich darüber zu Tode grämten.[314]

Den Kompromiß zwischen der rigorosen Abwertung aller «menschlichen Dinge» und der Wertschätzung des Lebenswichtigen schloß auch Galens kaiserlicher Patient. Körperliches Befinden war für Marcus keineswegs belanglos, weder bei ihm noch bei seinen Nächsten. Er fand es nicht überflüssig, die ärztliche Kunst in Anspruch zu nehmen. In dem Schreiben an Herodes Atticus nach dem Tode Faustinas fragt Marcus nach dessen Gesundheit und berichtet von seinen eigenen Beschwerden.[315] Und der Tod seiner geliebten Frau, wie ist der ihm nahegegangen! Er hat seine Trauer nicht unterdrückt und hat ihr Ausdruck verliehen.[316]

Hätte Marcus hier stoische Gleichgültigkeit bewiesen, so hätte er seine eheliche Zuneigung in Frage gestellt. Auch der Tod des Avidius Cassius hat ihn betrübt, der Streit zwischen seinen Lehrern Fronto und Herodes Atticus hat ihn bekümmert. Und dennoch bekämpft er die Trauer, weil sie die Seele belastet.[317] Die Betrauerten haben nichts von der Trauer, und der Trauernde wird bald selbst zu betrauern sein.[318] Anders als Marc Aurel verwirft Epiktet das Trauern um Tote grundsätzlich.[319] Antike Tugendhelden haben den Tod von Angehörigen in stoischer Haltung hingenommen. Das zeigen die Musterbeispiele auch in der Literatur der Zeit Marc Aurels.[320]

w. Sozialethik: Pflichterfüllung und Menschenliebe

Die Abwertung der «äußeren Dinge» als *adiaphora* hält Marcus in der Individualethik nicht durch, wenn er einräumt, zur Eudaimonie gehöre nur «weniges», also doch etwas.[321] Klarer formulierte Aristoteles,[322] die Eudaimonie erfordere neben der Tugend auch einiges an körperlichen und äußeren Gütern, zur Kakodaimonie aber sei das Laster hinreichend. Marcus widerspricht der Verachtung aller Äußerlichkeiten in seiner Sozialethik, wo es ja nicht um den eigenen Seelenfrieden geht, sondern um das Wohlergehen der Gemeinschaft, das durchaus an «äußeren Dingen» hängt. Marcus erwartet von sich hier Rechtlichkeit und Hilfsbereitschaft, Großmut und Freundlichkeit, kurz: tätige Pflichterfüllung. Er ermahnt sich zwar, alles, was «in der Mitte» zwischen Tugend und Schlechtigkeit liegt, als unerheblich zu betrachten, doch das gilt nur für ihn selbst, nicht gegenüber seinen Mitmenschen; das betrifft den Denkenden, nicht den Handelnden. Denn zugleich fordert Marcus Wohltaten für die Gemeinschaft, Liebesbeweise zum Menschengeschlecht.[323] Hier ist er kein gefühlloser Stoiker. In den Jugendbriefen an Fronto ist Gesundheit ein großes Thema. So wie der Lehrer seine Gebrechen ausführlich darstellt, geht auch der Schüler auf dessen und seine eigenen Beschwerden vielfach ein.[324] Sie zu beheben ist bei sich selbst eine Voraussetzung der Pflichterfüllung, bei anderen selbst eine solche.

Marcus schätzt mithin auch die «Mitteldinge», *ta mesa*, die den Menschen «zuträglichen» Sachen (*to sympheron*) des lebenspraktischen Nutzens (*hē ōpheleia, to chrēsimon*), also alles, worin und womit man helfen kann und helfen soll.[325] Das Wohlergehen der Gemeinschaft[326] ist als Ziel der höchsten Tugend, der Menschenliebe, zwar ein äußerliches Gut, aber erstrebenswert und allenfalls insoweit ein indifferentes *adiaphoron*, als seine restlose Realisierung nicht in unserer Macht steht und unser Gemüt nicht verunsichern darf, wenn es unvollständig verwirklicht ist.

Der Mensch ist zur Gemeinschaft geschaffen, ihr Wohl ist das naturgegebene Ziel aller Vernunftwesen, die durch die Teilhabe am Logos miteinander verwandt sind.[327] Während aber Tiere und Pflanzen, Sonne und Sterne sich stets naturgemäß verhalten, handeln die Menschen allzu oft gemeinschädlich, naturwidrig.[328] Wenn Marcus den Menschen ein *zōon politikon* nennt,[329] denkt er nicht wie Aristoteles an die Polisgemeinschaft, sondern an den «Weltstaat»,[330] denn der Kosmos ist eine einzige Polis.[331] Hier folgt Marcus Zenon, der die Idee des «Kosmopoliten» Diogenes und die Menschheitsidee Alexanders des Großen übernahm.[332] Das geht über die Idee der römischen Weltherrschaft weit hinaus.

Die Einheit des Menschengeschlechts veranschaulicht Marcus an Sprachbildern aus der organischen Welt. «Wir sind zur Zusammenarbeit geboren wie die Füße, die Hände, die Augenlider und die Reihen der oberen und unteren Zähne.»[333] Jeder möge seine Aufgabe erfüllen wie die Augen und die Füße und ebensowenig wie diese eine Gegengabe dafür verlangen, etwa Dankbarkeit oder Treue.[334] Immer wieder ermahnt der Kaiser sich selbst, die gesamte Menschheit als einzigen Körper zu begreifen,[335] ja den Kosmos als Organismus zu verstehen,[336] in dem alle Glieder das Ihre zu verrichten haben. «Wenn du mal eine abgehauene Hand, einen abgeschnittenen Fuß oder Kopf gesehen hast; zu einem solchen macht sich, wer sich von der Gemeinschaft löst und nur seinen privaten Interessen folgt.»[337]

Noch eindrucksvoller ist die botanische Variante dieses Bildes. Marcus vergleicht die menschliche Gesellschaft (*politeuma*) mit einem Baum, dessen Zweige die einzelnen Menschen darstellen. Sobald sich ein Zweig vom Ast abgetrennt habe – und damit meint der Kaiser schon die Verärgerung über unseren Nächsten –, habe er sich zugleich vom ganzen Baum gelöst. Zwar könne sich der Einzelne mit seinem Nächsten wieder versöhnen, so wie ein Ast auch wieder aufgepfropft werden könne, aber eine Narbe bleibe, und mehrfach wiederholen lasse sich das nicht.[338] Ein Ast aber, lieber Marcus, ist nicht wieder aufzupfropfen, was immer dein Gärtner gesagt haben mag, und leider ist auch nicht jedes Zerwürfnis heilbar.

Hinzu kommen Metaphern aus der Musik und aus dem Theaterwesen. Wer nichts zum Gemeinwohl beiträgt und bloß grollt, der stört die Symphonie des Ganzen, die «Harmonie» im Kosmos.[339] Das schon erwähnte Bild der Lebensbühne verdeutlicht die jeweilige Stellung des Einzelnen in der Gesellschaft, wie schon bei Epiktet zu lesen.[340] «Spiele deine Rolle gut», ob es eine Haupt- oder eine Nebenrolle ist.[341] Kann der Einzelne sich diese auch nicht aussuchen, so kann und soll er sich doch darum bemühen, sie möglichst gut zu spielen. Auch Marcus selbst ist nicht durch eigenen Entschluß Kaiser geworden, sondern wurde dies durch äußere Umstände. Seine Erzieher hat er so wenig selbst ausgesucht wie seinen Vater oder seine Mutter. «Ihr sollt euch nicht grämen, wenn euch im Leben widerfährt, was euch auf der Bühne gefällt.»[342]

Diese Bilder von der Einheit aller Menschen erklären die Aufgabe, die der Philosophenkaiser sich selber stellt. Sein oberstes Gebot ist die Nächstenliebe,[343] damit nähert er sich den Göttern, denn sie üben «Philanthropie».[344] Das Niedere diene dem Höheren,[345] also das Unbelebte dem Lebendigen, das Lebendige dem Vernünftigen. Alle Vernunftwesen sind wegen und für einander geschaffen, um sich wechselseitig zu ertragen, zu helfen und die ihnen gestellten Aufgaben zu erfüllen.[346] Insbesondere die Schwachen und Irrenden bedürfen der Zuwendung und verdienen sie.[347] Ehe du den Fehler eines anderen tadelst, suche einen ähnlichen bei dir selbst! Wir denken an die Bergpredigt: «Was siehst du den Splitter in deines Bruder Auge und wirst nicht gewahr des Balkens in deinem eigenen Auge?»[348]

x. Feindesliebe

Sogar die Feindesliebe erscheint als Gebot. Zürne dem Missetäter nicht, sondern mache ihm sein Verbrechen klar! Beantworte Haß mit Wohlwollen! Betrachte den, der dich verletzt, nicht als Feind, sondern weiche ihm aus! Daß ein schlechter Mensch Schlechtes tut, ist so natürlich wie daß ein Feigenbaum Feigen trägt oder ein Pferd wiehert.[349] Was von den Göttern kommt, ist verehrungswürdig, was von den Menschen kommt allerdings bisweilen betrüblich, wegen ihrer Unkenntnis dessen, was gut und was schlecht ist. Nichts Erbärmlicheres gibt es als Menschen, die alles Mögliche erforschen, nur nicht sich selbst, Menschen, die ihren inneren Dämon, ihren Genius vernachlässigen, der sie vor Unbesonnenheit und Unzufriedenheit bewahrt, so daß sie dauernd in die Irre gehen.[350] Es gibt schlechte Menschen, doch ist das nicht schlecht für die Weltordnung.[351] Darum zürne ihnen nicht, sondern ertrage sie, suche sie zu bessern und zu belehren,[352] notfalls auch gegen ihren Willen, wenn Vernunft und Recht es erfordern. Gegenüber dem Gewalttäter handle besonnen.[353] Dem Menschenfeind vergilt nicht mit gleicher Münze![354] Dem Übeltäter gewähre Verzeihung, denn er handelt unwissend und unwillentlich.[355] Der schlechte Mensch ist belehrbar, erklärte Sokrates in Platons *Gorgias* gegen den Sophisten Kallikles. Das müssen wir ihm zwar nicht glauben, sollten aber handeln, als wäre es so.

Wer sich gegen seinen Nachbarn wendet, stellt sich gegen die Menschheit, doch läßt er sich versöhnen.[356] Auch Widersacher wirken unbewußt im Sinne des Ganzen.[357] Marcus erinnert an Phokion, der sein ungerechtes Todesurteil 318 v. Chr. den Athenern nicht verübelte,[358] und ermahnt sich, schlechte Menschen zu ertragen, zumal auch er selbst ein schlechter Mensch sei: Lassen nicht die Unsterblichen die Lasterhaften zu?[359] Wir denken an Psalm 39: «Ich will meinen Mund bezähmen, wenn der Frevler vor mir steht», oder an die Bergpredigt: «Gott läßt seine Sonne aufgehen über die Bösen und die Guten und läßt regnen über Gerechte und Ungerechte.»[360] Die Maximen Marc Aurels klingen christlich, doch fehlt die Drohung Jesu mit dem «höllischen Feuer»[361] und die von Paulus angehängte Sanktion gegen die der Liebe unwürdigen Feinde, die «feurige Kohlen» auf ihrem Haupt sammeln. Das ist eine Höllenstrafe wie das «Heulen und Zähneklappen» in der Finsterwelt bei Jesus.[362] Bei Marcus gibt es weder Hölle noch Teufel; Satan stammt aus dem Spätjudentum und ist erst durch die Evangelisten populär geworden. Das hatte Folgen.

γ. Theorie und Praxis

Nun aber die Gretchenfrage: Wie sieht es aus bei Marc Aurel mit dem Verhältnis zwischen Philosophie und Politik, zwischen Literatur und Leben, zwischen Theorie und Praxis?[363] Platon hatte erklärt, es könne nur besser werden im staatlichen Zusammenleben, wenn entweder die Philosophen Könige würden oder die Könige Philosophen.[364] Das pflegte auch Marcus zu sagen.[365] Herder erwartete davon 1779 die «Glückseligkeit der Welt»,[366] aber Kant widersprach 1796. Im zweiten Zusatz zu seinem Entwurf ‹Zum ewigen Frieden› erklärte er, in Personalunion verdürbe Philosophie die Politik und die Politik die Philosophie. Aber bestätigen denn das philosophisch gebildete Staatsmänner wie Marc Aurel selbst und vor ihm der Platonschüler Phokion, die Aristotelesschüler Alexander der Große und Demetrios von Phaleron oder der Stoiker Antigonos Gonatas? Auch der von Kant verehrte Friedrich der Große verband Politik und Philosophie, indem er Folter und Zensur abschaffte, Toleranz übte und die Aufklärung förderte.

In seinen monologischen Dialogen spricht Marcus nicht den Kaiser in sich an, sondern den Menschen. Niemand käme bei der Lektüre der Selbstermahnungen, drei oder vier abgerechnet, auf den Gedanken, daß der Autor ein Kaiser war, noch dazu ein Kaiser im Felde. Er verfaßte keinen Fürstenspiegel, sondern einen Katechismus der Humanität. Seine Sozialethik zielt nicht auf einen perfekten Machthaber, sondern auf einen besseren Menschen. Nur gelegentlich erinnert er sich an seine Doppelrolle als Denker und Kaiser. Seine «Mutter» ist die Philosophie, zu der er immer wieder zurückkehrt, doch seine «Stiefmutter» ist das Herrscheramt über die Römer, das ihm zugewiesen wurde wie dem Widder das über die Schafe und dem Stier das über die Kühe.[367] Das Amt stellt dauerhaft Forderungen an ihn, wie sie vor ihm sein Adoptivvater Pius so mustergültig erfüllte. Er soll Vorbild sein und Marcus sich durch seine Stellung nicht verführen lassen. «Sieh zu, daß nicht der Purpur deinen Charakter verfälscht, daß du nicht dem Cäsarenwahn verfällst, nicht verkaisert werdest»,[368] gemeint ist: daß du kein Despot wirst, der seinen Stand und seine Macht mißbraucht wie ein Phalaris, der Tyrann von Akragas, oder ein Nero.[369] Achte die Götter und bewahre die Menschen, denn die einzigen Früchte unseres kurzen Lebens sind eine fromme Gesinnung und Taten für die Gemeinschaft.[370]

Marcus kennt seine Pflichten als Mann, als Staatsbürger und Herrscher, dessen Vaterland als Antoninus Rom, dessen Heimat als Mensch der Kosmos ist.[371] Aber er weiß und beklagt, daß sein Amt (*hypothesis*) dem Ruf eines Philosophen entgegensteht.[372] Denn wie seine Individualethik, so war auch seine Sozialethik nicht uneingeschränkt zu verwirklichen. Unvermeidlich hatte er als höchster Richter und oberster Feldherr Konflikte zu bewältigen, die Härte verlangten. Zu den Pflichten eines Kaisers gehört der Schutz des Staates. Hätte Marcus die Tugenden eines heiligen Franziskus oder eines Albert Schweitzer[373] üben wollen, wäre er sehr bald von seinem Thron hinweggefegt worden, und ein anderer, gewiß weniger menschenfreundlicher Kaiser wäre an seine Stelle getreten. Auch hier verwendet Marcus das Bild vom Welttheater, auf dem jedem Menschen eine Rolle zugeordnet ist.[374] Es geht darum, sie möglichst gut und pflichtgemäß zu spielen.

Das vorgegebene Libretto umschrieb die Aufgaben im Staat im Rahmen der gesellschaftlichen Ordnung mit ihren Standesunterschieden, an denen Marcus nichts änderte. Seine Amtsauffassung erlaubte ihm nur tendenziell die Anwendung allgemeiner Menschenliebe im Sinne eines regulativen Prinzips. Immerhin hat er die Macht mit seinem Adoptivbruder geteilt und den Senat geehrt. Er hat, wie Epiktet es fordert,[375] die Schmähungen des Herodes Atticus vor Gericht geduldig ertragen,[376] die Vorwürfe gegen Faustina übersehen und ihre angeblichen Liebhaber befördert.[377] Marcus hat ungewöhnlich milde Urteile gefällt, Hochverräter begnadigt und in einer Finanzkrise die Kronjuwelen und die Prachtgewänder der Kaiserin zugunsten der Kriegskasse öffentlich versteigern lassen. Von welchem anderen Herrscher hören wir solches?[378]

Ihm aber blieben Zweifel. «Die Spinne fängt die Fliege und ist stolz. Menschen fangen Hasen und Fische, Wildschweine und Bären. Wir fangen Sarmaten. Sind nicht alle Räuber, wenn du ihre Grundsätze prüfst?»[379] Gewalt in der Natur und Gewalt im Krieg wurden oft verglichen, aber in unterschiedlicher Absicht. Im Melierdialog bei Thukydides rechtfertigen die Athener ihre Eroberung der Insel mit dem naturgemäßen «Recht des Stärkeren»;[380] Polybios kennzeichnet die Politik unter Alexanders Nachfolgern zynisch mit der Redensart: «Die großen Fische fressen die kleinen»;[381] Hitler wiederum achselzuckend: «Wer hat die Schuld, wenn die Katze die Maus frißt?»[382] Appetit ist natürlich, aber tödliche Gewalt gegen Artgenossen ist weder natürlich noch naturgemäß.

In seiner Selbstprüfung verweigert sich Marcus den Stolz auf den Sarmatensieg, er legitimiert ihn nicht mit dem lebensnotwendigen Jagen und Fischen, sondern verdächtigt alle, von der Spinne bis zum Weltherrscher der Räuberei. Das führt zu der Frage, ob es überhaupt einen Unterschied gebe zwischen den verschiedenen Gründen für Gewalt, konkret zwischen dem Krieger und dem Räuber. Die Antwort des von Alexander gefangenen Piraten, er mache im Kleinen, was jener im Großen betreibe, führte Cicero einst zur Unterscheidung von ungerechter und gerechter Gewalt im *bellum iustum*, den Augustinus in Zweifel zog.[383]

Zu Recht gilt das in der Praxis, zu Unrecht gewiß in der Theorie, denn gerechte Gewalt soll – anders als die ungerechte – das Zusammenleben sichern, hier das zwischen Römern und Sarmaten. Marcus fordert sich auf, die Prinzipien des Handelns zu ergründen, läßt aber die Sache, die Realisierbarkeit der Idee, in der Schwebe. Der Zustand der Unsicherheit dauert an, die Aufforderung nachzudenken bleibt bestehen. Marcus erreicht kein Ergebnis, sondern beschreibt einen Vorgang. Philosophie ist ja nicht mehr als das dauerhafte Bemühen um Klarheit in den Lebensfragen, ist *philosophia perennis.* Wie in der Philosophie, so in der Politik heißt es bei Marcus: «Hoffe nicht auf Platons Idealstaat, sondern sei froh, wenn es in kleinen Schritten vorangeht.»[384] So im ewigen Auf und Ab.

z. Zehn Leitsätze

Die Philosophie Epikurs wurde von einem Schüler zusammengefaßt in einem Katechismus von 40 Hauptlehren, *kyriai doxai.*[385] Knapper komprimiert Marcus seine Ethik in neun von den Musen inspirierte «Hauptsätze» (*kephalaia*), zu denen Apollon einen zehnten zugefügt habe.[386] Sie betreffen freilich nur einen Teil seiner Lebensweisheit. Fassen wir sie als Ganze ins Auge, so ergeben sich statt dessen die folgenden zehn *hiera dogmata*, heiligen Leitsätze:[387]

1. Kümmere dich um das, was in deiner Macht steht. Gräme dich nicht über Unabänderliches und Unerreichbares. Bleibe gelassen!
2. Laß alles, was war, und alles, was kommt, dahingestellt. Nur die Gegenwart steht zur Verfügung.[388]
3. Nicht die Dinge, sondern die Auffassung von ihnen bestimmen dein Leben. Meinungen sind machbar. Bilde dir deine eigene Meinung!
4. Gehorche deiner inneren Stimme und laß dich nicht verführen durch äußere Güter.
5. Prüfe alles und entscheide selbst. Gib nichts auf Lob und Tadel, nichts auf das Urteil der Nachwelt. Aber laß dich belehren, wenn die Vernunft es gebietet.
6. Handle stets zum Besten der Menschheit, um selbst ein besserer

Mensch zu werden! Mit Güte bezwingst du auch den Unverschämten.

7. Ärgere dich nicht über Mißstände, sondern suche, sie zu beheben. Den Mitmenschen zürne nicht, ertrage oder belehre sie! Bedenke, daß auch du Fehler hast!
8. Bewahre dir ein Gefühl der Dankbarkeit für das, was dir von Gott oder der Natur gegeben ist, zumal die Vernunft und die Freiheit der Gedanken.
9. Bedenke, daß alles sich wandelt; die Dinge lösen sich auf, der Stoff aber bleibt erhalten so wie die formende Kraft, die aus ihm stets Neues erzeugt.
10. Erkenne im Tod einen Teil der Weltordnung, wann immer er eintritt, fürchte ihn nicht! Bleibe heiter!

Zum Thema Philosophie
gibt's Bücher wie noch nie.
Zum Thema Weisheit ist Fehl-
anzeige seit Marc Aurel.

Satis diu vixi vel naturae vel gloriae.

CAESAR

X

TOD UND NACHLEBEN

a. Todesdatum und Todesort – b. Todesart – c. Selbstmord? – d. Beisetzung und Consecratio – e. Gedenktage – f. Herrschaftsantritt des Commodus – g. Neue Donauprovinzen? – h. Friede mit den Germanen 180 – i. Verzicht und Triumph 22. Oktober 180 – j. Die Verschwörung der Lucilla 182 – k. Epoche 180? – l. Falsche Antonine – m. Die heidnischen Historiker – n. Diocletian und Constantin – o. Julian und Valentinian – p. Christliche Autoren – q. Byzanz und lateinisches Mittelalter – r. Renaissance und Humanismus – s. Aufklärung: Montesquieu – t. Friedrich der Große – u. Historiographie im 18. Jahrhundert – v. Historiker im 19. Jahrhundert – w. Philosophen zu Marc Aurel – x. Literatur und Kunst, Film und Wirtschaft – y. Marc Aurel global – z. Lebenshilfe

a. Todesdatum und Todesort

Marc Aurel starb am 17. März 180 im zwanzigsten Jahr seiner Regierung.[1] Das Tagesdatum überliefert Cassius Dio.[2] Er numeriert schon die Monatstage, so wie wir, beginnend mit dem jeweiligen ersten. Tertullian[3] dagegen nennt den «sechzehnten Tag vor den Kalenden des April», datiert also in der römischen Manier, wie das noch im Mittelalter geschah; selbst die Bulle Gregors XIII zur Kalenderreform von 1581 verwendet noch diese umständliche Rückwärtszählung der Monatstage.[4] Das Todesjahr findet sich bei Dio nicht. Er nennt aber die Lebensdauer: 58 Jahre, 10 Monate und 22 Tage,[5] das führt nach dem Geburtsdatum[6] auf 180 n. Chr. Hieronymus setzt in seiner Weltchronik den Tod ins 2196. Jahr nach der Geburt Abrahams und ins 3. Jahr der 239. Olympiade und bestätigt so 180.

Als Todesort überliefert die älteste Quelle, Tertullian, Sirmium an der Save, die Operationsbasis für den Krieg gegen die sarmatischen Jazygen. Mit ihnen hatte Marcus 179 Frieden geschlossen, ehe er nordwärts an die Markomannenfront zog.[7] Mit Sicherheit weilte er in den Wochen vor seinem Tode in Sirmium, aber nicht mehr am Tag seines Todes.

Aurelius Victor nennt glaubhaft als Ziel- und Sterbeort Wien, *Vindobona*,[8] der Filocaluskalender von 354 bestätigt: *excessit in Pannonia superiore*,[9] und Herodian spricht demgemäß vom Lager «an der Donau».[10] Sirmium ist kein Lager und liegt nicht an der Donau. Wien war die Ausgangsbasis für die Aktionen gegen die Markomannen und Naristen kurz vor und nach dem Tod des Kaisers. Hier finden wir Commodus nach dem Ende seines Vaters. Marc Aurel wohnte und starb vermutlich im Legatenpalast des Wiener Kastells, der sich südlich an das Praetorium mit dem Lagerheiligtum anschloß. Er lag nach heutiger Topographie zwischen dem Judenplatz und der Peterskirche, links der Tuchlauben, die in die Marc-Aurel-Straße übergehen.[11]

b. Todesart

Marcus kann noch nicht lange in Vindobona gewesen sein, als die Krankheit ihn aufs Lager warf. Sieben Tage hat er gelegen. Er ahnte sein Ende, denn er ließ seinen Sohn kommen und erteilte ihm letzte Aufträge. Er möge den Krieg zu Ende führen und keinen Verrat an der *res publica* begehen. Als Commodus erwiderte, er denke zuerst an seine Gesundheit, gestattete Marcus dies, bat aber um ein paar Tage Aufschub, ehe er ihn und Wien verlasse. Commodus strebte zurück nach Rom,[12] er wollte triumphieren.[13] Danach verweigerte Marcus Essen und Trinken, um das Sterben abzukürzen. Am sechsten Tage rief er seine Freunde ans Lager und belächelte das Menschenschicksal. Er verachtete den Tod und sagte den Freunden: «Was weint ihr um mich und nicht um die vielen Opfer der Pest?» Der Tod sei das Los aller Menschen. Auf die Frage, wem er seinen Sohn anvertraue, antwortete er: «Euch, wenn er sich als würdig erweist, und (oder: sonst) den unsterblichen Göttern.» Sicher nachträglich formuliert ist Marc Aurels Besorgnis über die Zukunft des Neuzehnjährigen. Zwei Tage vor seinem Ende soll er seinen Freunden gegenüber dasselbe gesagt haben, was Philipp im Hinblick auf Alexander bemerkte, als er ihm übel gesinnt war: Am meisten schmerze ihn, solch einen Sohn zu hinterlassen. Der Spruch Philipps könnte gefallen sein, als Alexander mit seiner verstoßenen Mutter Olympias nach Epirus und Illyrien gegangen war.[14]

Noch härter und noch weniger wahrscheinlich ist, daß Marcus seinem Sohn den Tod gewünscht hat, «wie es heißt» (*fertur*), da er voraussehe, dieser werde nach seinem Tode einem Nero, einem Caligula, einem Domitian gleichen.[15] Pure Erfindung ist dann Herodians lange Abschiedsrede Marc Aurels über mißratene Söhne als Nachfolger.[16] Die letzte Tagesparole, die er ausgab, lautete: «‹Sonnenaufgang›. Denn meine Sonne sinkt.» Wie Caesar über sich selbst gesagt hat, so könnten wir über Marc Aurel sagen: «Er hat lange genug gelebt für die Natur und den Ruhm.»[17] Am siebten Tage rief er nochmals kurz Commodus zu sich, schickte ihn aber fort, um ihn nicht anzustecken. Dann verhüllte er sein Haupt, um zu schlafen, und hauchte in der Nacht seine Seele aus.[18]

Die medizinische Ursache seines Todes ist nicht bekannt. Die Annahme, auch er sei ein Opfer der Pest geworden, ist allzu billig, hören wir doch von anderen Toten in seiner Umgebung nichts. Viel eher war er ein Opfer seiner eigenen Großmut, indem er seinem Leibarzt Galen gestattet hatte, nach Rom zurückzukehren. Aber ob dieser ihn hätte retten können? Marcus war immer kränklich. Gerüchte, die Ärzte des Commodus hätten Marc Aurels Ende verschuldet, um dem Erben den Thron zu verschaffen,[19] entspringen dem alten und ewigen Vorurteil, der Nutznießer eines Unglücks müsse auch dessen Urheber gewesen sein. So verdächtigte man Alexander als schuldig am Tod Philipps,[20] Tiberius am Tode des Augustusenkels Agrippa Postumus, Xenophon, den Leibarzt des Claudius, an dessen Tod zugunsten Neros,[21] und Caracalla am Tode des Septimius Severus.[22]

c. Selbstmord?

Der Tod durch Nahrungsverweigerung oder Luftanhalten[23] war ein altes Thema der stoischen Philosophie. Schon Zenon von Kition, ihr Begründer, erklärte, der Weise verfüge frei über sein Leben, er gebe es hin für sein Vaterland, für seine Freunde und stürbe im Falle unheilbarer, unerträglicher Leiden, jedenfalls *eulogōs*, nach Vernunftgründen. Zenon selbst soll aus dem Leben gegangen sein, als er alt und gebrechlich geworden war. Als er eines Tages gestolpert sei, habe er das als Ruf des Hades verstanden, auf die Erde geklopft und gerufen: «Warum rufst du? Ich komme freiwillig.»[24] Diesem Beispiel folgten Kleanthes, das zweite Schulhaupt, und andere Geistesgrößen. Den Hungertod wählten der Philosoph Diogenes, der Sophist Gorgias, der Redner Isokrates, der Geograph Eratosthenes. Das war so häufig, daß Erasistratos, der Leibarzt von Seleukos I (358 bis 281), das Thema im *Corpus Hippocraticum* behandelte.[25] Der Philosoph Hegesias von Kyrene, der um 290 v. Chr. in Alexandria lehrte, erklärte, das Leben sei überhaupt nicht lebenswert und empfahl seinen Hörern den Hungertod. Er schrieb ein Buch *Apokarterōn* über «den sich zu Tode Hungernden» und erhielt den Beinamen *Peisithanatos*, der «zum Tode Überredende». König Ptolemaios untersagte ihm das.[26] In römischer Zeit referierten Cicero und Plutarch die stoische Selbstmordlehre von Chrysipp, dem Schüler des Kleanthes.[27] Danach darf, ja soll sein Dasein beenden, wer nicht mehr «naturgemäß», nicht mehr anständig leben, seine Pflichten nicht mehr erfüllen kann. Karneades und Antipatros wählten im hohen Alter Gift.[28] Hadrian, schon todkrank, wurde nur mit Mühe am Selbstmord gehindert, er versuchte es mit Schwert, Dolch und Gift.[29]

Der Selbstmord durch freiwilligen Hungertod war Thema auch im Umkreis Marc Aurels. Galen behandelte es unter medizinischem Aspekt,[30] Epiktet unter ethischem. Er vergleicht das Leben mit dem Kriegsdienst, wo im Prinzip jeder auszuharren hat. Doch wenn Gott ruft, darf man zu ihm gehen. Das erinnert an Zenon. Epiktet diskutiert mit einem, der sich zu Tode hungern will, und akzeptiert dies nur bei zureichenden Vernunftgründen. Wenn sie nicht gegeben sind, möge man sich überzeugen lassen und seinen Entschluß ändern.[31] Epiktet vertritt mithin weder das kategorische Verbot wie

Justin und die christlichen Märtyrer, die himmlischen Lohn erwarteten,[32] noch die enthusiastische Bejahung durch Seneca,[33] der hier den Weg zur Freiheit sah. Vielmehr bevorzugt Epiktet eine pragmatische Lösung, ähnlich wie Platon:[34] Wir sollen ausharren; aber wenn Gott uns eine Notwendigkeit (*anankē*) auferlegt, dürfen wir uns töten. Denkt er hier an den Mythos vom Freitod des heillos vergifteten Herakles im Nessoshemd auf dem Oeta?[35]

In seinen Tagebüchern behandelt Marcus das Selbstmordproblem mehrfach. Grundsätzlich sind wir frei, ob wir leben, unser Ende herbeiführen oder es abwarten, doch sollten wir stets heiteren Sinnes und guten Mutes sein. Die Gründe dafür, vorzeitig aus dem Leben zu scheiden, sind bei ihm ethischer Art. Es geht nicht um das Wohlbefinden, sondern um das Wohlverhalten.[36] «Bleibe anständig! Gelingt dir das nicht, wäre es besser, du nähmst dir das Leben.» Das soll Marcus einmal in Bezug auf Commodus gesagt haben.[37] «Wenn du daran gehindert wirst, vernünftig zu handeln und das Leben dir nicht länger lebenswert erscheint, so beende es!» Niemand sei genötigt, ein unwürdiges Dasein zu führen. «Wie wir unser künftiges Leben wünschen, so sollten wir es jetzt schon gestalten. Verhindern das äußere Umstände, so gehe ich ruhig aus dem Leben. Anderenfalls bleibe ich freiwillig.»[38] Seine Befürchtung, daß mit den Jahren, wenn die körperliche Gebrechlichkeit zunimmt, die geistige Urteilskraft abnimmt, die für einen vernunftgemäßen Entschluß zum Tode erforderlich ist, traf auf ihn selbst nicht zu, als er in Vindobona die Nahrung verweigerte und starb.[39]

d. Beisetzung und Consecratio

Die Nachricht vom Tod des Kaisers verbreitete sich rasch und löste allenthalben tiefe Trauer aus. Das Heer und der Senat, das Volk in Rom und in den Provinzen wußten, wen sie verloren hatten, und priesen ihn als Herrscher, Feldherrn und Landesvater.[40] Commodus vollzog das Kaiseropfer und richtete die Leichenfeier aus. Der Tote wurde verbrannt, um die Asche nach Rom zu bringen. Wie bei Lucius Verus wurde statt der Leiche eine Wachspuppe auf dem *rogus* verbrannt. Die Urne mit der Asche des Kaisers kam zu der des Lucius Verus ins Mausoleum Hadrians. Die Konsekration hatte der

Senat auf Antrag des Commodus beschlossen, so wie Marcus die von Antoninus Pius, Lucius Verus und Faustina veranlaßt hatte.

e. Gedenktage

Das spätere Gedenken an Marcus fand, wie bei allen «guten» Kaisern üblich, an dessen Geburtstag statt. Er wurde schon zu seinen Lebzeiten jeweils am 26. April, römisch am sechsten Tag vor den Kalenden des Mai, in den Provinzen mit Opfern, Speisungen und Spenden gefeiert.[41] Später gab es ein dreitägiges Fest vom 24. bis 26. April.[42] Der römische Militärkalender von Dura-Europos[43] verzeichnet das Opfer eines Stieres. Der Filocalus-Kalender von 354 bezeugt wie bei Lucius Verus,[44] daß der Geburtstag Marc Aurels in Rom mit 24 Wagenrennen zu sieben Runden begangen wurde.[45] In den ärmeren Provinzstädten konnte solch ein kostspieliger Aufwand allerdings nicht getrieben werden. Die letzte Nachricht zum Tag bietet der Kalender des Polemius Silvius von 449 lakonisch ohne Namensnennung mit *circenses*, Wagenrennen im Circus Maximus. Bei manchen Rennen wußte schon der Festkalender des Filocalus von 354 nicht mehr, zu wessen Gedenken sie eingerichtet worden waren. Das war natürlich kein Grund, sie abzuschaffen. Eine Parallelüberlieferung in dem Wandkalender, der unter Santa Maria Maggiore gefunden wurde, zeigt, daß die sieben Spieltage für Sarmatensiege Ende November auf Marc Aurel zurückgehen, während die Wagenrennen am 30. Juli in Erinnerung an den Sieg über die Markomannen sowohl Marc Aurel als auch Diocletian gelten können, unter dem die Markomannen 299 nochmals besiegt wurden.[46] Mit der Christianisierung des Festkalenders verschwanden die Gedenktage an die Kaiser zugunsten derer an die Heiligen und Märtyrer.

f. Herrschaftsantritt des Commodus

Am Tag nach dem Tod Marc Aurels präsentierten die hohen Offiziere den achtzehnjährigen Commodus dem Heer als neuen Herrscher. Alle Würden des Kaisertums besaß er längst, seit 177 war er Augustus. Nur das Amt des Pontifex Maximus fehlte ihm, das kam ihm nun mit der Alleinherrschaft zu, obschon es auf Inschriften schon 177, aber auf Münzen erst 183 erscheint.[47] Eine Übertragung der Herrscherwürde durch den Senat erübrigte sich. Commodus hielt eine Ansprache an die Soldaten, in der er die Politik seines Vaters fortzusetzen versprach, und verteilte reichlich Geld.[48] Die antiken Berichte über die ersten Regierungsmaßnahmen des Commodus[49] stehen ganz unter dem Eindruck seines späteren Lust- und Lasterlebens, doch häufen sich die Anzeichen seines Cäsarenwahns erst nach der Lucilla-Verschwörung 182.

g. Neue Donauprovinzen?

Commodus hatte angeblich nichts anderes im Sinn, als möglichst bald den Alltag im Feldlager gegen das süße Leben in Rom zu vertauschen, und bemäntelte das mit der Besorgnis, in seiner Abwesenheit könnte sich ein anderer des Palastes und der Herrschaft bemächtigen.[50] Pompeianus und die Offiziere drängten dagegen laut Herodian auf eine energische Fortsetzung des Germanenkrieges bis zur vollständigen Unterwerfung des Feindes, ja auf eine Erweiterung des Imperiums angeblich bis zur Küste des Okeanos.[51] Das erinnert an das Fernziel Weltmeer bei Alexander; eine Vita des Makedonen hatte der griechischsprachige Historiograph Amyntianos Marc Aurel gewidmet.[52] Nach Herodian hat der junge Kaiser in seiner Rede zum Regierungsantritt diesen törichten Plan selbst den Soldaten vorgegeben.[53] Das war eher ihm als dem Pompeianus zuzutrauen.

Die Quellen spekulieren über die Frage: Was wäre, wenn ... Es heißt: Hätte Marcus nur ein Jahr länger gelebt, so die Vita, dann hätte er nicht nur aus den Ländern der Markomannen und Sarmaten, sondern auch aus denen der Hermunduren und Quaden neue Provinzen gemacht.[54] Das wären die Gebiete von Thüringen, Tschechien, der Slowakei, von Ungarn und dem nördlichen Serbien gewesen. Hier hören wir imperialistische Träume, wie sie unter spätrömischen Senatoren, etwa bei Symmachus, gehegt wurden.[55] Was uns da als kontrafaktische Geschichte geboten wird, ist bloßes Wunschdenken. Schon als Germanicus im Jahre 16 von Tiberius abberufen wurde, fehlte ihm, wie er meinte, nur noch ein einziges Jahr, um den Sieg zu vollenden.[56] Das hätte die Ausweitung des Reiches bis zur oberen Elbe bedeutet, die bereits Augustus als Grenze beansprucht hatte.[57] Welch eine Verkennung des Kräfteverhältnisses! Rom hat sich an den Germanen totgesiegt.

h. Friede mit den Germanen 180

Commodus ist keineswegs sofort nach Rom zurückgekehrt, sondern blieb bis zum Herbst 180 an der Front. Seine Generale setzten den Krieg gegen die Germanen durchaus erfolgreich fort.[58] Denn auf die Nachricht vom Tode Marc Aurels hatten sich die Quaden gegen die römische Besatzung in ihrem Lande[59] erhoben und mußten ein weiteres Mal besiegt werden.[60] Commodus gestattete sich die vierte imperatorische Akklamation.[61] Er führte mithin die Kriegspolitik seines Vaters fort, so daß die arg geschwächten, inzwischen königlosen Germanen wieder einmal um Frieden baten.[62] Sie schickten zwei ihrer Anführer, offenbar einen Markomannen und einen Quaden, nebst zwei Rangtieferen, und mit ihnen wurde Commodus einig, obschon er den Stamm, so heißt es, vernichten konnte. Commodus erinnerte sie an die von Marcus gestellten Friedensbedingungen, forderte die Rückgabe der Überläufer und Kriegsgefangenen aus der Zeit nach dem bald vergessenen Frieden von 173 und die Lieferung von Getreide, worauf er dann aber verzichtete. Statt dessen erhielt er 13 000 Söldner von den Quaden und eine geringere Anzahl von den Markomannen anstelle einer jährlichen Quote. Ihre Versammlungen wurden zeitlich und örtlich beschränkt: nur einmal im Monat und stets an derselben Stelle in Gegenwart eines Centurio, der ihre Kriegspläne überwachen sollte. Untersagt wurde ihnen Krieg gegen die Jazygen, die Buren und die hasdingischen Vandalen, die Nachbarn im Süden, Osten und Norden. Rom wünschte Ruhe jenseits der Grenzen, obwohl doch schon Tacitus den Streit unter den Germanen als nützlich für Rom erkannt hatte.[63]

Nach seinem Diktatfrieden zog Commodus alle Besatzungen über die Donau zurück, behielt aber die Kontrolle über die linke Uferzone.[64] Laut Herodian versprach er Jahrgelder, «denn die Barbaren sind von Natur geldgierig, verachten die Gefahren bei ihren Beutezügen ins Reich und lassen sich den Frieden abkaufen».[65] Kämpfe gab es noch längere Zeit mit den Buren, bis auch sie, völlig erschöpft, einen Frieden erhielten.[66] Tendenziös ist mithin die Behauptung der Vita, daß Commodus sich den Friedensbedingungen der Feinde gefügt habe,[67] auch wenn es deren Wunsch entsprach, daß die römischen Vorposten aus ihrem Land über die Donau zurückgenommen würden, so wie Commodus dies bestimmte.

i. Verzicht und Triumph 22. Oktober 180

Die Preisgabe des Planes, jenseits der Donau weitere Provinzen zu errichten,[68] wurde von und seit Mommsen zuweilen getadelt. Er mißbilligte die Beschränkung des Commodus auf die Donaugrenze. Die Einrichtung der Provinzen Sarmatia und Marcomannia sah er 175 vor der Verwirklichung. Dies habe die Erhebung des Cassius verhindert.[69] Aber der Rückzug war politisch klug. Eine Ausbeulung des Reiches nach Norden hätte die Grenzen um Hunderte von Kilometern verlängert. Wie hätten die und das Neuland geschützt werden können? Laborierte das Reich nicht längst an seiner Größe? Unter ideologischen Gesichtspunkten war die von Marcus vorgesehene *propagatio imperii* lobenswert, sie erlaubte die ruhmreiche Erweiterung des Pomeriums, der Kultgrenze der Stadt Rom.[70] Die Gefahren einer Übergröße des Reiches hatten Augustus und Tiberius erkannt, als sie die Absicht auf die Elbgrenze aufgaben; diese hatte auch Hadrian bedacht, als er auf das von Trajan eroberte Mesopotamien verzichtete, und hatte später Aurelian gesehen, als er Dakien wieder räumte. Auch Marcus selbst hatte Maß gehalten, als er Britannien zwischen Hadriansmauer und Antoninuswall preisgab. Der Friedensschluß an der Donau war sinnvoll.[71] Er hielt dann immerhin fast zwei Generationen. Commodus kehrte überall ausgiebig gefeiert nach Rom zurück, wo er am 22. Oktober 180 seinen Triumph über die Germanen zelebrierte.[72] Dann begann das von ihm so genannte *saeculum aureum Commodianum* – das «Goldene Zeitalter des Commodus».[73]

j. Die Verschwörung der Lucilla 182

In seiner Regierungserklärung vor dem Heer im Lager zu Wien betonte der achtzehnjährige Commodus, seine Herrschaft ganz im Geiste seines vergöttlichten Vaters weiterführen zu wollen.[74] Das unterstrich er, indem er sich anstelle seines Vornamens «Lucius» so wie sein Vater «Marcus» nannte und dessen Beinamen «Antoninus» übernahm. Auf den Inschriften heißt er nun: Marcus Aurelius Commodus Antoninus.[75] Doch schon kurz nach der Rückkehr in die Hauptstadt zeigte sich der neue Kurs. Wie viele Kaiser vor ihm geriet Commodus in Konflikt mit dem Senat, den sein Vater so sorgsam vermieden hatte. Der Senat war immer auch eine moralische Instanz, Hüter der *mores maiorum*. Und gegen diese, die Vätersitte, verstieß Commodus in maßloser Weise. Die in seiner Vita berichteten Ausschweifungen mögen übertrieben sein, aber ein öffentliches Ärgernis waren sie zweifellos.

Hinzu kam der Streit der Kaiserinnen. Lucilla, die Schwester des Commodus, fühlte sich als Augusta zurückgesetzt durch Crispina Augusta, seine Gemahlin. Lucilla organisierte eine Verschwörung, indem sie sich mit ihrem Vetter Ummidius Quadratus, angeblich ihrem Liebhaber,[76] und Pompeianus Quintianus verband, dem Sohn von Lucillas ungeliebtem Gemahl Pompeianus aus dessen erster Ehe. Quintianus trat Commodus auf dem Weg zur Tierhatz in der Arena mit dem Dolch in der Faust entgegen und rief: «Das sendet dir der Senat.» Schon faßten ihn die Leibwächter. Quintianus, Quadratus und mehrere Mitwisser wurden hingerichtet.[77] Als Taruttienus Paternus zur Milde riet, traf es auch ihn.[78] Lucilla wurde nach Capri verbannt, gemeinsam mit Crispina, der Commodus Ehebruch ankreidete. Ende 182 wurden beide Kaiserinnen getötet.[79]

Damit begann das Blutregiment des «neuen Hercules» (Tafel VI), der als Gladiator, Wagenlenker und mordender Schütze im Theater auftrat, dem Größenwahn verfiel, den Palast in ein Bordell verwandelte und außer den Monaten auch die Stadt Rom nach sich selbst umbenannte. Sie sollte künftig Commodiana heißen.[80] Er fiel am 31. Dezember 192 einer Verschwörung seiner Todeskandidaten zum Opfer, leider allzu spät, *licet nimis sero*. Er wurde beim Baden von einem Athleten erdrosselt.[81] Der Senat verhängte die *damnatio memoriae* über ihn. Das war das Ende eines traurigen Nachspiels zur musterhaften Regierung Marc Aurels.

k. Epoche 180?

Angesichts dessen, was dem Tode Marc Aurels vorausging und was auf ihn folgte, stellt sich die Frage nach dem epochalen Charakter des Jahres 180 n. Chr. Unter Antoninus Pius im Jahre 143 hatte Aelius Aristides in seiner berühmten Rede auf Rom das Glück der Zeit gepriesen.[82] Er lobt die Größe des Reiches, die Pracht der Hauptstadt, den blühenden Handel. Die liberale Bürgerrechtspolitik, die verantwortungsbewußte Verwaltung, Gleichheit und Gerechtigkeit sichern Wohlstand und Freiheit im Geiste der Philanthropie und erneuern das Goldene Zeitalter, nachdem das «eiserne Geschlecht» überwunden sei. Der von Aristides vertretene Fortschrittsgedanke begegnet uns wieder im Jahre 210 bei dem Kirchenvater Tertullian.[83] Er skizziert eine Kulturentwicklung von den Urmenschen, den *aborigenes*, bis zu seiner Zeit. Die Welt habe an Zivilisation und Wissen gewonnen, alles sei zugänglich, alles bekannt, alles voller Geschäftigkeit, überall seien Städte entstanden, die Erde sei wohnlich geworden, eine einzige *res publica* voller Leben. Ganz anders urteilte Tertullians Zeitgenosse Cassius Dio. Er sah im Jahre 180 einen Bruch. Auch er illustrierte ihn mit Hesiods Parabel von den Metallzeitaltern[84] und beschrieb den Herrscherwechsel von Marcus zu Commodus als den Übergang von einer goldenen Königszeit in eine solche von Eisen und Rost, als Verfall.[85]

Diese Periodisierung begegnet uns wieder bei Edward Gibbon, als er 1776 in London schrieb, die Zeit der Weltgeschichte, in der die Lage der Menschheit am glücklichsten und gedeihlichsten war, *most happy and properous*, habe mit dem Tod Domitians begonnen und mit dem Regierungsantritt des Commodus ihr Ende gefunden.[86] Da unter Marc Aurel an allen Grenzen, außer Nordafrika, gekämpft wurde, aus allen Provinzen Barbaren vertrieben werden mußten und selbst Italien und Griechenland heimgesucht wurden, hätte Gibbon statt 180 eher 161 als Einschnitt wählen sollen. Während der «Vergreisung» Roms sah dann Mommsen 1883 im Hinblick auf die Kriegslage in der Zeit Marc Aurels eine Art Rubikon. «Hier sind eigentlich die Würfel gefallen – von da ab ging es mit dem Römischen Reich abwärts.» Rom erwies sich als «altersschwach», es begann die «Verelendung». In den Markomannenkriegen erkannte Mommsen ein

«Vorspiel», eine «Generalprobe der Völkerwanderung». Wenn er zur Cassiusrevolte, die eine Unterwerfung der Donaugermanen verhindert habe, bemerkt, «die Weltgeschichte war gewendet», so rechnet er offenbar mit einer damals verscherzten Möglichkeit, die Völkerwanderung abzuwehren. Gleichwohl erkennt er die innere Schwäche Roms in der mangelnden Abwehrbereitschaft, die Marcus zu einer verderblichen «Barbarisierung» des Heers genötigt habe.[87]

Religionsgeschichtlich epochal war die Zeit Marc Aurels bei dem liberalen Theologen Ernest Renan. Im Jahre 1882 erschien dessen Biographie über den «heiligen Kaiser», *le saint empereur, Marc-Aurèle et la fin du monde antique.* Renan sah im 2. Jahrhundert den embryonalen Zustand des Christentums enden, nachdem Marc Aurel mit dem Aufschwung des Stoizismus, dem schönsten Laienversuch in der Moralgeschichte der Welt, nochmals alles Gute aus dem antiken Erbe gesammelt hatte, um der Mission Einhalt zu gebieten. Mit dem Tode des Kaisers beginne die Agonie der antiken Welt, ihre Zivilisation sei am Ende gewesen. Auf die anschließende jüdisch-syrische Zwischenzeit folge mit Constantin der Sieg des Christentums.

Die Begründungen für den Umbruch unter Marc Aurel variieren. Bei Bossuet 1681 war das Erfordernis eines Mehrkaisertums symptomatisch für die Unfähigkeit des Kaiserreiches, sich zu verteidigen. Bei Chaunu 1981 ist es der demographische Aderlaß durch die Pest des Galen, die bei ihm wie bei anderen den «Herbst des Altertums» eröffnete.[88] Die *manpower shortage* seit 166 als wichtigster Verfallsgrund ist von mehreren Autoren vertreten worden,[89] ist aber sinnvoll allein im Hinblick auf den Rekrutenmangel, den Mommsen mit dem fehlenden Patriotismus im Vielvölkerstaat erklärte, der aber eher auf der Gewöhnung an Frieden und Wohlstand beruht.

Eine durch den Tod Marc Aurels verpaßte Chance von welthistorischer Bedeutung wurde von André Piganiol erwogen. In seinem Speyrer Vortrag von 1950 entwarf er das Bild einer Neuordnung Europas in der Spätantike «ohne Katastrophen». Eine Vision dieser großen Aufgabe habe Marc Aurel bei der Planung der Provinzen Marcomannia und Sarmatia gehabt. Maximinus Thrax, der – gemäß der Vita – Germanien bis zum Nordmeer erobern wollte[90] und die folgenden illyrischen Kaiser, hätten dann aus dem Mittelmeerreich «ohne Bruch» ein kontinentales Imperium erschaffen können, mit der Hauptstadt Sirmium und der Rhein-Donau-Straße als Lebensader, ein *politeuma*, das die «Einheit Europas vorgezeichnet» hätte. Piganiol dachte wohl an eine Vorwegnahme der Habsburger Monarchie. Das alles hätten die von Commodus verschonten Germanen verhindert.[91] Pech!

l. Falsche Antonine

Das Mißregiment des Commodus konnte die Erinnerung an seinen allseits beliebten Vater nicht trüben. Das zeigen die falschen Antonine nach dem Tod des Commodus. In dem folgenden Bürgerkrieg wurde nicht nur mit Waffen gekämpft. Der dunkelhäutige Afrikaner Septimius Severus mußte sich 193 gegen Didius Julianus, Pescennius Niger und Clodius Albinus durchsetzen und instrumentalisierte dafür die glorreiche Erinnerung an Marc Aurel. Er hatte Septimius Severus in den Senat aufgenommen, ihm errichtete dieser als Legionslegat gemeinsam mit dem Prokonsul Africae im Jahre 174 einen Ehrenbogen in Lepcis Magna, seiner Heimatstadt.[92] Im Frühjahr 195 verkündeten seine Inschriften, er sei heimlich von Marc Aurel adoptiert worden. Vor dem Dom zu Pavia steht ein Reiterstandbild, ganz dem Caballus nachempfunden, das Septimius Severus zugeschrieben wird.[93] Er ließ Commodus unter die Götter erheben, nannte sich selbst *Divi Marci Pii Filius, Divi Commodi Frater* und usurpierte dessen Ahnenreihe bis zu seinem Ururgroßvater Nerva.[94] Die Tochter Marc Aurels Sabina wurde so zur Schwester des «Adoptierten».[95] Auch seinen Sohn Caracalla reihte er hier ein und benannte ihn um in Marcus Aurelius Antoninus Caesar.[96] Treffend bemerkt Gibbon: *Mankind is governed by names.*[97]

Das propagandistische Potential des Namens Marc Aurel war damit aber noch nicht erschöpft. Im Jahre 217 wurde der neunjährige Diadumenianus, der Sohn des Macrinus, unter dem Namen Marcus Opellius Antoninus Diadumenianus zum Caesar erhoben, weil die Soldaten glaubten, nur ein Kaiser namens Antoninus könne Rom retten.[98] Diadumenianus stürzte mit seinem Vater im Jahr darauf, nachdem im Mai 218 die Truppen in Emesa den vierzehnjährigen Elagabal zum Kaiser erhoben hatten. Er war ein entfernter Verwandter Caracallas, an dessen Hof groß geworden, und wurde von seiner reichen

Großmutter als unehelicher Sohn ihrer Tochter mit Caracalla ausgegeben. Darauf nannte sich Elagabal so wie jener «Marcus Aurelius Antoninus». Er war der siebte Antoninus im Purpur.[99] Mit diesem Namen gewann Elagabal die Soldaten im Kampf gegen Macrinus. Elagabal beanspruchte die wiederum verlängerte Ahnenreihe bis zu Nerva. Cassius Dio nennt ihn «Pseudantoninos».[100] Im August 1806 notierte Goethe in seinem Tagebuch: «Aelius Lampridius: Der Name Antonin war auf dem Wege, ein Kaisername zu werden, wie Napoleon und andere.» Er dachte wohl an Caesar, aber irrte bezüglich Napoleons. Aelius Lampridius ist der fiktive Verfasser der Vita des Diadumenianus, an dem einzig der Name «Antoninus» bemerkenswert sei. Goethe kannte die *Historia Augusta*.

Der letzte Angehörige der fiktiven Antoninendynastie war Severus Alexander, vorgeblich ebenfalls ein Bastardsohn Caracallas.[101] Er nannte sich «Marcus Aurelius Severus Alexander»,[102] korrekt auf Bitten des Senats.[103] Die Soldatenkaiser seit Maximinus dem Thraker, 235, verzichteten auf eine dynastische Ansippung. Was wußten sie von Marc Aurel? Es gab noch einen Nachzügler Uranius Antoninus, einen kurzlebigen Gegenkaiser 253/254 im syrischen Emesa,[104] bevor die antoninische Tradition von Claudius Gothicus 268 erneuert wurde. Mit und nach ihm führten noch zehn Kaiser «Marcus Aurelius» im Namen, zuletzt Diocletian und Maximian sowie als allerletzter Maxentius, den Constantin stürzte.[105] Erst mit ihm verschwindet die Erinnerung an Marc Aurel in den Kaisernamen.

m. Die heidnischen Historiker

Lebendig blieb Marc Aurel als einer der guten Kaiser[106] in der Historiographie und in der Rhetorik. Cassius Dio erklärte, Marcus habe nicht das Glück gehabt, dessen er würdig war. Er sei immer kränklich gewesen und habe während seiner gesamten Regierungszeit mit zahllosen Übeln zu kämpfen gehabt. «Aber was mich betrifft, so bewundere ich ihn eben desto mehr, weil er unter all diesen ungewöhnlichen Widerwärtigkeiten sich selbst treu geblieben ist und das Reich beschützt hat.»[107] Für den Verfasser der *Historia Augusta* waren göttliche Ehren zu wenig für jenen. Er wurde geliebt von jung und alt, von Männern und Frauen, von Reichen und Armen, Hochgestellten und Niederen. «Man betrachtete es geradezu als ein Sakrileg, wenn jemand in seinem Hause kein Bildnis von ihm besaß, dem sein Vermögen dies befahl oder erlaubte. Noch heute stehen in vielen Häusern Statuen Marc Aurels unter den Penaten, den Familiengöttern. Es fehlte nicht an Menschen, denen er im Traum erschien und ihnen verläßlich die Zukunft verkündete.»[108] Marcus erscheint in den späteren Viten der *Historia Augusta* als *optimus princeps* wegen seiner *clementia* und seiner *pietas*, seiner Güte und seinem Pflichtbewußtsein.[109]

Gemäß der Vita der drei Gordiane[110] soll Gordian I, der unter Marc Aurel geboren wurde und 238 kurz regierte, in seiner Jugend ein Heldenepos auf Pius und Marcus geschrieben haben, eine *Antoninias* in dreißig Büchern: das Leben, die Kriege, die politischen und privaten Handlungen. Das ist gewiß ungeschriebene Literatur, bezeugt aber die Wertschätzung Marc Aurels in den Augen des Biographen. Der euphorische Tenor in der spätantiken Historiographie ist immer ähnlich, die Tendenz überall gleich von Herodian, Eutrop und Ammian bis zu Zosimos im 6. Jahrhundert.[111]

Aus der Zeit um 400 stammt die zusammen mit Aurelius Victor überlieferte *Epitome de Caesaribus*.[112] Sie preist Marcus als einen Mann aller Tugenden und erhabener Gesinnung (*caelestis ingenii*), der sich den Bedrängnissen des Gemeinwesens entgegenstemmte. Wäre er nicht zur rechten Zeit geboren, dann wäre der Römerstaat (*status Romae*) mit einem Male zusammengebrochen. Denn niemals ruhten die Waffen, Krieg loderte im ganzen Orient, in Illyrien, Italien und Gallien. Erdbeben verschlangen ganze Städte, Hochwasser, häufige Epidemien und Heuschreckenplagen auf dem Lande und überhaupt jedes erdenkliche Übel wütete unter seiner Regierung. Es war ein Geschenk des Himmels, daß die Schäden von den Staatslenkern wie von Ärzten behoben werden konnten.

n. Diocletian und Constantin

Nicht nur Literaten, sondern auch Kaiser haben Marc Aurel geschätzt. So wie er teilte wieder Diocletian seine Herrschaft mit seinem Kriegskameraden Maximianus, den er 286 zum gleichberechtigten Augustus erhob, sogar, anders als Marc Aurel, zum zweiten

Pontifex Maximus. Die beiden Kaiser erscheinen offiziell als Brüder und betonen ihre Eintracht. Inschriftlich findet sich die Namensform Marcus Aurelius Diocletianus.[113] Der fiktive Autor der Marcusvita spricht den *sacratissimus imperator* Diocletian direkt an: «Ihr habt Marcus stets für einen Gott gehalten, ihn vor allen anderen höheren Wesen verehrt und als Vorbild geachtet, wie ihr oft gesagt habt. Und käme Platon ins Leben zurück, könnte er ein solcher Philosoph nicht sein.»[114] Constantin soll den verehrten Namen, *sanctum nomen*, der Antonine so geschätzt haben, daß er Pius und Marcus wie unter seinen Ahnen mit goldenen Porträts geehrt und ihren Tugenden nachgeeifert habe.[115] Gleichwohl trug er keine Bedenken, seinen Triumphbogen mit acht Reliefplatten zu schmücken, die vom Ehrenbogen Marc Aurels über dem Clivus Capitolinus stammen und neue Köpfe erhielten.[116]

o. Julian und Valentinian

Besonderer Wertschätzung erfreute sich Marc Aurel bei Julian, dem Caesar in Gallien seit 355, Augustus 361 bis 363, der sich wieder einen Bart stehen ließ wie Marc Aurel und mit ihm in Handeln und Haltung wetteiferte. Diese Nachricht Ammians[117] bestätigt Julian selbst. In seinem programmatischen Brief an den Redner und Philosophen Themistios in Konstantinopel legt er seine stoisch geprägten Grundsätze dar und erklärt, er habe Marcus nacheifern wollen, aber dessen vollendete Tugend nicht erreicht.[118] Julians von Lukian inspirierte Satire auf die römischen Kaiser, die *Caesares*, schildert ein Saturnalienfest im Jenseits, bei dem Romulus die Götter und Kaiser zu einem Symposion einlädt. Die Herrscher werden in chronologischer Reihe hereingeführt, von Silen befragt und dann zugelassen oder in den Tartarus gestürzt. Als Marcus erscheint, weckt er Bewunderung schon durch sein Äußeres. Er wirkte «außerordentlich würdevoll, sein Gesichtsausdruck schien angespannt durch die ausgestandenen Mühen. Sein Anblick war unbeschreiblich schön durch die sorglos ungekünstelte Art. Er trug einen langen Bart, einfache Gewandung, und infolge seiner maßvollen Ernährung schien sein Körper geradezu durchsichtig wie das reinste Licht.» So wagte Silen nicht, ihn zu verspotten oder zu verhören, monierte lediglich seine Nachsicht gegenüber Faustina und Commodus, statt dessen Pompeianus hätte Kaiser werden sollen.[119]

Julian fährt fort: Nachdem alle Gäste ihren Liegeplatz eingenommen haben, veranstaltet nun Zeus auf Vorschlag von Hermes zur Unterhaltung der Gesellschaft einen Redewettbewerb unter den aussichtsreichsten Anwesenden. Ausgewählt werden Caesar, Augustus, Trajan, Marc Aurel und Constantin. Es geht um die höchste Lebensleistung, gemessen an der Alexanders, der auf Wunsch von Romulus zu diesem Behuf herbeizitiert wird. Jeder sucht nun zu zeigen, mehr als Alexander geschafft zu haben, nur Marcus weigert sich, sein eigenes Lob zu singen. Die Götter wüßten das doch selbst viel besser! Daraufhin gibt es eine zweite Runde, die Teilnehmer werden nach dem Ziel ihres Handelns gefragt. Alexander plante, die Welt zu erobern, Caesar wollte der Erste im Reich sein, Augustus gut regieren, Trajan wie Alexander ein Weltreich gründen, aber klüger sein, Constantin wollte Geld sammeln und verteilen. Marcus hingegen erklärte, er wolle den Göttern nacheifern. Gefragt, was das heiße, antwortete er: «Möglichst Weniges bedürfen und möglichst Vielen helfen.» Damit ist die Lehre der Stoa auf den Punkt gebracht. Die Nachsicht gegenüber seiner Frau rechtfertigt Marcus mit einem Wort Achills aus der Ilias: «Jeder gute, verständige Mann liebt und umsorgt seine Frau», und zu seinem Verhalten gegenüber Commodus zitiert Marcus den Göttervater selbst, der einmal seinen Sohn Ares, den blutgierigen Kriegsgott, verwünschte, ihn dann aber doch nicht verstieß.[120] Das Erbrecht des Sohnes sei allgemein üblich (*nomimon*). Es folgt die geheime Abstimmung der Götter. Marcus wird zum Sieger erklärt, er darf jubilieren. Aber auch die anderen Kaiser mögen sich die Götter zum Vorbild nehmen, jeder den seinen nach Wahl. Alexander entschied sich für Herakles, Caesar schwankte zwischen Ares und Aphrodite. Augustus wählte Apollon, Trajan Alexander, Marcus Zeus und Kronos. Constantin landete bei Tryphē, der Schwelgerei, die ihn zur Unersättlichkeit verführte. Schließlich fand er Aufnahme bei Jesus, der ihn mit seinem Wasser von allen vergangenen und künftigen Verbrechen rein zu waschen versprach. So der Apostat.

Als nach dem Tode Julians und dem Winterkaiser Jovian im Februar 364 Valentinian Kaiser wurde, erhob er seinen Bruder Valens zum Augustus und gleichberechtigten Mitherrscher. Ammian benennt hier das Vorbild Marcus und Lucius.[121] Das Erfordernis war stets dasselbe: die Kaiserpräsenz sowohl im Osten als auch im Westen. Ausonius, der am 1. Januar 379 seine Dankesrede vor Gratian, dem Sohn und Nachfolger Valentinians, hielt, verglich seine Stellung als Erzieher des jungen Kaisers mit der von Fronto gegenüber Marc Aurel. Indem er – situationsbedingt – Gratian über Marc Aurel stellte, wählte er diesen als Musterkaiser.[122] Themistios, der Philosoph und spätere Stadtpräfekt von Konstantinopel unter Valens, präsentierte in mehreren Reden Marc Aurel seinem Kaiser als Vorbild – in bezug auf die Menschenliebe und die Nähe zur Philosophie. Auch gegenüber Theodosius, dem Nachfolger des Valens, verwies er auf den stoischen Idealkaiser.[123]

p. Christliche Autoren

Die christlichen Autoren behandeln Marc Aurel mit Sympathie, obschon er als der vierte Christenverfolger kanonisiert war[124]. Lactanz rechnet ihn nicht dazu, und Augustin rühmt sein vorbildliches Ehegesetz.[125] Orosius nennt den Kaiser *gravissimus ac modestissimus*, außerordentlich ehrwürdig und maßvoll.[126] Orosius steht damit ganz in der Tradition der christlichen Legende zum Regenwunder, die er auch selbst übernimmt. Schon die zeitgenössischen Kirchenväter haben Marcus exkulpiert, sogar zum Schutzherrn des Christentums erhoben, der die Verfolger mit dem Feuertod bedroht habe, so der dem Kaiser um 200 untergeschobene Bericht an den Senat, der bei Justin überliefert ist.[127]

Positive Urteile über den allerdings legendären Marcus finden sich bei Tertullian im *Apologeticum* (5,6), bei Euseb und Hieronymus in der Weltchronik zum Jahr 161, und das blieb für das lateinische Mittelalter bestimmend. Muster ist Johannes von Salisbury, der dort geborene Bischof von Chartres († 1180). In seinem Fürstenspiegel *Policraticus* bewundert er Marc Aurel als perfekten Philosophen, dessen Kriege so groß wie die Punischen waren und dessen Siege den Gebeten der Christen zu danken seien.[128]

q. Byzanz und lateinisches Mittelalter

Das Bild Marc Aurels in der byzantinischen Literatur zeigt ihn ähnlich. In der *Historia Syntomos* des Michael Psellos aus dem 11. Jahrhundert heißt es, Marc Aurel habe alle Tugenden in sich vereint, so wie kein Kaiser vor oder nach ihm, voller Weisheit, edel gesinnt und friedliebend wie kein anderer, aber auch ein gefürchteter Krieger, wenn es not tat. Er unterwarf die Germanen, die Sarmaten und andere Völker in langen Kriegen und machte sie tributpflichtig. Marcus war fromm gegenüber Gott, obschon er «Hellene», das heißt Heide war. Sein Gebet rettete das Heer durch Regen und schlug die Feinde durch Blitze. So beliebt war er, daß ihm die Bürger nach seinem Tode eine goldene Statue errichteten.[129] Meint Psellos hier den Caballus, den er noch als Marc Aurel identifiziert?

r. Renaissance und Humanismus

Die Rezeption Marc Aurels in der Renaissance konzentriert sich auf das Reiterdenkmal. Filippino Lippi malte es 1490 vor dem Lateran auf dem Hintergrund eines Freskos in Santa Maria sopra Minerva (Tafel XIV) und Maarten van Heemskerck zeichnete es 1536 am alten Standort in einer Sepia-Skizze (Tafel XIII b).[130] Epoche in der Wirkungsgeschichte machte dann ein Jahr später die Umsetzung des Reiters durch Paul III und Michelangelo auf den Kapitolsplatz – nun nicht mehr der Christenkaiser Constantin, sondern der Christenverfolger Marc Aurel. Die Pracht des Kunstwerks überstrahlte die Erinnerung an die Christenprozesse.[131]

Die Rezeption Marc Aurels in der Literatur der Frühen Neuzeit beginnt mit Erasmus 1518[132] und bei Machiavelli sowohl im *Principe* als auch in den *Discorsi*, beides erschienen postum 1532. Marcus «der Philosoph» zählt hier zu den guten Kaisern, die einfach lebten, gerecht und milde regierten. Viele Vorzüge, heißt es, machten Marcus beliebt und verehrungswürdig. Die Zeit von Nerva bis Marcus übertreffe alle früheren oder späteren Zeiten an guter Regierung.[133] Machiavelli sah im System der Adoption den Grund für die Güte der Herrscher und argumentierte gegen den auch damals üblichen Erbgang.

Nach Machiavelli folgt eine Mystifikation. 1528 erschien in Sevilla das spanisch geschriebene ‹Goldene Buch des Kaisers Marc Aurel› *Libro aureo de Marco Aurelio Emperador*, aus der Feder von Antonio de Guevara. Der Autor war Franziskaner, seit 1521 Hofprediger Karls V und fortan Berater und Begleiter des Kaisers. Das Buch ist ein Fürstenspiegel, im Untertitel eine «Fürstenuhr» genannt, die so wie die Uhr dem Uhrenfreund Karl V die richtige Zeit zeigt, ihn das rechte Regieren lehren soll. In Anlehnung an Xenophons ‹Kyrupädie› wählte Guevara die Form der fiktiven Biographie. Es handelt sich um ein phantastisches Kaleidoskop aus erfundenen Autoren, Werken und Dokumenten, das sofort in viele europäische Sprachen übersetzt wurde und fast hundert Auflagen erlebte. Die englische Ausgabe erschien 1535 unter dem Titel *The Golden Boke*, 1557 als *The Dial of Princes*. Bemerkenswert ist, daß Marc Aurel darin zu einem Musterherrscher erhoben wurde, von dessen Leben und Schriften Guevara keine Kenntnis verrät, abgesehen von einigen Zitaten aus Herodian und der *Suda*.

Guevara läßt einmal auch eine Gegenstimme zu Wort kommen, die 1678 La Fontaine in seine ‹Fabeln› (XI 7) übernommen hat. Danach habe ein von Marc Aurel beschriebener bärtiger Donaugermane vor dem Senat Beschwerde darüber geführt, daß seine Landsleute von den Römern versklavt würden. Was lehren sie uns anderes als Laster und Üppigkeit, als Neid und Raub? Und wären die Germanen so gewalttätig wie die Römer, würden statt jener diese versklavt, aber weniger unmenschlich behandelt. Das könnte geschehen! Die Gegenüberstellung des «guten Wilden» mit den gewalttätigen Eroberern hatte bei Guevara Zeitbezug im Umgang der Spanier mit den Indios und wurde bei Lafontaine verallgemeinert.[134] Fiktionen sind dann ebenso die 1539 und 1542 erschienenen Familienbriefe Marc Aurels, die Guevara in der Bibliothek Cosimos von Medici gefunden haben will.

Das positive Marcusbild des Guevara entspricht dem Zeitgeist. Wir finden es ebenso bei Luther. In einer Predigt von 1537 heißt es: «Marcus, Marcellus, Julius sind weisere Leute denn jetzt unsere Fürsten und Häupter.» In den ‹Tischreden› nennt er die Stoiker «Stockheilige», die alle Affekte und Neigungen der menschlichen Natur verwerfen – uns habe Gott nicht aus Stein oder Holz geschaffen! –, aber sie lehren Gott ehren, dienen, lieben und fürchten.[135] Francis Bacon, Lordkanzler unter Jakob I, verband 1625 Trajan und Marc Aurel als Idealherrscher von außerordentlicher Herzensgüte, so wie schon Ammian es getan hatte.[136]

Die Kenntnis Marc Aurels erhielt erst spät eine sichere Grundlage. 1545 erwähnt Conrad Gesner in Zürich eine Handschrift der ‹Selbstbetrachtungen› in Rom, und wenig später erhielt er ein vollständiges Exemplar von dem Humanisten und Abenteurer Michael Schütz, der sich griechisch *Toxita* nannte und Lehrer in Basel und Brugg war. Er hatte den Text aus der Bibliothek des Pfalzgrafen Ottheinrich – wie auch immer – erworben. Gesner überließ die Schrift seinem Vetter Andreas Gesner, der sie 1559 erstmals in Zürich druckte. Die lateinische Übersetzung durch den Augsburger Humanisten Holzmann alias Xylander sorgte für die Verbreitung der Schrift. Bodinus zitiert sie 1566.[137] Das Manuskript ist verschollen. Unter den zahlreichen Ausgaben gebührt das höchste Verdienst Thomas Gataker, Vorsteher des Trinity College in Cambridge, dessen kommentierte Edition 1652 erschien, mit lateinischer Übersetzung auch in London 1697.[138] Damit beginnt die wissenschaftliche Beschäftigung mit Marc Aurel.

5. Aufklärung: Montesquieu

In der Aufklärung erreichte das Ansehen Marc Aurels den Höhepunkt. Die christliche Grundhaltung, ganz jenseitsorientiert, verlor an Zustimmung zugunsten der diesseitsbezogenen Ethik der Stoa. Bei Montesquieu heißt es: «Niemals hat ein Philosoph die Menschen die Süße der Tugend und die Würde ihres Seins besser fühlen lassen als Marc Aurel: Er ergreift das Herz, stärkt und steigert Seele und Geist.»[139] 1734 erschienen die *Considérations sur les causes de la grandeur des Romains et de leur décadence* des Philosophen, der damals als 45jähriger Baron auf seinem Schloß La Brède bei Bordeaux lebte. Im 16. Kapitel beschreibt er, wie die stoische Philosophie sich in der mittleren Kaiserzeit ausbreitete und durch eine monotheistische Tendenz den populären Vielgötterglauben der Folklore annäherte. «Es schien, wie wenn die menschliche Natur in einer gewaltigen Anstrengung jene bewundernswerte Lehre aus sich selbst hervorgebracht hätte. … Die Römer verdankten ihr die besten Kaiser. Nichts kann den ersten Antoninus (Pius) in Vergessenheit bringen als der von ihm adoptierte Marcus Aurelius. Man spürt ein heimliches Vergnügen, wenn man diesen Kaiser nennt. Sein Leben kann man nicht ohne eine gewisse Rührung lesen, und die Wirkung, die er auslöst, besteht darin, daß man eine bessere Meinung von sich selbst gewinnt, weil man eine bessere Meinung von den Menschen gewinnt.» Dieses Buch las und schätzte Friedrich der Große als Kronprinz in Rheinsberg. 1785, im Jahr vor seinem Tode, ließ er es sich zum letzten Mal vorlesen. Sein eigenes Exemplar, in dem obige Stelle unterstrichen ist, entwendete Napoleon aus Sanssouci und verschenkte es. 1858 wurde es bei einem Bouquinisten am Seine-Ufer entdeckt und 1876 mit den – wie immer – bemerkenswerten Marginalien des Königs publiziert.[140]

t. Friedrich der Große

Marc Aurel, den Voltaire neben Konfuzius, Sokrates und Platon stellte,[141] wurde als Herrscher und Philosoph für Friedrich zum Vorbild.[142] Schon im 19. Kapitel seines Antimachiavell von 1740 rühmt der Kronprinz die Weisheit und reinste Tugend des gekrönten Philosophen, des allzeit guten und tugendhaften Fürsten, am Ende des 21. Kapitels wiederholt er das. So wie Marcus an der Front in Carnuntum seine Betrachtungen über Mensch und Welt niederschrieb, tat dies Friedrich im Feldlager bei dem niederschlesischen Strehlen. Am 15. November 1761 vollendete er sein langes, ganz im Geiste Marc Aurels gehaltenes Gedicht *Le Stoïcien*, sein stoisches Glaubensbekenntnis.[143] Der gesamte Tugendkatalog der Weisheit und der Vernunft kommt zur Sprache: sich selbst gegenüber die Ermahnung zur Anspruchslosigkeit und zur Selbstbeherrschung, zur Tapferkeit und Ausdauer, den Mitmenschen gegenüber die Aufforderung zur Brüderlichkeit und Hilfsbereitschaft, zu Großzügigkeit und Toleranz. Über allem steht die Einschärfung eines Pflichtbewußtseins und die Akzeptanz der Unabänderlichkeiten. Das Wesen der Welt ist der Wechsel, das ewige Auf und Ab. Stoisch ist die ständige Todesbereitschaft, aber auch die Verfügung über das eigene Leben, wenn es seinen Sinn nicht mehr erfüllen kann. *La vie était pour toi l'école de la mort* – «Das Leben sei für dich die Schule des Todes.» Am Ende steht die ewige Ruhe, die Friedrich christlich als Aufnahme in die Arme eines gütigen Gottes deutet. Ein Stich von 1788 zeigt, wie Friedrich im Elysium von Marc Aurel, Caesar, Alexander, dem weisen Pittakos und Platon begrüßt wird.[144]

Stoisch ist Friedrichs Geringschätzung des Ruhms: «Mache dich nicht abhängig vom Urteil anderer, sondern entscheide nach deinem Gewissen! Ist doch der Mensch in seiner Winzigkeit nur ein Sandkorn im All, sein Leben nur ein Augenzwinkern in der Ewigkeit!» So 1761. Das sah er einmal anders. In seiner Jugend gibt es glühende Bekenntnisse zum Glück der *gloire*, und noch 1759 lesen wir in seiner Schrift gegen die Pasquillanten, die Schmähschriftschreiber: «Die echte Ruhmesliebe ist die Triebfeder aller Heldentaten und alles Nützlichen, was auf Erden geschieht.» Friedrich zitiert das Wort Ciceros, daß die Autoren, die über die Eitelkeit alles Irdischen schreiben, nicht versäumen, ihren Namen darüber zu setzen.[145] Für Salomo besorgte dies der – *nota bene* – unbekannte Autor des Kohelet. Friedrich hat Schlesien nicht zuletzt um des Ruhmes willen erobert, Marcus jedoch hat das Reich gegen die Barbaren verteidigt. Die ‹Selbstbetrachtungen›, glaubte Friedrich 1780 in seiner Abhandlung über die deutsche Literatur, seien auf lateinisch geschrieben[146] und übersah, daß Marcus, so wie er selbst, statt seiner Muttersprache die Kultursprache der Zeit benutzte, Griechisch statt Latein wie nun Französisch statt Deutsch.

In seiner programmatischen Schrift über Regierungsformen und Herrscherpflichten von 1777 plädiert Friedrich für die Erbmonarchie. Er sieht sehr gut die Schwächen des Systems und stellt ein Ideal dagegen. Seinen Kritikern konzediert er, daß er damit das «Vorbild der Stoiker» entwirft, die «Idee des Weisen, der niemals gelebt hat und dem nur Marc Aurel sehr nahe kam. Wir wünschten wohl, dieser schwache Versuch wäre imstande, Fürsten wie Marc Aurel heranzubilden. Das wäre der schönste Lohn, den wir erwarten könnten, und er würde zugleich das Heil der Menschheit bedeuten.» Seine Hochschätzung des Kaisers betont Friedrich in Briefen wie an Keith und d'Alembert so an Voltaire. Am 11. Oktober 1777 schreibt er ihm: «Ich bin völlig überzeugt, wenn Marc Aurel auf den Gedanken gekommen wäre, über die Herrschaft zu schreiben, so wäre sein

Werk meinem Heft, d. h. dem Antimachiavell, weit überlegen gewesen; die Erfahrung, die er sich bei der Regierung dieses ungeheuren Römischen Reiches erworben hatte, überragte zwangsläufig weit die Kenntnisse, die der Herr der Obotriten und Vandalen sammeln konnte; und Marc Aurel persönlich war durch seine praktische Moral den Fürsten und, wie ich zu sagen wage, selbst den Philosophen so überlegen, daß jeder Vergleich, den man mit ihm zieht, vermessen wäre.»[147] Unter Friedrichs 500 antiken Textbüchern befanden sich auch die *Réflexions morales de l'empereur Marc-Antonine* von 1740. In Friedrichs Bibliothek zu Charlottenburg stand ein Modell des Caballus, in seinem Schlaf- und Arbeitszimmer zu Sanssouci eine Büste Marc Aurels.[148]

Es liegt nahe, daß schon die Zeitgenossen Friedrich und Marc Aurel nebeneinander gestellt haben. 1795 erschien in der Neuen Deutschen Monatsschrift, die Friedrich von Gentz in Berlin herausgab, das ‹Fragment einer Vergleichung Friedrichs des zweyten mit Marc Aurel, besonders in Absicht ihrer Religiosität›. Der Verfasser berief sich auf die oft nachgeahmten Parallelbiographien Plutarchs, doch Goethe rezensierte etwas sauertöpfisch: «Lesbar, aber auch weiter nichts. Solche Vergleichungen können zu nichts führen, und der Verfasser scheint zu den Armen am Geiste zu gehören.»[149] In den Paralipomena zu ‹Faust II› mokiert sich ein Bischof über «heidnische Gesinnungen», wie er «dergleichen im Marck Aurel gefunden habe». Es seien «die heidnischen Tugenden». Dazu Mephistopheles: «Glänzende Laster». Das meinten auch die Kirchenväter.[150]

u. Historiographie im 18. Jahrhundert

Der Geist der Aufklärung prägt das Bild Marc Aurels in der Historiographie des 18. Jahrhunderts. Schon Sébastien Le Nain de Tillemont († 1698) hat in seiner sechsbändigen *Histoire des Empereurs*, die 1691 bis 1738 erschienen ist, Marcus mit Sympathie geschildert. Der Jansenist aus Port Royal rühmt den Charakter und die Regierung, zumal in dem Nachruf im Anschluß an die Beisetzung, er moniert nur, daß Marcus sich nach dem Tode Faustinas eine Konkubine nahm. Er konnte auch in fortgeschrittenem Alter nicht alleine leben: *de n'avoir pu vivre dans la continence à l'age de 55 ans.*[151] Ein Kleriker konnte das oder sollte das können. Die Christenverfolgung übergeht Tillemont, sie behandelt er in seiner Kirchengeschichte,[152] er sieht die Schuld bei den «Philosophen» und den Massen; Marcus habe die Verfolgung nur geduldet.

Auf der Basis der monumentalen Stoff- und Quellensammlung von Tillemont schrieb Gibbon 1776 bis 1788 seine zwölfbändige *History of the Decline and Fall of the Roman Empire.*[153] Gibbon fand im Leben Marc Aurels *the noblest commentary on the precepts of Zeno. He was severe to himself, indulgent to the imperfection of others, just and beneficent to all mankind.* In der Regierungszeit von Pius und Marcus sah Gibbon *possibly the only period of history, in which the happiness of a great people was the sole object of government.* Entsprechend der in der Spätantike kanonisierten Unterscheidung zwischen guten und schlechten Kaisern[154] bewundert Gibbon die Tugenden Marc Aurels, kritisiert nur dessen zu weitgehende Nachsicht gegenüber seinem Bruder, dem Leichtfuß Lucius, gegenüber seiner Frau, der übel beleumundeten Faustina, und gegenüber seinem Sohn Commodus mit seinen tyrannischen Allüren.[155] Im Anschluß an Machiavelli formulierte Gibbon sein oben zitiertes Urteil über die Zeit vom Tode Domitians bis zum Herrschaftsantritt des Commodus als vielleicht die glücklichste und gedeihlichste Periode der Menschheit.[156] Fürsten wie die Antonine wären würdig gewesen, die Freiheit der Republik zu erneuern, wenn die Römer jener Zeit noch begriffen hätten, was eine vernünftige Freiheit wert ist.[157]

Gibbons Urteil fand Anklang bei Johann Gottfried Herder. In seinen ‹Ideen zur Philosophie der Geschichte der Menschheit (1784 bis 1791), die mit dem Werk Gibbons die Schönheit der Sprache gemein haben, heißt es, unter der «gerechten und friedlichen Regierung» des Goten Theoderich (493 bis 526) sei dieser Teil der römischen Welt so weise und gütig regiert worden wie zuvor nur durch Marc Aurel. Herder schätzte insbesondere dessen «vortreffliche Betrachtungen» neben den Schriften von Seneca und Epiktet. In seinen ‹Briefen zur Beförderung der Humanität› bringt Herder eine Auswahl aus den ‹Betrachtungen› des «humansten Kaisers» und endet: «Wir wollen nicht sagen: Heiliger, bitte für uns, sondern: menschlicher Kaiser, sey uns ein Muster.»[158] Bekenntnisse zu Marc Aurel wie zur römischen Stoa überhaupt finden sich bei Aufklärern in

Frankreich, England[159] und Amerika, so bei Thomas Jefferson in seinen Briefen von 1803.[160]

v. Historiker im 19. Jahrhundert

Die Geschichtsschreibung des 19. Jahrhunderts steht ganz in dieser Tradition. Ein schönes Zeugnis stellt Jacob Burckhardt 1853 dem Kaiser aus. «Unter den unvergänglichen Idealgestalten des Altertums ist der stoische Philosoph auf dem Thron der Welt … gewiß eine der ehrwürdigsten. Und doch war es ihm nicht erspart, die drohenden Vorboten künftigen Untergangs an die Pforten des Reiches pochen zu hören.» Unklug seien die hohen Geldgeschenke an die Garde gewesen. Während des äußeren Unglücks, der Pest und der Barbareneinfälle, habe Marcus sich durch den «stillen Cultus des allgemeinen Sittlichen, des Göttlichen im Menschenleben» über den «engen bedrohten Augenblick» erhoben.[161] Burckhardt sieht Marcus «durch seine stoische Persönlichkeit ganz sichtbar über seinem ungeheuren Kaiseramt» stehen, er zollt seiner Gesetzgebung und Kriegsführung Anerkennung und nimmt ihn in Schutz gegen die Kritiker seiner Nachfolgeregelung. Hätte er Pompeianus oder Pertinax sukzedieren lassen, so «hätten wohl schon die Soldaten den Commodus doch befördert».[162] Das sah Burckhardt richtiger als andere.[163]

In der genannten, von Burckhardt geschätzten Marc-Aurel-Biographie von Ernest Renan nannte dieser die ‹Selbstbetrachtungen› ein «Evangelium für jene, die nicht an Übernatürliches glauben», ein Werk, das kein Dogma verkündet und nie veraltet. Es entsprang einem hohen moralischen Bewußtsein im Blick auf das Universum. Marc Aurels Religion *n'est ni d'une race ni d'un pays* – nicht beschränkt auf ein Volk, eine Rasse, ein Land. Dem Kaiser Aurel sei es gelungen, seine Philosophie politisch umzusetzen.

Das Urteil von Theodor Mommsen über Marc Aurel ist etwas säuerlich. Kaiser nach seinem Herzen waren außer Julius Caesar Männer vom Typus Blücher, des «Marschall Vorwärts», also Trajan und Septimius Severus, «allzeit Mehrer des Reiches», Trajan im Osten, Severus im Westen. Ein solcher Mann war Marcus nicht, auch unter anderen Umständen wäre er es nicht gewesen. Daher war Marcus für Mommsen «überhaupt keine hervorragende Persönlichkeit».[164] Sehr hart. Dennoch konnte Mommsen nicht umhin, in seiner Kaiserzeit-Vorlesung auf dem Katheder der Friedrich-Wilhelms-Universität dem Römer als «höchstes Verdienst» eine «unverdrossene», ja «beispiellose Hingebung an schlichte Pflichterfüllung» zuzubilligen. «Wenig von dem, was er wollte, hat er erreicht.»[165] Nicht er sei «schuld an dem mangelhaften Ende». Daß gerade er es sein mußte, dessen Maßnahmen für das Reich die Leiden kurzfristig lindern konnten, aber langfristig das Sterben beschleunigen mußten – gemeint ist die Anwerbung von Germanen – das war «bittere Ironie des Schicksals und tief tragisch».[166]

w. Philosophen zu Marc Aurel

Das Urteil über Marc Aurel bei den neueren Philosophen ist geteilt. Als Mensch und Charakter findet er Anerkennung und Bewunderung, als Philosoph aber erfüllt er nicht die Erwartungen, die von Philosophieprofessoren an ihn gestellt werden. Kant konzediert, daß niemand besser regiert habe als Titus und Marc Aurel, aber moniert, daß jener einen Domitian, dieser einen Commodus hinterlassen habe, «welches bei einer guten Staatsverfassung nicht hätte geschehen können». Wenn Kant damit den Kaisern die Macht zutraut, eine dynastisch begründete, aber politisch ungeeignete Nachfolge zu verhindern, trifft die Schuld an der fatalen Herrschaftsübergabe nicht die Verfassung, sondern das Verhalten der Vorgänger. Faktisch aber war das Prinzipat im Sinne Kants deswegen keine gute Staatsverfassung, weil die dynastische Erbfolge damals gerade nicht zur Disposition stand, ebensowenig wie in der Zeit Kants.[167]

Bloß moralisierende Popularphilosophie bietet Marc Aurel für Hegel. Er beklagt, daß die stoische Philosophie bei den Römern als Wissenschaft nichts gewonnen habe, indem das spekulative Interesse verlorengegangen sei und nur noch rhetorische und pädagogische Ziele übrigblieben, so wie Predigten keine Theologie sind. Die Meditationen Marc Aurels seien «nicht spekulativer Art», sondern bloße Aufforderungen zur Tugend. Und auch das sei ganz im privaten Bereich verblieben. Marc Aurel als Philosoph habe gezeigt, «was ein Philosoph auf dem Thron bewirken könnte», aber «das römische Reich ist nicht besser geworden».[168] Marcus gehört nach Hegel mit

Trajan und Pius zu den hochgebildeten «Kaisern von edlem Charakter und edlem Naturell», die aber «keine Veränderung im Staate hervorgebracht» und dem römischen Volk keine Organisation des freien Zusammenlebens gegeben hätten. Die Freiheit aller sah Hegel durch den Weltgeist erst in der christlich-germanischen Welt verwirklicht.[169] Insofern ist das hier notierte Defizit keine Kritik.

Eigenwillig äußert sich Schopenhauer zu dem «vortrefflichen Marc Aurel». Schopenhauer glaubte an die Erblichkeit guter und schlechter Charakterzüge und folgert, wie schon das Gerücht in Rom lautete, Commodus könne nicht der Sohn von Marcus gewesen sein, Faustina sei ja eine unsolide Frau, eine *uxor infamis*, gewesen.[170] Schopenhauers Schüler Nietzsche teilte mit Marc Aurel den *Amor Fati*, den Schicksalsglauben, aber als Verächter der humanitären Moral und Feind der «Gewissens-Vivisektion» hat er für die von Marcus vertretenen «volkstümlichen Ideale» nur einen mitleidigen Seitenblick übrig: «Der gute Mensch, der Selbstlose, der Heilige, der Weise, der Gerechte. O Marc Aurel!»[171] Stoizismus ist für Nietzsche eine semitische Hemmschuhmoral, der Stoiker ein «vollkommener Hornochs», ja ein «arabischer Scheich, in griechische Windeln und Begriffe gewickelt».[172] Wie verträgt sich das mit Nietzsches Bewunderung des «stoisch-großen Römertums»?[173] Oder gar mit dem brieflichen Rat an seinen Freund Erwin Rohde vom 22. März 1873, der auf dem Weg nach Rom war: «Ich wünsche Dir reinen Himmel, heiteres Gemüth und empfehle, als mein Stärkungsmittel, Dir den Marcus Antoninus; man wird so ruhig dabei.»

Nietzsches Abwertung Marc Aurels und seiner Philosophie blieb ein Ausnahmefall, so wie er auch selbst einer ist. Freilich gibt es ein Echo, ausgerechnet bei einem Theologen, bei Adolf von Harnack. Er konstatierte, die Tagebücher enthielten bloß «oberflächliches Räsonnement und moralisierende Selbstbespiegelung». Das moniert zu Recht Ulrich von Wilamowitz. Er nannte Marcus einen «der reinsten und edelsten Menschen, die je gelebt haben».[174]

In diesem Sinne äußerte sich auch der Theologe Albert Schweitzer. Er betont den Gegensatz zwischen der pessimistisch-weltfeindlichen Sicht des frühen Christentums und der universalen Harmonie der lebensbejahenden Humanität bei Seneca, Epiktet und Marc Aurel, den er ausführlich zitiert: «Der optimistisch-ethische Monismus der Spätstoiker ist wie der Sonnenstrahl, der am Abend des langen trüben Tages der Antike durchbricht, während schon das Dunkel des Mittelalters heraufzieht.» In den drei Spätstoikern sieht er die «Saat», die in der «enthusiastischen Naturphilosophie» der frühen Neuzeit aufgeht und die Aufklärung beflügelt hat.[175]

x. Literatur und Kunst, Film und Wirtschaft

Positiv erscheint Marc Aurel ebenso in der Alltagsliteratur. Dazu zählen die romanhaften Biographien Marc Aurels von J. A. Feßler (1792) und C. A. Buchholz (1806), die pädagogisch motivierten Darstellungen im Englischen von L. H. Sigowney (1836), F. Farrar (1868) und E. Streeter Brooks (1886). Marc Aurel findet sich gelegentlich auf der Bühne,[176] so in Friedrich Dürrenmatts köstlicher Komödie ‹Romulus der Große› (1949/61). Der Kaiser ist im Hauptberuf Hühnerzüchter. Seine Hennen tragen die Namen der Vorgänger auf dem Thron. Zum Frühstück präsentiert der Kammerdiener Pyramus Seiner Majestät die Eier. Am besten schmeckt das von der Henne «Marc Aurel», eine «brave Henne», bemerkt Seine Majestät. «Die anderen Kaiser sind nichts wert», so im ersten Akt.[177]

Wir finden Marc Aurel im Roman[178] und im amerikanischen Breitwandfilm. Anthony Mann inszenierte 1964 mit den Markomannenkriegen den Anfang vom ‹Untergang Roms›; Ridley Scott präsentierte 2000 den ‹Gladiator› als Rächer am «Vatermörder» Commodus. Der Monumentalfilm erhielt fünf Oscars, spielte 457 Millionen Dollar ein und wurde in Deutschland von 3,4 Millionen Kinobesuchern gesehen.[179]

Die Maler hat Marc Aurel nicht inspiriert. Immerhin gibt es das monumentale Gemälde von Eugène Delacroix aus dem Jahre 1844 in Lyon mit dem Kaiser auf dem Totenbett (Tafel XVI). Der Titel des Bildes «Die letzten Worte Marc Aurels» bezieht sich auf dessen angebliche Warnung vor dem mißratenen Sohn Commodus,[180] der, anders als die übrigen Umstehenden, ohne Zeichen von Trauer in lasziver Haltung mit Ohrringen und rotem Gewand neben dem Sterbenden steht und in die Ferne nach Rom blickt. Eigentlich ist er die Hauptfigur. Das Bild hat einen politischen Hintersinn. Nachdem Delacroix 1831 mit seinem berühmten Bild «Die Freiheit führt das

Abb. 30: Marc Aurel schreibt Tagebuch im Lager, vielleicht nicht ganz so komfortabel wie hier gezeigt. Radierung von G. Mochetti nach B. Pinelli in *Istoria Romana* 1810.

Volk» die Julirevolution verherrlicht hatte, warnt er hier vor einem unwürdigen Nachfolger des «Bürgerkönigs», der dann 1848 in der Februarrevolution stürzte, ohne seinem Enkel, dem Grafen von Paris, die Nachfolge übergeben zu können.

Das Bild von Delacroix wurde von Baudelaire und Cézanne bewundert und steht auf einem ganz anderen Niveau als Albert von Kellers Vorstudie zur Kaiserin Faustina im Junotempel zu Praeneste von 1881 in der Münchner Pinakothek – das Bild von 1882 selbst ist verschollen – oder der «Einzug Marc Aurels in Wien» von Anton Romako aus dem Jahre 1887 im Wiener Stadtmuseum. Illustratoren haben dann einzelne Szenen zu Texten über Marc Aurel gestaltet, so den Tagebuchschreiber (Abb. 30).

Natürlich bedient sich das moderne Wirtschaftsleben Marc Aurels, so als Namensträger in unterschiedlichen Branchen. Nach ihm nennt sich eine Textilfirma für Damenmode in Köln, ein feines Antiquitätengeschäft in Augsburg, ein Hersteller von Gläsern und Kristallgefäßen und eine Marke für Rasierschaum, sehr passend, beim Barte des Kaisers! Ein Inspirationsarsenal mit einem Kapitel ‹Marc Aurel für Manager› ist für 30 Euro zu haben.[181] Die italienischen 50-Eurocent-Münzen von 2002 zeigen den Reiter auf dem Kapitol in Rom (Abb. 7). Marc Aurels Präsenz in Wien, seinem Sterbeort, bezeugt ein Viersternehotel und der Name einer Straße. Gesunkenes Kulturgut ist auch ein solches.

y. Marc Aurel global

Die Permanenz Marc Aurels im Zeitalter der Globalisierung spiegelt sich in den Übersetzungen seiner Tagebücher und in den Texten über diese und ihn selbst. Das Netz nennt Ausgaben der ‹Selbstbetrachtungen› in über dreißig Sprachen, darunter Arabisch und Armenisch, Irisch und Ukrainisch, Hindi und Japanisch. Artikel über Marc Aurel gibt es in weiteren dreißig Sprachen, so auf Aserbeidschanisch, Baskisch, Esperanto, Estnisch, Kasachisch, Kisuaheli, Kymrisch, Litauisch, Ukrainisch, Usbekisch und Vietnamesisch. Nur ein Atlas mit Register verrät uns, wo man Marc Aurel in exotischen Sprachen liest, so auf Bosanski, Marathi, Tagalog, Waray, Yoruba und Zazaki.

z. Lebenshilfe

Das Interesse an Marc Aurel beruht insbesondere darauf, daß er Lebenshilfe leistet. Seine daseinserleichternden Selbstermahnungen in Kriegszeiten bewährten sich wie bei Friedrich dem Großen so in den Napoleonischen Kriegen. In seinem 1859 erschienen Roman ‹Ut de Franzosentid› schildert Fritz Reuter den Amtshauptmann Joachim Weber, seinen Paten in Stavenhagen, der sich in der Notzeit 1813 mit Marc Aurel getröstet hat. In der Zeit des Zweiten Weltkriegs war Marc Aurel Thema in der Berliner Mittwochsgesellschaft.[182] In der 1019. Sitzung am 10. Dezember 1941 – seit dem 25. August 1940 war Berlin Ziel der britischen Luftangriffe – sprach der Altphilologe Johannes Stroux über das ‹Buch der Betrachtungen› von Marc Aurel. Stroux wandte sich gegen die herabsetzenden Äußerungen von Harnack und Ortega y Gasset über Marc Aurel und würdigte die «soziale Humanität» der Lebensgrundsätze des Kaisers und sein stoisches Bewußtsein des «göttlichen Weltplans», in den er gestellt war. Auch im Kriege war Marc Aurel präsent. Ebenfalls 1914 zitiert Wilhelm Capelle in seinem Vorwort zu den ‹Selbstbetrachtungen› eine Feldpostkarte an den Kröner-Verlag, in der ein Soldat berichtet, wie ihm Marc Aurel als Tornisterbuch – so wie anderen der ‹Faust›, der ‹Zarathustra› oder der ‹Hyperion›, der Thukydides, Schillers ‹Ästhetische Briefe› oder das Neue Testament[183] – kritische Situationen zu bewältigen geholfen habe.

Im gleichen Sinne äußerte sich der ehemalige Bundeskanzler Helmut Schmidt. Mehrfach hat er sich auf Marcus berufen, so noch in seinem letzten Buch ‹Was ich noch sagen wollte› (2015). Er schrieb es im Blick auf das Thema ‹Vorbilder›. Allgemein verbindliche Vorbilder könne es nicht geben, persönliche Idealgestalten oder «Lebenslotsen» hingegen seien namentlich für junge Menschen sinnvoll. Schmidt erläuterte dies aus Livius, der schildert, welche Bedeutung solche *exempla*, beispielhafte Charaktere, in der Selbstbildung junger Römer besaßen. Als «Eckpfeiler seines Lebens» bezeichnet Schmidt Pflichtbewußtsein und Gelassenheit. Daran erinnere ihn die Reiterfigur auf seinem Schreibtisch, die schon in Bonn dort gestanden habe, der Caballus. Die ‹Selbstbetrachtungen› habe er zur Konfirmation erhalten, sie als richtungweisend für sein Leben erkannt und dann mit in den Krieg genommen. Die Kröner-Ausgabe habe ihn «bis auf den heutigen Tag begleitet». Marc Aurel war sein «erstes Vorbild».

Außerhalb Deutschlands begegnet uns Marc Aurel in der Biographie des russischen Dramatikers Anton Tschechow. Um 1888 lernte er die Übersetzung der ‹Selbstbetrachtung› durch den Fürsten Urusow von 1882 kennen und ließ sie sich in schwarzes Leder binden. Bei allen Umzügen blieben sie präsent. Randbemerkungen und Anstreichungen bezeugen eingehende Beschäftigung mit dem Text, Stellen in seinen Dramen und Briefen bestätigen die Aneignung und Übernahme der lebensleitenden Grundgedanken Marc Aurels durch den Dichter.[184]

Jüngere Stimmen gibt es aus Frankreich und Amerika. Zu den Verehrern Marc Aurels zählte dort Georges Pompidou, der ihn 1969 vor der Kamera zitierte.[185] In den Vereinigten Staaten und England hat der Stoizismus zur Zeit Konjunktur. Eine Bewegung zugunsten der Seelenruhe bietet vierwöchige Kurse an *Stoic Mindfulness and Resilience Training*. Sie verspricht Steigerung der Zufriedenheit um 27 Prozent. Schon eine *Stoic Week* der University of Exeter ist dem Seelenfrieden für Gestreßte förderlich, die *Stoicism Group* bei Facebook meldet fast 20 000 Mitglieder. Textgrundlage sind Seneca, Epiktet und Marc Aurel.[186] Auch Prominenz ist dabei, so der Viersternegeneral James Mattis, den Donald Trump im Dezember 2016 zum Verteidigungsminister ernannte. Es heißt, der «Krieger-Mönch» trage die ‹Selbstbetrachtungen› Marc Aurels immer mit sich herum.[187] Sind die Islamisten die Markomannen von heute? Wir sehen: Marc Aurel hat sowohl die Dauer als auch die Verbreitung seines Namens unterschätzt. Er dachte in kosmischen Bezügen, die ihm einst Recht geben werden, wenn niemand mehr lebt, der es könnte. Noch aber sind wir Erdenbürger, dem Jetzt und Hier verhaftet und verpflichtet.

⋆

Überblicken wir abschließend die historische Galerie bedeutender Herrscher, in der Marc Aurel steht, so sehen wir weitblickende Staatsgründer und entschlossene Reformer, umsichtige Organisatoren und erfolgreiche Eroberer, darunter nicht wenige, die mehreres zugleich waren. Es sind Gestalten, die ihre Zeit geprägt und die Nachwelt beeindruckt haben. In der Regel beruht ihr Ruhm auf ihrer Leistung, nicht immer auf einer gewinnenden Persönlichkeit. Ebendies aber zeichnet Marc Aurel aus. Nicht der Kaiser, sondern der Charakter, nicht der Monarch, sondern der Mensch ist es, der uns anspricht. Wir sehen seine unablässige Bemühung, der Stellung, die er sich nicht ausgesucht, nicht erstrebt hat, gerecht zu werden, und die plötzlich veränderte Notlage des Reiches, die bei seinem Herrschaftsantritt 161 nicht vorauszusehen war, zu meistern.

Marc Aurel steht mit seinem Leben, Handeln und Denken in einer kritischen Phase des Römischen Reiches. Auf die Expansion unter Trajan und die Stabilisierung unter Hadrian und Pius folgt nun der Umschlag in die Defensive. Jahr für Jahr gab es Krieg. Kein Kaiser vor oder nach Marcus weilte so lange wie er an der Front. Die Gefahr aus dem Norden, der das Reich schließlich erliegen sollte, kündigte sich unübersehbar an. Ihr entgegenzutreten war nicht nur ein politisches und militärisches Problem, sondern für ihn auch ein menschliches und philosophisches. Wir sehen in den – nicht für uns bestimmten – Tagebüchern Marc Aurel sozusagen an der inneren Front, in seinem selbstkritischen Streben nach Souveränität gegenüber seinen spontanen Regungen; wir erkennen seine Bemühung um Humanität gegenüber seiner nicht nur römischen Mitwelt. Er geht auf in der Verantwortung für das von allen Seiten bedrohte Gemeinwesen. Über sich und seine Aufgabe gibt er sich rückhaltlos Rechenschaft. Diese Arbeit an sich selbst berührte nicht nur Johann Gottfried Herder. So notierte er 1794: «Wenn Mark-Antonin im Verborgenen mit seinem Herzen spricht, redet er auch mit dem meinigen.»[188]

Qui accepit beneficium, narret;
qui dedit taceat!

SENECA

DANKSAGUNG

«Es ist eine Sache des Anstands», schreibt Plinius im Vorwort seiner ‹Naturgeschichte›, «einzugestehen, was man wem zu verdanken hat» – *est plenum ingenui pudoris, fateri per quos profeceris.* So auch Seneca: Wer eine Wohltat empfing, der rede; wer eine erwies, der schweige! (De beneficiis II 11) In diesem Sinne bekenne ich meine mit fortschreitendem Alter gewachsene Dankesschuld denen gegenüber, denen der Octogenarius für Anregung, Belehrung und Hilfe verpflichtet ist. Mein erster Dank gilt Alexander Fest, damals Lektor bei Wolf Jobst Siedler in Berlin. Fest hat mich zu dieser Biographie überredet. Am 10. Dezember 1992 erschien er bei mir in der Dahlemer «Rostlaube», wo sich das Althistorische Institut der Freien Universität befand. Er lud mich ein zu einem Essen ins Chalet Suisse im Grunewald. Beim dritten Gang erfuhr ich, warum. Siedler wünsche nach meiner ‹Endzeit?› noch ein Buch aus meiner Feder, am liebsten über einen römischen Kaiser. Ich könne mir einen aussuchen. Er lockte mit einem beträchtlichen Vorschuß. Ich benötigte Geld für den Dachschaden des Lindheimer Mollerschlößchens und ließ mich auf das Angebot ein.

Nicht einfach war die Wahl des Kaisers. Augustus, Hadrian und Constantin waren auf dem Büchermarkt gut vertreten, doch bei Marc Aurel sah ich Gestaltungsspielraum. Am 15. Dezember 1992 wurde der Autorenvertag geschlossen. Fest schrieb: «Selten dürfte ein morsches Dach so angenehme Folgen für einen Verlag gehabt haben.» Gemäß der Forderung nach «forschungsnaher Lehre» hielt ich im Rahmen meines damals siebenstündigen Lehrdeputats im Sommer 1994 und im Winter 1997/98 je ein Seminar über den Kaiser ab. Unter den Teilnehmern waren meine Doktoranden Karl Feld, Thomas Gerhardt, Andreas Goltz, Udo Hartmann, Stefan Lorenz, Andreas Luther und Cornelius Motschmann sowie Thomas Kantschew, Britta van Kempen, Cornelia Kleinitz, Silke Koch, Andreas Müggenburg, Christoph Räthge, Michael Redies, Falko von Saldern und Dagmar von Stetten-Jelling. Ihre Hausarbeiten habe ich verwahrt und nun mehrere von ihnen mit Gewinn genutzt. *Gratias*!

Dankbar denke ich an zwei ergiebige Forschungsaufenthalte im Deutschen Archäologischen Institut in Rom 1993 und 1994, damals aufgrund seiner vorzüglichen Bibliothek die erste Adresse in der Altertumswissenschaft. Zur Auswertung meiner Collectaneen kam ich erst jetzt. Immer wieder drängte sich anderes vor. Im Zusammenhang mit der Ehrendoktorwürde für Siedler 1996 und auf meinem Abschiedsbesuch bei ihm im Falkenried am 2. August 2005 war von Marc Aurel nicht mehr die Rede. Interesse aber bestand bei meinem Hausverlag C.H.Beck in München. Detlef Felken erinnerte wiederholt an das Marc-Aurel-Projekt. 2006 betraute er mich mit dem Nachwort zu den ‹Selbstbetrachtungen› in der «Kleinen Bibliothek der Weltweisheit». Er erlöste mich aus der Vertragspflicht gegenüber Siedler, nunmehr Random House. Am 24. Februar 2016 kam der neue Vertrag, nachdem ich am 2. Januar *diu et noctu incumbendo* die Arbeit aufgenommen hatte.

Fachlich und persönlich habe ich zu danken meinem verstorbenen Freund und Kollegen Géza Alföldy in Rom und Heidelberg sowie meinem ehemaligen Friedberger Nachbarn Anthony Birley, seinen zahlreichen Spezialartikeln und namentlich seiner Marc-Aurel-Biographie (englisch 1966 und 1987, deutsch 1968 und seitengleich 1977). Birley gibt erschöpfend Auskunft über die Karrieren der Beamten und die einzelnen Verwaltungsmaßnahmen sowie über Zusammensetzung und Stationierung der Truppen. Eingehend behandelt er die Ämter der Familienangehörigen Marc Aurels und die ausführlich berichteten Krankheiten im Briefwechsel mit Fronto. Hier fasse ich mich kürzer. Anstelle von Birleys chronologischer Ordnung habe ich den Stoff in thematische Komplexe gegliedert und erweitert zugunsten des kulturgeschichtlichen Hintergrunds und einer breiteren Darlegung der Lebensweisheit des Kaisers. In Fragen der Topographie, der Chronologie und der Zusammenhänge kam ich mehrfach zu anderen Lösungen, zumal für das bisher unterschiedlich rekonstruierte Itinerar des Kaisers.

Hilfe und Hinweise im einzelnen boten Horst Blanck (†) in Rom, Jürgen Borchhardt in Wien, Hartwin Brandt in Bamberg, Julian Führer in Zürich, Klaus Kirchmayer in Eberfing, Manfred Clauss in Hennef, Werner Eck aus Jerusalem, Kay Ehling in München, Doris Esch in Rom, Peter Robert Franke in München, Hans Kloft in Bremen, Julian Krüger in Berlin, Detlef Liebs in Freiburg, Fritz Mitthof und Georg Plattner in Wien, Kai Ruffing und Helmuth Schneider in Kassel, Heinrich Schlange-Schöningen in Saarbrücken, Sebastian Neumeister, Alina und Tudor Soroceanu, Klaus Stemmer und Christian Wendt in Berlin. Höchst willkommen war der soeben 2017 erschienene Sammelband von Volker Grieb, der den Forschungsstand dokumentiert. Auch die «Neubewertung» der Kriege Marc Aurels durch Ragnar Hund 2017 bot Anregungen. Vorzüglich war wieder die Zusammenarbeit mit dem Verlag, mit Stefan von der Lahr und Andrea Morgan in München.

Unermüdliche Mitarbeit und kritische Korrekturen verdanke ich einmal mehr dir, Hiltrud, Duchessa von Heiligensee. Verzeih, wenn ich dir die schier endlosen Ergänzungen und Überarbeitungen am PC zugemutet habe. Unsere Lebens- und Arbeitsgemeinschaft und das mich immer stärker faszinierende Thema hätten mir die Mühe gelohnt, auch wenn sie nicht an die Öffentlichkeit gekommen wäre. Mahnt Marc Aurel (EH. III 10) doch selber: «Bedenke, daß jeder nur in der Gegenwart lebt, nur in einem winzigen Augenblick, daß Früheres bereits durchlebt ist und daß Späteres im Unbekannten liegt.»

A. D.

ANMERKUNGEN

I. Das Imperium Romanum

1 Kienast 1999.
2 Diese Formel erscheint weder auf Münzen noch auf Inschriften oder anderen offiziellen Dokumenten.
3 Dio LIII 17.
4 Augustus, Res Gestae 34.
5 Dio LIII 32,5; XLV 6,2 nennt Dio die *tribunicia potestas* das erste Amt Octavians; vgl. Appian XVII 132.
6 Dio LIII 17,10.
7 VPius 4,7; VSev. Al. 1,3.
8 VM. 6,6; VSev. Al.1,3.
9 Dio LIII 17,10; VDidius Julianus 3,3.
10 CIL. I, 2. Aufl. S. 311; Appian XVII 131; Dio LIV 27,2.
11 Dessau 244; Mommsen, Staatsrecht II 877 ff.
12 Ulpian, Digesten I 4,1.
13 Digesten XLVIII 4; Sueton, Tiberius 2,3; R. Bauman, The Crimen Maiestatis, 1967.
14 Digesten IL 1.
15 Ulpian, Digesten I 3,31; Dio LIII 18,1.
16 Plinius, Panegyricus 65,1.
17 Tacitus, Annalen IV 6; Plinius, Panegyricus 36,4; Dio LVII 23,5; Digesten I 2,2,92.
18 Plinius, Panegyricus 36.
19 Alföldi 1934/70.
20 Tacitus, Annalen XII 41.
21 Alföldi 1934/70, 137 f.
22 Coarelli 1974, 135.
23 Dio LIII 16,5.
24 Sueton, Augustus 72.
25 Martial VII 56.
26 Appian XIII 106; Beisetzung des Marcellus: Dio LIII 30,5.
27 Herodian I 8,4; VII 1,9.
28 Herodian IV 5,1; Alföldi 1934/70, 243 ff.

29 Pekary 1985, 42 ff.

30 Tacitus, Annalen III 36.

31 Appian VII 51.

32 Justin XLIII 5,11 f.

33 H. U. Instinsky, Die Siegel des Kaisers Augustus, 1962.

34 Dio LIII 30,2; Diodor XVII 117,3.

35 Dio XLVII 41,2. Das Siegel zeigte Venus Victrix: Dio XLIII 43,3.

36 Sueton, Augustus 50.

37 Dessau 677; vgl. Plutarch, Galba 8; Justin XLIII 5,11 f.

38 Die inschriftlich bezeugten Kaisertitel: Dessau III S. 257ff.; Mommsen, Staatsrecht II, 763 ff.; Deininger, in: ANRW. I 1, 1972, 982 ff.

39 Sueton, Augustus 7; Dessau 83 ff.

40 Dio XLIII 44,2.

41 Dio LI 52,1; Appian XIV 44.

42 Thronnamen gab es schon bei den Achaimeniden.

43 Augustus, Res Gestae 30; 32; Tacitus, Annalen III 53,3; Ulpian, Digesten I 4,1.

44 Augustus, Res Gestae 7; Dio LIII 1,3.

45 Mommsen, Staatsrecht II 745.

46 Dessau III S. 257 ff.

47 So schon Cicero bei Appian XIV 7; Caesar bei Appian XIV 106 und Augustus seit 2 v. Chr. bei Dio LV 10,10.

48 Taeger 1960; Wlosok 1978.

49 Plutarch, Romulus 28.

50 Sueton, Caesar 88.

51 Dio LI 20,7; Appian XVII 132.

52 Sueton, Augustus 52.

53 Vergil, Ekloge 1,6; Dessau 9495.

54 Tacitus, Annalen IV 37 f.

55 Sueton, Domitian 13.

56 Vespasian: Sueton, Vespasian 7,2 f.; Tacitus, Historien IV 81; Hadrian: VHadr. 25,1 ff.

57 Dio LXXV 9,2.

58 Augustus, Res Gestae 25; Tacitus, Historien I 55; ders., Annalen I 7; Sueton, Augustus 17,2.

59 Herz 1975.

60 So bei Nero 68 n. Chr.; Didius Julianus 193 n. Chr.; Maximinus Thrax 238 n. Chr.

61 Appian XIV 148; Lactanz, De mortibus persecutorum 3,2 f.

62 Dio LXXIV 4; Herodian IV 2; VSept. Severi 7,8; 24,1 f.

63 Bickermann in: Wlosok 1978, 82 ff.

64 Tacitus, Annalen XIII 20.

65 Zahlreich erhalten im Codex Iustinianus und auf Inschriften: FIRA. I.

66 J. Crook, Consilium Principis, 1955.

67 Dio LVI 28,2.
68 Sueton, Tiberius 55.
69 VHadr. 8,9. S. u. VII d!
70 Dessau III S. 354; eine Liste der *comites* bietet Halfmann 1986, 245 ff.
71 Halfmann l.c. *passim*.
72 Digesten L 7,9,1; Herodian I 6,5.
73 Sueton, Claudius 28; Dio LX 30,6b; Tacitus, Annalen XV 35.
74 VHadr. 11,3; 22.
75 Seneca, Apocolocyntosis 15,2.
76 Herodian IV 8,4.
77 VHadr. 11,3;22.
78 *Caesariani*: Martial IX 79,8; CIL. VI Nr. 10256. Friedlaender I 35 ff.
79 Dessau 1514; vgl. 1588 aus dem Columbarium in der Vigna Codini an der Via Appia mit rund 500 *loculi*. Coarelli 1974, 336 f.
80 Plinius NH. XXXIII 145.
81 Plinius NH. VII 129.
82 Friedlaender I 33 ff.; Turcan 1987, 50 ff.
83 Demandt 1993, 292 ff.
84 Dessau III S. 423.
85 *paedagogium*: Dessau 1825 ff.
86 Dessau 1782.
87 Darunter Friseusen und Schneiderinnen der Kaiserin: Dessau 1784 ff.
88 Dessau 1795 ff.
89 *unctores*: Dessau III S. 438.
90 Dessau 1798 ff.
91 Dessau III S. 425.
92 Tacitus, Annalen XVI 18.
93 Aufgeführt bei Kienast 2017.
94 Schon der Aufenthalt Kleopatras war in Rom als anstößig empfunden worden: Cicero, Att. XV 7,2. Titus heiratete Berenike nicht: Sueton, Titus 7; Caracalla nicht die Tochter des Artabanos: Herodian IV 10.
95 Willrich 1911.
96 Tacitus, Annalen I 8,1.
97 Besitz Livias: Willrich 1911, 71 ff.
98 Dio LXIX 1,4.
99 Sklaven und Freigelassene Livias: CIL. VI 3926 ff.; S. 878 ff.
100 Dessau 119; BMC. I 1965, S. CXXXVI.
101 VM. 26,8; Dio LXXI 10,5; RIC. III 346, Nr. 1659 ff.
102 Tacitus, Annalen VI 10; Sueton, Tiberius 50,2.
103 Digesten I 3,31: *Augusta legibus soluta non est.*
104 Tacitus, Historien II 77; Sueton, Claudius 10; ders., Vespasian 25; Dio LXI 1,1; Herodian I 5,5; VM.19,8; VTacitus 14,1.

105 Sueton, Augustus 63; ders., Tiberius 7.
106 S. u. VII x!
107 Mommsen, Staatsrecht II 2, 748 in Anlehnung an Dio LIX 6.
108 Dio LIV 13,4.
109 Dio LVI 41,3; Sueton, Augustus 41.
110 Sueton, Augustus 34; Dio LV 2,5 f.
111 Dio LVI 10,3.
112 Digesten IV 4,2; Fronto bei Haines I 236; Mommsen, Staatsrecht, I 534 ff.
113 Tacitus, Annalen II 51.
114 Tacitus, Annalen III 25.
115 B. Stech, Senatores Romani, 1912, 130.
116 204 zog der erste Ägypter in den Senat ein: Dio LXXVI 5,5.
117 Sueton, Augustus 35.
118 VVal. 5,4.
119 Velleius II 124,3.
120 Mommsen, Staatsrecht III 2, 1238.
121 Tacitus, Annalen III 10,3; Dio LII 31,3 f.; VHadr. 7,4; 8,8; VM. 10.
122 Dio LXVII 2,4 ff.
123 Digesten IL 1.
124 Sueton, Caesar 20,1; Tacitus, Annalen XII 24; XIII 31; VSev. Alex. 6,7; VComm. 15,4, etc.; s. u. II g!
125 Sueton, Augustus 2,3.
126 Vergil, Ekloge 4,6 ff.
127 Tacitus, Annalen I 75; Sueton, Augustus 36.
128 Seneca, De beneficiis VII 6,3; Dessau III S. 440.
129 Dessau 244.
130 Dio LIII 17,5 f.
131 Augustus, Res Gestae 30.
132 Letzte «republikanische» Akklamation 22 n. Chr.: Tacitus, Annalen III 74,4.
133 Herodian I 5,2.
134 Dio LV 10,10.
135 Dio LIII 11,5.
136 Tacitus, Annalen I 17.
137 Tacitus, Annalen IV 2.
138 Sueton, Claudius 10.
139 Sueton, Augustus 49,1; ders., Caligula 43; ders., Galba 12; Schumacher 1988, 182; Turcan 1987, 76 ff.
140 Dio LV 23 f.; E. Ritterling, RE. XII (1925), 1211 ff.; die Abzeichen: 1375 f.
141 Tacitus, Annalen IV 5. Die Stationierung 23 n. Chr. bietet Tacitus, Annalen IV 5.
142 VHadr. 15.
143 E. Ritterling, RE. XII (1925) 1375 f.

144 Tacitus, Annalen I 78; Dio LVII 6,5.
145 Dessau III S. 465 ff.
146 Dessau I S. 389 ff.; FIRA. I 1941, 231 ff.; A. Neumann, RE. Suppl. IX (1962), 1604 f: CIL. XVI mit Suppl.
147 Servius zu Vergil, Aeneis II 157.
148 Dio LXXVII 9,5; Digesten I 5,17: FIRA. I 1941, 445 ff.
149 Tacitus, Annalen IV 5.
150 Plinius, ep. VI 16,4; Dessau III S. 474.
151 Dessau III S. 475.
152 S. u. V p!
153 Tacitus, Annalen XI 20.
154 Tacitus, Annalen XIII 53; Flavius Josephus, Bellum Iudaicum III 6,2; 7,3; V 2,1; Aurelius Victor, Liber de Caesaribus 37,4; CIL. III Nr. 3200.
155 Tacitus, Historien II 67.
156 VProbi 9,4; 21,2 f.
157 Digesten XLVIII 3,6,1; Euseb, HE. IV 15,15.
158 Hirschfeld 1913.
159 Xenophon von Ephesos II 13; Apuleius, Metamorphosen *passim*; Dio LXXVI 10; Tertullian, Apologeticum 2,8.
160 Mommsen, Staatsrecht III 740.
161 W. Liebenam, RE. V (1903), 615 ff.
162 Sueton, Augustus 24; ders. Tiberius 8; Tacitus, Annalen IV 4.
163 Seneca, ep. 36,7.
164 VHadr. 12,4.
165 S. u. VII k! Fronto bei Haines II 54.
166 Tacitus, Annalen I 11,4.
167 Strabon IV 5,3; XIV 5,6.
168 Appian I praef. 7.
169 Strabon II 5,8; Appian, I praef. 5.
170 VHadr. 5,3.
171 Lucrez III 836 f.; Velleius I 2,3; Digesten XIV 2,9; J. Vogt, Orbis, 1960, 149 ff.
172 Vergil, Aeneis VI 847 ff.; Alföldi 1934/70, 235 ff.
173 Strabon XI 9,2; Velleius II 101.
174 Digesten XLIX 15,5.
175 Tacitus, Germania 15,3; 42,2; Herodian II 2,8.
176 Appian, praef. 7.
177 Flavius Josephus, Antiquitates XIV 35; XV 9 f.
178 So etwa in Judaea, Mauretanien und Kappadokien.
179 Appian, I praef. 7.
180 Dessau III S. 407 ff.
181 Dessau III S. 350 f.
182 Dessau III S. 411 f.

183 Tacitus, Annalen I 15; Dio LIII 21,6.
184 Mommsen, Staatsrecht II 939 ff.; VM. 10,3.
185 W. Eck, Beförderungskriterien innerhalb der senatorischen Laufbahn, ANRW. II 1, 1974, S. 158 ff.
186 Dessau III S. 395 f.
187 Dio LIV 2.
188 NT. Apostelgeschichte 18,12.
189 Dessau III S. 366 ff.
190 Dio LIII 13,3–6.
191 Die komplette Liste bietet W. Liebenam, Fasti Consulares Imperii Romani, 1909, mit Quellen.
192 Dio XLIII 46,3.
193 Dessau III S. 397 ff.
194 NT. Lukasevangelium 2,2.
195 H. G. Pflaum, Scripta Varia, I 1978, 53 ff.
196 Sueton, Caesar 33; ders., Tiberius 59; Plinius, ep. I 19,2.
197 Sueton, Claudius 25,1.
198 Dio LV 10,10; Dessau III S. 403 ff.
199 Tacitus, Annalen XV 44; Schumacher 1988 Nr. 99.
200 Dessau III S. 388 f.
201 Tacitus, Annalen IV 1 ff.; Dio LXXIII 9,2.
202 Arrian III 5,9; Dessau III S. 386 f.
203 Muster ist die Laufbahn des Pertinax, s. u. VII a!
204 Jordan/Hülsen 1878 ff.; Friedlaender I 1922, 1 ff.; Platner/Ashby 1929; Coarelli 1974.
205 Plinius, NH. XI 97.
206 Demandt 1993, 277 ff.
207 Sueton, Augustus 25.
208 Tacitus, Annalen VI 11; Dessau III S. 391.
209 Anne Kolb, Die kaiserzeitliche Bauverwaltung in der Stadt Rom, 1993.
210 Wagenrennen: Friedlaender Kap. VIII, besonders Bd. II, 21 ff.
211 Revue: Friedlaender II, 112 ff.
212 Gladiatoren: Friedlaender II, 50 ff.
213 Dio LV 10,1.
214 Strabon XVII 3,25; Dio LIII 12.
215 Tacitus, Annalen I 52.
216 Pontius Pilatus: Tacitus, Annalen XV 44; Schumacher 1988 Nr. 99.
217 Alpes Cottiae, Alpes Maritimae, Alpes Poeninae, Epirus, Mauretania Caesariensis und Mauretania Tingitana.
218 Gromatici veteres, ed. C. Lachmann, I 1848, 52 f.
219 *vectigal est ad modum ubertatis per singula iugera constitutum*: Gromatici, l.c., S. 205.
220 NT. Lukasevangelium 2,1.

221 Hirschfeld 1905, 410ff.
222 Tacitus, Annalen I 80; VI 39.
223 Plinius, ep. VI 11,1; Digesten I 22; Appian VI 79.
224 Strabon III 4,20.
225 Digesten XXIII 2,38 u. 57.
226 Digesten I 16,6,3.
227 Digesten XII 1,33.
228 Tacitus, Annalen IV 15; XIV 46; Bleicken 1962, S. 158ff.
229 Flavius Josephus, Antiquitates XVI 6; XIX 5.
230 Flavius Josephus, Antiquitates XVIII 4.
231 Deininger 1965.
232 Tacitus, Annalen I 57; Strabon XIV 1,41; 3,3; Euseb, HE. IV 15,27.
233 Codex Justinianus X 65; Digesten L 7.
234 Digesten XLIX 1,1,1.
235 Dio LIV 23.
236 Flavius Josephus, Bellum Iudaicum II 16/366; Philostrat, VS. 548; D. Magie, Roman Rule in Asia Minor, I–II 1950; Notitia provinciarum im Anhang zu Victor Vitensis.
237 Schulten 1896.
238 Plinius, NH. XVIII 35.
239 W. Langhammer, Die staatsrechtliche und soziale Stellung der *magistratus municipales* und der *decuriones*, 1973.
240 Plinius, ep. X 10.
241 Dessau III S. 674ff.
242 Dessau III S. 688.
243 Plinius, ep. I 19,2.
244 Dessau III S. 682ff.
245 Dessau 6398ff.
246 Lex Malacitana 56, in: FIRA. I S. 212.
247 Plinius, epp. X 17; 24; 33; 37; 39; 41; 43;49; 61; 70; 90.
248 Plinius, ep. VIII 24; Mommsen, Staatsrecht II 857ff.
249 Dessau III S. 882; 903; E. Brödner, Die römischen Thermen und das antike Badewesen, 1983.
250 Frontin, De aquaeductibus; Dessau III S. 880; Vitruv VIII; Frontinus-Gesellschaft (Hg.), Geschichte der Wasserversorgung, II/III, 1987/88.
251 Flavius Josephus, Antiquitates XVIII 3,2.
252 Vitruv VIII 6,1 f.
253 Sueton, Vespasian 8.
254 FIRA. I, S. 214f.
255 Digesten XXVII 1,6.
256 Dessau III S. 879; 916ff.
257 Juvenal X 81.

258 Plinius, ep. X 23 f.; Tacitus, Annalen IV 55.
259 Dion Chrysostomos, or. 38,37 ff.
260 Plinius, Panegyricus; Aristides or. 26; Tertullian, De anima 30.
261 Tacitus, Annalen XII 60; ders., Historien I 11; Arrian III 5,7.
262 Strabon XVII 1,12; Augustus als Pharao auf den Kalabscha-Reliefs im Berliner Antikenmuseum.
263 Arrian III 5,7.
264 Diodor XVII 52,6.
265 Flavius Josephus, Contra Apionem 2,4; Plinius, ep. X 6 f.
266 Unter Augustus: Diodor I 31,8; Flavius Josephus, Bellum Iudaicum II 16,4.
267 Tacitus, Annalen IV 7.
268 Schulten 1896, 28 ff.; H. G. Pflaum, RE. XXIII (1957), 1240 ff.
269 Seneca, De beneficiis VIII 6,3; Dessau III S. 441.
270 FIRA. I 498 ff.
271 Codex Theodosianus X 19,1.
272 Schulten 1896, 58 ff.
273 Ps. Aurelius Victor, Epitome 14,11.
274 FIRA. I 481 ff.
275 Cicero, Pro Archia 23.
276 So die Briefe von Augustus an Knidos (OGIS. Nr. 780) oder Kyrene (FIRA. I S. 404 ff.). Eine komplette Sammlung bietet Oliver 1989.
277 Digesten XXXII 11,1.
278 Marquardt III 1885; Friedlaender III 1923, 119 ff.; K. Latte, Römische Religionsgeschichte, 1960.
279 Zum Begriff: Tacitus, Germania 43.
280 Kelsos 5,41.
281 Diodor XXXIV/XXXV 1; Josephus, Contra Apionem *passim*; Tacitus, Historien V 2 ff.
282 Kaiseropfer im Tempel von Jerusalem: Philon, Legatio ad Gaium 157; 317; Josephus, Bellum Iudaicum II 10,4.
283 Appian XI 50.
284 Josephus, Antiquitates XIV 10,11 ff.
285 So Tiberius Julius Alexander: Tacitus, Historien I 11; II 74; 79; Josephus, Bellum Iudaicum II 15,1.
286 Friedlaender I 1922, 104 ff.; Alföldy 1975; ders. 1986.
287 R. Rilinger, Humiliores-Honestiores, 1988.
288 Augustus, Res Gestae 8.
289 Tacitus, Annalen XI 25,5.
290 FIRA. I Nr. 55; Strabon IV 1,12.
291 FIRA. I 221 ff.
292 Digesten L 15,8.
293 Dio LX 17,4.

294 Vgl. Dio LXXVII 10; 18; Zonaras XII 12.

295 Dio LXXVIII 9,5; FIRA. I 445 ff.

296 Liebs in: Sallmann 1997, 175 ff.

297 CIC. Institutiones I 3.

298 Digesten VII 1,15.

299 Ulpian, Digesten I 12,1,8.

300 Platon, Staat 433 D; 563 B; Aristoteles, Politik 1259 b 20; 1253 b 15 ff.

301 NT. Paulus, Gal. 3,28; Kol. 3,11; An Philemon pass.

302 Seneca, De beneficiis III 22,1.

303 Epiktet, Diatribai IV 1.

304 S. u. V m!

305 CIC. Institutiones I 3,4; Cod. Just. VII 10,16.

306 Tacitus, Annalen XIV 42,1.

307 R. Heinze, Fides (1929), in: ders., Vom Geist des Römertums, 1960, 59 ff.

308 Digesten XL 4,16; 4,46; Alföldy, in: Schneider 1981, 344; ders. 1986, 286 ff.

309 Digesten I 1,4; L 17,32; CIC. Institutiones I 5 praefatio.

310 Sklaveninschriften: Dessau III S. 948 ff.

311 Columella I 8,19; Dessau III S. 952.

312 W. Waldstein, Operae Libertorum, 1986.

313 Dessau III S. 701 ff.

314 Kneißl 1969.

315 Seneca, De clementia I 24; VSev. Alex. 27,1.

316 *servus non habet negandi potestatem*, Seneca, De beneficiis III 19,1.

317 VAvid. Cass. 4,6; VPertinax 9,10.

318 Mommsen, Strafrecht 631; Kienast 1999, 144.

319 Tacitus, Annalen XIV 42.

320 Digesten XXIX 5; Cod. Just. VI 35; FIRA II 361 f.

321 VHadr. 18.

322 Columella I 7.

323 NT. Paulus, Brief an Philemon.

324 Sueton, Claudius 27; ders., Domitian 7.

325 Sueton, Claudius 25,2; VHadr. 18,7 f.

326 Seneca, ep. 47,1; 10; ders., De clementia I 18; ders., De beneficiis III 21 f.

327 Petron 71,1; Juvenal VI 219 f.; Plinius, ep. V 19; VIII 16; IX 21; 24.

328 Plinius, ep. X 17 a.

329 Plinius, ep. X 29 f.

330 S. u. VII i!

331 Friedlaender I 1922, 267 ff.

332 Digesten L 17,2.

333 Dessau III S. 914.

334 FIRA. II, S. 37.

335 Sueton, Augustus 34; Digesten XLXVIII 5.

336 Dio LXXVII 16,5.

337 Sueton, Augustus 69.

338 Dio XLIII 25,2; Dessau 977; 6278.

339 Dessau III S. 915 f.; Plinius, Panegyricus 26 ff.; VPius 8,1; VM. 7,8; 26,6. S. u. VII p!

340 M. Weber 1891/1986, 297 ff.; Schulten 1896; Rostovtzeff 1929; Johne 1993.

341 M. Finley, in: Schneider 1981, 168 ff.; H. Schneider, in: Propyläen-Technikgeschichte I, 1991, 208 ff.

342 Dessau III S. 726 ff.; Petrikovits 1981.

343 *collegia, corpora, sodalitates*: Dessau III S. 710 ff.; E. Kornemann, collegium, RE. IV 1 (1900) 380 ff.

344 Strabon II 5,12.

345 Digesten XXXIX 4,16,7.

346 F. Oertel, in: CAH. XII, 1938, 271; W. Schmitthenner, Rome and India, JRS. 69, 1979, 90 ff.

347 Dion Chrysostomos, or. LXXIX 5; Tacitus, Annalen III 53,4; Plinius, NH. IX 35/117 ff.

348 Demandt 1993, 307 ff.

349 Tacitus, Annalen IV 34 f.

350 Tacitus, Agricola 2.

351 Tacitus, Historien IV 5 ff.

352 Tacitus, Historien IV 73 f. (Cerialis-Rede); ebenso Dio LIII 19,1.

353 Bei Lactanz, Divinae Institutiones VII 15, 14 ff.

354 Longinus, Über das Erhabene 44.

355 Zosimus I 5,1–4.

356 Plutarch, Moralia 824 C.

357 Griechisch und deutsch von J. H. Friedlieb 1852; griechisch hg. v. J. Geffcken 1902.

358 Musurillo 1954.

359 Demandt 1993, Kap. XI.

360 Plinius, Panegyricus *passim*.

361 Plutarch, Moralia 824 C.

362 Aristides, or. 26. Klein 1983.

363 Flavius Josephus, Bellum Iudaicum *passim*.

364 Dio LXIX 12 ff.

365 Strabon VI 2,6.

366 Seneca, De clementia I 4,2.

367 Philo, In Flaccum 11.

368 Tacitus, Historien IV 74.

369 A. Demandt, Hände in Unschuld. Pontius Pilatus in der Geschichte, 1999, 133 f; 186 ff.

II. Schriftquellen und Denkmäler

1 Referiert bei Birley 1968, 409 ff.

2 Ausgaben: J. Stich 1882 mit Wortregister (Teubner); H. Schenkl 1913 (Teubner); W. Theiler 1951 (Artemis). Kommentare: E. Reche 1797; A. S. L. Farquharson 1944/68. Einführung: P. Hadot, Die innere Burg. Anleitung zu einer Lektüre Marc Aurels, 1997.

3 Wo ich die Tagebücher zitiere, übersetze ich selbst, doch benutze ich auch die Verdeutschungen von Capelle 1933, Reche 1797, Cleß 1866, Schneider 1887, Wittstock 1894, Schultheiß 1910, Kiefer 1920/1991, Theiler 1951, Mauersberger 1954, Nickel 1990. Die Übersetzungen unterscheiden sich bisweilen erheblich. Nahe am Urtext bleibt der Sinn oft unklar, frei übersetzt, eröffnen sich mehrere Möglichkeiten. Was kann *logos* nicht alles bedeuten!

4 S. u. V u!

5 Die Überschriften stehen in der Überlieferung irrig am Ende des voranstehenden Buches. Farquharson 1944 I, 278 f.

6 S. u. V n!

7 S. u. V y!

8 S. u. X q!

9 VCass. 3,6 f.

10 Themistios, or. VI 17/81 c: *parangelmata*; W. Enßlin, RE. VII A (1948), 2099.

11 H. Beckby, Anthologia Graeca XII–XVI, 1965, 546; P. Maas, Das Epigramm auf Marcus *Eis heauton*. In: Hermes 48, 1913, 295 ff.

12 Schenkl 1913, p. VIII f.

13 Capelle 1941, LV ff.

14 Gärtner 1983, 28 ff.; Sallmann 1997, 281 ff.

15 M. van den Hout, M. Cornelii Frontonis epistulae, 1988, XLVI.

16 Fronto wird im folgenden nach Seiten der Loeb-Ausgabe von C. R. Haines, 1919 zitiert und abgeglichen mit der Teubneriana von M. van der Hout, 1988. Ihre Anordnung ist unübersichtlich.

17 Birley 1972, 468 f.; 473.

18 Chron. Min. I 148.

19 VM. 2,5.

20 Panegyrici Latini VIII 14,2.

21 Macrobius, Saturnalien V 1,7.

22 Haines I 156 ff.

23 Philostrat VS. 481.

24 Sallmann 1997, 68 ff.; 292 ff.

25 Gellius II 26.

26 S. u. IV g!

27 K. Gerth, RE. Suppl. VIII (1956), 719 ff.; Marek 2010, 593 ff.; C. Horst in: Grieb 2017, 189 ff.

28 S. u. IV e!

29 S. u. VI l!

30 Philostrat VS. 592 ff.

31 Suidas s. v.

32 Deutsch bei V. Schubart, Ein Jahrtausend am Nil. Briefe aus dem Altertum, 1923, 55 f.

33 Heimatstadt seiner Mutter, er selbst stammt aus Ephesos, Artemidoros III 66.

34 Mommsen, KG. 116 f; Wilamowitz an Mommsen am 11. Februar 1884, Calder/Kirstein 2003, 252 ff.

35 K. Gerth, RE. Suppl. VIII (1956), 720. Pausanias VIII 2,5.

36 Euseb, HE. IV 21 ff.

37 S. u. VIII u–z!

38 Birley 1968, 35.

39 Pertinax, Didius Julianus, Septimius Severus, Pescennius Niger, Clodius Albinus.

40 Dio LXXII 23.

41 H. Strasburger, Umblick im Trümmerfeld der griechischen Geschichtsschreibung (1977). In: Ders., Studien zur alten Geschichte III 1990, 169 ff.

42 Wiotte-Franz 2001.

43 Sueton, Vespasian 8,5.

44 H. Dessau, Über Zeit und Persönlichkeit der Scriptores Historiae Augustae. In: Hermes 24, 1889, 337 ff.

45 Dessau 2035 f.; Dio LXXIX 14,3 f. Die extensiven Kontroversen um die *Historia Augusta* bis 1965 referiert Birley 1968, 410 f.; bis 2003 ders. In: Marasc, G. (ed.), Greek and Roman Historiography in Late Antiquity, 2003, 127 ff.

46 Ammian XXVIII 4,14.

47 Jordanes, Getica 83.

48 VComm. 11,8–12,9; Dio LXXII 15,3.

49 VComm. 15,4; Sueton, Caesar 20,1.

50 Lateinisch-Deutsch von M. Fuhrmann u. K. Groß-Albenhausen, 1997.

51 Lateinisch-Deutsch von Fr. L. Müller, 1995.

52 P. L. Schmidt in: Herzog 1989, 196 ff.

53 Der Vorname ist spät bezeugt. Eine kommentierte Ausgabe publizierte J. W. Eadie 1967.

54 Ammian XXIX 2,22.

55 Kritische Ausgaben von C. V. Clark, 1915; Lateinisch-Englisch von J. C. Rolfe, 1935.

56 Ammian XIV 4,2; XV 7,3; XVI 1,4; XXI 16,11; XXII 5,4 f.; XXIII 6,24; XXV 4,17; XXVII 6,16; XXIX 6,1; XXX 9,1; XXXI 5,13; 10,19.

57 Das Feriale Duranum: A. D. Nock, The Roman Army and the Roman Reli-

gious Year. In: Harvard Theological Review 45, 1952, 239 ff.; der Filocalus-Kalender: Divjak/Wischmeyer 2014.

58 Chron. Min. I 141 f.

59 S. u. IV v!

60 S. u. IV q!

61 S. u. IV u; VII k!

62 S. u. VIII e!

63 Griechisch-Englisch von W. C. Wright, 1921 (Loeb).

64 Zosimos V 27,2; VV. 8,4; VCass. 1,2; Ed. Schwartz, RE. II (1896), 1603 f.

65 S. u. VIII t!

66 Griechischer Text von Ed. Schwartz, 1932; deutsche Übersetzung von Ph. Haeuser, 1932. Zur Person: F. Winkelmann, Euseb von Kaisareia. Der Vater der Kirchengeschichte, 1991; Griechische Ausgabe von K. Stavenhagen, 1922; deutsche Übersetzung von C. N. Osiander, 1830.

67 Ausgabe in: Eusebios, Werke VII von R. Helm, 1956/1984.

68 S. u. VIII t–z!

69 Ovid, Metamorphosen IX 711.

70 S. u. VII r!

71 Gesamtausgabe von Th. Mommsen und P. Krüger 1877/1928, Auszüge zu Marc Aurel lateinisch-italienisch bei Cortassa 1984, 509 ff. Einzelnes in den FIRA.

72 St. Rebenich, Theodor Mommsen, Eine Biographie, 2002, 80 ff.

73 Voigt 1893, I 268 f.

74 G. Walser, Die Einsiedler Inschriftensammlung und der Pilgerführer durch Rom, 1987.

75 H. Nesselhauf, CIL. XVI 1936, 105 ff. mit Suppl.; W. Liebenam, RE. V (1903), 625; A. Neumann, RE. Suppl. IX (1962) 1604 f.; M. M. Roxan, Roman Military Diplomas, 1978. S. o. I i!; P. Weiß in: Grieb 2017, 135 ff.

76 Den Metallgewinn berechnet M. Speidel in: Grieb 2017, 64 ff., er war nicht sehr hoch.

77 S. u. VII k!

78 Cortassa 1984, Nr. 264 ff.

79 Stemmer 1988, 149; s. u. VII u!

80 Szaivert 1986.

81 Roman Provincial Coinage IV Antoninus Pius to Commodus (AD 96–138).

82 So unten Abb. 26 bei VII n.

83 Szaivert 1986, 74.

84 So Birley 1986, 312.

85 So A. Alföldi 1934/70, 260.

86 Allzu optimistisch ist R. Wolters 1999, 331; 333; 337. Bedenklich auch seine Argumentation mit der «Sprachlosigkeit» von Münzen, wenn Parolen fehlen.

87 Mommsen, Strafrecht, 949 ff.

88 P. Haupt, Römische Münzhorte des 3. Jahrhunderts in Gallien und den germanischen Provinzen, 2001, 303 f.

89 Eine Karte der Hortfunde bis 1941 bietet Zwikker 1941, Karte II im Anhang.

90 Augustus, Res Gestae 24; Sueton, Augustus 52.

91 Das Museum dort zeigt eine galvanoplastische Nachbildung.

92 OGIS. VIII 508. Cortassa 1984, 642.

93 Pekary 1985, 78; 121.

94 VHadr. 26,1. Hat der Gewährsmann den Kaiser etwa rasiert gesehen?

95 Lukian, in: Anthologia Graeca XI 430.

96 Die vieldeutige Signalfunktion des Kaiserbartes bereichert Grieb in: Grieb 2017, 381 ff., um den militärischen Outlook, den man erst für den kurzgeschorenen Soldatenbart seit Caracalla gelten lassen wird. Aber ist es nicht denkbar, daß einfach das Ansehen Hadrians den Bart in Mode gebracht hat (VHadr. 26,1)? Man weiß doch, wie die Allongeperücke oder die Bügelfalte Mode wurde. Also, was soll der Streit um des Kaisers Bart?

97 Jede der ca. 2000 Städte (s. o. I p!) besaß mindestens einen Kaiserkopf, jedes Lager und viele Privatleute desgleichen, VM. 18,5.

98 Bergmann 1978; Stemmer 1988; Wünsche 2003; Pangerl, A. (Hg.), Portraits. 500 Jahre römische Münzbildnisse, Staatliche Münzsammlung München, 2017, 319 ff.

99 K. Fittschen, Prinzenbildnisse antoninischer Zeit, 1999. Die Akzeptanz der Spätdatierung des Partherdenkmals hat Fittschen 2009 widerrufen, s. u. IV t!

100 Pekary 1985, 9. Zur Silberbüste aus Marengo: W. Spickermann in: Grieb 2017, 334.

101 Stemmer 1988, 14 f.; Helbig II 1301.

102 Bergmann 1978, 24 Nr. 28.

103 Helbig II 1161; Bergmann 1978; Wünsche 2003.

104 Taine 1904, 109.

105 Stemmer 1988, 15.

106 Helbig II 1300.

107 Die «ungewöhnlich große Öffnung» des Ohres findet sich keinesfalls auf allen Bildnissen des Kaisers, J. J. Winckelmann, Geschichte der Kunst des Altertums V 5 § 29. In: Ders., Werke IV 1811, 216 f.

108 G. W. F. Hegel, Vorlesungen über Ästhetik, Werke XIII, ed. H. Glockner (1928), 396

109 Als Variante bei Pekary 1985, 78. Das Museum der *Colonia Pia Flavia Constans Emerita Helvetiorum Foederata* zeigt eine galvanoplastische Nachbildung des sekretierten Originals.

110 Vergil, Aeneis VI 846 ff.; Plinius NH. XXXVI 9 ff., zu Coponius: 41.

111 Stemmer 1988, 74.

112 Stemmer 1988, 70.

113 Apollodor 2,41.

114 Stemmer 1988, 70.
115 Pekary 1985, 81 ff.
116 Waelkens 2012, 114 ff.
117 Pekary 1985, 19.
118 Text bei Vegetius, Res militaris II 5.
119 Pekary 1985, 108; 111.
120 Digesten IIL 19,28,7.
121 Mommsen, Strafrecht 460; 585.
122 Clauss 1999, 290 ff.
123 Fronto bei Haines I 202 ff.
124 Zeugnisse bietet Zwikker 1941, 7. Erhalten blieb das Rundbild des Septimius Severus und seiner Familie aus Ägypten in Berlin.
125 Stemmer 1988, 6.
126 VV. 7,10; 10,6 ff.; s. u. IV j!
127 Dio LXXI 31,1 f.; K. Fittschen, Die Bildnistypen der Faustina minor und die Fecunditas Augustae, 1982; Stemmer 1988, 21 ff. Fittschens These, zu jeder Niederkunft Faustinas sei ein neuer Bildnistyp geschaffen worden, widerlegt Ameling 1992. Aus einer veränderten Frisur konnte niemand auf Nachwuchs im Kaiserhaus schließen. Zu den Frisuren s. u. III g!
128 S. u. VI i!
129 Dessau 1326. Die von Marc Aurel auf dem Trajansforum und andernorts Geehrten verzeichnet Alföldy in: Alföldy/Panciera 2001, 23 ff.
130 Helga von Heintze 1966 in: Helbig II Nr. 1161; Stemmer 1988, 72 ff.; R. Wünsche in: Burg 1999, 58 ff.
131 M. Pallottino in: Melucco Vaccaro 1989, 15.
132 H. Taine, Reisen in Italien I 1904, 103.
133 Rodocanachi 1906, 131.
134 Gregorovius III 348.
135 Melucco Vaccaro 1989.
136 Die *tibialia* des Augustus bei Sueton 82 sind keine Strümpfe, sondern Wadenbinden.
137 Zwikker 1941, 137.
138 H. Hoffmann, Hitler in Italien, 1938, 26; R. Bianchi-Bandinelli, Hitler, Mussolini und ich. Aus dem Tagebuch eines Großbürgers, 2016, 92 f. Hinweis von Kay Ehling.
139 Die Pferde von San Marco. Ausstellung Berlin 1982, dort viel zu Reiterstatuen und zur Wirkungsgeschichte des Caballus.
140 Ilias XVI 149, die Pferde Hektors: VIII 185.
141 VV. 6,3; Demandt, Privatleben 1997, 74 ff.
142 Sueton, Caligula 55,3; Valentinian im CTh. XV 10,1.
143 Plinius NH. XXXIV 64; Plutarch, Alexandros 40.
144 *Equestres utique statuae Romanam celebrationem habent, orto sine dubio a Graecis*

exemplo. Plinius NH. XXXIV 19. J. Bergemann, Römische Reiterstatuen. Ehrendenkmäler im öffentlichen Bereich, 1990.

145 Plinius NH. XXXIV 28 f.

146 Plinius NH. XXXIV 23; Livius IX 43,22; Cicero, Philippica VI 5,13.

147 Velleius II 61,3.

148 Ammian XVI 10,15 f.

149 Zum «Nachleben» des Caballus: R. Baumstark, in: Burg 1999, 78 ff.

150 Mirabilia c. 15; Huber-Rebenich 2014, 90 ff.

151 Coarelli 1974, 186. Die Statue erscheint auf einem Fresko von Filippo Lippi aus dem 15. Jahrhundert in der Capella Carafa der Kirche S. Maria sopra Minerva zu Rom.

152 Zum Fresko von Filippino Lippi s. u. X r!

153 Rodocanachi 1906, 134; Gramaccini 1985, 60; 79.

154 Gregorovius III 345 ff.

155 Gregorovius III 349.

156 Huber-Rebenich 2014, 151 und Filippino Lippi in Santa Maria sopra Minerva.

157 Huber-Rebenich 2014, 94.

158 Gregorovius, VI, 271; P. Piur, Cola di Rienzo, 1931, 104 ff.

159 Gramaccini 1985, 51.

160 Voigt I 1893, 46 f.

161 Voigt II 1893, 237.

162 Helbig II 1161; A. M Ferroni/F. Sacco in: Melucco Vaccaro 1989, 195 ff.

163 Photo bei Melucco Vaccaro, 1989, 198, Abb. 148: IMP. CAESARI. DIVI. ANTONINI. F. DIV. HADRIANI. NEPOTI. DIVI. TRAIANI. PARTHICI. PRONEPOTI. DIVI. NERVAE. ABNEPOTI. M. AURELIO. ANTONINO. PIO. AUG. GERM. SARM. PONT. MAX. TRIB. POT. XXVII. IMP. VI. COS. III. P. P. S.P.Q.R. Der Text findet sich weder im CIL noch bei Dessau. Das Altersporträt läßt auch an den Triumph von 176 denken. M. Speidel in: Grieb 2017, 53. Zur Filiation: Dessau 361.

164 S. u. V u!

165 S. o. V v!

166 Rodocanachi 1906, 135; 140.

167 Weitzmann 1979, 60 mit Bild.

168 Rodocanachi 1906, 140.

169 Elf Renaissance-Miniaturen des Caballus zeigt der Katalog ‹Natur und Antike› 1986.

170 Lucilla de Lachenal in: Melucco Vaccaro 1989, 144.

171 S. u. X t!

172 Margarete Kühn in: Arenhövel 1979, 42.

173 Jutta von Simson in: Arenhövel 1979, 202.

174 Jutta von Simson in: Arenhövel/Schreiber 1979, 380 ff.

175 R. Baumstark in: Burg 1999, 103 f.

176 Burg 1999, 150.
177 So erzählte mir Richard Krautheimer in Rom am 9. Februar 1994.
178 Das Denkmal und seine Restaurierung dokumentieren die Prachtbände Melucco Vaccaro 1989 und Burg 1999.
179 S. u. III z!
180 Ammian XVI 10,5.
181 Eutrop 8,5; Victor, Epitome 13,11; Kähler 1958 Tafel 174 ff.; ders., 1960, 268 ff.
182 Stemmer 1988, 162 f.
183 Petersen/Domaszewski 1896; Zwikker 1941; J. Morris (1952) in: Klein 1979, 67 ff.; Caprino 1955; Stemmer 1988, 108 ff.; Wolff 1990; J. Griebel, Der Kaiser im Krieg. Die Marcus-Säule, 2013.
184 S. u. VI o!
185 Daß auch Faustina dort neben ihm stand, wie aus Dessau 5920 geschlossen wurde, ist unwahrscheinlich.
186 Mirabilia c. 6; 22; Huber-Rebenich 2014, 63; 130.
187 Aurelius Victor, Caesares 16,14; Kähler 1960, 316 f.
188 Gregorovius IV 303.
189 Domaszewski 1896, 103.
190 Repliken des Reliefs in Augenhöhe zeigt das Nationalmuseum Bukarest in Erinnerung an die Dakerkriege.
191 Kähler 1960, 317 f.; H. Jung, Zur Vorgeschichte des spätantoninischen Stilwandels. In: Marburger Winckelmanns-Programm 1984, 59 ff.
192 Aufgelistet und beschrieben bei Stemmer 1988, 112 f. Petersen 1896 zählte 118 Szenen.
193 Unter den Begleitern sind Pompeianus und Pertinax nicht sicher auszumachen, doch wird auch Taruttienus Paternus in einer Gerichtsszene vermutet. Liebs 2002.
194 Anders irrig Morris 1952 bei Klein 1979, 77 ff.; dagegen Wolff 1990, 28.
195 Wolff 1994, 74.
196 Zwikker 1941, 260; Stemmer 1988, 110.
197 Zwikker 1941, 1 ff.
198 Szene 58, Coarelli 1974, 122.
199 Wolf 1994, 74.
200 S. u. V u!
201 Helbig I Nr. 395; Dessau 5920.
202 Das suggeriert die Übersetzung von E. Meinhardt bei Helbig a. O.
203 Chron. Min. II 92.
204 Talbot Rice 1965, 26 f.; Weitzmann 1979, 79 f mit Bild.
205 Mirabilia c. 14; Huber-Rebenich 2014, 88.
206 So Johannes Porta de Annoniaco als Augenzeuge. O. Rader, Wie Blitz und Donnerschlag. Die Kaiserkrönung Karls IV, 2016, 123.
207 Stemmer 1988, 242.

208 S. u. VI o! Der Begriff «Triumphbogen» – *arcus triumphalis* – ist mittelalterlich (Mirabilia c. 3) und irreführend, die allermeisten Bögen sind reine Ehrendenkmäler.

209 Wegner 1938: Clivo Argentario.

210 Dessau 374; H. Kähler, RE. VII A (1939), 391 f. Zum Codex Einsidlensis s. o. II k!

211 Helbig II (1966) 255 ff.

212 Wegner 1938, 170; Blanck in: Gnomon 1969, 485; Stemmer 1988, 85 f.

213 S.u. VI p!

214 H. P. L'Orange/A. v. Gerkan, Der spätantike Bildschmuck des Konstantinsbogens, 1939. H. Kähler, RE. VII (1939), 390 ff., trennt mit Wegner 1938 diese acht Platten aus «stilistischen Gründen» von den dreien im Konservatorenpalast und weist sie einem unbekannten Denkmal zu, wofür er einen «Kurzbesuch» des Kaisers in Rom postuliert, den er 1939, 391 auf 174, hingegen 1960, 315 auf 173 datiert. Marcus aber befand sich gemäß den Schriftquellen damals an der Donau und kehrte erst Ende 176 nach acht Jahren nach Rom zurück (Dio LXXI 24,4; 32,1), so daß Kählers These hinfällig ist. Stilistische Unterschiede gibt es auch innerhalb der beiden Plattengruppen, Blanck in: Gnomon 41, 1969, 487. Die Tafeln vom Bogen entsprechen in der Größe denen vom Kapitol und ergänzen diese inhaltlich (s. u. VI p!). Daß verschiedene Werkstätten beteiligt waren, ist wahrscheinlich.

215 Kähler 1958, Tafel 194.

216 S. u. VI o!

217 Wegner 1938, 166.

218 S. u. V j!

219 S. u. IV s!

220 Beispiele bei Oberleitner 2009, Abb. 438 ff.

221 Dio LXXI 31,1.

222 Stemmer 1988, 158.

223 P. Zazoff, Die antiken Gemmen, 1983, 327.

224 Stemmer 1988, 87 f.

225 S. o. VI o!

226 J. Szilagyi, Aquincum, 1956, 85, Tafeln XIII und XV; ders., RE. Suppl. XI (1968) 67; Stemmer 1988, 151.

227 T. Mattern in: Grieb 2017, 249 ff.

228 Zum folgenden: Stemmer 1988, 266 ff.

229 Birley 1968, 45 f.; Margareta Steinby, RE. Suppl XV (1978), 1514 f.

230 Ammian XV 7,3; CIL. VI 1032; 31229. Demandt 2015, 187.

231 S. u. VI q!

232 Kähler 1958, Tafel 210; ders. 1960, 312 f.

233 S. u. III b!

234 S. u. VIII w!

235 S. u. VI v!

236 Trier, Salona, Volubilis. S. u. V p!

237 E. Gose (Hg.), Die Porta Nigra in Trier, 1969; H. P. Kuhnen, Das römische Trier, 2001. Darin 143 ff.: L. Schwinden, Die Porta Nigra.

238 VDidius 1,7; A. v. Wotava, RE. V (1903), 415. S. u. V v!

239 H. Kähler, RE. VII A (1939), 427; 440; 443 f. (Oea), 444. Insgesamt gab es in Nordafrika mindestens 55 Ehrenbögen aus der Römerzeit.

240 Modell bei Stemmer 1988, 232.

241 S. o. VI m!

242 S. u. VII e!

243 E. Kirsten/W. Kraiker, Griechenlandkunde, 1962, 722 f.

III. Jugend und Familie

1 VM. 1; A. Schulten, RE. IV (1931), 515.

2 Der Name «Spanien» der Iberischen Halbinsel geht zurück auf phönikisch *schephannim*, Kaninchenküste.

3 Marius Maximus bei VM. 1,5.

4 Der Vorname ist erschlossen aus dem von Sohn, Enkel und Urenkel.

5 VM. 1,4; A. Schulten, RE. IV A (1931) 515.

6 Birley 1997, 201.

7 S. u. VII r!

8 Birley 1968, 45.

9 Birley 1968, 47 denkt an 124 n. Chr.

10 Haines I 124; 130; 146 f.

11 Fronto bei Haines I 208; 244; Aristides HL. I 23.

12 Coarelli 1974, 181, 186.

13 Tacitus, Annalen IV 65 nach unsicherer Tradition. C. Hülsen, RE. III (1897) 1273 ff.

14 Tacitus, Annalen IV 64 f.

15 Valnea Santa Maria Scrinari, Il Laterano Imperiale, II 1995.

16 S. o. II r!

17 Clemens Alexandrinus, Protreptikos IV 45 P.; Fronto bei Haines II 104.

18 VM. 1,5; Filocalus 208: 268.

19 CIL. XII 5905.

20 S. u. X e!

21 VM. 1,5.

22 Chronica Minora I 444 f.

23 Demandt 2015, 336 ff.

24 VM. 1,4 u. 9; Birley 1968, 52.

25 Wilamowitz 1931, 5.

26 Dio LXXI 35,2.
27 Eutrop VIII 11.
28 VM. 4,2.
29 Livius I 20,4.
30 Dessau 5039.
31 Birley 1968, 47; EH. I 2.
32 VM. 4,7.
33 VM. 1,10; 4,1.
34 S. u. VIII t!
35 VM. 1,10; Dio LXIX 21,2; Pekary 1985, 95.
36 A. Walde/J. B. Hofmann, Lateinisches Etymologisches Wörterbuch, 1982 I 823; II 38.
37 VM. 4,5; Birley 1968, 67.
38 VM. 4,6.
39 Birley 1968, 69 ff.
40 VHadr. 23,10 ff.; VAelius 6,6.
41 Dio LXIX 17,1; VHadr. 23,2 ff.; Birley 1997, 3; 291.
42 VAelius 3,8 f.; VHadr. 2,8; 16,7; Ammian XXV 4,17.
43 VV. 2,10; Filocalus I 216.
44 VHadr. 24,6; Näheres bei Birley 1968, 80 ff.; ders. 1997, 296.
45 S. u. VII r!
46 Die Sterbedaten der Söhne M. Aurelius Fulvus Antoninus und M. Galerius Aurelius Antoninus sind nicht bekannt.
47 Dio LXIX 21,2; LXXI 35,2 f.
48 VM. 5,1. Irrig, daß Lucius von Marcus adoptiert worden sei.
49 So aber Birley 1968, 208.
50 Kienast 1999, 115. Wenn Dio LIV 18,1 schreibt, Augustus habe beide Enkel als Nachfolger vorgesehen, so ist damit nicht gesagt, daß sie gleichzeitig regieren sollten.
51 VM. 5,2; Dio LXXI 3,1.
52 Artemidor IV 24.
53 VM. 5,3 ff. Die Lage der Stadtvilla Hadrians, der Wohnsitz vor seiner Kaisererhebung, ist unbekannt.
54 Aurelius Victor 16,1; 41,20 nach dem Adoptivvater Titus Aurelius Fulvus Boionius Arrius Antoninus.
55 VM. 5,5.
56 Dessau 354.
57 Dessau 359 ff.
58 EH. VI 44; vgl. IV 33; VI 30; VIII 25; Helbig I Nr. 480; Dessau 347; Haines II 32.
59 VHadr. 24,8 ff.
60 VM. 6,1.

61 Haines I 110.

62 VHadr. 27,1; VPius 5,1.

63 Dessau 322; 329.

64 S. o. II k!

65 VAelius 6,9; VV. 2,3.

66 Zum wahrscheinlichen Geburtsjahr 130: Kienast 2017, 135: 137.

67 VM. 4,5.

68 VM. 6,2.

69 Priwitzer in: Grieb 2017, 21 bestreitet dies gegen die gesamte Literatur, die den Vollzug der Forderung Hadrians aus dieser ableitet. Daß bereits Hadrian das Verlöbnis Marc Aurels mit Faustina gewünscht habe, so VM. 16,7, widerspricht der von ihm veranlaßten Verlobung Marc Aurels mit Fabia.

70 VM. 1,8; 6,2; VV. 2,3.

71 Temporini 2002, 235.

72 Sueton, Tiberius 7,3.

73 E. Steininger, RE. VII (1912) 2135 ff.; M. Stephan, RE. Suppl. VI (1935), 99 ff.; M. E. Micheli/A. Santucci (edd.), Comae. Identità femminili nelle acconciature di età romana, 2011. Die Faustinae: S. 75.

74 Fittschen 1982; Kent/Overbeck/Stylow 1973, Tafel XIII; Stemmer 1988, 21 ff.

75 Apuleius, Metamorphosen II 8 f.; den Hinweis verdanke ich Maria Cesa in Florenz.

76 Seneca, De brevitate vitae 12,3. Demandt 1997, 110 f.

77 Löhberg 2006.

78 Pape/Benseler, Wörterbuch der griechischen Eigennamen I/II, 1875.

79 Valerius Maximus, De Praenominibus 2; 5.

80 Dessau 1104.

81 VM. 5,6; VPius 6,9.

82 Haines II 38; Mommsen, Staatsrecht I 606.

83 VM. 4,8; EH. I 5.

84 Seneca, ep. 7; ders., De tranquillitate animi II 13; Dion Chrysostomos. or. 31,121.

85 EH. VI 46. Ein Löwengemetzel s. u. VI n!

86 Fronto bei Haines I 206; VM. 15,1; Sueton, Augustus 45,1.

87 EH. I 5; VI 46; VM. 12,12; 15,1; Haines I 206; Dio LXXI 29,3.

88 RIC. III Nr. 411 ff.

89 VM. 6,3; Dio LXXI 35,5.

90 Sueton, Augustus 38,3.

91 Livius II 19 ff.; Cicero, De natura deorum II 6.

92 CIL. XIII 7424 von 242.

93 RIC. III Nr. 423.

94 Dessau 360; Birley 1968, 101.

95 VM. 6,3: *iubente Senatu*. Birley 1968, 101 «wahrscheinlich durch Zuwahl» der Priester; wenn so, dann war das Formsache.

96 Haines I 32 ff.

97 Kähler 1958 und 1960, Nr. 188.

98 Sueton, Vitellius 15,3; Gellius XIII 20,1; VProbus 2,1; Marcus bei Haines I 178; K. Ziegler, RE. XVIII (1983) 63 f. Plan S. 18.

99 VM. 7,3.

100 Haines I 54; 216; VM. 6,5.

101 VM. 6,9; VPius 11,8.

102 Zu den Kaiservillen: Demandt 1997, 138 ff.

103 VPius 12,6.

104 VPius 1,8; 12,6; Haines I 172; 196; II 33; 294.

105 VV. 8,8; s. u. V i!

106 Haines I 172; VPius 7,11; VComm. 1,9.

107 Haines II 3; 7.

108 Haines II 2 ff.

109 VM. 21,3; Haines I 142.

110 Haines I 210; II 314 = VCassius 9,7; 9,11.

111 EH. I 16; Haines I 142; VComm. 1,2; 8,5.

112 Herodian I 12.

113 VM. 27,4.

114 EH. I 17; Haines I 190.

115 Haines I 92; 142; VM. 6,1.

116 Plinius, ep. II 17; V 6; IX 7.

117 Plinius, ep. VI 31.

118 VM. 6,4 ff.; P. v. Rohden, RE. I (1894) 2313 ff.; Priwitzer 2009.

119 VPius 10,2; RIC. III Nr. 434.

120 Umstritten sind der Zwilling Lucillas und Hadrian. Die Lebensalter der Kinder sind überwiegend unsicher, die Reihung und Datierung unten auf der Stammtafel folgt im wesentlichen Birley 1968, Ameling 1992 und Kienast 2017. Bei Fündling 2008, 230 f. fehlen die unsicher bezeugten Söhne Gemellus Lucillae und Hadrianus.

121 Haines I 202 ff.

122 Kent/Overbeck/Stylow 1973, 318.

123 VM. 7,7; VV. 7,7; s. u. V m!

124 EH. I 14.

125 Dio LXXIX 5,4; Herodian V 6,2; Kienast 2017, 167.

126 Szaivert 1986, 169.

127 Kent/Overbeck/Stylow 1973, Nr. 350.

128 Die Inschrift seiner Urne aus dem Hadriansmausoleum sowie die von zwei Geschwistern überliefert der Codex Einsidlensis (s. o. II k!); Dessau 383, 384,

385. Die Altersfolge der Zwillinge erkennen wir an der Rangfolge ihrer Namen: Birley 1972, 467.

129 VM. 21,3.

130 VComm. 17,12.

131 Dessau 388; zur fiktiven Adoption des Septimius Severus durch Marc Aurel s. Dessau 418 ff.; zu Sabina noch Dessau 387.

132 Dio LXXVIII 16,6.

133 Tacitus, Annalen III 25; Juvenal VI 20 ff.; 592 ff.; Ammian XIV 6,20.

134 VM. 19,2 ff.; Aurelius Victor 16,2.

135 VM. 23,7; Galen XIV, S. 632 Kühn.

136 VV. 10,1.

137 VM. 26,5; Dio LXXI 34,3 f.

138 VM. 19,1 ff.

139 VM. 29,1 ff.; 23,7.

140 EH. I 17,18.

141 VM. 19,8 f.

142 S. u. VI h!

143 Dio LXXI 39,1.

144 Philostrat VS. 562.

145 Julian, Caesares 312 B.

146 VM. 6,6. 147: Birley 1986, 185 f. Für das Jahr 146: Dessau 356 mit Kommentar; P. v. Rohden, RE. I (1894) 2287.

147 Aurelius Victor 15,4; VPius 10.9.

148 VV. 3,5.

149 Demandt, Privatleben, 1997.

150 Sueton, Augustus 64; ders., Claudius 32.

151 EH. I 9; 13; 14.

152 Haines I 126 ff.

153 Plinius NH. VIII 104; 222; Tacitus, Annalen III 68 f.; IV 30; Plutarch, Moralia 602 c.

154 Sueton, Grammatici 17.

155 Dessau 1825 ff.

156 Macrobius II 5,2.

157 Demandt, Privatleben 1997, 74 ff.

158 M. Schuster, RE. Suppl. VIII (1956), 906 ff.

159 EH. I 6.

160 Athenaios 464 d; Pollux VII 136.

161 Brehms Tierleben 1900, V 558 ff.

162 Lukian, Anacharsis 37.

163 Plutarch, Antonius 33; Ovid, Amores II 6, 27 ff.

164 Plinius NH. XXII 65; Brehms Tierleben 1900, V 531 ff.

165 Haines I 238; II 172.

166 Demandt, Privatleben 1997, 163 ff. Zu Pius: VPius 11,2.
167 Oppian I 71 ff.; VM. 4,9.
168 Dio LXXI 36,2; dazu ein Medaillon: H. A. Grueber, Roman Medaillons in the British Museum 1874, S. 13, Tafel XVIII unten rechts.
169 Varro bei Gellius II 20; Plinius NH. VIII 211; 224.
170 Haines I 172.
171 VM. 8,12; VV. 6,9.
172 EH. I 5.
173 VHadr. 19,8.
174 Tertullian, De spectaculis 9.
175 Dio LXXII 17,1; LXXIII 4,1.; Demandt, Privatleben 1997, 177 f.
176 S. o. III h!
177 Haines I 308.
178 VM. 2,6.
179 EH. I 6; VM. 2,6.
180 Haines I 54; 196.
181 Haines I 188; II 18.
182 Haines I 90.
183 Demandt, Privatleben 1997, 101 ff.
184 EH. I 17.
185 Haines I 182.
186 EH. I 1–4.
187 EH. I 17.
188 EH. VI 30.
189 S. u. IX o!
190 Haines I 72.
191 EH. I 4.
192 Quintilian, Institutio XII 1,1.
193 Elf Lehrer benennt die VV. 2,5.
194 CIL. VI 10909; XIV 3721.
195 VM. 2,1; EH. V 4.
196 Tacitus, Dialogus 28 f.; Favorinus bei Gellius XII 1.
197 Quintilian, Institutio I 1,11.
198 EH. I 5.
199 VM. 2,2.
200 Marcus bei Haines I 76; VM. 3,6; 4,9.
201 EH. I 10; VM. 2,3.
202 Aristides or. I; XII/XXXII; G. Wentzel, RE. I (1894) 1455 f. S. u. VI k!
203 EH. I 11. S. u. III v!
204 Haines I 150; VM. 4,9.
205 Haines I 150; Galen V, S. 899 ff. Kühn; Schlange-Schöningen 2003, 209 ff.
206 EH. I 6.

207 Eunap VS. 482; Birley 1968, 60. Udo Hartmann brieflich.
208 Theiler 1951, 304 f.
209 EH. I 6;
210 Demandt, Vandalismus, 1997, 165.
211 S. u. VIII t!
212 Dio LXXI 35,1; Themistios or. XIII 14.
213 Sueton, Domitian 10,3.
214 EH. I 7.
215 S. u. VIII t!
216 VM. 3,3 ff.
217 Goethe, LH. 25,12.
218 Birley 1968, 182 f.
219 VV. 2,5.
220 VPius 10,4; VM. 3,1.
221 VM. 2,7.
222 EH. I 8.
223 Haines I 234.
224 EH. I 13.
225 EH. I 15; 17.
226 EH. I 16; VIII 25.
227 Mommsen, Strafrecht 637.
228 Apuleius, De magia 19,2, hg. J. Hammerstaedt u. a., 2002, 90; E. Groag, RE. III (1899), 2772 f.; Magieverbot: Codex Theodosianus IX 16,3.
229 Euseb/Hieronymus, Weltchronik ed. Hem, zu 150 n. Chr.
230 EH. I 14.
231 EH. I 12.
232 Philostrat VS. 570 ff.
233 S. u. VIII c!
234 Themistios or. XI 6.
235 Plutarch, Moralia 9033 a ff.
236 EH. I 9.
237 Philostrat VS. 557 f.; s. u. VI l! Dio LXXI 1; Eutrop VIII 12.
238 VM. 2,4.
239 Philostrat VS. 554 f.
240 VM. 2,4; VV. 2,5; Dio LXXI 35.
241 Philostrat VS. 562.
242 Philostrat VS. 545 ff.; K. Münscher, RE. VIII (1912), 921 ff.; Ameling 1983; H. Halfmann in: Grieb 2017, 211 ff.
243 K. Gerth, RE. Suppl. VIII (1956), 719 ff.
244 Philostrat VS. 565.
245 Ameling 1983.
246 Sein dort gefundenes Porträt: Stemmer 1988, 195.

247 Haines I 60.
248 Philostrat VS. 549.
249 Haines I 64; Birley 1968, 139 ff.
250 Philostrat VS. 549.
251 Haines I 58 ff.
252 Haines I 72.
253 S. u. V x und VII l, m, o!
254 Rosen 1994.
255 Überlieferung und Ausgaben: s. o. II c!
256 Haines I 184; 210; 214.
257 Haines I 6.
258 Haines II 272.
259 Haines I 6.
260 Haines I 4.
261 Haines II 100.
262 Haines I 52.
263 So statt 143: W. Eck in: Rheinisches Museum 141, 1998, 193 ff.
264 Ausonius, Gratiarum actio 7.
265 Mommsen, Staatsrecht II 84.
266 Haines I 108 ff.
267 Haines 112 ff.
268 Haines I 108 ff.
269 Haines I 126.
270 Haines I 128 f.
271 Haines I 138.
272 Haines I 38 ff.; 44 ff.
273 Odyssee X 1 ff.
274 Odyssee XII 366 ff.
275 Odyssee XIII 80.
276 Ilias II 6 ff.; 24; IV 223.
277 Haines I 90 ff.
278 Haines II 4 ff.
279 Haines I 184.
280 Dio LXXI 36,2.
281 Haines I 184; 186.
282 Haines II 18.
283 Dio LXXII 11,1 f.
284 Haines I 222.
285 Haines I 50 ff. Übersetzung nach Birley 1968, 131 f.
286 Haines I 150 ff.
287 S. o. III j!
288 Erhalten blieb die «Mumienbinde von Agram», dem heutigen Zagreb, ein

Kultkalender aus dem 2. Jahrhundert v. Chr. G. u. L. Bonfante, The Etruscan Language, 1983, 138 f.

289 Haines I 174 f. Daß der Brief aus Signia stammt, ist nach der Lage des Ortes unwahrscheinlich, von Trauben aus Segni ist die Rede.

290 Haines I 178.

291 Gemeint ist die griechisch-lateinische Bibliothek am Apollontempel auf dem Palatin. Sueton, Augustus 29,3.

292 Haines I 180 ff.

293 Gemeint ist Novius, Komödiendichter um 70 v. Chr.

294 VM. 2,5.

295 VM. 3,9.

296 Friedlaender III 260 ff.

297 Kritisch dazu: Ch. T. Kasulke, Fronto, Marc Aurel und kein Konflikt zwischen Rhetorik und Philosophie im 2. Jahrhundert n. Chr., 2005.

298 Gemeint ist: «den Leuten Lappalien vormacht», so auf einem Autograph, rückseitig notiert «von Jacob Grimms Hand», als Lesezeichen im Faust der Sophienausgabe, das ich am 2. Oktober 1990 in der Stipendiatenbibliothek des Deutschen Archäologischen Instituts Rom fand und meinem Tagebuch (Band 31) anvertraute.

299 S. u. VI h, k!

300 Plinius, ep. II 3.

301 Philostrat VS. 491.

302 Haines I 100 f.

303 Diogenes Laertios VII 2,163.

304 Haines I 214 ff.

305 Haines I 216; Plutarch, Agesilaos 30.

306 EH. XI 1: Daher das «Schwabenalter»?

307 Die *Historia Augusta* liebt pittoreske Todesursachen. VPius 12,4; Xiphilinos zu Dio LXX 3,3.

308 VPius 12,4 ff.; VM. 7,3.

309 VM. 7,5.

310 VV. 2,10.

311 VM. 7,5: VV. 4,1.

312 Kornemann 1930, 78 ff.

313 Mommsen, KG. 364. Zu den unterschiedlichen Ansichten über die Motive Marc Aurels bei der Teilung der Herrschaft: Priwitzer in: Grieb 2017, 1 ff.

314 Zu ihm s. u. VI k!

315 Aelius Aristides or. 27 Keil; Th. Heinze, Ailios Aristeides. Festrede in Kyzikos. In: Asia Minor Studien 16, 1995, 63 ff.

316 VM. 7,6; VV. 3,8.

317 Dio LXXI 1,1.

318 Rufius Festus 21; Eutrop VIII 9; Ps. Aurelius Victor 16,3; Epitome 16,5.

319 Themistios or. VI 81 c.

320 Euseb/Hieronymus, Weltchronik zu 161.

321 Ammian XXVII 6,16; XXXI 10,19.

322 Mommsen, Staatsrecht I 268.

323 S. u. X n!

324 Pupienus und Balbinus sowie Diocletian und sein Mitkaiser Maximian waren beide Pontifices Maximi, obschon Superlative nur im Singular sinnvoll sind.

325 Szaivert 1986, 94.

326 L. Zieten, RE. XIX (1938), 2097.

327 VV. 4,3.

328 Vgl. Ammian XVI 12,64.

329 Dessau 190.

330 S. u. VII u!

331 Szaivert 1986, 94.

332 Dio LXXIV 5,5; Herodian IV 2,11.

333 Dio LVI 42,3. Die Zeremonie wird bei Augustus von Dio LVI 42, bei Septimius Severus von Herodian III 15,7 und IV 2 sowie von Dio LXXVII 15,3 beschrieben.

334 Dessau 346.

335 Justin, Apologie I 21.

336 Szaivert 1986, 96.

337 VPius 13,4; VM. 7,10 f.

338 Dessau 348.

339 Sueton, Tiberius 37,3.

340 VM. 8,1. Zu Marullus: W. Kroll, RE. XIV (1930) 2053. Zum Mimus: Friedlaender II 113 ff.

341 VM. 8,1; Sueton, Vespasian 19; W. Kroll, RE. XIV (1930), 2053.

342 Kent/Overbeck/Stylow 1973, Nr. 334.

343 Dessau 347; RIC. III Nr. 439.

344 Dessau 347. Zum folgenden Kähler 1958 und 1960 Nr. 196/197; Helbig I 1963, 378 ff.

345 Herodian IV 2,11.

346 Zum Solarium Augusti s. Plinius XXXVI 71 ff.; Dessau 91. Es handelt sich nicht, wie Edmund Buchner glaubte, um ein Horologium, eine Sonnenuhr, wo die Richtung des Schattens täglich die wechselnden Stunden anzeigt, sondern um einen Kalender, wo die Länge des Mittagsschattens die monatlich wechselnde Tageslänge angibt. Es gab nur eine Bodenlinie, die nach Norden, die gefunden wurde. Demandt 2015, 107 ff.

347 Helbig I Nr. 480; Kähler 1958 und 1960 Nr. 196 f.

IV. Die Parther und die Pest

1 Herodot I 1–5.

2 *Regno Arsacis acrior est Germanorum libertas*, Tacitus, Germania 37,3; *acrior* bedeutet «schneidiger, kraftvoller, energischer».

3 Plutarch, Pompeius 33; Dio XXXVII 6,3.

4 Plutarch, Crassus 33.

5 Dio LXVIII 26 ff.; VHadr. 13,8; Festus 14.

6 RIC. Pius 619. Bild bei Grieb 2017, 82.

7 Marek 2010, 433 f.

8 VHadr. 13,8; VPius 9,7; Dessau 1076. Daß der Thron «golden» war, wird nicht gesagt. Anders W. Schur, RE. XVIII (1949), 2023 f.

9 VM. 8,6 *bellum paratum sub Pio*; Dessau 1076. Zum Datum: P. Weiß und P. Priwitzer in: Grieb 2017, 5 f.; Hund 2017, 137 ff.

10 Nach älterer Zählung Vologaeses III, so R. Hanslik, RE. Suppl. IX (1962), 1848 ff.; Birley 1968, 218; Hund 2017, 210. Bei Marek 2010, 433; 818 ist es Vologaeses IV, denn er schiebt den Gegenkönig von 78/79 und 89/90 als Vologaeses II ein, der bei Hanslik fehlt.

11 *Bellum indixit* (VM. 8,6) deutet auf eine diplomatische Note wie bei der Rückforderung des Throns.

12 Fronto bei Haines II 144; E. Stein, RE. III A (1927) 798.

13 Dio LXVIII 12,2 ff.; R. Hanslik, RE. XVIII (1949), 1880 f.

14 Birley 1968, 219.

15 Fronto bei Haines II 214; Dio LXXI 2,1.

16 Florus II 30,35,

17 Lukian, Historia 25.

18 Lukian, Alexandros 27; ders., Historia 21. Zum Löwenorakel s. u. V g!

19 Segal 1970.

20 Daß die Parther von Elegeia durch Kappadokien über den Antitaurus nach Syrien gelangt seien, so Hund 2017, 210, ist geostrategisch auszuschließen.

21 VM. 8,6.

22 VV. 6,9.

23 Haines II 20 ff.

24 Ammian XXXI 5,11 ff.; 13,19.

25 Haines II 28.

26 VM. 8,4.

27 F. Kolb 2002, 547 f.

28 VM. 8,9; VV. 5,8.

29 VM. 7,7; Birley 1968, 212; Kienast 2017, 138. S. o. III k!

30 VV. 6,7. Zum Itinerar des Lucius Verus: Halfmann 1986, 210 ff.

31 Birley 1968, 225; Fronto bei Haines II 148.

32 Zu Herkunft und Laufbahn s. u. VI a!
33 VV. 2,8; Dessau 1740; A. Stein, RE. XVII (1936) 499; Birley 1968, 226.
34 S. u. V k; X b!
35 VV. 9, 2–4; P. v. Rohden, RE. I (1894), 2279; Birley 1968, 226; 235.
36 Digesten XXIII 2,1; Cortassa 578.
37 Nicht zu verwechseln mit Canossa in Norditalien, so aber Birley 1968, 226.
38 VM. 8,11.
39 Haines II 84.
40 Dessau 359, datiert nach dem 10. Dezember 161.
41 Dio LXXI 35; VV. 2,5.
42 Philostrat VS. 561.
43 Gellius I 2.
44 Gellius II 29; V 14; XII 11. Deutsch in der Auswahl von H. Berthold, 1987.
45 Euseb/Hieronymus, Weltchronik und Cassiodor, Chronik zu 162 n. Chr.; Chron. Min. II 143.
46 W. Dittenberger, Sylloge Inscriptionum Graecarum 1915, II 869–872.
47 Mommsen RG. I 553.
48 S. u. VI m!
49 Achilleus Tatios V 23,6.
50 Ovid, Fasten V 393 f.
51 Ovid, Metamorphosen V 385 ff.
52 Isokrates IV 28; Cicero, De legibus II 36.
53 Aelius Aristides, HL. II 28.
54 Diogenes Laertios VI 39,
55 VV. 6,9.
56 So eine dortige Statuenbasis von 162, Halfmann 1986, 212 f. rechnet mit einem Anlauf in Ephesos, doch da die Weiterreise von dort anzunehmen ist, ergibt Smyrna – Erythrai – Ephesos einen kürzeren Reiseweg. Die Ehrung in Pergamon weiter nördlich könnte auf einer Zuwendung beruhen, ohne daß Lucius dort gewesen sein muß, das würde auch zeitlich sehr knapp.
57 A. Rzach, RE. II A (1923), 2084 f.
58 Cortassa 1984, 642 ff.; Pekary 1985, 38.
59 Pekary 1985, 95.
60 S. u. II o!
61 VV. 7,1.
62 Dessau 1098; 1102; 2311.
63 Dessau 1092.
64 Lukian, Historia 20.
65 VM. 8,12; 9,1; VV. 7,2; Szaivert 1986, 103.
66 Szaivert 1986, 104; Haines II 132; Dessau 361.
67 Fronto bei Haines II 144; Photios, codex 95,75 b.
68 Szaivert 1986, 105; 177; Kent/Overbeck/Stylow 1973, Nr. 337; Overbeck 1985, 23.

69 Dio LXXI 3,1; Dessau 394.

70 Photios, codex 94,75 b. Zur zweiten Königszeit 172 s. u. V r!

71 Vermutlich aus Seleukeia: M. Streck, RE. II A (1921) 1171.

72 Dies und zum folgenden: Rohde 1914, 388 ff. ausführlich, knapper W. Kroll, RE. IX (1914), 640 ff.

73 Haines II 116 ff.; 128 ff.; 148 ff.

74 VM. 8,12 f; VV. 4,4 ff.; 5,1 ff.

75 Demandt 1997, 178.

76 VV. 6,1 ff.

77 VV. 7,3.

78 Demandt 2014, 114 f.; 130.

79 Lukian, Imagines 20.

80 VM. 2,4; VV. 2,5; EH. VIII 25; Philostrat VS. 524. Nach ihm habe Celer den Liebesroman unter dem Namen seines Gegners Dionysios von Milet publiziert. Rohde 1914, 374 schließt daraus, Celer habe die Geschichte «ins Lüsterne und Schmutzige verzerrt». Aber konnte das einem Autor damals schaden? Falsche Zuschreibung diente üblicherweise dem besseren Verkauf.

81 Plutarch, Moralia 521 F.

82 Philostratos, Imagines II 9. Da es im 2. Jahrhundert drei Männer namens Philostratos gab, ist nicht ganz sicher, daß die Bildbeschreibungen und die Sophistenviten demselben Autor gehören.

83 VV. 7,10.

84 Briefe I 18,71.

85 Lukian, Imagines und Pro imaginibus.

86 VV. 7,10.

87 EH. VIII 37.

88 VV. 7,6.

89 Birley 1968, 235 f.; Halfmann 1986, 211 plädiert nach Barnes für 163, doch bliebe dann für die Affäre mit Pantheia nur der Winter 162/163,

90 VM. 9,4 ff.; VV. 7,7.

91 Fronto bei Haines II 236; Dio LXXII 4,4.

92 Dio LXXII 4,4 ff.; P. v. Rohden, RE. I (1894) 2315.

93 Mommsen, RG. V, 407.

94 Haines II 212.

95 Heliodor IX 15; Ammian XVI 10,8; 12,22; XXIV 6,8.

96 Panegyrici Latini IV (X) 24,6.

97 VV. 7,1; Bellum Armeniacum et Parthicum, Dessau 1096 f.; Lukian, Historia 30.

98 Fronto bei Haines II 206 ff.

99 VCass. 4,14.

100 Da Martius Verus in Medien operierte (s. u. IV o!), ist der Sieg bei Dura mit dem Schutz der Euphratgrenze Cassius zuzuweisen.

101 Lukian, Historia 20; 28 f. Den römischen Feldherrn nennt Lukian nicht, der ergibt sich aus der Kommandoaufteilung von Avidius Cassius und Martius Verus.

102 Löwen bei Dura sah Ammian XXIII 5,8 im Jahre 363.

103 Lukian, Historia 20; 28 f.

104 M. Speidel in: Grieb 2017, 71; M. Sommer ib. 89; P. Mattern ib. 270.

105 Ammian XXIII 5,8; XXIV 1,5.

106 S. o. II h!

107 Ammian XIV 4,2.

108 Ich verbinde die bezeugten Haltepunkte in der überlieferten Reihenfolge und komme so zu der anschließend beschriebenen Marschroute.

109 Lukian, Historia 29.

110 Tacitus, Annalen XV 3; Plinius, NH. V 87; 89; E. Honigmann, RE. IV A (1931), 953 ff.

111 Dio LXXI 3,1. Daß dies bei der Stadt Zeugma geschehen sei, dem heutigen Birecik, wo einst Alexander und Crassus den Fluß überquerten – so nach Mommsen RG. V 408 bei Birley 1968, 254 und anderen –, ist nicht anzunehmen. Das wäre nach Edessa ein Umweg von 200 Kilometern gewesen. Der Irrtum in der Forschung beruht darauf, daß die *Suda* die Passage unter dem Stickwort *zeugma* bringt, aber damit nicht die Stadt meint, von der auch nichts im Text steht. Das Wort *zeugma* heißt schlicht «Schiffsbrücke», und eine solche wird beschrieben; Polybios III 46,2 u. a. Der Übergang bei Sura ergibt sich aus dem Marschziel Edessa und aus dem bei Sura bezeugten Widerstand der Parther und den Katapulten des Cassius beim Grenzübergang. Zutreffend W. Schur, RE. XVIII (1949) 2025.

112 Plinius, NH. VI 119.

113 Fronto bei Haines II 132; Topographie im Guide Bleu ‹Moyen-Orient› 1956, 270; 389. Birley 1968, 238 f. verbindet die Eroberung der beiden Orte mit einem nicht überlieferten «Geplänkel» bei dem Besuch von Lucius Verus am Euphrat (VV. 7,6), weil Fronto in seinem Brief an Lucius erwähnt, unter dessen Führung und Auspizien seien Dausara, Nikephorion und Artaxata genommen worden. In Artaxata war Lucius nicht zugegen, so ist seine Präsenz auch in Dausara und Nikephorion nicht zwingend anzunehmen. Cassius aber muß dort vorbeigekommen sein, so zutreffend schon Gutschmid 1888, 144. Fronto erwähnt den Siegerbeinamen ARMENIACUS von 163/164, er schrieb nicht unbedingt schon 164.

114 Zur Topographie: Wittke 2007, 213.

115 F. H. Weissbach, RE. X (1919), 2015.

116 Lukian, Historia 22.

117 Segal 1970, 13.

118 Erhalten in griechischer Übersetzung aus dem Syrischen bei Euseb, HE. I 13. M. Illert, Die Abgarlegende. Das Christusbild von Edessa, 2007.

119 Segal 1970, 13; 243 ff.
120 Die Marschroute des Cassius bei M. Sommer in Grieb 2017, 86 f. ist wirr.
121 Dio LXVIII 26,1.
122 Ammian XXV 8,14.
123 Dio LXXI 2,3.
124 Lukian, Historia 19.
125 Dio LXXI 2; VV. 7,1.
126 Eutrop VIII 10; Rufius Festus 21; Euseb/Hieronymus, Weltchronik zu 164.
127 Dio LXVIII 30,2.
128 VV. 8,1 ff.; Ammian XXIII 6,24.
129 VV. 8,4.
130 Chron. Min. I 148; M. Streck, RE. II A (1921) 1149 f.
131 H. Klinkott in Grieb 2017, 285 ff. mit der gesamten, umfangreichen älteren Literatur.
132 Ammian XXIII 6,24; VV. 8,1 ff.
133 Hesiod, Erga 81 ff.
134 Dessau 1382. Lateinisch wäre das Aesculapius. L. Schwinden, Die Weihinschrift für Asclepius, CIL XIII 3636 aus Trier. In: Trierer Zeitschrift 57, 1994, 133 ff.
135 Schwinden, a. O. Daß damals nochmals sechs Stücke aus der Zeit 193 bis 196 hinzugekommen sind, zeigt, daß erst beim Kampf von Septimius Severus gegen Clodius Albinus der Schatz in Vergessenheit geraten ist.
136 Dio LXXI 2,4.
137 Anders M. Sommer in Grieb 2017, 90.
138 Zu IMP. IV s. u. Kap. V d!
139 Kneißl 1969, 98 f.; Szaivert 1986, 107; 110 f.
140 Overbeck 1985, 24.
141 Dessau 9492; W. Ritterling, RE. XII (1925) 1524.
142 Gutschmid 1888, 149. Das ergibt sich aus dem römischen Erfolg in Medien, der kappadokischen Statthalterschaft und den hohen Verdiensten des Martius Verus im Orientkrieg, VV. 7,1. Birley 1968, 254 vermutet, Martius Verus habe 165 Dura eingenommen, doch kommandierte in Syrien Cassius.
143 Galsterer 1975, Nr. 93. Das widerlegt die Annahme von Birley 1968, 254, Claudius Fronto habe am Südabschnitt mitgekämpft und Edessa eingenommen. Die Inschriften Frontos bei Dessau 1097 f. lassen offen, ob Zielort der Legion die Nord- oder die Südfront war. Es heißt, sie sei *in Armeniam et Osrhoenam et Anthemisiam* geschickt worden. Zutreffend bereits E. Ritterling, RE. XII (1925) 1427 f.
144 Plinius NH. VI 29 f.; W. Tomaschek, RE. I (1894) 1595; P. Mittelhaus, RE. XI (1921) 58; A. Demandt, Alexander d. Gr. Leben und Legende, 2013, 286 f.
145 Dessau 365.
146 Hübsch ist die Deutung von MEDICUS als «Arzt» und die Verbindung mit der

Pest, von der die Kaiser die Patienten befreien sollten, vgl. Klinkott in Grieb 2017, 296.

147 Szaivert 1986, 110 f. Auf Inschriften erscheint MEDICUS nur deshalb weiterhin, weil die Kaiser zuvor ihre Siegerbeinamen stets beibehielten, so Dessau zu Nr. 370. Anders Marcus VM. 12,9.

148 Daß der Einfall nach Medien durch Cassius im Süden über den Tigris von Adiabene aus erfolgt sei, ist auszuschließen. Ein Feldzug mit dem durch die Pest geschlagenen Heer durch das Gebirge von Kurdestan oder über den Zagros nach der medischen Hauptstadt *Ekbatana* – Hamadan, 1826 Meter hoch gelegen, ist geostrategisch und chronologisch gesehen abwegig. Das hätte noch 165 geschehen sein müssen, denn im Herbst war der Partherkrieg beendet. Nach der Zerstörung der persischen Hauptstädte erübrigte sich ein Zug nach Medien. Anders Th. Mommsen RG. V 408; P. v. Rohden, RE. III (1899) 1847 f.; Birley 1968, 261 f.; Kneißl 1969, 100; M. Sommer in Grieb 2017, 87, alle ohne Ortskenntnis.

149 Rostovtzeff 1925/29, II 336.

150 Haines II 194 ff.; B. Meißner in: Grieb 2017, 169 ff.

151 Cicero, Ad familiares V 13.

152 Lukian, Historia 20.

153 Haines II 198 ff.

154 Haines II 202.

155 Haines II 130; 136. Zum Friedensangebot: 212. S. o. IV l!

156 Haines II 146. Zum Verhältnis der *Res Gestae* zur *Historia* schreibt Sallust, Catilina 3,2 unfreiwillig ironisch: *facta dictis exaequanda sunt*, statt *dicta factis*!

157 Haines II 216.

158 Aristides HL. I 36 ff.; 46 ff.

159 S. u. VI k!

160 Aristides HL. IV 58; Klein 1981, 73

161 Philostrat VS. 581.

162 Klein 1981; ders. 1983.

163 Klein 1981, 104 ff.

164 Aristides HL. IV 47; V 52.

165 So die Mutter von Theodoret, Mönchsgeschichte 9, geheilt vom heiligen Galater Petros.

166 Schröder 1986.

167 W. Schmid, RE. II (1895), 886 ff.

168 Aristides or. 42,4.

169 Sie und nicht Lucilla vermutet Marcus später trauernd am Grabe des Bruders, EH. VII 37.

170 A. Stein, RE. III (1899), 1848. Die beiden kaiserlichen Flotten lagen in Ravenna und Misenum bei Neapel.

171 Halfmann 1986, 210 ff. rechnet nur mit zwei Besuchen 161 und 163, doch ist

die bezeugte Bewirtung der Soldaten aus dem Partherkrieg ohne Anwesenheit des Lucius Verus schwer vorstellbar.

172 S. u. VII o!

173 Birley 1968, 263. Der Kaiser begleitete damals sicher nicht das «gesamte Expeditionsheer», sondern nur die Prätorianergarde.

174 S. u. V p!

175 Philostrat VS. 563; Dio LXXI 3,1.

176 VV. 7,9.

177 Haines II 222 ff.

178 Haines II 234 f.

179 VM. 12,9 ff.; VV. 7,9: 8,5; Eutrop VIII 10. Zum Datum: VComm. 11,13; S. Schipporeit in: Grieb 2017, 109 ff.

180 VHadr. 6,3.

181 Kähler 1958, Tafeln 160 f.

182 Coarelli 1974, 242.

183 Dio III 13,2.

184 VM. 12,11.

185 VM. 12,12.

186 Valerius Maximus II 8.

187 Szaivert 1986, 109 ff.

188 Adler 1781, Appendix S. 4.

189 H. Kähler, RE. VII A (1939) 390.

190 Mirabilia c. 3, in: Huber-Rebenich 2014, 53.

191 VM. 12,7.

192 VM. 12,8.

193 Demandt 2014, 107 f.

194 Schaller/Willer 2009.

195 Alföldi 1935/1970, 128 ff.; 206.

196 VM. 12,8.

197 VM. 12,7.

198 F. Münzer, RE. II A (1921), 190.

199 Stemmer 1988, 82.

200 Demandt 2007, 508.

201 Das Folgende im wesentlichen nach der umfassenden zweibändigen Publikation von W. Oberleitner, 2009. Kritische Beiträge bietet der Kongreßband von Seipel 206 und Priwitzer 2009, 83.

202 G. Daux (ed.), Guide de Thasos, 1968, 84.

203 So auf dem Kopf der Vexillaria, Oberleitner 2009, Abb. 427.

204 Ammian XVII 5,3.

205 Oberleitner 2009, 235.

206 Kent/Overbeck/Stylow 1973 Nr. 354.

207 Kähler 1958, Tafel 118; 228; ders. 1960, 184 ff.; 331 f.

208 Aurelius Victor 16,12.

209 Oberleitner 2009, Abb. 669.

210 So nach Fritz Eichler und J. Nollé, J. Fündling 2008, 88 und ausführlich W. Oberleitner 2009, 267 ff., angefochten durch K. Töpfer in: Gnomon 84, 2012, 54 ff. und ausführlich schon durch K. Fittschen in: Göttinger gelehrte Anzeigen 261, 2009, 157 ff. Sein Hauptargument ist der Augenabstand eines fragmentarisch erhaltenen Knabenkopfes, der darum einem der beiden vor 138 verstorbenen Söhne des Antoninus Pius gehöre, was mit einer Spätdatierung aus stilistischen Gründen unvereinbar wäre, S. 172.

211 So in dem Sammelband von Seipel 2006 die Beiträge von H. Taeuber S. 25 ff.; F. Chausson S. 33 ff.; K. Fittschen S. 71 ff.; Alice Landskron 103 ff. und Marion Meyer S. 129. Die «Himmelfahrt» des Kaisers ist demgemäß keine Apotheose a. O. S. 133 f. (nach J. Engemann), an der Fittschen 2009, 167 trotz seiner Frühdatierung festhält.

212 Lukian, Historia 31.

213 S. o. II i!

214 Die acht Bücher Polyaens sind nacheinander erschienen, jedes trägt eine neue Widmung an die Kaiser. Der Siegeswunsch im ersten Vorwort läßt an den Beginn des Partherkrieges denken, im achten geht es um einen erfolgreichen Abschluß. Die Abfassungszeit fällt mithin in die Jahre 162 bis 165. Im sechsten Vorwort werden andere Kriegsschauplätze benannt. Von einem hier erwähnten Sieg über die Maurusier vor 165 hören wir sonst nichts, erst 171 wurden die Mauren aus der Baetica vertrieben (s. u. V q!). Die Kämpfe in Britannien damals sind bezeugt (s. u. V o!), während ein Sieg über die «Geten» sich auf die Chatten beziehen könnte, die 162 aus Rätien vertrieben wurden (s. u. V c!).

215 J. Gilliam (1961) bei Klein 1979, 144 ff.; Birley 1968, 272; Schlange-Schöningen 2003, 145 f.

216 1. Samuel 5,9 ff.; 6,4 f.

217 Ilias I 48 ff.; 450 ff.

218 J. Kobes, Pest in der Hohen Kaiserzeit? In: M. Meier (Hg.), Pest, 2005, 66 ff.; Klinkott in: Grieb 2017, 289.

219 Moreaux 1985, 17. Zu Galen allgemein: R. J. Hankinson (ed.), The Cambridge Companion to Galen, 2008; S. Mattern, The Prince of Medicine. Galen in the Roman Empire, 2013.

220 Galen X, S. 609 Kühn.

221 Ammian XXII 16,18; Junior 37; Julian ep. 17.

222 Seidensticker in: Demandt 1999, 19 ff.

223 K. Schneider, RE. Suppl. III (1918) 769.

224 Galen XIX, S. 15 Kühn, «drei Jahre vor der Pest».

225 Galen, Peri Alypias 1.

226 Galen XIX, S. 12 f; 17 Kühn.

227 Dio LXXI 24,4.

228 Galen XIV, S. 201; 216 f. Kühn; Moreaux 1985, 134 f.; Dio LXXI 6,4.

229 Thomas W. Africa (1961) bei Klein 1979, 133 ff. hat das Psychogramm des Kaisers aus dessen angeblicher Opiumsucht abgeleitet, obschon er einräumt, daß die errechnete Dosis kaum ausreicht, um Sucht hervorzurufen. So auch P. Hadot, Marc Aurèl, était-il opiomane? In: Mémorial André-Jean Festugière, 1984, 33 ff.; Schlange-Schöningen 2003, 200 f. rechnet mit körperlichen Folgen der Opiumeinnahme.

230 Galen IX, S. 18 f. Kühn.

231 Galen XIV, S. 648 ff.; XIX 19 Kühn; Moreaux 1985, 131 ff.

232 Moreaux 1985, 135 ff.

233 Galen XIX, S. 19 Kühn; Dio LXXII 23,1 ff.

234 Galen, Peri Alypias 1 ff.

235 Schlange-Schöningen 2003.

236 Brodersen 2016, 40.

237 Galen XIX, S. 60 Kühn.

238 H. Flashar, Hippokrates, Meister der Heilkunst, 2016, 231 ff.

239 Galen XIII, S. 604 Kühn. Leichen gefallener Feinde waren kein herrenloses Gut.

240 Athenaios 1e; 26c.

241 Gellius XVIII 4,1.

242 Galen XIX, S. 8 Kühn.

243 Strohmaier 1991.

244 Galen XIX, S. 18 Kühn; Moreaux 1985, 129.

245 Vgl. Herodian I 12; Dio LXXII 14,3.

246 Seneca, De ira I 16,4.

247 Dessau 2117; 2437.

248 Digesten L 6,7 (6).

249 Galen XII, S. 557 Kühn; Lukian, Philopseudes 21 u. 25.

250 Hygin, De munitionibus castrorum 4,35, ed. A. Grillone, 1977.

251 So Aquincum, J. Szilagyi, RE. Suppl. XI (1968) 84.

252 Aristides HL. II 38 ff.; IV 9; V 25. Auf die chronologische Schwierigkeit des Zusammenhangs verweist Klinkott in Grieb 2017, 297.

253 Philostrat VS. 561.

254 VM. 13,3 ff.; 17,2.

255 VM. 13,1. S. u. V i!

256 Thukydides II 47 ff.; Prokop, Bellum Persicum II 22.

257 Lukian, Historia 15; Thukydides II 48.

258 L. de Blois in: Johne u. a. 2006. 31. S. u. V q!

259 Klinkott in Grieb 2017, 297.

260 Eutrop VIII 12.

261 Ps. Aurelius Victor, Epitome 16,3.

262 Orosius VII 15,7; 27,7.

263 Dio LXXII 14,3; Herodian I 12.

264 B. G. Niebuhr, Vorträge über Alte Geschichte II (1825) 1848, 65.

265 Gilliam (1961) bei Klein 1979, 160; Birley 1968, 272; 352 ff.; Demandt 2014, 292; 352 ff.

266 O. Seeck, Geschichte des Untergangs der antiken Welt, 1895/1921/1966, I 398.

267 EH. 9,2; VM. 28,4.

V. Der erste Germanenkrieg

1 Tacitus, Germania 33,2; 37,2 f.

2 Aelius Aristides, or. 26,84 ff.

3 VPius 5,4 f.; 6,1.

4 CIL. VI 1208.

5 Schleiermacher 1959, 222. Die neuen Kastelle bei Stemmer 1988, 134 f.

6 E. Schallmayer, Der Odenwaldlimes, 1984/2010.

7 Tacitus, Germania 28,2; Ptolemaios II 11,6; H. Nesselhauf in: E. Schwarz 1972, 123 ff.

8 Schallmayer a. O. 26.

9 Birley 1968, 223.

10 VM. 22,1 f.; Dio LXXI 3,1.

11 VM. 22,1.

12 So die Namensform bei Dio LXXI 21.

13 Lesung unsicher, aber in der topographischen Folge sinnvoll.

14 Dio LXXI 12,1.

15 VM. 17,3.

16 Tacitus, Germania 43,1 ff. mit R. Much/H. Jankuhn/W. Lange 1967, 474 ff. zur Stelle.

17 Zu den Feindstämmen: Zwikker 1941, 14 ff.; zu den Germanen: Schmidt 1938; 1941; 1942; Schwarz 1956; 1972.

18 Pausanias VIII 43,6.

19 Langobarden und Markomannen: Strabon VII 290; Tacitus, Germania 42; M. Schönfeld RE. IV A (1931) 572 ff.; Schwarz 1955.

20 Birley 1968, 270.

21 Dio LXXI 11,1.

22 Tacitus, Annalen XIII 54.

23 Tacitus, Annalen II 9; XI 16.

24 Dessau 1100; 1107; 2743; VM. 12,14; 20,6.

25 Dessau 1112; 2311.

26 Eutrop VIII 12; VM. 17,2.

27 Wenn Hund 2017 in Marcus den Angreifer sieht, dem es vor allem um eine

angeblich notwendige «charismatische Legitimation» durch Siege gegangen sei (S. 374 u. a.), so ist das mit dem Quellenbefund nicht zu vereinen.

28 VM. 8,7 f.; 3,8; Dio LXXII 11,3. Polyaen VI pr. berichtet aus der Zeit vor 165, die «Geten» seien bezwungen, das könnte sich auf die Chatten beziehen. Die Geten gehören zu den Dakern, Appian, praef., die schon um 157 bezwungen worden waren, Aristides or. XIV 1,351; CIL. III 1416.

29 Szaivert 1986, 103.

30 VM. 3,8; Fronto bei Haines I 292.

31 Ortisi in: van Ackeren 2012, 334.

32 E. Ritterling, RE. XII (1924) 1427; 1449. S. o. IV e!

33 Birley 1968, 240.

34 Die Chronologie der Vorgänge an der Donaufront von 166 bis 175 ist umstritten. Da wir keinen fortlaufenden Quellenbericht besitzen, bleiben Datierung und Reihenfolge der isoliert überlieferten Ereignisse unsicher. Die teilweise summarischen Aussagen bei Dio lassen erkennen, daß diesem selbst die genaue Chronologie unbekannt war. Grimal (1994, 207), Fündling (2008, 109) und Bleckmann (2009, 163) zweifeln an ihrer Herstellbarkeit, ebenso Birley (1968, 293; 427). Er hat seine Chronologie im gleichzeitig publizierten Anhang III teilweise relativiert und revidiert. Birley, Fündling und andere übernehmen Ereignisberichte ohne genauen Datierungsvorschlag. Die Schwierigkeiten sind klar. Grundlage der Chronologie ist die Münzprägung, bei Zwikker 1941 minutiös rekonstruiert, bei Szaivert 1986 numismatisch dokumentiert. Unsicherheit verbleibt, auf welches Ereignis eine Münzparole anspielt. Hinweise bieten die Historiographie und die inschriftlich bezeugten Ämterlaufbahnen der beteiligten Beamten. Die so entstehenden Bruchstücke sind zu verknüpfen und in ein Itinerar des Kaisers einzuordnen, das allein eine tragfähige Basis der Ereignisfolge liefert. Daher ist eine Spätdatierung des Langobardeneinfalls auf 168, so Hund 2017, 301 ff., auszuschließen. Das kann nur in Abwesenheit des Kaisers geschehen sein. Alle verläßlich berichteten Vorgänge sind in den gegebenen Zeitrahmen einzupassen und müssen in ihm Platz finden. Keine Einzeldatierung überzeugt, die den übergreifenden Zusammenhang vernachlässigt und keine Rücksicht nimmt auf die Zeitstellung sämtlicher Ereignisse. Die hierfür erforderliche engmaschige Feinchronologie muß eine nachvollziehbare geostrategische Gesamtsituation ergeben, für die Ortskenntnis oder der Atlas das wichtigste, oft vernachlässigte Hilfsmittel darstellt.

35 MGH. Scriptores rerum Germanicarum 48.

36 Isidor, Etymologiae IX 2,95.

37 Widukind von Corvey II 36.

38 Tacitus, Germania 38; A. Müllenhoff, Die Germania des Tacitus, 1900, 454.

39 Lukian, Toxaris 51.

40 Appian VI 62.

41 Tacitus, Annalen II 45.

42 Hund 2017, 304.

43 Dio LXXI 3,1; Schmidt 1941, 571 ff.; Birley 1968, 270.

44 S. o. IV n! Birley 1968, 255; 262 verbindet IMP. III und IMP. IV mit dem Partherkrieg 165, das ist nicht plausibel. Es handelt sich um zwei Jahre und zwei Kriegsschauplätze.

45 CIL. XVI 123. Das vorauseilend genannte IMP. V ist numismatisch nicht gedeckt, die Münzen bleiben bis 168 bei IMP. IV. Eine Erklärung nach Borghesi bietet Seeck I 1895, 580. Kienast 2017, 132 setzt hinter IMP. V 167 (?) zu Recht ein Fragezeichen.

46 Birley 1986, 218 hält auch 168 oder 169 als Datum des Langobardeneinfalls für möglich, doch kollidiert dies mit den für diese Jahre anzunehmenden Ereignissen.

47 AE. 1978, 635; ds. 1988, 938; ds. 2007, 13.

48 Die Artikel in der RE. II (1896), 2076 ff. und Supplemente nennen 93 Angehörige.

49 Auf der Inschrift: *interprex*.

50 Wiotte-Franz 2001, 180.

51 Waren Angehörige dieser zehn *ethnē*, so wie die Markomannen, Teilnehmer am Einfall der Langobarden? Namenlose Kleinstämme erscheinen neben den Großstämmen auch sonst. Dio LXXI 19.

52 Schönfeld 1910, 43.

53 VM. 12,13. *Marcomannicum bellum arte suspensum est.*

54 Dio LXXI 3,1.

55 Stahl 1989, 300 zählt «26 einzelne diplomatische Kontakte» mit den Barbaren unter Marc Aurel und Commodus. Stahl untersucht und gliedert sie nach formalen Gesichtspunkten.

56 VM. 12,14.

57 VM. 12,8; VComm. 11,13. Daraus ergibt sich, daß der Friede mit Ballomar zuvor geschlossen wurde. S. o. IV r!

58 W. Kubitschek, RE. XII (1925) 1468 f.; Birley 1968, 261.

59 S. u. VII l!

60 Dio LV 24,4; W. Kubitschek, RE. XII (1925), 1375 f. Die Inschrift vom Lagertor: CIL. III 11965.

61 Vita Sancti Emmerami um 770; Notitia Dignitatum occidentalis 35,17.

62 A. Franke, RE. Suppl. VI (1935), 1427 ff.

63 Schmidt 1941, 103 vermutet sie nach Eutrop VIII 2 in der Nähe von Dakien, aber die Verbindung mit den Markomannen läßt eher an eine Nachbarschaft mit diesen denken.

64 *(Gentes) pulsae a superioribus barbaris.* VM. 14,1; Zwikker 1941, 35 ff.; Schmidt 1941, 103; 195 ff.; H. Wolfram, Die Goten, 2001, 52 f. Zu den Bodenfunden im Überblick: Bleckmann 2009, 157.

65 VM. 14,1.

66 Appian I praefatio 7; Dobesch 2001.

67 Lukian, Alexandros Pseudomantis 48.

68 Lukian setzt diese Episode glaubwürdig vor die Belagerung von Aquileia, die Birley 1968, 301 auf 170 datiert, während Marcus an der Donau stand, das ist unwahrscheinlich, s. u. V i!

69 Demandt, Privatleben,1996, 70.

70 F. Orth, RE. VIII (1913) 2575; 2579 f.

71 Wolff 1990, 18.

72 Zweifel referiert außer Wolff nur A. Steier, RE. XIII (1926) 978.

73 Szene XIII, eine heute unkenntliche Stelle, zeigt in einer Abzeichnung von 1704 zwei löwen- oder hundeartige Tiere an einem Flußufer in Richtung auf den Kaiser (!). Wenn damit das Löwenopfer gemeint sein sollte, kannte der Künstler die *story* Lukians, ohne daß diese darum historisch sein muß. Wie aber läßt sich erklären, daß in der Chronologie des Säulenreliefs die Überquerung der Donau ins Quadenland (Szene III) im Jahre 172 dem Löwenopfer und damit dem Fall von Opitergium im Jahre 167 vorausgeht? Die Deutungsversuche erörtert Auguste Schäfer 1986, 170 ff., doch klar ist nur, daß sich bildliche und literarische Nachrichten nicht restlos harmonisieren lassen.

74 S. o. IV c!

75 A. Neumann, RE. IX A (1961), 75.

76 VM. 14,5 f.

77 An einen Schlachtentod denkt auch Mommsen, RG. V 211. Birley 1968, 283 f. findet die zusammenhanglose Aussage der Vita über Furius Victorinus «rätselhaft» und mutmaßt Tod durch die Pest in der Begleitung des Kaisers. 1986, 217 datiert er das Ende des Victorinus treffend vor die Abreise der Kaiser aus Italien. Starb Victorinus an der Pest, gibt es keine Spur der 20 000 Kriegstoten nach dem Löwenopfer in der historischen Literatur. Das ist ebenso unwahrscheinlich wie eine zweifache römische Niederlage vor der Ankunft des Kaisers, die nach dem Löwenopfer und die unter Victorinus. Es muß dieselbe gewesen sein.

78 K. Raddatz, Die Bewaffnung der Germanen in der jüngeren römischen Kaiserzeit. In: Nachrichten der Akademie der Wissenschaften Göttingen, 1967, 1 ff.

79 E. Ritterling, RE. XII (1925) 1683; Hund 2017, 266 f. Da der Wiederaufbau unter Marc Aurel stattfand, A. Neumann, RE. IX A, (1961), 58 f.; 75, ist die Zerstörung in der Zeit vor der Ankunft des Kaisers an der Donau anzunehmen.

80 Dessau 1102 f.

81 B. Maier, Kleines Lexikon der Namen und Wörter keltischen Ursprungs, 2003, 38; 120; 122.

82 J. Sasel, RE. Suppl. XI (1968), 570.

83 J. Sasel, RE. Suppl. XIII (1973) 11 ff.

84 VM. 14,2. Das geschah gemäß Lukian nach dem Löwenopfer.

85 Ammian XXIX 6,1.

86 Klaus Rosen in: Scardigli 1994, 87 ff. bietet eine eigene «Verbesserung» einer unsicheren Lesart bei Ammian, indem er den *princeps* Marcus ersetzt durch den *curator* von Ariminum Macrinius, einen bekannten Offizier Marc Aurels. Der Name des Kaisers geht bei dieser Emendation verloren, und das kann nicht sein. Bei allen zwölf Rückverweisen auf die *Acta Marci* erscheint der Kaisername, wie anders hätte der Leser die Stelle finden können? Nichts spricht dafür, daß Ammian jenen untergeordneten *curator* überhaupt erwähnt hat. 1997, 87 heißt es bei Rosen, dieser Macrinius habe die Germanen gestellt, als sie beutebeladen auf dem Heimweg waren. Die Ammianstelle gibt das nicht her.

87 Schatzfunde bis 1941 bei Zwikker, Karte II; Befestigungen im Hinterland allgemein a. O. 117; 119; 177. Zu *Aguntum* – Lienz, in den Markomannenkriegen nicht zerstört, aber befestigt: E. Swoboda, RE. Suppl. VII (1940) 18.

88 Herodian VIII 2,3 ff.

89 Florus II 13,33.

90 Für den Fall von Opitergium bietet die Forschung acht Jahresangaben. So das Jahr **166** P. v. Rohden, RE. I (1894), 2295; das Jahr **167** Mocsy 1962, 557; K. Rosen 1997, 87; das Jahr **168** oder **169** Th. Mommsen, KG. 366 f.; ders., RG. V, 210 f.; das Jahr **169** L. Schmidt 1941, 167; das Jahr **170** A. Birley 1968, 301 f.; 428; Scheidel 1990,2; Grimal 1994, 202; R. Wolters 1999, 331; Fündling 2008, 109; das Jahr **171** W. Zwikker 1941, 155; 171; 227 f.; das Jahr **172** H. Philipp, RE. XVIII (1939), 690 f.; das Jahr **174** O. Seeck 1895 I, 581. Weitere Autoren zu den genannten Jahren nennt Birley 1986, 214. Die Vita setzt Aquileia und damit Opitergium vor das Anrücken der Kaiser 168 und den Tod des Verus 169, so auch Mommsen, RG. V 212. Das ist plausibel. Zwikker sieht, daß der Fall von Opitergium mit der Anwesenheit des Kaisers in Pannonien nicht zusammenstimmt und versetzt ihn daher 171 nach Dakien oder Obermoesien, obschon Eutrop VIII 13 den Kaiser 170 bis 173 in Carnuntum bezeugt. Birley ist unsicher in der Chronologie, er äußert die vage Vermutung, daß Marcus den Winter 169/170 in Sirmium oder Singiduum verbracht habe und datiert trotzdem Aquileia und Opitergium auf 170 (S. 299 ff.). In Eilmärschen habe Marcus die Save aufwärts die Barbaren vergeblich verfolgt. Das ist nicht bezeugt und geostrategisch unmöglich. Die Donaugermanen können nicht nach Italien vorgestoßen sein, während der Kaiser in ihrem Rücken weilte. Die Via Gemina von Italien an die Donau führte über den Paß Ad Pirum, den der Kaiser nach Norden, die Markomannen nach Süden überschreiten mußten. Da Marcus die Germanen, ihnen entgegenziehend, zurückgedrängt hat, kann er nur aus Rom, nicht aus Sirmium, ge-

schweige aus Carnuntum gekommen sein. Tatsächlich glaubt Birley (1986, 215), Marcus habe sich während der Belagerung Aquileias durch die Markomannen *north of the Alps* befunden, also nicht in Sirmium, sondern eher in Carnuntum. Das wäre der Fall 171, da Birley (1968, 305) dieses Jahr für den Markomanneneinfall in Betracht zog. Eine Konstellation mit verkehrten Fronten?

91 VM. 13,1 ff. Zwikker 1941, 65 bestreitet den offenkundigen Zusammenhang des Markomannenschrecks mit dem Einfall nach Oberitalien, ebenso Hund 2017, 309. Birley 1968, 275 geht auf die Markomannenfurcht in Rom nicht ein. Er verbindet die Panik in Rom allein mit der Pest. Seine Datierung der Panik nach dem Frieden mit Ballomar überzeugt nicht, hier ist Opitergium doch vorauszusetzen.

92 Appian X 18.

93 D. Timpe in: Scardigli 1994, 23 ff.

94 Zu Serapis s. u. IX l! P. Keresztes in: Klein 1979, 287 ff. rechnet mit einem reichsweiten Opferbefehl zur Linderung der Pest, der unbeabsichtigt christenfeindliche Bewegungen ausgelöst habe. Bezeugt sind religiöse Maßnahmen nur in der Stadt Rom und die fragwürdigen Lectisternien in Hierapolis in der Aberkioslegende des 4. Jahrhunderts; s. u. VIII y!

95 VM. 13,1; Livius V 13,5 f; G. Wissowa, RE. XII (1924) 1108 ff.

96 Rosen in: Scardigli 1994, 93.

97 Bild 28 in VIII c.

98 Lukian, Alexandros Pseudomantis 31.

99 VM. 13,6.

100 VV. 8,6 ff.

101 VV. 9,2; s. o. IV g!

102 Dessau 5151, vgl. 5187 ff.; VV. 8,10 f.; VComm. 7,2; Athenaios I 20c; Lucius Verus bei Haines I 304; Palladas in: Anthologia Graeca. XI 255. Der Mime hieß mit vollem Namen Lucius Aelius Aurelius Apolaustus Memphius.

103 VM. 12,14. Zwikker 1941, 99 f. leugnet die defensive Absicht, da er Aquileia auf 171 herabdatiert, und mutmaßt einen großen Offensivplan, der erst für den Quadenkrieg 172 in Betracht kommt. Daß der Krieg gegen die Markomannen zu führen war und nicht gegen die Jazygen, so Hund 2017, 312, erweist die VM. hinreichend.

104 Anders Hund 2017, 238 ff.

105 FIRA. II 503. Zum Inhalt s. u. VII r!

106 VComm. 1,10.

107 VM. 14,1. Daß Marcus «auf jeden Fall» von Furius Victorinus begleitet worden sei, hat Birley später zurückgenommen, Birley 1968, 283; ders. 1986, 217; Furius Victorinus war bereits tot. S. o. V g!

108 Galen XIX, S. 19 Kühn.

109 Birley (1968, 283) spricht von einer vorangegangenen Niederlage der Quaden,

wobei ihr König umgekommen sei. Die Quellen kennen keinen römischen Sieg vor der Ankunft der Kaiser.

110 VM. 14,3.

111 Dio LXXI 13,3. Der Name ist ungedeutet, Schönfeld 1910, 97.

112 Szaivert 1986, 112. Zu IMP. V schon 167 s. o. V d! Zwikker 1941, 101 und Birley 1968, 271 beziehen IMP. V auf den Frieden mit Ballomar, der zwei Jahre zuvor anzusetzen ist. Hund 2017, 303 vermutet «Erfolge im dakischen Grenzgebiet» ohne Quellengrundlage, s. V n!

113 R. Göbl, Rex Quadis datus. In: Rheinisches Museum 104, 1961, 70 ff.

114 BMC. IV Nr. 1274 f.; Dio LXIX 15,2; VPius 5,4 *Germanos … contudit.*

115 VM. 14,5.

116 VM. 14,6; VV. 9,7.

117 CIL. III 10756.

118 A. Neumann, RE. IX A (1961) 75.

119 VM. 14,6; Festus 8.

120 Dessau 8977 aus Numidien; E. Ritterling, RE. XII (1925), 1469; K. Rosen in: Scardigli 1994, 92. Daß der Raubzug gegen Aquileia nach und trotz der Schaffung der Schutzbezirks erfolgt sein soll, so Birley 1968, 285; 301; 429 und Hund 2017, 281 ff., 320 f., ist nicht glaubhaft.

121 VV. 9,8 f.

122 Galen XIV, S. 649 f.; XIX, S. 17 ff. Kühn.

123 VV. 9,9; VM. 14,8.

124 Dazu die Münzen mit FORTUNA REDUX bei Szaivert 1986, 114 f.

125 VM. 20,1.

126 Dessau 369.

127 S. o. II k!

128 «Dem Imperator Caesar Lucius Aurelius Verus, dem Augustus, Sieger über Armenien, Medien, Parthien, dem Priester, zum 9. Mal Inhaber der tribunizischen Gewalt, zum 5. Mal Imperator, zum 3. Mal Consul, dem Vater des Vaterlandes.» Die Kleinbuchstaben lösen die Abkürzungen auf.

129 Demandt 2015, 342.

130 VV. 1,3 f.

131 VM. 20,2.

132 Szaivert 1986, 118; Dessau 370.

133 VM. 15,3; 20,5; VV. 9,6.

134 Filocalus 216

135 Ab der 18. Emission 169, Szaivert 1986, 118. Die Beinamen erscheinen weiterhin nur auf den Papyri und Inschriften Ägyptens. Johne 1967, 177 ff.

136 VM. 15,2; VV. 9,2 ff.; Oliver 1970, 77.

137 Birley 1968, 422; Oliver 1970, 77.

138 VV. 9,3 ff.; VComm. 15,2.

139 Chron. Min. I 147 aus dem Filocalus-Kalender von 354.

140 Vergil, Aeneis IV 173 ff.

141 Dio LXXI 3,1; Philostrat VS. 560.

142 VV. 9,11.

143 VM. 15,5 f.; VV. 10,1 ff.; 11,2; Dio LXXI 3,1.

144 Themistios, or. VI 17,

145 VV. 9.1 f.

146 Haines II 92; 131;133; 145; 213.

147 Haines II 86; 214.

148 S. u. VI a–f!

149 VSev. Al. 41,1.

150 Haines II 94 f.; Digesten XXXV 2,26. Das Erbe war juristisch umstritten.

151 S. u. IX s!

152 VM. 17,4 f.; 21,9; Eutrop VIII 13; Zonaras XII 1 aus Cassius Dio.

153 Hinweis von Manfried Rauchensteiner, Wien.

154 Dio LXXII 16,3.

155 CIL. III 14507; E. Ritterling, RE. XII (1925) 1620; R. Egger, Römische Antike und frühes Christentum II 1963, 216 f.; Birley 1968, 291.

156 S. o. I i und II l!

157 VHadr. 12,4; VM. 10,7: Trajan hatte sie anscheinend vom Wehrdienst befreit.

158 VM. 22,5.

159 VM. 21,6 f.

160 Ammian XXVII 9,6.

161 Apuleius, Metamorphosen IV 22,1.

162 Zosimos III 7,1; Suda, Alpha 2395 und Gamma 264; Libanios or. 18,104; Ammian XXVII 1,2 ff.

163 MacMullen 1966, 192 ff.; 255 ff.

164 VM. 21,7.

165 Caesar, Bellum Gallicum VII 13,1; 67,5; 70,2; 80,6.

166 Tacitus, Annalen II 9 f.; Sueton, Galba 12. Die Grabinschriften aus Rom: Dessau 1717–1730.

167 Tacitus, Annalen II 8; ders., Historien II 17; ders., Agricola 18; Dio LXIX 9,6; Ammian XXV 6,14 f.

168 Tacitus, Historien IV 16,1; ders., Germania 29.

169 Aristides, or. 26,74.

170 Belege bei Seeck I 1895, 583.

171 Fronto in Haines II 22.

172 VM. 24,3; Dio LXXI 11,4.

173 *Dum nullum fastiditur genus, in quo eniteret virtus, crevit imperium Romanum*, Livius IV 3,13. Rostovtzeff 1925/1929 II, 363; Demandt 1995.

174 Aristides, or. 26,67; 74.

175 Strabon IV 194; Tacitus, Annalen XII 27; ders., Germania 28,5.

176 Strabon VII 303; Appian, praef.

177 Sueton, Augustus 21; ders., Tiberius 9.

178 Tacitus, Annalen XII 30.

179 Dessau 986.

180 K.-W. Welwei in: Bonner Jahrbücher 1986, 285 ff.

181 Constitutio Antoniniana des Caracalla: Dio LXXVIII 9,5; FIRA. I 88; Digesten I 5,17; Mommsen RG. V 139.

182 Tacitus, Germania 15,11; 42,8; ders., Historien IV 76.

183 Tacitus, Annalen XI 16; Dio LXVII 5,1; Ps. Aurelius Victor, Epitome 14,10; VHadr. 17,10; Dio LXIX 4,5.

184 Dio LXXIV 6,1; Prokop, Bellum Persicum I 19,32.

185 F. Altheim, Entwicklungshilfe im Altertum, 1962.

186 VM. 21,3 ff.

187 VM. 20,6 f; s. o. VII a!

188 VM. 20,6; Eutrop VIII 13; Zwikker 1941, 148. Daß Marcus nach Sirmium gegangen sei, so Hund 2017, 315, ist mit Eutrop VIII 13 nicht vereinbar, s. u. V s!

189 Szaivert 1986, 119; 19. Emission.

190 Dio LXXI 32,1; VM. 22,8. Da der Triumph 176 die Rückkehr Marc Aurels nach Rom bezeugt, muß der Aufbruch 169, im achten Jahr davor erfolgt sein. Die Münzen bei Szaivert 1986, 118.

191 CIL. III S. 921 ff.

192 Herodot IV 117; Strabon VII 307; Plinius NH. IV 80; Tacitus, Germania 46,2.

193 Diodor II 44; Mela III 35.

194 Pausanias I 21,5 ff.

195 Ammian XVII 12,15; Tacitus, Historien III 5; IV 54.

196 Dio LXIX 15,2. Daß der in dem Fragment ungenannte Kaiser nicht Hadrian – so Boissevain –, sondern Pius war, ergibt sich daraus, daß er in Rom weilte und dem Senat die Verhandlung überließ.

197 Dessau 371; Zwikker 1941, 185.

198 Er war kein Verwandter des Redners Cornelius Fronto.

199 S. Ortisi in: van Ackeren 2012, 334.

200 Dessau 2287; Zwikker 1941, 175.

201 Dio LXXI 13,2; Dessau 1097 f.; 2311; N. Vulic, RE. IX (1914) 1189 ff.

202 Dio LXXI 13,3. Der Herrscherwechsel ist nicht datiert, muß aber vor der ersten romfeindlichen Aktion der Quaden erfolgt sein. Zum Namen Schönfeld 1910, 28.

203 E. Groag, RE. III (1899) 2722 f.; Zwikker 1941, 91; 180; Birley 1968, 305.

204 Plinius, NH. IV 99; Tacitus, Germania 2.

205 Schmidt 1942, 7.

206 Wenskus 1961, 321 f.

207 S. u. V p!

208 Zu den Daten: Zwikker 1941, 196.

209 Dio LXXI 11,6; 12,1 f.
210 Schmidt 1942, 6 ff.
211 Silvae Calidoniae: Plinius NH. IV 102; Nennius 56 in: Chron. Min. III 199.
212 VHadr. 5,2; 11,2.
213 VPius 5; Fronto in: Panegyrici Latini V/VIII 14,2.
214 S. o. IV c!
215 Polyaen I pr.; Birley 1968, 217 f.
216 VM. 8,8; Birley 1968, 223.
217 VM. 8,7.
218 Appian I Prooimion 5.
219 VM. 22,1.
220 Rostovtzeff 1925/1929, II 85: 323; Schmidt 1941, 94; VM. 22,1; Hund 2017, 324.
221 Marek 2010, 441.
222 S. o. IV r!
223 Zum Datum: A. v. Premerstein, RE. XI (1922) 1506 f.
224 Dessau 854: «nicht viel später als der Kostobokeneinfall».
225 Daß die Königsfamilie in römische Gefangenschaft geriet, wie A. Stein, RE. XX (1941) 1220 mutmaßt, ist mit dem Kriegsgeschehen kaum vereinbar, denn die Königsfamilie wird den Raubzug nicht begleitet haben und ein römischer Vorstoß in kostobokisches Gebiet ist weder überliefert noch anzunehmen.
226 C. M. Danoff, RE. XIX (1938) 2250; P. Mattern in: Grieb 2017, 273.
227 Dessau 1327; Pausanias X 34,5; Aelius Aristides or. XXII von Ende Juni 171 in Smyrna; A. v. Premerstein, RE. XI (1922) 1505 f. Für 171 auch W. Scheidel, Probleme der Datierung des Costobokeneinfalls im Balkanraum unter Marcus Aurelius. In: Historia 39, 1990, 493 ff.
228 Seine Laufbahn: Böhme 1977, 35 ff.
229 VM. 22,10.
230 VPius 5,4; Birley 1968, 159 f. Darauf bezieht sich wohl der zu Beginn des Partherkriegs bei Polyaen VI pr. genannte Sieg über die Maurusier.
231 VM. 21,1; VSeverus 2,4.
232 Hund 2017, 223 ff.
233 Dessau 1327; Dio LXXII 14,1.
234 Birley 1968, 305 f; 345. Zum nächsten Einfall nach Spanien 175 s. u. VI n!
235 Strabon XVII 802.
236 VM. 21,2.
237 Dio LXXI 4; VM. 21,2; VCass. 6,7.
238 Vogt 1927, 143.
239 Rohde 1914, 504 datiert Achilleus Tatios ins 5. Jahrhundert und macht ihn von Heliodor abhängig, doch zeigt ein Papyrusfund von 1938, daß Achilleus Tatios ins 2. Jahrhundert gehört und das bei Dio dann geschilderte Geschehen

voraussetzt. K. Plepelits (Hg.), Achilleus Tatios, Leukippe und Kleitophon, 1980 (Einleitung, Übersetzung und Erläuterungen) S. 7.

240 S. o. IV e!

241 Achilleus Tatios III 9,2–IV 8,1.

242 Photios, codex 94,75 b; Birley 1968, 237; 314.

243 Dio LXXI 3,1. Daß Sohaemus zum zweiten Mal eingesetzt wurde, ergibt sich aus dem *katagein* bei Dio und dem *palin* bei Jamblich.

244 Tiridates wird von Birley 1968, 314 u. a. nicht zugeordnet, doch ergibt sich seine Stellung bei dem «Achämeniden» Sohaemus aus dem Titel *Satrap*.

245 Dio LXXI 14,2.

246 Plinius NH. VI 12;16.

247 Dio LXXI 14,2.

248 Dio LXXI 3,1.

249 Dessau 9117.

250 Eutrop VIII 13 *iugi triennio*, drei Kalenderjahre 170, 171 und 172, indem 173 als Jahr der Abreise nach Sirmium nicht mitgezählt ist. Orosius VII 15,6. Birley 1968, 299 und Hund 2017, 315 nehmen das Winterlager 169/170 ohne Begründung in Sirmium an, doch müßte Marcus dann bereits 170 von Sirmium nach Carnuntum gegangen sein, von wo er 173 (wieder) nach Sirmium zog. Ein solches Hin und Her müssen wir nicht annehmen. S. u. V y! Während Marc Aurel in Carnuntum war, können die Markomannen nicht Opitergium erobert haben, s. u. V u!

251 Plinius NH. XXXVII 45.

252 Ammian XXX 5,2.

253 H. Stiglitz, RE. Suppl. XII (1970) 1575 ff.

254 A. Betz, RE. VIII A (1958), 1861 ff.

255 Szaivert 1986, 171 f.; s. o. V n!

256 Szaivert 1986, 120.

257 Da beide Männer den Vornamen Marcus tragen, kann es sich nicht um Brüder handeln, wie E. Stein, RE. XIV (1928) 167, vermutet; s. o. V d!

258 Dio LXXI 3,5.

259 Dio LXXI 12,3. Das gebrochene Hilfsversprechen der Cotini kann sich nur auf einen Krieg nördlich der Donau beziehen, daher ist das Ende des Vindex dort anzunehmen.

260 Birley 1986, 304 sieht ihn im Winter «auf Reisen, von einem Ort zum andern».

261 VM. 21,10.

262 E. Polaschek, RE. XVII (1936) 985; Hund 2017, 271.

263 Dio LXXI 15; s. u! Die griechische Entfernungsangabe nach der Halbierung 173 lautet «etwa (*pou*) 38 Stadien». Marcus sprach von fünf Meilen. Dieser zweite Friedensschluß wird in den Quellen nicht eigens genannt, ergibt sich aber aus den 173 ermäßigten Bedingungen, s. u. V t! Dies scheint in der For-

schung übersehen. Eine Bezugnahme auf den Markomannenfrieden von 166 ist auszuschließen, damals gab es nur einen Waffenstillstand in Abwesenheit des Kaisers.

264 Dio LXXI 15; VM. 22,2. Jallius Bassus besaß 166 schwerlich die Kompetenz zu einer solchen Übernahme, und bei der Ansiedlung 173 werden keine Markomannen genannt, vielmehr Landzuweisungen in Italien unterbunden, s. u. V w!

265 Szaivert 1986, 121; Zwikker 1941, 125 ff. Der Bezug auf einen literarisch bezeugten Sieg wird nicht hergestellt. Das Ende des Vindex datiert Zwikker S. 233 auf 173, doch lehrt Dio LXXI 3,5 mit VComm. 11,14, daß Vindex vor dem 15. Oktober 172 fiel und gerächt wurde. Birley 1968, 311 läßt das Datum offen; P. v. Rohden, RE. I (1894), 2298 denkt an 172, was Dio nahelegt. Das aber wäre ein römischer Angriffskrieg gewesen, nach dem Sieg und dem Frieden von 171 sehr unwahrscheinlich, und kollidierte mit dem Regenwunderkrieg 172; s. u. V u!

266 Dio LXXI 5,1 f.

267 Vogt 1924, 142; RIC. III S. 234, Nr. 270; Zwikker 1941, 129; Wolf 1990, 15 ff. Zwikker sieht auf der Brücke beutebeladene Markomannen auf dem Heimweg gemäß VM. 21,10. Das ist auszuschließen.

268 Motschmann 2002, 126 nennt nach Jobst 1978 den 11. Juni.

269 Die Datierung des Regenwunders schwankt in den Chroniken: **171** im Chronicon Paschale, **172** in der armenischen und **173** in der lateinischen Fassung der Chronik Eusebs (Zwikker 1941, 210 f.), unter den «neueren» Autoren zwischen **171** bei Kovacs 2008; **172** bei Zwikker 1941; Stemmer 1988; **173** bei Birley 1968; 1977; Grimal 1994; **174** bei Wolff 1990. Die zur Datierung herangezogene Bildfolge der Marcussäule besagt nichts über die absolute Chronologie. Ich folge Zwikker, lasse aber dessen Zusatzargumente aus dem Spiel, sie werden von Wolff 1990, 14 ff. entwertet. Für 172 argumentieren, allerdings gleichfalls mit schwachen Argumenten, ebenso Guey 1948 und Rubin 1979. Rubin plädiert für 172 aufgrund der *cumulative evidence*, 361 Anm. 16a. Das Itinerar gibt ihm Recht. Ebenso jüngst Hund 2017, 332.

270 Zur Forschungsgeschichte G. Barta bei Klein 1979, 347 ff. Kovacs 2008, 387 nennt 39 antike und mittelalterliche Quellen und drei Dutzend Forschungsbeiträge aus den Jahren 1894 bis 2009 (sic!).

271 Wolff 1990.

272 VM. 24,4; Dio LXXI 8–10.

273 Dio LXXI 8,1 ff.; 10,1 ff.

274 VM. 24,4.

275 VM. 24,4. Irrig vorausgesetzt ist die Anwesenheit des Kaisers bei der Truppe.

276 Die Formulierungen bei Dio LXXI 8,1 u. 3; 10,5 dürfen sinngemäß als authentisch gelten, Motschmann 2002, 129.

277 Dessau 694; Vgl. *instinctu divino* bei Cicero; *instinctus divino spiritu* bei Livius.

278 A. Rusch, RE. VI A (1936), 366; 384.

279 Die Identität der beiden Ägypter bezweifelt Rubin 1979, 369, bestreitet Wolff 1990, 14; Motschmann 2002, 136 hält zu Recht mit Guey 1948 an ihr fest, der Name ist sonst unbekannt.

280 Die Annahme, Marcus habe in Erinnerung an den «Luft-Hermes» dem Merkur in Rom einen Tempel geweiht, läßt sich numismatisch nicht erhärten. T. Mattern in: Grieb 2017, 260 ff.

281 VElag. 9.

282 Claudian XXVIII 340 ff.

283 Marinos, Vita Procli 28.

284 Suda, Jota 334.

285 Anastasios Sinaites in: PG. 89,281 a–b. MacMullen 1966, 104.

286 Kovacs 2008, 396.

287 Anders Barta bei Klein 1979, 349.

288 Bei Euseb «Apollinarios».

289 Euseb, Kirchengeschichte V 5/7, ist skeptisch.

290 Dio LV 23,5; Josephus, Bellum VII 18.

291 Zutreffend Grimal 1994, 209.

292 Hopf/Paulsiek, Deutsches Lesebuch für die Tertia, 1881, 106 f.

293 Tertullian, Ad Scapulam 3 u. 5.

294 Sulpicius Severus, Vita Martini 4,3; 5,1.

295 E. Pucciarelli, I Christiani e il servizio militare. Testimonianze dei primi tre secoli, 1987; Demandt 2007, 528 f.

296 Augustinus, CD. I 26.

297 Sibyllinen X 187 ff.

298 Text bei Haines II 300 ff. und bei Cortassa 1984, 748 mit Literatur.

299 Kovacs 2008, 397 datiert den Brief ins 4. Jahrhundert.

300 Gemeint ist eventuell auch die *Legio I Adiutrix* aus Brigetio, die später Pertinax unterstand, oder die *Legio I Minervia*. E. Ritterling, RE. VII (1925) 1414; 1428; 1683.

301 M. Ihm, RE. IV (1901), 1676.

302 Gran ist im Deutschen weiblich.

303 Zur falschen Plazierung der Über- als Unterschriften s. o. II a!

304 Dio LXXI 12,3.

305 Birley 1968, 320.

306 S. o. II u! Es ist die einzige bezeugte Gelegenheit, wo Marcus im Barbarenland Abtrünnige bestraft.

307 CIL. VI 32542; 32557; Seeck 1895 I, 583; L. Schmidt, 1938, 170.

308 Mommsen 1895, 499.

309 So auch Zwikker 1941, 211 ff.; Birley 1968, 319.

310 Die zutreffend benannten Legionen und der glaubhaft genannte Aufenthaltsort Marc Aurels im Kaiserbrief sprechen für die Richtigkeit auch des Kom-

mandos von Pompeianus. Die Verschreibung von Pompeianus in Pertinax, den späteren Kaiser, ist wahrscheinlicher als die umgekehrte. Das Suffektkonsulat des Pertinax erst 175 ist zudem nicht mit dem Quadenkrieg motiviert, sondern mit den Erfolgen des Pertinax in Noricum und Raetien, wie die Vita Pertinacis 2,6 f. bezeugt, s. u. V v!

311 Orosius VII 15,7 ff.

312 Chron. Min. I 431; 641; II 37.

313 Otto v. Freising, Chronik III 24; vgl. II 48.

314 Themistios, or. XV 191 b.

315 Gregor v. Nyssa, or. XI Auf die 40 Märtyrer II, vol. 3,555.

316 Dio LXXI 9.

317 Weitere Zeugnisse bei Kovacs 2008, 398 f.

318 Dio LXXIV 7,6 f.; LXXV 3,1; Birley 1971, 178.

319 Einhard, Reichsannalen zu 772.

320 Sallust, Historien 77,21.

321 Demandt, Entscheidungsschlachten, 1996.

322 Szaivert 1986, 121.

323 Overbeck 1985, 35 ff.

324 Overbeck 1985, 39 ff.; Szaivert 1986, 121.

325 VComm. 11,14; VM. 12,9. Dessau 389; auf Münzen 173, Szaivert 1986, 122. Dio LXXI 3,5 verbindet den Beinamen mit dem Markomannensieg nach der Niederlage des Vindex 171.

326 CIL. VIII 2276. S. u. VI e!

327 Szaivert 1986, 122 f.

328 W. Kroll, RE. XV (1931) 979; Gellius X 27,7, Ein Bezug zu dem ominösen Hermes Aërios erübrigt sich und wäre von den Adressaten der Münzpropaganda nicht verstanden worden. Skeptisch auch Zwikker 1941, 230. Ausführlich hierzu Rubin 1979, definitiv ablehnend Motschmann 2002, 138.

329 So W. Eck brieflich.

330 Gnecchi II 27 Nr. 2; Zwikker 1941, 139; 219; 234; Birley 1968, 315 f.; Kähler 1960, 314 f. rechnet zu Unrecht mit einem «Blitzbesuch» des Kaisers in Rom.

331 Dio LXXI 32,1; Zwikker 1941, 135 f.

332 Das ohne vorangegangenen Kontext überlieferte Exzerpt Dio LXXI 11 zeigt mit dem Wort *katemeinen*, daß andere abgereist sind oder auch, daß Marcus selbst das vorhatte.

333 S. o. V r!

334 Nachgewiesen durch die Grabung von Hans Schönberger 1959.

335 D. Baatz, Die Römer in Hessen, 1982, 211.

336 Schlußmünze Augsburg 166/167, Regensburg 171/172. Rosen in: Scardigli 1994, 96 plädiert gleichwohl für einen unbekannten Einfall 167.

337 Daß es sich bei den «Rheingermanen» um Chatten handelt, ergibt sich aus deren erstem Zug nach Raetien 162 und aus der Geographie. Die nördlichen

Nachbarn der Chatten, die Chauken am Niederrhein, kommen hier nicht in Betracht.

338 Hund 2017, 322.

339 Zum Datum 173/174: Zwikker 1941, 221.

340 Herodian II 9,8 ff.

341 Dio LXXI 3,2 ff.; VPert. 2,4 ff.

342 V. Aurelianus 34,1.

343 Tacitus, Germania 7 f.; Prokop, Bellum Gothicum II 29,34. Zu Unrecht schließt Birley 1968, 306 aus den kämpfenden Frauen, die Germanen seien mit ihren Familien als Einwanderer gekommen. S. o. V d!

344 Dio LXXI 3,3 f.; LXXIV 9,2; Rostovtzeff 1925/1929 II, 168; 358.

345 Dio LXXI 3,2; Overbeck 1985, 41; Szaivert 1986, 122. Die *restitutio* verweist auf den Germaneneinfall nach Italien, der darum nicht mit Birley 1968, 303 schon auf 170 zu datieren ist.

346 Die jüngste Münze im Brandschutt stammt von 171/172. Hund 2017, 245; 253.

347 E. Polaschek, RE. XVIII (1942) 1988 f.; K. Dietz in: W. Czysz (u. a. Hgg.), Die Römer in Bayern, 1995, 151 ff.

348 N. Heger, RE. Suppl. XIII (1973), 177: «in den Markomannenkriegen». S. Ortisi in: van Ackeren 2012, 335; Hund 2017, 255 ff. Daß es sich um zwei getrennt operierende Kriegergruppen handelt, ergibt sich aus der Entfernung der geplünderten Orte.

349 Schmidt 1941, 572 vermutet, daß Noricum 167 beim Einbruch der Langobarden und Markomannen betroffen gewesen sei, doch sprechen die Quellen von Pannonien, s. o. V d!

350 W. Steinhauser in: E. Schwarz 1972, 54 ff.

351 Schwarz 1956, 156, 187.

352 Zwikker 1941, 26.

353 Dio LXXI 21; VM. 22,1.

354 AE. 1955, 135 ff.; 1956, 124; 2010, 83. Text, Umschrift und Übersetzung bei Böhme 1977, 53 ff. Dort auch die Laufbahn.

355 Schönfeld 1910, 251.

356 Phalerae abgebildet bei Schalles/Willer 2009, 83.

357 Birley verbindet diese Tat mit dem Quadenkrieg und dem Regenwunder, was aber nicht westlich, sondern östlich des Markomannenlandes stattfand.

358 Dio LXXI 21.

359 S. u. VI x!

360 VPert. 2,6 *postea iterum*.

361 VPert. 2,7; VDidius 2,3; Herodian II 9,8. Zum Datum: Mommsen 1895, 503. Die Vita des Didius 1,8 nennt das «Verdienst des Konsulats» vor dem Chattenkrieg, aber mit zwei verschiedenen Chattensiegen unmittelbar davor und danach ist nicht zu rechnen.

362 VDidius 1,3 ff.; E. Ritterling, RE. XII (1925) 1816.

363 VDidius 1,7.

364 Schmidt 1938, 33 ff.

365 Plinius, NH. XVI 2; Tacitus, Germania 35; ders., Annalen XI 19.

366 Hund 2017, 220 f.

367 S. o. II z!

368 Bei dem in der Vita 2,8 Didius zugeschriebenen Sieg über die Chatten handelt es sich offenbar um den von Pertinax erzielten Erfolg gegen diesen Stamm in Raetien 174.

369 S. o. V n!

370 Dio LXXI 11,1–5.

371 Nach Dio LXXI 11,1 empfing Marcus in Pannonien Gesandte der Barbaren und gewährte Battarios einen günstigen Frieden. Die anderen baten «gleich wie» (*hōsper*) die Quaden um Frieden. Zu übersetzen ist nicht mit Zwikker und Birley: «die andern, darunter die Quaden». Darum dürfen wir Battarios den Quaden zurechnen. Birley 1968, 308 setzt den Friedensschluß mit den Quaden vor den Regenwunder-Feldzug gegen sie; das ist nicht plausibel.

372 Tacitus, Germania 43,1.

373 VM. 22,1; Dio LXXI 11,1.

374 Dio LXXI 11,2. Überläufer forderte 180 auch Commodus zurück. Dio LXXII 2,2.

375 Hund 2017, 327.

376 Eggers 1951; Todd 2000, 82 ff.

377 Sie erscheinen nicht auf Diocletians Preisedikt.

378 Dio LXXI 11,5. Die Vorgänge in Ravenna beschrieb Asinius Quadratus, Zosimos V 27,2, doch ist der Text mit dem Gesamtwerk verloren. S. o. II e!

379 S. o. V t!

380 Demandt 2015, 202.

381 Dio LXXI 15. Zu 171 s. o. V t! Die Geiseln wurden ausgewechselt, es wurden keine Geiseln ausgetauscht, treffend Stahl 1989, 304. Die Römer nahmen von den Barbaren Geiseln, Dessau 986, aber stellten ihnen keine. Birley 1968, 325 glaubt das, doch ist das auch hier auszuschließen. Dafür gibt es keine Parallele. B. Scardigli in: Scardigli 1994, 117 ff.

382 Der Feind wird nicht benannt. Ammian XXV 4,17 zitiert dies im Hinblick auf den dann ausgebliebenen Sieg Julians über die Perser 363. Da der Erfolg im Partherkrieg Lucius Verus zukam, dürfte das Epigramm kaum darauf gemünzt gewesen sein. S. u. VII l!

383 Szaivert 1986, 122.

384 VM. 26,8 f.; Szaivert 1986, 169. Dio LXXI 10,4 meldet IMP. VII unmittelbar nach dem Regenwunder. Die Münzen zeigen die Ehrung im 28. Tribunatsjahr nach dem 10. Dezember 173, Szaivert 1986, 123. Zwikker 1941, 143; 149; 219 postuliert nach dem Quadenfrieden im Anschluß an das Regenwundert 172 (oder 173) einen abermaligen Quadensieg 174, um IMP. VII zu motivieren.

Die Annahme einer solchen Dublette ist unnötig. Die Datierung des Regenwunders auf 174 bei W. Weber 1910 und Wolff 1990, 11 und 1994, 74 ist unvereinbar mit dem Jazygenkrieg in diesem Jahr, mit der Abwesenheit des Kaisers «nach drei Jahren» von Carnuntum und dem Herodes-Atticus-Prozeß in Sirmium. Auch Birley 1968, 319 rechnet plausibel mit einer verzögerten Münzparole und datiert das Regenwunder auf 173. Dann aber bleibt offen, worauf sich, numismatisch bezeugt, der Donau-Übergang Anfang 172 und die Siegesprägungen Ende 172 beziehen. Sie reagieren auf das Regenwunder, zutreffend Zwikker 1941, 129 ff. Zudem bedurfte es Zeit für die Friedensverhandlungen mit den Quaden und Markomannen nach dem Wundersieg und die RESTITUTIO ITALIAE durch Pompeianus 173. IMP. VII reagiert gemäß der hier vorgeschlagenen Ereignisfolge verspätet auf den Sieg, weil die Friedensschlüsse 173 vorausgingen.

385 S. o. V n!

386 Zwikker 1941, 202.

387 Dio LXXI 7 f.

388 Zeitansatz ebenso Birley 1972, 466 nach Bowersock; Halfmann 1986, 213 ff.

389 Philostrat VS. 560 f. Daraus ergibt sich das ungefähre Geburtsdatum Sabinas 171.

390 Dio LXXI 13 f; s. u. VI v f.!

391 Philostrat VS. 560. S. VII e!

392 G. Alföldy, Die römischen Inschriften von Tarraco, 1975 Nr. 332.

393 S. u. VII m!

VI. Cassius und der zweite Germanenkrieg

1 Die Vita des Cassius enthält wenig Historisches. Die Briefe, Dokumente und Reden sind Zutaten des Biographen. P. v. Rohden, RE. II (1896), 2378 ff.; Spieß, Avidius Cassius und der Aufstand des Jahres 175, 1975.

2 VCass. 1,4.

3 VCass. 2,2. Der Brief ist fingiert.

4 Dessau 2615.

5 Dio LXXI 22,2; LXIX 3,5.

6 Als Konsulatsjahr werden 161 und 166 erwogen. 161 wäre das der Stand eines engen Begleiters des Kaisers Lucius Verus, 166 die Belohnung für den Partersieg.

7 Dio LXXI 3,1.

8 S. o. V r!

9 S. o. V m!

10 VM. 24,6; VCass. 7,1; 9,9; Dio LXXI 22,3.

11 Priwitzer 2009, 206 f.; H. Possienke, Überlegungen zur Darstellung Marc

Aurels im Geschichtswerk des Cassius Dio. In: B. Onken/D. Rohde, Festschrift Helmuth Schneider 2011, 43 ff.

12 VCass. 7,3; VM. 24,7.

13 VM. 24,9.

14 Philostrat VS. 563.

15 VCass. 7,4; Dio LXXI 7,4.

16 Szaivert 1986, 89.

17 Vogt 1924, 144.

18 Dio LXXI 27,1.

19 VCass. I 8 *philosopha anicula*.

20 VCass. 2,2.

21 Dio LXXI 23,3.

22 Dio LXXI 24.

23 Dio LXXI 24,1; 25,1; 26,1.

24 Dio LXXI 24–27.

25 Birley 1968, 337.

26 Schmidt 1941, 163 f.

27 Birley 1968, 342.

28 Szaivert 1986, 124.

29 Dio LXXI 22,2.

30 VM. 25,2; VCass. 7,7

31 VComm. 12,1 f.

32 VM. 22,12; VComm. 2,1 ff.

33 Ennius, Annalen I 115; Plutarch, Romulus 27 ff.; F. Boll, RE. VI (1909) 2353.

34 Horaz, Epoden 16,13 f.

35 VM. 22,12; Szaivert 1986, 124 f.

36 Kaiser-Raiß 1980, 15.

37 Dio LXXI 7,1 ff.; 13,1; s. o. V y, z! Dio nennt Banadaspos den «zweiten König» der Jazygen. Der unbekannte Vorgänger war wohl der Sieger über Claudius Fronto 170, s. o. V n!

38 Dio LXXI 13,1. Birley 1968, 344 unterstellt Marcus diese Absicht.

39 Seneca, ep. 95,30.

40 Dio LXXI 16.

41 S. o. V o!

42 Notitia Dignitatum occidentalis 49,54.

43 Szaivert 1986, 126.

44 Dio LXXI 17.

45 CIL. VIII 2276; Szaivert 1986, 126; Wolters 1999, 327; 333.

46 Birley 1968, 343 nimmt an, die Todesnachricht habe Marcus noch vor dem Aufbruch erreicht.

47 Ammian XXVI 9,7.

48 Dio LXXI 27,3; 28,1; 30,4; VM. 25,2 f.

49 Dio LXXI 27,3. Die Tagesdaten sind aus den sieben unter Cassius datierten Papyri und Ostraka und aus der Gesamtdauer der Herrschaft des Cassius erschlossen, Halfmann 1986, 215.

50 VCass. 1,2.

51 Tacitus, Annalen V 6–9.

52 Anonymus Valesianus I 12.

53 VM. 25,4 Palatinus; VCass. 7,4; Dio LXXI 27,3; E. Stein, RE. XIV (1928) 230.

54 Dio LXXI 27,3.

55 VM. 26,11 f; VCass. 9,2 ff.

56 Codex Justinianus IX 8,6.

57 Dio LXXI 30,1 ff.; VM. 25,5 ff.

58 Ammian XXI 16,11.

59 Dio LXXI 29,2.

60 Dio LXXI 28,3; VCass. 8,8.

61 Haines I 292.

62 Dessau 1453, s. u. VII f!

63 Dio LXXI 28,3 f.

64 FIRA. II 580.

65 Szaivert 1986, 130.

66 VPius 7,3 f.; Birley 1968, 163 f; Ch. Michels in: Grieb 2017, 29 ff.

67 Sie finden wir auf der Rückreise bei ihm in Smyrna, Aristides, or. XLII 14.

68 VM. 26,4; VComm. 2,3.

69 VPert. 2,10.

70 Ammian XXVIII 4,21. S. u. VI k; q!

71 Böhme 1977, 53 ff.; s. o. V v!

72 Dio LXXI 27,1.

73 Halfmann 1986, 215 f. Eine Reise von Sirmium nach Viminacium und wieder zurück 178/179 ist unwahrscheinlich.

74 Wittke 2007, 197; Herodot V 52 ff.

75 VM. 25,8 ff.; VCass. 9,1.

76 K. Schneider, RE. Suppl. VI (1935) 419.

77 Dio LXXI 25,1.

78 Ammian XXII 5,4 ff.

79 Statt der Lesart *tandem alios vobis «inquietiores» inveni* bevorzugt Birley (1968, 348) die Lesart *inertiores* – «schlaff, untätig», was keinen Sinn ergibt. Die Lesart *inquietiores* bezeugt Gelenius 1533, der noch den Codex Hersfeldensis Ammians einsehen konnte, die beste Handschrift neben dem Vaticanus, der die Korruptel *inetiores* anbietet.

80 Cicero, Pro Flacco 28,66; Sueton, Claudius 25,4; Philon, Legatio ad Gaium 300 f; Josephus, Bellum II 9,2 f.; ders., Antiquitates XVIII 3,1; 8,2; Ev. Joh. 18,39 ff.; 19,6 ff.; Apostelgeschichte 18,12 ff.; 22,23; 25,7 u. 24.

81 Euseb HE. IV 6,3.

82 VHadr. 14,2.
83 Dio LXIX 12 nennt als Kriegsgrund der Juden ihren Widerstand gegen Hadrians Plan, Jerusalem als Aelia Capitolina wieder aufbauen zu lassen. Fronto in Haines II 22.
84 Digesten XLVIII 8,11,1.
85 Mommsen, Strafrecht, 638 f. Peter Schäfer, Judeophobia 1997, 103 f bezieht das auf die Beschneidung von Ägyptern, doch war das in der Kaiserzeit dort nicht mehr üblich.
86 Sanhedrin 91a/b. Mary Smallword, The Jews under Roman Rule, 1981, 481. Den Bezug auf Marcus statt auf Caracalla vertritt überzeugend Birley 1968, 343.
87 Motschmann 2002, 214 ff., frei referiert.
88 Vogt 1924, 144.
89 Birley 1968, 343.
90 Dessau 373.
91 VM. 25,12; 26,3.
92 *Civem se egit et philosophum in omnibus studiis, templis, locis.* VM. 26,3; *studiis* statt *stadiis* nach Mommsen.
93 B. Seidensticker in: A. Demandt (Hg.), Stätten des Geistes, 1999, 15 ff.
94 VM. 17,4.
95 A. Herrmann, RE. II A (1923) 1678 ff.
96 Gutschmid 1888, 150; Birley 1968, 262. Dieser «Antoninus» könnte auch Pius gewesen sein und war es, falls die Kaufleute länger als fünf Jahre unterwegs waren, also vor 161 aufgebrochen sind.
97 VM. 26,1. Auch in diesem Zusammenhang könnte der Sarazenen-Exkurs Ammians XIV 4,2 gestanden haben, s. o. IV l!
98 VM. 26,3; CIL. III 44; 77. H. Musurillo, Acta Alexandrinorum, 1954.
99 Malalas S. 289 ff. ed. Dindorf.
100 VM. 25,12.
101 Philostrat VS. 577.
102 Löhberg 2006, II 66,2.
103 VM. 26,4. Nach Grimal 1994, 221 starb sie schon im Herbst 175 auf dem Weg nach Alexandria, doch ist das mit dem Zeugnis der Vita nicht vereinbar.
104 Dio LXXI 29,1.
105 Wenn Dio die Verbrennung der Cassiuspapiere durch Martius Verus gemäß einem *legetai* – «man sagt» an dieser Stelle einfügt, widerspricht das seiner plausiblen Angabe, daß Martius Verus vor Marcus nach Syrien gekommen sei, s. o. VI g!
106 Dio LXXI 30,1.
107 Oliver 1970, 33 f.
108 So Birley 1968, 347; Halfmann 1986, 213; Grimal 1994, 224 und die Literatur sonst. Mit Recht stößt sich Birley 1968, 352 f. an der Erwähnung des «Winter-

lagers», das an der Donau denkbar sei, obschon der Brief aus Asien stamme. Er zieht aber nicht die notwendige Folgerung, daß Marcus nicht in Alexandria, sondern auf dem Rückmarsch überwinterte.

109 Philostrat VS. 562.
110 S. o. V x!
111 Dio LXVIII 33,3.
112 VM. 26,9. Er wurde später Heliogabalus gewidmet.
113 Szaivert 1986, 142; 170; Dessau 382; VM. 26,5 ff.
114 VM. 26,6. S. u. VII p!
115 Dio LXXI 31,1 f.
116 VM. 19, 1–11: 23,7; 29, 1–3; VV. 10,1; Dio LXXI 34,3; Julian, Caesares 312 AB.
117 S. o. III g!
118 VM. 29,10.
119 Dessau 1836.
120 VPius 8,9.
121 Demandt 1997, 93.
122 Digesten XXV 7,3; Mommsen, Strafrecht 694.
123 Halfmann 1986, 213 ff.
124 Griechisch kurz: Er wollte die Reden nicht «ausspeien», sondern «ausfeilen», Philostrat VS. 583.
125 Philostrat VS. 584 f.
126 Nicht 178, Ch. Behr 1981 zu Aristides or. XVIII.
127 Aristides or. XVIII und XIX.
128 Philostrat VS. 581 ff.; Dio LXXI 32,3; LXXX 7,4.
129 VM. 27,1.
130 Philostrat VS. 553.
131 Dio LXXI 31,3.
132 S. u. VII e!
133 Philostrat VS. 566 f.
134 Demosthenes or. XVIII 169 ff.; Diodor XVI 84 f.; Longinos, De sublimitate 10.
135 Platon, Apologie 36 d.
136 Philostrat VS. 585 ff.
137 S. u. VII n!
138 S. o. IV g!
139 Philostrat VS. 563.
140 Philostrat VS. 563; 588.
141 Zu seinem Grab s. u. VII e!
142 Sopatros-Scholion zu Aristides or. I 183 bei W. Dindorf 1824 III, 308 f.: «Marcus ehrte Athen und schmückte den Tempel von Eleusis aus.»
143 Pekary 1985, 53.
144 S. o. V p!

145 VM. 22,11 f.
146 Dessau 1354 und 1354a; Mommsen, RG. V 639 f.; R. Hanslik, RE. VIII A (1955), 287.
147 VM. 22,11.
148 Hund 2017, 223 ff.
149 Böhme 1977, 53 ff.; s. o. V n; VI h; s. u. VI x!
150 S. o. VI h!
151 VM. 21,7; Zosimos III 7. S. o. V m!
152 VM. 27,2 f.
153 Szaivert 1986, 127–131.
154 Dio LXXI 32,1.
155 Auf den Münzen seit 177. Szaivert 1986, 134; zum Anlaß: Fündling 2008, 160; VComm. 2,4; 12,4; VM. 16,1 f.; s. o. VI n!
156 Szaivert 1986, 126 f.
157 VComm. 2,4.
158 Eutrop VIII 13.
159 VM. 16,2.
160 VComm. 2,4 f.
161 Dessau 390, vgl. 375.
162 Aurelius Victor 27,7.
163 Triumph schon 166, Lectisternien 167, Bellona-Ritual 178.
164 Velleius Paterculus II 38,3; Augustus, Res Gestae II 13.
165 Aurelius Victor 27,7.
166 Szaivert 1986, 127.
167 Dio LXXI 32,1.
168 Kolb 2002, 450 ff.
169 Dio LXXI 32,3; ders., LXIX 8,1; Mommsen, Staatsrecht II 1015.
170 VM. 17,7; Euseb/Hieronymus, Weltchronik zu 178/179.
171 Dessau 374.
172 Ich bezeichne sie nach Helbig II 1966, 257 ff. und Stemmer 1988, 79 f. mit KA, KB, KC.
173 Nach Stemmer 1988, 81 gezählt B 1 bis B 8, bei Wegner 1938, 172 gezählt R 1 bis R 8 in anderer Reihenfolge. Zur Zusammengehörigkeit: Horst Blanck in: Gnomon 41, 1969, 484 ff.
174 Dies bestreitet Wegner 1938, 188, der hier nur die Bogenreliefs betrachtet, das Kriegsgeschehen aber nicht berücksichtigt.
175 B 2 = R 4.
176 B 3 = R 1.
177 Die LXXI 24.
178 Thuk. I 22.
179 B 1 = R 6.
180 S. o. V t!

181 Szaivert 1986, 122; B 4 = R 2.
182 KA. Helbig II 1966, 257 f.
183 Kähler 1958, Tafel 194; 215; ders. 1960, 315; Stemmer 1988, 79.
184 B 5 = R 8.
185 B 6 = R 3, von Wegner 1938 als *adlocutio* gedeutet, von Stemmer treffender als *rex datus*-Szene, als Einsetzung eines Klientelkönigs, hier die Anerkennung des Zantikos.
186 S. o. VI e!
187 Kähler 1958, Tafel 214; ders. 1960, 315; B 7 = R 5.
188 KB. Helbig II 1966, 258 ff.; Kähler 1958, Tafel 215; ders. 1960, 315.
189 Wegner 1938, 163.
190 KC. Helbig II 1966, 260 f.
191 S. u. VII u!
192 B 8 = R 7.
193 Dio LXXI 32,1.
194 Szaivert 1086, 132 f.
195 Ordnen wir die Plattenfolge dem verlorenen Ehrenbogen zu, so wäre die folgende Reihung auf dem Bogen von oben gesehen denkbar:

VI	V	IV	III	II	Vorderseite
VII		Bogen		I	Seitenflächen
VIII	IX	X	XI	XII	Rückseite

I. Reinigungsopfer, II. Ansprache, III. Aufbruch, IV. Gefangener, V. Eichenwald, VI. (Regenwunder), VII. Battarios, VIII. Zantikos, IX. Rückkehr, X. Triumph, XI. Dankopfer, XII. Spende.
196 Dio LXXI 16; s. o. VI e!
197 VDidius 1,9. A. v. Wotava, RE. V (1903), 416. Daß die *hostes* Jazygen waren, ergibt sich aus der Geographie und dem Kontext. Birley 1968, 359 sieht in den *hostes* bloße «Banditen» aus der Provinz selbst. Das Jahr des Jazygeneinfalls erfordert die Abwesenheit des Kaisers in Sirmium.
198 Dessau 1326.
199 Oliver 1970, 69; Fündling 2008, 162.
200 Dio LXXI 33,1; Nach R. Hanslik, RE. XXIV (1963), 985, Birley 1968, 347 und Fündling 2008, 160 gab es die «unzertrennlichen Quintilii» erstaunlicherweise zweimal, in zwei Generationen. Nach dieser kreuzweisen Konstruktion eines doppelten «Doppelpacks» handelte es sich 177 um Vettern, nicht um die Brüder, die wir noch 176 in Smyrna fanden, sondern um deren Söhne, um Maximus (junior), den Sohn des Condianus (senior), Konsul 172, und um Condianus (junior), Sohn des Maximus (senior), Konsul 180. Für die Identität der beiden Quintilier-Paare: Mommsen, Staatsrecht II 852; Oliver 1970, 66 ff.; Motschmann 2002, 193. Das Quintilier-Duo gab es nur einmal.
201 Mommsen, Staatsrecht II 852.

202 Athenaios 649 e.

203 Ammian XXVIII 4,21; Dio LXXI 5,3 ff.; 6,1 ff.; VComm. 4.9.

204 CIL. XIV 2662; XV 7518.

205 Stemmer 1988, 237 ff.; A. Ricci, La Villa dei Quintili, 1998.

206 Athenaios 649 d; R. Hanslik, RE. XXIV (1963) 985.

207 Kienast 2017, 140.

208 Szaivert 1986, 133.

209 VM. 27,4 f.; Kaiser-Raiß 1980, 18.

210 Dio LXXI 33,1. Gleichwohl vermutet Birley 1968, 359 gegen den Text einen «Sieg», der zu IMP. IX geführt habe, doch ist dafür eher auf den Erfolg gegen die Mauren zu verweisen, s. o. VI n!

211 Fine Erichsen (Hg.), Die Geschichte Thidreks von Bern, 1924, 463 f. Den «Homgarten» umschließt eine Steilwand «hoch wie eine Stadtmauer» und steht «noch heute».

212 Szilagyi 1956; ders., RE. Suppl. XI (1968) 61 ff.; Hund 2017, 272 f. Der Zeitpunkt der Zerstörung ist bisher zwischen 166 und 178 nicht bestimmt. In Frage kommt auch die Abwesenheit der «Hauslegion» im Partherkrieg 163 bis 166; s. o. IV e, r!

213 Aurelius Victor 16,9.

214 VCass. 3,7. Das waren die ‹Selbstbetrachtungen›.

215 VM. 22,8.

216 Ihr Geburtsdatum ist unbekannt.

217 Dessau 405; 1117; Birley 1968, 371 f.

218 Dio LXXI 33,1.

219 Dessau 1117. Die Pünktchen bezeichnen Lücken auf der Inschrift, der Name war mithin noch länger.

220 Sie erscheint nicht auf Münzen. VM. 27,8; VComm. 12,6; Dio LXXI 33,1.

221 Dio LXXII 4,6; Dessau 1117; zu Lucilla s. o. V m!

222 Dessau 1140.

223 Dio LXXI 33,2.

224 Dessau 9015; A. Stein, RE. I A (1914), 1147; E. Polaschek, RE. VIII (1942) 1583.

225 Livius I 32,13.

226 Motschmann 2002, 193 ff.

227 Dio LXXI 33,3.

228 Polybios XIII 3; Cicero, De re publica II 31; III 35; Livius I 24,7; XXXI 8; XXXVI 3; Ovid, Fasti VI 206 ff.; Ammian XIX 2,6; Demandt 1993, 245 ff.

229 Haines II 202.

230 VM. 27,9; VComm. 2,5; 12,6.

231 Dessau 1112; 1117.

232 Dafür spricht auch, daß Tertullian Sirmium als Ort des Todes nennt, er war kurz zuvor dort. S. u. X a!

233 Dio LXXI 19,1.

234 S. o. VI q!

235 Dio LXXI 16.

236 Dio LXXI 18 f.

237 Pausanias VIII 43,6. Buch V war 174 in Arbeit, so V 1,2, also war hier der zweite Sarmatenfriede gemeint.

238 Wann genau Marcus von Sirmium nach Wien übersiedelte, ist nicht bekannt. Aber angesichts der Verteidigungsmaßnahmen zwischen Regensburg und Brigetio 179 und der Verhandlungen mit den Naristen, Quaden und Markomannen ist die Ankunft Anfang 179 anzunehmen.

239 S. o. V v!

240 CIL. III 11965. «Der Imperator Caesar, Sohn des vergöttlichten Antoninus Pius, der Bruder des vergöttlichten Verus Parthicus maximus, der Enkel des vergöttlichten Hadrian, der Urenkel des vergöttlichten Traianus Parthicus, der Ururenkel des vergöttlichten Nerva; Marcus Aurelius Antoninus Augustus, Germanicus, Sarmaticus, Pontifex Maximus mit Tribunengewalt zum 36. (richtig: 33.) Mal, zum 3. Mal Konsul und Vater des Vaterlandes», sowie Commodus Augustus, dessen Titulatur folgt, «haben Mauer mit Toren und Türmen errichtet durch den Legaten der Legio III Italica Marcus Helvius Clemens Dextrianus.»

241 S. o. V t; v! Birley 1968, 374; Hund 2017, 272.

242 Dio LXXI 33,3; s. o! Die Feinde werden hier nicht benannt, aber Quaden dürften gemeint sein, da sie anschließend friedensbereit waren. Birley 1968, 374; Fündling 2008, 163.

243 Szaivert 1986, 138.

244 Dio LXXI 14,1 f. Über die Gelegenheit, zu der Ariogaisos gefangen wurde, gibt es bisher anscheinend keine Überlegungen.

245 S. o. III m!

246 Haines I 128.

247 M. P. Speidel, Commodus and the King of the Quadi. In: Germania 78, 2000, 193 ff.

248 VComm. 12,7; Dessau 1420.

249 VM. 24,5; 27,10.

250 Dio LXXI 33,4.

251 Für die Absicht plädieren Mommsen, RG. V 214; Rostovtzeff 1925/1929 II, 85; Birley 1968, 333 und ders. bei Klein 1979, 486 ff.; dagegen Alföldy dort 401 ff. Beide Thesen finden zahlreiche Verfechter.

252 S. o. V n!

253 Zur denkbaren Nordgrenze einer neuen Provinz Marcomannia: Johne 2009, 248 f.

254 Dio LXXI 20,1.

255 Kähler 1958 Tafel 221; ders. 1960, 316 f.

256 Dio LXXI 20,1.
257 Dio LXXI 20,1 f; 33,4.
258 Dio LXXI 18 bringt dies im Zusammenhang mit der Jazygengesandtschaft von 178, doch ist diese in Sirmium zu denken, während die Buri im Norden eher in Carnuntum oder Wien vorstellig wurden.
259 CIL. III 5937. S. o. V u!
260 S. Ortisi in: van Ackeren 2012, 337.
261 Einzelnachweise bei P. Goeßler, RE. XXIV (1963) 638 ff. Spätere Literatur bei Wolff 1994, 76, Ortisi in: van Ackeren 2012, 337 und Hund 2017, 289 ff.
262 J. Peska (Hg.), Die Königsgruft von Musov, 1991.
263 S. o. V e; V j!
264 Dessau 9122; VICTORIAE/AUGUSTORU(M)/EXERCITUS CUI (= QUI) LAU/GARICIONE SEDIT MIL(ITES) L(EGIONIS) II DCCCLV/(MARCUS VALERIUS MAXIM)IAN(U)S LEG(ATUS) LEG(IONIS) II AD(IUTRICIS) CUR(AVIT).
E. Ritterling, RE. XII (1925) 1449; M. Fluß, RE. Suppl. V (1935), 218. Photo und Umzeichnung bei Böhme 1977, 58.
265 Die durch Mommsen ergänzte Truppenstärke 855 liest Mitthof MIL(ITES) L(EGIONARII) II (gemeint MILIA) DCCCLV, also 2855. F. Mitthof in: Tyche 30, 2015, 252 ff.
266 Böhme 1977, 53 ff.; s. o. V v; VI h; VI n!
267 S. u. VIII a!
268 Herodian VI 7,2.
269 S. o. V t!
270 Ammian XXXI 5,13 f.
271 Tacitus, Germania 33,2; 37,2 f.
272 Wenskus 1961, 143 f.; Mühlmann 1964, 61 ff.; 164.
273 Strabon IX 5,12.
274 A. Demandt (1993) in: ders. 2013, 210 ff.

VII. Recht und Verwaltung

1 Cicero, De re publica II 17.
2 Kienast 1999, 151 ff.
3 VM. 10,2.
4 Digesten XXVIII 4,3.
5 EH. VIII 30.
6 VM. 14; Dio LXXI 10,5; 17,1; 27,1; 30,1. Mommsen, Staatsrecht III 1107; 1264 f.
7 *Patres* sind die Patrizier, *conscripti* die Plebejer. Mommsen, Staatsrecht III 68.
8 VM. 11,2.
9 VM. 10,1–9; 25,6; 26,13; 29,4; Dio LXXI 30,1 f.

10 VComm. 2,5.
11 S. u. VII r! Senatus consultum Orfitianum, Digesten XXXVIII 17,1.
12 Dio LXXI 33,2.
13 Dessau 1326.
14 VM. 25,5 *in conscios defectionis vetuit senatum graviter vindicare.*
15 VM. 22,9.
16 VSept. 2,3 f.; Birley 1968, 256.
17 Dio LXXI 34,1.
18 VM. 12,1.
19 Alföldy 1977; ders. in Eck/Wolff 1986, 424.
20 VM. 11,8; Plinius, ep. VI 19,4.
21 VM. 10,4.
22 Dio LXXI 34,4. Die Verwaltungsbeamten senatorischen Standes verzeichnet nach Ort und Zeit Alföldy 1977.
23 VM. 12,7.
24 Alföldy 1977, 17; ders. 1993, 63.
25 S. u. VIII u!
26 E. Groag, RE. III (1899) 2843 ff.
27 S. o. V m!
28 VComm. 4,1; 4,4; 5,7. S. u. X j!
29 S. o. V u!
30 Dio LXXIII 3,1.
31 VPert. 4,10; VDidius Julianus 8,3.
32 M. Fluss, RE. Suppl. III (1918), 895 ff.
33 Karriere bei Böhme 1977, 59 mit Kartenskizze.
34 Ps. Aurelius Victor, Epitome 18,4.
35 Dio LXXIII 3,1.
36 Zu seinem angeblichen Kommando beim Regenwunder s. u. V u!
37 S. o. V w!
38 VPert. 2.9.
39 VPert. 2,10 f. Böhme 1977, 66.
40 VPert. 13,8.
41 S. o. I m!
42 S. o. VII e!
43 Dio LXXI 5,2 f; P. v. Rohden in: RE. III (1897), 103 ff.
44 S. o. V t!
45 Namensvarianten: Tarutienus, Taruttienus, Tarruntenios, Tarrutenios, Tarruntenus.
46 Dio LXXII 5,1.
47 S. u. VII k! Mommsen, Staatsrecht II 1120 f.
48 Liebs 2002.
49 Codex Theodosianus I 4,3.

50 Digesten XXXI 67, 10.
51 Codex Iustinianus VII 2,6.
52 VM. 10,10.
53 Liebs 2010, 43 ff.
54 Dio LXXI 6,1 f; Philostrat VS. 559 ff.
55 Digesten XI 7,39.
56 Aurelius Victor 16,11.
57 VM. 11,10: Digesten XXXVII 1,23 pr.
58 S. o. III u!
59 Digesten I 18,14; Birley 1968, 360.
60 Mommsen, Strafrecht 1035 f.; Demandt 2007, 325 f.
61 VM. 24,1.
62 Die Kontroverse referiert C. Koehn bei Grieb 2017, 307 ff.
63 VM. 11,10.
64 VM. 10,10. Ulpian, Digesten II 12,2.
65 Haines I 158; Digesten II 12,7.
66 Digesten II 12,1 pr.
67 S. o. III j!
68 VM. 3,6; Finkenauer 2010, 7.
69 Haines II 96; Digesten XXXVII 14,17. Eine Zusammenstellung der «Freunde» Marc Aurels bietet Friedlaender IV 72 ff. Die Hofjuristen bringt Liebs 2010, 45 ff. Eigens genannt werden Maecianus und Salvius Julianus, Digesten XXXVII 14,17 pr.
70 Liebs in: Sallmann 1997, 114.
71 VM. 22,3.
72 EH. IV 12; X 12.
73 Digesten XXVIII 4,3; s. u. VII i!
74 S. u. VII x!
75 Sherwin-White (1973) bei Klein 1979, 435; Liebs 1976.
76 Vgl. Fronto bei Haines II 220; 234.
77 Färber 2014, 91 ff.
78 S. o. III j!
79 VV. 8,8 f.; s. o. V i!
80 VM. 12,1 ff.; 23,1.
81 S. o. III u!
82 S. o. VII e!
83 Philostrat VS. 547.
84 Philostrat VS. 550.
85 Philostrat VS. 549 f.; Pausanias I 19,6.
86 Philostrat VS. 566; Judeich 1931, 419; Pekary 1985, 54.
87 Judeich 1931, 417; Kirsten/Kraiker 1962, 105 f.

88 Philostrat VS. 551; Pausanias VII 20,6; Judeich 1931, 326 f.; Kirsten/Kraiker 1962, 118.

89 S. o. III u!

90 Es ist der erhaltene «Tempel der Deus Rediculus»: Stemmer 1988, 227; s. o. II z!

91 Philostrat VS. 556 f.; Pausanias VI 21,2; J. Weiss, RE. VII A (1939) 176 f.; Kähler 1958, 210 ff.; ders. 1960, 312.

92 Philostrat VS. 551; Pausanias II 1,7; X 32,1; Stemmer 1988, 197.

93 Kirsten/Kraiker 1962, 273; Stemmer 1988, 197.

94 Stemmer 1988, 195.

95 Philostrat VS. 559. S. o. I p! Amtsbezeichnungen sind nicht überliefert, zu *corrector*: W. Eck, RE. Suppl. XV (1978) 463 f.

96 Philostrat VS. 559 ff.

97 R. Hanslik, RE. XXII (1954) 1743.

98 Philostrat VS. 555; A. Stein, RE. V (1903), 192; Oliver 1970.

99 A. Stein, RE. XIV (1928), 951.

100 Aristoteles, Staat der Athener 67,2.

101 Philostrat VS. 555.

102 Dio LXXI 5,2 f.

103 Digesten XXVIII 1,20,9.

104 Codex Iustinianus VI 27,2; Digesten XXIII 2,57 a; XXXVII 14,17 pr.

105 Cortassa 1984, 638.

106 CIC. Institutionen I 25,1; Digesten XVIII 7,10. Liebs in: Sallmann 1997, 89.

107 A. Berger, RE. XVIII (1983) 1059 ff., Liebs in: Sallmann 1997, 112 f.

108 S. o. VI g!

109 S. o. III t!

110 S. o. V t!

111 So auf der Tabula Banasitana; s. u. VII w!

112 S. u. VII k!

113 VComm. 1,6.

114 Haines I 284.

115 Finkenauer 2010, 8.

116 S. o. I v!

117 EH. V 31.

118 Liebs in: Sallmann 1997, 188 ff.; Text: FIRA. II 5 ff.

119 Plinius, ep. X 97; s. u. VIII l! W. L. Westermann, RE. Suppl. VI (1935), 1041 ff.

120 FIRA. II 18.

121 FIRA. II 551 f.; Liebs 2007, 127 ff.

122 VHadr. 18,7.

123 Digesten XVIII 1,42.

124 Varro, De re rustica I 17,1.

125 FIRA. II 18.

126 S. u. VIII m!

127 Digesten IIL 18,1,27.
128 *Benigna interpretatio*, Codex Iustinianus VI 27,1.
129 *Aequius*, Digesten XL 5,37.
130 Digesten XXVIII 4,3. Den Fall erzählt Birley 1968, 248 f.; M. Avenarius in: van Ackeren 2009, 218 f.
131 Seneca, De clementia I 18,2 f.; III 16,1 f.
132 Codex Iustinianus VI 27,2; zu Diocletian: Codex Iustinianus I 19,1; VII 13,1.
133 Digesten XL 5,37; Institutiones III 11, pr. 1.
134 Digesten IIL 19,33.
135 Digesten XL 15,1,3.
136 Digesten XL 15,1,1 ff. Anders irrig VM. 10,1.
137 VM. 9,7 f.
138 Philostrat VS. 593.
139 Digesten XL 1,4 pr.
140 So Finkenauer 2010, 44.
141 Finkenauer 2010, 26 ff.
142 Digesten XL 3,1; IIL 19,33.
143 Codex Iustinianus VI 35,11.
144 Finkenauer 2010, 77 ff.
145 Digesten XXIX 5,2.
146 Dio LXXI 29,3 f.
147 Finkenauer 2010, 61 ff.
148 Codex Iustinianus IX 47,12.
149 Dio LXXI 29,4.
150 Haines I 118 f.
151 W. L. Westermann, RE. Suppl. VI (1935) 1053 ff.
152 MacMullen 1966, 192 ff.; 255 ff.
153 Das abenteuerliche Leben Bullas beschreibt Dio LXXVII 10,5.
154 Digesten XXI 1,17.
155 Digesten XI 4,1 f.; 4,3.
156 Digesten XIX 5,18; XXI 1,17,12.
157 Plutarch, Cato maior 21.
158 Digesten IIL 18,16 pr.
159 Codex Iustinianus IX 41,11; Mommsen, Strafrecht 406.
160 Digesten IIL 18,1,6; 18,1,3.
161 Digesten IIL 18,1,4.
162 Digesten IIL 18,1,14.
163 Digesten I 8,6,1.
164 Digesten IIL 18,17 pr.
165 Dio LXXVI 16,4.
166 M. Speidel in: Grieb 2017, 59.
167 Dessau 2288 mit drei weiteren Inschriften aus der Zeit von Septimius Severus.

168 E. Ritterling, RE. XII (1924), 1296 ff.; Birley 1968, 457 mit Nachweisen. S. o. V f!

169 Die Truppenstationen aufgelistet bietet Hund 2017, 379 ff.

170 S. Ortisi in: van Ackeren 2012, 334.

171 Dessau 9471; vgl. 8864; E. Weber in: Friesinger 1994, 68; Halfmann 1986, 77.

172 S. o. I i!

173 S. o. V p und v!

174 S. o. V m!

175 Dio LVIII 15.

176 Dio LXXI 11,4; VM. 22,2; 24,3. S. o. V z!

177 S. o. V u; VI h!

178 S. o. VII e!

179 Liebs in: Sallmann 1997, 136 f.

180 A. Berger, RE. IV A (1932) 2305 ff.; E. Sander, RE. Suppl. X (1965) 394 ff.

181 S. o. II i; IV u!

182 S. o. III d!

183 S. u. IX i!

184 Motschmann 2002; s. u. IX y!

185 Polybios VI 56,6 f.; Cicero, De natura deorum II 8; Horaz, carmina III 30,8 f.

186 Szaivert 1986, 122 f.

187 S. o. IV h!

188 VM. 8,11.

189 Filocalus 208.

190 VM. 23,8.

191 Vogt 1924, 145; Motschmann 2002, 117 ff.

192 Spickermann in: Grieb 2017, 325 ff.

193 S. o. II x!

194 Dessau 8804; Lukian, Alexandros Pseudomantis 48.

195 Plutarch, Alexandros 28.

196 S. o. VI p!

197 Ammian XXV 4,17; s. o. V w!

198 S. o. IV f!

199 VM. 10,5; 11,3 ff.

200 Kienast 2017, 133.

201 S. o. II z!

202 Athenaios I 1 bc.

203 Dessau 2932; Motschmann 2002, 112 ff.

204 S. o. V x; VII e!

205 Oliver 1970; Jones 1971; Cortassa 1984, 650 ff.; Bretone 1989/1992, 157; Motschmann 2002, 172 f.; Fündling 2008, 155; Halfmann in: Grieb 2017, 220 f.

206 Digesten XI 4,2.

207 S. o. VI i!

208 Oliver 1970, 92 ff, es ist nur – bisher 58mal – inschriftlich bezeugt.

209 Pausanias I 18,9; Dio LXIX 16. Die Lage des Tempels wird bei Judeich 1931, 378 nicht angegeben.

210 Ilias II 530.

211 Oliver 1970, 112.

212 Stemmer 1988, 149.

213 Aristoteles, Athenaion Politeia 42.

214 Th. Thalheim, RE. V (1905) 2737 ff.

215 S. o. III i!

216 Rostovtzeff 1925/29, II 140; ein Relief der Zeit Marc Aurels aus Virunum bei Stemmer 1988, 148.

217 Zu Faustinopolis s. o. IV i! Zu Discoduraterae im südlichen Thrakien: Rostovtzeff 1925/1929, 346: C. Kazarow, RE. XVII (1936) 520.

218 S. o. IV o! VI i!

219 S. u. VIII c! Quer zur Städtepolitik Marc Aurels liegt die rätselhafte Nachricht bei Aurelius Victor 41,20, Constantin habe der Stadt Nicaea die Zwangslieferung von Getreide erlassen, die ihr «Marcus Boionius» auferlegt habe, da die Stadt sich angeblich nicht mehr an den aus ihr stammenden hervorragenden Gelehrten Hipparchos erinnerte. Was ist das für ein Motiv? «Marcus Boionius» nennt Victor 16,1 Marc Aurel zwischen der Adoption durch Pius und dessen Tod. Demnach müßte jene Strafe vor 161 verfügt worden sein, wozu aber Marcus die Kompetenz fehlte. Nicaea hat Marcus auf dem Weg nach Syrien 175 berührt, wie das Itinerarium Antonini zeigt (Löhberg 2006, Karte 52,2), aber damals hieß er nicht mehr «Marcus Boionius». Der Erlaß der Sonderabgabe durch Constantin ist gewiß historisch, der Grund für die Einrichtung aber ist Legende, zumal Hipparch in Nicaea auf lokalen Münzen von Pius bis Commodus erscheint, J. Nollé, Eine folgenreiche Bildungslücke. Marc Aurel und die Gesandten von Nikaia. In: Jahrbuch für Numismatik und Geldgeschichte 47, 1997, 44 ff. mit einer phantasievollen Geschichte dazu.

220 Dessau 458; 6787; 7457. Mommsen, RG. V 653 ohne Datierung.

221 K. H. Dietz in: Imperium Romanum. Roms Provinzen an Neckar, Rhein und Donau (Ausstellung Stuttgart) 2005/2006, 107 f.

222 VM. 23,8; VHadr. 18,10; Dessau 3520; 5683 f.

223 Kolb 2002, 446.

224 Digesten L 10,6.

225 Codex Iustinianus VIII 10,1.

226 Waelkens 2012, 112 ff.

227 S. o. I p!

228 Waelkens 2012, 103.

229 Haines II 40.

230 Haines II 176 ff.

231 Digesten IIL 12,3; L 1,8.

232 Digesten L 2,13.
233 S. o. I p!
234 S. o. VII e!
235 OGIS. 508.
236 Euseb HE. IV 13,4; W. Capelle, RE. Suppl. IV (1922), 352 ff.; H. Brandt, Prostanna, Poseidon und Erdbeben in Kleinasien. In: Philia 2, 2016, 92 ff.
237 Tacitus, Annalen II 47; Dessau 156.
238 Orosius VII 12,5. Ich selbst erlebte einen Erdstoß am 6. Oktober 1964 in Troja.
239 Aristides or. XXVII; Haines II 40.
240 S. o. VI k!
241 Aurelius Victor 16,12.
242 L. Bürchner, RE. V (1905) 2797.
243 BMC. L. Verus Rs. 247 unter Septimius Severus.
244 VM. 23,3.
245 S. u. VIII y!
246 MacMullen 1966, 251 f.
247 Erika Brödner, Die römischen Thermen und das antike Badewesen, 1983, 248 f.
248 VM. 10,5.
249 K. Schneider, RE. Suppl. VI (1935) 398 ff.; Löhberg 2006.
250 Ein Meilenstein des Marcus von 169: W. Eck, RE. Suppl. XV (1978), 463. Irrig T. Mattern in: Grieb 2017, 258; 268, es gebe keine Meilensteine Marc Aurels.
251 Birley 1968, 286, 322.
252 VPert. 2,2.
253 Meilensteine: CIL. III 10615; 10632; 10638.
254 Dessau 5864.
255 Dessau 5868.
256 VHadr. 7,5.
257 W. Enßlin, RE. XXII (1954), 1337; Mommsen, Staatsrecht II, 1029 ff.
258 Haines I 158; es handelt sich um das einzig erhaltene Fragment einer Frontorede.
259 W. Eck, RE. Suppl. XV (1978), 133.
260 Philostrat VS. 605 f.
261 J. Keil, RE. VIII A (1955) 563 ff.; Marek 2010, 547 f. Zum Parthermonument: Seipel 2003; Oberleitner 2009, 294; s. o. IV s!
262 G. Wentzel, RE. I (1894) 1455.
263 Die Schreibweise *Leptis* ist nicht authentisch.
264 H. Kähler, RE. VII (1939), 426 ff.; Birley 1971, 88.
265 S. o. VII e!
266 S. o. VI k!

267 Aristides HL. IV 100 ff.

268 Digesten XLVIII 3,6; L 4,18,7.

269 Digesten XXVII 1,6,2.

270 Aristides HL. IV 73–99.

271 Ps. Aurelius Victor, Epitome de Caesaribus 12,4.

272 Plinius, ep. VII 18.

273 VHadr. 7,8.

274 VPius 8,1.

275 Philipp Demandt, Luisenkult, 2003, 217 ff.

276 VM. 7,8; 26,6.

277 Helbig IV Nr. 3234.

278 VM. 11,2.

279 VM. 11,9.

280 VDidius 2,1.

281 W. Kubitschek, RE. I (1894), 1484 f.; Rostovtzeff 1925/1929, I 150; 161; II 75.

282 So die bronzene Alimentartafel von Veleia, Dessau 6675.

283 VSev. Al. 57,7.

284 Mommsen, Staatsrecht II 949; 1079.

285 Dessau 6818.

286 Augustinus, De coniugiis adulterinis VIII; PL. 40, 475 zu Mt. 19,9.

287 Haines I 154 ff.

288 W. Eck, RE. Suppl. XV (1978) 131 ff. Bei ihm auch zur bestrittenen Verwandtschaft, die jedoch u. a. Birley 1968, 239 und 419 vertritt, aber S. 43 bezweifelt und S. 45 erwägt.

289 Haines II 94 ff.; s. o. V 1!

290 Birley 1968, 239; M. Kaser, Römisches Privatrecht, 1971 I 757.

291 VM. 7,1.

292 VM. 10,11 f; Dessau 1118.

293 Digesten XXVII 1,7.

294 Digesten XXIII 2,57 a. Nacherzählt bei Birley 1968, 246.

295 Digesten XXXVII 14,17, pr.; Bretone 1989/1992, 151 f.

296 Digesten XXXVI 1,23 (22) pr.; Birley 1968, 329.

297 Digesten XXXVIII 17,9; Institutiones III 4; Codex Iustinianus VI 57. G. Koehn bei Grieb 2017, 307 ff. zum Verhältnis dieser Bestimmung zum *Senatus consultum Tertullianum* Hadrians, das umgekehrt die Mütter zu Erben ihrer Kinder macht.

298 Digesten XXXII 1,62; ebenso Ulpian in: Digesten L 16,1; 16,52 und Paulus in Digesten L 16,84.

299 Tafel V, R. Düll, Das Zwölftafelgesetz, 1959, 34 ff.

300 CIL. XVI Nr. 95 und 124; FIRA. II 503 *oratio Divi Marci.* Die auf den 6. Januar 168 datierte Rede ist mit der Pest kaum zu verbinden, wie Birley 1968, 282 vermutet.

301 VM. 17,1; Eutrop VIII 12.

302 VM. 22,9.

303 Birley 1968, 306; 371.

304 S. o. V j!

305 S. o. IV r!

306 S. o. V n!

307 S. o. VII a!

308 Dio LXXI 31,1.

309 Ps.-Julius Paulus, Sententiae I 12,5 in: FIRA II, 399.

310 VCass. 14,7 f.

311 VM. 11,6; VHadr. 22,13; VPius 2,11; Appian XIII 38; Dessau 1118; Mommsen, Staatsrecht II 1084 f.

312 S. o. I o!

313 Ioannis Stobaei Sententiae, 1609, 244; Deininger 1965, 165.

314 Dessau 5163; 9340; FIRA. I 294 ff.; VM. 11,4; 27,6: Cortassa 1984, 666 ff.; Mommsen 1890.

315 Mommsen 1890, 508.

316 Apuleius, Metamorphosen IV 13,4 ff.; Mommsen, Strafrecht, 953 ff.; K. Schneider, RE. Suppl. III (1918) 767 ff.

317 Birley 1968, 363 ff.

318 S. o. III h; VII i!

319 Demandt 2007, 440; 456 f.

320 Digesten XLVIII 19,8,1; Cortassa 1984, 554.

321 VM. 11,1; Euseb HE. IV 26,5; Mommsen, Staatsrecht II 599.

322 VPius 7,2.

323 Inschrift bei Cortassa 1984, 648. Der Anlaß zu dem Geschenk ist in dem Fragment nicht genannt, er ist meine Vermutung.

324 W. Kubitschek, RE. II (1896), 2552.

325 VM. 11,9; Mommsen, Staatsrecht II, 1081.

326 FIRA. I 495 f.; Rostovtzeff 1925/1929, II 109 f.

327 Digesten III 2,1.

328 VM. 11,1; 12,5.

329 S. o. VII t!

330 A. Betz, RE. VIII A (1958) 1862 ff.

331 Die spätere Indiktionsperiode?

332 Dio LXXI 32,2, er spricht inklusiv von 46 Jahren; Euseb/Hieronymus, Weltchronik zu 178; Chron. Min. I 147. Die Schulden der 15 Jahre davor, von 118 bis 133, wurden nicht erlassen, wie Dio anmerkt.

333 VHadr. 7,6; Dessau 309.

334 Dessau 7155.

335 VM. 23,2; Dio LXXI 32,3.

336 VM. 7,9; 22,12; Dio LXXIII 8,4; s. o. III z!

337 VM. 12,11; 17,7; 27,5.

338 Geprägt in den Jahren 161, 165, 166, 167, 169, 175, 177. Kienast 2017, 133; Szaivert 1986, 329 f.

339 S. o. V l!

340 Dio LXXI 34,3. Konnte man das geschlechtslose *beneficium* personifizieren? Spuren des Tempels gibt es nicht. T. Mattern in: Grieb 2017, 260 ff.

341 Tafel X; R. Düll (Hg.), Das Zwölftafelgesetz, 1959, 58 f.

342 Livius XXXIV 1 ff.

343 Gellius II 24.

344 VHadr. 22,5; zum Ganzen: B. Kübler, RE. IV A (1931) 901 ff.

345 VM. 17,6.

346 VM. 9,9.

347 Mt. 21,12 ff. mit Parallelstellen.

348 Tacitus, Annalen VI 16 f.; Friedlaender I 130; 162.

349 Epiktet, Diatribai I 20,8 f.

350 Dazu die köstliche Bemerkung über den tauben Ludwig Friedlaender, der 1874 im Berliner Münzkabinett die Falschheit von Bronzemünzen am Geruch feststellte, W. Enßlin, RE. XVII (1937) 1418 f.

351 Mommsen, KG. 253; 365.

352 H. Blümner, RE. III (1927) 19.

353 Treffend Th. Pekary, die Staatsfinanzen unter M. Aurelius und Commodus. In: Historia 8, 1958, 448 ff.; ebenso Ruffing in: Grieb 2017, 223 ff.

354 Dessau 212; Tacitus, Annalen XI 23 ff.

355 S. o. II l!

356 Gefunden 1957; J. H. Oliver, The Text of the Tabula Banasitana, in: American Journal of Philology 93, 1972, 336 ff.; A. N. Sherwin-White (1973) bei Klein 1979, 429 ff.; B. Forssman, Zur Tabula Banasitana. In: Antiquités africaines 9, 1975, 157 ff.

357 Plinius NH. V 1,5; CIL. VIII 9992.

358 S. o. V p!

359 Cicero, Pro Balbo 28.

360 Jones 1971; Sherwin-White (1973) bei Klein 1979, 440 ff.

361 Mommsen, Staatsrecht II, 1137 f.; Demandt, Staatsformen, 1995, 447; s. o. I g!

362 S. u. VIII z!

363 Lactanz, De mortibus persecutorum 26,6; Euseb, Vita Constanini I 9,2.

364 Gellius V 19; Gaius I 134 in: FIRA. II 35 f.

365 Mommsen, Staatsrecht III 36 ff.

366 H. Nesselhauf, Die Adoption des römischen Kaisers. In: Hermes 83, 1955, 477 ff.

367 Tacitus, Historien I 15 f; II 77.

368 Dio LXVIII 4,1.

369 Tacitus, Historien I 16.

370 Plinius, Panegyricus 7,2; 7,6; 94,2, 94,5.

371 Dio LXIX 1,3 f.

372 Dio LXIX 20,2 f.

373 S. o. III f!

374 Aristeas-Brief (um 120 v. Chr.) 288, in: E. Kautzsch (Hg.), Die Pseudepigraphen des Alten Testaments, 1900, 29; Suda (10. Jh.), Beta 147; S. o. III e, f!

375 Dessau 397; 401. Zu Regensburg s. VI v!

376 J. Keil in: Klein 1979, 58 ff.

377 S. u. X l!

378 VM. 28,10. S. u. X b!

379 VComm. 1,9. Vermutlich hat der verärgerte Commodus gesagt: «Den Kerl müßte man selbst in den Ofen werfen», was aber dann nicht erfolgt ist. Daraus machte die Legende das Motiv mit dem Hammelfell analog zur Rehleber im Märchen von Schneewittchen.

380 VComm. 1,7 ff.; Dio LXXII 1.

381 So aber Mommsen, KG. 370 f.; Christ 1988, 345; zuletzt auch Grieb 2017, XII.

382 Szaivert 1986, 94 ff.; 169; 191.

383 VM. 12,10.

384 VComm. 1,10; 11,13.

385 VM. 12,8; VComm. 1,10; 11,13.

VIII. Die Christenprozesse

1 Lk. 24,21.

2 Mk. 15,26.

3 Lk. 12,49; 14,26; Mt. 10,34; 24,6.

4 M. Hengel, Die Zeloten, 1961.

5 1. Kor. 15,24 f.; Hebräer 10,13; Mt. 22,44. Nach Ps. 110,1.

6 Diesen Gestaltwandel hat zuerst der Begründer der historischen Leben-Jesu-Forschung Hermann Samuel Reimarus 1765/1972 herausgestellt. A. Demandt, Pilatus und der politische Jesus, 2016.

7 Apg. 7,54 ff.; Josephus, Antiquitates XX 9,1; Euseb, Kirchengeschichte II 23,4 ff.

8 Gal. 1,13; Apg. 9,1. Daß Paulus vom Pferd gestürzt sei, wissen erst die Künstler.

9 Philon, Legatio ad Gaium 157; 317; Josephus, Bellum II 10,4; 17,2.

10 Römerbrief 13; 1. Petr. 2,13; Mt. 6,24.

11 Tacitus, Germania 43. S. o. I t!

12 Kelsos 5,41: Dabei auftretende Unsicherheiten belegt die sabinische Göttin Vacuna. Sie erscheint als Minerva, Diana, Ceres, Victoria, Bellona oder Venus.

13 Livius XXXIX 8 ff.; Dessau 18; Cicero, De legibus II 37.

14 Mommsen, Strafrecht 578 f.

15 Sueton, Claudius 25,5; Strabon IV 5,4; Paulus, Sententiae V 23,16; FIRA. II 409; Porphyrios, De abstinentia II 56.

16 Mommsen, Strafrecht 572 f.; P. Schäfer, Geschichte der Juden in der Antike, 1983.

17 Galsterer 1975 Nr. 146.

18 Galsterer 1975 Nr. 105, 109, 112, zwanzig weitere Beinamen dieser Art im Register S. 128.

19 Lukian, Concilium deorum 9 ff.

20 Demandt 2013, 434 ff.

21 Hauptquelle ist seine Vita von Philostrat.

22 Philostrat VS. 570 ff.; Demandt 2013, 437 ff.

23 Hauptquelle ist Lukian, Alexandros, der falsche Prophet.

24 S. o. IV c; V g!

25 Umfassend behandelt Auguste Schäfer den Propheten in ihrer Magisterarbeit, Saarbrücken 1987, die mir dankenswerterweise Peter R. Franke zur Verfügung gestellt hat. Zu Rutilianus: E. Groag, RE. XVI (1933) 529 ff.

26 Hauptquelle: Lukian, De morte Peregrini; Liebs 2015, 51.

27 Gellius XII 11; Ammian XXIX 1,39.

28 S. o. VI e!

29 Euseb, HE. VI 16 f.

30 W. Foerster, Die Gnosis. I Die Zeugnisse der Kirchenväter, 1969.

31 Wichtige Originaldokumente wurden 1946 bei Nag Hammadi in Oberägypten gefunden.

32 Die Reste bei Hennecke/Schneemelcher 1968/71.

33 Clemens, Stromateis VII 106 ff.

34 Hennecke/Schneemelcher I 258 f.

35 Clemens, Stromateis III 25,2; Euseb, HE. V 13,4; 16, 21; A. v. Harnack, Neue Studien zu Marcion, 1923.

36 H. Leisegang, Die Gnosis, 1924/55.

37 Justin, Apologie II 4; 7.

38 Zur Legende von der melitenischen Legion s. o. V u!

39 Tertullian, Apologeticum 38,3; 46,13.

40 1. Kor. 6,1 ff.

41 Minucius Felix 8,4.

42 Mommsen, KG. 499.

43 Tacitus, Annalen XV 44; Sueton, Nero 16,2.

44 Diodor XXXIV/XXXV 1,1 f.

45 Tertullian, Apologeticum 21.

46 Tacitus, Annalen XV 44,5.

47 Dio LXVII 14,1 f.; Sueton, Domitian 15; Mommsen, Strafrecht 574.

48 Mommsen, KG. 2005, 202.

49 Offb. 13,1; 17,1.
50 VS. 22 B 92.
51 Motschmann 2002, 107 ff.
52 Vergil, 4. Ekloge.
53 Ps.-Justin, Cohortatio ad Graecos 38.
54 Friedlieb 1852, LII ff.; 140 ff.; A. Rzach, RE. II A (1923) 2084 f.; 2142 ff.; Fuchs 1938, 79 ff.; Hennecke/Schneemelcher II 1964, 514 ff.
55 Justin, Apologie I 44.
56 Julius Paulus, Sententiae V 21,3; FIRA. II 1968, 407.
57 Digesten IIL, 19,30. Mommsen, Strafrecht 579 Anm. 2.
58 FIRA. II 1968, 580. Mommsen, Strafrecht 863 f.
59 Euseb, HE. V 18,2.
60 Marek 2010, 669.
61 Euseb, HE. V 16,7 ff.
62 Euseb, HE. V 16,18.
63 Euseb, HE. V 18,14
64 Prokop, Anekdota 11,25.
65 Sueton, Nero 16,2.
66 Plutarch, Moralia 164 E.
67 Keim, Th. (Hg.), Celsus' Wahres Wort, 1873, XI.
68 Origenes, Contra Celsum 7,9; Euseb HE. VI 36,2.
69 Peterson 1951, 45.
70 Peterson, 1951, 80 f.
71 Kelsos 8,69. M. Sordi (1961) in Klein 1979, 182 sieht darin eine Bestätigung ihrer Annahme eines staatlichen Fahndungsbefehls durch Marc Aurel, doch ist hier an die Christenfeinde aus dem Volk zu denken, die ernst machten mit ihrer Parole «Fort mit den Christen!»
72 Minucius Felix, Octavius 9,6; 31,1 ff.
73 Justin, Apologie I 26; II 12.
74 Tertullian, Apologeticum 7,1; 8,3.
75 1. Kor. 5,1.
76 S. u. VIII m!
77 Mommsen, Strafrecht 570.
78 1. Kor. 9,5; Jak. 2,15.
79 Athenagoras, Bittschrift für die Christen 3; 31. In: Frühchristliche Apologeten und Märtyrerakten I (BKV 12) 1913.
80 Apg. 5.
81 Mommsen, Strafrecht 639 ff.
82 A. Esch, Die Lebenswelt des europäischen Spätmittelalters, 2014, 217.
83 Plinius ep. X 96 u. 97. Mommsen, Strafrecht 575 f., Liebs 2007, 115 ff.
84 Dessau 2927.
85 Valerius Maximus II 2,2.

86 Wiotte-Franz 2001, 145 f.
87 Digesten XXXII 11 pr.
88 Mommsen, Strafrecht 35.
89 Strafgesetzbuch § 89 b; 129; Hinweis von Detlef Liebs.
90 Tertullian, Ad nationes I 7,9.
91 Sulpicius Severus, Chronik 29,3.
92 Plinius, ep. 34; 93; 117.
93 Lk. 16,15.
94 Tertullian, Apologeticum 5,6 f.
95 Justin, Apologie I 68.
96 E. Groag RE. XV (1931) 1820 ff. Justin und Euseb nennen ihn Minoukios Phoundanos.
97 Euseb, HE. VII 9.
98 VSeverus Alexander 43,6.
99 Alle Versuche, die Echtheit dieses Edikts zu retten, indem man es mit der unverändert gültigen Rechtslage unter Trajan harmonisiert, stehen im eklatantem Widerspruch zu den Aussagen des Textes, der die Strafwürdigkeit des Bekenntnisses auf mögliche, unterschiedlich schwere Straftaten des Bekenners zurücknimmt. Die demgemäß gebotene Differenzierung des Strafmaßes kann sich nicht auf die Art der in jedem Fall erforderlichen Hinrichtung beziehen, da deren Vollzug stets im Ermessen des Richters lag. Der Zweck der Fälschung war die Gewinnung des «guten» Kaisers Hadrian für die Duldung der Christen. Das Schreiben paßt fugenlos in die Falsifikate der Apologeten vor und nach dem Kaiserbrief zum Regenwunder. Die «Echtheit» des Hadrianischen Toleranzedikts bei Mommsen, Strafrecht 577; Keresztes (1968) in: Klein 1979, 292; J. Molthagen in: Grieb 2017, 246 f. wird bündig widerlegt von H. Nesselhauf 1976. Zu Mommsen und Harnack: Rebenich 1997, 698 ff.
100 Euseb, HE. IV 13. Euseb und Meliton (s. u!) weisen den Brief Pius zu, Euseb nennt aber im Brieftext selbst als Absender Marcus. Das erwähnte 15. Tribunatsjahr war bei Pius 152, bei Marcus 161. Darauf führt auch das genannte dritte Konsulat des Kaisers. Den genannten Beinamen Armenios (Armeniacus) führte Pius nicht, Marcus nur 164.
101 Tertullian, Apologeticum 5,6.
102 Euseb HE. V 21,3.
103 Euseb HE. IV 26.
104 EH. XI 3.
105 Cyprian, De lapsis 2,7.
106 Epiktet, Diatribai IV 7,6.
107 Minucius Felix, Octavius 8,5.
108 Joh. 20,29.
109 Justin, Apologie I 39; II 12.
110 Tertullian, Apologeticum 46,14.

111 Tertullian, Ad Scapulam 5.
112 Justin, Apologie II 3/4.
113 Justin, Apologie I 10.
114 Kelsos 4,99.
115 1. Petr. 2,19 ff.; 4,1 ff.
116 Schlange-Schöningen 2003, 249 ff.
117 Diognet 6; Tertullian, Ad Scapulam 5.
118 Apg. 7,55 f.
119 2. Kor. 12,2.
120 Phil. 1,23.
121 Lk. 16,19 ff.
122 W. Grundmann, Das Evangelium nach Lukas, 1974, 328.
123 Mt. 19,28 f.; 20,20 ff.; Mk. 10,28 u. 35 ff.; 14,25; Lk. 13,29; 14,15; 18,30; 22,30; Joh. 13,23.
124 Platon, Staat 363 C.
125 Justin, Apologie I 8.
126 Lucretius, De rerum natura III 1 ff.
127 Plinius, NH. VII 188 ff.
128 Dessau 8161–8168.
129 Athenagoras, Über die Auferstehung 3.
130 Tertullian, Apologeticum 48,5.
131 Rohde 1925, II 1 ff.
132 Odyssee XI 36 ff.
133 Platon, Apologie 40 c ff.
134 Platon, Phaidon 64 C ff.; ders., Staat 614 B ff.
135 Lukian, De luctu 1 ff.
136 Cicero, De re publica VI 9 ff.; ders., Tusculanen I 12 ff.
137 Sueton, Caesar 88.
138 So die ‹Locke der Berenike› bei Catull 66 nach Kallimachos.
139 Cic. Tusc. I 79.
140 Seneca, ep. 63,16; etwas anders *dialogi* VI 23; Rohde 1925, II 323 ff.
141 Friedlaender IV 1921/23, 310 ff.
142 Lactanz, De mortibus 3,4 f.
143 Euseb/Hieronymus, Weltchronik zu 124; Euseb HE. IV 3,1 f.
144 Euseb, HE. IV 3,3.
145 Griechisch bei G. Krüger 1915, deutsch von G. Rauschen in: Frühchristliche Apologeten und Märtyrer-Akten 1913, 55 ff. (BKV. 12). Apologie II ist ein Nachtrag zu Apologie I und wurde zusammen mit dieser veröffentlicht, Euseb, HE. IV 17,2; 18,2.
146 Justin, Apologie II 2; Euseb, HE. IV 17: «Urbicius» bei Dessau 1065.
147 Justin, Apologie I 68.
148 Justin, Apologie I 31.

149 Schäfer 1983, 135 ff.; 159 ff.

150 Hengel, M., Die Zeloten, 1961.

151 Mt. 24,30.

152 Platon, Staat 615 A ff.; Phaidros 249 A.

153 Justin, Apologie I 8; 10; 19; 45; 54

154 Justin, Apologie I 45.

155 Mt. 5,10.

156 Tertullian, Apologeticum 5; 21; Hennecke/Schneemelcher I 333 ff.

157 Justin, Apologie I 31; 33; 35; 50.

158 Zu dem mit Justins Text überlieferten «Schreiben an Diognet» s. o. III s!

159 Diogenes Laërtios VI 1 ff.

160 EH. VIII 3.

161 Deutsch von R. C. Kukula in: Frühchristliche Apologeten und Märtyrerakten, I 1913 (BKV. 12).

162 Euseb/Hieronymus, Weltchronik ed. R. Helm, zu 155; ders. HE. IV 16.

163 Acta Sancti Iustini. Döpp/Geerlings 1999, 413. Deutsch von C. Rauschen in: Frühchristliche Apologeten und Märtyrerakten II 1913 (BKV 14) und Birley 168, 278; Motschmann 2002, 232 ff. Zu den drei Rezensionen: J. Molthagen bei Grieb 2017, 351 ff.

164 Döpp/Geerlings 1999, 411 ff.

165 EH. I 17,14; Dio LXXI 35.

166 Acta Sanctarum Pudentianae et Praxedis, 19. Mai (um 150).

167 Knopf/Krüger 129, 15 ff.

168 Euseb HE. 23,10. Das können keine Sträflinge glaubenshalber gewesen sei wie später unter Diocletian, denn dafür fehlte noch die gesetzliche Grundlage. Christen wurden hingerichtet.

169 Euseb HE. V pr. 1; 24,11 ff.

170 Euseb HE. IV 15,48; A. Harnack, Die Acten des Karpus, in: Texte und Untersuchungen III 3 f., 1888, 433 ff.

171 J. Molthagen in: Grieb 2017, 350.

172 J. Molthagen a. O. 351 ff.

173 S. o. V i!

174 J. Molthagen a. O. 351 weist darauf hin, daß die *prostagmata* erst in der jüngeren Version der Akten auf die Christen bezogen werden, während die ältere Fassung nur von «ungerechten Verordnungen über den Götzendienst» spricht, was zurückgehen dürfte auf die von Marcus angeordnete Intensivierung der Kulte im Krisenjahr 167, VM. 13,1 f., in dem auch der Justinprozeß stattfand.

175 So Birley 1968, 233. P. Keresztes (1968) in: Klein 1979, 283 ff. rechnet unbegründet mit einer «Verfolgungswelle» von 161 bis 168, ausgelöst durch den «Opferbefehl» Marc Aurels 167, so S. 298. Die «Welle» zuletzt bei H. M. Zilling in: Grieb 2017, 363.

176 Euseb, HE. IV 15,45.

177 Euseb, HE. IV 15.

178 So nach den Märtyrerakten P. Meinhold, RE. XXI (1952), 1673; Birley 1968, 202; 367; 433; M. Sordi (1961) in Klein 1979, 187 mit Literatur 191 f.; Molthagen in Grieb 2017, 349 f.

179 So nach Euseb HE. IV 15,1; ders., Weltchronik des Hieronymus zum Jahr; Motschmann 2002, 224 ff. sehr ausführlich.

180 Aristides HL. I 22 mit dem Herausgeber H. O. Schröder 1986, 26.

181 Euseb, HE. IV 26,1; 27,1; V 17,5.

182 Euseb, HE. IV 26.

183 M. Sordi (1961) in Klein 1979, 176 ff.; Motschmann 2002, 251 ff.; J. Molthagen in: Grieb 2017, 354 ff.

184 Mommsen in: Rebenich 1997, 665.

185 Digesten IIL 19,30.

186 I. Pfaff, RE. I A (1920), 1678 ff.

187 Digesten I 18,13 pr.; IIL 13,4,2.

188 Sie sei aber dadurch ermöglicht und in Gang gesetzt worden, Sordi (1961) in Klein 1979, 182.

189 Die Regelung Trajans blieb in Kraft: Tertullian, Apologeticum 2,6.; 5,5 ff.

190 VM. 11,1; s. o. VII u!

191 Mommsen, KG. 354 ff.; P. Keresztes in Klein 1979, 261 ff.; Liebs 2015, 56 ff.

192 Euseb, HE. V praefatio 1. Gutgläubig Liebs 2015, 56. Den Schluß von den Vorgängen in Lyon auf gleichartige Prozesse im ganzen Reich zieht Euseb auch HE. V 2,1.

193 P. Keresztes (1968) in: Klein 1979, 295 ff. rechnet unbegründet mit reichsweiten Verfolgungen, ausgelöst *faute de mieux* durch das Gladiatoren-Edikt, s. VII t!

194 Euseb, HE. V 1,4.

195 Euseb, HE. V 1,5.

196 Euseb, HE. V 1,5; 14; 25 ff.; 35.

197 Mt. 24, 9–13; Joh. 16,2.

198 Euseb, HE. V 1,6; 1,25; 1,34.

199 Euseb, HE. V 1,20.

200 Euseb, HE. V 1,47.

201 Euseb, HE. V 1,14.

202 Deininger 1965, 174.

203 Euseb, HE. V 1,48.

204 Daß bei den römischen Galliern der altkeltische Wunsch nach Menschenopfern mitgesprochen habe, wie sie Caesar einst bezeugt – so Birley 1968, 363 und Liebs 2015, 56 – ist eine überflüssige Hypothese. Was hat Tertullians *Christianos ad leonem!* mit den Druiden zu tun?

205 Euseb, HE. V 1,47.

206 S. o. VII o!

207 S. u. VII t! Daß die Verordnung geradezu den Zweck verfolgte, die Arena mit billigen Opfern zu versorgen, so Birley 1968, 368, ist nicht anzunehmen.

208 An der Zahl ist nicht mit Molthagen bei Grieb 2017, 316 und anderen zu zweifeln. Da Euseb mal *nomen*, mal *cognomen* nennt, lassen sich beide in einzelnen Fällen auf dieselbe Person beziehen, was die Zahl der Toten weiter mindert. Motschmann 2002, 255.

209 So Birley 1968, 433.

210 M. Sordi (1961) in Klein 1979, 190; Birley a. O.

211 Erstere in der Rezension B der Justinakten, Molthagen in Grieb 2017, 351, letztere bei Orosius VII 15,4.

212 Dessau 1116; R. Stiglitz, RE. VIII A (1958) 2569 f. Liebs 2015, 60 ff.

213 Tertullian, Ad Scapulam 3.

214 Die Akten deutsch von G. Rauschen in: Frühchristliche Apologeten und Märytrerakten II 1913 (BKV. 14).

215 Euseb, HE. V 21. Die Akten deutsch bei Rauschen BKV. 14, s. o.!

216 Dio LXXII 4,7; Euseb HE. V 21,1. Die Märtyrer von Scilli kennt er nicht, ebensowenig wie Orosius – anders Augustinus.

217 Haines II 298 f.; Cortassa 1984, 764 f.

218 So die Münzen und Inschriften, die Literatur schreibt *Hierapolis*. W. Ruge, RE. VIII (1913) 1588.

219 S. o. VII n!

220 W. Lüdtke/Th. Nissen, Die Grabinschrift des Aberkios, 1910.

221 Anders Vera Hirschmann, Untersuchungen zur Grabinschrift des Aberkios, ZPE. 129, 2000, 109 ff.

222 Zur möglichen Verbindung mit Euseb: A. Jülicher, RE. II (1896), 2393 f.

223 Orosius VII 15,4. Damit ist die Klimax der Überlieferung vollendet. Aus den siebentägigen Götterbewirtungen und den Gebeten der fremden nach Rom geholten Priester in der Vita wurden in der älteren Version der Justinusakten «ungerechte Bestimmungen über Götzendienst», was die jüngere Fassung ausdrücklich auf die Christen bezieht. Die Aberkioslegende meldet Verfolgung aufgrund eines reichsweiten Opferbefehls, und Orosius behauptet einen direkten Verfolgungsbefehl des Kaisers. Die Tendenz zur Aufbauschung findet sich in der Literatur zu den Christenprozessen generell.

224 Euseb, HE. IV 13; V 1; 47; 5,6.

225 Orosius VII 15,4; Augustin, CD. XVIII 52.

226 Orosius VII 27,7; 2. Mose 8,16 ff,

227 Otto v. Freising, Chronik III 24. Bei Sulpicius Severus, Chronik II 32,1 war es die fünfte Verfolgung nach Nero, Titus, Hadrian und Pius.

228 Deutsch von A. Eberhard in: Frühchristliche Apologeten und Märtyrerakten I 1913 (BKV. 12) 261 ff.

229 J. Sender/G. Bardy (edd.), Théophile d'Antiochia. Sources Chrétiennes, 1948.

230 Matthäus 22,21; 1. Petr. 2,17; Sprüche 24,21.
231 Orosius VII 3,4.
232 Orosius VII 1,11.
233 Euseb, HE. IV 13, s. o. VIII n!
234 Peterson 1951, 70.
235 S. o. V u!
236 Tertullian, Apologeticum 31,3; 32,1; 33,1; 40,13 ff.; ders., Ad Scapulam 3 u. 5.
237 Winkelmann 1991.
238 Euseb, Tricennatsrede c. 3.
239 Orosius II 1; VI 20,4.
240 Demandt 2011, 118 ff.

IX. Lebensphilosophie

1 Cicero, Tusculanen V 9 f.
2 Gellius V 16,5.
3 Plinius, NH. XIII 86 f.
4 Cicero, De re publica III 9 ff.; Plutarch, Cato Maior 22 f.; Lactanz, Divinae Institutiones V 14.
5 (Cicero) Auctor ad Herennium II 35.
6 So das Motto oben. Cicero, Tusculanen V 5.
7 Dio LII 36.
8 Sueton, Nero 52.
9 Tacitus, Agricola 4.
10 Petron, Satyricon 71.
11 Friedlaender III 1923, 246 ff.; MacMullen 1966, 46 ff.
12 Gellius I 2; IX 2; XIII 8,4 f.; Aristides or. 46; Friedlaender III 1923, 266 ff.
13 Demandt 1997, 198 f.; Kienast 1999, 314.
14 Tacitus, Annalen XIV 16; Seneca, Apokolokyntosis 2,2.
15 Seneca, ep. 14,14.
16 Digesten XXVII 1,6 f.
17 Lukian, Parasitus 52.
18 Dessau 7776; 8973; E. Groag RE. V (1905), 2011.
19 Herodian I 2.
20 Sen. ep. 106; 113.
21 Schenkl 1913, VIII; R. Helm, RE. XIII (1927) 1775 f.
22 Epikur fr. 137.
23 Seneca, De clementia 3,2; 5,1.
24 Haines II 102.
25 EH. IV 41; VII 19; XI 34; 36.
26 EH. I 7.

27 S. o. III s, t!
28 Im einzelnen nachgewiesen von Farquharson 1944.
29 S. u. X r!
30 Motschmann 2002, 53 ff.
31 EH. VII 9.
32 EH. VI 41; 44; XII 5.
33 Hier nicht angegebene Stellen bietet der Wortfinder der Teubneriana von Stich 1882.
34 EH IV 40; V 32.
35 EH. VII 67.
36 EH. VII 5; VIII 35.
37 EH. IV 23; VII 67; X 8; XII 1; 5; 23; 26.
38 EH. IX 1.
39 EH. V 3; VI 58; VII 11.
40 Seneca, De beneficiis IV 7. Knapp, aber treffend: R. Burgmann, Seneca's Theologie in ihrem Verhältnis zum Stoicismus und zum Christentum, 1872.
41 EH. V 8; 27; XI 8.
42 EH. V 8; IX 27.
43 VS. 21 B 15.
44 F. Sambursky, Das physikalische Weltbild der Antike, 1965, 318 ff.
45 Cicero, De natura deorum II 93.
46 EH. XII 28.
47 EH. IV 3; VII 31.
48 EH. VI 44; IX 28; XII 14.
49 EH. II 11; VI 10.
50 EH. VI 44; VIII 17.
51 EH. III 4 f.; V 10; Farquharson 1944, I 291.
52 EH. V 7; IX 40.
53 EH. III 4; 5; XII 1; 2; 26; Apg. 2,17.
54 Cicero, De natura deorum I 40.
55 Epiktet, Diatribai I 14,12.
56 EH. V 10; 27; III 6; 16; VII 17.
57 EH. V 27.
58 EH. IV 49; VII 67; VIII 48; XII 29.
59 EH. VII 17.
60 EH. V 34; VI 35; VII 53; VIII 2; X 8.
61 EH. III 9: 13; V 31; VII 31; 67; X 11; XII 23; 31.
62 EH. I 17; II 3; III 4; IV 31; V 27; 33; VI 16; 30.
63 EH. V 27; VI 16; IX 11; XI 13; XII 11.
64 EH. VII 67.
65 Augustinus, CD. VI 5.
66 Motschmann 2002; s. o. VII l!

67 Dio LXXI 34,2; Haines I 180; VPius 11,5.
68 EH. VI 44.
69 EH. III 6.
70 Epiktet, Diatribai I 1.
71 EH. VIII 15.
72 EH. II 2; V 8.
73 Mt. 6,10; 26; 42.
74 Evangelisches Gesangbuch 1993, Nr. 371 f.; EH. IV 34; V 27; VI 16; IX 11; XI 13; XII 11.
75 EH. VI 41; XII 5; 12.
76 Paulus, Röm. 9,19 ff.; Jesaja 45,9.
77 EH. V 8; VIII 50.
78 EH. X 6; VIII 15.
79 Epiktet, Diatribai I 6, 32 ff.
80 EH. II 11; XII 14.
81 EH. I 3; 10; VIII 35; XII 24; 26.
82 W. v. Humboldt, Die Aufgabe des Geschichtsschreibers, 1821/1919, 28.
83 S. u. IX r!
84 Leibniz, Theodizee, 216 f.
85 Leibniz a. O. 217; EH. V 8.
86 EH. II 3.
87 EH. X 5.
88 EH. II 5; V 29; VI 16; VII 67; VIII 16; 51; IX 40.
89 EH. III 2.
90 EH. IV 40; VI 1; 5; VII 10; 29; VIII 3; 11.
91 EH. IV 4; V 13.
92 Seneca, ep. 65,2.
93 EH. IV 4; XI 20.
94 VS. 31 A 29; Epiktet, Diatribai III 13,14.
95 Lucrez III 161 ff.
96 EH. IV 43; V 23; VII 1; IX 19.
97 EH. IV 42; V 23; VIII 6; X 7.
98 EH. VII 10.
99 EH. V 23; X 34.
100 EH. III 3; V 13; 32; X 7; XI 1.
101 VS. 22 A 1; 10; B 63 ff.
102 VS. 21 A 33.
103 Epiktet, Diatribai III 13,5.
104 Mt. 24,27 ff.; Lk. 17,29 ff.
105 Jesaja 65,17; Offenbarung 21,1.
106 EH. II 14.
107 EH. IX 28.

108 Psalm 90,2; 103,17; Galater 1,5; Epheser 3,21.
109 EH. II 14; IV 3; VI 15; X 31; XI 1; XII 32.
110 Seneca, Naturales Quaestiones III 27 ff.
111 Mt. 16,28.
112 S. o. V i!
113 EH. IV 44; VII 1.
114 EH. II 14; VI 37; VIII 6.
115 EH. II 14; VII 49; XI 1.
116 EH. V 27.
117 EH. X 27.
118 EH. VII 47.
119 Kohelet 1,9; 14.
120 Kohelet 3,13 u. 22; 5,17; 6,9; 9,9; 11,9.
121 Demandt 2011, 191.
122 Schopenhauer, Die Welt als Wille und Vorstellung, Ergänzungen III 38.
123 Schopenhauer, Aphorismen zur Lebensweisheit V 47.
124 Schopenhauer, Die Welt als Wille und Vorstellung, Ergänzungen IV 43.
125 EH. IV 40.
126 EH. IV 45; VII 19.
127 EH. IV 45; VI 38.
128 EH. V 8.
129 EH. III 11; IV 4; 23; Epiktet, Diatribai III 24,10.
130 EH. V 8.
131 EH. IV 40.
132 EH. IV 27; VI 10; VII 9.
133 EH. IV 23.
134 Goethe, Werke. Ausgabe letzter Hand 22, 1829, 215.
135 EH. X 17.
136 EH. II 4; 9; 14; IV 50; V 24; X 6; 17; 31; XII 32. Plinius NH. II 174 f.
137 Psalm 39,9 f.; Hiob 14,1 ff.
138 EH. VIII 18.
139 EH. V 13.
140 EH. VI 32.
141 Aristoteles *ait: omnes ingeniosos melancholicos esse*, Cicero, Tusculanen I 80.
142 EH. I 17; Dio LXXI 1,2; 36,2; Haines I 186; 198; Galen XIV, S. 216 Kühn.
143 EH. II 2; 12; 17; VIII 21; 37; Seneca, ep. 102,27; Farquharson I 1944, 283.
144 EH. II 2; V 4; VIII 24; III 3; IV 48; VI 32.
145 EH. VIII 27.
146 EH. I 16; V 8; VII 60; XII 3.
147 EH. X 2.
148 EH. V 9; VII 6,7.
149 EH. VI 32.

150 EH. II 2; IV 3; XII 3.
151 EH. IX 8 f.
152 EH. V 33.
153 EH. VI 15.
154 EH. II 13; 17; III 3; 6; 7; 12; 16; V 10; 27; VII 16,17.
155 EH. VII 16; XII 1.
156 EH. V 19; 26 f.; VII 17.
157 EH. VIII 48.
158 EH. IV 38; 39; V 3; 11; VII 55; 62; VIII 56; 61; IX 18; 34.
159 EH. IX 15; V 19; VIII 28 steht Psyche für Hegemonikon.
160 EH. VI 8; VII 16; 22; 28; 31; VIII 48; XII 33.
161 EH. II 8; III 4; IX 26.
162 EH. III 16; VII 3; 29; X 38; XII 19.
163 Platon, Gesetze 644 C – 645 B; Demandt 1978, 337.
164 EH. III 1.
165 EH. VII 3; VIII 51.
166 EH. II 11; VI 23; IX 39; X 1.
167 EH. III 4; 9; IX 22.
168 EH. VIII 43; X 24; XI 19 f.; XII 3.
169 EH. VI 36; VII 75.
170 EH. XII 1.
171 EH. VI 70; X 8; XI 18.
172 EH. VII 31.
173 EH. IV 20; Seneca, ep. 120; Farquharson 1944, I 316; H. Kornhardt, Exemplum, eine bedeutungsgeschichtliche Studie, 1936.
174 Kant, Eine Vorlesung über Ethik, hg. P. Menzer 1924, 145 ff.
175 Seneca, ep. 122.
176 Diogenes Laërtios X 140.
177 EH. III 12; IV 2; 49; V 5; 9; Seneca, ep. 92.
178 EH. V 9.
179 *Ho bios polemos*. EH. II 17; VII 61.
180 Epiktet, Encheiridion II 34.
181 EH. II 16.
182 EH. IX 7; Seneca, ep. 85.
183 EH. V 16; VIII 9.
184 Epiktet, Diatribai II 2,1; IV 1,27; EH. III 11; VI 16; IX 31; XI 18.
185 EH. IV 24; 37; IX 31; 41.
186 EH. VIII 47; XI 16.
187 Epiktet, Encheiridion 5.
188 EH. II 15; IV 39; V 2; VI 8; 36; 52; VIII 29; 49; VII 16; IX 15; 32; Seneca, ep. 96.
189 EH. II 11; VII 31.

190 EH. XII 2; Seneca, ep. 87.
191 EH. II 12; 13; IV 32; V 33.
192 EH. VIII 3.
193 Kohelet 1,2; 1,14.
194 EH. II 12; VI 32; VII 31; XI 16; 18.
195 EH. V 2; VII 28; 33; 68; VIII 28; IX 30; XII 22.
196 EH. V 9.
197 EH. II 2; 3.
198 EH. VI 14.
199 E. M. Cioran, Syllogismen der Bitterkeit, 1952/1980, 21.
200 Zur stoischen Todesphilosophie: Rohde 1925, II 326 ff.
201 Lucrez III 881.
202 Cicero, Tusculanen III 25 ff.
203 Seneca, De brevitate vitae 11; ders., ep. 82; 93; 99; 100; 120.
204 Plutarch, Moralia 101 E ff.
205 Epiktet, Diatribai I 27,7 ff.
206 Nach meiner Zählung 94mal.
207 EH. IV 48.
208 Philostrat VS. 524.
209 EH. III 3; IV 48; 50; VI 56; VIII 25; 31.
210 EH. IV 48.
211 1. Mose 19,24.
212 EH. II 12.
213 Ilias VI 146 ff.
214 EH. V 23; X 34.
215 1. Mose 3.
216 EH. IV 5.
217 Diogenes Laërtios X 41.
218 Epiktet, Diatribai III 13,14 f.
219 EH. IV 46.
220 EH. II 17; IV 14; 21; V 13.
221 EH. IV 36; VIII 18.
222 EH. VI 28.
223 EH. XII 5; IV 21.
224 Epiktet, Diatribai III 13,15; Platon, Staat 614 a ff.; Hiob 14,7 ff.
225 EH. VIII 55.
226 Sabine Müller in: Ch. Hoffstadt u. a. Hgg., Der Tod in Kultur und Medizin, 2014, 151 ff.
227 EH. X 8.
228 Römer 7,6; 2. Kor. 5,17; Epheser 4,24.
229 G. Küenzelen, Der neue Mensch, 1997; ders., Der Traum vom neuen Menschen. Herrenalber Protokolle 113, 1999; Demandt 2011, 315.

230 EH. X 8.
231 Diogenes Laërtios VI 39.
232 S. o. VI m!
233 EH. VI 24.
234 EH. III 3; VII 32; VIII 25.
235 1. Mose 3,3 f.
236 EH. VII 23.
237 EH. VIII 58.
238 EH. XII 34.
239 Diogenes Laërtios X 125; 139.
240 EH. III 8; X 1; 11; XII 1; 3; 8.
241 Horaz, carmina I 11,8.
242 EH. VII 47.
243 Zitiert von Friederike Brun in ihrem Tagebuch am 9. Juni 1795. Flodoard v. Biedermann, Goethes Gespräche I 1909, 232.
244 EH. IV 47.
245 EH. II 14; IV 26; 48; VI 49; XII 7.
246 EH VI 15.
247 EH. IX 8.
248 EH. II 2; IV 39; VII 33; 68!!; XII 1; 14.
249 EH. XI 3; s. o.
250 EH. VII 68.
251 EH. VI 46; VM. 15.
252 EH. IV 37.
253 Epiktet, Diatribai III 24,88 ff.
254 EH. XI 34.
255 EH. VIII 8.
256 EH. III 14.
257 Ps. 39,5 f.; 90,12.
258 EH. VI 30; VII 29; XII 1.
259 EH. V 33.
260 EH. X 14.
261 EH. IX 19; 21.
262 EH. XII 23.
263 EH. IX 3.
264 EH. X 36.
265 EH. IV 48.
266 EH. III 8; Epiktet, Encheiridion 17.
267 EH. IV 23.
268 Szaivert 1986, 329.
269 EH. V 33; VIII 47; XII 3; 36.
270 Platon, Apologie 28 d; EH. VII 45.

271 S. u. X c!
272 EH. III 1.
273 EH. II 11; VI 10; VII 24; IX 22; X 8.
274 EH. VI 10.
275 Mt. 22,37: Mk. 12; 20 f.; Lk. 10,27.
276 EH. V 29; nach Epiktet, Oldfather 1925, XXV.
277 EH. X 15.
278 Seneca, ep. 101.
279 Seneca, ep. 93; 122.
280 Demandt 2014, 482 ff.
281 Seneca, ep. 103.
282 Seneca, ep. 6,5.
283 Seneca, ep. 120,8.
284 Demandt 2015, 485 f.
285 Plinius NH. II 18.
286 EH. IV 3.
287 EH. II 7; III 6; IV 12; V 3; X 12 f.
288 VM. 22,3.
289 EH. VII 7.
290 EH. VI 53; VII 4; VIII 61.
291 EH. VI 55.
292 EH. IV 11; VI 13.
293 EH. VI 16; 18.
294 EH. IV 3; 19, 33; VII 6; III 10.
295 Spinoza, Ethica II 44; V 29.
296 Alföldi 1934/70, 87; 201.
297 Szaivert 1986, 62; 322; 326.
298 EH. VII 34; X 34.
299 EH. VII 66; Athenaios V 220; Diogenes Laërtios VIII 43.
300 EH. II 12; IV 18; V33; VIII 44.
301 EH. IV 3; 19; VII 10; VIII 44.
302 EH. II 11; III 10; 12; VIII 14; IX 1.
303 Römerbrief 3,23; 4,2; 1. Timotheus 1,17.
304 Tacitus, Agricola 9.
305 Horaz, Oden III 30.
306 Seneca, ep. 116.
307 Gellius XIX 12.
308 Krantor bei Cicero, Tusculanen III 12 f.; Plutarch, Moralia 102 DE; Seneca, ep. 116,1.
309 EH. III 12; V 1; VIII 19; X 1.
310 Brodersen 2016.
311 Galen stützt das mit zweimal zitierten Versen aus Euripides, offenbar eine

Standardformel der Trostliteratur. Sie stammt aus einer der siebzig verlorenen Tragödien des Euripides, begegnet ebenso bei Plutarch, Moralia 112 D und lateinisch bei Cicero, Tusculanen III 29.

312 Galen, Peri alypias 52; Brodersen 2016, 20.

313 EH. III 13.

314 Galen, Peri alypias 7; Brodersen 2016, 10; 38.

315 Philostrat VS. 562.

316 S. o. VI i!

317 EH. VIII 25; 37.

318 EH. VIII 37.

319 Epiktet, Diatribai III 3,18.

320 Valerius Maximus IX 10; Aelian, Varia Historia III 2–5.

321 EH. VII 67.

322 Diogenes Laërtios V 30.

323 EH. VII 31; VIII 12; Seneca, ep. 90,3.

324 S. o. III v!

325 EH. III 11; V 36; VI 45; VII 74; VIII 10; IX 42; XI 10.

326 EH. VII 5; X 6; XI 13; XII 23.

327 EH. V 16; XII 26.

328 EH. V 6; VI 43.

329 EH. III 7.

330 Artistoteles, Politica 1253 a.

331 EH. III 1; 11; IV 4; 23.

332 Diogenes Laërtios VI 63; Plutarch, Moralia 329 A–D; Strabon I 67.

333 EH. II 1.

334 EH. IX 42.

335 EH. VII 13.

336 EH. IV 40.

337 EH. VIII 34.

338 EH. XI 8. Demandt 1978, 23.

339 EH. V 8.

340 Epiktet, Encheirdion 17.

341 EH. III 8; VII 45; XII 36; Demandt 1978, 336 ff.

342 EH. XI 6.

343 EH. VI 23; 39; VII 22; 26; 31; XI 1.

344 EH. XII 5.

345 EH. V 30.

346 EH. IV 3; IX 1; X 11.

347 EH. VII 22.

348 EH. X 30; Matthäus 7,3.

349 EH. IV 6; V 17; 22; XII 16.

350 EH. II 13.

351 EH. II 11; VI 42.

352 EH. V 28; VIII 17; XI 18; VM. 12,2.

353 EH. VI 50.

354 EH. VII 65.

355 EH. VII 63; XI 18.

356 EH. VI 20; VII 22; 26; VIII 59; XI 9; 13.

357 EH. VI 42.

358 EH. XI 13; Plutarch, Phokion 36.

359 EH. VII 70.

360 Matthäus 5,45.

361 Matthäus 5,22.

362 Matthäus 8,12; Römer 20.

363 Claudia Horst in: Grieb 2017, 189ff. behandelt die Frage strukturanalytisch als systemkritisch-integrationsfunktionales Akzeptanzritual, für ein Akzeptanzdefizit kompensatorisch mediatisiert durch *paideia* in einem hybriden Kommunikationsraum.

364 Platon, rep. 473 c; ders., 7. Brief 326 B.

365 VM. 27,7.

366 J. G. Herder, Sämtliche Werke, Religion und Theologie VII 1828, 354.

367 EH. XI 18.

368 EH. VI 30. *Apokaisaroō* oder (*varia lectio*) *apokaisarianoō* ist eine Wortschöpfung Marc Aurels. Sie wurde nicht übernommen: Chr. Begass, Zu Marcus Aurelius VI 30 und Senecas Apocolocyntosis, in: Hermes 138, 2010, 337ff. Die Übersetzungen variieren. Das passivische *mē apokaisariōthēis* (editio princeps 1559) oder öfter *apokaisarianōthēis* (Codex Vaticanus 1950, 14. Jahrhundert, sonst *apokaisarōthēis*) wird bei Herder 1793 «daß du nicht verkaisert werdest», ebenso Cleß 1866; aktiv «daß du nicht verkaiserst» bei Capelle 1933 und Birley 1968, 100; «daß du kein Kaiserling werdest» 1797 bei Reche mit Hinweis auf «Witzling» und «Römling» in abwertendem Sinn; «nicht ein tyrannischer Kaiser werdest» 1879 bei Wittstock, ähnlich «kein Tyrann» bei Schneider 1887 und Kiefer/Sallmann 1991/2008 jeweils sinngemäß, akzeptabel auch «hüte dich vor dem Cäsarentum» bei Mauersberger 1949, aber sinnentstellend bei Maas 1945 «werde nicht einer von den Caesariani» im Sinne von «Höfling», zu Recht kritisiert bei Birley a. O. oder bei Theiler 1951 «daß du nicht zu einem Höfling wirst», was ein Schmeichler wäre; und bei Nickel 1990 «dich nicht zum Cäsar machen läßt», was Marcus *eo ipso* war. Birley a. O. verbindet die Warnung des Kaisers an sich selbst vor einem Kaiserdünkel aus dem Jahre 172 mit dem längst vergangenen Eintritt in die Reiterjugend 139, schwer nachvollziehbar.

369 EH. III 16.

370 EH. VI 30.

371 EH. II 5; III 5; VI 44.

372 EH. VIII 1.
373 Zu ihm s. u. X w!
374 Demandt 1978, 339 f.
375 Epiktet, Encheiridion 42.
376 S. o. VII e!
377 S. o. VI i!
378 Zu Franz I im Jahre 1809 s. o. V l!
379 EH. X 10, frei übersetzt.
380 Thukydides V 84 ff.
381 Polybios XV 20,3; ebenso Otto v. Freising, Chron. VI pr.
382 H. Picker, Hitlers Tischgespräche, 1963, 152; A. Hitler, Mein Kampf, 1939, 312.
383 Cicero, De re publica III 24, Kontext ergänzt. Augustinus, CD. IV 4. Im weiteren Zusammenhang: R. Häußler, Von Sokrates zu Marc Aurel. Die kleinen und die großen Räuber. In: H. Keßler (Hg.), Sokrates-Studien II 1995, 117 ff.
384 EH. IX 29.
385 Diogenes Laërtios X 138 ff.
386 EH. XI 18.
387 EH. X 9.
388 EH. III 10.

X. Tod und Nachleben

1 Unrichtig die Vita, die das 18. Regierungsjahr und das 61. Lebensjahr nennt.
2 Dio LXXI 33,4.
3 Tertullian, Apologeticum 25,5.
4 Demandt 2015, 220 f.; 249.
5 Dio LXXI 34,5.
6 S. o. III c!
7 S. o. VI u!
8 Aurelius Victor XVI 14; ebenso Renan 1882, 485; Mommsen, RG. V 214; ders., KG. 371; ders., 1896, 497; Mattingly/Sydenham (1930) RIC. III 210; Birley 1968, 377; Stemmer 1988, XV; Rosen 1997, 130. Für Sirmium wieder Alföldy bei Klein 1979, 425; Grimal 1994, 238 und andere.
9 Chron. Min. I 145.
10 Herodian I 6,1; 6,8. H. Bannert (1977) in: Klein 1979, 464, verlegt den Todesort von Sirmium an der Save nach Bononia an der Donau, indem er *Vendobonae* bei Aurelius Victor in der Verballhornung von *Bendobona* für eine Verwechslung mit *Bononia* erklärt. Ebenso Halfmann 1986, 216; Fündling 2008, 171, und Divjak/Wischmeyer 2014. *Quod absit.*
11 A. Neumann, RE. IX A (1961), 53 ff. ohne Bezug auf den Tod Marc Aurels. Versehentlich ist die Gründung des Legionslagers S. 62 auf 100 v. Chr. datiert.

12 VM. 28,1 f.
13 VComm. 3,5 f.
14 VM. 27,11; Plutarch, Alexandros 9.
15 VM. 28,10. S. u. VII y!
16 Herodian I 3 f.
17 Cicero, Pro Marcello 25.
18 VM. 28,3 ff.
19 Dio LXXI 33,4.
20 Justin, Historiae Philippicae IX 7,1.
21 Tacitus, Annalen XII 67.
22 Herodian III 15,2.
23 Letzteres gilt als medizinisch unmöglich, weil es zu Ohnmacht führe.
24 Diogenes Laërtios VII 28; 31; 130.
25 Brandt 2010, 67 ff.
26 Cicero, Tusculanen I 83 f.; Diogenes Laërtios II 86; 94.
27 Cicero, De finibus III 60 f.; Plutarch, Moralia 1042 D; 1063 D.
28 Diogenes Laërtios IV 64.
29 VHadr. 25,6 ff.
30 Brandt 2010, 96 f. Ders., Der Suizid in der römischen Kaiserzeit. In: Giornale Italiano di Filologia 68, 2016, 121 ff.
31 Epiktet, Diatribai I 9,16; II 15,4 ff.; III 24,34 f.
32 S. o. VIII u!
33 Seneca, ep. XII 10; Brandt 2010, 92 ff.
34 Platon, Phaidon 62.
35 Apollodor II 159.
36 Im folgenden paraphrasiere ich die Texte Marc Aurels.
37 S. o. X b!
38 EH. V 29; VIII 47; X 22; 32; Sen. ep. 70.
39 EH. III 1; X 8; XI 3.
40 Herodian I 4,7 f.
41 CIL. XII 5905 von 161 aus Gallien; Dessau 5490 von 169 aus Dalmatien.
42 Filocalus I, 268.
43 S. o. IV m!
44 S. o. V k!
45 Filocalus I 208; 216.
46 Aurelius Victor 39,43; Consularia Constantinopolitana zum Jahr, in: Chron. Min. I 230; Filocalus I, 289 ff.
47 P. v. Rohden, RE. II (1896) 2471.
48 Herodian I 5.
49 Dazu Saldern 2003; Hund 2017, 353 ff.
50 Herodian I 6,5.
51 Herodian I 6,6.

52 Photios, Bibliotheke, codex 131.
53 Herodian I 5,6.
54 VM. 27,10. Bei Eutrop (8,13) sind es drei Jahre.
55 Symmachus or. II 24; 31; Rufius Festus, Breviarium 19; 30.
56 Tacitus, Annalen II 26,4.
57 Augustus, Res Gestae 26; Johne 2009.
58 Herodian I 6,8; Eutrop VIII 15.
59 Dio LXXI 20,1.
60 Aurelius Victor 17,2.
61 Szaivert 1986, 142.
62 Die Initiative ging von den Markomannen aus, verhandelt aber wurde mit ihnen und den Quaden, s. u.!
63 Tacitus, Germania 33.
64 Dio LXXII 2.
65 Herodian I 6,9.
66 Dio LXXII 3.
67 VComm. 3,5: *legibus hostium addictus*.
68 S. o. VI w, x!
69 Mommsen RG. V 215; Rostovtzeff 1925/1929 II, 107; Wilamowitz 1931, 9.
70 Tacitus, Annalen XII 23.
71 Alföldy bei Klein 1979, 409 ff.
72 Dessau 1420; VComm. 3,6; 12,7; Kienast 2017, 140.
73 VComm. 14,3; Dio LXXII 15,6.
74 Herodian I 5; der Text der Rede stammt von Herodian, aber die Gedanken entsprechen der Topik des Anlasses.
75 Dessau 392 bis 399.
76 Herodian 8,3; VM. 7,4.
77 Dio LXXII 4,1–5; VComm. 4,1–4.
78 Dio LXXII 5,1 f; VComm. 4,7.
79 Dio LXXII 4,6; VComm. 5,7.
80 Dio LXXII 15,2 f.
81 VComm. 17,1; Dio LXXII 22.
82 Aelius Aristides or. 26, Klein 1983.
83 Tertullian, De anima 30.
84 Hesiod, Werke und Tage 109 ff.
85 Dio LXXI 36,4.
86 Gibbon 1776/1838, 136.
87 Mommsen, KG. 364 ff.; ders. RG. V 4; Demandt 2014, 404 f.
88 Davis 1910 bei Demandt 2014, 292.
89 Parker 1935, Boak 1955, Russell 1958, Chaunu 1981 bei Demandt 2014, 361 ff.
90 VMaximinus 13,3. Ist hier an die Germanenschlacht bei Herodian VII 2 oder

an den Zug zum Harzhorn gedacht, dessen Schlachtfeld von 235 im Jahre 2008 entdeckt wurde?

91 Piganiol 1950 bei Christ 1970, 289.

92 Birley 1971, 81 ff.

93 Das heutige Denkmal ist ein Nachguß von 1937, nachdem das Original in den Revolutionswirren von 1796 zerstört wurde. Man hielt es für den Regisole, den Sonnenkönig.

94 Dessau 418–422.

95 Dessau 388.

96 Dessau 445–450.

97 Gibbon I, 124.

98 VDiadumenianus 1,2.

99 VOpellius Macrinus 3,3 f. zählt auch Lucius Verus zu den Antoninen, doch hat dieser den Namen nicht getragen.

100 VElagabalus 3,8; Dio LXXVIII 32,2 ff.; 39,4; Herodian V 3,10; Dessau 467–475.

101 Herodian V 7,3; Dio LXXIX 19,4.

102 Dessau 479–483.

103 VSev. Alex. 7,1 f.

104 Chron. Min. I 521 mit Mommsen, Kienast 2017, 202.

105 Die zehn Kaiser: Claudius Gothicus, Quintillus, Probus, Carus, Numerianus, Carinus, Carausius, Diocletian, Maximian und Maxentius. Zu den drei letzten: CIL. IX 6064; X 6969: AE. 1963,179; Dessau 669 f.

106 VCarus 3,1–8.

107 Dio LXXII 36,3.

108 VM. 18,5 ff.

109 VAurelianus 42,4; VTyranni Triginta 6,6; VClaudius 2,3.

110 VGordianus 3,3.

111 Herodian I 4,7; II 10,3; Eutrop VIII 11; 14; Ammian XXI 16,11; XXX 9,1; XXXI 5,13; Zosimos I 5.

112 Ps. Aurelius Victor, Epitome 16,2 ff.

113 AE. 1965, Nr. 315.

114 VM. 19,12.

115 VElagabalus 2,4.

116 S. o. II x! Auf diese Weise wurden dort auch Reliefs von Hadrian für Constantin «modernisiert» und angebracht. Stemmer 1988, 79.

117 Ammian XVI 1,4 *rectae perfectaeque rationis indagine congruens (Iulianus) Marco, ad cuius aemulationem actus suos effingebat et mores.*

118 Julian, An Themistios 253 AB; Eutrop X 16.

119 Julian, Caesares 312 B; 334 D.

120 Ilias IX 340 ff.; V 890 ff.

121 Ammian XXVII 6,16.

122 Ausonius XX 7.
123 Themistios, or. VII 17; VIII 21; X 3; XIII 6; XVII 5; XVIII 13; XIX 6.
124 Bei Sulpicius Severus, Chronik II 32,1 ist es die fünfte.
125 S. o. VII r!
126 Orosius VII 15,4 ff.
127 Haines II 300 ff.; Cortassa 1984, 748 ff.
128 Johannes Saresberiensis, Policraticus VIII 19.
129 Psellos, Historia Syntomos 32, ed. W. J. Aerts 1990, 20 ff.
130 Burg 1999, 78; 86.
131 S. u. II r!
132 Demandt 2014, 167.
133 N. Machiavelli, Il Principe, Kap. 19; ders., Discorsi I 10.
134 M. Gutwirth, Le paysan du Danube. Dialogue à trois voix: Guevara, La Fontaine, Hippolyte Taine. In: Mélanges offerts à Georges Couton, 1981, 383. Hinweis von Sebastian Neumeister, Berlin.
135 Luther, WA. 45, 406. Marcus Claudius Marcellus, den Eroberer von Syrakus 212 v. Chr., und Julius Caesar kannte Luther durch Plutarch. WA. Tischreden III (1914) 3652; IV (1916) 4501; Luthers Werke ed. O. Clemen VIII, 1930, 132.
136 Francis Bacon, Essays 27; Ammian XXX 9,1.
137 Jean Bodin, Methodus ad facilem historiarum cognitionem, 1566/1650, 409.
138 Gataker wird ausgiebig genutzt bei W. Reche 1797.
139 F. Schalk, Die französischen Moralisten, 1953, 200. Aus Montesquieu, Pensées et fragments inédites, 1899.
140 1885 erschien die Übersetzung von R. Habs bei Reclam, 1957 die Ausgabe von L. Schuckert, die ich benutze.
141 Voltaire, Essai sur les mœurs et l'esprit des nations (1756), 1990, 238.
142 Th. Schieder, Friedrich der Große, 1983, 123; 221; 376; 386.
143 Frédéric le Grand, Œuvres, T. XII, 1849, 181 ff. Deutsch: Friedrich der Große, Werke, hg. G. B. Volz, X 1914, 184 ff.
144 A. Demandt, Alexander der Große. Leben und Legende, 2013, 445.
145 Cicero, Pro Archia 11.
146 Das wurde in der zweiten Auflage 1781 auf Wunsch von d'Alembert berichtigt.
147 *Je suis très persuadé que si Marc-Aurèle s'était avisé d'écrire sur le gouvernement, son ouvrage aurait été bien supérieur à ma brochure; l'expérience qu'il avait acquise en gouvernant cet immense empire romain devait être bien au-dessus des notions que peut avoir résumées un chef des Obotrites et des Vandales; et Marc-Aurèle personnellement était si supérieur par sa morale pratique aux souverains, et j'ose dire, aux philosophes mêmes, que toute comparaison qu'on fait avec lui est téméraire.* Aus: Œuvres de Frédéric le Grand, hg. Johann D. E. Preuss, Berlin 1846–1856, vol. 23, S. 460 f.
148 Margarete Kühn in: Arenhövel 1979, 23 ff.

149 Goethe WA. I 40, 476, 3.15.

150 Goethe WA. I[2] 178; Lactanz, Divinae Institutiones V 10; VI 9; Augustinus, Civitas Dei XIX 25. Zur Kritik Augustins an den römischen «Tugenden»: F. G. Maier, Augustin und das antike Rom, 1955, 84 ff.

151 Tillemont, Histoire II Art. 26 f.

152 Tillemont, Mémoires pour servir à l'histoire ecclésiastique des six premiers siècles II.2, 1695; 255 ff.

153 E. Gibbon, Memoirs of my Life, 1796/1966, 147.

154 Zosimos I 7,1.

155 Gibbon 1776/1838, I 133 ff.

156 S. o. X k!

157 Gibbon 1776/1838, I 135 f.

158 J. G. Herder, Briefe zu Beförderung der Humanität II 29, in: Ders., Vermischte Schriften 25, 1804, 15 ff.

159 Meric Casaubonus 1634; Pierre Daniel Huet 1690; Francis Hutchinson 1742. G. M. Müller 2013, 663 f.

160 M. D. Peterson, ed., Thomas Jefferson, Writings, 1984, 1121; 1124.

161 J. Burckhardt, Die Zeit Constantins des Großen (1853) 1880, 4.

162 J. Burckhardt, Historische Fragmente, 1957, 22 f.

163 S. o. VII y!

164 Mommsen, RG. V 211.

165 Mommsen, KG. 371.

166 Mommsen, KG. 365 ff.

167 I. Kant, Zum Ewigen Frieden (1795) 1796, 27.

168 G. W. F. Hegel, Vorlesungen über die Geschichte der Philosophie II, ed. H. Glockner, XVIII 195; 435.

169 G. W. F. Hegel, Vorlesungen über die Philosophie der Weltgeschichte III, ed. G. Lasson 1923, 715.

170 A. Schopenhauer, Die Welt als Wille und Vorstellung II 4, 43; VM. 19,1.

171 F. Nietzsche, Aus dem Nachlaß der achtziger Jahre. In: Ders., Werke in drei Bänden, hg. K. Schlechta, III 482.

172 a. O. III 650; 652; 824.

173 a. O. I 964.

174 Wilamowitz 1931, 3; 12.

175 A. Schweitzer, Kultur und Ethik, (Olaus Petri Vorlesungen an der Universität Upsala) 1923/1960, 146 ff.

176 Längin 1883; Braun 2002.

177 Dürrenmatt verbindet Romulus Augustulus, den letzten weströmischen Kaiser 476, mit Honorius, 395 bis 423, der tatsächlich Hühnerzüchter war, Prokop, Bellum Vandalicum I 2,25 f.

178 Burns 1991; Haefs 2001.

179 Vorstehendes nach G. M. Müller 2013.

180 S. o. X b!

181 R. Leonhardt, Klassische Literatur als Inspiration für Manager, 2015.

182 Von 1863 bis 1944 versammelte sich eine Gruppe von Berliner Geistesgrößen regelmäßig im Haus eines Mitglieds zu Vortrag, Diskussion und Geselligkeit. Die Protokolle von 1932 bis 1944 bietet K. Scholder, Die Mittwochs-Gesellschaft, 1982.

183 Unter den mir bekannten Tornisterbüchern fehlt ‹Mein Kampf›.

184 P. Urban, Wie soll man leben? Anton Cechow liest Marc Aurel, 1997.

185 Pressekonferenz Elysée-Palast 10. Juli 1969.

186 G. Seibt in: Süddeutsche Zeitung vom 5. März 2017.

187 FAZ 2. Dezember 2016.

188 J. G. Herder, Ideen zur Philosophie der Geschichte der Menschheit (1784 bis 1791), 1989, 617; 671; 766.

Die bucher must man auch wenigern
und erleßen die besten, dan viel Bucher
machen nit geleret, vil leßen auch nit,
ßondern gut ding und offt leßen.

Luther 1520

ANHANG

A. CHRONIK

Die Angaben in den Klammern, z. B. (III z), verweisen auf den obigen Text. **Fett** Aufenthaltsorte und imperatorische Akklamationen der Kaiser. In MAJUSKELN die Parolen der Münzen und Inschriften.

161 7. III: Marcus und Lucius werden in **Rom** Augusti. VM. 7,5 (III z)
Hochwasser in Rom. VM. 8,4 (IV e)
Severianus unterliegt bei Elegeia. Dio 71,2,1 (IV c)
Edessa wird parthisch. Münzen (IV d)

162 Frühling: Cornelianus in Syrien geschlagen. VM. 8,6 (IV d)
Herbst: Lucius über Athen nach **Antiochia**. VV. 6,7 (IV f)
Chatten in Raetien. Kämpfe in Britannien. VM. 8,7 (V c)

163 Priscus erobert Artaxata. VM. 9,1 (IV i)
Lucius u. Marcus: **IMP. II** ARMENIACUS (IV i)

164 Lucius heiratet Lucilla in **Ephesos**. VV. 7,7 (IV k)
Sohaemus König von Armenien: Fronto, Münzen. (IV i)
Cassius nach Dura und über den Euphrat. Lukian; Dio 71,3,1 (IV m)

165 Cassius in Seleukeia und Ktesiphon. Pest. VV. 8,1 ff. (IV n,y)
Marcus u. Lucius: **IMP. III**, PARTHICUS MAXIMUS (IV n)
Martius Verus u. Claudius Fronto in Medien. VV. 7,1 (IV o)
Marcus u. Lucius MEDICUS (IV o)

166 12. X. Lucius nach **Rom**, Triumph mit Marcus. VM. 12.9 ff; VComm. 11,13 (IV r)
Zwei neue Legionen. Dio 55,24,4; VM. 21,8 (V f)
Langobarden in Pannonien. Dio 71,3,1 Marcus u. Lucius **IMP. IV** (V d)
1. Markomannen-Friede mit Ballomar. VM. 12,13; Dio 71,3,1 (V e)
Landforderung der Markomannen. VM. 14,1 (V f)

167 Löwenopfer. Markomannen besiegen Furius Victorinus. Lukian; VM. 14,5 f. (V g)
Carnuntum und Wien zerstört, Archäologie (V g)
Markomannen vor Aquileia und Opitergium. Ammian (V h)
Markomannen-Panik in **Rom**, Sühneriten. VM. 13,1 (V i)
Justinus Prozeß. Euseb (VIII u)

168 Frühjahr: Marcus u. Lucius nach **Aquileia**. 1. Quadenfriede mit Furtius. VM. 14,3 ; Dio 71,13,3. **IMP. V** (V j)

Marcus u. Lucius nach **Carnuntum**. VM. 14,6; VV. 9,7 (V j)
Kriegserfolge in Britannien VM. 8,8. (V o)
Herbst: Marcus u. Lucius nach **Aquileia**. VV. 9,10 (V k)
169 Januar: Lucius stirbt in **Altinum**. VV. 9,11; VM. 14,8 (V k)
Marcus nach **Rom**. VM. 20,1 (V k)
Kronjuwelen versteigert. VM. 17,4 (V l)
Winter: Marcus nach **Carnuntum**. Eutrop VIII 13 (V m, s)
170 Claudius Fronto fällt gegen die Jazygen und Quaden unter Ariogaisus. Dio 71,13,3; Inschrift (V n)
Bastarnen in Bithynien. Inschrift (V o)
171 Decennalien. Münzen (V t)
Markomannen besiegen Vindex. Dio 71,3,5 (V t)
Markus besiegt Markomannen beim Donauübergang. VM. 21,10 (V t)
Paternus bei den Cotinern. Dio 71,12,3 (V t)
2. Markomannen-Friede, Sperrzone. Dio 71,15; VM. 22,2 (V t)
IMP. VI, VICTORIA GERMANICA (V t)
Vandalen in Dakien. Dio 71,12 (V n)
Kostoboken in Eleusis. Dio 72,14; Mauren in Spanien. VM. 21,1 (V p)
172 Quadenkrieg; Donau-Übergang. Münzen. Regenwunder. Dio 71,8 (V u)
Marcus bei den Cotinern an der **Gran**. Justin (V u)
GERMANICUS, GERMANIA SUBACTA (V v)
Mauren in Spanien. Inschrift. VM. 22,11 (V p)
Räuberhirten revoltieren in Ägypten. Dio 71,4 (V q)
Sohaemus wieder in Armenien. Dio 71,3,1 (V r)
2. Quadenfriede mit Battarius. Dio 71,11,1 f. (V w)
173 Vandalen und Lakringen angesiedelt. Dio 71,11,6; 12,1 (V n)
Naristen zerstören Regensburg und Salzburg. Valao getötet. Archäologie, Inschrift (V v)
Pertinax gegen die Chatten in Italien. RESTITUTOR ITALIAE, Dio 71,3,2 ff. (V v)
3. Markomannenfriede, Sperrzone halbiert, neue Geiseln. Dio 71,15 (V x)
GERMANIA SUBACTA (V x)
Winter: Jazygen in Unterpannonien, Eiskampf. Dio 71,7 (V y)
Marcus nach **Sirmium** (V y)
174 IMP. VII (V x)
Friedensgesuch der Jazygen, Banadaspos abgesetzt. Dio 71,13,1; 16,1 (V z; VI e)
Friedensgesuch der Quaden, Prämie auf Ariogaisos. Dio 71,13,3–14,1 (V z)
Herodes-Atticus-Prozeß. Dio 71,8; Philostrat (VII e)
Pertinax sichert Raetien und Noricum. VPert. 2,6 (V v)
Didius vertreibt Chauken aus Belgien. VDid. 1,7 (V v)
Tiridates in Kappadokien verhaftet. Dio 71,14,2 (V r)

175 Frühling: Erhebung des Cassius. Dio 71,23,3 (VI a–f)
1. Jazygenfriede mit Zantikos. Dio 71,16 (VI e
IMP. VIII, SARMATICUS (VI e)
Mauren in Spanien; Inschrift. VM. 22,11 (VI n)
Marsch nach Osten über **Viminacium**. Inschrift (VI h)
Marcus in **Alexandria**. VM. 26,3 (VI h)
176 Januar: Winterlager in **Kilikien**, Tod Faustinas. VM. 26,4; Philostrat (VI i)
Marcus in **Smyrna**. Philostrat (VI k)
Marcus in **Athen**. VM. 27,1 (VI l, m)
Räuber in Griechenland. Inschrift. (VI n)
November: Marcus u. Commodus nach **Rom**. VM. 27,2 ff (VI o)
27. XI. Marcus: **IMP. IX**, Commodus: **IMP. I**, VComm. 2,4 (VI o)
23. XII. Triumph Marcus mit Commodus. VComm. 2,4 (VI o)
Ianus geschlossen. Aur. Vict. (VI o)
177 Commodus wird Konsul und Imperator Augustus. **IMP. II**, Münzen (VI r)
Sieg und Tod des Bassaeus gegen die Jazygen. Inschrift (VI q)
Didius u. Quintilier gegen Jazygen. VDid. 1,9; Dio 71,33,1 (VI q)
Aquincum zerstört. Archäologie (VI r)
Christenprozeß in Lyon. Euseb (VIII w)
178 Commodus heiratet Crispina. Dio 71,33,1 (VI s)
Bellona-Ritual. Dio 71,31,3 (VI t)
3. VIII. *Expeditio Germanica et Sarmatica Secunda* (VI t)
Marcus u. Commodus nach **Sirmium**. VComm. 12,6 (VI u)
2. Jazygenfriede. Dio 71,18 f. (VI u)
179 Marcus über Carnuntum nach **Wien**; Legionslager Regensburg. Inschrift (VI v)
Quadensieg des Paternus, Ariogaisos gefangen. Dio 71,33,3 f.; 14,2 (VI v)
Marcus **IMP. X**, Commodus **IMP. III** (VI v)
Beschwerden der Markomannen und Quaden. Dio 71,20,1 (VI w)
Verhandlung mit den Buri. Dio 71,18 (VI w)
180 Neue Provinzen? Winterlager in Trentschin. Inschrift (VI x)
Marcus stirbt in Wien. VM. 28,9 (VIII a)

B. KARTEN

Nordsee
LANGOBARDEN
CHAUKEN
Oder
Xanten
XXX Ulpia
UNTER-
GERMANIEN
Köln
I Minervia
Bonn
Rhein
CHATTEN
Elbe
HERMUNDUREN
SEMNON
Trier
Mainz
XXII Primigenia
BELGICA
NARISTEN
Regen
LIMES
VIII Augusta
Straßburg
MARKO-
MANNEN
Donau
III Italica 170
Regensburg
Augsburg
Rhein
OBER-
GERMANIEN
Besançon
Donau
II Italica 170
Lauriacum
Vindobona
X Gemina
Wien
Carnun
XIV Ger
RAETIA
Iuvavum
Salzburg
NORICUM
Brennerpaß
Alpen
Savaria
Julierpaß
Großer St. Bernhard
Rhône
OBER-
Poetovio
Pettau
Drau
Ad Pirum
PANNONIEN
Mailand
Opitergium
Altinum
Aquileia
Verona
Po
Save
VIA AEMILIA
Pola
Ravenna
ILLYRIC
Ariminum
Rimini
DALMATIEN
Ancona
Salona
Firmum
Adria
VIA FLAMINIA
Korsika
Mittel-
meer
Centumcellae
Rom
Praeneste
Lanuvium
Sardinien

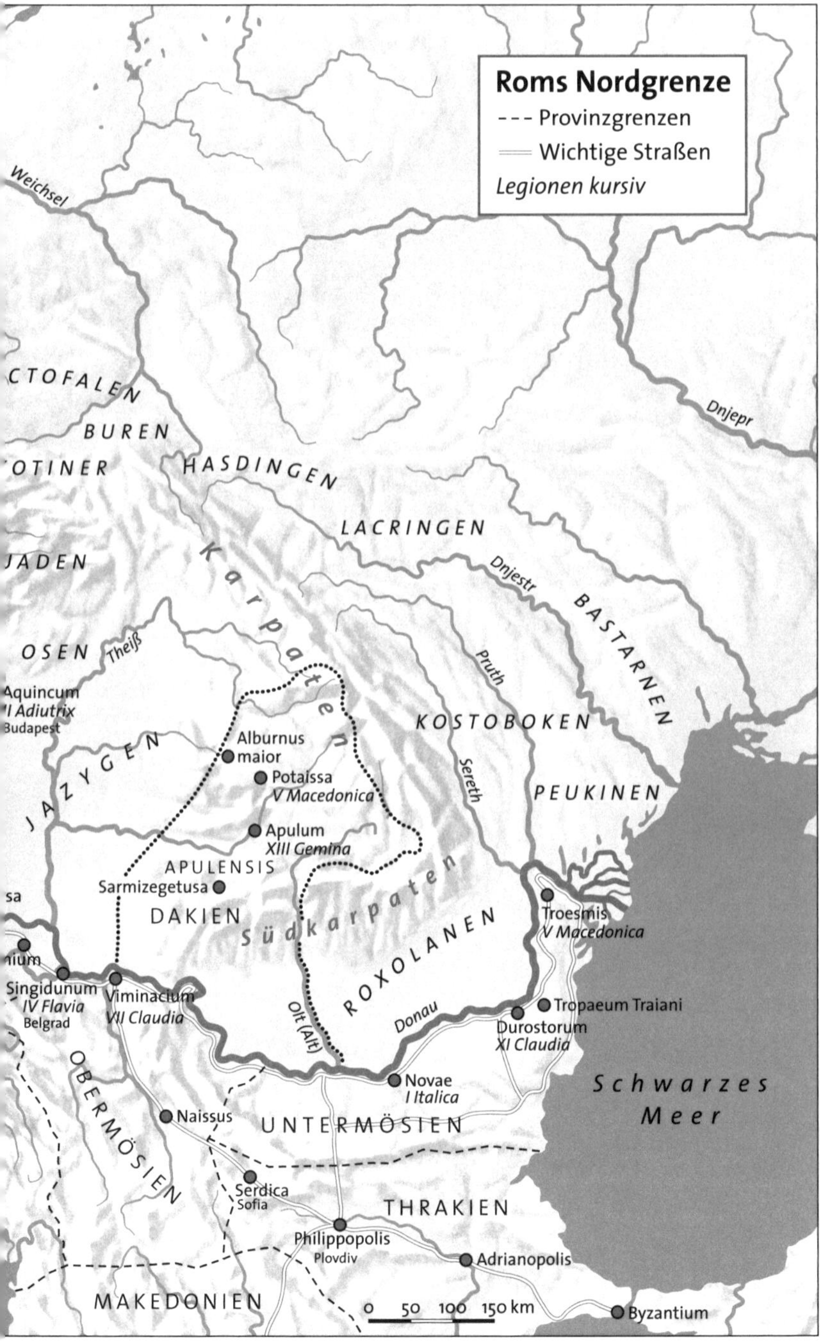
Roms Nordgrenze
--- Provinzgrenzen
Wichtige Straßen
Legionen kursiv
Weichsel
Dnjepr
BUREN
HASDINGEN
LACRINGEN
Karpaten
Dnjestr
BASTARNEN
Theiß
Pruth
Aquincum
Budapest
JAZYGEN
Alburnus maior
Potaissa
V Macedonica
KOSTOBOKEN
Sereth
PEUKINEN
Apulum
XIII Gemina
APULENSIS
Sarmizegetusa
DAKIEN
Südkarpaten
ROXOLANEN
Troesmis
V Macedonica
Singidunum
IV Flavia
Belgrad
Viminacium
VII Claudia
Olt (Alt)
Donau
Tropaeum Traiani
Durostorum
XI Claudia
OBERMÖSIEN
Novae
I Italica
Schwarzes Meer
Naissus
UNTERMÖSIEN
Serdica
Sofia
THRAKIEN
Philippopolis
Plovdiv
Adrianopolis
MAKEDONIEN
0 50 100 150 km
Byzantium

Schwarzes Meer
Dioskurias
Kaukasus
Kreuzpaß
IBERER
Kyros
Kainepolis
Elegeia
Artaxata
Satala
Araxes
KAPPADOKIEN
2 Legionen
Armenien
Medien
Caesarea
Melitene
Faustinopolis
Edessa
Nisibis
Tarsos
Zeugma
Carrhae
PARTHERREICH
Kyrrhos
Antiochia
Dausara
Nikephorion
Laodikeia
Sura
Euphrat
Tigris
Mittelmeer
Palmyra
Dura-Europos
Orontes
SYRIEN
3 Legionen
Damaskus
Ktesiphon
Seleukeia
Babylon
Bostra
Roms Ostgrenze
Provinzgrenzen
Wichtige Straßen
0 50 100 150 km

C. STAMMTAFEL

STAMMTAFEL

Ulpius

Ulpia

M. Ulpius Traianus

P. Aelius Hadrianus Afer

Ulpia Marciana

L. Vibius Sabinus ∞[1] Matidia I [2]∞ Rupilius Libo Frugi

Hadrian ∞ Vibia Sabina

Matidia II

Domitia Lucilla I ∞ Calvisius Tullus Ruso

Domitia Lucilla II ∞ M. Annius Verus

C. Ummidius Quadratus ∞ Annia Cornificia Faustina

M. Ummidius Quadratus

Annia Aurelia Galeria Faustina (147–n. 161) ∞ Claudius Severus

Annia Aurelia Galeria Lucilla (149–182) [1]∞ **Lucius Verus**, [2]∞ Pompeianus

Zwilling der Lucilla (149)

T. Aelius Antoninus (n. 150–v. 161)

Zur Verdeutlichung der Zusammenhänge sind Angehörige, die im Text nicht zur Sprache kommen, ausgespart. Ausführlichere Stammtafeln bieten v. Rohden, RE. I 1894, 2290, Birley 1968, 417 ff. und Fündling 2008, 230. Zahl, Daten, Reihung und Namen der Kinder Marc Aurels sind strittig.

Trajan ∞ Plotina

Annius Verus

Rupilia Faustina ∞ M. Annius Verus

…ntoninus Pius** ∞ Annia Galeria Faustina I   M. Annius Libo

…arc Aurel** ∞ Annia Galeria Faustina II   Annius Libo

- Vibia Aurelia Sabina (171–212?) [1]∞ Burrus, [2]∞ Aurelius Agaclytus
- M. Annius Verus (162–169)
- **Commodus** (161–192) ∞ Crispina
- T. Aurelius Fulvus Sabinus (161–165)
- Cornificia (160–n. 211) [1]∞ Petronius Sura, [2]∞ Didius Marinus
- Fadilla (159?–n. 193) ∞ Plautius Quintillus
- Domitia Faustina (156?–v. 161)
- Hadrianus (152?–v. 166)
- T. Aelius Aurelius (n. 150–v. 161)

ADOPTIONEN

Nerva

Trajan

Hadrian

T. Aelius   **Antoninus Pius**

Lucius Verus   **Marc Aurel**

D. BILDNACHWEIS

Innenteil

Abb. 1 (Frontispiz): Aus F. Baum/Ch. Geyer, Kirchengeschichte für das evangelische Haus, München 1889, S. 32

Abb. 2: 1. Rom, Kapitolinisches Museum, © akg-images/Nimatallah; 2. Museo Archeologico, Venedig; 3. Louvre, Aus Birley 1968, S. 14; 4. Triumphbild im Konservatorenpalast, Nach Burg 1999, S 75, Abb. 14

Abb. 3: Paris, Louvre, hier nach Gipsabguß, München. Aus Birley 1968, Tafel IV, S. 160

Abb. 4: Paris, Louvre, © akg-images/De Agostini Picture Lib./G. Dagli Orti

Abb. 5: © akg-images/Erich Lessing

Abb. 6, 9, S. 91 (Ill. suppl.), 17, 19, 27, 29, 30: © akg-images

Abb. 7: Staatliche Münzsammlung München

Abb. 8: © akg-images/Album/Oronoz

Abb. 10: © akg-images/Nimatallah

Abb. 11: New York, Metropolitan Museum; © akg-images

Abb. 12: Original: Paris, Louvre. Hier: Abguß-Sammlung Antiker Plastik, Berlin. Aus Stemmer 1988, S. 195

Abb. 13: © bpk/Scala

Abb. 14: Museum Damaskus, Aus Brockhaus. Die Bibliothek. Die Weltgeschichte II, 1997, S. 575

Abb. 15: Ephesos-Museum Wien, © akg-images/Erich Lessing

Abb. 16: Aus W. Oberleitner 2009, Tafelband, S. 278 Abb. 669

Abb. 18: Aus Auguste Schäfer 1986/1987, 170 ff.; Abb. 53a

Abb. 20: J. Felbermeyer, Neg. D-DAI-Rom 55.974

Abb. 21: Aus H. W. Böhme 1977, S. 56. Text mit Übersetzung, S. 75 f.

Abb. 22: (I, V, VII, XI, XII) Archiv Autor; (II) © akg-images/Bildarchiv Steffens; (III) © Raffaello Bencini/Alinari Archives, Florenz; (IV) © akg-images/Erich Lessing; (VI) Aus Stemmer 1988, S. 78; (VIII) © bridgeman images; (IX) © Tarker/Bridgeman Images; (X) © Alinari Archives–Anderson Archive, Florenz

Abb. 23: Museen der Stadt Regensburg, M. Preischl; Inv. Nr. Lap. 1

Abb. 24: Aus H. W. Böhme 1977, S. 58, Abb. 33. CIL. III 13439

Abb. 25: Aus H. W. Böhme 1977, S. 68

Abb. 26: Archiv Autor

Abb. 28: Autor: Cristian Chirita, https://commons.wikimedia.org/wiki/File:Glycon.JPG; CC BY-SA 3.0

Tafelteil

I: © Staatliche Antikensammlungen und Glyptothek München/Photo: Renate Kühling

II, III, IV: Photos: © Lorenzo de Masi

V: Photo: © Giansanti

VI: Rom, Konservatorenpalast; © 2017. Photo Scala, Florenz

VII: Bildersammlung P. R. Franke, München

VIII: © KHM-Museumsverband, 2008/4042

IX (oben): © KHM-Museumsverband, ANSA/863

IX (unten): © KHM-Museumsverband, ANSA/867

X: Antikensammlung Kassel; © Museumslandschaft Hessen, Kassel/Bridgeman Images

XI: © A. Linder/Musée Gallo-Romain, Biesheim

XII: © bpk/Antikensammlung, SMB/Abguß-Sammlung Antiker Plastik Berlin, Inv. Nr. 87/33, Johannes Laurentius

XIII (oben): © 2017. Scala Archives, Florenz

XIII (unten): © bpk, Berlin

XIV: www.basilicaminerva.it

XV: © Musée de la Ville de Paris, Musée Carnavalet, Paris/Bridgeman Images

XVI: © Musée des Beaux Arts, Lyon/Bridgeman Images

Karten

Vorsatz, S. 444 f., S. 446: © Peter Palm, Berlin

E. ABKÜRZUNGEN

AA.	Auctores antiquissimi in den MGH
AE.	Année Epigraphique
akg	Archiv für Kultur und Geschichte, Berlin
ANRW.	Aufstieg und Niedergang der römischen Welt
a. O.	angeführten Orts
Apg.	Apostelgeschichte im NT
AT.	Altes Testament
BKV.	Bibliothek der Kirchenväter
bpk	Bildarchiv Preußischer Kulturbesitz, Berlin
BMC.	British Museum Catalogue. Coins of the Roman Empire in the British Museum, ed. H. Mattingly u. a., 1923 ff.
c.	capitulum, Kapitel
CAH.	Cambridge Ancient History, 1923 ff.
CD.	De civitate Dei von Augustinus
Chron. Min.	Chronica Minora I, II, III in den MGH. AA. 9, 11, 13
CIC.	Corpus Iuris Civilis
CIL.	Corpus Inscriptionum Latinarum, 1863 ff.
cos.	Konsul
DAI	Deutsches Archäologisches Institut
Dio	Cassius Dio
EH.	Marc Aurel, Eis heauton
ep.	epistula (Brief)
FIRA.	Fontes iuris Romani anteiustiniani I, ed. S. Riccobono, 1941; II, ed. J. Baviera, 1968
fr.	Fragment
Gal.	Galaterbrief im NT
GS.	Gesammelte Schriften
HA.	Historia Augusta
HE.	Historia Ecclesiastica, Kirchengeschichte Eusebs
HL.	Hieroi Logoi des Aelius Aristides
ib.	ibidem, ebendort
inst.	Institutiones im CIC
Jak.	Jakobus-Brief im NT
Joh.	Johannesevangelium im NT

JRS.	Journal of Roman Studies
KG.	Kaisergeschichte, s. Mommsen
Kol.	Kolosserbrief im NT
1. Kor.	1. Korintherbrief im NT
2. Kor.	2. Korintherbrief im NT
L.	Lucius
l. c.	loco citato, im eben zitierten Werk
Lk.	Lukasevangelium im NT
M.	Marcus
MDAI.	Mitteilungen des Deutschen Archäologischen Instituts
MGH.	Monumenta Germaniae Historica
Mk.	Markusevangelium im NT
Mt.	Matthäusevangelium im NT
NH.	Naturalis historia des Plinius
NT.	Neues Testament
OGIS.	Orientis Graecae inscriptiones selectae, ed. W. Dittenberger, 1905
or.	oratio (Rede)
P.	Publius
PG.	Patrologia Graeca
PL.	Patrologia Latina
pr.	Prooemium
Ps.	Pseudo
RE.	Paulys Realencylopädie der classischen Altertumswissenschaft, neue Bearbeitung begonnen von Georg Wissowa, 1893 bis 1980
RG.	Römische Geschichte, s. Mommsen
RIC.	Roman Imperial Coinage, ed. H. Mattingly/E. A. Sydenham, 1923 ff.
Röm.	Römerbrief im NT
RPC.	Roman Provincial Coinage
S. o!	Siehe oben!
Suppl.	Supplement. Ergänzungsbände zur RE.
S. u!	Siehe unten!
S. v.	Sub verbo, unter dem Stichwort
T.	Titus
V.	Vita in der HA
VComm.	Vita Commodi in der HA
VHadr.	Vita Hadriani in der HA
VM.	Vita Marci in der HA
VPert.	Vita Pertinacis in der HA
VPius	Vita Antonini Pii in der HA
VS.	H. Diels/W. Kranz, Die Fragmente der Vorsokratiker, 1934 ff.

VS.	Bei Philostrat und Eunap: Vitae Sophistarum, zitiert nach Olearius, 1709
VSept.	Vita Septimi Severi in der HA
VSev. Al.	Vita Severi Alexandri in der HA
VTac.	Vita Taciti in der HA
VV.	Vita Veri in der HA
WA.	Weimarer Ausgabe der Werke von Luther und Goethe
WdF.	Wege der Forschung
ZPE.	Zeitschrift für Papyrologie und Epigraphik
Zs.	Zeitschrift

F. LITERATUR

Die Zahl der für eine Biographie Marc Aurels relevanten Arbeiten geht in die Tausende. Was von älterer Literatur nicht genannt wird, ist ganz überwiegend in die zitierte neuere eingearbeitet. Außer den hier aufgelisteten, meist mehrfach benutzten Schriften erscheinen nur einmal herangezogene Arbeiten *suo loco* in den Anmerkungen. Artikel in Sammelwerken, nach Herausgebern zitiert, sind hier nicht einzeln aufgeführt. Gelegentlich wurde auch von den Hinweisen und Quellentexten Gebrauch gemacht, die das Internet bietet.

Ackeren, M. van/Opsomer, J. (Hgg.), s. Ortisi, S.

Adler, G. Ch., Ausführliche Beschreibung der Stadt Rom, Altona, 1781

Alföldi, A., Die monarchische Repräsentation im römischen Kaiserreich (1934/35), Darmstadt, 1970

Alföldy, G., Der Friedensschluß des Kaisers Commodus mit den Germanen. Andreas Alföldi zum 75. Geburtstag, in: Historia 20, 1971, 84 ff.

Alföldy, G., Die römischen Inschriften von Tarraco I/II, Berlin, 1975

Alföldy, G., Konsulat und Senatorenstand unter den Antoninen. Prosopographische Untersuchungen zur senatorischen Führungsschicht, Bonn, 1977

Alföldy, G., Soziale Konflikte im römischen Reich, in: Schneider, H. (Hg.), Sozial- und Wirtschaftsgeschichte der römischen Kaiserzeit, Darmstadt, 1981, 372–95

Alföldy, G., Die römische Gesellschaft, 1986

Alföldy, G., Die senatorische Führungselite des Imperium Romanum unter Marc Aurel. Möglichkeiten und Probleme der prosopographischen Forschungsmethode, in: Eck, W. (Hg.), Prosopographie und Sozialgeschichte. Studien zur Methodik und Erkenntnismöglichkeit der kaiserzeitlichen Prosopographie, Köln/Wien/Weimar, 1993, 61–70

Alföldy, G./Panciera, S. (Hgg.), Inschriftliche Denkmäler als Medien der Selbstdarstellung in der römischen Welt, Stuttgart, 2001

Alföldy, G., Römische Sozialgeschichte, Wiesbaden, 2011

Ameling, W., Herodes Attikos, I/II, Hildesheim, 1983

Ameling, W., Die Kinder des Marc Aurel und die Bildnistypen der Faustina Minor. In ZPE. 90, 1992, 147 ff.

Angelicoussis, E., The Panal Reliefs of Marcus Aurelius, MDAI. (Rom) 91, 1984, 141 ff.

Arenhövel, W./Schreiber, Ch. (Hgg.), Berlin und die Antike. Architektur, Kunstgewerbe, Malerei, Skulptur, Theater und Wissenschaft vom 16. Jahrhundert bis heute (Ausstellungskatalog und Aufsätze), Berlin, 1979

Barnes, T. D., Hadrian and Lucius Verus, in: JRS. 57, 1967, 65–79

Barkóczi, L. (Hg.), Vindobona. Die Römer im Wiener Raum. 52. Sonderausstellung des Historischen Museums der Stadt Wien, Wien, 1978

Behr, Ch. (ed.), Aelius Aristides. The Complete Works, Leiden, 1981/1986

Bergmann, M., Marc Aurel, Frankfurt, 1978

Bianchi-Bandinelli, R., Hitler, Mussolini und ich. Aus dem Tagebuch eines Großbürgers, Berlin, 2016

Birley, A., Mark Aurel. Kaiser und Philosoph, München, 1968 (mit ausführlicher Bibliographie 438 ff.), 2. textgleiche Auflage 1977 mit einem Nachtrag 432, englisch ebenso 1987

Birley, A., The Invasion of Italy in the Reign of M. Aurelius. In: Schmid, E. (Hg.), Provincialia, Festschrift für R. Laur-Belart, Basel, 1968, 214–25

Birley, A., Septimius Severus. The African Emperor, New Haven/London, 1971

Birley, A., A Nickname for Commodus and the Date of Fronto's Death. In: Chiron 2, 1972, 463–73

Birley, A., Hadrian. The Restless Emperor, London/New York, 1997

Bleckmann, B., Die Germanen. Von Ariovist bis zu den Wikingern, München, 2009

Blois, L. de, The Onset of Crisis in the First Half of the Third Century A. D., in: Johne, K. P. (Hg.), Deleto paene Imperio Romano. Transformationsprozesse des Römischen Reiches im 3. Jahrhundert und ihre Rezeption in der Neuzeit, Stuttgart, 2006, 25–36

Böhme, H. W., Archäologische Zeugnisse zur Geschichte der Markomannenkriege (166–180 n. Chr.). In: Jahrbuch des Römisch-Germanischen Zentralmuseums Mainz, 22, 1975, 153 ff.

Böhme, H. W., Römische Beamtenkarrieren, Stuttgart, 1977

Bonfante, G., The Etruscan Language. An Introduction, Manchester, 1983

Brandt, H., Am Ende des Lebens. Alter, Tod und Suizid in der Antike, München, 2010

Bretone, M., Geschichte des römischen Rechts. Von den Anfängen bis zu Justinian, München, 1989/1992

Brodersen, K. (Hg.), Galen. Gelassenheit (Peri Alypias, deutsch), Stuttgart, 2016

Burckhardt, J., Die Zeit Constantins des Großen (1853), Leipzig, 1880

Burckhardt, J., Historische Fragmente, Stuttgart, 1957

Burg, D. von der (Hg.), Marc Aurel. Der Reiter auf dem Kapitol, München, 1999

Calder III, W./Kirstein, R. (Hgg.), «Aus dem Freund ein Sohn». Theodor Mommsen und Ulrich von Wilamowitz-Moellendorff. Briefwechsel 1872–1903, 2 Bde., Hildesheim, 2003

Capelle, W. (Hg.), Marc Aurel. Selbstbetrachtungen, Stuttgart, 1933/41
Caprino, C. (ed.), La colonna di Marco Aurelio, Roma, 1955
Champlin, E., Fronto and Antonine Rome, Cambridge (MA), 1980
Christ, K. (Hg.), Der Untergang des römischen Reiches, Darmstadt, 1970
Christ, K., Geschichte der römischen Kaiserzeit, von Augustus bis zu Konstantin, München, 1988
Clauss, M., Kaiser und Gott. Herrscherkult im Römischen Reich, Stuttgart, 1999
Coarelli, F., Guida archeologica di Roma, Verona, 1974
Cortassa, G. (ed.), Scritti di Marco Aurelio, lettere a Frontone, pensieri, documenti, Torino, 1984
Daux, G. (ed.), Guide de Thasos, Paris, 1968
Deininger, J., Die Provinziallandtage der römischen Kaiserzeit von Augustus bis zum Ende des 3. Jahrhunderts n. Chr., München, 1965
Demandt, A., Metaphern für Geschichte. Sprachbilder und Gleichnisse im historisch-politischen Denken, München, 1978
Demandt, A., Der Idealstaat. Die politischen Theorien der Antike, Köln, 1993
Demandt, A., Antike Staatsformen. Eine vergleichende Verfassungsgeschichte der Alten Welt, Berlin, 1995
Demandt, A., Die Germanen im Römischen Reich. In: Ders. (u. a. Hgg.), Mit Fremden leben. Eine Kulturgeschichte von der Antike bis zur Gegenwart, München, 1995, 68–80
Demandt, A., Römische Entscheidungsschlachten. In: R. Bratož (Hg.), Westillyricum und Nordostitalien in spätrömischer Zeit, Ljubljana 1996, 31–43
Demandt, A., Vandalismus. Gewalt gegen Kultur, Berlin, 1997
Demandt, A., Das Privatleben der römischen Kaiser, München, 2. Auflage 1997
Demandt, A., Hände in Unschuld. Pontius Pilatus in der Geschichte, Köln, 1999
Demandt, A. (Hg.), Stätten des Geistes. Große Universitäten Europas von der Antike bis zur Gegenwart, Köln, 1999
Demandt, A., Nachwort zu Marc Aurel, Wege zu sich selbst, übersetzt von C. Cleß 1866, München, 2006
Demandt, A., Die Spätantike. Römische Geschichte von Diocletian bis Justinian. 284–565 n. Chr., München, 2007
Demandt, A., Philosophie der Geschichte. Von der Antike zur Gegenwart, Köln, 2011
Demandt, A., Zeitenwende. Aufsätze zur Spätantike, Berlin, 2013
Demandt, A., Der Fall Roms. Die Auflösung des Römischen Reiches im Urteil der Nachwelt, München, 2014
Demandt, A., Zeit. Eine Kulturgeschichte. Berlin, 2015
Demandt, Ph., Luisenkult. Die Unsterblichkeit der Königin von Preußen, Köln, 2003
Dessau, H., Inscriptiones Latinae Selectae I–III, Berlin, 1892–1916, zitiert nach Nummern

Dessau, H., Über Zeit und Persönlichkeit der Scriptores Historiae Augustae. In: Hermes 24, 1889, 337–92

Dietz, K. H., Teil zweier Provinzen. Statthalter und Verwaltung. In: Schmidt, S. (Hg.), Imperium Romanum. Roms Provinzen an Neckar, Rhein und Donau, Stuttgart, 2005, 104–9

Divjak, J./Wischmeyer, W. (Hgg.), Das Kalenderhandbuch von 354. Der Chronograph des Filocalus I/II, Wien, 2014

Dobesch, G., Aus der Vor- und Nachgeschichte der Markomannenkriege. In: Ders., Ausgewählte Schriften II. Kelten und Germanen, Köln/Weimar/Wien, 2001, 1031–82

Döpp. S./Geerlings, W., Lexikon der antiken christlichen Literatur, 1999

Düll, R., Das Zwölftafelgesetz, München, 1959

Eck, W./Wolff, H. (Hgg.), Heer und Integrationspolitik. Die römischen Militärdiplome als historische Quelle, Köln/Wien, 1986

Eggers, H. J., Der römische Import ins freie Germanien, 2. Bde., Hamburg, 1951

Färber, R., Römische Gerichtsorte. Räumliche Dynamiken von Jurisdiktion im Imperium Romanum, München, 2014

Farquharson, A. S. L., The Meditations of the Emperor Marcus Antoninus I/II, Oxford, 1944/68

Farquharson, A. S. L., Marcus Aurelius. His Life an His World, 1951/75

Filocalus, s. Divjak

Finkenauer, Th., Die Rechtsetzung Mark Aurels zur Sklaverei, Stuttgart, 2010

Fittschen, K., Prinzenbildnisse antoninischer Zeit, Mainz, 1999

Fittschen, K., Die Bildnistypen der Faustina minor und die Fecunditas Augustae, Göttingen, 1982

Friedlaender, L., Darstellungen aus der Sittengeschichte Roms in der Zeit von Augustus bis zum Ausgang der Antonine I–IV, Leipzig, 1921–1923

Friedlieb, J. H., Die Sibyllinischen Weissagungen, Leipzig, 1852

Fuchs, H., Der geistige Widerstand gegen Rom in der Antiken Welt, Berlin, 1938

Fündling, J., Marc Aurel, Darmstadt, 2008

Galsterer, B. u. H., Die römischen Steininschriften aus Köln, 1975

Gärtner, H., Ein Kronprinz und sein Lehrer. Marc Aurel in seiner Korrespondenz mit Fronto: In: Neukam, P. (Hg.), Struktur und Gehalt, München, 1983, 25–49

Gibbon, E., History of the Decline and Fall of the Roman Empire (1776 bis 1788), I–XII, 1838, London, kommentiert von H. H. Milman

Gramaccini, N., Die Umwertung der Antike – Zur Rezeption des Marc Aurel in Mittelalter und Renaissance. In: Beck, H. (Hg.), Natur und Antike in der Renaissance. Ausstellung im Liebieghaus, Museum alter Plastik, Frankfurt am Main, 5. Dezember 1985 bis 2. März 1986, Frankfurt a. M., 1985

Gregorovius, F., Geschichte der Stadt Rom im Mittelalter (1859 ff.), 5. Auflage I–VIII, Stuttgart, 1903–1910

Grieb, V. (Hg.), Marc Aurel. Wege zu seiner Herrschaft, Gutenberg, 2017

Grimal, P., Marc-Aurèle, Paris, 1994
Grueber, H. A., Roman Medaillons in the British Museum, London, 1874
Grundmann, W., Das Evangelium nach Lukas, Berlin, 1974
Gutschmid, A. v., Geschichte Irans und seiner Nachbarländer, Tübingen, 1888
Gutwirth, M., Le paysan du Danube. Dialogue à trois voix: Guevara, La Fontaine, Hippolyte Taine. In: Mélanges offerts à Georges Couton, Lyon, 1981, 383–92
Haines, C. R., The Correspondence of Marcus Cornelius Fronto with Marcus Aurelius Antoninus, Lucius Verus, Antoninus Pius, and various friends I/II, London, (1919/20) 1962/63
Halfmann, H., Itinera Principum. Geschichte und Typologie der Kaiserreisen im Römischen Reich, Stuttgart, 1986
Haupt, P., Römische Münzhorte des 3. Jahrhunderts in Gallien und den germanischen Provinzen. Eine Studie zu archäologischen Aspekten der Entstehung, Verbergung und Auffindung von Münzhorten, Grunbach, 2001
Helbig, W. (Hg.), Führer durch die öffentlichen Sammlungen klassischer Altertümer in Rom, 4. Auflage, Tübingen, I 1963; II 1966; III 1969; IV 1972
Hennecke, E./Schneemelcher, W. (Hgg.)., Neutestamentliche Apokryphen II, Tübingen, 1964/71
Herz, P., Untersuchungen zum Festkalender der römischen Kaiserzeit, 1975
Herzog, R. (Hg.), Handbuch der lateinischen Literatur der Antike V, München, 1989
Hirschfeld, O., Die kaiserlichen Verwaltungsbeamten bis auf Diocletian, Berlin, 1905/1963
Hoffmann, H., Hitler in Italien, München, 1938
Horst, C., Marc Aurel. Philosophie und politische Macht zur Zeit der Zweiten Sophistik, Stuttgart, 2013
Hout, M. van den, M. Cornelii Frontonis epistulae, Leipzig, 1988
Huber-Rebenich, G. (u. a. Hgg.), Mirabilia Urbis Romae. Die Wunderwerke der Stadt Rom, Freiburg/Basel/Wien, 2014
Hund, R., Studien zur Außenpolitik der Kaiser Antoninus Pius und Marc Aurel im Schatten der Markomannenkriege, 2017
Johne, K. P., Die Siegerbeinamen der Kaiser Marc Aurel und Commodus, in: Klio 48, 1967, 177 ff.
Johne, K. P. (Hg.), Gesellschaft und Wirtschaft des Römischen Reiches im 3. Jahrhundert, Berlin, 1993
Johne, K. P., Die Römer an der Elbe, 2009
Jones, C. P., A New Letter of Marcus Aurelius to the Athenians, in: ZPE. 8, 1971, 161–83
Jordan, H./Hülsen, Ch., Topographie der Stadt Rom im Altertum I. I–III, Berlin, 1878/85/1907
Kähler, H., Rom und seine Welt. Bilder zur Geschichte und Kultur I/II, München, 1958/60
Kaiser-Raiß, M., Die stadtrömische Münzprägung während der Alleinherrschaft

des Commodus. Untersuchung zur Selbstdarstellung eines römischen Kaisers, Frankfurt a. M., 1980

Kent, J. P. C./Overbeck, B./Stylow, A. U., Die römische Münze, München, 1973

Keresztes, P., Die Christenmassaker in Lugdunum im Jahre 177 (1968), in: Klein, R. (Hg.), Marc Aurel, Darmstadt, 1979, 279–303

Kienast, D., Augustus. Prinzeps und Monarch, Darmstadt, 1999

Kienast, D./Eck, W./Heil, M., Römische Kaisertabelle. Grundzüge einer römischen Kaiserchronologie, Darmstadt, 2017

Klein, R. (Hg.), Die Romrede des Aelius Aristides. Einführung (I), Text und Übersetzung (II), Darmstadt, 1981/1983

Keim, Th. (Hg.), Celsus' Wahres Wort. Älteste Streitschrift antiker Weltanschauung gegen das Christentum vom Jahr 178 n. Chr., Aalen, 1873/1969

Kneißl, P., Die Siegestitulatur der römischen Kaiser. Untersuchungen zu den Siegerbeinamen des ersten und zweiten Jahrhunderts, Göttingen, 1969

Knopf, R./Krüger, G. (Hgg.), Ausgewählte Märtyrerakten, Tübingen, 1929

Kolb, F., Rom. Geschichte der Stadt in der Antike, München, 2002

Kornemann, E., Doppelprinzipat und Reichsteilung im Imperium Romanum, Leipzig, 1930

Kovacs, P., Das Regenwunder Marc Aurels. In: Acta Ant. Hung. 48, 2008, 387 ff.

Liebs, D., Nachrichten aus Banasa über Taruttienus Paternus und Cervidius Scaevola, in: Zeitschrift der Savigny-Stiftung für Rechtsgeschichte. Romanistische Abteilung 93, 1976, 291–97

Liebs, D., Ein Bildnis der Pandektenjuristen Taruttienus Paternus, in: Zeitschrift der Savigny-Stiftung für Rechtsgeschichte, Romanistische Abteilung 119, 2002, 348–51, 2002

Liebs, D., Vor den Richtern Roms. Berühmte Prozesse in der Antike, München, 2007

Liebs, D., Hofjuristen der römischen Kaiser bis Justinian, München, 2010

Löhberg, B., Das Itinerarium provinciarum Antonini Augusti I/II. Ein kaiserzeitliches Straßenverzeichnis des Römischen Reiches, Berlin, 2006

MacMullen, R., Enemies of the Roman Order. Treason, Unrest and Alienation in the Empire, London, 1966

Maier, B., Kleines Lexikon der Namen und Wörter keltischen Ursprungs, München, 2003

Marek, Ch., Geschichte Kleinasiens in der Antike, 2010

Marquart, J., Römische Staatsverwaltung, I–III, Leipzig, 1884/85

Melucco Vaccaro, A./Mura Sommella, A. (edd.), Marco Aurelio. Storia di un monumento e del suo restauro, Milano, 1989

Mommsen, Th., Das Regenwunder der Marcus-Säule. In: Hermes 30, 1895, 90 ff. (Seitenzahlen nach: GS. IV, 498 ff.)

Mommsen, Th., Römisches Staatsrecht I–III, Leipzig, 1871/75/88

Mommsen, Th., Römische Geschichte V (1885), Berlin, 1909

Mommsen, Th., Senatus consultum de sumptibus ludorum gladiatoriorum minuendis factum a.p.C. 176/7 (1890). In: Ders. Gesammelte Schriften VIII, Berlin, 1913, 499–531

Mommsen, Th., Der Marcomanenkrieg (*sic*) unter Kaiser Marcus (1896). In: Ders., Gesammelte Schriften IV, 487 ff.

Mommsen, Th., Römisches Strafrecht (1899), Darmstadt, 1955

Mommsen, Th., Römische Kaisergeschichte (1882/86), München, 2005

Moraux, P., Galien de Pergame. Souvenir d'un médecin, Paris, 1985

Motschmann, C., Die Religionspolitik Marc Aurels, Stuttgart, 2002

Mühlmann, W. E., Rassen, Ethnien, Kulturen. Moderne Ethnologie, Neuwied, 1964

Müllenhoff, A., Die Germania des Tacitus, Berlin, 1900

Müller, G. M., Mark Aurel. In: Historische Gestalten der Antike, Rezeption in Literatur, Kunst und Musik. Der Neue Pauly, Suppl. VIII, Stuttgart, 2013, 659–68

Musurillo, H. A., The Acts of the Pagan Martyrs, 1954

Nesselhauf, H., Der Ursprung des Problems «Staat und Kirche», Konstanz, 1975

Nesselhauf, H., Hadrians Reskript an Minicius Fundanus, in: Hermes 104, 1976, 348–61

Nock, A. D., The Roman Army and the Roman Religious Year, in: Harvard Theological Review 45, 1952, 187–252

Oberleitner, W., Das Partherdenkmal von Ephesos I/II. Ein Siegesmonument für Lucius Verus und Marcus Aurelius, Wien, 2009

Oldfather, W. A., (ed.), Epictetus, Cambridge (M. A.), 1925/28

Oliver, J. H., Marcus Aurelius. Aspects of Civic and Cultural Policy in the East, Princeton, 1970

Oliver, J. H., Greek Constitutions of Early Roman Emperors from Inscriptions and Papyri, 1989

Ortisi, S., Die Markomannenkriege im archäologischen Befund, in: Ackeren, M. van/Opsomer, J. (Hgg.), Selbstbetrachtungen und Selbstdarstellungen. Der Philosoph und Kaiser Marc Aurel im interdisziplinären Licht, Wiesbaden, 2009, 331–40

Overbeck, B., Rom und die Germanen. Das Zeugnis der Münzen, Aalen, 1985

Pangerl, A. (Hg.), Portraits. 500 Jahre römische Münzbildnisse, München, 2017

Pekáry, Th., Das römische Kaiserbildnis in Staat, Kult und Gesellschaft, Berlin, 1985

Petersen, E., Die Markus-Säule auf der Piazza Colonna in Rom, 1896, Bildband. Der Textband von E. Petersen, A. v. Domaszewski u. G. Calderini separat

Peterson, E., Theologische Traktate, München, 1951

Petrikovits, H. v., Die Spezialisierung des römischen Handwerks I, in: H. Jankuhn (ed.), Das Handwerk in vor- und frühgeschichtlicher Zeit, 1981, 63 ff.; II in: ZPE, 43, 1981, 285 ff.

Pflaum, H.-G., Les gendres de Marc-Aurèle. In: Journal des Savants, 1961, 28–41
Picker, H., Hitlers Tischgespräche im Führerhauptquartier, Stuttgart, 1963
Piur, P., Cola di Rienzo. Darstellung seines Lebens und seines Geistes, Wien, 1931
Platner, S. B./Ashby, Th., A Topographical Dictionary of Ancient Rome, 1929
Priwitzer, St., Faustina minor. Ehefrau eines Idealkaisers und Mutter eines Tyrannen. Quellenkritische Untersuchungen zum dynastischen Potential und zu Handlungsspielräumen von Kaiserfrauen im Prinzipat, Bonn, 2009
Rauschen, G., Frühchristliche Apologeten und Märtyrerakten I. Aus dem Griechischen und Lateinischen übersetzt, Kempten/München, 1913
Rebenich, St. (Hg.), Theodor Mommsen und Adolf Harnack. Wissenschaft und Politik im Berlin des ausgehenden 19. Jahrhunderts, Berlin/New York, 1997
Rebenich, St., Theodor Mommsen. Eine Biographie, München, 2002
Reche, E., Marc. Aurel. Antonins' Unterhaltungen mit sich selbst. Aus dem Griechischen mit Anmerkungen und Versuchen zur Darstellung stoischer Philosopheme, Frankfurt a. M., 1797
Reimarus, H. S., Apologie oder Schutzschrift für die vernünftigen Verehrer Gottes I/II, 1765/1972
Renan, E., Marc-Aurèle et la fin du monde antique, Paris, 1882
Ritterling, E., Legio, in: RE. XII (1924) 1186 ff. Legionen Marc Aurels: 1296 ff.
Ruffing, K., Finanzpolitische und wirtschaftliche Maßnahmen unter Marc Aurel, In: Grieb, V. (Hg.), Marc Aurel. Wege zu seiner Herrschaft, Gutenberg, 2017, 223 ff.
Rodocanachi, E., The Roman Capitol in Ancient and Modern Times, New York, 1906
Rohde, E., Der griechische Roman und seine Vorläufer, Leipzig, 1914
Rohde, E., Psyche. Seelenkult und Unsterblichkeitsglaube der Griechen (1897) I/II, Tübingen, 1925
Rosen, K., Marc Aurel und Fronto. Eine Freundschaft zwischen Macht und Kultur. In: Ders. (Hg.), Macht und Kultur im Rom der Kaiserzeit, 1994, 121 ff.
Rosen, K., Der Einfall der Markomannen und Quaden in Italien 167 n. Chr. und der Abwehrkampf des C. Macrinius Avitus (Amm. Marc. 29,6,1), in: Scardigli, B. u. P. (edd.), Germani in Italia, Roma, 1994, 87–104
Rosen, K., Marc Aurel, Reinbek, 1997
Rostovtzeff, M., Gesellschaft und Wirtschaft im römischen Kaiserreich, I/II, 1925/29
Rubin, H. Z., Weather Miracles under Marcus Aurelius. In: Athenaeum 57, 1979, 357 ff.
Saldern, F. v., Studien zur Politik des Commodus, 2003
Sallmann, K., (Hg.), Die Literatur des Umbruchs. Von der römischen zur christlichen Literatur 117 bis 284 n. Chr. In: Handbuch der Lateinischen Literatur IV, München, 1997
Scardigli, B. u. P. (edd.), Germani in Italia, 1994

Schäfer, Auguste, Alexander von Abonuteichos und seine Zeit. Magisterarbeit Saarbrücken, I/II, 1986/87

Schäfer, P., Geschichte der Juden in der Antike. Die Juden Palästinas von Alexander dem Großen bis zur arabischen Eroberung, Stuttgart, 1983

Schalles, H. J./Willer, S. (Hgg.), Marcus Caelius, 2009

Schallmayer, E., Der Odenwaldlimes. Entlang der römischen Grenze zwischen Main und Neckar, Stuttgart, 1984/2010

Scheidel, W., Der Germaneneinfall in Oberitalien unter Marcus Aurelius und die Emissionsabfolge der kaiserlichen (!) Reichsprägung. In: Chiron 20, 1990, 1 ff.

Schenkl, H., (ed.), Marci Antonini imperatoris in semet ipsum libri XII, Leipzig, 1913 [Editio minor mit den wichtigeren Textvarianten]

Schlange-Schöningen, H., Die römische Gesellschaft bei Galen. Biographie und Sozialgeschichte, Berlin/New York, 2003

Schleiermacher, W., Der römische Limes in Deutschland. Ein archäologischer Wegweiser für Autoreisen und Wanderungen, Berlin, 1959

Schmidt, L., Die Westgermanen I/II, München, 1938/40

Schmidt L., Die Ostgermanen, München, 1941

Schmidt. L., Geschichte der Wandalen, München, 1942

Schönfeld, M., Wörterbuch der altgermanischen Personen- und Völkernamen, 1910/1965

Schröder, H. O. (Hg.), Publius Aelius Aristides, Heilige Berichte, 1986

Schulten, A., Die römischen Grundherrschaften, Weimar, 1896

Schumacher, L., Römische Inschriften, Stuttgart, 1988

Schwarz, E., Germanische Stammeskunde, Heidelberg, 1956

Schwarz, E. (Hg.), Zur germanischen Stammeskunde, Aufsätze zum neuen Forschungsstand, Darmstadt, 1972

Schwendemann, J., Der historische Wert der Vita Marci bei den Scriptores Historiae Augustae, 1923

Seeck, O., Geschichte des Untergangs der antiken Welt, 1895 ff.

Segal, J. B., Edessa. The Blessed City, Oxford, 1970

Seipel, W. (Hg.), Das Partherdenkmal von Ephesos, 2006 (Kongreßband 2003 mit Nachträgen bis 2005)

Sherwin-White, A. N., Die Tabula von Banasa und die Constitutio Antoniniana, in: Klein, R. (Hg.), Marc Aurel, Darmstadt, 1979, 429–58

Società Olivetti (Hg.), Die Pferde von San Marco, Berlin, 1982

Sohm, R./Mitteis, L./Wenger, L., Institutionen, Geschichte und System des römischen Privatrechts, München, 1930

Sordi, M., Die «Neuen Verordnungen» Marc Aurels gegen die Christen, 1961, in: Klein, R. (Hg.), Marc Aurel, Darmstadt, 1979, 176–196

Stahl, M., Zwischen Abgrenzung und Integration. Die Verträge der Kaiser Marc Aurel und Commodus mit den Völkern jenseits der Donau. In: Chiron 19, 1989, 289–317

Stech, B., Senatores Romani qui fuerint inde a Vespasiano usque ad Traiani exitum, Leipzig, 1912

Stemmer, K. (Hg.), Kaiser Marc Aurel und seine Zeit. Das römische Reich im Umbruch, Berlin, 1988

Stich, J., Domini Imperatoris Marci Antonini Commentariorum quos sibi ipsi scripsit libri XII, Leipzig, 1882

Strohmaier, G. (Hg.), Al-Biruni. In den Gärten der Wissenschaft, 1991

Szaivert, W., Die Münzprägung der Kaiser Marcus Aurelius, Lucius Verus und Commodus (161/192), Wien, 1986

Szilágyi, J., Aquincum, Budapest, 1956

Taeger, F., Charisma, I/II, Stuttgart, 1957/1960

Taine, H., Reise in Italien I, Leipzig, 1864/1904

Talbot Rice, D., Constantinople. From Byzantium to Istanbul, New York, 1965

Temporini, H., Die Kaiserinnen Roms. Von Livia bis Theodora, München, 2002

Theiler, W. (Hg.), Kaiser Marc Aurel. Wege zu sich selbst, Zürich, 1951

Todd, M., Die Germanen. Von den frühen Stammesverbänden zu den Erben des Weströmischen Reiches, Darmstadt, 2000

Turcan, R., Vivre à la cour des Césars, 1987

Voigt, G., Die Wiederbelebung des classischen Alterthums oder das erste Jahrhundert des Humanismus, Berlin, I/II 1893

Vogt, J., Die alexandrinischen Münzen, Stuttgart, 1924

Waelkens, M./Poblome, J. (Hgg.), Sagalassos. Eine römische Stadt in der Südwest-Türkei, Köln, 2011 (Ausstellung Tongern)

Weber, E., Neuere Forschungen zur Geschichte und Chronologie der Markomannenkriege, in: Friesinger, H. (Hg.), Markomannenkriege. Ursachen und Wirkungen, Brno, 1994, 67–72

Weber, M., Die römische Agrargeschichte in ihrer Bedeutung für das Staats- und Privatrecht, Stuttgart, 1891/1986

Wegner, M., Bemerkungen zu den Ehrendenkmälern des Marcus Aurelius. In: Archäologischer Anzeiger 53, 1938, 156 ff.

Weitzmann, K. (ed.), Age of Spirituality. Late Antique and Early Christian Art, New York, 1979

Welwei, K. W., Zur Ansiedlungspolitik Mark Aurels. In: Bonner Jahrbücher 186, 1986, 285 ff.

Wenskus, R., Stammesbildung und Verfassung. Das Werden der frühmittelalterlichen Gentes. 1961, Köln

Wilamowitz-Moellendorff, U. v., Kaiser Marcus, Berlin, 1931

Willrich, H., Livia, Leipzig, 1911

Winkelmann, F., Euseb von Kaisareia. Der Vater der Kirchengeschichte, Berlin, 1991

Wiotte-Franz, C., Hermeneus und Interpres. Zum Dolmetscherwesen in der Antike, Saarbrücken, 2001

Wittke, A. M./Olshausen, E./Szydlak, R., Historischer Atlas der antiken Welt, Darmstadt, 2007

Wlosok, A. (Hg.), Römischer Kaiserkult, Darmstadt, 1978

Wolff, H., Welchen Zeitraum stellt der Bilderfries der Marcus-Säule dar? In: Ostbairische Grenzmarken. Passauer Jahrbuch 32, 1990, 9–29

Wolff, H., Die Markus-Säule als Quelle für die Markomannenkriege, in: Friesinger, H. (Hg.), Markomannenkriege. Ursache und Wirkungen, Brno, 1994, 73–84

Wolters, R., Nummi signati. Untersuchungen zur römischen Münzprägung und Geldwirtschaft, München, 1999

Wünsche, R., Marc Aurel, München, 2003

Zazoff, P., Die antiken Gemmen, München, 1983

Zwikker, W., Studien zur Markussäule, Amsterdam, 1941

Fundhilfe für die wichtigsten Personen zu Marc Aurel in der RE

Antoninus Pius: T. *Aurelius* Fulvus Boionius Arrius Antoninus: P. v. Rohden, RE. II (1896) 493 ff.

Cassius: C. *Avidius* Cassius: P. v. Rohden, RE. II (1896) 2378 ff.

Commodus: L. *Aurelius* Commodus: P. v. Rohden, RE. II (1896) 2464 ff.

Faustina, (Gemahlin des Antoninus Pius): *Annia* Galeria Faustina (maior): P. v. Rohden, RE I (1894), 2312 f.

Faustina, (Gemahlin Marc Aurels): *Annia* Galeria Faustina (minor): P. v. Rohden, RE. I (1894), 2313 ff.

Hadrian: P. *Aelius* Hadrianus: P. v. Rohden, RE. I (1893) 493 ff.

Lucilla, (Mutter Marc Aurels): *Domitia* Lucilla: A. Kappelmacher, RE. V (1903) 1518 f.

Lucilla, (Tochter Marc Aurels): *Annia* Lucilla: P. v. Rohden, RE. I (1894) 2315

Lucius Verus: L. *Ceionius* Commodus = L. Aelius Aurelius Commodus = L. Aurelius Verus: A. Stein, RE. III (1899) 1832 ff.

Marc Aurel: Catilius Verus = M. *Annius* Verus = M. Aelius Aurelius Verus = M. Aurelius Antoninus: P. v. Rohden/H. v. Arnim, RE. I (1894) 2279 ff. Stammtafel 2290

Pertinax: P. *Helvius* Pertinax: M. Fluss, RE. Suppl. III (1918) 895 ff.

Pompeianus: Ti. *Claudius* Pompeianus: E. Groag, RE. III (1899) 2843 ff.

G. REGISTER

Hibernia
Mare Germanicum
Scandia
BRITANNIA
GERMANIA INF.
CHAUKEN
Londinium
Rhenus
LANGOBARDEN
Oceanus Britannicus
SUGAMBRI
Oceanus Atlanticus
Vetera
Col. Agrippina
GERMANIA
(Rhein)
CHATTEN
(Reims)
Durocortorum
Aug. Treverorum (Trier)
Mogontiacum (Mainz)
Lutetia (Paris)
HERMUNDUREN
(Regensburg)
(Loire)
LUGDUNENSIS
BELGICA
Argentorate
Castra Regina
Liger
(Wien)
Vindobona
Mare Cantabricum
Augustodunum (Autun)
Aug. Vindelicum (Augsburg)
Vindonissa
RAETIA
NORICUM
AQUITANIA
Burdigala (Bordeaux)
Lugdunum
Vienna
Virunum
Iberus (Ebro)
Mediolanum (Mailand)
Aquileia
Verona
Emona
NARBONENSIS
Tolosa
Genua
Bononia
Siscia
Arelate
Ravenna
TARRACONENSIS
Narbo
Salamantica
Massilia
Pisa
ILLYRICUM
Tagus (Tajo)
Caesaraugusta (Saragossa)
Ancona
Salonae
LUSITANIA
Perusia
Toletum
Dertosa
Tarraco
ITALIA
Mare Adriaticum
Emerita Augusta
CORSICA
Roma
Corfinium
Saguntum
BAETICA
Corduba
Valentia
Capua
Neapolis
Hispalis (Sevilla)
SARDINIA
Munda
Ilici
Baleares I.
Tarentum
Gades
Malaca
Carthago Nova
Mare Tyrrhenum
Tingis
Mare Internum
Croton
Lixus
Mare Ibericum
Cartanna
Icosium
Messana
Saldae
Hippo Regius
Sala
Rusaddir
Iol
SICILIA
Carthago
Catana
MAURETANIA (Marokko)
Sitifis
Cirta
Agrigentum
Syracusae
NUMIDIA
Lambaesis
Hadrumetum
Theveste
Thapsus
Melita
GAETULER
Capsa
Thaenae
AFRICA PROCONSULARIS
MUSALAMER
Oea
Lepcis Magna
GARAMANTEN
Römisches Reich um 160 n. Chr.
Kaiserliche Provinzen
Senatorische Provinzen